中国地方志经济资料集成

（第一卷）

戴鞍钢 等 编

上海市『十四五』重点出版物出版规划项目

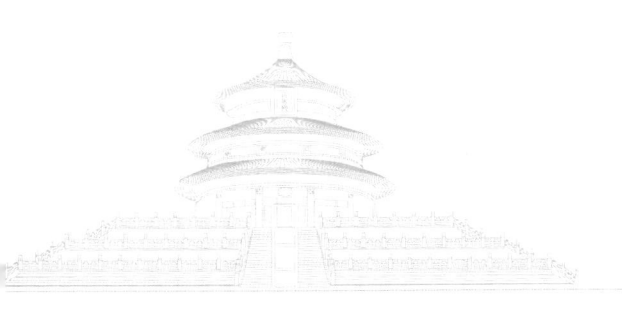

上海财经大学出版社
SHANGHAI UNIVERSITY OF FINANCE & ECONOMICS PRESS

上海学术·经济学出版中心

图书在版编目(CIP)数据

中国地方志经济资料集成 / 戴鞍钢等编. -- 上海：上海财经大学出版社，2025.2
ISBN 978-7-5642-3939-8/F.3939

Ⅰ.①中… Ⅱ.①戴… Ⅲ.①经济史－史料－汇编－中国 Ⅳ.①F129.6

中国版本图书馆 CIP 数据核字(2022)第 016959 号

本书由上海市促进文化创意产业发展财政扶持资金资助出版

□ 责任编辑　朱晓凤
□ 封面设计　贺加贝

中国地方志经济资料集成
戴鞍钢　等　编

上海财经大学出版社出版发行
(上海市中山北一路369号　邮编200083)
网　　址：http://www.sufep.com
电子邮箱：webmaster@sufep.com
全国新华书店经销
南京爱德印刷有限公司印刷装订
2025年2月第1版　2025年2月第1次印刷

710mm×1000mm　1/16　147.5印张(插页：8)　2487千字
定价：878.00元(共四卷)

总　目　录

编辑说明 ………………………………………………………………… 1

第一卷

一、农业 …………………………………………………………………… 1

（一）土地关系 ………………………………………………………… 1

　　1. 土地占有状况 …………………………………………………… 1
　　2. 租佃关系 ……………………………………………………… 21
　　3. 农业雇工 ……………………………………………………… 34
　　4. 地价波动 ……………………………………………………… 40

（二）粮食生产 ……………………………………………………… 87

　　1. 稻、麦 ………………………………………………………… 87
　　2. 玉米、高粱、青稞 ………………………………………… 143
　　3. 薯类 …………………………………………………………… 157

（三）经济作物 ……………………………………………………… 164

　　1. 棉花 …………………………………………………………… 164
　　2. 蚕桑 …………………………………………………………… 196
　　3. 茶叶 …………………………………………………………… 241
　　4. 烟草 …………………………………………………………… 264
　　5. 花生 …………………………………………………………… 282
　　6. 蓝靛、红花 ………………………………………………… 289
　　7. 苎、麻、桐、柏 …………………………………………… 306
　　8. 蔗、果、瓜、蔬、豆 ……………………………………… 318
　　9. 菇、笋、药材、花卉等 …………………………………… 350

二、副业 362
　（一）林业 362
　（二）畜牧业 375
　（三）渔业 388
　（四）盐业 401

第二卷

三、手工业 417
　（一）棉、麻纺织业 417
　（二）缫丝、丝织业 527
　（三）刺绣、漂染、建筑业 556
　（四）轧花、造纸、印刷业 564
　（五）皮革、毛毯、爆竹业 591
　（六）巾、带、袜、帽、伞、皂、扇、烛、砚制造业 607
　（七）烟草、茶叶、瓜果、粮食、食品加工业 623
　（八）制糖、榨油、酿酒、酱醋业 630
　（九）竹篾、黄草、蒲苇、柳条、藤皮编织业 661
　（十）玻璃、火柴、木器、石灰、木炭、石棉等业 679
　（十一）陶瓷、砖瓦业 690
　（十二）矿业 708
　（十三）金属冶炼业 786

四、近代企业 805
　（一）外资、中外合资企业 805
　（二）官办、官督商办、官商合办企业 823
　（三）民间资本企业 865
　　1. 工业 865
　　2. 矿业 945
　　3. 农垦企业 965

第三卷

五、商业 ·· 975
 （一）城市商业活动 ·································· 975
 （二）集、镇、墟、场 ································ 1085
 （三）各地间商品流通 ································ 1309
 （四）商人经营和商业资本 ·························· 1447
 （五）商路及其变动 ·································· 1561
 （六）物价涨落 ·· 1580

六、对外贸易 ··· 1614
 （一）商埠、租界 ····································· 1614
 （二）进口贸易 ·· 1645
 （三）出口贸易 ·· 1665

第四卷

七、交通运输 ··· 1683
 （一）木帆船 ··· 1683
 （二）轮船 ·· 1716
 （三）铁路 ·· 1751
 （四）公路 ·· 1792

八、邮政电讯 ··· 1843
 （一）邮政 ·· 1843
 （二）电报 ·· 1922
 （三）电话 ·· 1968

九、货币金融 ··· 2005
 （一）货币沿革 ·· 2005

（二）典当、高利贷 ………………………………………… 2080
　　（三）钱庄、银号、证券交易所 …………………………… 2095
　　（四）银行、储蓄、保险、信用社 …………………………… 2112

十、社会经济生活 …………………………………………… 2136
　　（一）经济生活变革 ………………………………………… 2136
　　（二）劳动力迁徙 …………………………………………… 2163
　　（三）华侨 …………………………………………………… 2193
　　（四）少数民族生活 ………………………………………… 2202
　　（五）贫民生计 ……………………………………………… 2235
　　（六）鸦片与赌博 …………………………………………… 2312

附录：旧方志整理出版丛书举要（1990—2017） ………… 2339

目　录

（第一卷）

一、农业 1
　（一）土地关系 1
　　1. 土地占有状况 1
　　2. 租佃关系 21
　　3. 农业雇工 34
　　4. 地价波动 40
　（二）粮食生产 87
　　1. 稻、麦 87
　　2. 玉米、高粱、青稞 143
　　3. 薯类 157
　（三）经济作物 164
　　1. 棉花 164
　　2. 蚕桑 196
　　3. 茶叶 241
　　4. 烟草 264
　　5. 花生 282
　　6. 蓝靛、红花 289
　　7. 苎、麻、桐、柏 306
　　8. 蔗、果、瓜、蔬、豆 318
　　9. 菇、笋、药材、花卉等 350

二、副业 362
　（一）林业 362
　（二）畜牧业 375
　（三）渔业 388
　（四）盐业 401

编 辑 说 明

一、本编辑录的资料，全部选自从古至1949年纂修的现存通志、府志、州志、市志、县志、乡镇志等，其中大部分是已刊的刻印、石印或铅印本，也有一些是未刊手稿和油印稿。

二、在编辑方法和编辑体例方面，为方便读者查阅，本书先将有关资料选定，然后将资料依性质分为十大类，每类又分成若干子目，一些子目又分列若干细目，分地区按年代顺序排列。所谓地区是指现设直辖市、省、自治区，其在本编各类资料中的编排次序相同，即依次为北京、上海、天津、河北、山西、内蒙古、辽宁、吉林、黑龙江、陕西、甘肃、宁夏、青海、新疆、山东、江苏、浙江、安徽、江西、福建、台湾、河南、湖北、湖南、广东、广西、四川、贵州、云南、西藏。新设的海南省，暂仍旧归入广东。一些已撤销的或有变动的旧有行政建置，一律分别纳入现设或现属省、市、县等之中。如原安徽省婺源县今属江西省，则纳入江西省内。

三、本编辑录的资料，大多一则说明一个问题，但也有少数是一则可说明两个或两个以上问题的。如遇这种情况，即按其所能说明的一个主要问题，纳入应纳的门类之中。

四、为便于查阅、利用，每则资料之前，用六角括号"〔〕"加一标题，说明资料所载情况发生的时间、地点。时间均按资料原样，用旧有纪年；地点则据当时的行政建置标注。资料之末均标明出处。

五、本编所辑资料点校时，错字改正用方括号"〈〉"，文字删削用删节号"……"，补缺字用方框号"[]"，原有的夹注则置于圆括号"()"内，已有对应简体的繁体字、异体字、通假字均随文改正。资料的标点符号，全属编者所加。

六、资料中涉及的典故、旧事、古地名等，限于篇幅，一般不作说明，只择少数必要说明者略加注释。

七、旧时方志，多属封建官府督修，资料中难免夹有对劳动人民、少数民族等的诬词。为保持资料原貌，编者一概不加改削，惟望读者予以注意。

一、农　　业

（一）土　地　关　系

1. 土地占有状况

〔明洪武初年，京师顺天府宛平〕　洪武初元，我成祖以燕王北征，至山后小兴村，得张福等若干人降之，徙入内地，散处宛平黄垡、东庄营等地，听用力开垦为业。每出征，张福等为亲军，累迁指挥、千百户等官。有旨，以其地为王庄，量征子粒银两，即今建仓黄垡等处，盖成祖龙潜时私庄也。

（明　沈榜编：《宛署杂记》，卷七，河字，黄垡仓，明万历二十一年刻本。）

〔明朝初年至嘉靖二十七年前后，京师顺天府霸州〕　马政：原额寄养马一千八百六十二匹，每地一顷，养马一匹。论曰：国之大事在戎，戎之重寄唯马。国初，率自十五丁以下养马一匹，免其田租之半。……今惟计亩领马，而上田沃壤多沦入于兼并之家，小民承养马匹，类皆荒砠瘠土，甚则亡立锥之地，且因年祀绵远，图籍漫漶，无可稽查，民之累害，未可殚言。频年贫弱流移，户口凋减，岂无故哉。

（明　唐交等修，高濬等纂：《霸州志》，卷之五，食货志，马政，明嘉靖二十七年刻本。）

〔明正统年间以前，南京苏州府崇明县〕　崇明初涨之时，沙场分列，皆为节场。后开荒作田，民皆争据。正统间，巡抚周公量给小民，以袪其弊。躬历量度，既而，处分已定，用大方甓刻佃者姓名、亩数、四止，埋于丘段之端，仍画以图，俾藏官库，以为永久之证也。

（明　王鏊等纂：《姑苏志》，卷十八，乡都，市镇村附，崇明县，明正德六年刻本。）

〔明万历十六年前后，南京松江府上海县〕　金山卫左右前后四所，并守御松江、青村、南汇嘴三所，屯种田地，俱坐落本县二十等保地方。原派总旗每名种田三十亩，小旗每名种田二十四亩，军人每名种田二十亩。总、小旗、军人俱每名岁纳夏秋子粒六石,佥点漕运每名得减子粒三石,止纳三石,运赴各仓听放官军俸粮,每石许收加耗五升。共该屯田旗军余一千七百二十名,田三百五十二顷八十四亩。

（明　颜洪范修,张之象等纂：《上海县志》,卷四,赋役志,屯田,明万历十六年刻本。）

〔清康熙五十年前后,直隶宣化府宣化县〕　民俗素重农桑,全县农户约计四万八千四百二十五户,每户所耕亩数不等。未满十亩者约六千九百三十户,十亩以上者约一万二千三百七十户,三十亩以上者约一万六千一百三十户,五十亩以上者约八千六百三十五户,百亩以上者约四千三百五十一户。

（清　陈垣纂修：《宣化乡土志》,实业,清康熙五十年抄本,一九六八年台湾成文出版社影印本。）

〔民国十一年前后,河北宣化县〕　全县农户约计四万八千四百二十五户,有田自种者约五千二百五十三户,租种人田者约二千一百六十户,自种兼出租者约二千二百一十二户。每户所种亩数亦不等,种地未满十亩者约六千九百三十户,种地十亩以上者约一万二千三百七十户,种地三十亩以上者约一万六千一百三十户,种地五十亩以上者约八千六百三十五户,种地百亩以上者约四千三百五十一户。

（陈继曾等修,郭维城等纂：《宣化县新志》,卷五,实业志,农业概况,民国十一年铅印本。）

〔民国二十年至二十五年前后,河北馆陶县〕　查全县八区共四万四千零九十四户(根据民国二十年档册),按全县共有可耕地一万一千八百一十顷零八十亩,平均分配每户约合二十六亩有奇。

（丁世恭等修,刘清如等纂：《续修馆陶县志》,卷二,政治志,经济,民国二十五年铅印本。）

〔民国二十四年,河南武安县〕

区别	主农	自耕农	分种地农	租种地农	雇农	总计
第一区	七八	四二〇	二九二	六八	一一三	九七一
第二区	二九〇	二九七九	三七八	一〇八	二九一	四〇四六
第三区	四〇四	四二六二	七六〇	二三〇	五三六	六一九二
第四区	八六	五八六六	九九〇	五六六	五九五	八一〇三
第五区	七四	五八六二	六五七	五二七	九三九	八〇五九

(续表)

区别	主农	自耕农	分种地农	租种地农	雇农	总计
第六区	一二〇	六六五三	八三八	六三七	一〇三四	九二八二
第七区	四九	四二〇一	二一六	二三九八	一九一〇	八八七四
第八区	一二八	五七五七	二一四	五八六	八三〇	七五〇五
第九区	五一	四四四八	五八八	六一〇	一四〇〇	七〇九七
第十区	七〇	四六八二	八四七	七七〇	九八二	七三五一
合计	一三五〇	四五二三〇	五七八〇	六五〇〇	八六二〇	六七四八〇
备考	一、本县农民共六万七千四百八十人，因各区有重商重农之不同，故农业之分布为数亦异。 一、本表所称分种地农与租种地农即其他各县之佃农，因本县农民向无阶级，故不以佃户称。					

（杜济美等修，郗济川等纂：《武安县志》，卷十，实业志，农业，民国二十九年铅印本。）

〔民国二十五年前后，河北涿县〕　农民总数，十八万一千五百六十三人，当全县人口数百分之八十八。耕田总数，七十六万二千五百亩，当全县面积百分之八十五，内有稻田约一万二千三百一十四亩，园田约九千七百四十一亩。

（宋大章等修，周存培、张星楼纂：《涿县志》，第三编，经济，第一卷，实业，民国二十五年铅印本。）

〔民国二十年前后，奉天义县〕　全县农户约计六万余户，有田自种者约二万余户，租种人田者约二万余户，自种兼出租者约一万余户。每户所种亩数亦不等，种地未满十亩者约七千余户，种地十亩以上者约一万九千余户，种地三十亩以上者约二万余户，种地五十亩以上者约一万七千余户，种地百亩以上者约四千余户。

（赵兴德修，王鹤龄纂：《义县志》，中卷之九，民事志，实业，农业之属，民国二十年铅印本。）

〔民国二十三年前后，吉林〕　土地为本省人民投资之惟一途径，盖财富所由定也。惟关于土地分配状况，无统计可查。约略言之，则一千响（百顷）以上之大地主甚少，有之则多在沿边新辟各县；若五百响至一千响，二百响至五百响，一百响至二百响者，则依次渐多，而以百响以下、十响以上者为最多。至无产阶级，约占省民三分之一，然为数已逾二百万。

（刘爽编：《吉林新志》，下编，人文之部，第五章，实业，第一节，农业，一九六〇年据民国二十三年铅印本油印本。）

〔辽代至清代后期，黑龙江〕 黑龙江省开垦实始于辽命耶律唐古督耕稼，率众田胪朐河侧，是为黑龙江督垦之始。金移民屯种于泰州，是为黑龙江移民之始。清初招垦授官督田议叙，尤重劝农。至咸、同年弛禁放荒，大兴垦务，于是屯垦清丈，移民殖边，成效始著。

（金梁纂：《黑龙江通志纲要》，田制志，垦丈，民国十四年铅印本。）

〔清康熙二十二年至民国二十二年，黑龙江〕 江省垦务沿革约可分为三时期：自康熙二十二年设置将军以后，至咸丰十一年为屯垦时期；自咸丰十一年至光绪三十年为部分开放时期；自光绪三十年以迄今日为全体开放时期。

（万福麟修，张伯英纂：《黑龙江志稿》，卷八，经政志，垦丈，民国二十二年铅印本。）

〔清咸丰年间至民国二十二年，黑龙江〕 黑龙江旧系驻防省分〈份〉，向习游牧，不讲农桑，遂致膏腴土地而荒旷者多，丰美水草而种植者少，自逊清咸、同以后始议招垦，于光、宣之交实行丈放。民国以来，全省荒地一律招领开垦，于是荒地日辟，移民日多，而农业亦日兴矣。各处农地以松花江北岸各县开垦为最早，土壤肥沃，谷物丰多。嫩江中部，黑河附近，尤称膏腴。如额尔古纳河东岸、黑龙江右岸、黑龙江下游与松花江间诸流域，众流汇注萦回，皆为天然水利，亦多可垦之地。至兴安岭一带，虽丁户稍稀，而树木蔽天，足以供农业器具之用。蒙古逐水草而居，称行国，虽地广人稀，但牛溲、马勃、腐叶、草根遍地皆是，壅淤既深，遂化瘠土为沃壤。近边诸旗观汉人之务农，年年余盈，不胜企羡，近年来亦从事于耕植。凡设郡县之区，类皆农重于牧，操作亦仿汉人，但坚忍耐劳为稍逊耳。若地利有余，人工不足，则觅齐、燕无业之民或雇敖汉奈漫、喀喇沁、土默特诸旗蒙人以助耕作，俗名捞青。离郡县较远之区，务农虽已同化，而操作不同，尚宛然上古时代之旧法也。彼等操作于草原肥沃之地，连年耕种至数年后，地力耗尽，再择求新地，仍如前法耕作，地力再尽再换或岁易其地，待雨乃播，不雨则终不破土。雨后，相水坎处，携妇、子、牛、羊以往，毡庐孤立，布种辄去，不复顾。逮秋后来，诸草莠杂，获计一亩所得不及汉田之半。而汉人操作则不然，汉人之耕作有分休闲、轮作二法。若砂碱地则用休闲法，每年耕作一分，休闲一分。至轮作法最为普通，即高粱、谷子、黄豆之类，每三年轮种一次，又名翻茬，为与获茬互相轮种也。农作之地，有平原地带、山岳地带之别，平原地带气候适宜，各种农作物均可耕种。山岳地带人烟稀少，天气较寒，生育期间过短，仅能播种数种而已。农户以直隶、山东二籍为多。民国六年调查，全省农家户数共计有三十二万三千四百三十四户,田之面积以二百八十号为一亩,十亩为一晌,四十五晌为一方,三十六方为一井。未垦者曰毛荒,已垦者曰熟地。全省田圃亩数,据民国六年调查,共计三千八百六十六万一千三百十一亩。种植以米、麦、豆、粟、黍、稷为大宗。兹将民国六年出产调查录志于下,俾日后赢绌有所比较。

粳 米	三万四百四十一亩	每亩收获量约三斗二升四合
大 麦	二百九十六万三千九百六十七亩	每亩收获量约五斗八合
小 麦	六百四十六万四百五十九亩	每亩收获量约四斗一升八合
燕 麦	一百三十三万九千二百三十八亩	每亩收获量约三斗七升七合
大 豆	六百八十一万一千五百九十亩	每亩收获量约六斗四升七合
小 豆	九十八万六千七百六十一亩	每亩收获量约三斗九升六合
绿 豆	二十四万四千四百四十八亩	每亩收获量约二斗五升六合
蚕 豆	三万四千九十八亩	每亩收获量约三斗八升六合
豌 豆	九万四千九十二亩	每亩收获量约四斗四升一合
豇 豆	二万三千二百亩	每亩收获量约三斗六升七合
芸 豆	二十万四千十一亩	每亩收获量约三斗四升三合
黍 子	一百六十三万九千四百五十八亩	每亩收获量约四斗七升
稷	一百一万七千五百二十七亩	每亩收获量约四斗三升八合
粟	四百十四万四千九百九十九亩	每亩收获量约五斗四升二合
玉蜀黍	三百八十三万七千九十四亩	每亩收获量约五斗一升六合
荞 麦	八十七万八千二百七十亩	每亩收获量约四斗五升五合

以上统计共出产一千七百余万石。输出以大豆为大宗,燕麦次之。

(万福麟修,张伯英纂:《黑龙江志稿》,卷十六,物产志,农业,民国二十二年铅印本。)

〔清朝末年至民国初年,黑龙江讷河县〕 宣统二年始设讷河厅,民国二年改县(《三省地志》)。布特哈东路总管治博尔多,兼理讷穆尔河垦务。近年改讷河厅,今改县,督办瑞丰农务公司及湖北移民。二克山一带土地膏腴,垦户日集(《乡土志》)。

(郭克兴辑:《黑龙江乡土录》,第一篇,方舆志,第三章,龙江道,讷河县,黑龙江人民出版社一九八七年校点铅印本。)

〔清朝末年至民国初年,黑龙江景星县〕 景星县,在嫩江之西、齐沁河南,距龙江县治二百里。全境居民千余户,计地三十万垧,可垦腴荒甚多。

(郭克兴辑:《黑龙江乡土录》,第一篇,方舆志,第三章,龙江道,景星县,黑龙江人民出版社一九八七年校点铅印本。)

〔清朝末年至民国初年，黑龙江嫩江县〕 嫩江县……民国二年改县（《三省地志》）。墨尔根城居全省中央、嫩江东岸，旧为省会，原驻副都统，改设嫩江府，今改县。其北科罗、塔溪两站，皆有河渠可灌溉，故垦务渐兴。

（郭克兴辑：《黑龙江乡土录》，第一篇，方舆志，第三章，龙江道，嫩江县，黑龙江人民出版社一九八七年校点铅印本。）

〔民国十年，吉林桦川县〕

农户数及耕田多寡表（民国十年）

区别	十亩未满	十亩以上	三十亩以上	五十亩以上	百亩以上	计
平政区	三五六户	八七二户	一二七五户	五三六户	七一七户	三七五六户
粒民区	五七二	七六三	一五三六	七二四	一二三九	四八三四
阜财区	一九七	三五六	八九四	九六三	三二〇	二七三〇
兴利区	一五六	二四七	七九六	四七二	四三四	二一〇五
安业区	二三五	三六八	五五六	五八九	九五二	二七〇〇
向化区	二七二	二九四	四七八	二八七	五六九	一九〇〇
富田区	一八七	四〇二	三二一	四五二	四三八	一八〇〇
归仁区	二一八	三五六	一九七	三七六	四五三	一六〇〇
永丰区	八七	一五三	二一九	二八一	二二四	九六四
久泰区	一一九	九八	五六	三一四	二六九	八五六
合计	二三九九	三九〇九	六三二八	四九九四	五六一五	二三二四五
备考	查桦川县自种、租种各户共二万三千二百四十五户，按十亩为一垧计算，共耕地七万余垧，合并声明。					

（郑士纯等修，朱衣点等纂：《桦川县志》，卷二，实业，农业，民国十七年铅印本。）

〔民国十年，吉林桦川县〕

区别	农户数			
	自种	租种	自种兼租种	合计
平政区	二一八〇	一三二〇	二五六	三七五六
粒民区	二三四一	一七五八	七三五	四八三四
阜财区	一二五六	九三六	五三八	二七三〇
兴利区	九三二	八二七	三四六	二一〇五
安业区	一四六七	九四八	二八五	二七〇〇
向化区	八一六	七二八	三五六	一九〇〇
富田区	八九三	五九三	三一四	一八〇〇
归仁区	六八〇	六三一	二八九	一六〇〇

（续表）

区别	农户数				
	自种	租种	自种兼租种	合计
永丰区	四六八	三六一	一三五	九六四
久泰区	四二二	二八九	一四五	八五六
合计	一一四五五	八三九一	三三九九	二三二二四五
备考	查桦川县自设治迄今，农户耕作共二万三千二百四十五户，养正、履安二区并无农户，合并声明。			

（郑士纯等修，朱衣点等纂：《桦川县志》，卷二，实业，农业，民国十七年铅印本。）

〔民国二十三年前后，陕西宁陕厅〕　厅疆辽阔，地土亦广，其未经开垦地，以手指脚踏为界，往往有数两契价买地至数里、十数里者。开荒之费谓之苦工，压租之资谓之顶手。苦工、顶手之价重，土地之价轻，所以川、楚各省民人源源而来。有资本者买地、典地、广阔山场；无资本者佃地、租地，耕作自给。山中赋税不多，种植亦易，所以本省视为荒山，外省转视为乐土。近则膏腴尽辟，高山老林尚存手指脚踏之风，而寸土尺地皆有主名。

（杨虎城、邵力子修，吴廷锡等纂：《续修陕西通志稿》，卷一百九十五，风俗一，宁陕厅，民国二十三年铅印本。）

〔宋代至明朝，陕西平凉府镇原县〕　屯田而未归故土者（宋时，镇戎军区域屯田占五百顷；明制，屯军每人授田一百顷）：宋咸平中，陕西转运刘综上《古原州屯田疏》，略谓："古原州建镇戎军，一岁给多粮四十余万石，束茶盐五十余万，更令运民输送，其费益多，请于军城四面屯田，开田五十顷，置役军二百人，牛八百头耕种之。又于军城前后及木硖口各置堡砦，分居其人，无敌则耕，敌至则战，命知军官为屯田制置使，自择便臣充各砦监押，每砦各百人充屯戍。"诏从之。案：史自后魏，置原州。隋、唐因之，故宋名为古原州。今邑县署大门楼犹有石刻古原州三字。明初兵制，每军一名查给卫所屯地一顷，以为屯田。彼时养兵虽众，不费一钱，官不烦催科，民不苦输纳。正统间，改令民输粟于官，军支粮于仓，催证出纳，吏缘为奸，兵饷渐缺，民赋日逋，甚至典屯弁职系狱籍役者累累，屯政日坏。万历七年，临巩兵备暴孟奇议请每兵仍给地一顷，熟荒各半，兵民相又四十年。

（钱史彤、邹介民修，焦国理、慕寿祺纂：《重修镇原县志》，卷三，民族志，种类，民国二十四年铅印本。）

〔明代至民国二十四年前后，甘肃镇原县〕　旧《志》书云：镇原在元时为临泾、彭阳、东山、三川四县之地名，虽为四，而元人以地瘠气寒，粮额甚少。明初，并四属为一县，不察旧额，惟照地广派夏秋粮三万四千七百七十余石，较汉中一府反多。又因粮派站，协济各州县马一百四十二匹，比凤翔一府加甚，民遂不支。然自洪武以来，粮完不及叁分，时亦以边疲，不甚急追，民故不逃。至成化间，岁大祲，死亡过半，抛荒不可胜计。邑侯徐镛收民于近境，奏豁粮一万二千七百石零，弃邑西北地，自开边铺至平安寨，又至彭阳驿，凡百余里，无人耕种。正德间，总制杨公一清，见弃地甚多，置为收所，属临武监。盖镇原已削疆土殆半，而粮亦随减矣。后嘉靖十六年，不查地减之故，复按旧额派索已豁旧数，百姓渐次逃亡。巡按题〈提〉请宽豁，未允。至万历十一年，岁连祲，民之死者十五六，近例更严参罚，有司不得已，而下严证之令，拘系棰楚不得其死者众矣。滑奸之徒或远去凤翔、华亭，或潜窝本境军寨，抛荒之地被境内八十八寨，余丁占种十之四五。军强民弱，勾摄难行，兼之无籍宗室霸佃逃户田产，倚势拒差，盖城中成刁俗焉。当时议者谓，宜将八十八寨屯军，准照土达军九十七名，往年编充里甲，办当粮差，未果举行。嗣后宗室愈繁，膏腴率为所肥，穷民不能供差者带地役入为奴。府之杂应，止责于一二良民。又自启、正以来，凶荒洊洊臻，虽粮额豁减，止留一万八千，而完纳不过三分之数，官斯土者无一不累于考成焉。崇正〈祯〉十三年，大祲。十五年，流贼破县，民之死于荒者七，死于兵者又二矣。惨哉。清初，轸念边氓，折征熟地，邑侯崔应凤请豁粮一万石有零，招抚遗民九百余户，百姓渐次乐业垂三百年，乃元气至今未复，夏秋稍歉，民即不堪其命者。

（钱史彤、邹介民修，焦国理、慕寿祺纂：《重修镇原县志》，卷三，民族志，种类，民国二十四年铅印本。）

〔清雍正十年至乾隆二年前后，甘肃肃州〕　自雍正十年以来，因西方用兵，军需繁重，大学士西林鄂公巡边，考汉、唐故事，总以屯田为第一义。于是，总督武进刘公与协办军需侍郎蒋公，在嘉峪关以东屯田。大将军查公与都御史孔公，在嘉峪关以西屯田。在关西者，今已分授营兵耕种。在关东者，则募百姓充当屯户，现在设官督种，分粮以为驻防军糈之用，以省河东辇运之烦，百世长久之利也。计所开屯田，在肃州属曰九家窑、三清湾、柔远堡、毛目城、双树墩、九坝。在甘州属曰平川堡。在凉州属曰柳林湖、昌宁湖。在肃属者，应见肃州、高台志内。在甘、凉者，本应见甘、凉之志。然统为肃州军需起见，而甘省《通志》中，此项又无开载，恐后世无凭稽考，因亦附载于此云。屯田条例，雍正十一二等年，总督刘公与侍郎蒋公上议：一、凡开渠、筑坝、平地，雇募人夫，每日每名给工价银六分，面一斤八两，米四合一勺五抄。若米、面本色不便，愿领折色者，照依各地方时价计算给银。一、招募屯户既定之后，所需籽种和州县存仓之粮或不敷，方行采买。总系在官借给，秋成后，先行扣还，然后将余粮官民各半平分。一、凡开渠、筑坝、打墙、盖屋、丈尺工程，总照依土方，部颁定例。一、凡屯田需牛车、农具，计籽种每百石需牛二十四只，每只银十两，需车六辆，每辆银七两。又，凡牛一只，需农具银一两六钱。凡有多寡，依此核算。官为借给，分作五年扣还。一、地居口外无房屋者，每籽种一百石，酌给窝铺五间，每间给银二两四钱，牛圈六间，每间给银一两二钱，日后免其追交。一、管理屯田，需用委官、生监、农民。若地在口外，照依嘉峪关西屯田事例，一官二役，每日给银六钱。若在口内，照口内佐、杂、办差之例，一官一役，每日给银一钱六分。其生、监无论口内外，给银一钱八分，农民无论口内外，每日给银一钱。一、地居口外，委官人等，未便露处，每一千石，酌盖土房十间，每间给银八两或五两不等。一、屯田所收草束，屯户等需喂牛之用，故不分于官，全归屯户。一、青黄不接之时，酌量借给口粮，当年秋收，照数于屯户所分之内扣还。一、所下籽种，因地土厚薄，每亩多寡不同，小麦则每亩一斗六、一斗四、一斗二以至八九升不等。青稞、豆，照依小麦。糜子则每亩五、六、七升不等。粟谷则颗粒尤细，每亩一二升不等。

（清　黄文炜、沈青崖纂修：《重修肃州新志》，肃州，第四册，屯田，乾隆二年刻本。）

注：肃州即今甘肃酒泉县。

〔**清朝，甘肃**〕　甘省安西、凉州、肃州等处，从前均有屯田，自安、凉二处改屯升科之后，只肃州属之柔远堡、平川堡、毛目城、双树墩四屯仍照旧制办理。此四屯地亩系雍正十一年所开，招民承种，秋收时，除归还官借子种并扣除耗粮外，官民各半分收。每年约官收粮一千四五百石不等。

（清　佚名纂：《甘省便览》，屯田水利，据抄本影印本。）

〔**民国二十四年，甘肃夏河县**〕　夏河县农户四百五十家，占总户数百分之五，已耕地一万四千九百余亩，占全县面积百分之二。藏民体质强健，工作效率颇大，尤以女子为然，故农家每户人口虽少，但经营三四十亩之土地，尚不感人工缺乏。惟地高天寒，广种薄收，栽种数年之后，即须休闲，以恢复地力。

（张其昀纂：《夏河县志稿》，卷四，农业，民国二十四年修，抄本。）

〔**明朝，宁夏**〕　宁夏军田以五十亩为一分，一军承之，余丁田无定数，彼此相易无禁,许其过割。国初之设,每百户,军三屯七,盖以二人之耕以供一军之用。田则鳞次,各有定方。大概皆约束于总旗,故所属之户,田之肥瘠广狭,丁之多寡老弱,无一不谙,事所以易集,而差所以易办,政所以觉其简静而易行。后以屯役浩繁,人皆夤缘应军而弃田,此屯之弊肇矣。总旗又以升陟为谋,弃屯入操,此屯之弊渐矣。今则原额屯军十止三四,顶补余丁十乃六七,丁壮而力富者又为旗甲所隐,以致差拨不均,故逋亡相望,户口半减于昔,此屯之弊极矣。

（明　胡汝砺纂修,管律重修:《嘉靖宁夏新志》,卷之一,宁夏总镇,宁夏人民出版社一九八二年校勘本。）

〔东汉至清宣统三年,新疆〕　班《书》有言:出玉门阳关,自且末以往,皆种五谷,土地草木与汉略同。《北史》《唐书》亦历言,西域土宜五谷、桑、麻之属。逮于本朝,益扩张屯垦之政,以赡军食。中兴以来改设郡县,变屯田旧法,垦地至一千万余亩。

（清　袁大化修,王树枏纂:《新疆图志》,卷二十八,实业一,农,清宣统三年活字本。）

〔清乾隆二十五年,新疆伊犁〕　伊犁屯田有兵屯、有回屯、有户屯,初无旗屯。兵屯者,绿营兵丁之屯。……皆创自乾隆二十五年。

（清　松筠纂修:《钦定新疆识略》,卷六,屯务,清道光元年刻本。）

〔清朝,新疆〕　当开省之初,招徕孑遗,计户授田,大抵上地六十亩为一户,中地九十亩,下地一百二十亩,然亦有多寡不一致者。……其时,田多而户少,高原无塍,下隰无畔,颇多占地自广,无有经界（地广人稀,力不能耕,乃为代田之法,耕一而休二,岁以为常）。任其力所能耕取给而已。

（清　钟广生撰:《新疆志稿》,卷二,实业志,农田,清宣统二年修,民国十九年铅印本。）

〔民国年间,山东临清县〕　民国以来,岁久失修,淤垫日甚,由临清迄黄河北岸,计程二百余里,所有汶河河道堤岸,及岸外埝道,悉为沿河居民纳租垦种,向之南北交通孔道,悉变为膏腴良田。

（张自清修,张树梅、王贵笙纂:《临清县志》,疆域志,河渠,民国二十三年铅印本。）

〔清同治、光绪年间,浙江湖州府孝丰县〕　天目蔓岭,源泉混混,不患流之不畅也,而来源太近,驶而末盛,迨将出境,始通舟楫。雨涝之年,叠嶂嵯峨,迫不及泄。故旧《志》云:无水之利,有水之害;又云:旱则讼水滋多。似孝丰之水,异他邑矣。然吾以为其利未尝不溥也,深山绝壑,饶竹木之产,人力不能出,乘溪涧之盈,顺流而下,顷刻百里。阡陌高低,不能如平壤之引灌,而顺势利导,绮交脉注,层递而下,用力少而见功多。又或奇旱之年,港断河枯,而是涓涓者,终复不息,此又非山乡之所独乎! 惟蛟水淫霖,冲沙走石,坏堤荡坝,则并壅塞其田,为害较剧,不可不虑。至讼水之事,兹且少息,则以地广人稀,业耕者各据便水之处,故虽堤坝未修,而灌输各足,数十年后,生齿渐繁,客民亦愈增,远水之地渐成村落,则争方始耳。是在司牧者相地择便,因时制宜,导修旧岸,或增新堤,立岁葺之规,定分水之法,使习而安焉,庶乎其可也。然欲经理于今兹,则势又不能以无人耕种之地,共无借蓄浅之沟,纵多方劝勉,谁其听之? 斯宜待之后来者,故第悉其原委,评其塘坝,以俟讲求,抑又有先事之防焉。《浙西水利备考》云:于潜、临安、余杭三县,棚民租山垦种,阡陌相连,将山土刨松,一遇淫霖,沙随水落,倾注而下,溪河日淀月淤,不能容纳,与湖郡之孝丰、安吉、武康三县,长兴之西南境,乌程之西境,其为害同。惟积重难返,埽除不易云。今闲田尚多,种山者少,预为禁止,此或其时,盖非独一邑之病,下游郡县均受其害也。而非士民一其心意,垂为鉴戒,或且贪其租息,引致渐多,则终蹈斯弊,且盗贼之徒多其党类,是不可不早为之所。爰为严立示禁,以告来兹,毋以为无关利害而忽焉,则幸矣。

(清　刘濬等修,潘宅仁等纂:《孝丰县志》,卷二,水利志,原委,清光绪五年刻本。)

注:一九五八年并入安吉县。

〔民国二十五年前后,浙江〕　农户种类约分自耕农、半自耕农、佃农、雇农四种。农户分配,全省以佃农为最多,占百分之三[十]五;半自耕农次之,占百分之三[十]三点六;自耕农又次之,占百分之二[十]三点六;雇农最少,占百分之七点八。

(姜卿云编:《浙江新志》,上卷,第七章,浙江省之社会,农业,民国二十五年铅印本。)

〔民国二十六年前后,浙江鄞县〕　鄞县农田面积,据土地陈报,为七十四万九千零六十六亩,占全县土地百分之四十五,分布各区,尚称均匀,收获量亦各相若。农户约三万四千户,占全县户口十分之二,平均每户耕地约二十亩。

(张传保等修,陈训正等纂:《鄞县通志》,食货志,甲编,农林,民国二十六年铅印本。)

〔清光绪十八年前后,安徽凤阳府凤台县〕　县境侈于西北,而缩于东南,断长补短,方百里而有余。准今亩度之,方一里者,为田五百四十亩,方百里者,则为田五百四十万亩也。山水之占地者少。民居既稀,里落廖旷,计城郭、途巷、山陵、林麓、川泽四而去一,其余当得田四百万亩有奇。今岁赋田之计,在额者不过四[分]之一,民户近十万,丁口不及三十万,土杂五色,多坟衍硗瘠之地。

（清 李师沆修,葛荫南等纂:《重修凤台县志》,卷四,食货志,物产,清光绪十九年活字本。）

〔清同治十二年前后,江西建昌府南城县〕 士大夫家其祖宗俱设有学田,随其士之多寡而分之,或更收之。向惟以赡诸生膏火,今则科甲五贡间有分收者,各族之例不一。

（清 李人镜修,梅体萱等纂:《南城县志》,卷一,风俗,清同治十二年刻本。）

〔民国十一年前后,福建平潭县〕

农家户数及田园亩数表

地别	农家户数				农田亩数		
	自种	租种	自种兼租种	合计	自种	租种	合计
候均区	一一〇〇户	一一八八户	一〇〇户	二三八八户	八三四〇亩	九二六六亩	一七六〇六亩
大墩区	六二八户	四〇〇户	二四〇户	一二六八户	六三四〇亩	三九七五亩	一〇三一五亩
斗门区	六二五户	四九七户	一四六户	一二六八户	五八二七亩	六八四一亩	一二六六八亩
朴涵区	七〇〇户	四〇〇户	一〇六户	一二〇六户	五二〇七亩	四〇五四亩	九二六一亩
坑北区	三四一户	二〇〇户	三五四户	八九五户	九〇四六亩	三二九七亩	八三三七亩
高平区	三五五户	一〇七户	二三六户	六九八户	四九一二亩	六〇二六亩	一〇九三八亩
鳌南区	三六〇户	三一三户	三一二户	九八五户	二九四〇亩	四九二一亩	七八六一亩
北夯区	二七五户	一三一户	一九七户	六〇三户	四五二四亩	五二四一亩	九七六五亩
庄上区	二八五户	一四三户	二四一户	六六九户	四一〇七亩	三〇一一亩	七一一八亩
东小区	二〇八户	一二四户	三〇七户	六三九户	三〇七五亩	三〇一八亩	六〇九三亩
大扁区	二一二户	一五七户	一八六户	五五五户	三六五二亩	三二二一亩	六八七三亩
屿头区	二二三户	一四八户	三六〇户	七三一户	二九一〇亩	一八〇四亩	四七九五亩
塘草区	二一二户	一三四户	二一六户	五六二户	三二〇〇亩	三七五九亩	六九六〇亩
合计	五五二四户	三九四二户	三〇〇一户	一二四六七户	六〇一五六亩	五八四三四亩	一一八五九〇亩

（黄履思等修:《平潭县志》,卷十七,实业志,民国十二年铅印本。）

〔民国十一年前后,福建平潭县〕

地别	十亩未满	十亩以上	三十亩以上	五十亩以上	合计
候均区	一五〇〇户	八七一户	一五户	二户	二三八八户
大墩区	六六一户	六〇〇户	六户	一户	一二六八户
斗门区	六五一户	五九九户	一五户	三户	一二六八户
朴酒区	五〇二户	六五八户	四〇户	六户	一二〇六户

(续表)

地　　别	十亩未满	十亩以上	三十亩以上	五十亩以上	合　　计
坑北区	三四二户	五三六户	一五户	二户	八九五户
高平区	二九三户	三八二户	二〇户	三户	六九八户
鳌南区	三九二户	五七〇户	二〇户	三户	九八五户
北夯区	二五四户	三二五户	二二户	二户	六〇三户
庄上区	二三六户	四〇五户	二五户	三户	六六九户
东小区	二九二户	三四二户	五户	〇户	六三九户
大扁区	二〇五户	三四〇户	八户	二户	五五五户
屿头区	三一八户	四〇〇户	一二户	一户	七三一户
塘草区	三五一户	二〇〇户	一〇户	一户	五六二户
合　　计	五九九七户	六二二八户	二一三户	二九户	一二四六七户

（黄履思等纂修：《平潭县志》，卷十七，实业志，民国十二年铅印本。）

〔**清乾隆十二年前后，台湾**〕　台山无虎，故鹿最繁，昔年近山皆为土番鹿场，今则汉人垦种，极目良田，遂多于内山捕猎。

（清　范咸纂修：《重修台湾府志》，卷十八，物产二，鸟兽，清乾隆十二年刻本。）

〔**民国二十四年，河南西华县**〕　农地分配（据河南建设厅二十四年调查）：全县农地面积约一万一千一百九十二顷零四亩，田地占农地面积一万零四百零五顷零六亩，园圃占农地面积七百八十六顷又九十八亩；自耕农占农地面积八千九百九十九顷又六十一亩，佃农占农地面积二千一百九十二顷又四十三亩；十亩以下之户约占百分之七十五，十亩以上至三十亩之户约占百分之十七，三十亩至五十亩之户约占百分之六，五十亩以上之户约占百分之二。农户（据河南建设厅二十四年调查）：全县农户约七万二千零五十九户，自耕农约五万六千一百五十三户，佃农约一万五千九百零六户。

（凌甲烺、吕应南修，张嘉谋等纂：《西华县续志》，卷七，建设志，农业，民国二十七年铅印本。）

〔**西晋时期，荆州襄阳郡**〕　柤中在上黄界，去襄阳一百五十里。魏时，夷王梅敷兄弟三人部曲万家屯此，分布在中卢、宜城西山鄢、沔二谷中。土地平敞，宜桑麻，有水陆良田，沔南之膏腴沃壤，谓之"柤中"。

（东晋　习凿齿撰：《襄阳耆旧记》，卷四，城邑，柤中，一九八六年荆楚书社铅印本。）

〔**清朝，湖南长沙府攸县**〕　国朝裁汰卫所，凡无运粮卫所，俱照民田起科，海内便之。攸邑屯田,旧属茶陵卫,卫内田一千四百三十九顷九十七亩零,攸得十之一焉。

(清　赵勤等修,陈之骦纂,王元凯续修,严鸣琦续纂:《攸县志》,卷二十,屯田;清同治十年刻本。)

〔清代至民国三十七年前后,湖南醴陵县〕　综计各乡、镇农田业主载在赋册者,凡一十九万六千三百余户,每户平均三亩二分弱。然据户籍统计,全县仅十万户,户有田者不及半数,平均要亦不过十余亩,盖百数十年前,邑中有管田千亩及至万亩者,今则无矣。其中自耕者居三之一,而佃农亦往往自有数亩之田。

(陈鲲修,刘谦等纂:《醴陵县志》,卷五,食货志,农田,民国三十七年铅印本。)

〔民国二十年前后,湖南湘潭县〕　大地主甚少,私有田产者,多至二三千亩或数百亩,少至数十亩或数亩而已。计自耕农男四万四千三百六十八人,女一万七千九百三十九人;半自耕农男二万一千九百二十五人,女八千七百八十七人;佃农男十一万二千四百零一人,女三万五千一百五十三人。

(曾继梧等编:《湖南各县调查笔记》,物产类,湘潭,民国二十年铅印本。)

〔民国二十五年,湖南醴陵县〕　全县农产及耕地按耕种面积分组调查表

组　　别	户　数	面积(公亩)	附　记
30公亩以下	14 823	359 923	公亩每亩100方公尺,合中国旧亩0.162 760 4亩
31～60公亩	42 351	1 713 920	
61～90公亩	12 705	899 808	
91～120公亩	6 355	671 678	
121～150公亩	530	69 628	
151～180公亩	1 059	176 748	
181～210公亩	2 118	417 768	
211～240公亩	159	35 350	
241～270公亩	106	26 780	
271～300公亩	106	29 994	
301～600公亩	53	21 424	
601～900公亩	53	32 136	
总　　计	80 418	4 455 157	

(刘谦等纂:《醴陵县志》,卷五,食货上,农田,民国三十七年铅印本。)

〔民国二十五年,湖南醴陵县〕 全县农产及耕地按自耕、佃耕分类调查表

类　别	户　数	耕地面积(公亩)			附　记
^	^	自有田地	租用田地	共　计	^
自耕农	二七五一一	一五九一五八一	六七七二六九	二二六八六五〇	本表之所谓自耕农即其自有田地占其所耕田地半数以上者
佃耕农	五二九〇七	五一二一八四	一六七四一二三	二一八六三〇七	
总　计	八〇四一八	二一〇三七六五	二三五一三九二	四四五一五七	

(刘谦等纂:《醴陵县志》,卷五,食货志上,农田,民国三十七年铅印本。)

〔明朝至清朝,广东琼州府崖州〕

明:

海南卫内外十一所,额设屯田凡二十二处。每年一岁种二石,受田二十石,获米十八石。内除一十二石准其一岁月粮,以余六石纳官(《府志》)。

崖州所屯田二,曰北山,曰湳西。坐落本州地方。征粮一千三百四十六石三斗三升七合,共银四百零三两九钱零一厘一毫。解军储仓。

乐定营屯田,万历四十二年征平罗活贼,清丈黎田一百一十九顷四十二亩零。参将何斌臣议将三十顷与广西药弩三百名为屯田,每名十亩,岁抵月粮二两四钱。存田徐世琼、唐雄、胡天锡等承领,尚存七十七顷零,给与残黎耕食(宋《志》)。

国朝:

国初既定营制,军丁改为屯丁,屯粮改充兵食。顺治九年设卫,守备一员,督征屯粮,散给兵食。十二年,奉撤卫所,官回原籍。屯粮归并各州县带征,仍给兵食。内五所系卫征解外,六所于顺治十八年经司道译久,并为三所。另设千总三员,分拨附近州县防城,并征解屯粮。崖州所驻千总一员。雍正三年,奉裁,归并崖州管理。原额屯田计四十四顷八十亩,米一千三百四十四石。每石折银三钱,该银四百零三两二钱。又每石派银耗一分五厘,该银二十两零一钱六分。后奉行改征本色。除荒陷三十六顷六十亩无征外,实证熟田八顷二十亩。征上则米二百四十六石以上。熟田连雍正十年至乾隆五年各垦,复税一顷九十六亩,共计一十顷零一十六亩零。征米二百六十三石四斗零六合七勺零。嘉庆二十五年,奉文减则米五十三石一斗三升六合零,实征米二百一十石零二斗七升零。原额匀派屯丁一十八,丁一分五厘,编征银四两六钱六分零九毫零八息。

(清　张嶲等纂修:《崖州志》,卷之七,经政志二,屯田;郭沫若一九六二年点校,广东人民出版社一九八三年版。)

〔**清光绪初年,广东广州府香山县**〕 香山土田凡五等。一曰坑田,山谷间稍低润者,遇涝水,流沙冲压,则岁用荒歉。二曰旱田,高硬之区,潮水不及,雨则耕,旱干则弃。三曰洋田,沃野平原,以得水潦之先堵为上。四曰碱田,西南薄海之所,碱潮伤稼,则筑堤障之,俟山溪水至而耕。五曰潮田,潮漫汐干,每西潦东注,流块下积,则沙垣渐高,以黄草植其上,三年即成子田,子田成,然后报税,其利颇多,然豪右寄庄者,巧立名色,指东为西,母子相连,则横截而奇之,往往构讼焉(《广东新语》)。田濒海浮生势,豪家名为承饷,而影占他人已熟之田为己物,是谓占沙。秋稼将登,则统率打手,驾大船列刃张旗以往,是谓抢割(《广东新语》)。其有交通疍民,纳交豪富,恣意影占,鬼蜮百端,是谓沙棍,斗狠兴讼,皆此辈为之(采访册)。定制本以贫民无业者承垦,而报承皆富户,诡名本无界址,彼此冒占。

(清 陈沣纂:《香山县志》,卷五,舆地下,风俗,清光绪五年刻本。)

〔**清光绪初年,广东广州府顺德、香山等县**〕 顺德、香山多争沙田,盖沙田皆海中浮涨之土,原无税业。语曰,一兔在埜,众共逐焉,积兔在市,过而不问,有主之与无主也。沙田,埜兔之类也。争沙田,逐兔之类也。凡断沙田者,稽其籍,果曾报税,案籍给之,无籍没官买;如曰,吾所承业,从某户某田,崩陷代补者也,则奸民之尤也,勿听,仍没之官,则奸难售而讼亦可省矣。

(清 戴肇辰等修,史澄等纂:《广州府志》,卷十五,舆地略七,清光绪五年刻本。)

〔**民国二十年前后,广东番禺县**〕 下番禺之田濒江海者,或数年或数十年辄有浮生,虽不如东、顺、香之多,然大致相类。浮生之田是曰沙田。其初鱼游鹤立,即有富豪承沙报税,察其可植芦荡,便当升科,名曰草白坦,其税只列下则。迨沙浮水面,渐可植禾,成为坦田,遂升中则。著至沙滩巩固,田可再熟,则当升上则税矣。沙田之主或转卖与人者,但卖其已成之田,而其所承之沙地段尚阔,累数十年后,尚冀其有溢坦浮生,又可升科纳税,得地以耕,故卖田者必留此未成田之沙,不肯割卖,是名沙骨。又沙坦既成,田亩弥望,动辄以千百顷计,田主必雇护沙之勇用为防御,否则秋稼将登,附近势豪常有率暴徒驾大船横枪列刀张旗而来,是曰抢割。若遇大伙强盗,虽有沙勇,亦莫敢谁何。近年盗贼横行,其祸尤烈。然邑中富豪以沙田利大,多有报承他邑沙坦延及沿海者,次则大农亦喜投巨资批田转租小佃,以牟大利,所获比他佃常多。凡耕围田者,于田之四周筑土为矶台,内环其田,外以障水,而杂植果木矶上,其所得亦复不赀。

(梁鼎芬等修,丁仁长等纂:《番禺县续志》,卷十二,实业,农业,民国二十年刻本。)

〔清道光十三年前后,广东廉州府钦州〕 昔钦州农民播种后,不粪不耘,旱潦听天,余荒未辟。今则附山凿沟,引泉筑堤,建坝蓄水,近河造水车、龙骨车以激水,天时亢旱则有水以资灌溉,修圳开渠,遇水则可以消纳。分秧栽插,加粪耘籽,事事讲求,林涧荒坡尽行开辟,不惟瘠土变为沃土,而沧海且变为桑田焉。从前州南濒海,潮长汪洋,高岸旷土尚力斩未辟,遑计及海滨。今升平日久,生齿日繁,负耒来氓渐集者众,生谷之地无不尽垦。自乾隆中以至于今,海潮所到之处若黄坡笃、大榄村、毛岭、横山、排榜、沙井、大小头、烂木头、蛇岭、三叉坪、九叉江、凉粉坑、芙蓉港等处,相其土宜可以塞潮种植者,经营图度,覆土筑堤,以障潮汐,留水门以通消纳,名曰围田,收利甚广。

（清 张堉春修,陈治昌等纂:《廉州府志》,卷四,舆地四,风俗,清道光十三年刻本。）

〔民国二十二年前后,广西钟山县〕 县境滨水之地,皆宜农田。全属业农之家约在百分之九十五以上,就中自耕农约十之三与四,半耕农约十之二,佃耕农约十之三,半佃耕农约十之一与二。

（潘宝疆、卢世标修,卢钞标纂:《钟山县志》,卷十,实业,农业,民国二十二年铅印本。）

〔民国二十四年前后,广西贵县〕 全县户口八万二千零零三户,农户占十分之九,其中自耕农约百分之五十八有奇,佃农约百分之二十六,半自耕农约百分之一十一有奇,雇农约百分之四。

（欧仰羲等修,梁崇鼎等纂:《贵县志》,卷十一,实业,农业,民国二十四年铅印本。）

〔民国二十五年,广西阳朔县〕 县属纵横约百里,面积三千八百余方里,除百分之四十为石灰岩之童山,百分之十五为砂砾之赤岭,百分之五为庐墓、城池、河渠,百分之三十为粮田外,耕地只百分之八,未耕地只百分之二,余皆瘠硗不堪,仅可作牧场而已。

（张岳灵等修,黎启勋等纂:《阳朔县志》,第四编,经济,耕地及未耕地,民国二十五年修,民国三十二年石印本。）

〔民国二十五年前后,广西信都县〕 农之类别,自耕农居多数,半自耕农亦居多数,佃农多,雇农少。上列农民户数、人数各占十分之七八,每种占甚属人口总数百分之七八。佃农分租,多各半；额租,多占一成、二成。雇农有长短之分,长工价约二十元,短工价每日约一角,兼日食于主家。

（罗春芳修,王昆山纂:《信都县志》,第四编,经济,农业,民国二十五年铅印本。）

〔民国二十六年前后，广西来宾县〕　县民田业，其类别有二：其一曰自耕田，除岁纳国赋外，更无其他担负，是可称之为唯一所有权；有田之人若不能自耕，募人代耕或订明岁额租谷若干，或秋获时丰歉各分其半……所订岁额租谷最多不过所产谷四分之一至三分之一；其分半云者，有田之人所得亦不过七分之三至九分之四；其二曰租田，有田主、佃丁之名义，田非田主之所有，每岁但向佃丁征收租谷若干及粮钱、粮米各若干，视其田升科，占本色米或折色米之升斗为比例，谓之管田面。佃丁所有之田得自由典卖，谓之管田底。

（翟富文纂修：《来宾县志》，下篇，食货二，农工商业，民国二十六年铅印本。）

〔民国二十七年前后，广西田西县〕　全县八千二百余户，除纯粹营商二百余户外，农业之家，自耕农约一千二百户，计六千人，占全县人口百分之一五。半自耕农约二千四百户，一万二千人，占全县人口百分之三十。佃农约二千八百户，一万四千人，占全县人口百分之三十五。雇农约一千六百户，八千人，占全县人口百分之二十五。

（叶鸣平、罗建邦修，岑启沃纂：《田西县志》，第五编，经济，产业，农之类别，民国二十七年铅印本。）

注：田西县今为田林县。

〔民国二十五年前后，广西阳朔县〕　农之类别可分为四种：一曰自耕农，二曰半自耕农，三曰佃农，四曰雇农。自耕农户数约占县属户口百分之三十五，人数约占百分之四十。半自耕农户数约占县属户口百分之四十五，人数约占百分之六十。佃农户数约占县属户口百分之五十，人数约占百分之六十五。雇农户数约占县属户口百分之二十，人数约占百分之三十。佃农如系上田，由田主定为额租，主佃各半。中下田虽定额租，在丰年则无异议；若遇凶年，多要求田主分租，田主有不愿分租者，则酌量减租，此种习惯相沿已久，主佃均能相安，无有涉讼者。雇农分长工、短工二种，每月工价长工七八元，最高者不过十元。短工每月工价最高者不过十元至十二元。

（张岳灵等修，黎启勋等纂：《阳朔县志》第四编，经济，产业，农产及农业，民国二十五年修，民国三十二年石印本。）

〔民国三十五年前后，广西三江县〕　本县乡村男女，大多数务农，自耕为多，半自耕次之，佃耕较少，因种山优于为佃农故也。此外则雇农，为数亦少。农户率妇孺并作，其人数难于详确，兹以户数计之，约占全县百分之八十二

一、农　　业 | 19

强。自耕农,一万一千九百九十五户,占农民数百分之五十。半自耕农,一万零五百九十六户,占农民数百分之四十四点一。佃农,一千四百户,占农民数百分之五点九。农民总数,二万三千九百九十一户,占全县数百分之八十二点四。

（覃卓吾、龙澄波纂修,魏仁重续修,姜玉笙续纂:《三江县志》,卷四,经济,产业,实业,农业,民国三十五年铅印本。）

〔**明朝初年至清康熙元年,四川雅州府**〕　川之有屯,始于诸葛亮之屯五丈原。明初雅州之有军屯田,其详不可考。但相传有屯局指挥及九所十八屯等名。……康熙元年,丈量雅属军田,悉改民田,一例当差。

（清　曹抡彬修,曹抡翰纂:《雅州府志》,卷五,屯政,清乾隆四年刻本。）

〔**民国二十年,贵州安顺**〕　安顺全县人口据最近调查,共三万八千一百六十三户,有男十一万八千七百二十二丁,有女一十万零八千零二十一口,男女合计共有二十二万六千七百四十三人。其中农民约占百分之七十。农民中以自耕农为最多,而以东南乡双堡一带为尤甚。竟占该地农民总数百分之七十,其余百分之十四系半农,佃农及雇农各占百分之八。南乡羊武、鸡场一带亦多自耕农,其次为佃农。县城附近,东乡二堡,石板房及东北吊地场一带佃农最多,吊地场一带达农民总数百分之四十五,其余百分之三十五系自耕农,百分之十五系半农,百分之五系雇农。惟西乡么铺及大、小屯一带独多半自耕农。统计全县,自耕农约占农民总数百分之三十五,佃农约占百分之二十五,半自耕农约占百分之二十,半农约占百分之十五,雇农约占百分之五。

（贵州省安顺市志编纂委员会据民国二十年稿本整理:《续修安顺府志·安顺志》,第八卷,农林志,农业,农民概况,安顺市志编委会一九八三年铅印本。）

〔**民国二十年代末,贵州安顺**〕　农民约占全县人口十分之八,可分为五类,即自耕农、佃农、半自耕农、半农与雇农。凡自有田地,足敷自家耕种者谓之自耕农;自无田地,须佃他人之田地以资耕种者,谓之佃农;自家稍有田地,但不敷耕种,须加佃他人之田地以补不足者,谓之半自耕农;自耕或佃耕俱不足以自给,须兼营各种小工商业以资弥补家用者谓之半农;自无田地,又不能佃耕,仅供给他人以农业上之劳力,换取劳值以资生活者谓之雇农。雇农又可分为三种:以年计者名为长年,以月计者名为月活,以日计者名为零活。

各乡农民因地权分配、田土肥瘠与居住疏密之不同，类别比例亦各有异。大抵县城附近与东北一带颇多佃农，东、南二乡则多自耕农，西乡则多半自耕农。统计全县以自耕农为最多，佃农次之，半自耕农与半农再次之，而以雇农为最少。

（贵州省安顺市志编纂委员会据民国二十年稿本整理：《续修安顺府志·安顺志》，第八卷，农林志，农业，农民概况，安顺市志编委会一九八三年铅印本。）

〔民国二十七年至二十九年前后，贵州开阳县〕 就农家之性质分类，根据县府二十七年十月三十日农业普查表统计，则农户中，自耕农占百分之一五，佃农占百分之五［十］五，半自耕农占百分之三〇，是佃农仍占半数以上。依本县民间惯例，地主以田土招佃，除大多均供给住居房屋外，所有耕牛、子种等费纯由佃户负担，佃户亦无交纳押租之例，上纳粮税则由地主自理。田地达收成时，由佃户通知地主亲临分租，大致田中收益平均分派，亦有因田地过瘠薄，而按四六成分者，佃户六成，地主四成。……但亦有因田土即肥沃需工较少，而地主占六成，佃户四成者，名曰倒四六，如县城东门附郭田之一部是，但此究属最少数。土内收益，大致地主占三分之一，佃户占三分之二，亦有三七成分者，统视入佃时如何约定。除分租外，亦有认干租者，即由双方议明，认额照数上纳，较分担为简单。公有田产均采此办法，民间则殊罕有。

（欧先哲修，钟景贤纂：《开阳县志》，第四章，经济，农业，民国二十九年铅印本。）

〔清雍正年间至民国二十七年前后，云南昭通县〕 昭城地属荒服，昔为夷族所居，山峻水枯，刀耕火种，漫无法制。自雍正改土后，方事经营。继有八年之乱，乡民逃散。旋经招抚，而田亩之荒芜者多。查滇督高其倬募农开垦，疏将昭田分为水、旱、生、熟四项。其水道塍埂现成，而今抛荒者，即令垦种，谓之熟水田，其地可以引水种稻。而从未耕种者作为生水田，其地只可种杂粮而不能种稻。作为旱田，亦分生、熟二项。其民先有夷户、兵户之分。至新招者，每人给田二十亩，凡当分给之时，即划清界限，给与执照，永远为业。究之田地，俱皆畸零，鲜有定制，未确实丈量，数年之后，随便升科而已。迨经咸、同变乱，业户逃亡，加以水冲沙淤，更屡经售卖，挪田移埂，当日之经界已多淆乱，查考档册，亦只存旧名焉。今欲求其详，必须实行清丈，报名注册。

（卢金锡修，杨履乾、包鸣泉纂：《昭通县志稿》，卷五，农政，田制，民国二十七年铅印本。）

〔民国二十三年前后,云南宣威县〕

宣威县农民经济状况表

类　别	大 地 主	中产地主	中次地主	自耕及佃农
户数	约四五户	约四百户	约四十余户	约四万余户
平均所有地亩及自耕或佃耕地亩数	各有田地二三百亩	各有田地百余亩	平均各有田地五十亩	平均各有田地八亩,除自耕自业外,多向他人佃种
地价及分花办法	每亩平均值银十圆,多佃给贫民。收租每亩一二升,分收则取什之四	每亩平均值银十余圆,除自耕外,佃给贫民分收或租,均不过什之四	同前	价同前。资本半仰给于富户
附记	邑中此项地主惟各土目足以与之			

雇农一项,常年工资多至五十元,少至十余元。短期工作,农忙时月活多至五六元,日活有涨至七八角者,但每季不过三五天,常时雇工日皆一角左右,工作时间率皆不过八小时。

(陈其栋修,缪果章纂:《宣威县志稿》,卷七,政治志,建设,农事建设,民国二十三年铅印本。)

2. 租佃关系

〔清光绪初年以后,江苏青浦县〕　农民大率赁田而耕,岁成则偿其租,其所病则在谷贱,而工力籽壅俱贵。丰岁所收,亩不过二百,除偿工本、还利息,所余无几,辄不足以支岁用。曩时,田主携斗斛就佃量米,谓之讨租;光绪初,田主设限,更令农民送仓,谓之还租;嗣有改收银币者,谓之折租。

(于定增修,金咏榴增纂:《青浦县续志》,卷二,疆域下,风俗,民国六年修,民国二十三年增修刻本。)

〔清光绪四年前后,江苏金山县〕　务农之家,十居八九无田,而佃于人者十之五六。其强悍者,倡首抗欠,相率效尤,谓之霸租。或有以一田两卖,谓之搂卖。农人每当青黄不接之时,有射利者,乘其急而贷以米,谓之放黄米;俟收新谷,按月计利清偿,至有数石之谷,不足偿一石之米者。是有黏佃而业田者困,有刁佃而业农者尤困,上亏国课,下鲜盖藏,鲜不由于此也。

(清 龚宝琦等修,黄厚本等纂:《重修金山县志》,卷十七,志余,风俗,清光绪四年刻本。)

〔清光绪十年前后,江苏松江府〕 旧时,雇人耕种,其费尚轻,今则佣值已加,食物腾贵,一亩已约需工食二千钱,再加膏壅二千钱,在农人自种或伴工牵算,或可少减;丰岁富田近来每亩不过二石有零,则还租而外,更去工本,所余无几,实不足以支日用云。田之价值,以下乡之膏腴者最贵,以粮较轻而租易得,此业户买田俗云田底是也。又有"田面"之说,是佃户前后授受者,视其田之高下广狭以为差等,凡田以二百四十步为一亩,而俗率以稻个计之,其宽大者以三百个稻为亩,若狭小之田,则二百六七十、五六十不等矣。其算个之法,以六科为一把,两把为一铺,四铺为一个,盖三百起亩者,每亩得种稻一万四千四百科也(以上约姜皋《浦泖农咨》)。又《华亭志》云,田面由佃户乡间授受者,曰顶种;佃户退业另召者,曰召种。《金山志》云,佃之强悍者,倡首抗欠,相率效尤,谓之霸租;或以一田两卖,谓之搂买;是有黠佃,而业田者困,有刁佃,而业田者尤困。

(清 博润等修,姚光发等纂:《松江府续志》,卷五,疆域志,风俗,清光绪十年刻本。)

〔清朝末年至民国初年,江苏南汇县〕 田主收租,上田为稻租,中田为花租,下田为豆租,皆以石、斗、升计,每亩额收一石或一石二斗,岁视年之丰稔判收数之多寡,又视米、棉、豆之价值定折色之多寡。自十月二十日起,以十日为一限,逾限酌加,至三限涨足,须收全租。

(严伟修,秦锡田等纂:《南汇县续志》,卷十八,风俗志一,风俗,民国十八年刻本。)

〔清朝末年至民国初年,江苏嘉定县〕 较低之田,可以灌溉而植稻者,曰水田;较高之地,不甚利于灌溉而植棉、豆等物者,曰旱地;故地租有水、旱之别。水租每亩年内糙米八斗至一石,亦有纳谷者,以二百斤折合糙米一石;旱租仅制钱一二千文。统计,全邑半皆小地主而兼充佃户者,缘自有之田不敷耕作,乃兼租他家之田以为补充,纯粹之佃户不过十之二三。……地价,宣统时田之最良者,每亩银五六十元,次等者三四十元;旱地之值得田价之半,其数较之光绪中叶增益倍余,此则生齿日繁、民稠地狭、产物渐昂所致也。

(陈传德修,黄世祚、王焘曾等纂:《嘉定县续志》,卷五,风土志,风俗,民国十九年铅印本。)

〔民国初年,嘉定县钱门塘乡〕 乡间田亩,多栽禾稻。业户收租,皆以糙米计算,上者每亩租额或一石,或九斗,次则八斗至六斗不等。至论田地价值,清同、光时,每亩田仅值钱七八千文,地价半之(租亦照田减半收入)。近则逐渐增涨,每亩田约需银五六十元不等,地亦半之。惟业户多系他处富绅,乡民佃田耕种,介绍者(俗称保租)往往有收出佃钱、小租钱等名目,任意需索,亦扰民之一端也。

(童世高编:《钱门塘乡志》,卷一,风俗,一九六三年《上海史料丛编》本。)

〔明嘉靖十六年前后,京师保定府雄县〕 庄田及牧马草场,地素洿下,水涸民争佃之,种未复而水即还矣。三数年来,包纳累甚,欲吐不可得也。

(明 王齐纂修:《雄乘》,上卷,田赋第四,子粒;明嘉靖十六年刻本。)

〔清乾隆八年前后,直隶天津府沧州〕 农植旱田,不宜稻。绅士田产率皆佃户分种,岁取其半。佃户见田主,略如主仆礼仪。

(清 徐时作、刘蒸雯修,庄日荣等纂:《沧州志》,卷四,礼制,风俗附,清乾隆八年刻本。)

〔清乾隆二十六年前后,直隶河间府献县〕 其佃于人者,春无食,贷于主,所贷准春值为母。及收,以秋值取其粟,故虽与主中分,而即场以责负,往往所余无几,佃固无词也,则吞声堕泪者有之。至于又不得佃田作时,荷锄于市,以受雇。邑不登,外出趁熟焉。

(清 万廷兰修,戈涛等纂:《献县志》,卷四,礼乐志,风俗,清乾隆二十六年刻本。)

〔清同治十二年,直隶宣化府西宁县〕 家勤稼穑,虽城居必资于耕,而地硗薄,为赋仍屯额之旧,轻重不均,故逋负为常,岁小歉即不免流徙。富民则多庄田,计村二百,为佃庄者几三之一,其衣食率仰给于田主,不肖者或重利掊克之,有终岁勤苦而妻子不能饱暖者。

(清 韩志超、寅康等修,杨笃纂:《西宁新志》,卷九,风土志,清同治十二年修,清光绪元年刻本。)

注:西宁县今为阳原县。

〔清代至民国十四年,河北献县〕 四民惟农多而最苦,邑地瘠下,又无灌溉之利,蓄泄之方,旱则焦,霪则污,岁一不登,嗷嗷待哺而已,否则流离四出也。其佃于人者,春无食粟,于主所贷,准春值为母,及收以秋值取其粟,故虽与主中分,而即场以责负,往往所余无几,佃固无词也。则吞声堕泪者有之。至于又不得佃田作时,荷锄于市以受雇。邑不登,外出趁熟焉(旧《志》)。旧《志》所载之农风,直至清光绪中叶犹未大变。由光绪至今二十余年间而顿改旧观矣。铁路机厂之招工,得值既多,其劳又省于汗流禾土;军队无限制之招兵……于是昔日之农,今则非工即兵矣。富有田产者不忍视阡陌之污莱,觅一客作较清末聘一塾师值且蓰焉。然至秋收以后,计其岁入较曩者有减无增,以故米价腾踊,几不辨丰年歉岁焉。

(薛凤鸣、李玉珍修,张鼎彝纂:《献县志》,卷十七,故实志,谣俗,民国十四年刻本。)

〔民国十一年前后,河北宣化县〕 地主处理土地之法有三:一出租,地主将所有土地租与他人,租钱按地亩规定,园圃普通每亩租钱约宣钱十五吊,水地普通每亩租钱约宣钱十二吊,旱地普通每亩租钱约宣钱五吊,每年分二次收租,夏租于收夏田后偿清,秋租于收秋田后偿清,出租手续,租地人须与地主立约,并请人担保,以防意外纠葛;二自种,地主将所有土地佣长工耕种;三自种兼租种,地主将所有土地一部分自种,一部分出租。

(陈继曾等修,郭维城等纂:《宣化县新志》,卷五,实业志,农业概况,民国十一年铅印本。)

〔民国二十年前后,河北枣强县〕 有地而无人操作者,则有租债分种三七劈、二八劈之法。租赁者将地租赁于人,每亩租金视地之肥硗规定之,或四五元,或六七元不等,然须立契约,限年期。普通租法以三年为限者居多。分种之法,所收获者,地主、佃人平均分之,而牲畜、肥料收获则佃人任之。三七之法亦分种之一种,牲畜、肥料、农具皆出地主,佃人只任耕耘,收获之役所收五谷荄藁,地主得其七,佃人得其三。二八之法大率类此,略有差等而已。

(宋兆升修,张宗载、齐文焕纂:《枣强县志料》,卷二,实业,农,民国二十年铅印本。)

〔民国二十一年前后,河北景县〕 分种者以己之田地招他人耕种,俗名曰佃种。佃者,即代耕农也。人工与肥料均由佃者担任,至收获时与地主平分之。又有佃者,只担任耕种、收获各人工,至牲畜力及肥料仍由地主供给。至收获后,佃者得收入全数之二成或三成,地主得收入全数之八成或七成,亦有按四六分者。

(耿兆栋等修,张汝澜纂:《景县志》,卷二,产业志,农业状况,民国二十一年铅印本。)

〔民国二十二年前后,河北南皮县〕 佃农有二。其寄居富户官房,按分分种地亩者谓大种地,有整分、半分之别。整分地约顷余,半分即其半数,佃民为地主出差,以所受之地亩、房间多寡别之。至种地办法,除种麦一项,麦种由主佃对摊外,其余禾稼所有子种、肥料及一切种地之事均出于佃。……其自有住居,为自身地亩无多。分种他人地亩者谓之小种地,一切种地支配办法略如官房,一年收成亦主佃各半,但出差较少,且诸事尚可自由。

(王德乾等修,刘树鑫纂:《南皮县志》,卷三,风土志,民生状况,民国二十二年铅印本。)

〔民国二十二年前后,河北万全县〕 地主与种户之关系,可分为出租、伴种及自种之三种。出租依地之优劣,酌定租米,普通上地每亩约租米三斗,中地二斗,下地一斗,至河地倍之,园地有收钱币者,每亩约三元上下。伴种系地主与种户共同经营之谓也。地主暂任子种花费米粮外,所有下种、锄地、收获等皆归种户担任,至收获时,无论粮食、柴草皆双方剖分,其成数或四六、均分不等,故又谓之分收。至自种,系地主躬自经营雇人耕种,所雇之人有长工、短工之分,长工期限普通多为十个月,工资三十元上下;短工系临时受雇,按日计算工资,忙时多在二角以上,闲时多为一角以下;此外又于农忙时按月受雇者,谓之包月,工资约三元。……农民于出租、伴种、自种三者之外,又有所谓半耕农者,即己虽有田而不多,不能维持生活,不得不再佃种人者。此辈多为近年受农村破产之影响,而鬻地尚未尽者。

(路联达等修,任守恭等纂:《万全县志》,卷三,生计志,社会概况,民国二十二年铅印本。)

〔民国二十二年前后,河北广宗县〕 县境无大农,千亩以上者已为仅见,三五百亩者亦居少数,百亩上下者为最多,故无大地主。各村人民多有田数亩或数十亩。其种地劳工,自种者以外,有雇种、佃种之别。雇种者,地主给雇工工资若干,或以年计,或以月、日计。佃种者,地主负种地资本(牲畜、籽种、肥料等项),佃户供劳力(如耕耘、收获等项),以收获多寡比例分配,亦有地主将地转租于人,每年收租价者,然在本县为少数。

(姜楗荣等修,韩敏修纂:《广宗县志》,卷三,民生略,民国二十二年铅印本。)

〔民国二十三年前后,河北霸县〕 地租,普通三四元;适于植棉、甘薯之高地,租银六七元;常被水灾地,租银三元以下。小麦每石约值洋十九元许,每亩产量无定,玉蜀黍每石十二元,豆类十四五元,每亩产额均为五斗,以此推算,地租适等于产品之半价。棉花、甘薯按量计值,大于地租者约一倍有余。以地与他人耕种,各得产量之半者,谓之分种,惟柴草独归种户。利息分长期、短期二种。长期以年为限,月利由二分至三分。短期以月为限,利率稍高,多系信用担保,而提供抵押者甚少。

(张仁蠡、刘延昌修,崔汝褒、刘崇本纂:《霸县新志》,卷四,风土,民生,民国二十三年铅印本。)

〔民国二十四年前后,河北三河县〕　县内无大地主,纯用长工耕地者,不过千分之一,至五六十亩或三四十亩之小家庭,均为自耕农,举家老幼终岁勤劳,丰年仅能糊口,一遇水旱偏灾,则饥荒累累,百般弥补,能不破产,即为万幸。此外,则有佃农,承种他人之地,每亩纳钱若干,而享有一年权利者,谓之出资佃农;承种他人之地,至秋两家均分不得争多嫌少者,谓之分粮佃农。佃农对于亩捐暨一切花费,或归地主,或归佃户,须先期规定,嗣后不得推诿。至自家无地或地甚少,为人佣工耕地得有相当报酬者,谓之摧〈雇〉农,全年工资多者四五十元,少者二三十元,此等农民仅能自食其力,若使八口之家咸借此生活,殊非易易。

(唐玉书等修,吴宝铭等纂:《三河县新志》,卷十五,因革志,实业篇,农民,民国二十四年铅印本。)

〔民国二十四年前后,河北阳原县〕　本县富农约占百分之二、三,可分二种。一即置有田产较多,自耕以外,尚有余田租给贫农。一即全部自种,岁丰自足生活外,尚有余粮可存,或以变价生息。……然此情形固属数年以前者,最近五稔则捐重而粮滞,谷贱以伤农,纵有余地,亦无余资矣。自耕农,全县自耕农户在昔仅占十之一二。……此等农家素鲜盖藏,偶遇岁荒人祸(如客军过境或省军驻在者,农民须供草料,多不发价,即发些许官价,层层剥削,民得亦实无几,然在发价者之军队长官,反以不扰地方自豪,民虽敢怒亦不敢言),即须债台高筑,苟无特机,偿还不易,重利盘剥,数年破产。故十年前之自耕农,今则沦为半耕农或农佃者十已六七矣。半租农,全县半租农户往占十之三四,即所耕之田除自置外,半为租于富家者,年纳定额租价,生活勉强维持。……今则情形悉变,强悍者为兵为匪,老弱者为丐为乞,信用著者或可仍租人田,勉维最苦生活,然其衣食住行几与乞丐同劣,其所异者即多纳捐摊款耳。全租农,本县此种农户较少,不过十之一二,即所耕之田全系租自富农者,年纳定额地租,所余自维生活。……全佃农……明末清初时代,本县村落大半为富室佃庄,至今三分有二向存,即全庄房地以及一切附带产业悉为庄主所有(均以金钱购得者,并非若清代旗地原为皇家赐予,无本而来者也)。故一切田赋亦归庄主交纳,而全庄人民即为庄主之佃户也。佃户对于庄主所负义务如下：一为按地纳租，但其租额则较普通租地者少（例如普通每亩一斗，此则五升）；二为年服力役，庄主家如有冠婚丧祭等事，可随时调用佃户若干，不给工资，但供食宿；三为对庄主低一行辈，佃户对其庄主，男称伯叔，女称姑婶，不分双方年岁老少，均须如此；四为佃庄公事，须先陈明庄主准而后行。

（刘志鸿等修，李泰棻纂：《阳原县志》，卷八，产业，农业，民国二十四年铅印本。）

〔民国二十五年前后，河北馆陶县〕 一、佃农。佃农者，代耕农也。即贫无田产者，代耕种他人之田，俟秋稔时，分其收成，是曰佃农。佃田亩数，少者十亩上下，多者四十亩以上。秋获后，分收地之果实时，地主得十分之七，佃户分其三。其有折半均分者，名为大种地，即丁漕附捐由地主担任外，至如牲口、种子、肥料所需则由佃户担之。二、租农。即认租之农。与出租之地主按田之沃瘠协订每亩适中价额，按期缴付依限租种之约。此约书立后，承租者即如期付金，照约定亩数施以工作，届时径行收获，至岁收多寡，与地主无涉。普通价额，每亩一元至二元不等，每年按两季缴付，荒则免缴。年限普通为三年，倘价有涨落，期满时另订。其有招租地亩过多，独立难胜者，则组合数家通力合作，或分租于其他农户，是为包租。三、佣农（俗曰雇工）。佣农者，即贫农，受雇于人而为之工作，有长工、短工二种。长工即以年为度。佣农终岁生活所需均取给于地主，其工作于力田外，或服其他劳役（于采薪、饲畜等事），较佃户尤为勤劳。短工则以日计，或月计不等。每届农忙时期，邑民业此者颇多，故城镇乡村多有临时工市，由主、佣两方协订雇金额数，按日给付收受。四、自耕农。即自耕自田不假手他人也。此皆薄有田产，全家生活与土田相依为命，故对于工作尤勤，而所获岁收较厚。五、半自耕农。此项农民可分两类，一者所有田地较多，而人工较少，自治一部土田；余一部则分招佃租或出资雇工以勤，乃稔事亦克有秋。二者所有田产不足自给，另租种他人之田以资补助，凡此皆半自耕农也，邑中此类农人颇占多数。

（丁世恭等修，刘清如等纂：《续修馆陶县志》，卷二，政治志，实业，民国二十五年铅印本。）

〔民国八年前后，山西闻喜县〕 业农者十之九为佃户。

（余宝滋修，杨𬒳田纂：《闻喜县志》，卷六，生业，民国八年石印本。）

〔民国二十二年前后，绥远〕 佃农，此等农民本身无地，向地主租地耕种，每年以出产之半交与地主，或依地主贷租之价目交纳金钱，所余不多，仅足度日，村社摊派,亦须担负。

（绥远省政府编：《绥远概况》,第三编,农林业,第一章,农村经济,四,租佃制度,民国二十二年铅印本。）

〔民国二十四年前后,绥远归绥县〕　农民约十三万八千四百有奇,略分自耕农、半自耕农、佃农三种。自耕农居多数,田产多者不过十顷,有田十顷而兼有水田二顷者,全县六户而已。租田习惯曰物租、曰金租。物租分粮,上地地主得十之五,中地得十之四,下地得十之三。金租有预纳者,有收获后始纳者,以契约及地之肥瘠为率。长工工资每人年均六十元,短工每日一角,农忙时需三五角。

（郑植昌修,郑裕孚纂：《归绥县志》,产业志,农业,民国二十四年铅印本。）

注：归绥县今为土默特左旗。

〔民国四年前后,奉天宽甸县〕　全境以农人占三分之二,多习养蚕、售丝,利厚。惟地皆山阜,东北乡尚有膏腴,西南乡尤形瘠苦,段幅零星,加之石碇,向以六亩为日,一人可佃数人之地。每一人地出粮八九石不等,有种十人、八人之地者即为大粮户。不愿自种则招佃户,约分三类：一秋收后四六分劈,主四佃六,名曰分地户；一量其肥瘠,每日按年纳租,名曰现租；一先交年租,不取利息,地主撤佃时,照数交还,名曰压租。

（程廷恒修,陶牧纂：《宽甸县志略》,风俗略,民国四年石印本。）

〔民国十七年前后,奉天辽阳县〕　各地有自种、租种、分种之别。租种分钱租、粮租两项。分种,至秋成计成分劈。从前永佃权一概取消。

（裴焕星等修,白永贞等纂：《辽阳县志》,卷二十七,实业,农,民国十七年铅印本。）

〔民国二十年前后,奉天安东县〕　安东田制以二百四十方步为亩,六亩为日。其经营种植之目有三：曰自种,地主有地,有人耕种或佣工耕种,佣工有年工、月工及日工之不同,月工、日工必农忙临时用之,时暂而值昂；曰租种,地主有地,不能自种,则出租于人,大农受值,小农受地。租值有钱与粮二种,纳钱者按春秋二季分纳,春季以五月节为限,秋季以八月节为限,间有一次交纳者,皆在春季。纳粮者统以涤场为限,钱租以瓜田蔬圃为多,粮租以种五谷为多；曰分种,大农出田,小农出力,所获粮粒藁秸按四六分取,田主得四,佃户得六,间有平分者。凡租种、分种各户,皆均摊亩捐一会费,至田赋正共,专由地主兑纳。境内租种者以北区为多,分种者以南区为多。

（关定保等修,于云峰纂：《安东县志》,卷六,人事,农业,民国二十年铅印本。）

〔民国二十年前后，奉天义县〕 种地之方法有三，曰自种、曰代种、曰租种。自种者，自己耕种。代种者，即内地之招佃，此处又谓之榜青，或谓之分收，亦曰分种，按所得之粮二家均分，近年有四六平分者，主四客六，要在当时旋讲耳。租种者，有粮租、钱租者之别。粮租则秋成付粮，钱租则年前交者为上期租，即现租，秋后交者为下期租，即秋租，或立有租契。现租、秋租大都各以十月一日为期，每年交付清楚，方能再租。

（赵兴德修，王鹤龄纂：《义县志》，中卷之九，民事志，实业，农业之属，民国二十年铅印本。）

〔民国二十二年前后，奉天北镇县〕 田产经营之法约有三端。一曰自种，由地主或佣人耕获。二曰租种，地主不能自种，出租于人，以耕获之，田赋正税地主完纳，差徭杂费租户担任。三曰分种，地主出田，佃户出力，所获粮石、柴草主、佃平分，至于差徭杂费亦各担任其半。

（王文璞修，吕中清等纂：《北镇县志》，卷五，人事，实业，农务，民国二十二年石印本。）

〔民国二十二年前后，奉天铁岭县〕 农户略分为三，曰自种，曰租种，曰招佃（即分种）。田主有田，佣人耕获，或长工，或短工。长工计月，短工计日。终岁勤动，子妇同劳，此自种也。田主有田不能自种，则出租，而租又分钱租、粮租二项。钱租或以春、秋两季各纳其半，或于春季一次纳之。粮租则统于秋后一次交纳，大抵春租纳钱，秋租纳粮，而粮租必昂于钱租，盖暗加以子利也。差徭杂费，租户认摊。正供国课，田主封纳。此租种也。招佃，俗谓镑青，大农出田，小农出力，所获藁秸子粒，主客平分，差徭杂费，主客分认，此招佃也。

（黄世芳、俞荣庆修，陈德懿等纂：《铁岭县志》，卷八，实业，农务，民国二十二年铅印本。）

〔民国二十三年前后，奉天庄河县〕 租佃约分为三种，一曰粮租，邑境东部、南部租地每以粮代租，间亦有缴纳租金者。至纳粮条件，须事前约定应缴数目及何种粮食，全视地质良窳、居民稀密、五谷丰歉及租户资本多寡以为转移。普通每日（六亩为一日）在一石至三石之间，粮为大豆、高粱、粟三宗，若在玉蜀、粳稻、稷子较多处，应纳粮亦随地而异。二曰钱租，其租佃以钱为代价者为钱租，在钱法流通之处有之，租价因肥瘠地域而不同，每日约在三十元或二十元不等。租户必于年前十二月缴纳租金。至捐税及一切土地应摊费用，统归租户担任。邑境北部率多租户缴纳押租（俗呼押头），每日地百元至二百元，辞地不种时，仍将押租倒回。此项租法所纳粮租极少，每日不过一斗至三斗而已，一切土地应摊费用亦统由租户担任。三曰分种，此亦粮租之一种，其法即以本地亩全收获物划作十股，地主及租户按十分之数分配之。若因无年，本地亩不得取获时，则地主不得另向租户索取租价，而租户亦不得向地主索取耕作等费。

（王佐才等修，杨维幡等纂：《庄河县志》，卷九，实业志，农业，民国二十三年铅印本。）

〔民国二十一年前后，吉林桦甸县〕 县内大地主甚多，自田自种者约有十之二三，租佃于大地主之户约有十之七八。

（胡联恩修，陈铁梅纂：《桦甸县志》，卷二，舆地，风俗，民国二十一年铅印本。）

〔民国二十三年前后，吉林梨树县〕 地主自不耕种，招人租种者，约中立契，定有期限，如无违法情事及不欠租，地主不得中途拒租。粪种、亩捐各费均须租户自备，地东仅得原约之租数。自封田赋分青种者，或按对半，或按东四户六，一切花费悉按粮之比例均摊之。

（包文峻修，李溶等纂，邓炳武续修，范大全等续纂：《梨树县志》，丁编，人事，卷二，礼俗，民国二十三年铅印本。）

〔民国四年前后，黑龙江呼兰府〕 问土人之富，数地以坰，多者二三千坰，若数十坰，则贫户也。地多不能自种，则招户种之，谓之榜青。榜青之户，恒率妻子偕来。地东必分他室以居之。荒地招垦大都五揸六租。五揸之义未详，六租则届第六年而收其租也。荒地岁租坰五斗为上则，熟地率坰二石，以豆子、谷子、高粱三类均输之，谓三色粮。

（黄维翰纂修：《呼兰府志》，卷十，礼俗略，风俗习惯，民国四年铅印本。）

〔民国十八年前后，黑龙江珠河县〕 全境业农人口约计二万七千余人，以户计之，除单纯商业外，实有农户一万一千余户。此农户中，自有地亩者居三千户，租佃约八千户。此三千户地主，实地业农者，不及三分之一。多数地主均居城镇以避匪险。职是之故，租佃确占八千余户。奉、鲁两省劳工，视垦荒种豆为唯一利源，所以劳动家完全系奉、鲁人民。……本境租地皆以纳粮代租金，纳粮之条件须事前立约。应交何种粮，及数目若干，视地质之良窳、距城市之远近以为标准。距城市近者，每坰纳租二十四斗或三十二斗，远者十五斗或十二斗。所纳之粮为元豆、包米、谷子，惟元豆居半数。……按地主招佃，习惯都用五垔六租，五年以内不给地主纳租，若六年期满，则纳租矣。地近东铁，豆价昂贵。垦佃之户，纯系山东劳工,以种豆利市三倍,开拓达于山峰。

（孙荃芳修,宋景文纂:《珠河县志》,卷十一,实业志,农业,民国十八年铅印本。）

注：珠河县今为尚志县。

〔民国十九年前后,黑龙江呼兰县〕 呼兰农户有代耕农,有自耕农。代耕农,一名佃农,受地于主人而代耕之,有包租、分租之别。包租者,计受地之多寡,岁纳额定粮租若干（约计每垧二石左右）。分租者,计收成之多寡,按成数四六分之（地主得其四,佃农得其六）,此其大较也。又凡佃户对于大租经费,大租归地主缴纳,经费则佃户出其半焉。

（廖飞鹏修,柯寅纂:《呼兰县志》,卷五,实业志,农业,民国十九年铅印本。）

〔民国二十年前后,黑龙江讷河县〕 全境农户耕地可分二种,曰自种,曰租种。自种者,系自行价领岁输。租种者,田户与地主按三七分劈粮石,即地主三分、田户七分是也。亦有每垧由田户给地主租粮一石二三斗至一石五六斗者,按三色租均交,俗谓死租是也。

（崔福坤修,丛绍卿纂:《讷河县志》,卷十,实业志,农业,民国二十年铅印本。）

〔民国二十五年前后,黑龙江安达县〕 乡人贫富以土地有无论。地多,不能自耕者,则招户以种之,随土质之肥瘠以定租粮,谓之租地户。其雇人耕种,按地分粮者,则谓之分子,亦曰青分。

（高芝秀修,潘鸿咸纂:《安达县志》,卷七,礼俗志,风俗习惯,民国二十五年铅印本。）

〔清光绪五年前后,陕西汉中府定远厅〕 厅治田地多佃种,贫民以佃为产。议佃之初,有押租钱,其钱数较租课为多寡,如水田押租钱十千折租谷四五斗,旱田过之。至山坡地押租钱七千,有折包谷租一石者。则佃客所得恒多,甚至押租屡加,租课愈少,或田本百数十千,加取佃主数百金之利者,故俗有"明佃暗当"之语。若田主不取押租制,则与佃户平分租谷,亦有主四客六、主六客四者,亦视地之高下、田之肥硗为准。

（清 余修凤纂修:《定远厅志》,卷五,地理志,风俗,清光绪五年刻本。）

注：定远厅今为镇巴县。

〔清朝末年,陕西榆林府神木县〕 乡农有地者则自己耕作,无则或租种人田或伙种人田。租种人田者,租粟若干数,向田主说明,秋成完纳。伙种人田者有二类：一田主出牛、籽,己出工力,所获之粟二分均分；一田主不出牛、籽,秋后视地之肥瘠或三七或四六付租粟。

（佚名纂修：《神木县乡土志》，卷四，风俗，农界，清末修，民国二十六年铅印本。）

〔民国十八年前后，陕西佛坪县〕　佛坪老林未辟之先，狐狸所居，豺狼所嗥，因招集外省流民纳课数金，指地立约，给事其垦种。流民不能尽种，转招客佃，积数十年，有至七八转者。一户分作数十户。客佃只认招生，不知地主为谁。地主控讼至案，中洵七八转之招主，各受佃户顶银，往往算至数百金，断地归原主，则客民以荒山开成熟地，费有工本，而顶银当照据转给。中洵贫富不齐，原主无力代赔，则亦听其限年再耕而已。

（张机高纂修：《佛坪县志》，卷下，杂记，民国十八年抄本，一九六八年台湾成文出版社影印本。）

〔民国三十一年至三十三年前后，陕西黄陵县〕　就农民分配言，自耕农约占百分之七十，半自耕农占百分之二十，佃户约占百分之十。租佃制度，出佃土地者，多因无力耕种，而衣租食课之地主甚少，故租佃问题并不严重。其纳租办法，佃农每亩所收成数，夏田多则三分，秋禾多则五分。田主所得佃租，夏五升，秋一斗（以收租手续至涤场甫毕时，田主自行运取），其余均归佃户。至银钱租，仅有菜园，每亩至多租五六十元，少则二三十元不等（据三十一年调查）。另有分租法，即田主负担赋税、款项、牲畜、农具，所得成数，与佃户平均分之。

（余正东修，吴致勋等纂：《黄陵县志》，卷六，地政农业志，土地分配，民国三十三年铅印本。）

〔民国三十三年前后，陕西洛川县〕　洛川农户，自耕农既占百分之九十，而佃农及半自耕农仅各占百分之五，故租佃问题，亦不严重。一般出佃者，多由无力耕种，盖自耕农以其一部分土地出佃，而非纯地主也。佃耕手续：至简，地主佃农成交，仅须向中人言明每年每亩纳租若干，不立文契，亦无押金及抵押品。地租：全系谷租，所纳谷类则因地而异。又因土地肥瘠不同，租额亦别，通常塬地每亩年纳麦一斗五升，川地（即低地，能引水者）纳包谷一斗八升，而普通多系粟谷一斗，其纳租数额约占产量百分之三十至四十。又有分种法（种应读上声。一名"分做"，近城之地为多），即佃农与地主按照一定比例分取土地之产物，通常佃户得六成，地主得四成，而地主并须无息贷与佃农之食粮、耕牛、农具等。缴租时期：一般多在谷收后，由地主派人至佃户处收取。免租及减租：免租多因天旱或蝗螟为灾，其灾情严重，乡里咸知者，佃农当然免租。减租则因灾情较轻，或匪患违农时,或佃农遭丧病,业佃间可商酌减租。耕地转租:租地例无定期,佃户之得续耕与否,全凭地主之意,今年使甲佃耕,明年即可换乙,故佃户更无权将耕地转让他人。

(余正东修,黎锦熙纂:《洛川县志》,卷八,地政农业志,租佃制度,民国三十三年铅印本。)

〔民国三十三年前后,陕西宜川县〕 宜川租佃土地手续极为简单,仅由地主与佃农双方商洽,或由第三者说合,即可决定。其租额,则因土地坦坡肥瘠而异。通常平坦川原地,每亩平均租小麦一斗或包谷二斗。山坡之地,每亩平均租粟谷或高粱一斗。此外,尚有纳钱租与分租之制,钱租系比照粟租价值议定数目,分租则按照议定收获量之成数,由地主与佃户照分。又有地主雇用雇农耕作,不给工资,另以地若干亩给与雇农耕种而不收租,俗名捎种。

(余正东等纂修:《宜川县志》,卷八,地政农业志,土地分配,民国三十三年铅印本。)

〔清乾隆三十九年前后,甘肃巩昌府西和县〕 佃地,将己业招人耕种,写立佃契,载明粮数,交耕地者承耕,立户完粮,永为种地者之业,称曰佃地。……伙种田地,或己业或当地招人耕种,业户与种地人按亩各出籽种之半,至收获时,业主与种地人均分,称曰伙种。

(清 邱大英纂修:《西和县志》,卷二,风俗,方言附,清乾隆三十九年刻本。)

〔清道光十一年前后,甘肃安西州敦煌县〕 农民自迁户屯田以来,各种地一分。近来户口殷繁,贫富不一,富者种至十余分地及五六分地不等,贫者或一分而折为五厘、或折为七厘五毫、或折为二厘五毫,甚至并一厘之地而无之,为人佣工,日计其值,以养妻子。每日侵晨,无业贫民皆集东关外,候人佣雇,谓之人市。

(清 苏履吉等修,曾诚纂:《敦煌县志》,卷七,杂类志,风俗,清道光十一年刻本。)

〔民国二十四年,甘肃夏河县〕 夏河农民均耕种寺院土地,每年按期纳租,并无土地所有权,故所有农民悉为佃民。农家租田多寡原无一定,二三斗地有之,一石地亦有之,普通约五六斗地。每斗地约合六亩余,每斗地之地租只有青稞一斗,每斗约合十五市斗。

(张其昀纂:《夏河县志稿》,卷四,农业,民国二十四年修,抄本。)

〔清代后期至民国三十一年前后,云南巧家县〕 巧家山岭重叠,全县土地,耕地约占三分之二,荒地占三分之一。惟以原系夷疆,改土归流之后,而土司官属私有土地所占面积仍多,如木期古土司及五甲户侯司,其著者也。其余,年收租至千余石或数百石者,亦尚有之。土地之分配多属于地主,而农事之劳作多属于佃户。据云南民政厅户口调查统计,巧家业农者三万四千二百四十六人,自耕农为四千六百四十六人,半自耕农为五千二百二十人,佃农为二万四千三百七十二人。自耕农仅占全农民十分之一强,于此可见农民与土地分配之状况矣。至佃户与地主之权益关系,恒视耕地出产率以为定。在三四十年以前,佃户纳租率多至耕地出产量十分之三(即每谷一石纳租三斗),近因垦地日久,产率增加,有纳租至十分之五六者。并于租佃时有交纳稳租押金,租多者押少,租少者押多,普通情形大概如是。

（陆崇仁等修,汤祚等纂:《巧家县志稿》,卷六,农政,土地与农民,民国三十一年铅印本。）

3. 农业雇工

〔明万历十六年前后,南京松江府上海县〕 农无田者为人佣耕,曰长工;农月暂佣者,曰忙工;田多而人少者,请人为助已而还之,曰伴工。

（明　颜洪范修,张之象等纂:《上海县志》,卷一,地理志,风俗,明万历十六年刻本抄本。）

〔清乾隆十八年前后,江苏松江府金山县〕 无田者为人佣耕,曰长工;农月暂佣者,曰忙工;田多人少,请人助己,而还之者,曰伴工。

（清　常琬修,焦以敬纂:《金山县志》,卷十七,风俗,清乾隆十八年刻本。）

〔清代中叶至民国二十五年前后,河北馆陶县〕 在昔前清中叶,个人生活所需以诸物价贱,耗费金钱较少,故长期佣工,上者(长于稼穑并善驶牲口)每年劳金合制钱十五千上下,次者七八千文。迨清末年,上者每时劳金制钱二十千文,次者十千至十四五千不等。至短期佣工,则按日或按月计算,此项佣工多属次者,但所获劳金较各长期约多三分之一,因雇此工多在秋麦农事极忙时期,自难与通常佣工并论。此关于前清时代佣工劳金逐年递增之概况也。民国初年,佣工年获劳金较之清季约各增三分之一。迨二十年间,佣工劳金一律改洋,上者每年四十元上下,次者十四五元以至二十元不等。以各人日常用度既高,加以连年灾歉,壮丁出外营生者亦颇不至,故近年佣工劳金较之前清末年已增至十倍有奇。至如短工劳金,凡以月计者约八元上下,以日计者,三角或四角不等。此关于民国以来佣工劳金每年累增之概况也。

（丁世恭等修，刘清如等纂：《续修馆陶县志》，卷二，政治志，实业，民国二十五年铅印本。）

〔民国九年前后，河北霸县〕　工作者，雇佣也。以性质言，凡以能力得报酬者，皆雇佣类也，如官吏、教师皆是。但其中情节不同，故此工作专就农、工、商三者言之，而其他之迹近雇佣者，亦不外是。农家雇工，有长工，以年计，或以季、以月计；有短工，以日计，不及一日者，为半工；有长短工，以年作工，而以日计价，其一日之价，则以每日短工之价为标准。短工有市，黎明时，起赴市面，商作何等工，给何等价，亦有由乡长、地牌说价者，各随其市之习惯。凡长短工定本日之价，如本家无现雇短工，则随其近邻现雇短工之大价。凡工作，皆有饭、有价，一日三饭，工作分七起（早饭前为一起，早饭后至午饭二起，午饭二起，午饭后至晚饭二起，有中途辍工者，依此减其工价，立夏后、立秋前，有晌觉，独麦秋无），近亦有包作者。工艺之工作，有摆工者，以日计，有饭有价，饭必中等餐（白面、大米、有酒菜）。有小包者，工人自饭事主，以日计给工饭价；有大包者，不计工，只商定此物此价而止。商人之工作，皆以年计，有铺掌（俗名掌柜）、劳筋、学买卖等名目。铺掌、劳筋皆有年金，而铺掌往往有股分，于年金外，得有赚利几分之几，大概以百分之二为率，俗称为二厘股子。学买卖无年金，称其能力、劳绩馈送之。均于旧正月初六日决留。

（唐肯等修，章钰等纂：《霸县志》，卷二，人民志，第五类，工作，民国十二年铅印本。）

〔民国十一年前后，河北宣化县〕　农作分长工、短工二种，长工按八个月给资，短工或按月给资。长工工资，普通每八个月合计，约洋二十元或十余元不等，余由主人供给。……短工每日工资平时极贱，收获时极昂，大概每日铜元十枚至二十枚不等，但仅于农忙时如此，常时短工多觅工不得。

（陈继曾等修，郭维城等纂：《宣化县新志》，卷五，实业志，农业概况，民国十一年铅印本。）

〔民国二十三年前后，河北霸县〕　农佣分长工、短工。长工多系无田可耕者，期间一年工资四五十元，一人之劳力可抵地十亩。短工按日给资，春、冬两季计银一角许，夏、秋在二角、五角之间。拔麦工资最大，每日至少一元，刈麦次之。佃农及耕有余力者多佣为短工，总计一年所得约在二十元至五十元之谱。无论长工、短工，俱由雇主供给饭食。

（张仁蠡、刘延昌修，崔汝襄、刘崇本纂：《霸县新志》，卷四，风土，民生，民国二十三年铅印本。）

〔民国二十四年,河北涿县〕 雇佣工资:男工以年计者,三十元至五十元,以日计者,忙时二角至八角,闲时五分至一角;女工以月计者,一元五角至三元,以年计者二十元至四十元;童工全年五元至十五元;均供宿膳。

(宋大皋等修,周存培等纂:《涿县志》,第三编、经济、第一卷,实业,民国二十五年铅印本。)

〔民国二十年前后,奉天义县〕 农作分长工、短工两种。长工按八个月给资,短工或按月给资,临时雇用工夫亦有按日给资者。普通每八个月合计,约小奉票七八百元或每月一百元。……短工每日工资间,平时极廉,收获时极昂,大概每日小奉票六、七、八、九元等。打水则需拉大烟,则价至十二元。但仅农忙如此,常时短工不过三四元。

(赵兴德修,王鹤龄纂:《义县志》,中卷之九,民事志,实业,农业之属,民国二十年铅印本。)

〔民国十九年前后,吉林抚松县〕 抚松林荒初辟,农事简单,被佣者分为三种,一先支工资,二倒楂,三秋收分粮,谓之青户,俗称榜青,盖不预支工资,秋成始能分粮,谓之青分。每人可种地四五十亩,每人年可余奉票小洋四五千元。先支工资者言明一年工资若干,预先交付。倒楂者,例如某甲开垦某乙之荒,所有农具、食粮均由某乙供给,此一年所出之粮完全归甲独有,以酬其开垦之劳。如来年某甲仍欲耕种,则须与某乙另行商订,计亩论租矣。又有垦荒者,例如某甲有荒若干,招某乙开垦,所有盖房、农具、食粮、会款均由乙自行预备,甲给予乙七年或八年之年限,在此年限之内不纳租粮迨年限既满,始行论租或由甲另行招佃。

(张元俊修,车焕文等纂:《抚松县志》,卷四,人事,农业,民国十九年铅印本。)

〔清乾隆二十六年前后,甘肃庆阳府合水县〕 夏日,邑民赴西安割麦者颇多。所得钱文,或即费于路,而无一持归者有之。在本地则典雇与人,立有年限或配以妻室,而犹有他图。又有借其力以耕,而与之均分籽粒者,谓之伙务农业。

(清 陶奕曾纂修:《合水县志》,下卷,风俗,生理,清乾隆二十六年刻本。)

〔民国二十四年,宁夏隆德县〕 农民分自耕、半耕,上中等之家全靠雇农,佃农甚少。耕作均用旧式农具,度其春耕、夏耘、秋收、冬藏之生活。……至如雇农,生活更苦。每人年得身价最高不过三十元,最低十元,普通二十元。正月半上工,腊月半完工,食宿由雇主供给。有立约者,有不立约者,但凭一言为据。

(桑丹桂修,陈国栋纂:《重修隆德县志》,卷一,民族,生计,民国二十四年修,石印本。)

〔民国二十五年前后，山东清平县〕 农忙之际，农村工市所在多有，其人于每日极早麇集村外道旁，携带应用锄镰，以待雇用。其工资日有低昂，由劳资两方于趁市时协定之。

（梁钟亭、路大遵修，张树梅纂：《清平县志》，实业志二，农业，民国二十五年铅印本。）

〔民国二十五年前后，山东莒县〕 田佣分长、短工，领作、散作。长工、领作，昔年数十千者，今则数十元矣。散作值较廉，短工刈麦收禾，当农忙之时，多以元计，少以角计。

（卢少泉等修，庄陔兰等纂：《重修莒志》，卷三十八，民社志，农业，民国二十五年铅印本。）

〔民国九年前后，江苏六合县〕 东南乡农民勤于耕作，虽农隙之时，犹务为佣工。

（郑耀烈修，汪昇远等纂：《六合县续志稿》，卷三，地理下，风俗，民国九年石印本。）

〔民国二十六年前后，浙江鄞县〕 雇农，又名佃工，为农家雇用，从事田务或其他农业上之劳动。此种雇农均属男子，当农忙时，每日工作至十二小时之久，平时亦需八九小时。其工资除由召雇者供膳宿外，长年自三十元至百元不等。雇用时，仅以口头相约半年或全年，以立秋日为界。又有临时雇用者，名为短工，所定工资视作业种类而差别，复以季节忙闲分高下，大抵最高日计一元，普通五角，最低三角。亦有雇用女工者，工资最高不过五角，余仅一二角，均由召雇者供膳。

（张传保等修，陈训正等纂：《鄞县通志》，食货志，甲编，农林，民国二十六年铅印本。）

〔清光绪十八年，安徽凤阳府凤台县〕 地既寥廓，民田之离村落远者，数家合佣一人，结草舍于田中，以巡瞭之，谓之看青。才芸田时，佣者云集，荷锄入市，地多者出钱往僦，计日算工，谓之打短。刈获之日，田主纠伙收割，分亚旅周视其间，谓之看边。其贫者，俟其获，随而拾其穗，远者挈妻子老幼结草舍于田隅，一人所拾，或至石许（显有误），其亦"遗秉滞穗"风。与佃人田者，牛种皆田主给之，收而均分之，岁稔则余数年之畜矣。得此岁稔，无立锥者或致千金，称贷者其息恒一岁，而子如其母，故多并兼之家。

（李师沆修，葛荫南等纂：《重修凤台县志》，卷四，食货志，物产，清光绪十九年木活字本。）

〔清嘉庆元年以前，河南汝宁府〕　汝俗，原属雇工，配以婢女，议有年限，为之力作。然限满即听归宗，原与奴仆不同。奈往往工役已满，仍行羁縻。苟或挈妇言归，辄指为逃仆。辗转兴讼，至妻子尽鬻，孑然一身而讼犹不止，其情何堪！

（清　德昌修，王增纂：《汝宁府志》，卷二十三，艺文，金镇"条议汝南利弊十事"；清嘉庆元年刻本。）

〔民国二十七年前后，河南西华县〕　雇农分长工、短工，长工向例以旧历十月间为上工、下工之期，工资视雇主地亩多寡及雇工所任工作轻重而定，普通以能喂养骡马，执鞭耕地，播种扬场者，为全活（即全才），其常年工资约十元至二十元左右。短工每日工资，普通多为二角五分，农忙时可由三角、五角至一元以上。不论长工、短工，其在应雇期间之饮膳，统归雇主供给。普通工作时间每日在十小时左右，至农忙时则有至十二小时者。其雇用短工手续，有雇主在本村招集者，有工人每晨持锄镰至集市街头，等候雇用者，经人关说言定工资数目，即可前往工作。

（凌甲烺、吕应南修，张嘉谋等纂：《西华县续志》，卷七，建设志，农业，民国二十七年铅印本。）

〔清光绪元年前后，湖南郴州兴宁县〕　金石土木，鲜土著，多异境人。金工多江西人；石工多衡阳人；土、木两工多安仁人。凡工作向来日给钱三十文，佣田者亦然，暇时或减十文，收获忙迫，价或倍之，今则增为五十文矣。其长工，月计曰月工，日计曰零工，即其人之能否，定其价之高下。

（郭树馨等修，黄榜元等纂：《兴宁县志》，卷之五，风土、风俗，清光绪元年刻本。）

〔民国二十一年前后，湖南汝城县〕　汝邑奴隶甚少，惟雇工则有之。雇一日者，谓之零工；雇一月者，谓之月工；雇一年者，谓之长工。肩与仆役则按道里远近给值。买婢在国禁之列，然亦有私行蓄养者，仍以雇工为名，买时，自三四岁以至十一二岁不等，蓄至二十岁上下，即为择配出嫁。

（陈必闻、宛方舟修，卢纯道等纂：《汝城县志》，卷二十一，政典志，礼俗下，民国二十一年刻本。）

〔清朝年间至民国元年以后，广西隆安县〕　雇农分长工、短工两种。清季，工价最低年值，工价二十元之谱。民元以后，生活程度日高，长工每年工价四十元左右，最低亦不下三十元。短工每月工价七元，最低四元上下。

（刘振西等纂修：《重修隆安县志》，卷四，食货考，经济，民国二十三年铅印本。）

〔民国二十四年前后,广西罗城县〕 雇农工资,长工每年最高价三十六元,最低二十四元。短工每月三元或四元,每日二角或二角半,膳食由雇主供给。

(江碧秋修,潘宝篆纂:《罗城县志》,经济,产业,农业,民国二十四年铅印本。)

〔民国二十六年前后,广西宜北县〕 宜北全是以农为业,自耕农实居多数,佃农只占少数而已。惟占有土地稍多之户不能自耕者分给别人佃种或雇工助其劳作,其工资方面可分为长工、短工两种支给。长工按月计算,每月工资二元五角,食费由雇主负担,年终制与衣服一套。短工按日计算,每日工资五角,伙食在内,工毕给资。

(李志修,覃玉成纂:《宜北县志》,第四编,经济,产业,农业,民国二十六年铅印本。)

〔民国二十六年前后,广西崇善县〕 雇农通例,大抵全年工资铜元最高八千枚,最低五千枚。月工工资铜元最高一千枚,最低六百枚。惟日工工资最低,每日铜元三十枚,或四十枚不等。

(林剑平、吴龙辉修,张景星等纂:《崇善县志》,第四编,经济,产业,民国二十六年稿本。)

〔民国三十五年前后,广西三江县〕 雇农有数种(其工资就民国二十五、六年间计之):长年工,此种农民多因无地可耕,为生活计,为人雇佣,工资每年普通五十余元,最高至六十元,最低四十元、三十元不等。半年工,俗曰半春。农作方面,上半年为农作时期,下半年为收获时期,因农作已过,田主为节省费用计,无须再雇,或雇佣得半年工资另图生涯,工资普通二十五元,最高三十元,最低二十元、十五元不等。月工,此种多系半自耕农,因自己工作完成后,为人赁工,借资弥补,所在多有,普通工资五元五角,最高至六元,最低四元。日工,其情形与月工同,工资平时一角五仙至二角,忙时至二角五仙至三角。女工,多系日工,工资平时一角,忙时二角。童工,多系孤贫者,为人牧畜,工资无定,长年十元或七八元不等,或竟无工资,只给衣食费而已。

(覃卓吾、龙澄波纂修,魏仁重续修,姜玉笙续纂:《三江县志》,卷四,经济,产业,实业,农业,民国三十五年铅印本。)

〔民国十八年前后,四川南充县〕 雇佣农工,大抵为无产无业之壮民,经各自业农雇用经营农业者,佣值年一二百钏,合银一二十元耳。

(李良俊修,王荃善等纂:《南充县志》,卷十一,物产志,农业,民国十八年刻本。)

〔民国二十八年前后，四川巴县〕 雇农：贫无赀者，力能任耕作，无田可耕，不得已，为人佣耕。博取区区之劳金，以自赡给者，谓之雇农。分长期、短期、临时为三类：长期者，俗称长年，以一年为期；短期者，俗称月活（巴人方言），谓工作曰活路，故短期为佣者谓之月活；以一月或数月为期，临时召雇，曰零工。劳金之多寡，以任事之能否与筋力之强弱定之。长期者，得金至多，年三四十元；短期者，至多月四五元；临时者，每日得金一角数仙。刈稻、分秧为特种工作，酬必增倍。此在子身独立者，食人之食，且获微贽，俯仰无忧，尚可从容自足。若犹有室家之谋，父母妻子之累，嗷嗷众口，待食一身，一粥一饘，亦将不继。今又以征夫等事扰之（补路征夫，婺人不免，应征则阖室断炊，欲求免役，则必纳金三四元，典卖俱无，其何能办，里胥严遣，强为行役，家人坐困。遂有食草根、木皮甚至有掘泥而啖者，目击四乡，其状至惨）。哀此穷民，益陷入绝境矣。

（朱之淇等修，向楚等纂：《巴县志》，卷十一，农桑，农别，民国二十八年刻，三十二年重印本。）

〔民国三十五年前后，四川〕 给值工人，有长工、短工、月工、游工各种。长工俗呼长年，除服农劳外，且供主人一切驱使，终年不息，等于奴隶。月工亦称月伙。短工又曰夫工，游工多在栽秧、耘稻、打谷时雇用。

（郑励俭纂：《四川新地志》，第二编，人文地理志，第一章，经济地理，第一节，农业，民国三十六年铅印本。）

4. 地价波动

〔清光绪初年至民国二十四年，河南武安县〕

武安县六十年来土地农产消长一览表（民国二十四年造）

年份 价值 田地农产		光绪初年		光绪中年		光绪末年		宣统至民初		民国十五年六		民国廿四年		备考
		最高	最低	最高	最低	最高	最低	最高	最低	最高	最低	最高	最低	
地亩	东乡	一六千	八千	一八千	九千	二二千	一〇千	五〇千	二〇千	四〇元	一五元	二五元	一〇元	
	西乡	一六千	八千	一八千	九千	二二千	一〇千	四五千	一八千	三〇元	一二元	二〇元	八元	
	南乡	二〇千	一〇千	二五千	一五千	四〇千	二〇千	八〇千	三〇千	五〇元	二〇元	五〇元	二五元	
	北乡	一三千	七千	一四千	八千	一八千	一〇千	三〇千	一五千	二〇元	八元	一五元	六元	
净棉		一〇〇文	八〇文	三〇〇文	一〇〇文	二〇〇文	三〇〇文	五〇〇文	三五〇文	五角	四角五	四角五	四角	
麦子		三五〇文	三〇〇文	四〇〇文	三〇〇文	八〇〇文	五〇〇文	一二〇〇文	七〇〇文	二元	一五元	二六元	二元	

(续表)

年份价值田地农产	光绪初年 最高	光绪初年 最低	光绪中年 最高	光绪中年 最低	光绪末年 最高	光绪末年 最低	宣统至民初 最高	宣统至民初 最低	民国十五年 六 最高	民国十五年 六 最低	民国廿四年 最高	民国廿四年 最低	备考
小　米	三〇〇文	二四〇文	三五〇文	三〇〇文	六〇〇文	四〇〇文	一五〇〇文	一〇〇〇文	二元五	一元	一元	八角	
豆　子	二五〇文	二三〇文	三三〇文	二六〇文	四二〇文	三五〇文	一二〇〇文	九〇〇文	二元	八角	九角	七角	
玉蜀黍	二四〇文	二三〇文	三〇〇文	二五〇文	四〇〇文	三〇〇文	一〇〇〇文	八〇〇文	二元	九角	九角	六角	
高　粱	二三〇文	一八〇文	二三〇文	二三〇文	三三〇文	二八〇文	八〇〇文	六〇〇文	八角	六角	六角	四角	
其　他													

说明：
一、各乡地亩价值至为不齐，兹就普通价格列之，以见一斑。
一、棉花以斤计，食粮以斗计，俱按当时情形，表明每斤及每斗之价格。
一、每银一两，在光绪初年易制钱八九百文，光绪中年易一千一二百文，末年易一千五六百文，宣统至民国初年易二千一二百文；民国十五、六年，银洋一元，易铜元三百余枚，民国二十四年易铜元五百余枚。
一、本表所填，各因时代关系，采访困难，其得诸传闻者，容有未尽，阅者谅之。

（杜济美等修，郄济川等纂：《武安县志》，卷十，实业志，农业，民国二十九年铅印本。）

〔**民国元年至十七年，河北阳原县**〕　本县面积，为方里者七千二百，而堪种田亩，仅八千七百八十七顷余。计上等水田千二百顷弱，中等水田二千顷强，旱田则占五千余顷。清同治时，县民六万余，成地已至此数，故彼时分配得宜，地价尚平；迄于民国，人数倍赠〈增〉，而田数仍旧。地值之贵乃由人稠地窄，此固普遍原因也。后缘外蒙赤化，县侨之在恰库者，余资恐被没收，经商歇业，资本皆以汇县，故地价于民国十五、六年涨至民元一倍，此则特别原因也。然此后来源已断，现金永不复入，而捐税无穷，余财继续外流，生产折现，悉供赋杂，虽曰有田可耕，实则无生可谋，故近数年来（民国十八至二十四年），地价一落千丈，但观后表即可知矣。

阳原县民国以来土地价值变迁表

土地类别	上　地（价以一亩计）	中　地（同　上）	下　地（同　上）
民元价	百　元	三十元	十五元
民二价	百　元	三十元	十五元
民三价	百　元	三十元	十五元

(续表)

土地类别	上　地 （价以一亩计）	中　地 （同　上）	下　地 （同　上）
民四价	百元	三十元	十五元
民五价	百元	三十元	十五元
民六价	百三十元	四十元	十八元
民七价	百三十元	四十元	十八元
民八价	百三十元	四十元	十八元
民九价	百三十元	四十元	十八元
民十价	百三十元	四十元	十八元
民十一价	百八十元	五十元	二十元
民十二价	百八十元	五十元	二十元
民十三价	百八十元	五十元	二十元
民十四价	百八十元	五十元	二十元
民十五价	二百元	五十五元	二十五元
民十六价	二百元	五十五元	二十元
民十七价	二百元	五十五元	二十五元
民十八价	百元	四十五元	十八元
民十九价	七十元	三十元	十五元
民二十价	五十元	二十元	十元
民二十一价	四十元	十元	五元
民二十二价	三十元	十元	三元
民二十三价	三十元	十元	二元
民二十四价	三十元	十元	三元
备　考	能用河水或山水以灌溉者此之谓上田。	有时能用水灌，但即不能灌，而地腴可保相当收获者，可谓中田。	以上条件均无，而地含沙土者，此之谓下田。

（刘志鸿等修，李泰棻等纂：《阳原县志》，卷八，产业、农业，民国二十四年铅印本。）

〔**民国十一年前后，河北宣化县**〕　土地可分上、中、下三等。最上每亩价格约六十六元。水田次之，每亩约值洋四十九元。旱地最下。而旱地又分三等：一、平原地每亩约值洋十三元；二、坡地每亩约值洋七元六角；三、山地每亩约值洋三元七角。园圃均在城内。东、西两乡多水田，南北两乡多旱田。

（陈继曾等修，郭维城等纂：《宣化县新志》，卷五，实业志，农业概况，民国十一年铅印本。）

〔**民国二十三年前后，河北霸县**〕　地价日见增益，其增益最高者不在土质，

一、农　　业 | 43

由于地高且近城。北村庄密集之地,每亩价值百元或八九十元不等,他处则在五十元至七十元之间。常被水灾,地价三四十元,甚有不及十元者,此足证水患频仍,灾情重大也。

（张仁蠡、刘延昌修,崔汝襄、刘崇本纂:《霸县新志》,卷四,风土,民生,民国二十三年铅印本。）

〔民国二十四年前后,河北三河县〕　三河土质硗瘠,地属中下,民国初年,中地每亩值洋四十元,今则不过二十元,下地每亩二十元,今则不过十元,地价日落,而亩捐日增。全县典卖地者约占百分之八、九,置地者仅百分之一二,以是地愈多,而累愈重。昔之号为小康者,今大半困苦不堪矣。

（唐玉书等修,吴宝铭等纂:《三河县新志》,卷十五,因革志、实业篇,地价谷价,谷价,民国二十四年铅印本。）

〔民国二十五年前后,河北馆陶县〕　地价,按全县各区土质厚薄可分上、中、下三等。第一、第七、第八三区,上等地每亩价洋十二三元左右,中等每亩价洋十元左右,下等每亩价洋七八元左右。第二、第三两区,上地每亩价洋二十元左右,中等每亩十五元至十八元不等,下等每亩十二元至十四元不等。第四、第五、第六三区,上地每亩十五元至十八元不等,中等每亩十二元至十四元不等,下等每亩十元左右。此全县各区每亩地价之概数也。

（丁世恭等修,刘清如等纂:《续修馆陶县志》,卷二,政治志,经济,民国二十五年铅印本。）

〔民国二十四年前后,绥远归绥县〕　大青山以南多砂土,黑河附近多黑土,铁道以南、黑河以北则粘土成分居多,每亩价洋二三元至十余元止。上地有至四五十元者。

（郑植昌修,郑裕孚纂:《归绥县志》,产业志,农业,民国二十四年铅印本。）

〔民国二十六年前后,绥远安北县〕　境内已垦之地甚多,通济、长济、塔布等渠皆在境内,支渠尤繁。本地水田最高价格每亩十二元,旱地每顷值百元。畜牧亦盛。

（廖兆骏编:《绥远志略》,第七章,绥远之县邑,第十节,安北县,民国二十六年铅印本。）

〔民国十七年前后,奉天辽阳县〕　本境地亩价值相差之率四十圆,以现大洋计算,每亩价格最低六七圆,最高四十六七圆。年租价照卖价十之一,典价照卖价十之五。

（裴焕星等修，白永贞等纂：《辽阳县志》，卷二十七，实业，农，民国十七年铅印本。）

〔民国十八年前后，黑龙江珠河县〕 全境荒熟各地价格则视其接近车站及城市与否。如接近车站，以哈洋计，每垧值洋三百元或二百元有奇；如接近城市，亦相差无几。其距车站、城市较远者，则在百元上下；若距离再远，则价格相差甚巨。若典质地价，尤无一定标准。

（孙荃芳修，宋景文纂：《珠河县志》，卷十一，实业志，农业，民国十八年铅印本。）

〔清道光五年以后至民国初年，江苏高邮〕 邮民之致富也，工不如商，商不如农，古昔之农尤不及近世之农。盖工艺墨守陈〈成〉规，托业者第以糊口，未足以致富也，经商之利较厚，然枭贩不出方隅，求能远服贾而吸收外利者鲜矣。盐典大业客商主持，邮人或附其骥尾，求能独营巨业者更鲜矣。惟农由十斛多收，积铢累寸，以底于千仓万箱，呈功迟而植基固，但得中材之嗣，恒数世蒙而安，此在道光以前著效即已如是。迨咸丰五年，河既北徙，水患较稀，昔之污邪，逐年培壅，多成高田，每届麦秋收获，较前倍蓰。光绪初年，谷石千钱价值现加至三四倍，是以有田百亩，昔不足以供八口，今则均成小康，其阡陌云连者无论矣。谷价既升，田价亦贵，在昔亩值十金，今亦三倍其数。所可忧者，田之利益既厚，外邑赀本家争来购买，而人民生活程度日益加高，数之业户子孙或不能谨身节用，恐数十年后，蚩蚩之农大半为外郡人之佃户也。

（胡为和等修，高树敏等纂：《三续高邮州志》，卷一，实业制，营业状况，民国十一年刻本。）

〔清道光二十七年前后，江苏苏州府震泽县分湖〕 土田甚贵，较诸他处几至三倍，低者亦如之。

（清 柳树芳辑：《分湖小识》，卷六，别录下，风俗，清道光二十七年刻本。）

〔清光绪初年，江苏常州府无锡、金匮县〕 农民勤力作，无不毛之土，故田之贵数倍于前，而佃不输租，每为业户之累。

（清 裴大中等修，秦缃业等纂：《无锡金匮县志》，卷三十，风俗，清光绪七年刻本。）

〔清光绪初年至民国二十一年，江苏盐城县〕 地价，中等稻田，光绪初叶每亩仅值三四千文；迨光绪末叶，涨至十数千文；民国初，二十余千文；民国十以后，随谷价步涨；至十六年，达五六十元。此言中数也。亦有少数上腴逾百元以上者。十七八年后,灾乱频仍,益以二十一年秋粮价惨落,每亩降至三四十元矣。

(林懿均等修,胡六庚等纂:《续修盐城县志》,卷四、产殖志,经济,民国二十五年铅印本。)

〔民国十九年前后,江苏吴县相城〕 土地价格,每亩自五十元至八十元。

(陶惟坁纂:《相城小志》,卷三,物产,民国十九年木活字本。)

〔民国二十三年前后,江苏阜宁县〕 田价之估计大别为三,上则每亩平均约五十元,中则约三十元,下则约十余元至数元不等。

(焦忠祖等修,庞友兰等纂:《阜宁县新志》,卷十二,农业志,农作,民国二十三年铅印本。)

〔清代后期至民国十三年前后,浙江定海县〕 海通以后,人口繁殖,而田有定数,故田价骤贵。昔年斥卤之荡田,今且每亩值七八十金矣。至负郭之田,市廛侵之,闾阎侵之,坟墓侵之,田愈少而价愈昂,每亩有值百数十金者。

(陈训正、马瀛纂修:《定海县志》,方俗志,风俗,民国十三年铅印本。)

〔清咸丰年间至民国十四年前后,浙江龙游县〕 田价,虽肥瘠有不同,其大概亦有可证者。咸丰时,每肥田一亩约值三十元,瘠者约二十元。同治间,值发匪乱后,流亡未集,荒田甚多,其值陡贱,肥田每亩仅值四元,瘠者半之。光绪初年,肥者渐增至八元,瘠者半之。至中年,各倍蓰。季年,又倍之。至宣统间,肥者增至四十四元,瘠者亦至二十四元。最近则肥田增至七十元,瘠者亦须三十六元矣。

(余绍宋纂:《龙游县志》,卷六,食货考,物产,民国十四年铅印本。)

〔民国二十二年,浙江〕 农田价格,因年岁之丰歉及田地之优劣而不同。据民国二十二年实业部调查:浙江全省各县,农田以水田价格最高,旱田次之,山地最少。各县之中,又可分为上、中、下三等。水田上等平均每亩不过三七点四元,中等二一点四元,下等九点三元。

(姜卿云编:《浙江新志》,上卷,第七章,浙江省之社会,农业,民国二十五年铅印本。)

〔民国二十六年前后,浙江鄞县〕 全县地价约值三千四百三十万五千三百二十元,其价格以城厢为最高,每亩自五百元至二十五万元。西门外与江北岸次之,每亩自三十五元至万数千元;江东与南门外又次之,每亩自三十五元至四千元;而湾头一带为最低,每亩最高之价亦仅千二百元。耕田之价,东乡较西南两乡为昂。如樟村之贝母,每亩需千元上下,梅墟之冰田,每亩在五百元左右;惟此皆因贝母与冰业之利有以致之。若普通之价,则自八十元至百二十元。西南两乡则在六十元至百元之间。

(张传保等修,陈训正等纂:《鄞县通志》,食货志,甲编,农林,民国二十六年铅印本。)

〔清朝末年至民国初年,安徽涡阳县〕 辛亥以前,拥赀者醉心商业,视置产为迁图。是年冬,王士秀屯军县垣,沿门索饷,继以威逼,窖镪发掘靡遗,县人知动产之不足恃边,负郭土田逐渐腾贵,不十年且倍蓰。

(黄佩兰修,王佩箴纂:《涡阳风土记》,卷八,食货志,杂税,民国十三年刻本。)

〔清同治十年前后,湖南长沙府攸县〕 向来服畴者,自食其力,恒产故多不匮。即佃户良者,亦时成奥族。今则田价日昂,田租不得不增。兼以侨耕者众,不谙土宜,转碍土著。计终岁勤动,良农未必尽丰,其势然也。

(清 赵勤等修,陈之骥纂,王元凯续修,严鸣琦续纂:《攸县志》,卷十八,风俗;清同治十年刻本)

〔清朝末年至民国元年以后,广西隆安县〕 田亩价值分上、中、下三等。清季田价便宜,虽上则田,每亩只值十六至二十元之谱。民元以后,田价飞涨,上则田每亩产谷四百斤,价值一百二十元;中则田每亩产谷三百斤,价值八十元;下则田每亩产谷二百斤,价值四十元。旱地,即畬地,县人习惯专以畬地种玉米,在清季时,价值最高每亩不及十元。民元以后,地价亦随田价而增,约加至五倍以上。

(刘振西等纂修:《重修隆安县志》,卷四,食货考,经济,民国二十三年铅印本。)

〔民国二十四年前后,广西思恩县〕 田地价格:水田腴者,每十斤秧,本价约毫银一百二三十元;旱田,十斤秧,本价约毫银五六十元。旱田,每斤谷种,价毫银十元以上;山地,每斤谷种,价毫银十元以上。

(梁杓修,吴瑜纂:《思恩县志》,第四编,经济,产业,农业,民国二十四年铅印本。)

注:思恩县今为环江县。

〔民国二十四年前后,广西罗城县〕 在凤山、武阳两区,水田每亩(六十方丈为一亩)代价约三百五十元,旱田每亩约二百元,旱地每亩约一百五十元。至于三防区买卖田地,不以亩计算,而以能产谷若干双计算(将禾扎成把,四把名为一双,重约十五六斤为标准)。上等水田,每双最高六元至八元;中等三元至五元;下等一元至二元。旱田每双五角至一元。旱地买卖很少,各处山岭与某村附近,即由某村管业,任由村民自由垦植,但许种不许卖,是尚存有一种封建遗习也。

(江碧秋修,潘宝篆纂:《罗城县志》,经济,产业,农业,民国二十四年铅印本。)

〔民国二十五年,广西阳朔县〕 水田腴者,每亩价银约四十至五十元,每岁产谷二百斤。不能以亩计者,每造产谷百斤,田价二十至三十元不等。旱地、山地每亩价银约十元至二十元,不能以亩计者,视其所种之物贵贱及地面之广狭定其价值。县属山多地少,最高价格,鲜有过百元者。

(张岳灵等修,黎启勋等纂:《阳朔县志》,第四编,经济,产业,农产及农业,民国二十五年修,民国三十二年石印本。)

〔民国二十五年前后,广西融县〕 田亩买卖:和睦、大良两区,以箩计或以石计;长安区,以工计或以石计;苗山,以手计或以屯计。上田每租一石或工,价格由五十元至三十元不等;中、下田每租一石或工,价格由三十元至十余元不等;苗山每手价格三角至二角,每屯价格二元至一元不等。近日田价日落,且售出不易,税重故也。

(黄志勋修,龙泰任纂:《融县志》,第三编,政治,实业,民国二十五年铅印本。)

〔民国二十六年前后,广西宜北县〕 田分上、中、下三等价格,上等田每禾一双价银三元至六元(本县收谷以双为单位,每双可得净米十五斤),中等田每禾一双价银一元五至三元,下等田禾一双价银五角至一元,历来之一般价格大都如此,亦可随时势转移也。

(李志修,贾玉成纂:《宜北县志》,第四编,经济,产业,农业,民国二十六年铅印本。)

〔民国二十六年前后,广西崇善县〕 崇善各乡之田,其膏腴者,每产谷一百斤,值价毫洋银二十元;硗瘠者,每产谷一百斤,值价毫洋银十元或八元不等。旱地、山地、畲地普通每块产谷一百斤,值价毫洋银三四元之谱。

(林剑平、吴龙辉修,张景星等纂:《崇善县志》,第四编,经济,产业,民国二十六年稿本。)

〔民国二十七年前后,广西田西县〕 农作每年一造。田价以谷种计,水田腴者,每谷种十斤价值法洋四十元至六十元,岁产谷七百斤至九百斤。在石山之旱地、山地、价与水田亦相等。惟土山之旱地、山地则颇少买卖,间或有之,其受种十斤之地价,亦不过法洋数元。因地广人稀,荒山所在多有,无须购买私人地也。

（叶鸣平、罗建邦修,岑启沃纂:《田西县志》,第五编,经济,产业,农之类别,民国二十七年铅印本。）

注：田西县今为田林县。

〔民国十八年前后,四川南充县〕 县境土狭人稠,地价甚高,田地未经丈量,率以产谷量计。水田产谷五斗为一挑（五挑合一亩）,每挑谷田价约值二十元。山地以所种粮计,每种粮一斗,约值十二三元。坝地以能种烟草苗数计,人行三步种烟二苗,横二步种烟三列,以此计算,每万苗合三十挑谷之水田（就附郭坝土言）,附有森林房舍者价当更高,附粮税过重者,近年不能售。卖佃之外,别有当田者,以其田地暂时质押于人,不取租金,只于交业时取当值若干,他日收业,照还当值,所取较卖为轻,较佃为重,每挑约值十一二元。

（李良俊修,王荃善等纂:《南充县志》,卷十一,物产志,农业,民国十八年刻本。）

〔民国十八年前后,四川遂宁县〕 购涪江两岸之地,棉土一亩,需钱三百余钏。不产棉者,仅需钱二百余钏、或不及二百钏。山地之最瘠者,以西、南、北三路为多,惟田一亩需钱六百余钏,以有草山、棉土附入〈入〉故也。东路虽附以草山,然一亩之价,不能超过四百钏,其瘠可知矣。至于无购地能力之人,尽可租人之地以事耕稼。租地价格,各路不同,大概东、南路租价以谷计,每田一亩,田主取押租钱三十钏至五十钏。秋收之后,净携租谷一石,旱潦成灾,俱得量减。山土别取佃钱,依其广狭肥硗以定多寡。而西、北路与涪江两岸平原地,则概取佃钱。现在滨江一带,棉土一亩,约年需佃钱三十余钏。不产棉者,只需钱二十余钏。西、北路,每田一亩约年取佃钱四五十钏,山土附入,不别取钱。

（甘焘等修,王懋昭等纂:《遂宁县志》,卷七,实业,农业,民国十八年刻本。）

〔民国二十五年前后,贵州册亨县〕 本县地广人稀,地价较廉,田收租一石,约值大洋三十余元;地收租一石,约值大洋二十余元。

（罗骏超纂修:《册亨县乡土志略》,第六章,经济,第六节,地价,民国二十五年修,一九六六年贵州省图书馆油印本。）

〔清光绪中叶至民国二十七年前后,云南昭通县〕 查昭城田地之价,在昔甚低。自种烟后,良田俱改为地。在光绪中年,上则田之价,一工不过银十两,下则只二三两。自民元来,有力者加价夺买,遂使上田者至一百余十元一工,下者价高数倍。因连遭干旱,粮食陡涨,故逐年田土价格亦渐自增高也。

(卢金锡修,杨履乾、包鸣泉纂:《昭通县志稿》,卷五,农政,土壤,民国二十七年铅印本。)

〔明代至民国十八年前后,山东单县〕 自明以来,仍以耕桑为业,而赋税易完。近(民国十八年前后)生齿日繁,人满地少,凡宅边隙地与斥卤弃田,无不垦种。富者招佃,给地若干,用其主人牲畜,以贷其耕,常时为主人效驱策,名曰牛工。尤富者以地百亩为一份,种份子地者春间主人贷以粟,至收获时除均分外,加十分之三偿还,名曰吃月粮。用主人粟种,按半息偿还。

(项葆桢等修,李经野等纂:《单县志》,卷一,地理志,风俗,民国十八年石印本。)

〔清朝末年,山东莱州府胶州〕 州之田多归于仕宦与士商之家,散在四乡,不能自种,佃于人。

(叶钟英等修,匡超等纂:《增修胶志》,卷十,疆域志,风俗,民国二十年铅印本。)

〔民国二十二年前后,山东东明县〕 我邑田租就习惯上大别为二。一为包租,不论水旱,地主均计亩收租,佃农不得要求减免。普通每亩每年春、秋各为二斗,过肥过瘠之田则稍有升降矣。肥料子种均由佃农自备,且有代地主负担差捐者。一曰分租,有牲畜、子种、车辆均由地主负担,佃农仅代为耕作者,有归佃农自备者。前者佃租,地主得百分之七十,佃农得百分之三十,后者佃户与业主各得其半。

(任传藻等修,穆祥仲等纂:《东明县新志》,卷十四,民生志,生计,民国二十二年铅印本。)

〔民国二十三年前后,山东临清县〕 农民之类别。一曰佃农,尽人力以种他人之田,而分其收成,谓之佃农。每人佃种之田约在四十亩以上,其所收获则田主得其七,佃户分其三;间有平分者,则除丁漕附捐外,凡牛、马、籽种、肥料所需,田主与佃户共任之。一曰租农,纳一定之租价于田主,收获多寡与田主无涉,其价之低昂因地之肥硗而异。普通之数在三元左右,年分两季缴纳,荒则免之。租定之后书立契据,名曰租约,期以三年为限,价值涨落期满时,再为规订。至招租之地,面积广阔,独力难胜,则由一人承租或组合数家通力合作,或分租于其他农户,名为包租。一曰佣农,纯系雇工性质,有长工短工之分,长工以年为度,工价约四十元,衣食均取给于田主,其职务,则力田之余,兼任樵牧,较之佃农、租农尤为勤苦。至于短工,或以月计,或以日计,月工所得在十元上下,日工三角或四角不等,每届农忙时期,邑民业此者甚多。故四乡工市所在多有,临时工价由劳资两方于趁市时规定之。一曰自耕农自耕其田之谓。此者薄有田产,仅足自给,或小康之家生齿较众,既无暇舍己而耘人,又不能役人以自养,其全家生活与土田相依为命,故其对于稼穑致力较多,所得亦独厚。一曰半自耕农,此项农民约分两类,一则有田较多,而绌于人力,则以所余之田分招佃租或出资佣工,以免荒芜,一则所有土田不足自给,尚须代种他人之田以资补助,凡此皆半自耕农也。酌盈剂虚,人我两便,故境内此农颇多。一曰地主,凡不任耕作,纯恃地租为生活者,皆属于此。此类之由来,或士宦故族遗产于子孙,或豪富工商投资于土地,所谓役人以自养者也。然查临清习俗,田主之于佃户所分收获,向以七成为率,而田赋牛、马、肥料及一切捐摊均归地主担任,频年所得几于不偿所失,以故农村经济比比破产,曩日富农十九陵替。至于谷贱,既已伤农,而又荡激于新潮有力之家,以购置田产为戒。于是地价日跌,地主日少,统计全境田有百亩者已落落如晨星矣。

(张自清修,张树梅、王贵笙纂:《临清县志》,经济志,农业,民国二十三年铅印本。)

〔民国二十四年前后,山东莱阳县〕 县境惟东南海隅地,斥卤不毛,居民恃食鱼、盐之利,余悉以农为本,业工商者盖十二三焉。大地主昔即无多,于佃户或取田所有而计口授粮,或粟秸均分,而牛种有与不与。与牛种者,种于粟归仓时还之,牛资其价于归田时偿之。不与者弗供牛役。今县无千亩之家,百亩上即称富有,故皆为自耕农、半自耕农,而佃农不复有矣。自耕农谓各田其田者也,半自耕农田有不足而兼田人之田者也。田人之田者,或粟秸平分,或地主十之四,或径缴租粮若银,要不越地所出之半。统全境自耕农盖居十八,半自耕农仅十之一有奇,而田不能自耕佣工代为之者,百无四五焉。

(梁秉锟修,王丕煦纂:《莱阳县志》,卷二,政治志,实业,民国二十四年铅印本。)

〔民国二十四年前后,山东范县〕 本境无大地主,不过零星佃户,内分大种、三堆种或三七、二八各样种法。大种地,佃户自养牛马,耕作地主土地,地主只分籽粒之半,其余土地生产概归佃户。三堆种地,地主牛马由佃户代行喂养,耕作土地,佃户分籽粒三分之一,地主分籽粒三分之二。

(张振声修,余文凤纂:《范县县志》,卷二,经济志,佃户,民国二十四年铅印本。)

〔民国二十四年前后,山东齐东县〕 本县无大地主,居民非尽农户,虽农田多寡未必适均,要之耕者各有其田,故境内全系自耕农,间有雇农,至佃农则绝少。

(梁中权修,于清泮纂:《齐东县志》,卷四,政治志,实业,民国二十四年铅印本。)

〔民国二十五年前后，山东沾化县〕 如果旷土尽辟，不但本县三万余户耕者各有其田，并可容纳客农。乃以地权不均之故，一般贫农，仍多租佃为生，而东洼垦户，且反客为主。

（梁建章等修，于清泮纂：《沾化县志》，卷六，建设志，实业，民国二十五年铅印本。）

〔民国二十五年前后，山东牟平县〕 本县无大地主，有田百亩者，即可称富家，故佃农绝少，而自耕农居十之七八，半自耕农与雇农居十之二三。半自耕农者，田有不足而租人之田，其所收获，或地主与租户平分，或地主十之四，或径缴租粮与银，以不超过地所收获之半为标准。雇农者，雇约率以一年为期，雇资每年自三四十元至七八十元不等。本县因赴外营业者多，当地农工恒不敷用，故土田虽少，雇工恒来自外籍。

（宋宪章等修，于清泮等纂：《牟平县志》，卷五，政治志，实业，民国二十五年铅印本。）

〔民国二十五年前后，山东东平县〕 总计全县七万多户，十分之九九皆恃田地为生活，即十分之九九不能脱离农业，就中可分为大农、中农、小农、佃农四等。有田地五顷以上至十顷或数十顷者为大农（即大地主，俗称大户）。此等农田地每散布各村，不在一处。本地主大率不自耕作，招佃分种其田，按亩平分粮粒，坐享地利。亦有自种少许，多数归佃分种者。有田地五十亩以上至三四顷者为中农，此等农率多自种自田，亦有自力不能全种，招佃分种若干者。有田地数亩或二三十亩者为小农，此等农田地概归自种。亦有人多地少不能自给，佃种他人之田数亩或数十亩者，是为半佃户。自己绝无田地，完全佃种他人之田者为佃农，此等农又有大佃小佃之分。人丁多，佃种顷余或七八十亩者为大佃。大佃需车牛坚肥，农具完备，人力资本均能充足，虽系佃户，颇有中农气象。佃种数亩或一二十亩者为小佃。小佃则资本薄弱，全恃人力为生活矣。本邑佃田习惯有三种。种粮由地主发给一切，耕种锄割及肥田收获之事地主完全不问，静俟禾稼登场，粮粒轧净晒干，除种平分后，由佃户运送归仓。此种佃田习惯，邑内最普通，间有租佃者言定每亩租粮或租钱若干，预立租约，秋收后不问丰歉，照数交纳。又有一种小锄佃田法，凡耕种粪肥、车牛运力皆归地主自营，只锄割收获等，应用人力之事，归众佃通力合作，其分粮粒法，各种粮食不等，视用人力之多寡而定，大约麦一九（佃户一成，地主九成，盖种麦人工最省也），豆二八，高粱、谷子三七等分法。以上二种佃田法，邑内仅有，尚未盛行。

（张志熙修，刘靖宇纂：《东平县志》，卷八，实业，民国二十五年铅印本。）

〔民国二十五年前后,山东清平县〕　农民之区别：一曰自耕农,自种其田之谓。一曰佃农,种他人之田而分其收成,可得十分之三。一曰租农,纳租价于田主,每亩年纳三元以上。一曰佣农,即雇工、长工,以年计,可得四五十元；短工以日计,三角或四角不等。一曰地主,或招佃或出租,有田而不任耕作者。查境内民俗习于勤劳,地主绝少,以自耕农为最多。所谓租农,则西北边区恒有之。至佃农、佣农,在富庶各村尤占多数也。

（梁钟亭、路大遵修,张树梅纂：《清平县志》,实业志二,农业,民国二十五年铅印本。）

〔民国二十五年前后,山东莒县〕　租耕农,家无恒产,或丁多田少,有余力向田主租耕若干亩,言明每亩出租谷若干,或银元若干,无论丰歉,一律完纳。佃农,所谓田连阡陌,以千亩、数百亩计者,田主则招人佃种,用人看管,或自行料理。其与佃农之规约,略分三种。一、田主自备耕牛、农具,肥料则主、佃分任。及至禾稼登场,除就公堆加倍偿还子种外,粮粒均分,柴草概归田主。二、田主自备耕牛,与佃户伙同豢养,其买卖赢亏之数,两家分任。肥料、农具概归佃农自备,粮粒柴草一律均分,惟偿子种仍须加倍。三、田主购耕牛,按时价卖与佃户,以春、秋二季佃农应得粮粒扣还牛债,无论佃农需要吃粮与否,田主每年例派粗细粮二石（按种赋地百亩计算）,收获后就公堆加三倍偿还,惟还种不加倍。

（卢少泉等修,庄陔兰等纂：《重修莒志》,卷三十八,民社志,农业,民国二十五年铅印本。）

〔民国三十年前后,山东潍县〕　农民分别大约有三。一自种农,二分种农,三租种农。自种农地亩为自产、自耕、自食。分种农则系分种他人之地,收获后无论多少,与地主均分,地主负完粮纳税之责,而肥料、工作等费则由分种者负担。租种农亦系种他人之地,完粮纳税亦由地主负担,租户所纳于地主之租,则每年有定数。其租之多寡,视地之肥硗而异,有纳租银者,有纳租粮者。所租之地,或种蔬菜瓜果,或种烟草,租户可自由选择,不限于五谷。

（常之英修,刘祖干纂：《潍县志稿》,卷二十四,实业志,农业,民国三十年铅印本。）

〔明弘治元年前后,南京苏州府吴江县〕　每亩一岁起租一石至一石八斗,每岁仲冬,租户以干圆好米纳还田主,亦备酒食以劳之,谓之租米。

（明　莫旦纂修：《吴江县志》,卷六,风俗,明弘治元年刻本,民国十一年传抄本。）

〔明嘉靖三十七年前后,南京苏州府吴江县〕　农田计亩索租,下自八斗,上至一石八斗而止。佃户输之田主,田主具酒食,或就以粟劳之,名曰租米。

(明 曹一麟修,徐师曾等纂:《吴江县志》,卷十三,风俗,明嘉靖三十七年修,民国传抄本。)

〔明万历六年前后,南京扬州府通州〕 一夫一妇大约种田五千步,五千步者,古之二十亩也。以一岁之所费,则自莳秧耨草,至于获稻,每用十余人,则有东阡西陌比屋之家相与合作,不足则佣之有余力者。又时时修其沟洫,备其耒耜,饭牛车水所费,亦不赀焉。以一岁之所入,则每田一亩,丰年得谷三石,次则二石,又次之则一石而已。主人得其十六,农得其十四焉。以一岁之所入,校一岁之所费,农夫之四已费其一矣,而况不止于一也。方其谷秀于田,则有催租之胥、放债之客,聘聘然履亩而待之。比之登场,揭囊荷担者,喧嚣满室矣。终岁所得,仅了官逋、私债,曾不能一粒入口。乃衣食、婚嫁、丧葬之需,未能猝办也。乃踆踆然叩诸富人之门,而称贷之,以俟来年取足焉。若不幸而有一朝霜、蝗、水、旱之灾及意外之变,则二十亩之间皆化为蓬蒿,鞠为沮洳,乃有恶主人者,方执筹而临之,以算十六之利,必如往时,曾不减少。于是,鬻其妻子而逃之,否则骈首就毙。

(明 林云程修,沈明臣等纂:《通州志》,卷二,风俗,明万历六年刻本。)

〔清雍正年间至清乾隆十七年前后,江苏无锡、金匮县〕 城内业田之户多以田归于佃,可得倍价,故昔之田租城多于乡而骤,今则乡多于城而散也。田值之昂,较雍正间不啻倍蓰。盖昔迫于追呼,但见田之为累,故弃田之家多,而置田之家少。及乾隆以后大赦旧欠,闾阎无扰,又米价腾涌,益见田之为利,故今置田之家多,而弃田之家少。

(清 黄印辑:《锡金识小录》,卷一,备参上,风俗变迁,清乾隆十七年辑,光绪二十二年木活字本。)

注:民国元年金匮县并入无锡县。

〔清乾隆十一年前后,江苏苏州府震泽县〕 邑人重去其乡,离家百里则有难色,非公差、仕宦不远游,故商贾少而农业多。……计岁而受直〈值〉者,曰长工。计时而受直〈值〉者,曰短工。又有佃人之田以耕,而还其租者,曰租户(计亩还租,下自五斗,上至一石八斗而止)。少隙,则又计日而受直,为人佣作,曰忙工。

(清 陈和志修,倪师孟、沈彤纂:《震泽县志》,卷二十五,风俗,生业,清乾隆十一年刻本,清光绪十九年重刻本。)

注:震泽县于民国元年(1912年)并入吴江县。

〔清道光二十一年前后,江苏常州府江阴县〕 农之家十居八九。农无田而佃于人者十居五六。农人自食其力,岁收丰歉,一家之盈绌系焉。故三时耕作,不敢不勤,惰游者尚鲜,其佃于人者,视年上下,按额偿租,是为良佃。若奸佃则或一田两卖,谓之楼卖。欠租不偿,将田转榷,而私收其值,谓之盗榷。秋成稍歉,强悍者,倡首抗欠,群相效尤,谓之霸租。

(清 陈延恩修,李兆洛纂:《江阴县志》,卷九,风俗,四民,清道光二十一年刻本。)

〔清同治初年,江苏江宁府句容县〕 同治初,虽承平未久,民气未复,而居乡者多土著,即所招佃户,大半江以北人,与吾乡习俗不甚相远。

(清 张绍棠修,萧穆纂:《续纂句容县志》,卷六,风俗,清光绪三十年刻本。)

〔清朝末年,江苏苏州府昆山、新阳县〕 士不能耕,则以田贷于乡农,而分食,其一岁之获曰租米。有田者,曰业主,承种者曰佃户。业主又择乡农之谨愿者,使守田,曰经催。农事既毕,业主书其受租月、日以授经催,曰由单。经催以告于佃,不及期而输纳者,曰飞限。飞限者有让或一斗或二斗或数升。及期而不纳者,曰白户。今岁所负纳于来岁,曰陈租。良佃卒岁而毕纳,其次春熟而毕纳,下者或累岁而不纳。

(连德英等修,李传元纂:《崐新两县续补合志》,卷一,风俗,民国十一年刻本。)

注:此志记事至清宣统三年(1911年)。

〔民国二十五年前后,江苏盐城县〕 县境田地,农人自耕者约十之六,佃田以耕者约十之四。凡佃农有分收与包租之别。分收之制,业户具种、粪、本,佃任牛、船、劳力,佃亦有兼任粪、本若干成,业户亦有具牛、船及资助水旱不时之劳力者。收获之后,业、佃平分,亦有业六、佃四者。包租之制,种与粪一委之佃,岁纳租占所获约十之四而强,亦有至十之三以下者,视田良窳、暨耕户有无竞佃,佃时有无顶首以为差。凡佃户赁田之始,计亩纳钱为质,南方谓之顶首,盐俗谓之上庄。解田时仍还之,崇海人赁地植棉有每亩纳顶首银数元者,故岁租大率不过十之三焉。

(林懿均等修,胡应庚等纂:《续修盐城县志》,卷四,产殖志,经济,民国二十五年铅印本。)

〔民国二十七年前后,江苏数县〕 据《江苏省鉴》载,各县农户分配比较,以沛县之自耕农为最多,占百分之九十;以太仓半自耕农为最多,占百分之五十七;佃农以泰兴与启东为最多,占百分之七十五;雇农以上海为最多,占百分之五十。

可见自耕农以北方为多,佃户以南方为多。

（王培棠编纂:《江苏省乡土志》,第十五章,江苏省之民生,第二节,农民生活,民国二十七年铅印本。）

〔民国三十三年前后,江苏兴化县〕 农村经济状况:全县人口七十五万以上,除军、政、商、学暨老、幼、衰弱者外,农民占五十万人;其中,自耕农约三十六万人,半自耕农约六万人,佃农约八万人;附城田地每亩约收稻两石五斗,距城六十里以内者每亩约收稻两石,六十里以外者,每亩约收稻一石捌斗;佃农完业主租亩十分之三四,其东北乡田地高种旱谷者,每亩春季约收大麦一石二斗,余或小麦六斗;秋季约收黄豆五斗,间有改种芝麻、棉花、芦秫不等。圩岸种植蔬菜,多费劳工,而收入零星,获益无几。荡田生长芦草、虫害水淹,收获更微,所纳业主租数亦在三四成左右,但本邑河浅易涸,而旱田低易淹而潦,春秋收成多不足额,每年籽种、乢运、赋税、捐纳、口粮等项,悉取给于田产一年之收入,以故主佃双方经济困苦,农村破产之现象已数见矣。

（李恭简等修,钮敦仁等纂:《兴化县续志》,卷四,实业志,民国三十三年铅印本。）

〔明万历二十四年前后,浙江嘉兴府秀水县〕 迩来富商设米典,佃农将上米质银,别以下中者抵租。虽丰岁,辄称歉收,迁延逋负日者,若上奸民,聚党相约,毋得输租巨室,近虽稍息,然亦渐以成风。

（明 李培修,黄洪宪等纂:《秀水县志》,卷一,舆地志,风俗,明万历二十四年刻本,民国十四年校补铅印本。）

〔清朝,浙江金华府汤溪县〕 前《志》:四民之中,什九而农,多佃富室之田,而私其租之半,以仰事俯畜,其有田而耕者什一而已。（按:自发贼之乱,富室多中落,田易佃,而主自有,而自耕之者,什且七八。）

（丁燮等修,戴鸿熙纂:《汤溪县志》,卷三,民族,风俗,民国二十年铅印本。）

〔清康熙三十七年前后,浙江金华府永康县〕 虽富室,鲜储蓄,尽其力于粮输,有余则以贸田,授贫人耕之,而收其租之半以供税。贫者则赁耕富人之田,而私其租之半以供食。

（清 沈藻修,朱谨等纂:《永康县志》,卷六,风俗,清康熙三十七年刻本。）

〔清乾隆四十二年前后,浙江处州府青田县〕 青田之佃,照札纳租,欠租起佃,时遇水旱,租主、佃户面同分收,此常规也。然而,佃有四种。一曰出佃,已卖租于人，仍自佃种，卖租不卖佃，亦间有卖佃而借种者。二曰垦佃，山主招人垦田，发给工本，垦成，山主报升，未给工本者，亦正不少。三曰买佃，或钱交租主，谓之佃价，或钱交原佃，谓买佃皮。四曰招佃，已有熟田而招人耕种，亦名借佃。

（清　吴楚椿纂修：《续青田县志》，卷四，风俗，争佃，清乾隆四十二年刻本。）

〔清道光二十年前后，浙江嘉兴府〕　赁田以耕之佃户，向时人尚谨愿，除实租外，视丰歉为盈缩。年来，奸猾……且图短少，小涉旱涝，动辄连圩结甲，私议纳数，或演剧以齐众心，或立券以为信约，侦有溢额者……游群噪其家，责其抗众，否则，阴中以祸是。国家以旱潦为忧，而奸佃反因以为利也。惩薙此风，则公私并受其福矣。

（清　于尚龄等修：《嘉兴府志》，卷十一，农桑，清道光二十年刻本。）

〔清道光二十年前后，浙江嘉兴府〕　往时谷既登，富农供唯正外，得高廪，盖藏以备凶荒，佃农输租大家，稍贮以给春作。近来，佃农奸顽，将田中稻谷先时砻春，或趁新贵粜，或投典贱质，妄希贸易以博利，甚且不安分以图事，又或于春、夏时告贷富室，谓之生米。或有他方商客，投牙放米，谓之行帐。独租米迁延日月，借口岁歉收薄。冬尽，以砻米牺谷，约略半偿，官司催科甚急，告追每置不问。于是，田主称贷，籴米上厂而田主病，佃户贷米以延次黄之死，质粜以作不急之务，其后贸易折阅，息利倍加，自此逋负益积，逃亡随之，而佃丁又病。两者交病，在当事者立法以导亡也。

（清　于尚龄等修：《嘉兴府志》，卷十一，农桑，清道光二十年刻本。）

〔清道光二十一年前后，浙江湖州府双林镇〕　道光十二年冬，收大歉，漕米下年带征，下乡收租尚有三四斗一亩。迨二十一年，雪灾停征，乡人遂连圩结甲，升合不完，租船至乡，辄鸣锣聚众，哗噪驱逐，甚或掷石、泼污泥，或将船拔起，或锁住，而田主转好言求脱，无可如何。自此以后，稍遇歉收，即齐心拜总管，私议租额，不许抗违，其有驯良佃户，稍或多完，则纠众捆打，甚或拆屋，亦有借此恐吓田主，使不敢多取也。又收租之斗，较常为大，加一加二者有之，忠厚之家不为也。然田主以大斗滥收，而佃农遂以丑米搪塞，甚或搀〈掺〉水过多，米遂潮烂。彼此相欺，以致暴殄，原始归咎其在田主矣。

（蔡蓉升原纂，蔡蒙重编：《双林镇志》，卷十三，农事，民国六年铅印本。）

〔清咸丰年间至民国初年，浙江建德县〕　其所耕之土地为己有者，曰业主，租人之土地以耕者，曰佃户，为人佣作者，曰帮工。清咸丰以后，更有大租、小顶之分。大租为祖父遗田,有户贯而未经认粮者。小顶本非田主,以乱后垦荒,视同己有,客民移转无常者,皆赖庄书一纸清单,互相典押(并无户贯)。此风北区最盛,往往大租之田,仅售银币四五圆,小顶有售至数十圆者。(清同治初,以开荒作小顶,粮由佃户自纳,相沿成习,业主转无权支配,知府戴槃有垦荒章程并招垦记。)故北区大租田,每亩岁入租谷五六斗,最多至七斗为止。南区麻车等庄,每亩大租田岁入租谷约有二石。以一由业主纳粮,一由佃户代为纳粮,收息之轻重,以此为差。

(夏日璈、张良楷等修,王韧等纂:《建德县志》,卷二,地理,农田,民国八年铅印本。)

〔清咸丰年间至民国二十四年前后,浙江萧山县〕 咸丰年间,凡闸下田租均收七八折,佃农欠租不清,即可由业主召换新佃。其召换方法,预以铁耙掘田四隅为标识,俗谓之起田。新佃代缴陈欠,承契认种,旧佃不得把持。其认租钱,每亩约钱一千二百文。至洪杨时,田主无权,民心大变,前清同治六年,乡民遂私议高田每亩私顶钱陆千,低田随议约三千,刊印传单。然尔时尚有八折收数,今因米价涨,佃田顶价亦涨,少则每亩洋十余元,多至二十元、三十元不等。佃户欠租,业主遂不能起田,即起,亦无认种者。新佃认租钱项,竟从此革除。丰年收六七折,稍歉惟二三折,有结甲不完颗粒者。业不由主,其弊由佃户有团体,而田主无团体故也。

(彭延庆修,杨钟義等纂:《萧山县志稿》,卷四,田赋上,民国二十四年铅印本。)

〔清同治十三年前后,浙江湖州府安吉县〕 田间贫民佃人之田,曰分种田,刈稻时,邀田主赴田均分,亦有议租者,轻重不等。

(清 汪荣、刘兰敏修,张行孚等纂:《安吉县志》,卷七,风俗,生业,清同治十三年刻本。)

〔清光绪初年,浙江嘉兴府石门县〕 农人田亩,大半佃耕,视米为宝,恒多欠租,即有还者,总无嘉谷,甚且疲癃挟制,妇稚号呼,田主以收租为畏途,以有产为累事。丰年,完课而外,所余无几,稍遇灾荒,辄鬻田以赔赋。恒产不足恃,而浅薄之风起矣。

(清 余丽元等纂:《石门县志》,卷十一,风俗,清光绪五年刻本。)

〔清宣统二年前后,浙江绍兴府诸暨县〕 诸暨田亩,佃主谓之大买,佃户谓之小买,各有价契,惟大东乡、北乡无小买田。

(清 陈遹声、蒋鸿藻纂修:《诸暨县志》,卷十七,风俗志,四民,清宣统二年刻本。)

〔民国十三年前后，浙江定海县〕 乡村农民田皆自种，富户暨城市居民则不自耕，而雇农民代佃。执业者谓之业主，代佃者谓之佃户。收租之法约分三种。随年岁之丰歉，业主、佃户各得其半者，谓之分租。分租之时，由业主请人或躬亲监察之。不问收成多寡，预定业主应得之谷斤者，谓之包租。包租每亩多至三百斤，少则百数十斤，随田之腴瘠而定，于新谷登场时，业主至佃家称取。又有不计谷斤，于一年之前向佃户预收银钱者，谓之便田。便田所出之值，上田六七圆，下田三四圆不等。

（陈训正、马瀛纂修：《定海县志》，方俗志，风俗，民国十三年铅印本。）

〔民国十九年前后，浙江寿昌县〕 山田硗确，农夫终岁勤动，以禾稻为上。佃主田者，每岁输稻谷于主，其余豆、麦、杂粮，田主不过而问也。

（陈焕等修，李钰纂：《寿昌县志》，卷三，食货志，风俗，民国十九年铅印本。）

〔民国二十五年前后，浙江〕 租佃制度分为三种：一分租制，二包租制，三永佃制。其租田手续大都立有契约，但亦间有凭口头约者。纳租方法约有三种，即钱租、谷租、米租。纳租时期，通常在秋收之后。

（姜卿云编：《浙江新志》，上卷，第七章，浙江省之社会，农业，民国二十五年铅印本。）

〔民国二十六年前后，浙江鄞县〕 本县农民缴租办法约分三种。一、定租。由佃户每年向业主缴纳定量之租额。该项租额有大小业之别。（佃农所租之田，多世代相袭，成为半占有性质，名为小业。佃农有时更将小业转佃于另一佃户，则承佃此小业之佃户，须纳两重之租，一为大业，一为小业。）在二五减租未实行以前，大业每亩租额为二百斤，后减为一百五十斤。小业之租额，视田之肥瘠，由双方议定，大抵每亩最多为一百二十斤，普通五六十斤，最低二三十斤。二、钱租。俗名便田。价均为大业兼小业之田。上等稻田，每亩租价约七八元，次之五六元，又次之二三元。棉及杂粮地，每亩平均在五六元之间。如桑园、菜园及其他熟地，每亩仅二三元，惟樟村一带，其母地每亩租钱自九元起，至四十元不等。三、分租。适用于稻田。平时收租采用此法者甚少。在荒歉之岁，多临时酌用之。自实行二五减租后，则均照规定办法折减矣。纳租之时期，每年分六、七月间与九、十月间两次。前者称为纳早租，后者称为纳晚租，因其时期不同，又有早四、晚六之名目，即谓纳早租为百分之四十，纳晚租为百分之六十。例如，大业租二百斤，则早租纳八十斤，晚租纳一百二十斤，但东乡一带无早四、晚六之名目。

（张传保等修，陈训正等纂：《鄞县通志》，食货志，甲编，农林，民国二十六年铅印本。）

〔民国二十六年前后，浙江衢县〕 农人之自有田者曰业主，揽他人之田而耕作之者曰佃户。佃亦有两种，有永作佃与非永作佃。永作佃者大都成为一种习惯，出于西北乡，近城三四十里以内。一业两主，田为一主，佃又为一主。佃可以自由典卖，谓之小典小卖，只认纳大租于田主而已。甚有佃价高于田价，小租倍于大租者。此皆起于昔初垦荒之时，费去工本，相沿既久，遂若据为己产，强宾压主，恬不为怪。业主承粮而佃，享永作之利，业主反无处分权。惟佃不纳租，积欠至三年亦可取而耕之。他乡无此永作佃。佃亦任业主之命为进退，无敢违也。纳租以每亩田作四斗起算（以子种估计，然亦有每亩作五斗计者），自二分、三分至五六分不等，视田之高下肥瘠为差。

（郑永禧纂：《衢县志》，卷六，食货志，农田，民国十五年修，民国二十六年铅印本。）

〔清乾隆四十一年前后，安徽六安州霍山县〕 农水耕而火耨，戴星出入，尽瘁不遑，而树茗、艺麻则作苦尤甚。农之窭者，率佣田自给，耕牛不具，岁赁养牲之家，且田多硗瘠，获本不丰，除以额租纳主，所余几何，故往往终岁糊口不足。

（清　甘山修，程在嵊纂：《霍山县志》，卷四，典礼志，风俗，清乾隆四十一年刻本。）

〔清同治年间，安徽徽州府黟县〕 我邑田业有所谓典首者，不知始自何年，往往一业两主，正买契券，则须收割投印。典首契无收割投印，而后与正买不甚相远，称曰小买。买正租而不买典首者，但收谷一季，而无麦，虽是土例，于理欠顺，曾闻老者言，是因抵首之误。抵首者，由佃人与佃人争上首佃人，田中业已播种，此田或易主，或田主另召新承者，认上首种子农工价，渐渐失真，变成典首。又云，昔日地狭人稠，欲佃不得，于是纳金于田主，田主收其金，则此田永远由其承种。若欲易佃，则必偿归佃之金，故曰典首。倘该田之业田主，并未收过佃户之金，则此田之典首仍归田主所有。此亦一说也。未知孰是？因两存之。

（吴克俊等修，程寿保等纂：《黟县四志》，卷三，风俗，民国十二年刻本。）

〔清光绪年间，安徽太平府芜湖县〕 《方舆汇编》云：芜鲜山乡，率山农三，而泽农七，水旱迭为苦乐，而有获必倍于他邑，则用力之綦勤也。《太平图经》云：当涂重农，民而农者十之八，芜繁半之。居城食田之家，召农耕佃之，计亩定为额，视岁之丰歉而增减其数，率主人三之，佃作五之，出纳之际，盖亦断断矣。田功既毕，乡人皆酿金赛神，丛祠社鼓，村落阗然，既事饮福，醉饱狼藉，虽曰田农拙业，殆亦自有其乐乎！今按西北乡，妇女向不缠足，其力作与男子无异，春夏之交，栽播秧苗，田中尽为妇子，秋冬则以稻草编成鞋荐等件入市售卖，似此男女并作,宜乎收入之丰。然西北乡贫瘠特甚,反不若东南乡之富饶,盖以女子勤而男子遂惰,且地近城市,消耗甚多,不可不知其原而亟起矫正也。

(余谊密等修,鲍实等纂:《芜湖县志》,卷八,地理志,风俗,民国八年石印本。)

〔清光绪十九年前后,安徽凤阳府凤台县〕 佃人田者,牛、种皆田主给之,收而均分之。

(清 李师沆、石成之修,葛荫南、周尔仪纂:《凤台县志》,卷四,食货志,物产,清光绪十九年木活字本。)

〔清光绪三十一年前后,安徽六安州霍山县〕 中人以下咸自食其力,薄田数十亩,往往子孙世守之。佃田而耕者,十仅二三。

(清 秦达章修,何国祐等纂:《霍山县志》,卷二,地理志下,风土,清光绪三十一年木活字本。)

〔民国八年前后,安徽芜湖县〕 佃种田地,凡分二种。一为熟田。熟地之佃,地主于退佃时,只负返还羁庄钱之义务。一为荒地之佃。退佃时,除返还羁庄钱外,并须酌给搬迁费若干,以为垦荒及下庄之费用。(按:佃种田地,至不一律。北乡及河南近街一带,大都为永佃,佃户得以买卖顶押,所立契约谓之拨帖,所谓私拨私顶,换主不换佃也。东南乡一带多系活佃。田主人可以随意更换。至万春圩放垦,佃户先缴押板于公司,而后佃田。)

(余谊密等修,鲍实纂:《芜湖县志》,卷八,地理志,风俗,民国八年石印本。)

〔民国八年前后,安徽芜湖县〕 居城食田之家召农耕佃之,计亩定为额,视岁之丰歉而增减,其数率主人三之,佃作五之。

(余谊密等修,鲍实纂:《芜湖县志》,卷八,地理志,风俗,民国八年石印本。)

〔清嘉庆十九年前后,安徽凤阳府凤台县〕 佃人田者,牛、种皆田主给之,收而均分之,岁稔则余数年之蓄矣。得比岁稔,无立锥者或致千金。

(清 李兆洛纂修:《凤台县志》,卷二,食货,风俗,清嘉庆十九年刻本。)

〔民国二十年前后,安徽无为县〕 农民则性至淳厚,以勤俭为本,多佃户,自耕农甚罕,终岁勤勤恳恳,所得之半,皆登仕绅之仓库,衣食常至不保,且视若牛马,动辄恶声相加。

(佚名纂:《无为县小志》,第七,居民,民国二十年稿本。)

〔清康熙十八年前后,江西吉安府安福县〕 邑之田,有佃役,有仆里,有甲祖父遗留而为子孙世业者,皆有书契价值,而后授受生聚,居室皆为之主者给焉,谓之义男,盖其得之也。

(清 张召南修,刘翼张纂:《安福县志》,卷一,地理志,风俗,清康熙十八年刻本。)

〔**清乾隆二十四年前后,江西建昌府**〕 农田皆有主者谓之大买;农与农私相授受,谓之小买;无小买者,谓之借佃,皆田主为政。有小买者,主佃两不合,必待佃人自弃去,故往往逋租,远乡之佃尤甚。或另以田种芒谷输田主,芒长者粒二寸许,每四石不及一石,而佃人尽收其嘉者,故主佃常相疾,虽屡经大宪碑禁,顽梗如故。

(清 孟炤修,黄祐等纂:《建昌府志》,卷八,风俗考,清乾隆二十四年刻本。)

注:清建昌府辖泸溪、南城、新城、南丰、广昌等县。

〔**清同治六年前后,江西建昌府广昌县**〕 邑俗,农人三时作苦,一时休息,今则无片刻之暇。往时多荒土,今则高而山、卑而州,皆视其宜而垦之,渐成膏腴,靡有遗地。其农田有主者,谓之大买,立契纳税,过割契价甚便宜。农与农私相授受,谓之小买,并不立契,只写吐约顶约,以免纳税。过割契价较之大买者,加三四倍。无小买者,谓之皮骨皆管,或佃与人耕种,谓之借佃,始得田主为政。有小买者,主佃两不合,必待佃人自弃去,故往往逋租,远乡之佃尤甚。或另以田种芒谷输田主,佃人尽收其佳者,故主佃常相疾,每每兴讼,缪辖不清。

(清 曾毓璋纂修:《广昌县志》,卷之一,风俗志,清同治六年刻本。)

〔**明正统十三年,福建延平府**〕 乡旧有例,佃人之田者,岁还租谷外,又有新米、鸡、鸭之类,以馈田主,辞曰冬生。至是,茂七等倡其乡民革之,田主亦未如之何也。既而倡议,以为乡民所佃田,其合还之租谷,令其主自备脚力,担负以归,不许辄送至其家。田主因诉于县逮之。茂七等率众拒捕不服,县乃下巡检司追摄。茂七等因而杀其弓兵数人。县遂以闻于上司,召官军三百人往捕之。茂七等又聚众格斗,官军杀伤殆尽。至是,势不容已,乃刑白马祭天,歃血誓众,遂举兵反,时正统十三年之二月也。旁近尤溪县民亦闻风而起,乌合之众日以益盛,至千余万人,于是僭称王号,伪署官职,八闽为之骚动。

(明 陈能修,郑庆云,辛绍佐纂:《延平府志》,卷二十三,拾遗志,明嘉靖四年刻本。)

〔**清道光十年前后,福建龙岩州漳平县**〕 乡村小民多是无田之家,须就田主讨田耕作,每至耕种耘田时节,又就田主生借谷米,及至终冬成熟,方始一并填还。

(清 蔡世绂修,林得震等纂:《漳平县志》,卷一,舆地志,风俗,清道光十年刻本,民国二十四年铅字重印本。)

〔清道光十五年至光绪十六年前后，福建龙岩州〕 耕人田者曰佃户，受耕时，向业主认批，按田定租。租以桶计，二桶为箩。上则田每亩载租十箩，中、下递至五六箩不等。今田价日昂，租亦稍增。前《志》云：田价数倍曩昔，佃耕俱有流项，盖岩地田额稀少，民数日繁，间有向业主认佃，纳资押耕者，谓之土本；或私向佃户承顶计田输钱者，谓之流退；更有贻借钱银纳谷供息者，谓之小租。按：岩地山多田少，耕农者众，往往视田亩租额有嬴余者多出资钱，私相承顶。至资本渐积，余利渐微，偶遇歉岁，即恳减租。既乃丰岁，亦且拖延，迨积年短欠，则田主起耕。近郭农民尚畏法，不敢阻抗。特有三四乡落，预约田主起耕，不许乡内承顶，外乡来佃辄阻种抢收，几不可制。迩来，业户因抗租霸耕，控者甚伙，前雁石乡经官惩创，顽佃稍戢，然他乡似此恶习未尽革除。若各族祖遗祭产，授耕多年，佃直据为世业，其间辗转流顶，有更数姓不闻业主，小租加倍，原租者尤为积重之势。

（清 彭衍堂、袁曦业修，陈文衡等纂：《龙岩州志》，卷七，风俗志，农事，清道光十五年刻本，清光绪十六年补刻本。）

〔民国三十六年前后，福建云霄县〕 业佃纳租概况（别为数种）：惠佃送礼物于业主，而得佃耕，欠租起佃不索回礼。永佃，佃户欲取得耕地，议向业主贴纳租谷若干，给予约字（佃批），业主未经赎回佃批，佃户得转让收租为二佃主。固佃，又名虎佃，佃户私自约法，不互相闯耕，业主有收租、无调佃之权。粪尾佃，甲佃私自让与乙佃，而索让值，曰粪尾租，又名小租。有时乙佃复让与丙佃，丙佃复让与丁佃，辗转私让，层累加值，甚而小租反比原租为多，于是一业为数主。佃户缴纳租谷，尚有干租、淡租、实租、虚租之分，其挑运到业主宅经风者，业主供其餐饭。到地索收者，则佃户供业主餐饭。

（徐炳文修，郑丰稔纂：《云霄县志》，卷七，社会，农，业佃纳租概况，民国三十六年铅印本。）

〔清道光十七年，台湾噶玛兰厅〕 噶玛尔农户，半多垦佃。缘初辟之时，力裁业户，各由散佃收租，各佃垦耕，领有丈单，即若永为己业，虽后至诸农，仅为请丈者所招垦，而一经认作，输纳而外，无所苛求，故大田多稼，时有仓庾盈亿之庆云。

（清 柯培元纂修：《噶玛兰志略》，卷十一，风俗志，农事，清道光十七年修，一九六一年《台湾文献丛刊》铅印本。）

〔清同治十年前后，台湾淡水厅〕　有佃户焉，向田主瞨田耕种也。有礅地焉，先纳无利银两也，银多寡不等。立约限年，满则他瞨，田主以原银还之。每年田主所收曰小租，淡北分早晚交纳，自堑而南多纳早冬，其晚冬悉归佃户。亦有先纳租一年后乃受耕，则不立瞨字，亦无礅地银也。凡田器、牛种皆佃备。其或荒地初垦，近溪浮复者，经佃开垦成田，须三年后，田主方勘界定租，垦费主、佃分者，则租均之。

（清　陈培桂等纂修：《淡水厅志》，卷十一，风俗考，清同治十年刻本。）

〔清光绪十七年，台湾苗栗县〕　有佃户焉，向田主瞨田耕种，立约限年。凡田器、牛、种，皆佃备。田主先收无利银两，曰礅地，多寡不等。每年收所供租谷，曰小租。向来多纳早冬，其晚冬悉归佃户。遇旱涝，则减租有差。立约限年满，则他瞨，田主以原银还之。其或荒地初垦、近溪浮复，经佃开垦或五六年、或七八年，田主方勘界定租。垦费系佃户自备，必须塘圳之利者，田主津贴垦费有差。近数十年以来，荒地垦辟几尽，人民生齿日繁，礅地小租视前数十年，俱多为增益。又有复向佃支借银两者，将租抵利，曰有利礅地，其租增益，往往尽早冬收获不足供纳。因多分为早租、晚租，大约早冬七成、晚冬三成。

（清　沈茂荫纂修：《苗栗县志》，卷七，风俗考，清光绪十七年修，民国间抄本。）

〔清光绪二十三年，台湾新竹县〕　有佃户等自备工本，向田主赎田耕种，先纳无利银于田主，名曰"礅地"（亦有不用"礅地"银者，并不立限约），定租立限，满则起耕别瞨，田主以"礅地"银如数交还。每年早稻登场，田主所收曰"小租"，陂长所收曰"水租"，皆佃户供纳；田纳谷，园则纳银。亦有先纳租银而后受耕者，不立瞨耕字，并无"礅地"银。凡田器、牛、种，皆佃自备。其或荒地未垦、溪边浮复者，瞨佃开垦成田，须三五年，田主方勘界定租。垦费佃人自备者，则限年多而纳租少；田主给与者，则限年少而纳租多。

（清　蔡振丰编：《苑里志》，下卷，风俗考，清光绪二十三年编，民国抄本，一九八四年台湾成文出版社影印本。）

〔清光绪二十三年，台湾苑里〕　田园自耕者有之，不自耕而瞨佃者亦有之。佃向业主瞨耕有礅地焉，盖先纳无利之银两也。硫地之多寡不齐，瞨耕之年限不齐，均由业佃面议为定，率有约字焉。至限不耕，则业主以礅地原数还之佃，佃以业还业主，听其别瞨。佃纳业主租者，曰小租也。每于年之六月纳业主。租亦有分早、晚二季纳者，六月曰早冬，十月曰晚冬。至于荒地初垦，以及近溪浮复者，则使佃开垦成田,须三年后,业主方勘界定租。垦费或归佃人自理,或业、佃对半均分者不等,总以当时面议所立之赎约为凭。

（清　蔡振丰编：《苑里志》,下卷,风俗考,农事,清光绪二十三年编,民国抄本,一九八四年台湾成文出版社影印本。）

〔清光绪二十四年,台湾树杞林堡〕　树杞林堡,土沃民勤,年登两获,业赎田耕,租分二季,然亦有一季纳清者,亦有以银代谷者,总要业佃相商,彼此两便。田肥硗有分上、中、下,租多寡亦有分上、中、下。但山田多惧天旱,洋田多惧水冲,倘遇天旱或逢水冲,幸而业主有良心,则租减若干,即全年俱免者亦有之。不幸业主太苛刻,毫不能减,致彼佃倾家者亦有之。若夫面赎之时,面议各款、耕限几年、租谷几石。八月之际,定银先交；十月犁田,磧地清楚。凡赎租一石,要配磧地一圆,缴交业主,其银无利,俟年限耕满,要换别佃,即将磧地交还,原佃又要托人担耕,以为保认。倘佃有欠租,即将磧地抵扣,扣抵不清,担耕赔清。然亦有山埔以及河坝招佃垦田,约限几年无租,或几年升租,名曰开荒。开辟内山,亦是如此。此则数十年上下相安之法,千百人大同小异之规也。

（清　林百川、林学源纂：《树杞林志》,风俗考,农事,清光绪二十四年纂,抄本,一九八三年台湾成文出版社影印本。）

〔清嘉庆元年以前,河南汝宁府〕　佃户领田输租,又与雇工不同,乃汝俗亦多称为佃仆,肆行役使,过索租课,甚有呼其妇女至家服役,佃户不敢不从。且有佃户死亡,欺其本宗无人,遂嫁卖其妻若子,并收其家赀,占以为利者。

（清　德昌修,王增纂：《汝宁府志》,卷二十三,艺文,金镇："条议汝南利弊十事",清嘉庆元年刻本。）

〔清嘉庆元年前后,河南汝宁府正阳县〕　邑人重去其乡,离家百里辄有难色,故商贾少而农业多。若无田者,赴逐雇请,计岁而受值,曰长工。计时而受值,曰短工。又有种他人之田,而计亩均分者,曰佃户。少隙则又计日受值,为人佣作,曰帮忙。

（清　彭良弼修,吕元灏纂,杨德容补修：《正阳县志》,卷九,补遗上,风俗,清嘉庆元年刻本。）

〔清光绪二十二年前后,河南归德府鹿邑县〕　农受田代耕者曰佃户,尊授田者曰田主人。主居之以舍,而令自备牛车、籽粒者,所获皆均之。主出籽粒者,佃得什之四。主并备牛车刍饩者,佃得什之三。若仅仅为种植芸锄,则所得不过什

[之]二而已。

（清　于沧澜、马家彦修，蒋师辙纂：《鹿邑县志》，卷九，风俗，清光绪二十二年刻本。）

〔民国二十三年前后，河南获嘉县〕　耕有三：一曰自耕农，系自主、自耕、自获是也；二曰佃耕，佃种他人之地，而以一半给地主是也；三曰租耕，无论收获丰歉，每亩必给地主粮秭若干是也。获嘉地瘠民贫，疆域窄狭，近自粮价日昂，凡有地之家，类皆自耕或佣工代耕，佃租已日见减少矣。

（邹古愚修，邹鹄纂：《获嘉县志》，卷九，风俗，习惯，民国二十三年铅印本。）

〔民国二十七年前后，河南西华县〕　佃种（俗云分种）：地主与佃户经中人说合，订定佃契，地主即将佃契所载地亩，交由佃户耕种，所用耕器、牲畜、车辆等，由佃户自备，至丁银杂差税捐，均由地主完纳。肥料费，或由佃户自备，或由地主与佃户均摊。所收农产物各分半数，惟麦季之麦秸统归佃户饲养牲畜。麦秋两季，种子、麦豆由地主供给，收获后由总数内加倍扣除，再行均分。此外，均由佃户自备，地主需用力役及车辆时，多由佃户供应，惟人工、火食、牲畜、草料等费，则由地主负担。

（凌甲烺、吕应南修，张嘉谋等纂：《西华县续志》，卷七，建设志，农业，民国二十七年铅印本。）

〔清光绪九年前后，湖北汉阳府孝感县〕　有有田之农，有无田之农。有田之农悉不自为农，盖流习渐靡，恒耻躬耨，或付之奴仆或佣工，或互相助曰换工，官粮私责所得不偿。无田之农，受田于人，厥名为佃，与田主计劳苦，算牛种，借口水旱逋其入。兵燹以来，土满人稀，辄以逝将去汝，恐吓田主，故田之所入，佃得十[之]八，而事赋又不及焉。年来，有田者皆自有而之无，无田者皆自无而之有矣。

（清　朱希白等修，沈用增等纂：《孝感县志》，卷五，风土志，习俗，清光绪九年刻本。）

〔清光绪十一年前后，湖北武昌府武昌县〕　雨水应时，亩可得二三石，佃户贫，或不能具牛、种，称贷以耕，谷贱多折阅，岁无所得，租率减少，于是无求田者。

（清　钟桐山等修，柯逢时等纂：《武昌县志》，卷三，风俗，清光绪十一年刻本。）

〔清同治五年前后，湖南郴州桂东县〕　金石土木鲜土者，多江广人，凡工作，日给四十钱。佣田者亦然，暇时或减半。收获忙迫，价或倍之。其长年者曰庄头，月计曰用工，日计曰零工，即其人之能否，定其价之高下。富有力者，买奴婢，唯给其衣食。奴长,则为之娶或以为义子。婢长,则嫁或以为义女。

（清　刘华邦修,郭岐勋纂:《桂东县志》,卷九,风俗志,清同治五年刻本。）

〔清同治十三年前后,湖南岳州府平江县〕　平邑田多佃种,贫民以佃为产。议佃之初,有押租钱,其数视岁租多寡为率,盖以杜抗租不完之弊也。然佃户秋获后,辄先完租,比诸公家之额赋。遇水旱偏灾,则与田主临田踏勘,视歉收之数而酌减焉。

（清　张培仁、麻维绪修,李元度等纂:《平江县志》,卷九,地理志,风俗,同治十三年刻本,光绪十八年重印本。）

〔清光绪初年,湖南长沙府善化县〕　土宜稻谷,终岁一熟,园蔬外,少他种植,杂粮、棉花、菜子,惟河洲沙土为宜,然不及稻谷百之一二。稻有早、中、晚之殊。岸田水歉,宜早稻,近河低田,须过伏信分插,宜晚稻,均不及中稻十之一二。乡民佃耕多于自耕,约费枯饼、灰粪、人工钱文一千,可得谷一石。佃耕计每石田须押规银三十两,内外岁租十石内外。赀本不足之家,贷银偿谷,谓之水租,而流卖田亩相习以少作多,故佃耕农民多形拮据。此乡间作苦情形,不患不勤动。有不得养其父母者,是在业户加一番怜恤矣。

（清　吴兆熙等修,张先抡等纂:《善化县志》,卷十六,风俗,清光绪三年刻本。）

〔清光绪二年前后,湖南永州府零陵县〕　农务全在稻田,有恒产者或自种,或佃于人。贫者则佃种为生,其租谷大约半田所出,亦有十取三四者。

（清　徐保龄、嵇有庆修,刘沛纂:《零陵县志》,卷五,学校,风俗,清光绪二年刻本。）

〔民国十五年前后,湖南醴陵县〕　田之佃自他人者,例须先纳押租,曰规仪。每秋熟,以其议定租谷纳之东主,曰完租。大抵按田之所出,东、佃各得其半,如出谷二石,则完租一石。田种称石,称斗,每田一石,计种十斗或七八斗,纳租谷约三十石内外,故曰斗打三,谓田种一斗,纳租三石也。亦有专计租谷,不计种者。然乡农率多贫苦力作,惟无田可佃之是忧。而田经转卖,其租石又每较原额加多。卖者务加租以得价,买者又务加租以得租,以致农民益困。

（傅熊湘编:《醴陵乡土志》,第六章,实业,农田,民国十五年铅印本。）

〔民国二十一年前后,湖南汝城县〕　人烟稠密之地多自播种,边远村落则赋人佃之。（有借耕、永佃二种。借耕须订明租额及有无押金之约据,田主可照约自由脱耕另招。永佃因承耕久远,田主或不知田亩坐落,遂启佃户以自顶自退之弊，田主但常年收租而已。）租之重轻，视田上中下为差。（上田，主六客四，或主五客四，中田主客平分，下田主四客六。）

（陈必闻、宛方舟修，卢纯道等纂：《汝城县志》，卷十八，政典志，实业，民国二十一年刻本。）

〔民国三十七年前后，湖南醴陵县〕 本县农民数，约为总人数百分之八十强，半为佃农。佃田者，必先立佃约，预纳押租，如其租额，谓之规仪。田之所获，东、佃各取其半，获谷二石，则完租一石。（如为沃壤及肥料足者，佃户可得十分之六。）佃户于早、晚两稻登场时，分次缴纳。如遇灾歉，请东主看禾减租，必具盛馔。岁杪送东主鸡一、鱼一，谓之庄礼。东主有婚丧事，须为服务，劳不取值。然近年以来，亦惟大庄为然也。田种称石，称斗，每田十亩，计种一石，纳租谷约三十石，故曰斗打三，谓田种一斗，纳租三石也。（此就普通而言，然亦视田亩肥硗而异，高者每亩多至四石，低者二石。）亦有专计租谷，不计种者。人稠地狭，乡农类皆贫苦，惟天田可佃之是忧。而田经转卖，必请庄改佃，租额视前加重。十年前之显宦与抗战后之富商，动挟巨金以求田。于是，地价日高，税额日增，而农民乃益困矣。平均一户所耕之田，不足十亩。数口之家，所获不敷半年之食，故多兼种红薯、豆、麦以疗饥。

（陈鲲修，刘谦等纂：《醴陵县志》，卷五，食货志，农业经济，民国三十七年铅印本。）

〔清康熙二十六年前后，广东广州府花县〕 近山村落向为贼踞，熏其余习，积顽成玩，累薄丛刁，畋种逋租，屡屡见告。

（清 王永名修，黄士龙纂：《花县志》，卷一，风俗，清康熙二十六年刻本，清光绪十六年重刻本。）

〔清嘉庆年间，广东广州府东莞县〕 邑民务耕作，精种植，濒海则借鱼盐，无巨商大贾适四方。其佃田而耕者，曰佃丁，亦曰田客。迩来，近海诸乡，新立小村，及山乡阻远者，附近田土为佃所据，租入不及额之半，至以贱值弃其田，颇为近日之害。

（陈伯陶等纂修：《东莞县志》，卷九，舆地略，风俗，民国十六年铅印本。）

〔清道光四年前后，广东肇庆府广宁县〕 邑中农民多向富室佃耕，有祖孙相继不易者。

（清 黄思藻纂修：《广宁县志》，卷十二，风俗，清道光四年刻本。）

〔清同治年间，广东惠州府河源县〕　俗称种山，谓之举；种于山麓，谓之埔；种于平原及水岸之地，谓之坝。此多为在官无粮之所。而民间有田、有屋在山根及在河边者，书每有随田带山、随田带埔、随田带坝之说。彼此互争，苟知其无粮，自能随事判断。又有业主以田授受，俗谓之大买，佃人以耕授受，俗谓之小买。小买之名，曰粪质、曰粪脚、曰顶手、曰退手，其实一也。恒有小卖之价，半于大卖，亦有相等且过之者。此一田两卖，惠、潮积习，难以尽除，皆由官无鱼鳞版笈，而佃户岁岁力锄广阔，以佃力之岁增，遂有溢田，即成小卖故耳。顾以业田授受者，惟在官印契可凭，若以佃耕授受者，只以片纸出质。或云自祖上遗留，或云自某某转顶，恒有以一田而两顶者，又有以一田而冒顶者，又有顶出而仍借耕还利谷者，又有顶出而包租还主者，此在佃户结控既纷纭已。其在业主用价买田，而佃户顶退不改，则曰换主，不换佃，以大卖之，主虽新，而不买之佃仍旧也。倘有业主换佃，遂有灭顶之控，如或业主仍旧，而佃户顶退不常，私相授受，并不与闻于业主，以致辗转顶易未换。新佃承耕，业主无从取租，或旧佃包还主租，数年之后，旧佃事故，后佃遂乘踞业之计。此种恶习，牢不可破。忆壬戌、癸亥之间，姚观察檄行禁革小卖而不可得，惟当审其果有灭顶之弊，咎在业主，果有辗转顶退包租踞田之弊，罪在佃人，然查通县之田，非皆有顶手也。故有此田历来有顶手，彼田历来无顶手之说。其无顶手者，俗称曰水大田，其田宽价轻，无水圳源泉，犹江南所称靠天田也。查平陵、平奢水大田居多，而二约之田遂大概无顶手，尤当随地查察。知县陈张翼来粤十年，采风问俗，游历已多，迨至河源，深知业主佃人各有积弊，亦各有积累，著《广东农谱》六卷，录呈列宪，而无惑也。故为有司者，先知出产，惟谷稼穑惟宝，每岁农事之早晚、风雨之时宜，留心用意，庶几与田间呼吸相通耳。凡民间隔岁栽种二麦，至二月登场，多在沙土埔坝河坦种麦。其土田肥美者，不欲种麦，于冬成后，犁一次，谓之犁霜。至春得水，即犁为早造之计，先于惊蛰后溃种，播于秧田，至春分前后十日得水栽插。其中种有迟早，早者五月收成，迟者六月尽收。大抵连溃种养种至成熟约计一百二十日也。晚造之谷，俗名番子，五六月溃种养秧，其早稻收毕，得水即犁，于立秋前后十日得水栽插。其中，种亦有迟早，早者霜降后收成，迟者十月尽收，大抵连溃种养苗至成熟约计一百三十日也。又有山坑水寒之田，用石灰爨之，每岁止有一造，名曰大冬。一造田其栽插在早稻月余之后，而收成亦在晚稻收成之后，得土气甚久，所收较两收之获不甚相悬。又有埔坝、河坦、山峯之田，赤米播撒，天雨多源，随时可播，岁只一造，名曰早禾，又名地禾，较他种苗颇独耐旱，又不怕风，倘遇岁多雨，收成尤多。凡早稻喜昼雨,名曰白撞雨,晚稻喜夜雨,名曰秋霖雨。早稻喜热,晚稻喜寒。早稻开花向北,怕北风,而夏月南风较多,晚稻开花向南,而秋月北风较多,然稻花之开,在每日巳、午、未三时,以此占风,余时无碍。凡稻七日花齐,有水养,无风吹,则大有年矣。语详《广东农谱》别卷。

（清　彭君谷等修,赖以平等纂:《河源县志》,卷十一,农功,清同治十三年刻本。）

〔清光绪初年,广东广州府香山县〕　邑惟南乡人多商于外,余则专恃田产。邑城富者置田,贸易非所长。村落小民概业于耕,故农伤,则举邑疲弊。购大户田获后纳租,岁歉,则请大户观稼议减,旧例也。民心诡诈,租多缺,大户乃变为期价。期价者,订租与期先一年,冬至输来岁租银。咸丰中,红匪构乱,道梗,谷翔涌,耕户大利,民俗亦侈靡。后谷贱租贵,侈风未衰,耕户大窘,窘则谋生之心急,竞高其价,以图耕,盖冀幸于年之丰、谷之贵也。利令智昏,不数年,而村落萧然矣。耕户病,而业户亦无由丰,仁让风息,职此之故。所赖有心世道者倡之以俭,俭则有余。大户可宽以待佃人,佃人亦以俭以勤,徐图其自家,以养生送死。此转移风俗之一机也。

（清　陈沣纂:《香山县志》,卷五,舆地下,风俗,清光绪五年刻本。）

〔清朝末年至民国初年,广东大埔县〕　邑中田地,自耕者为多,佃农居少数,盖邑人风俗纯朴而勤劳,虽富厚之家,亦略事耕种,不愿脱去田家生活。且邑中殷实之户亦极少,大地主以一家收租谷百石以上者,已不多得。因田地稀少,人皆留以自耕,虽有重金不轻易变卖。间有少数乡村,全村皆佃农者,大多系各大族祖尝田业。据所传闻,明末时代,赋敛繁重,自耕者恒不敢有其田,宁愿贱价求沽于望族,自居佃户,借托庇荫,故其租额亦比较特轻,往往佃七而主三,甚或佃八而主二。至大概佃耕之常例,阳田工作较省,租亦最重,收获之谷,多为主佃平分;山田工作多,而收成少,则佃六而主四,或至七三不等。惟所有佃耕田亩,除纳租谷而外,约一斗种以上之田,每年须纳鸡一斤,名之曰信鸡,不知其何所由来也。间亦有全村佃农之地,田主对于佃户多所需索者,除租谷,信鸡之外,田主率多人向佃收租,从事挑运,佃户应具酒菜饭飧以为接待,且须制备米饭馈赠其家属,曰田头饭,每五年或十年须转批一次。转批时,若干人至佃户之家,具酒菜款待,立批后,每人又须饷以号资若干,曰批头钱。甚或户所备家常杂物,任意取索,取佃之间,恒至互闹口舌,田主辄以吊佃为胁迫之端,佃户则联同罢耕以为抵制,另招佃户往耕,他佃多不过问。近数十年,民智渐开,邑人经济多求向外发展,为佃户者,不必专恃佃农为生,多能外出经商,渐致丰裕;为佃主者,已不专靠祖宗遗留之谷石以资渡日,且以祖宗遗留之业多属轮流经管,只好表示和柔亲善,以避免抗欠。故此种不良之弊已罕有所闻。

（温廷敬等纂:《大埔县志》,卷十,民生志上,农田,民国二十四年修,三十二年增补铅印本。）

〔民国二十年前后,广东番禺县〕 慕、鹿二司统名上番禺,近山而远海,故田土多高亢。鹿步迤南一带,若猎德等乡间有围田,以逼近珠江,地低故也。近山之田,多半自耕,兼并尚少。余则率归大农,是为田主。佃户就田主赁田而耕,岁晚供所获之半归之。然率以银租田,名曰批耕。其价因肥硗而异,有批至数十年者。若先期纳租,则为值稍廉。约计腴田每亩所获,合早、晚两造,得谷可八九石,硗田五石有奇。然能加粪料,硗之所获亦可达六七石。八口之家,耕腴田者,须及十亩方克赡给,硗田则不足矣。惟田稀佃众,供不逮求,于是租约渐增,所耕益多,所收益少,佃农以稻田所入,不逮他植,多好杂植果蔬。于是,米粟不足,食户多仰给外省、外洋。外省以广西、芜湖、镇江为多。外洋以暹罗、安南为多。

（梁鼎芬等修,丁仁长等纂:《番禺县续志》,卷十二,实业,农业,民国二十年刻本。）

〔民国二十五年前后,广东龙门县〕 县属实业以农为主,农民又以纯佃农为多,约占百分之四十五,其余则半佃户约四十,田主约十五。田主所耕多为四五亩,纯佃农则五亩至十亩,半佃农则十亩以至十余亩,平均计之,每一农户所耕之地,在十亩以下者,约百分之五十,十亩以上者,约百分之四十,二十亩以上者,仅百分之一十而已。

（招念慈修,邬庆时纂:《龙门县志》,卷六,县民志,实业,民国二十五年铅印本。）

〔民国三十二年前后,广东大埔县〕 邑中田地之买卖,俗称活契、尽契两种。活者,典按之谓也;尽者,断卖之谓也。活契之中有不将田过管,仅每年认纳利谷若干者,亦有将田过管,任承买人另自招耕者。其为价值,大抵视其田可收租额,一石者值价三四十元,契内书明限五年或十年之后月日对期,银到契还。如未及年期欲提早赎回者,须酌贴承买人以利息。此种活契,田值比较尽契低减甚远。所以然者,盖活契多已载明永远可以收赎,如经年期久远,则因社会生活高涨,货币之真价必逐渐低落,如十年前之货币与现在之货币比较,其真价不啻相差一倍。故承买者,须多取逐年之利,以偿其货币低折之暗耗也。若尽契之田,值则视其田可收租谷,一石者值价在一百元左右,甚至值二百元者,亦或有之,视各区之殷户多寡而异。且尽契田业变卖之后，尚有多种花样，曰翻沟、曰赠凑、曰找洗，皆属卖户向买户额外之索取。故凡断卖田契，其中恒书之曰："一卖即休，永无收赎，并不得有翻沟、赠凑、找洗情事，以为杜绝枝节。"

此外，卖买田业，尚有粮田、质田之别。粮田云者，即系自己所有、自己纳粮之田业，其义甚明。惟质田一项，官斯土者，往往不得其义，盖质田云者，即佃户有永耕权之田也。如前述全村佃农之地，其租额特轻，假如其租额佃七主三，或佃八主二，其田又自上代遗流，已有永耕之权，于是佃人即将此田视为自己有一部分所有权在内，与自己之田无异，可以将田转卖与他人耕作。每年仍向承买者收租，或自纳虚租，以应田主，但此权卖买契券中只书退质，不书断卖、典当等字样，故曰质田。因有此项事实之关系，于是田主之田，已与人永耕者，如欲将其田转卖与他人时，必先向佃户脱佃清楚，然后得在契内书明粮质归一，任买人吊佃过耕字样。否则只能书之曰递年对佃户某某收租若干，佃户之质权仍然存在，买主执此契券，不得任意吊佃。田主间佃户脱佃，视其租额之轻重为衡，颇无一定之例，大抵尽免一年田租者有之，免一季者亦有之，免一季之半数者亦有之。

（温廷敬等纂：《大埔县志》，卷十，民生志上，农田，民国二十四年修，三十二年增补铅印本。）

〔**明代至民国二十四年前后，广西迁江县**〕 邑当明时，行屯田之制，寓剿于耕，无所谓佃户也。迨至清初，改所官为所目，兵丁为佃丁，始有佃名之称。佃丁耕田纳租，按时送缴。所主对于佃丁则呼之为灰懦（土人状音），即奴隶之谓，并供其伕役，若逾时不缴，或违供役，虽被所主严责，不敢声张。后时殊事异，主力渐衰，佃力益厚，所主亲往各村追收，佃户照常供给矮坐，席侧静候驱使，科举不得与试，与娼优隶卒同一待遇。……及民国肇造，清赋举行，所有佃丁均倾资自赎耕田，纳赋直接政府，脱离所目关系，各佃始获见天日，故现在邑中佃农不过百分之五。

（黎祥品、韦可德修，刘宗尧纂：《迁江县志》，第二编，社会，社会问题，民国二十四年铅印本。）

〔**清代至民国二十六年前后，广西崇善县**〕 佃农，查清代有科举时，佃丁与隶卒娼优阶级相等，科举不得与试，田主婚丧等事，系佃丁供役，呼之则来，违者严责。每值新年，各佃丁备鸡一只，糯米十斤，送田主以为贺年之敬。租谷按时送缴，不敢延违，畏田主有甚于畏官长者。自民国以来，田主对于佃丁多从宽待遇,而佃丁倾资自赎,脱离压制苦况者,殆亦不少。现在邑之佃丁,虽非绝无,亦仅有耳。

(林剑平、吴龙辉修,张景星等纂:《崇善县志》,第二编,社会,社会问题,民国二十六年稿本。)

〔清光绪初年至民谓三十五年前后,广西凤山县〕 清光绪初,田荒人少,几无佃农,若有招田,田主出耕牛、秧种,不论水田旱地肥瘠,主、佃均分半。今则人浮于地。上等田,秧种、耕牛由佃户自备,收获分租主二佃一,粮赋由田主自行负担。中等田,田主出秧种,佃户出耕牛,收获主六佃四,纳粮田主自任之。下等田,田主出牛及秧种,收获主佃平均,粮赋各半。畬地,地主出谷种,佃户自备耕牛,收获平分,纳粮各半之。包租制,田主估计产量,约定年租若干,由佃户自备秧种、耕牛、肥料,粮赋由田主独缴纳。近年耕地租用章例虽已颁行,惟狃于旧习,二五减租仍未见诸实现,佃农生活尚极艰苦。

(谢次颜等修,黄文观纂:《凤山县志》,第三编,社会,社会问题,民国三十五年修,一九五七年油印本。)

〔民国九年前后,广西桂平县〕 田多为富室所有,荷锄扶耜之伦,大半为富人之佃(县内近山之田,出于自耕者,惟武平、甫里等处而已)。山间佃众田稀,供不及求,谋耕急切,则租约必重,岁晚供所获之半于田主,自非岁时大变,则成分不能稍减。亦有自由给租,多寡之数,权操佃者,惟县西永和里、赵里各处则然,而非通例也。又山中距江既远,故佃租必每石加十斤或二十斤以作田主运销之费。租或短供,则易佃之声立至。处舟舶不通之地,力穑而外,谋生之路少。上者远出他方,居肆作匠;次则执鞭巨宅,领略馂余;下则奔伺公门,厕身皂隶,俱非朴鲁之民所甘,故乞田而耕,辄暗滋争竞,匪惟租不敢负,且或先期而缴,或奉钱作质,因是,鬻及儿女者往往有之,斯山居之农所常见也。

(黄占梅等修,程大璋等纂:《桂平县志》,卷二十九,纪政,食货中,民业,民国九年铅印本。)

〔民国二十二年,广西隆安县〕 县属共一万六千九百零七户(据民二十二年县治筹委会调查所得数目),农民占百分之八十,内自耕农约共八千九百零九户,佃农约共六千八百五十一户,雇农约共一千三百五十户。佃户有额租、分租两种。额租,习惯每亩订风干谷子二百斤或一百八十斤、一百五十斤不等,丰歉不减。分租,定例每年种几次要均分几次。不论额租、分租,凡牛力、肥料、谷种,仍归佃农负担。

(刘振西等纂修:《重修隆安县志》,卷四,食货考,经济,民国二十三年铅印本。)

〔民国二十三年前后,广西上林县〕 第一区田主与佃户平分田中所产物,其余各区,或主三佃七,或主七佃三,然皆口头订约,不立契券。

(杨盟、李毓杰修,黄诚沅纂:《上林县志》,卷六,社交部,风尚,民国二十三年铅印本。)

〔民国二十三年前后,广西贺县〕 农分四种:自耕农、半自耕农、佃农、雇农。惟自耕农自耕自田,生活充裕,是为上等。至半自耕农,自田不敷自耕,有半数为批耕他人之田,其生活仅可支持,是为中等。若佃农,则甚艰窘,除纳田主租谷三七五外,所得六二五不敷食用,每年尚欠四个月米粮,借贷典押均需纳息,一年不足,年年如是,是为下等。其他雇农,由主人供给饭食,每日得工资二角。

(韦冠英修,梁培煐、龙先钰纂:《贺县志》,卷四,经济部,生活状况,民国二十三年铅印本。)

〔民国二十三年前后,广西贺县〕 佃农与自耕农或半自耕农不同。自耕农自田自耕,获利一倍。其次半自耕农,自耕自田不足,又批他人之田,除交纳田主租谷外,获利当亦减少,然尚能支持也。最苦者惟佃农,一家数口,批十亩田,蓄一牛,乏资本,迫出于借贷,计岁两收,十足共得谷六千斤,田主占二千二百五十斤,佃耕占三千七百五十斤,以价值四元计算,可得银一百五十元,除石灰粪料六千斤需三十元,肥秧麵料谷种需二十元,添补农具需二十元,人工一百八十工需七十元,所余十元尚不敷借贷之利息,何能添置衣服,只见一身褴褛而已。

(韦冠英修,梁培煐、龙先钰纂:《贺县志》,卷二,社会部,社会问题,民国二十三年铅印本。)

〔民国二十四年前后,广西全县〕 无田地所有权者率为佃农。在农忙时,从事工作,大都每日八小时或九小时不等,服稼力田,几无暇暑,而收获之谷皆依协定之额租,送缴田主,余谷及冬耕之杂粮悉归佃农所有。终岁勤劳,亦不以为苦。佃种田亩有承种、顶种之不同。承种者,先书承种字据,交田主收执,每岁秋收依额送租,非遇虫旱水灾,数量不得减少。谷类亦不得润湿,如有蒂欠不清,由田主另判。顶种者,先缴押租顶替种田也。盖承种者之生活艰难时,将佃种之田转托他人耕种、供租,而收其押租焉。至有转辗顶替数易佃,而田主不过问者,认租不认佃耳。……耕田用具及播种施肥之费皆出自佃农,然收获之农产物大都田主占十分之四,佃农占十分之六,或有主佃各半者。冬季产物概归佃收。此皆主佃协定,已成通例。

（黄昆山、虞世熙修,唐载生、廖藻纂：《全县志》,第一编,社会,社会问题,民国二十四年铅印本。）

〔民国二十四年前后,广西思恩县〕 思邑多自耕农,亦有半自耕农、佃农、雇农者,各占县属人口总数百分比约如下：自耕农百分之六十四,半自耕农百分之十五,佃农百分之十五（每年秋收时与田主在田面分禾）,雇农百分之五（就民国二十一年言,长工最高工价年约毫银三十元,最低亦二十余元;短工最高工价月约六元,最低亦四元以上）。

（梁构修,吴瑜纂：《思恩县志》,第四编,经济,产业,农业,民国二十四年铅印本。）

〔民国二十四年前后,广西思恩县〕 佃户于收谷时,应将收获之谷,先除去十分之一,留交田主,俗称除粮。盖田主负纳粮义务,不能无相当抽收以资补偿之故。余则主佃均分,成为常例。佃农之经济地位虽较卑微,然大致尚足自给。

（梁构修,吴瑜纂：《思恩县志》,第二编,社会,社会问题,民国二十四年铅印本。）

〔民国二十四年前后,广西罗城县〕 佃农分租：普通上等田,田主、佃户均分；中等田,田主占四,佃农占六；下等田,田主占三,佃农占七。

（江碧秋修,潘宝箓纂：《罗城县志》,经济,产业,农业,民国二十四年铅印本。）

〔民国二十五年前后,广西融县〕 田租以谷计,畲租以实物或银毫计。上田租,间有对分者,通常多田主得四,佃者得六,谓之四六分。中下田,租由三成至一成不等,且无按租及租鸡等额外名目。若种二苗,均为佃农独有。

（黄志勋修,龙泰任纂：《融县志》,第三编,政治,实业,民国二十五年铅印本。）

〔民国二十六年前后,广西宜北县〕 邑民熙熙攘攘,耕田而食,折薪而炊,且僻居山谷,交通不便,社会生活大概为自耕农与佃耕农二种,自耕农占十分之七,佃耕农占十分之三。自耕农：自耕农系承祖宗遗产或自置田产,所有不多,能供一年之食者,亦有不给者。家人合耕,正所谓自耕而食,如逢耕作紧急之时,则邀邻互助,不出工资,他日邻家工作紧急,则出力以偿其工,即交换工作式。佃耕农：佃耕农者田业甚少或无产者,其家人口众多,生活艰难,则向有土地稍多之田主订约佃种其田,期限以三五年为定。收获之谷,上等田照五份分,田主占得三份,佃农占得二份。中等田分两,各占其半。下等田照五份分,田主占得二份,佃农占得三份。粮赋由田主负担完纳。至于开垦荒田,连头三年,田主不收田租,佃农自种自得;过三年后,田主即议收租,看田之好丑为定。开荒之田,田主或助之牛及资本、米粮,使佃农不致大感困难。

(李志修,覃玉成纂:《宜北县志》,第二编,社会,社会问题,民国二十六年铅印本。)

〔**民国二十六年前后,广西榴江县**〕 佃农状况,通常以佃主给助佃农之牛只及肥料,以补春耕之不足,秋则坐田均分。无资助者,或以四六或以三七照分,但仍以水田、旱田为定。二造之谷,则全归佃农收获。雇农状况,占县属人民全数百分之五,共五百八十户,二千八百九十余丁口。雇农通例,大抵年工较月工无甚差异,月工最高者为八元,最低者为三元,普通为五元。年工略同,惟日工最低者,每日或二角或三角不等。

(萧殿元、吴国经等修,唐本心等纂:《榴江县志》,第二编,社会,佃户状况,民国二十六年铅印本。)

〔**民国二十六年前后,广西崇善县**〕 自耕农、半耕农、佃农,户数共九千二百三十四户。自耕农占全县人口总数百分之六十。半耕农,占全县人口总数百分之二十。佃农,占全县人口总数百分之一十。雇农,占全县人口总数百分之一十。佃户租额,或均分,或四六,或三七照分,仍以水旱田为定,惟二造之谷,则全归佃农收获。

(林剑平、吴龙辉修,张景星等纂:《崇善县志》,第四编,经济,产业,民国二十六年稿本。)

〔**民国二十七年前后,广西田西县**〕 县属佃农约占全县户口百分之三十五,每年在旧历正月间向地主订定田亩,耕牛资助,每耕田五六亩则帮粮米一二百斤,收获时无利还本。并议定田租分为二种。一是分租,耕牛、谷种均由地主供给,产谷则主佃均分。一为包租,谷种、耕牛均由佃户自行负担,纳租数量则视田亩产量主四、佃六或主三、佃七。此项包租议定之后,不论丰歉,双方均不得提成增减租额。如遇水旱偏灾,经田主勘验,视灾情轻重则减少租额一部或全部。

(叶鸣平、罗健邦修,岑启沃纂:《田西县志》,第三编,社会,社会问题,民国二十七年铅印本。)

〔**民国二十七年前后,广西隆山县**〕 佃农情形:凡少有土地,或全无寸土之家,而佃耕他人之田地。如年遇丰稔,除缴租外,所余稻谷或杂粮,其少有土地之佃农差可供给一年或八个月之粮食,其全无寸土之佃农,仅能敷衍半年或四个月之粮食,倘值凶荒,农作失收,则饥馑立至,故每由古历三月至六月,民多菜色,总其人数约百分之四十。

(吴克宽修,陆庆祥等纂:《隆山县志》,第三编,社会,社会问题,民国二十七年修,一九五七年油印本。)

〔民国二十九年前后,广西平乐县〕 佃农家无恒产,批他人田以耕作,丰年多照额定租谷交纳岁之所得,仍不免有谷贱病农之感,歉岁则与田主摊分,收入减小,谷价虽昂,自食且形不足,遑言获利,况一切人工、粪料均受损失,甚或高利称贷于前,无可取偿,以故终岁劳动,莫不省衣缩食,以过其苦生活而已。惟本邑佃农多靠种得杂粮以资弥补,倘遇秋冬季苦旱,则势成绝望矣。

(蒋庚蕃、郭春田修,张智林纂:《平乐县志》,卷二,社会,社会问题,民国二十九年铅印本。)

〔民国二十九年前后,广西平乐县〕 农之类别:自耕农占人口总数约百分之二[十]五,半自耕农占人口总数约百分之二十,佃户占人口总数约百分之四,雇农占人口总数约百分之一[十]五。本邑各乡种稻水田,每年皆收获两糙,惟旱田只收获早糙一次,之后即种杂粮。普通佃田每一工额定年租约一百斤,腴田两糙产谷共约得三百斤。亦有分租者,或田主与佃农各得其半,厥田惟上上,有田主占六,佃农占四。所谓分租,田主大都只享有早糙权利,晚糙完全归佃农所得,亦有两糙均分者。各乡习惯及田之上下不同。雇农有长短工之别,长工以年计或以月计,年工资桂钞八十元至一百元或桂钞八元至十元,短工以日计工资桂钞四角至六角,膳食均由田主供给。腴田价格每一工约值桂钞六十元至八十元,灌溉水源不足者递减,旱田价半之。

(蒋庚蕃、郭春田修,张智林纂:《平乐县志》,卷七,产业,农产及农业,民国二十九年铅印本。)

〔民国三十五年前后,广西凤山县〕 全县农户一万三千八百九十四户,丁口七万一千九百五十三人,自耕农占全人口百分之六十,半自耕农占全人口百分之三十,佃农占全人口百分之十。雇农则在半自耕农、佃农中,以其剩余劳力受人雇用,其工资分月工、日工计给,间亦有雇用全年者。

(谢次颜等修,黄文观纂:《凤山县志》,第五编,经济,产业,民国三十五年修,一九五七年油印本。)

〔民国三十五年前后，广西三江县〕 主佃分租，佃农租例，主佃各半，名曰"分秾"，亦有主六、佃四或主四、佃六者，视田之肥瘠而定，田主无种子、耕牛或其他经济之补助。

（覃卓吾、龙澄波纂修，魏仁重续修，姜玉笙续纂：《三江县志》，卷四，经济，产业，实业，农业，民国三十五年铅印本。）

〔民国三十七年前后，广西宾阳县〕 宾阳贫富阶级无甚悬殊，农民多属自耕农，佃农则甚少。至佃租多寡，随地而异，有按浮租者。田分上、中、下三级，每亩上级租一石五斗，中级一石二斗，下级八斗，视年成之丰歉，为纳租之准则。至十月收获完毕，佃户则邀请田主到家商议，实缴八分或六分，议定后，如数缴清。又有于承佃时，订明额租者，佃农所得约占耕地收入十分之六至十分之八，无论丰歉不得邀减。收租手续多由田主自运，亦有由佃户送交者，但田主须备午餐或酌给运费，须先于批租时声明，主佃间少有立约。近年，政府颁行耕地租用法，地租不得超过耕地正产物之千分之三百七十五，人民多已遵行。

（胡学林修，朱昌奎纂：《宾阳县志》，第二编，社会，己，社会问题，佃农状况，民国三十七年稿本，一九六一年铅字重印本。）

〔清同治、光绪年间以后，四川绵州安县〕 自清定鼎以后，安县占籍人民多来自他省，或小贸以营生，或力农以自给，无所谓世家。雍、乾，大姓中有人口千余者。财产则非所重。在咸同以前，上户无千亩田者。同光以来，大族之人，数数分产，贫者亦众。

（夏时行等修，刘公旭等纂：《安县志》卷五十五，礼俗，世家大族，民国二十二年修，二十七年石印本。）

〔清光绪六年前后，四川成都府彭县〕 窃见北方田租，佃户与田主半，故虽贫无立锥，力民皆可代食。彭之私租，每亩岁石七八斗至二石一斗不等。田之上者，丰年不过收谷二石六七斗，下田在二石左右，岁少歉，则所赢无几，或且赔租，故非押钱多者，往往终岁勤劳而不免于菜色。

（清 张龙甲修，吕调阳纂：《重修彭县志》，卷三，民事门，物产志，清光绪六年刻本。）

〔清光绪二十六年前后，四川资州井研县〕 蜀中人浮于地，而井研尤患人满。无田之家居大半，田价之贵，他州县无与比并者。田不以亩计，以尽人力所负一担为率。担盛五斗，收如五分亩之一。其价：上田担十五六千，中田担十二三千，下田三担视上田二担。以上田价论，约亩值钱七八十千，虽成都再获之田，无以逾之,视青、眉田则贵倍莼矣。故千金之家,不敢议买田宅。县民既少地著,农民则恃分田而耕,名曰佃户。田主初取交质钱曰押租,岁收田息分二等：曰水租,曰干租。水租以谷,干租以钱。岁租亏欠,则田主抑扣其交质本钱。然佃户终岁勤动,仅仅自食其力,值歉收,虽罄所有不足输租税,以致劫假风行,主佃相龂龂者,往往而是。

（清　叶桂年等修,吴嘉谟等纂：《光绪井研志》,卷八,食货四,土产；清光绪二十六年刻本。）

〔民国十年前后,四川温江县〕　男子有田百亩以上为上粮户,三十亩以上为中粮户,三十亩以下为下粮户。综邑之业田者,上粮户十之一不足,中粮户十之二,下粮户十之三有余,佃户十之四。上粮户坐拥阡陌,食租衣税,自有余饶。中粮户为小康。下粮户纳税之外,用度或苦不给。佃户则终岁血汗,供田主租石夕卜,不足养其父母妻子者常多。

（张骥修,曾学传等纂：《温江县志》,卷三,民政,实业,农业,民国十年刻本。）

〔民国十二年前后,四川眉山县〕　眉市无富商大贾为内外运输,土著称大户,无十万资,而人浮于地,无田者居大半,率赁田而耕,名曰佃户。每亩质钱若干,曰压租,岁收所入十分之六曰称租。田主举家坐食。岁租有歉,则扣其质钱或赎田他佃,于是终岁勤动,不得自养。

（王铭新等修,杨卫星、郭庆琳纂：《眉山县志》,卷三,食货志,土产,民国十二年铅印本。）

〔民国十五年前后,四川南川县〕　佃租一项,以随年之上下,或主客平均,或主六七、客三四,照议分收,为近情合法。乃地主一因防佃户或偷惰不力,或掩匿为欺,或先期滥费,一因买田太多,秋获时间不能一一往分,故变为揭租,可杜一切弊端,而亦涉简易。有良心者,量已田产谷之实际,酌中定额,歉年又稍稍减让,未为不可。乃近来人心残刻,以为地权在握,可制贫农之死命也。所定租额多照一二最丰之年或三四十年前地力充厚之时,岁岁执以求盈,佃客亦因赁田之艰,忍痛受亏,勉强承认,遂至终岁勤动,尽入主人之仓,不得以养其父母妻子,债累丛身,永无伸腰之日。

（柳琅声修,韦麟书等纂：《南川县志》,卷四,农业,民国二十年铅印本。）

〔民国十七年前后,四川长寿县〕　佃种者,佃他人之田土而种之,收获后与主人均分,或乾拁若干也。近年年饷加多,大半由主人按亩纳捐（有收十石而年纳七八十元者),佃户亦依押金计算,无幸免者。其押金往往出于借贷,又须付给利息,故终岁勤动,虽及秋收,有终不获一饱者。

(汤化培修,李鼎禧纂:《重修长寿县志》,卷四,人事部第一,生计,民国十七年石印本。)

〔民国十七年前后,四川大竹县〕 大竹农业。旧《志》①谓:竹邑地暖而厚,民力而勤,尺寸之畦,野无旷土,人工既尽,遂致丰年。今昔情形相较,尚不大远,惟三山、两漕,山多田少,本县所出之谷,常不敷本县之用。力农之家,又贫多富少,自业仅十之一二,佃耕直十居八九。近以生活昂贵,征敛频烦,农民实苦不堪言。

(郑国翰等修,陈步武等纂:《大竹县志》,十三,实业志,农业,民国十七年铅印本。)

① 清蔡以修等纂:《大竹县志》,四十卷,清道光二年刻本。

〔民国十八年前后,四川南充县〕 佃作农自无祖业,佃他人余地耕作食力者,约占全民户十之三四,俗称佃户。凡佃户皆须有金钱质押地主,称为压租。更年纳金若干、谷若干,称为租。每年春前立券缴付压租,八月受户耕种,他年退佃,压租照还。旧制压租皆以钱,有大佃农拥压租万余钏,值银万余元者。自近年币制坏乱,银价日增,土地有限,地主居奇,佃户相轧,遂致租金日高,频年递徙,佃户坐是困穷,倾家者甚众。

(李良俊修,王荃善等纂:《南充县志》,卷十一,物产志,农业,民国十八年刻本。)

〔民国二十年前后,四川南川县〕 佃租,客户代耕人田,须交银钱押主手,以防逋租,退佃时领还。邑押佃悉以钱,田肥省力者重,田瘠倍力者轻,以出田谷一石押钱一贯为适中。地主富裕,宁减押佃以实租;地主窘急,则宁短租而加押,故无定。率近日谷价骤昂,旧押太轻,纷纷加取,为临时一大进款,至有与买价相垺。

(柳琅声修,韦麟书等纂:《重修南川县志》,卷四,食货,农业,民国二十年铅印本。)

〔民国二十年前后,四川宣汉县〕 宣汉农民有土地权者极少,十之六七佃自粮户。租佃以秋后腊前为最普通,谚云,"栽田教学隔年定夺",盖春及,则东作方殷,故必先期预备也。租佃手续,必先经人介绍议定租额若干、押耕若干,押耕者,保信金也。大约以租额多少为准,其钱无利,有押耕大于租额者,则主人必与佃户认利或抔脚谷,曰赓借;甚且有租额数十石而主人仅收数石或数斗者,曰明押暗当。议定,然后立据,谓之写租字,租字类有"房屋漏滥,客家自行培补,或主出材料,客出工资培补,山林树木,薙枝禁蓄,生非惹事,不与主人相碍,日后退佃,钱到田还,田地房屋崩缺沙堆,冬水板田照样还主"等例语。书字时,必薄具杯酌,宴请主人及在见人,书后交钱少许,曰压字钱。若主人为大地主,则经手人必取手续费若干,谓之背弯子。其有包租者,书明天干水旱,送交主仓,不得短少升合;活租则写天干水旱,量田纳租;同时主人亦书领字给与佃户,主客关系,由此发生,以法律言,不过一种契约行为,而习惯上则有主仆名分。谚云,"主客如同父子",其大概可想矣。此后,主人如有吉凶庆吊等事,佃户必先往后罢为助,节序诞辰,以时馈遗,否则感情恶劣,而有退佃之虑。谚云,"上屋搬下屋,要搬五年谷",故佃户恒兢兢焉。赓借及明押暗当者反是,盖措资既巨,觅佃极难,则主人又常为佃户所操纵矣。退佃时,双方照字履行,然佃户或有营建,此时亦不得拆毁。谚云,"客气冲天楼,客去主人收",盖预防之也。此东区之情形也。西区则半自耕农为多,极贫苦者,亦必有茅屋一椽、隙地数弓、薄田半亩为根据地,且多恃手艺为生活,即佃人田,从无押耕之说。对于主人,亦不如东区之恭谨。倘土瘠水枯者,则耕牛、农具、种籽、口粮、肥料亦必由主人供给,佃户于秋收后偿还,间亦有不还者,或分担者,然而罕矣。南区、北区则东西两区之情形兼有之,盖接壤东区者则东区化,接壤西区者则西区化。

(庞麟炳纂:《宣汉县志》,卷五,职业志,农业,民国二十年石印本。)

〔民国二十一年前后,四川万源县〕 全县自耕农占百分之三十,自耕兼佃者百分之二十,此外纯为佃农。佃农情形不一,有议租、分种、租钱之别,有安押租与不安之分。议租是按田地出息照中平年岁议定包谷、稻谷几石几斗(春、冬两季包括在内)。分种则无论丰歉,见子均分,亦有四六分、三七分者,又有冬季杂粮完全不分者,视田土之高低肥瘠及习惯而异。桐茶店房则议租钱,如业主需钱,则指此业与佃户安银钱若干,谓之押租,利息照租短少,亦有无利者。退佃时,主人还钱佃户,如或欠租,即以此钱照市折扣。

(刘子敬修,贺维翰等纂:《万源县志》,卷三,食货门,实业,农业,民国二十一年铅印本。)

〔民国二十一年前后,四川北川县〕 北川田土向不以亩计,只论受种之多寡,有业之户,大半佃与他人耕种。普通习惯,佃业必由佃户出立佃约,业主书立收押字据,双方交执。间有压金过重,则由业主书约据交佃户存执者,谓之出佃。

亦有业主佃与他人，而又租伙回来，仍自行种耕，此等办法每多纠葛之事。

（王麟、杨钧衡修，黄尚毅纂：《北川县志》，卷六，礼俗志，各界习俗，民国二十一年石印本。）

〔民国二十二年前后，四川灌县〕 农家自田者曰粮户，僦耕者曰佃户。粮户在百亩以上为上户，三十亩以上为中户，三十亩以下为下户。综邑之上户不足十一，中户仅得十二，下户十三有余，佃户则十居其四焉。

（叶大锵修，罗骏声纂：《灌县志》，卷四，食货书，土宜，民国二十二年铅印本。）

〔民国二十四年，四川巴县〕 地主有田不自耕，授无田者耕之，坐分其所获之泰半，谓之租（租惟田谷，惟荒年有租及杂粮者，以土赁人，则租不及谷，惟计土纳金，租金多寡视土之广狭，一岁之中有纳饼金数元或数十元或至百元者）。授人以田，唯恐其不纳租也，必索金为质，谓之押佃（佃户不纳租，或纳租不盈额，地主得于质金内算除之，若纳租无缺，至佃约解除时，地主必退还质金全数，但不计息）。租额之多寡，以质金之轻重定之。取质轻者，地主岁可得租十之六（百石之田，质五百元者，数不为多，地主可得租六十石）。重者减少田租（加值百元，约减租二石）。甚有质金过重，而地主无一粒之获者。刻核之，地主平日鱼肉佃户，言之使人滋憾，然至今亦大可矜矣。自入民国，各镇乡之地主，厄于匪、厄于兵、厄于公务人之侵渔聚饮（凡任地方公务者，遇有政府筹款、代征等事，黠者借端浮派，拙者亦为虎作伥，不恤人民之困苦，图分羡馀，尝有任职一二年，遂坐致万金者），而尤厄于杂税苛捐。粮额一两加征至二十元，且年必数征，数征之外，复有公债、保安、征夫伙食等费，而地方附税随粮额以加征者，其名称尤夥（名称数目详赋税）。每年统计，粮额一两者，交纳之数已近二百元。此外，则冬防有费，建碉有费，补修公路有费（近年以来，补修成渝路与川黔路按户征夫，为地主者遣夫应役，仍须助给食费，各乡征费不一，然租百石者出赀必十元以上。按成渝公路当建筑时，吾县按租摊派每石八角，租百石者出赀八十元，由路局给与股票。今则路归国有，租股之款既已虚掷，补修之责犹在吾民，来日方长，补修无已，此后纳款无穷期矣）。每年输纳，合经常、临时两项计之，为数总在一百元以外。吾乡地主，每租百石，以粮额一两为适平（少或不逮，而多则过之），岁赋即应纳二百余元。催租之吏，络绎道途，偶一愆期，科罚立至，不以银铛拘系，即以暴军恫吓，其视吾民一若身陷大戮也者。益以金融紊乱，百物涌腾，无形之漏厄销蚀尤不可以胜计（例如二十四年政府统一币制，施行法币，地方券以八折收回，时值秋节，为乡人交收出纳之期，无论贫富多握币在手，几无人不遭损失，道路扼腕，有泣下者）。此在田连阡陌者，犹能堪之，中产之家，有不立成窭人者几希矣。吾县素乏大地主，租千石者，为一县所罕闻，即数百石者，亦为一镇一乡所罕闻。惟小地主为数较多，然其人大困，一岁之获，多者百石，小者或数十石。两三年来，迭遭秋旱，收获能至八分者，即为上田，中田不过五六分，山田所获乃至一二分。一县之田，以中等为最多，是故百石之家，所得亦不过五六十石，经种种脔割外，遗留复有几何？糊口尚不足，一旦重以昏丧大事，则产必立破。前数十年，此辈亦以素封自命者，不特乐沰自足，即食肉衣帛之费，亦复绰绰有余，以故不工不商，尤不屑劳于耕作，一朝破产，欲求为佃农、雇农而不可得，彼将转徙沟壑以图自经乎，呜呼不可问矣！

（朱之淇等修，向楚等纂：《巴县志》，卷十一，农桑、农别，民国二十八年刻，三十二年重印本。）

〔民国二十六年前后，四川犍为县〕　农分大农、中农、小农三等。大农即自耕农，所耕之地完全为己有，加以事业费，其资本常在千元以上，但少有过三千元者。中农及小农俱为佃户，其耕地系向地主租佃者。租佃办法约分两种，有押与租并取者，有仅取现租或一押一现者。所取之租押虽多寡不一，大抵以收获为标准，主与客为六与四之比，但副产物归佃客。其有土地易遭干旱者，租不预定，俟收获后与地主平分之。资力裕者在五百元以上，是为中农，不及五百元乃少至数十元者，为小农。小农居大多数，中农次之，大农则十分之一二而已。

（陈谦、陈世虞修，罗绶香、印焕门等纂：《犍为县志》，卷十一，经济志，农业，民国二十六年铅印本。）

〔民国二十八年前后，四川巴县〕　佃农：据前建设局农户统计表，佃农凡八万八千二百六十户，占农籍中十之八，为农民中最多数。此辈无田，赁它人之田而耕之，长年楉楉，竭一己之汗血，以多数奉地主，所冀幸者，不过馋吻之余。投质多者，其获余较多，尚可资之以自给，质金不足，贷人之金以为质，除输给田主外，债权又从而夺之。新谷甫登，瓶罍已竭，已惟忍饥受冻，长应此牛马之役，天壤不平之事，宁复逾此！虽然，事固有出人意外者。今乡里中之兴起者，多属佃户，若辈薄于自奉，日用必需之物，无不取给于田土，惟食盐必须购取外，余则终岁可不耗一钱，且地主所分取者，田谷而已。年来菽麦等物，其价多踊腾，佃农得而尽有之，啜食之余，犹可出粜于村市，铢积寸累，足致多金。以吾乡所见，近年以来,佃农贫窭,虽丰年不免饥寒者,不过十之一二,能自存活者十之二三,能省减而有积储者,亦十之二三,能积产数千金或至万金者,居然得十之一二。丧乱之后,间里肖〈萧〉条,巨室旧家多悬田待售,力能购取者,新起之达官贵人与里中一二豪强外,几曰无人,不图农家者流,亦时时问价及之,诚异事也。所难及者,既已日积日富,仍无改寒俭之常,一褐数年,一履终身,平日豆粥菜羹,非岁时伏腊,姻亲毕至,不得具干餱,其持约处苦,有贫民所不能堪者,而彼能泰然安之,其得以此广田宅,遗子孙,固其宜也。

（朱之淇等修,向楚等纂：《巴县志》,卷十一,农桑,农别,民国二十八年刻,三十二年重印本。）

〔民国二十八年前后,四川巴县〕 不耕佃农：地主有缓急至,不得已时,自甘减少租额,或尽弃全租,增重佃农之质金,以权济一时者,佃农无赀以应之。于此,有人焉,代为纳金,即反客为主,以取倍称之息,当立券时,其人固一佃农也。受田于人,复以田转授诸人,不必荷耒秉耜,视投赀之多寡,即获取适当之田租。其人虽名为佃农,实与地主无异,且获利之大,倍于田（市田者,百金得租不过一石余,以重质赁田者,百金得租二石余或三石）,又得免契税、粮税之烦苛皆人人皆视为利薮。一乡之中,有以重质招赁者,人必乐就之,且又多方营谋,攫取它〈他〉人所佃,以归之己者,其人既惟利是视,又以田非己有,不能久假不归也。当纳租时,取必盈额,决无丝毫廉让之心,其待遇佃农,又视地主为更酷,此亦农民之蠹也。

（朱之淇等修,向楚等纂：《巴县志》,卷十一,农桑,农别,民国二十八年刻,三十二年重印本。）

〔民国二十八年前后,四川巴县〕 自耕农：据前建设局农户统计表,自作农凡一万一千一百八十户,占农籍中十之一。各自作农,土地皆属自有,所谓耕者有其田,此辈是也。田之多寡不齐,有田多而自耕其一部者,此等农乃兼田主。有田少而复赁田以耕者,此等农又兼佃农（据建设局统计表,自耕农兼佃农者凡九千零五十三户）。总之,田属自有,凡土地之所生产一秸一粒,皆为一己所擅,不为它〈他〉人所分割,较之徒恃田租与纳租于人者,进退自属优裕也,惟占田不多者,困于苛征,仍苦拮据。

（朱之淇等修,向楚等纂：《巴县志》,卷十一,农桑,农别,民国二十八年刻,三十二年重印本。）

〔民国三十一年前后，四川西昌县〕　乡农皆有自耕之田，岁入不足赡家，租土以耕，水田收益大抵主佃各半，旱土则佃七主三。佃户耕耘之余，以解丝、织布、牧畜、刍荛为副业，或肩荷背负，贸易滇省、炉城，岁一往返。

（杨肇基等纂修：《西昌县志》，卷五，礼俗志，风俗，民国三十一年铅印本。）

〔民国三十三年前后，四川长寿县〕　吾县农户约占全县户籍三分之二，大别为四，曰自作农，曰佃农，曰半耕农，曰不耕佃农。佃农无田，赁地主之田而耕之。欲知农民之情形，先言地主。一曰地主，有田不自耕，无田者耕之，索金为赁，谓之押佃。普通租佃，旧日习惯，例如田面四十老石，约取押佃银一百两（计法币一百四十元），按照田面抅租半数。彼时每一老石谷仅值银数两，尚可为质，今则谷价高昂，尚不能抵谷一石。佃农之黠者，偶遇荒歉，不纳租谷或仅抅少数，地主无如何矣。……二曰自作农，田属自有，一切生产为己所专，不为他人分割，狡徒恃田租以为生之小地主固占优点，惜田土无多者，如有苛扰，亦形匮乏。三曰佃农，不自有，赁他人之田而耕之，是谓佃农。地主不劳而获，耕者终岁勤劳，仅得一饱，甚有餐食不继，冻馁堪虞，即幸有馋吻之余，仍不免地方人敲剥之痛，诚天壤不平之事也。然至今则迥异矣。各乡镇间，置业者除大商贾外，多属佃农。盖此辈佃户，销费少而获益多，如冬季所种葫麦、油菜之类，均为佃农独有。……四曰半耕农，一面经营别业，以其农隙余闲治木石泥圬等工，或作小贸易，以补不足，所谓半耕农也。若辈仅恃劳力，在今之社会，生活较为安定。五曰不耕佃农，地主受经济压迫，以重质招赁，减少租额或全无收益，佃农无力担负，旁人代为纳金，直接向地主投佃，复以田转赁他人耕种，遂反客为主，攫取厚利。

（陈毅夫等修，刘君锡、张名振纂：《长寿县志》，卷四，风土，农桑，民国三十三年铅印本。）

〔民国三十七年前后，四川郫县〕　有田者谓之地主，无田而耕者谓之佃农，四乡佃农十居七八。

（李之青修，戴朝纪等纂：《郫县志》，卷六，风俗，民国三十七年铅印本。）

〔清乾隆二十九年前后，贵州南笼府〕　按此苗民，在昔为土目之佃人，亦即士兵也。分地而耕，纳租于主者是为公田。其余众苗通力合作，土目按亩收利者，则属私田。自改土以来，其公田已入粮册，而私田存于土目，为口食之资。苗民耕种粮田，输纳而外，出谷一二斗于土目，是主佃之名犹存也。怀德、永化二里之情形如此。至安仁一里为屯田,汉民主之,苗民耕之,其完租输纳又与二里稍异。

（清　李其昌纂修：《南笼府志》,卷二,地理志,苗类,清乾隆二十九年刻本。）

注：南笼府于清嘉庆二年改名兴义府。

〔民国年间,贵州定番县〕　定番的农民可分为自耕农、半自耕农、佃户及雇农四种,就中以佃农数为最多。他们向地主租田,不外分上租与分花两种。上租就是租田的佃农,经人介绍与地主租田时,即立下租约一张,给与地主,承认每年秋收过后上纳晒干车净的租谷多少。此外并言明每年遇地主婚丧喜事时,佃农应义务帮忙,不取报酬。地主若许可时,介绍人即订约,书明田的坐落、地名及块数,佃农即依约种植。如有由地主供给佃农耕牛、房屋,亦须于租约上叙明。分花就是地主将田给予佃农耕种,到秋收时,由地主亲到田中分收。其分法通行有平分、正四六分、反四六分等三种,惟仅限于大收（收谷）,而不收小收（麦及杂粮）。平分最为普遍,系地主与佃农各得一半。正四六分限于田土优美,而且便于种植者,因为此等土地所费劳力与资本无几,而收获则颇丰佳,故于租田时订定,由地主分六成,佃农分四成；反之,若田土瘠薄,不便种植,则在分时,地主分四成,佃农分六成,因之称为反四六分。

（吴泽霖编：《定番县乡土教材调查报告》,第四章,农业,三、租佃,一九六五年贵州省图书馆据民国年间稿本油印本。）

注：定番县今为惠水县。

〔民国二十一年前后,贵州平坝县〕　农人类别,分为自耕农、佃农、雇佣农三类。自耕农：自有田亩,足敷己家耕种者,为自耕农,自耕农极少,此类农人约占全县农家百分之二十。佃农：自无田亩,或少有田亩,而不敷己家耕种,须佃地主田亩耕种者,为佃户,普通呼为佃户,此类农人约占全县农家百分之八十,其中少有田亩者约占佃农百分之三十。佃农待遇：佃农对地主田租方面,分认租、分花两类。大致田距地主近者分花,每年秋收临田平分（惟县城附郭田亩系主六成,佃四成）,距主远者认租,拟定标额,丰歉由佃户照纳（歉岁多半减让）。佃种时双方均用契约规定,佃农书给地主名讨约,地主书给佃农者名废约。其田肥腴,佃农竞争者,对地主更纳顶银,契约取销时退还。畴昔,佃农对地主除田租外,尚须负各种力役义务,大有主奴阶级,今已逐渐铲除,服力役时另有报酬,等于雇佣,地主与佃农居主客之平等地位。雇佣农：自无田亩,又不能佃田耕种,只能供给农业上之工作者,为雇佣农。此类农人又分三类。受雇以年计者,普通呼为长年受雇。以月计者,普通呼为月活。以日计者,普通呼为零活。大率自耕农、佃农中平均每五家有一长年,惟零活当春耕、夏耘、秋收农忙之际,则无家不有,其佣资随生活程度为转移。长年、月活,雇主除供伙食、给薪工外,兼供给叶烟、草鞋,亦有不供者。

（蒋希仁等修,陈廷莱等纂:《平坝县志》,业产志,农业,民国二十一年铅印本。）

〔民国二十五年前后,贵州遵义〕　土田多数十年一易主,而仍委之农者,故农者得佃耕之称而赋租,其主百年不易者恒少,耕者亦然。受田之值,以人田而论亩,予佃之田,以牛田而论课。

（周恭寿等修,赵恺等纂:《续遵义府志》,卷十一,农桑,农家事宜,民国二十五年刻本。）

〔民国二十五年前后,贵州册亨县〕　佃户向地主租田耕种,所得收获向系主客各半,但亦有四六成平分者（主四,客六）,要视押金之轻重、田土之肥瘠以为转移。

（罗骏超纂修:《册亨县乡土志略》,第六章,经济,第七节,佃租,民国二十五年修,一九六六年贵州省图书馆油印本。）

〔民国二十年前后,贵州安顺〕　佃户纳租率可分五等。最高率为主得八成,佃得二成。次高率为主得七成,佃得三成。中等率为主六佃四。再次为平分,主佃各半。最低为倒四六,地主得四成,佃农得六成。城南附郭及大屯、小屯一带,人烟稠密,土地肥沃,田主与佃户之间大多适用最高率与次高率,其次则适用中等率,但大都以秋熟一次为限,秋熟后所种之杂粮则不交纳。东、南二部如阿若塘、石板房、旧州大河流域及羊武一带,肥田则平分,瘠田则为倒四六。其余地区多采用平分办法,无论议定租额或熟时分收,皆以此为比例。

（《续修安顺府志·安顺志》,第八卷,农林志,农业,租率,民国二十年代末稿本。）

〔民国三十五年前后,贵州兴义县〕　本邑自耕农居百分之十,半自耕农居百分之三十,佃农居百分之三十。其佃田手续有分租、认租、押租三种。分租办法,地主分五石,佃农分五石,是谓之分租。认租办法,由佃农自行向地主认租,每至秋收之时,如数送交地主,故谓之认租。押租办法,地主将所有权之田或地,议定金钱若干,作抵押品,但须照数短租。如国币一千万元短租一石,则地主应收十石之数,佃农送交一千万元后,须短收为九石,照此类推。租佃期限一年或三年。运交情形,秋季居多,夏季次之。上述各节,均须立约书契,以昭信守。

(卢杰创修,蒋芷泽等纂:《兴义县志》,第十一章,社会第十四节,租佃制度,民国三十五年修,一九六六年贵州省图书馆油印本。)

〔**清代后期至民国三十一年前后,云南巧家县**〕 巧家山岭重叠,全县土地,耕地约占三分之二,荒地占三分之一。惟以原系夷疆,改土归流之后,而土司官属私有土地所占面积仍多,如木期古土司及五甲户侯司,其著者也。其余,年收租至千余石或数百石者,亦尚有之。土地之分配多属于地主,而农事之劳作多属于佃户。据云南民政厅户口调查统计,巧家业农者三万四千二百四十六人,自耕农为四千六百四十六人,半自耕农为五千二百二十人,佃农为二万四千三百七十二人。自耕农仅占全农民十分之一强,于此可见农民与土地分配之状况矣。至佃户与地主之权益关系,恒视耕地出产率以为定。在三四十年以前,佃户纳租率多至耕地出产量十分之三(即每谷一石纳租三斗),近因垦地日久,产率增加,有纳租至十分之五六者。并于租佃时有交纳稳租押金,租多者押少,租少者押多,普通情形大概如是。

(陆崇仁等修,汤祚等纂:《巧家县志稿》,卷六,农政,土地与农民,民国三十一年铅印本。)

(二)粮 食 生 产

1. 稻、麦

〔**元至正年间,中书省大都路**〕 元顺帝末,丞相脱脱言:京畿近水地利,召募江南人耕种,岁可收粟麦百万余石,不烦海运,京师足食。帝曰:此事利国家,其议行之。辛未,以右丞悟良哈台、左丞乌古孙良桢兼大司农卿,给分司农印,西自西山,南至保定河间,北抵檀顺,东及迁民镇,凡官地及元管各屯田,悉从分司农司立法佃种,给钞五百万锭以供工价、牛具、农器、谷种之用。又略仿前集贤学士虞集议,于江淮召募能种水田及修筑圩堰之人各千人为农师,降空名敕牒十二道,募农民百人者授正九品,二百人者正八品,三百人者从七品,就令领其所募之人。所募农夫人给钞十锭,期年散归。时张士诚据苏州,南艘不至,京师借此度支。

（清　孙承泽纂：《天府广记》，卷三十六，水利，一九八二年北京古籍出版社铅印本。）

〔民国十七年前后，河北房山县〕　全县农田之产额，全境瘠土甚多，以丰歉平均计，每亩不过五斗，以八千顷计，产谷不过四十万石，每石折价七元，共计二百八十万元。

（冯庆澜修，高书官等纂：《房山县志》，卷五，实业，农业，民国十七年铅印本。）

〔南宋绍熙四年，两浙西路嘉兴府华亭县〕　今华亭稼穑之利，田宜麦禾，陆宜麻豆。其在嘉禾之邑，则又最腴者也。

（宋　杨潜撰：《云间志》，卷上，物产，宋绍熙四年修，清嘉庆十九年刻本。）

〔清同治十年前后，江苏松江府上海县〕　粳稻，宜水田，春分浸谷，四月莳秧，八月熟。亦有播谷散种者。邑每以豆饼碾末作膏。有牛耕，亦有人耕，呼为大熟。碾谷出米，性柔而粘。

（清　应宝时等修，俞樾等纂：《同治上海县志》，卷八，物产，清同治十年刻本。）

〔清光绪五年前，江苏松江府青浦县〕　松俗以春分节后种者为早稻，芒种节后种者为中稻，夏至节后种者为晚稻。过夏至后十日虽种不盛矣。东乡迟种而早收，西乡早种而晚收，风土不同。农民赁田力耕，专赖秋禾。禾种最繁，大抵早稻收成稍薄，故种晚稻居多。

（清　陈其元等修，熊其英等纂：《青浦县志》，卷二，疆域，土产，清光绪五年刻本。）

〔清光绪五年前后，江苏松江府南汇县〕　黄籼，胡《志》云出十六保，粒长大，色润而坚实。稴麦，钦《志》云俗呼员麦，白者为秔，赤者为糯，惟浦东为宜，屑之和米炊饭。

（清　金福曾等修，张文虎等纂：《光绪南汇县志》，卷二十，风俗志，物产，清光绪五年刻本。）

〔清光绪五年前后，江苏松江府川沙厅〕　籼稻，有早晚二种，谷白色滞米性硬，味薄不粘，惟耐水旱，下薄田偶种之。

（清　陈方瀛等修，俞樾等纂：《川沙厅志》，卷四，民赋，物产，清光绪五年刻本。）

〔清光绪十年前后，江苏松江府〕　吾郡物产惟粳秋、木棉、鱼盐为大宗。

（清　博润修，姚光发等纂：《松江府续志》，卷五，疆域志，物产，清光绪十年刻本。）

〔民国初年至二十三年,江苏青浦县〕 邑产春熟以油菜子、豆麦为大宗。菜子十之六,豆麦十之四。秋熟以稻、棉为大宗,稻十之七,棉十之三。

(于定增修,金咏榴增纂:《青浦县续志》,卷二,疆域,土产,民国六年修,民国二十三年增修刻本。)

〔民国十年前后,江苏宝山县〕 邑境地形平冗,土质含砂,宜于植棉,故棉为出产大宗,约占全邑面积十之六七。植棉习惯不施肥料,每间二年必种稻一次。轮稻之田始粪豆饼等以培地力,为植棉之预计。稻则粳稻为多,糯稻次之,籼稻又次之,若旱稻则种者绝鲜。

(张允高等修,钱淦等纂:《宝山县续志》,卷六,实业志,农业,民国十年铅印本。)

〔民国十三年,江苏崇明县〕 稻,西乡受江水土淡宜种质粘者曰糯稻。

(王清穆等修,曹炳麟等纂:《崇明县志》,卷四,地理志,物产,民国十三年修,稿本。)

〔民国十九年前后,江苏嘉定县〕 粳稻,有黄稻、白稻、瓜熟稻、三朝齐、荔子红、雁来红、一莳兴、罗汉黄、飞来黄、南浔黄等数种,皆用以作餐。

(陈传德修,黄世祚、王焘曾等纂:《嘉定县续志》,卷五,风土志,物产,民国十九年铅印本。)

〔民国十九年前后,江苏嘉定县〕 小麦种较大麦早而熟较晚,每亩约收百数十斤,乡民大抵供自食。小麦则间有销售者。向例凡田之临种稻者,其先种小麦;临种棉者,种大麦,取种植时期之更替迟早之适均也。

(陈传德修,黄世祚、王焘曾等纂:《嘉定县续志》,卷五,风土志,物产,民国十九年铅印本。)

〔民国十九年前后,江苏嘉定县〕 邑东南北乡棉多稻少,辄以大麦磨粉和饭,岁丰以饲豕。精杵为粥,香滑胜米。

(陈传德修,黄世祚、王焘曾等纂:《嘉定县续志》,卷五,风土志,物产,民国十九年铅印本。)

〔民国二十年前后,江苏宝山县〕 邑境农作棉、稻为主,棉多于稻。……稻则产量不多,不足供全邑之需。种稻前栽种小熟者,西境市乡为多。东境市乡则都栽种苜蓿等绿肥植物。

(吴葭等修,王钟琦等纂:《宝山县再续志》,卷六,实业志,农业,民国二十年铅印本。)

〔民国二十五年前后,江苏上海县〕 粳稻,瓜熟稻种七八十日熟,其时陈米气浊,新米气芬,售于市上,可得善价。故谚云:"本土新,早值钱。"

（吴馨等修,姚文楠等纂:《民国上海县志》,卷四,农工,农产,民国二十五年铅印本。）

〔清光绪五年前后,江苏松江府华亭县〕 邑志例载物产,顾华亭自分隶他县,为方不过数十里。其谷宜稻,其利曰盐,其植曰木棉,皆与他邑共之,无特产也。若云土贡,则惟白、糙、粳米列入正供。

（清　杨开第修,姚光发等纂:《重修华亭县志》,卷二十三,杂志,物产,清光绪五年刻本。）

〔明代至清朝末年,直隶宣化府保安州〕 稻产始于明时,州牧稽公巅教民于沿河隙地淤泥种稻,颇能获利。及门渠引水后,农民愈知其利益,故至今东乡区水田轮流种稻,亦可称为大宗。

（佚名纂修:《保安州乡土志》,植物,稻,抄本。）

注：保安州今为涿鹿县。

〔清康熙五十年前后,直隶宣化府宣化县〕 菽麦稻禾,熟则作食馈亲友,纳稼毕又酿酒设席待亲友之来劳者,曰庆场。

（清　陈垣纂修:《宣化乡土志》,风俗,清康熙五十年抄本,一九六八年台湾成文出版社影印本。）

〔清乾隆四十六年前后,直隶承德府〕 稻,名类甚多,不离粳、糯二种。《群芳谱》曰：北方地平,惟泽土宜旱稻。今则热河境内,山田多种之(钦定《热河志》)。

（清　海忠纂修,廷杰、李世寅重订:《承德府志》,卷二十九,物产,清道光十一年修,清光绪十三年重订刻本。）

〔清同治五年前后,直隶永平府昌黎县〕 县境西北多山,东多山,膏腴上田盖无几点。惟城南一带土为黄壤,种宜谷、麦、菽、秫,农家尚多殷实,特不修水利,旱涝悉听于天,丰年每亩收获计市斗不过五六。

（清　何崧泰等修,马恂纂,何尔泰续纂:《昌黎县志》,卷十,志余,风俗,清同治五年刻本。）

〔清光绪二十年前后,直隶广平府〕 永年濒滏河十三村皆种稻田,磁州东、西二闸稻田尤多。

（清　吴中彦修,胡景桂纂:《重修广平府志》,卷十八,舆地略,物产,谷属,清光绪二十年刻本。）

〔清宣统二年至民国四年，河北任县〕 谷类以麦与高粱为大宗，谷与杂粮次之。麦地二十一万四千余亩，高粱地一十一万二千余亩，谷地八万二千余亩，杂粮地二万三千余亩，每亩收量约五六斗。

（清　谢嵩麟修，陈智纂，王亿年增修，刘书旂增纂：《任县志》，卷一，地理，物产，清宣统二年修，民国四年增修铅印本。）

〔民国初年至二十三年前后，河北怀安县〕 谷，是为本县最普遍之出产，亦为日常主要食品。……在二、五两区平均每亩可产八九斗（每斗二十八斤），一、三、四区至多不过六斗。当民国十五年前，除本县自留食用外，所有剩余谷类多由平绥路运销外境，近年以来只销本地，故其价值极廉云。

（景佐纲修，张镜渊纂：《怀安县志》，卷五，物产志，植物，民国二十三年铅印本。）

〔民国十一年前后，河北宣化县〕 稻，一名秾，其粘者为糯，用以酿酒，其不粘者为粳，止可造饭，城东七十里水泉村清水者良，浇洋河浊水者味浓厚，销张垣及各县。粱，土人谓之高粮，色分三种，红者造酒，白及鹅黄者，农人多蒸糕作食，全县皆产，西乡最佳。乡人引通桥河水入渠四十余里，水自口外来，夏日雨水涨发，挟口外之牛羊粪肥长驱而入，至桥下入渠口，枝分派别，浇地二百余顷，每亩二百四十步，半年可收四石，每石百五十斤。又引洋河水入渠浇地数百顷，黍稻高粮每年一易种，故烧酒之家多至西乡购粱，而乡铺户亦以酿酒为利薮。

（陈继曾等修，郭维城等纂：《宣化县新志》，卷四，物产志，植物类，民国十一年铅印本。）

〔民国二十一年前后，河北徐水县〕 大麦历年产量最富，除人民自用及造曲，余多运销北平啤酒公司用作啤酒原料。

（刘延昌修，刘鸿书纂：《徐水县新志》，卷三，物产记，植物，民国二十一年铅印本。）

〔民国二十二年前后，河北万全县〕 谷……全县各地均产之，尤以二、三、四区为最多，每年收获后除留自家食用外，盈余者多碾成米，以大车运销张垣，丰年以万石计，土著称本县曰米粮川，即此故也。

（路联达等修，任守恭等纂：《万全县志》，卷二，物产志，植物，民国二十二年铅印本。）

〔民国二十二年前后，河北万全县〕 我县可耕之地仅五十三万五千亩，而沙地反占百分之五十，肥沃之地不过百分之二十，所有水地仅百分之五点六耳。以多年之观察，每年收获之量在丰年每亩平均粗粮不过一石，细粮七斗耳；不丰不歉之年,粗粮为八斗,细粮五斗耳;至歉收,则粗粮在二斗以下,细粮在一斗以下。

(路联达等修,任守恭等纂:《万全县志》,卷三,生计志,生产数量,民国二十二年铅印本。)

〔民国二十二年前后,河北昌黎县〕 昌黎县地势,北境近山而高,南境近海而下,故七区之土宜不尽同。靖安堡、石各堡、套里堡各村镇,多种麦;若蛤泊堡、裴家堡、莫各堡及附郭之田,则种麦者甚少。城北沿山一带,近年多种番薯,蛤泊堡、靖安堡、莫各堡近年多种落花生,谷子则附郭及裴家堡、蛤泊堡种之,靖安堡、莫各堡、套里堡种者较少。附郭所种菜蔬,均于园圃中分畦种之,而靖安堡、石各堡、套里堡沿滦河一带则旱地内种菘(土名白菜)。蛤泊堡、后封台附近,于旱地内种葱、种萝卜。至棉花,则各处种之,以备织布、制衣之用。统计全县之地种高粱者最多,高粱、谷、粳、稗各种,缺苗或补豆子,或补玉蜀黍。收麦之后,其地多种荞麦,近年有在旱地内种姜者,获利倍蓰,将来或推广也。

(陶宗奇等修,张鹏翱等纂:《昌黎县志》,卷四,实业志,农林民国二十二年铅印本。)

〔民国二十三年前后,河北定县〕 麦,定产颇丰,每岁输出不下数十万石。定俗以米为主食,麦有余而谷不足也。

(何其章等修,贾恩绂纂:《定县志》,卷二,舆地志,物产篇,民国二十三年刻本。)

〔民国二十二年至二十三年,河北张北县〕 我县以农产物为大宗,畜牧副之;各民户以农产物之收入,供全家之食用,以畜牧之所入,供零星日用之花用。近年以来,农村破产,粮价低廉,终岁劳动,所入不抵赋税、日用之所出,而所养牲畜,因受时局影响,丢失殆尽,毫无补助,故人民生活一年不如一年之活动,一日不如一日之宽裕。自民国二十一年秋收,尚可敷衍生活。至二十二年,遭受冰灾,收获减少,粮价一落千丈,牲畜损失亦多,顿形艰苦。及二十三年,连遭大雨,禾苗不旺,子粒不实,除莜麦稍有收成外,其他禾稼有颗粒未获者,有仅收子种者,旱固歉收,潦亦成灾,牲畜亦遭瘟疫,此张北近年出产之概况也。前兹将张北全县近三年农产物及牲畜量值列表如下:

全县近三年农产物量值表

类别	名称	项 目	二十一年	二十二年	二十三年	总 计	平 均	备考
菜类	山药	量	198 000斤	264 000斤	198 000斤	660 000斤	220 000斤	
		值 每千斤 共计	5 990	5 1 320	6 1 188	16 3 498	5 33 1 166	
		出口量	39 600	52 800	39 600	132 000	44 000	
		值 每千斤 共计	5 198	5 2 646	6 23 766	16 6 996	5 33 2 332	

(续表)

类别	名称	项 目		二十一年	二十二年	二十三年	总 计	平 均	备考
谷类	莜麦	量		275 000	242 000	165 000	784 000	228 000	
		值	每石	3.5	2.5	3.5	9.5	3.1	
			共计	962 500	605 000	577 500	2 145 000	715 000	
		出口量		82 500	726 000	50 000	205 000	68 366	
		出口值	每石	3.5	2.5	3.5	9.5	3.1	
			共计	68 750	181 500	175 000	645 250	215 083	
	小麦	量		18 480	15 400	7 700	41 580	13 860	
		值	每石	7	5.5	9	21.5	7.2	
			共计	129 360	84 700	69 300			
		出口量		9 204	7 700	3 800	20 780	6 930	
		出口值	每石	7	5.5	9	21.5	7.2	
			共计	64 680	42 350	34 650	141 680	4 772	
	大麦	量		6 600	6 600	3 300	16 500	5 500	
		值	每石	3	3	3	9	3	
			共计	19 800	19 800	9 900	49 500	16 500	
		出口量		4 620	4 620	2 310	11 550	3 850	
		出口值	每石	2	3	3	9	3	
			共计	13 860	13 860	6 930	34 650	11 550	
	荞麦	量		6 600	5 280	3 300	15 180	40 550	
		值	每石	2	1.5	2.2	5.7	1.9	
			共计	13 200	7 920	7 260	28 380	9 460	
		出口量		3 300	2 640	1 650	7 590	2 530	
		出口值	每石	2	1.5	2.2	5.7	1.9	
			共计	6 600	3 960	3 630	14 190	4 730	
	谷	量		55 000	33 000	11 000	99 000	33 000	
		值	每石	2.5	2	3	7.5	2.5	
			共计	137 500	66 000	33 000	236 500	78 833	
		出口量		16 500	9 900	3 300	29 700	9 900	
		出口值	每石	2.5	2	9	7.5	2.5	
			共计	41 250	19 800	900	70 950	23 650	
	黍	量		37 000	27 000	9 000	73 000	24 330	
		值	每石	3	3	4	10	3.33	
			共计	12 000	12 000	36 000	258 000	86 000	
		出口量		18 500	13 500	4 500	36 500	12 166	
		出口值	每石	3	3	4	10	3.33	
			共计	55 500	40 500	18 000	114 000	38 000	
	糜	量		10 000	380 000	2 000	18 000	6 000	
		值	每石	3	3	4	10	3.33	
			共计	30 000	18 000	8 000	56 000	18 666	

(续表)

类别	名称	项目		二十一年	二十二年	二十三年	总计	平均	备考
谷类	糜	出口量		6 000	3 600	1 200	10 800	3 600	
		出口值	每石	3	3	4	10	3.33	
			共计	1 800	10 800	4 800	33 600	11 200	
		量		8 800	22 000	4 400	35 200	11 733	
		值	每石	8	7.5	9.5	2.5	8.33	
			共计	70 400	165 000	41 800	276 400	92 133	
	麻	出口量		7 920	9 800	3 960	21 680	10 550	
		出口值	每石	8	7.5	9.5	2.5	8.33	
			共计	15 960	148 500	37 620	202 080	67 360	
		量		6 600	5 280	3 300	15 180	4 060	
		值	每石	5	4	6	1.5	5	
			共计	33 000	21 120	19 800	40 920	13 640	
	菜籽	出口量		5 940	4 752	2 970	13 662	4 554	
		出口值	每石	5	4	6	15	5	
			共计	29 700	19 000	17 820	66 520	22 173	
		量		4 400	7 040	4 400	15 840	4 246	
		值	每石	3.5	4.5	4	14	4.7	
			共计	24 200	31 680	17 600	73 480	24 493	
	豆	出口量		2 200	3 520	2 200	7 920	2 640	
		出口值	每石	5.5	4.5	4	14	4.7	
			共计						
	大豆	量		2 750	5 500	2 750	11 000	3 666	
		值	每石	7	6	5	18	6	
			共计	19 250	33 000	13 750	66 000	22 000	
		出口量		1 375	2 750	1 375	5 500	1 833	
		出口值	每石	7	6	5	18	6	
			共计	9 625	16 500	6 875	33 000	11 000	
	菜豆	量		550	1 100	550	2 200	733	
		值	每石	6	5	6	17	5.7	
			共计	3 300	5 500	3 300	12 100	4 033	
		出口量		165	330	165	660	220	
		出口值	每石	6	5	6	17	5.7	
			共计	990	1 650	990	3 630	1 210	

（陈继淹等修，许闻诗等纂：《张北县志》，卷五，户籍志，出产之比较，民国二十四年铅印本。）

〔民国二十四年，河北涿县〕　主要农作物、果蔬、家畜、家禽价值：麦约共百三十三万余元，谷约共四十三万九千七百余元，高粱约共二十一万余元，玉蜀黍约共百十四万余元，豆约共六万一千五百余元，芝麻约共三万二千余元，稻米约共十四万七千七百余元,花生约共五万八千二百余元,棉约共十一万二千五百余元,红薯约共二十五万余元,烟叶约共万元,桃约共万五千余元,梨约共五万余元,杏约共五千余元,枣约共六万六千六百余元,红果约二万元,蔬菜约共三十余万元,藕约共七千五百余元,荸荠约共三千余元;马约共十二万余元,骡约共三十六万余元,驴约共三十七万五千余元,牛约共九万六千余元,驼约共万五千二百余元,猪约共三十万元,羊约共万五千余元,鸡约共八万余元(每只鸡每年产卵约值一元),鸭约共五千余元(每只每年产卵约值一元)。

(宋大章等修,周存培等纂:《涿县志》,第三编,经济,第一卷,经济,民国二十五年铅印本。)

〔民国二十四年前后,河北阳原县〕 本县农产物以五谷为最多,年约二十余万石,输出四分之一,次为豆类,次为麦类,次为马铃薯。

(刘志鸿等修,李泰棻纂:《阳原县志》,卷八,产业,农业,民国二十四年铅印本。)

〔民国二十四年前后,河北张北县〕 莜麦有傲霜性,农家因其培养之易,气候之宜,故种植之多在口外农产物中约占十分之六七,不独张北一县然也。

(陈继淹修,许闻诗等纂:《张北县志》,卷四,物产志,植物,民国二十四年铅印本。)

〔民国二十五年前后,河北涿县〕 主要农作物产量,麦约十九万余石,谷约十二万五千六百五十石,高粱约七万余石,玉蜀黍约三十八万余石,豆约万五千三百八十余石,芝麻约四千石,稻米约一万四千七百七十余石,花生约百九十万四千余斤,棉约九十万斤,红薯约五千万斤,烟叶约八万斤。

(宋大章等修,周存培、张星楼纂:《涿县志》,第三编,经济,第一卷,实业,民国二十五年铅印本。)

〔民国二十五年前后,河北馆陶县〕 按全县各区上等地每亩普通岁收之量数,麦、谷等类约合一石左右(抵秤一百二十三十斤),中等地一亩约合六斗左右(抵市秤七八十斤上下),下等地一亩约合四斗左右(抵市秤四五十斤上下)。

(丁世恭等修,刘清如等纂:《续修馆陶县志》,卷二,政治志,经济,民国二十五年铅印本。)

〔民国二十五年前后,河北馆陶县〕 本县土质尤适于禾稼,农作物中,麦与包谷为主要产物,棉花、豆类等次之。

(丁世恭等修,刘清如等纂:《续修馆陶县志》,卷二,政治志,经济,民国二十五年铅印本。)

〔清光绪九年,绥远清水河厅〕 油麦,叶似小麦而弱,粒细而长,性耐寒,不畏霜,播之寒土则易熟,故百亩之田种者十八九,不独清水一郡为然,口外各属亦无不然,即关北各州县亦种之最多也。

（清　文秀修,卢梦兰纂：《新修清水河厅志》,卷十九,物产,清光绪九年修,抄本。）

注：清水河厅今为清水河县。

〔清光绪三十三年前后,内蒙古〕 稻有粳米、粟豆、大麦、小麦、油麦、荞麦、玉蜀黍、高粱、胡麻,稻出辽河附近,仅足供给本地。白面、油麦、粳米、粟,或运至多伦诺尔。

（姚明辉编：《蒙古志》,卷三,物产,清光绪三十三年铅印本。）

〔清光绪三十四年前后,绥远土默特旗〕 莜麦即油麦,青稞者曰青莜麦,民食所重。又有小麦,其味佳,种者犹鲜。

（清　贻谷修,高赓恩纂：《土默特旗志》,卷八,食货,清光绪三十四年刻本。）

注：土默特旗今为呼和浩特市。

〔民国二十六年前后,绥远〕 绥远物产,农牧矿并著,农业以河套附近为最盛,产物以小麦、莜麦、胡麻为著,蒙旗牧地盛产牛、羊皮毛,矿产以煤为著,如归绥、萨拉齐、包头均以产煤著称。

（廖兆骏编：《绥远志略》,第一章,总论,第三节,绥远之自然环境,民国二十六年铅印本。）

〔明正统八年至嘉靖十六年,辽东都司〕 谷：黍、稷、稻、粱、穈、粟、稗、黄豆、绿豆、豌豆、蚕豆、黑豆、豇豆、小豆、大麦、小麦、荞麦、芝麻、苏子、蜀黍、扁豆。

（明　毕恭等修,任洛等重修：《辽东志》,卷一,地理志,物产,明正统八年修,明嘉靖十六年重修,民国二十三年铅印本。）

〔明嘉靖四十五年前后,辽东都司〕 谷类：黍、稷、稻、粱、穈、粟、稗、豆、麦、芝麻、苏子、蜀黍。

（明　李辅等修,陈绛等纂：《全辽志》,卷四,方物志,明嘉靖四十五年刻本,民国二十三年铅字重印本。）

〔清康熙年间,盛京锦州府广宁县〕 谷之属：黍、稷、稻、粱、穈、粟、稗、薏米、蜀秫。……麦之属：大麦、小麦、荞麦、铃麦。

（清　项蕙修,范勋纂：《广宁县志》,卷三,田赋志,物产,清康熙三十一年修,民国二十三年铅印本。）

〔清康熙年间,盛京锦州府宁远州〕 谷之属:黍、稷、稻、粱、穈、粟、稗、薏苡、蜀秫。

(清 冯昌奕等修,范勋纂:《宁远州志》,卷三,田赋志,物产,清康熙二十一年修,民国二十三年铅印本。)

〔清康熙年间,奉天盖平县〕 谷之属:稻、粱、粟、秫、黍、稷、蜀黍、稗、玉蜀黍、薏苡、脂麻……小麦、大麦、荞麦、穬麦、大豆、小豆、绿豆、豌豆、蚕豆、豇豆、扁豆、菜豆、刀豆。

(清 骆云纂修:《盖平县志》,卷下,物产志,清康熙二十一年修,民国二十三年铅印本。)

〔清康熙年间,奉天开原县〕 谷之属:饭谷、蜀黍、粘谷、黄豆、绿豆、蚕豆、黑豆、豇豆、扁豆、大麦、小麦、荞麦、脂麻、苏子、稷、稻、稗。

(清 刘起凡修,周志焕纂:《开原县志》,卷下,物产志,清康熙十七年修,民国二十三年铅印本。)

〔清康熙十六年前后,奉天铁岭县〕 以谷计者曰:黍、稷、稻、粱、粟、蜀秫、黄豆、黑豆、绿豆、碗豆、蚕豆、豇豆、小豆、大麦、小麦、荞麦、芝麻、苏子、薏苡。

(清 贾弘文修,董国祥等纂:《铁岭县志》,卷上,疆域志,物产,清康熙十六年刻本。)

〔清康熙二十年,奉天辽阳州〕 谷之属:黍、稷、稻、粱、穈、粟、稗、黄豆、绿豆、豌豆、黑豆、豇豆、小豆、大麦、小麦、荞麦、芝麻、苏子、扁豆、高粱。

(清 杨镳修,施鸿纂:《辽阳州志》,卷十九,物产志,清康熙二十年修,民国二十三年铅印本。)

〔清康熙二十一年,盛京锦州府〕 谷之属:黍、稷、稻、粱、粟、稗、薏苡、蜀秫。……麦之属:大麦、小麦、荞麦、穬麦。

(清 刘源溥、孙成修,范勋纂:《锦州府志》,卷五,田赋志,物产,清康熙二十一年修,民国二十三年铅印本。)

〔清康熙二十一年,盛京锦州府锦县〕 谷之属:黍、稷、稻、粱、粟、稗、薏苡、穬秫。

(清 王奕曾修,范勋等纂:《锦县志》,卷三,田赋志,物产,清康熙二十一年修,民国二十三年铅印本。)

〔清乾隆三十八年前后,奉天塔子沟〕 五谷:谷子、高粱、黑豆、黄豆、绿豆、糜子、黍子、苏子、玉粟、荞麦、小豆、云豆。

（清 哈达清格纂：《塔子沟纪略》，卷九，土产，清乾隆三十八年刻本，民国二十三年铅字重印本。）

注：塔子沟今属朝阳地区。

〔清光绪末年至民国十五年前后，奉天新民县〕 属境水田仅止蒲河一带，于光绪末年由土著居民招有韩人首先开种，今已辟成一万五千余亩，普通种稻，获利颇厚。

（王宝善修，张博惠纂：《新民县志》，卷五，实业，水田农业，民国十五年石印本。）

〔民国十四年前后，奉天兴京县〕 境内山多水寡，三农之中，山农最多，平地次之，水利向不知重，污潦莽甸均与石田以并弃。近见韩人引流种稻，获利倍蓰，本境农人皆试为之，始共谋水利，计现时全境稻田数共二万八千八百余亩。

（沈国冕、苏显杨修，苏民、于孤桐纂：《兴京县志》，卷一，地理，水利，民国十四年铅印本。）

注：兴京县今为新宾县。

〔民国二十二年前后，奉天铁岭县〕 稻田区域及亩数：五区约一万二千亩，四区约二千亩，二区约三千亩，共计全境约一万六千亩。

（杨宇齐修，张嗣良纂：《铁岭县续志》，卷四，实业，水利局，民国二十年，即1933年铅印本。）

〔民国四年前后，吉林辑安县〕 辑安山多田少，地阔民稀，开辟年浅，水利未修。迩来韩民租佃，颇谙潴水种稻之法，而内地农民亦踵习其法，从事耕种。

（吴光国编，于会清校正：《辑安县乡土志》，农政，民国四年铅印本。）

注：辑安县今为集安县。

〔民国二十六年前后，吉林海龙县〕 稻……本境昔年陆地多种之，近年水稻盛兴，几为出产之大宗。

（王永恩修，王春鹏等纂：《海龙县志》，卷十五，物产，植物，民国二十六年铅印本。）

〔清光绪年间，黑龙江〕 江省初辟时，尝倚蒙古糜田，以资日食。民垦既兴，转有运售蒙古各部者矣。

（清 徐宗亮纂：《黑龙江述略》，卷八，丛录，清光绪中刻印本。）

〔清朝末年至民国初年，黑龙江通化县〕 水质恶劣，灾疫频仍，所以人烟稀少、户口寥寥,已垦之田不过三万垧(每垧十亩),主要农产推豆、麦,年十五万石,输出者占三分之二;次为烟、麻。山中树木参天,松、桦、柞、杨随处皆是。

（郭克兴辑：《黑龙江乡土录》,第一篇,方舆志,第四章,绥兰道,通化县,黑龙江人民出版社一九八七年校点铅印本。）

〔民国四年前后,**黑龙江呼兰**〕 谷之属有大麦,多小麦……小麦之面芳洁,机器制出者尤佳。宣统改之后,由西伯里亚铁路输于欧洲小麦岁数百万石。

（黄维翰纂修：《呼兰府志》,卷十一,物产略,植物,农产,民国四年铅印本。）

〔民国十三年前后,**黑龙江宁安县**〕 宁安农产以小麦为大宗,次谷子,次豆,又次玉粟,再次高粱,余皆少数。查种谷子地占全境十分之三,种玉粟地占全境十分之一五。各种粮食多为居民食料及造酒原料。麦多为本城各公司制面粉原料,余则运往哈尔滨、乌苏里江等处。豆为当地制油制酱原料,余多输运外埠。

（王世选修,梅文昭等纂：《宁安县志》,卷三,职业,农业,民国十三年铅印本。）

〔民国十五年前后,**黑龙江双城县**〕 旱稻,土人呼为粳子,有红莲稻、白莲稻之名称。昔年地寒霜早,故少收获。今则天气觉暖,陨霜亦晚,双城比户皆种,收获甚多,不亚于奉天西米,亦民间之常产也。……双城拉林地宜五谷,而小麦尤为大宗产,磨为面粉,土人以为常食。……玉蜀黍……俗呼包米,沤粉可食,双城旗屯田家常多种二三十垧者,每垧出产十余石,可碾为米作饭食,亦可磨为面作饼食,亦可乘青苞半熟时煮食,以为青黄不接之济,出产实多。

（高文垣等修,张肃铭等纂：《双城县志》,卷七,物产志,植物,民国十五年铅印本。）

〔民国十七年前后,**黑龙江桦川县**〕 桦川种粱、菽、谷、麦等,及耕获时期与沿江各县无异,惟稻田甚伙,有水稻、旱稻二种,水稻多在英格图河沿岸之平地,哈达墨河及苏穆河沿亦种水稻,又火龙沟小河沿近开稻田试种。

（郑士纯等修,朱衣点等纂：《桦川县志》,卷二,实业,农业,民国十七年铅印本。）

〔民国十七年前后,**黑龙江桦川县**〕 小麦……桦川独富于产麦,每岁数量不下十万石,实为粮运出口之大宗。

（郑士纯等修,朱衣点等纂：《桦川县志》,卷三,物产,植物,谷类,民国十七年铅印本。）

〔民国十八年前后,**黑龙江珠河县**〕 稻有红、白之分,水产者曰稻,陆产者曰粳,县境沿河近有韩侨辟水田植稻者甚多。……玉蜀黍,俗曰包米……分黄、白二种,亦有粘者,县境农民多植之。

(孙荃芳修,宋景文纂:《珠河县志》,卷十二,物产志,植物,民国十八年铅印本。)

〔民国十九年前后,黑龙江呼兰县〕 呼兰农产以小麦、元豆为大宗,高粱、谷子次之,大麦、苞米(即玉蜀黍)又次之。

(廖飞鹏修,柯寅纂:《呼兰县志》,卷五,实业志,农业,民国十九年铅印本。)

〔民国二十五年前后,黑龙江宝清县〕 一、二两区濒于宝石、挠力两河流域,故多水田,所产稻米诚为本县之大宗出产也。

(齐耀斌修,韩大光纂:《宝清县志》,实业志,农业,民国二十五年铅印本。)

〔明万历四十二年前后,陕西西安府华阴县〕 高地多宜谷,滩地宜麦,稻最少,荞麦、芝麻亦间植。

(明 王九畴修,张毓翰纂:《华阴县志》,卷四,食货,物产,明万历四十二年刻、清康熙五十二年增刻本。)

〔清乾隆三十年前后,陕西西安府同官县〕 民食以麦为主,而五谷皆可种。稻则独鲜,以山多故也,故其价两倍于他处。

(清 袁文观纂修:《同官县志》,卷四,风土,物产,清乾隆三十年刻本。)

注:同官县今为铜川市。

〔清乾隆四十九年前后,陕西邠州淳化县〕 麦为上,粟次之,菽与荞麦又次之。欲得稻米,必购自他邑,民鲜知味者。

(清 万廷树修,洪亮吉纂:《淳化县志》,卷八,风土记,五谷,清乾隆四十九年刻本,民国二十年铅字重印本。)

〔清嘉庆七年前后,陕西延安府〕 高粱,甘泉、延长二县有。麦,大小二种,肤施、安塞、宜川、延川四县俱有。莜麦,肤施、延长二县俱有。

(清 洪蕙纂修:《延安府志》,卷三十三,户略,物产,清嘉庆七年刻本。)

〔清道光二十九年前后,陕西兴安府石泉县〕 五谷不尽种,水田种稻,坡地种包谷,麦、豆则间种焉。……邑水田十仅有二,稻谷无多。

(清 舒钧纂修:《石泉县志》,卷二,田赋志,物产,清道光二十九年刻本。)

〔清光绪十年前后,陕西乾州〕 小麦,皮薄面多,佳于他处。色红者最上,谚曰"堆场石榴子,赛过桃花米"。次则白麦,颗粒甚大。

(清 周铭旂等纂修:《乾州志稿》,卷五,土地志,物产,清光绪十年刻本。)

〔清光绪十八年前后，陕西西安府渭南县〕 稻，其粘者谓之糯，不粘者谓之粳，产花园及大岭川者佳。大麦、小麦，出渭河以北者粒小，食之易化；出渭河以南者粒差大，其三月熟者谓之三月黄。……包谷，出南山中，土人谓之玉麦。

（清　严书麟修，焦联甲等纂：《新续渭南县志》，卷二，舆地志，物产，清光绪十八年刻本。）

〔清光绪十九年前后，陕西兴安府白河县〕 本邑土性瘠，种稻谷者少，惟芷坊坪、康家坪、四五堡每年出稻谷五六百石。

（清　顾骕修，王贤辅、李宗麟纂：《白河县志》，卷七，田赋，物产附，清光绪十九年刻本。）

〔民国十年前后，陕西南郑县〕 全境主要种植以稻、麦为大宗。稻分粳、糯二种，粳多供饭食，糯则酿酒制饴。……麦于水田收稻后种之，旱地尤宜。有大麦、小麦二种。大麦多酿酒、饲畜，小麦粘力稍强，可为面及面包、糕饼，故种者较多。

（郭凤洲、柴守愚修，刘定铎、蓝培厚纂：《续修南郑县志》，卷三，政治志，实业，农业，民国十年刻本。）

〔民国十年前后，陕西南郑县〕 稻，除南北深山及北境高原不能引水灌溉外，余皆产之；产量，沃田每亩约二石至二石五斗，尤以县南上下廉水坝、上下红花河产者为佳。麦，全境均产之，县东北尤多；产量，腴地每亩约五斗至八斗。玉蜀黍（俗呼包谷），全境均产之，深山内较多；产量，山地每亩约三斗至五斗。……稷（即高粱），平地产较多，每亩产量约一石五斗至二石。

（郭凤洲、柴守愚修，刘定铎、蓝培厚纂：《续修南郑县志》，卷五，风土志，物产，民国十年刻本。）

〔民国十五年前后，陕西澄城县〕 境内土质黄壤，又属陕西中道，气候宜麦，故农事以麦为主产，虽有菽豆，不过换种之法。

（王怀斌修，赵邦楹纂：《澄城县附志》，卷四，实业，物产，民国十五年铅印本。）

〔民国三十三年前后，陕西宜川县〕 宜川全县水地，约占十分之零点一，平地约占十分之二点五，坡洼地约占十分之七点四。因位于陕北盆地之东南部，气候较寒，农产不丰。每年收获分夏、秋二季，夏季以大小麦、豌豆为大宗，秋季以包谷、糜谷、高粱、豆类为大宗。如遇丰稔，每亩平均收获三斗，即可自给；一遇歉收，则须赖邻封运济。

（余正东等纂修：《宜川县志》，卷八，地政农业志，土地利用，民国三十三年铅印本。）

〔明万历四十四年前后,肃州卫〕 小麦,各卫皆有,惟甘州者为佳,与山东白麦无异。青稞麦,可酿酒,各卫俱有。

(明 李应魁纂修:《肃镇志》,卷一,地理志,风俗,明万历四十四年刻本,清顺治十四年重刻本。)

〔明代至清乾隆二年前后,甘肃肃州〕 稻,旧《志》有红、白二种。昔高台、镇夷种之,亦不甚广。今则甘州城北门外乌江窑子延至黑河北、柳树堡、板桥、平川、三四五坝,以及张掖县属黑河南、抚夷、新添、三工、双泉等堡,俱广种稻。明太仆卿郭绅诗云:"边方浑似江南景,每至秋深一望黄,穗老连畴多秀色,稻繁隔陇有余香。始勤东作同千耦,终获西成满万箱,怪见田家频鼓腹,年丰又遇世平康。"

(清 黄文炜、沈青崖纂修:《重修肃州新志》,高台县,第四册,物产,谷类,清乾隆二年刻本。)

〔清乾隆年间,甘肃平凉府庄浪县〕 黍,赤、黑二种,别名秋,北人谓黄米,亦谓黄糯。稷,冀北谓縻,俗谓糜,本草黏者为黍,不黏者谓稷。麦,西北麦昼花,薄皮多面,食宜人,陈者更良。三种,一大麦,熟最早,罕植;一冬麦,秋种夏熟;一春麦,可久贮。粱,有各色,俗谓谷,脱谷则为小米,民间四用不可缺。青稞,竿植;荍,甜、苦二种,民供常食,米实经霜则无成。

(清 邵陆纂修,耿光文增订:《庄浪志略》,卷十一,物产,谷属,清乾隆三十四年刻、清乾隆五十五年增刻本。)

〔清乾隆三十九年前后,甘肃巩昌府西和县〕 田禾每岁止种一发,其所艺植麦、豆、糜、谷而外,唯燕麦、青稞而已。今民又加勤种早、晚二荍麦,早荍种于五月,晚荍种于麦田收割之后,为二发焉。

(清 邱大英纂修:《西和县志》,卷二,风俗,稼穑,清乾隆三十九年刻本。)

〔清道光以前,甘肃凉州府〕 《甘镇旧志》:稻有红、白两种,惟有高台、镇番有之。明太仆郭绅诗曰:"边方浑似江南景,每至秋深一望黄。穗老连畴多秀色,稻繁隔垄有余香。始勤东作同千耦,终获西成满万箱。怪见田家频鼓腹,年丰又遇世平康。"按今镇番不种稻,想自国初兵燹后废之。

(清 张澍辑著:《凉州府志备考》,卷一,物产,食物类,清道光年间辑著,一九八六年甘肃武威市市志编纂办公室铅印本。)

〔清道光五年前后,甘肃凉州府镇番县〕 邑介沙漠,无异物川湖,所产麦为先。麦有数种,与菽、稷并殖。青稞亦麦属,种殖无多,以性味较下也。

(清　许协修,谢集梧等纂:《重修镇番县志》,卷三,田赋考,物产附,清道光五年刻本。)

注:镇番县今为民勤县。

〔清道光二十年前后,甘肃秦州两当县〕　谷之属具稷、黍、稻、粱、菽、麦,稷为多。于麦则有青稞、大麦、小麦、燕麦、大荞麦、小荞麦,小麦、燕麦、大荞麦为多。于菽则有豌豆、胡豆、黄豆、黑豆、绿豆、扁豆、小豆、大豆、菝豆、扁豆为多。

(清　德俊修,韩塘纂:《两当县新志》,卷四,食货,物产附,清道光二十年刻本。)

〔民国二十四年,甘肃夏河县〕　作物仅小麦、青稞(即稞麦)、燕麦、豌豆、蚕豆、芸苔(即菜子)及马铃薯(即洋芋)等数种,而以青稞与豌豆栽培最广,盖此二种性耐寒湿,最适环境。各作物之总共产额,计谷类八千二百余石(市制),豆类三千二百余石,油类(芸苔)二千一百余石,马铃薯五千一百余石。藏民虽主食肉类,但青稞炒面亦为不可少之食品,糌粑以和豌豆三四成为佳。全县产粮仅供半年之食,其余须仰给临夏(占七成)、临潭(占三成)二县。

(张其昀纂:《夏河县志稿》,卷四,农业,民国二十四年修,抄本。)

〔民国二十四年前后,甘肃灵台县〕　人民食用全靠麦米杂粮,副之以黍稷,即有百亩之家,岁收不过十数石之粟。

(高维岳、张东野修,王朝俊等纂:《重修灵台县志》,卷一,风俗,民国二十四年铅印本。)

〔民国二十四年前后,甘肃镇原县〕　洋麦,种出自美国,杆高穗长,粒似油麦,味不及小麦嘉,种者甚少。

(钱史彤、邹介民修,焦国理、慕寿祺纂:《重修镇原县志》,卷二,舆地志,物产,谷属,民国二十四年铅印本。)

〔民国二十五年前后,甘肃康县〕　麦,分大麦、小麦、南麦等,为本县之主要食品,全县产,北区多。米,有糯米、粳米,总称曰白米。又有黄米,县属大堡子、县坝、窑坪、阳坝产白米。黄米,俗称旱谷子,北区多产之。包谷,又名玉蜀黍,有红、黄、赤、白、黑五色,为康县之第一主要食品,亦能造酒。……高粱,县属各地产,但种者少,多用以做酒。

(王世敏修,吕钟祥纂:《新纂康县县志》,卷十四,物产,民国二十五年铅印本。)

〔清乾隆四十五年前后,甘肃宁夏府〕　其物产最著者,夏朔之稻,灵之盐,宁安之枸杞,香山之羊皮,中卫近又以酒称。

（清　张金城修,杨浣雨纂:《宁夏府志》,卷四,地理,物产,清乾隆四十五年刻本。）

〔清嘉庆三年前后,甘肃宁夏府灵州〕　食,主稻稷,间以麦,贫者饭粟。

（清　杨芳灿修,郭楷纂:《灵州志蹟》,卷一,风俗,清嘉庆三年刻本。）

〔清光绪五年前后,宁夏平远县〕　谷:大麦、小麦、荞麦、豌豆、扁豆、大豆、黑豆、小豆、白谷、青谷、黄谷、红谷、黏谷。

（清　陈日新纂修:《平远县志》,卷六,田赋,物产,清光绪五年刻本。）

注:平远县今为同心县。

〔清乾隆三十七年,新疆〕　回人咸知稼穑,其种植大率以麦为重,虽不种秫、谷、豆,不为常食。

（清　苏尔德纂修:《回疆志》,卷三,耕种,清乾隆三十七年修,抄本。）

〔清道光二十六年,新疆哈密〕　哈密城虽五谷俱产,人家均用麦饭羊肉而食者多,其食白米与猪肉者甚少,日用率以包谷、豌豆、大麦、莜麦、小米杂菜蔬为饔餐。

（清　钟方撰:《哈密志》,卷十七,舆地志,风俗,清道光二十六年撰,民国二十六年铅印本。）

〔清光绪八年前后,新疆〕　地肥燠,秋麦多,农功既毕,放水入池,谓之浇冬水,来春水润可早布种。而回人之种甜瓜与稼穑等,或圆或长,赤、白、黄、绿色不同,而种亦别。夏秋之间有入回子村落者,无不以瓜为敬也。百谷皆可种植,而以小麦为细粮,粳、棉次之,大麦、糜子用以烧酒及充牲畜栈豆而已,余如豆、粟、芝麻、蔬菜、瓜、茄之类,无不可以成熟,回民不知食用,故不多种。

（清　椿园纂:《新疆舆图风土考》,卷四,回疆风土记,土宜,清光绪八年石印本。）

〔清光绪三十四年,新疆绥定县〕　植物则以稻、麦为大宗,曰粱、曰菽、曰膏粱。

（清　萧然奎纂:《绥定县乡土志》,物产,清光绪三十四年编,抄本。）

注:绥定县今为霍城县。

〔清光绪三十四年前后,新疆库车沙雅县〕　境内居民耕牧并重……植物以小麦、包谷为大宗,其次则粳稻、棉花,又次则菜子、葡萄、桃、梨、苹、杏、核桃、沙枣、甜瓜、西瓜之类,均足供本地之用,并无贩运出境者。

（清　张绍伯纂:《沙雅县乡土志》,物产,清光绪三十四年稿本。）

〔**清光绪三十四年前后,新疆疏勒府**〕 苞谷每年产十一万余石,小麦每年产十三四万石,稻谷每年约产二三万石。

(清　蒋光陞纂:《疏勒府乡土志》,物产,清光绪三十四年稿本。)

〔**清光绪三十四年前后,新疆伽师县**〕 本境植物,每年约产小麦拾壹、贰万石,包谷八万余石,葫〈胡〉麻二三百石,杏仁万余斤,尚不敷民食。

(清　高生岳等修:《伽师县乡土志》,物产,清光绪三十四年稿本。)

〔**清光绪年间至宣统二年,新疆**〕 民贵麦而贱米,米产阿克苏者良(粒长色白味甘而濡精凿出东南粳米上)。北路之三个泉(属迪化县,得乌鲁木齐河流之灌注,辟地数千顷,皆良田。光绪十三年后,湘人之从征者散,无所归,屯聚开垦,获利无算,故其地执业者尽属湘人,省城谷米半仰给焉)、玛纳斯(今绥来县,多水田)、西湖(库尔喀喇乌苏厅属,俗呼西湖稻米)次之。

(钟广生撰:《新疆志稿》,卷二,实业志,农田,清宣统二年修,民国十九年铅印本。)

〔**民国七年前后,新疆**〕 迪化近城无种稻者,南路如阿克苏,北路如库尔喀喇乌苏、绥来均称巨产,皆不甚黏,当即段氏《说文注》所谓粳之类也。种稻播谷均在立夏后视渠水之有无、节气之早晚。

(王树楠纂:《新疆小志》,民国七年铅印本。)

〔**民国二十一年至三十一年,新疆**〕 作物中最重要者首推小麦,新疆小麦亦有冬麦、春麦两种。……小麦以南疆及伊犁等区为主要产地,阿山、塔城一带较不重要,小麦耕种面积在各区内均占三分之一至二分之一以上,其高者可占耕地总面积百分之八十。全疆小麦平均收获量每亩在一点六市石或一二八斤,每公顷可收九六〇公斤,最佳者可收一二〇〇至五〇〇〇公斤。民国二十一年,全省产小麦七百六十万担,三十一年产八百六十万担,十年间增产达一百万担。

(丁骕撰:《新疆概述》,六,农业,民国三十六年铅印本。)

〔**清乾隆二十九年前后,山东济宁州鱼台县**〕 谷之品惟麦收独厚,小麦尤多,荞麦间有之。

(清　冯振鸿纂修:《鱼台县志》,卷一,舆地,物产,清乾隆二十九年刻本。)

〔**清光绪中叶至民国二十三年前后,山东桓台县**〕 本县五谷各种皆备,就中小麦一项尤为出产大宗,小麦中有俗名改麦者,为本县特产。考其命名之义,因清光绪中叶屡遭水患,秋晚水退,种麦已迟,农民于冬至节时将麦种浸冷水中,旋取出晾干,以后每九日浸一次,如前法。至翌年春初冻解,即行播种。至芒种节亦能如期成熟。种晚而熟早,可以调剂农时,诚佳种也。又有名关东大麦者,粒大而收量多,故农家种者极广,每亩产量约在七百斤上下。

(佚名纂修:《桓台县志》,卷二,法制,实业篇,物产,民国二十三年铅印本。)

〔民国二十二年前后,山东东明县〕 小麦占东明出产之大宗,高粱、黄豆次之,落花生因宜于沙地,故南乡东南多种者,产颇之丰,不亚于黄豆。除高粱外,均有商人设庄收买,多由河道运销济南,或由铁道南销上海,年输颇巨,是以每届春季,粮价腾涨,贫民呼苦。

(任传藻等修,穆祥仲等纂:《东明县新志》,卷四,物产,植物,民国二十二年铅印本。)

〔民国二十五年前后,山东牟平县〕 本县产谷以麦、粱、菽为大宗,稷、黍、穄、玉蜀黍次之。唯土产多不敷用,须仰给外粮输入。落花生装运出口,种者颇多。

(宋宪章等修,于清泮等纂:《牟平县志》,卷一,地理志,物产,民国二十五年铅印本。)

〔民国三十年前后,山东潍县〕 潍县农产以小麦、大豆、高粱、谷(即小米)为大宗。高粱与谷皆清明前播种,秋分后收获。接种小麦,于翌年芒种后收获。收获后种豆,豆之成熟最速百余日,至寒露即可登场,所谓二岁三熟者也。他如稻、黍、穄、薯、玉蜀黍较少,皆行销于县境之内,大豆尚须仰给外埠,每年运入约在四千吨以上。谷类产量表:

品名	培种亩数	常年产量(担)	民国二十二年产量(担)
小麦	712 300	783 530	940 236
大豆	595 000	547 400	547 400
高粱	406 285	511 919	511 919
谷	392 500	1 099 000	1 099 000

(常之英修,刘祖干纂:《潍县志稿》,卷二十四,实业志,农业,民国三十年铅印本。)

〔北宋元丰七年,两浙路苏州〕 吴中地沃而物伙……其稼则刈麦种禾,一岁再熟。稻有早晚,其名品甚繁。农民随其力之所及,择其土之所宜以次种焉。惟号箭子者为最,岁供京师。

(宋 朱长文纂修:《吴郡图经续记》,卷上,物产,宋元丰七年修,清咸丰三年木活字排印本。)

〔南宋绍熙三年,两浙西路平江府吴县〕 红莲稻,自古有之。陆龟蒙《别墅怀归》诗云："遥为晚花吟白菊,近炊香稻识红莲。"则唐人已书此米,中间绝不种。二十年来,农家始复种,米粒肥而香。再熟稻,一岁两熟。《吴都赋》："乡贡再熟之稻。"蒋堂《登吴江亭》诗云："向日草青牛引犊,经秋田熟稻生孙。"注云："是年有再熟之稻。"细考之,当在皇祐间。今田间丰岁已刈,而稻根复蒸苗,极易长,旋复成实,可掠取谓之再掠稻。恐古所谓再熟者即此。

（宋　范成大撰：《吴郡志》,卷三十,土物,宋绍熙三年修,清乾隆间《四库全书》本。）

〔北宋大中祥符年间至清乾隆八年前后,江苏扬州府江都县〕　扬州山田多,宜籼,故籼称早稻。始占城有此种,宋大中祥符间因闻其耐旱,遣使求其种二万斛,分给江淮间。漕司令民择田高者艺焉,因名占焉。

（清　五格、黄相修,程梦星等纂：《江都县志》,卷十一,物产,谷之属,清乾隆八年刻本,清光绪七年重刻本。）

〔元至正元年前后,江浙行省平江路昆山州〕　今高下悉田,稻色多种,食物所出,水陆毕备,而海错鱼鲜为尤盛也。

（元　杨譓纂修：《昆山郡志》,卷六,土产,元至正元年修,清宣统元年刻本。）

〔明嘉靖年间,南京徐州〕　州县比年水盛,农多艺稻,产亦颇广。萧县白米,山泉所灌,稻米洁白异常。

（明　梅守德、任子龙纂修：《徐州志》,卷五,地理志下,物产,传抄明嘉靖间刻本。）

〔清乾隆元年前后,江苏徐州府〕　稻乃他郡之常产,惟徐地旧止种黍、稷、麦、菽,近间有种稻者,止水旱二种,故稻遂为特产。

（清　尹继善等修,黄之隽等纂：《江南通志》,卷八十六,食货志,物产,清乾隆元年刻本。）

〔清乾隆七年前后,江苏徐州府〕　稻,旧不种此,近时间有种者,水旱凡二种,惟萧县白米山泉所灌,稻最佳。

（清　石杰修,王峻纂：《徐州府志》,卷五,物产,谷类,清乾隆七年刻本。）

〔清乾隆十七年前后,江苏无锡、金匮县〕　谷有五,而邑之所出三：稻也、麦也、大豆也。稻、麦,合邑皆种,惟低洼之处有不种麦者。大豆惟高乡间种之,蚕豆则栽于麦田,赤豆、绿豆则田塍隙处偶种一二耳。

（清　黄印辑：《锡金识小录》,卷一,备参上,田土之利,清乾隆十七年辑,光绪二十二年木活字本。）

注：金匮县于民国元年并入无锡县。

〔清乾隆四十八年至嘉庆十八年前后,江苏扬州府高邮州〕 早中禾,东乡多种。籼稻,西乡、北乡多种。糯白稻,南乡多种。夫邮地洼下,上河滨湖,下河近闸,水发之时,伏农人,壅圩、运轴,劳不安枕。若遇大水,望秋而庐舍没者多矣。故早禾宜家种数亩,可当古之下熟。至运河水浅,闸洞间开,春夏市月不雨,则又苦旱干。虽旧系米乡,而时或踊贵,甚于他方。惟丰年差足一州之食云。

（清　杨宜仑修,夏之蓉纂,马馨等增修,夏味堂等增纂：《高邮州志》,卷四,食货志,物产,清乾隆四十八年刻、嘉庆十八年增刻、道光二十五年重刻本。）

〔清嘉庆十六年前后,江苏江宁府〕 江南农田皆艺稻、麦二种,而稻为多,江宁固亦然也。稻以南乡产者为美,金牛洞之观音籼其冠也。

（清　吕燕昭修,姚鼐纂：《新修江宁府志》,卷十一,风俗物产,清嘉庆十六年刻本,清光绪六年重刻本。）

〔清道光二十二年前后,江苏苏州府〕 虎丘田畴在山之四周,高下不等,艺稻莳蔬,山人咸能自食其力。文《志》云："山下四周皆民畴,其稻之美非一,有种占城稻,即早稻。香珠,俗呼香粳稻。"《姑苏志》云："红莲稻,芒红粒大,有早晚二种。"

（清　顾禄撰：《桐桥倚棹录》,卷十二,田畴,清道光二十二年刻本。）

〔清咸丰二年前后,江苏扬州府兴化县〕 近因西水频仍,农家皆种早禾,然地土瘠薄,究不敌中禾之多。其晚禾种者甚少。又邑皆水田,止宜种稻,近场高阜始种麦、豆,不过十之一二。

（清　梁园棣等修,薛树声等纂：《重修兴化县志》,卷三,食货志,物产,清咸丰二年刻本。）

〔清光绪三十年前后,江苏江宁府句容县〕 句容农田皆稻、麦二种,而稻为多;洋籼稻则楚、豫客民携至者,性耐旱潦,米色晶白,尤嘉种也。

（清　张绍棠修,萧穆纂：《续纂句容县志》,卷六,物产,清光绪三十年刻本。）

〔清宣统年间,江苏江宁府〕 金陵之田宜芒种,无粟、黍、稷,季秋种麦,仲夏种粳,糯稻其常也。北郊多山,自幕府、种阜,迤东天印、牛首,南达于朱门,大山碨磊,小山陂陀,络绎相属,皆垦其平者为田,溪涧所经,筑塘坝以蓄水,非大旱潦,率得中稔。若无雨之岁,则又多种芋魁、荞麦、蜀黍、薯蓣、甘薯以济其穷,是之谓山乡之农。至于田之滨江者,筑土御水而耕,其中曰圩,滨秦淮者亦然,由句容赤山湖、历山岔、杜塠湖、熟龙都至西北村,其间丹阳、永丰二乡,两县之上腴也。三山门城濠之水北渠通上新河者,曰所河,明典牧所之屯田处也,其地为沙洲南圩,又北分上新河一支自东而西入江者曰北河口,其地为沙洲北圩,二圩膏沃甲一郡,兼有鱼、蟹、虾、蛤、葭苇、菰蒋之饶,然苟霪雨不止,江潮泛溢,则防护为难也,是之谓泽乡之农。

（陈作霖编：《上元江宁乡土合志》,卷六,物产,田谷,清宣统二年刻本。）

〔**清代至民国二十四年,江苏盐城县**〕 海禁既严,邑米转销于内地各埠,在南者有邵伯、仙女庙、姜堰、海安、曲塘等处,在北者有东坎、羊寨、北沙、响水口等处。改国后,米市转移,贩米之商不振,砻碾各坊歇业。欧战起,百物腾贵,来价尤昂,县境连获丰稔,一时农村欣欣向荣。其后,荐遭凶祲,民多困穷。二十一年秋,谷价惨落,商民请弛海禁,而运销甚微。二十三年,江浙旱灾,谷价再涨,省令复严海禁。二十四年,下河大熟,米禁再弛焉。邑人食米者多,食麦者少。杂粮有番薯、玉蜀黍、豇豆、绿豆、荞麦、翘豌之属。贫民冬月常食青菜、胡萝菔,夏月常食番瓜𤓰瓜(𤓰音吊,王廷寿《王孙赋》:𤓰瓜悬而瓠垂)。凡番薯、胡萝菔皆来自阜境。

（林懿均等修,胡应庚等纂：《续修盐城县志》,卷四,产殖志,粮食,民国二十五年铅印本。）

〔**民国十一年前后,江苏高邮县**〕 邮境农产以稻为大宗,东乡地势低洼,止收早稻一熟,麦、豆俱少。南乡土脉腴润,所产糯稻独多,麦及山药、萝卜亦颇发达。沿运河东堤一带产稻既佳,兼产慈菇、荸荠,获利尤厚。湖西地势较高,植桑饲蚕均极利便,所产麦、豆亦较湖东为多。

（胡为和等修,高树敏等纂：《三续高邮州志》,卷一,实业志,物产,民国十一年刻本。）

〔**民国十九年前后,江苏吴县相城**〕 每年稻、麦两熟,每熟稻平均约收十万二千石零,每熟麦平均约收一万八千石零。输出稻三万石零,麦一万石零。出产每年约超过食量百分之三十。

（陶惟坻纂：《相城小志》,卷三,物产,民国十九年木活字本。）

〔**民国十九年前后,江苏吴县相城**〕 米麦两种为物产大宗,河底一村独有依渔治生者约百余家,余均以田为业。工商艺术只西区二十一、三十二图少数织麻,著名相城杜夏布。秋冬农隙或设簖捕蟹,或结网罗鹜,近以所产不丰,故业之者渐少。洋〈阳〉澄湖素产金爪蟹,频年物稀价昂,一快朵颐非易易也。

（陶惟坻等纂：《相城小志》,卷首,沿革,民国十九年木活字本。）

〔民国二十年前后，江苏泰县〕 本邑人口最近调查在百万以上，仅恃水稻，民食尚歉，幸旱粮极众，大小麦为大宗，荞麦尤为歉岁补救品。

（单毓元等纂修：《泰县志稿》，卷十八，物产志，植物，民国二十年修，一九六二年油印本。）

〔民国二十三年前后，江苏南京栖霞镇〕 栖霞种的稻子约有数种，如六十子、黑谷、摇脚子、洋籼、短颗子、糯稻之类，每亩约收二石乃至三石，但稻田较麦田少。麦，现时以南京赤谷麦种为最优，每亩可收获一石有余。大麦、稞麦，种大麦者尚有，种稞麦则很少。玉蜀黍，一名玉米，又名包米，俗名包芦，所种马齿种较多，柔软种很少，每亩约收七八斗，此地种者不多。芦粟，种者很少。荞麦，山地有种荞麦者。

（陈邦贤编：《栖霞新志》，第九章，物产，植物，民国二十三年铅印本。）

〔民国二十三年前后，江苏阜宁县〕 县境主要农作物大别为稻、麦、豆、蜀黍、玉蜀黍、甘薯、棉花、花生等数种。其分布情形，东乡大半为稻作一熟制，西南乡为两熟制，豆、麦、蜀黍、玉蜀黍、甘薯以西北两乡为最多，花生盛产于淤黄河沿岸及南乡之沙冈，而第六、第九两区各垦殖公司罗致，通海佃农经营棉田，产额颇巨。

（焦忠祖等修，庞友兰等纂：《阜宁县新志》，卷十二，农业志，农作，民国二十三年铅印本。）

〔民国二十五年前后，江苏〕 本省有四大产品：一曰米，二曰棉花，三曰盐，四曰丝苗。米之主要产地在江南之太湖流域及江北之里下河。稻田面积在八千万亩以上，全国产米四万万石，而本省约占七分之一，产量之丰，在全国各省中为第一。境内有四大米市，即江都之仙女庙，吴江之同里镇，上海之南市，无锡之北塘是也。

（殷惟和纂：《江苏六十一县志》，上卷，江苏省总说，物产，民国二十五年铅印本。）

〔民国二十五年前后，江苏句容县〕 农产物米为大宗，年产约九十万石，棉花年产二十余万担。

（殷惟和纂：《江苏六十一县志》，下卷，句容县，物产，民国二十五年铅印本。）

〔民国二十五年前后，江苏扬中县〕 本县可耕之田三十六万九千一百二十六亩，全为水田，故农产物以米为最多，年产在五十万石以上。棉花年产三十六万余斤。

（殷惟和纂：《江苏六十一县志》，下卷，扬中县，物产，民国二十五年铅印本。）

〔民国二十五年前后，江苏高淳县〕 米年产约六十万石，棉约千担左右，麦、豆、杂粮亦饶。

（殷惟和纂：《江苏六十一县志》，下卷，高淳县，物产，民国二十五年铅印本。）

〔民国二十五年前后，江苏宝应县〕 本县可耕之田共计二百五十九万一千五百七十七亩，年产米约百余万石。

（殷惟和纂：《江苏六十一县志》，下卷，宝应县，物产，民国二十五年铅印本。）

〔民国二十五年前后，江苏泰兴县〕 本县可耕之田共计一百五十万零九千一百十三亩，农产物以米为最多，年产在三十万石以上。棉花年产在十万担左右。

（殷惟和纂：《江苏六十一县志》，上卷，泰兴县，物产，民国二十五年铅印本。）

〔民国二十五年前后，江苏六合县〕 农产物以米为大宗，年产在八十万石以上。棉花年产约一万余担。

（殷惟和纂：《江苏六十一县志》，下卷，六合县，物产，民国二十五年铅印本。）

〔民国二十五年前后，江苏泰县〕 农产物以米为最多，年产约三十万石。黄豆次之。棉花年产不足千担。

（殷惟和纂：《江苏六十一县志》，下卷，泰县，物产，民国二十五年铅印本。）

〔民国二十五年前后，江苏兴化县〕 农产物米为最多，年产约有二百七八十万石。棉花则年产不足千担。黄豆约五百石。

（殷惟和纂：《江苏六十一县志》，下卷，兴化县，物产，民国二十五年铅印本。）

〔春秋时期，越国〕 摇城者，吴王子居焉。后越摇王居之。稻田三百顷，在邑东南，肥饶水绝，去县五十里。

（汉　袁康撰：《越绝书》，卷二，外传记吴地传，清乾隆间《四库全书》本。）

〔北宋年间，两浙路明州〕 乾隆县《志》"荒政论"曰：罗氏濬云，明州一岁所入仅足赡一邦之民，而大户多遏籴，小民率仰米浙东西，歉则上下皇皇至待楚米以济，而陈陈待价自若也。此宁郡习俗，于宋时已然。

（李湞等修，陈汉章纂：《象山县志》，卷十三，实业考，赈荒，民国十六年铅印本。）

〔**南宋乾道年间,两浙西路临安府**〕　谷：粳、糯、粟、麦、麻、豆。

（宋　周淙纂：《乾道临安志》,卷二,今产,宋乾道五年纂,清乾隆间《四库全书》本。）

〔**宋代至民国二十五年前后,浙江太平县**〕　稻……分早、中、晚三禾,非一田所收,水乡畏水,晚稻少；山乡畏旱,晚稻多。宋大中、祥符中,两浙旱,使于福建取种分给种之,谓之百日黄,今更有六十日即收者。其种亦自闽来,俱早稻。近年尚寄晚稻初活之时即戽水布秧其内,早稻收时高已尺数,遍野皆青。然自宋来已有之,朱晦庵巡历台州札中所言。土人谓之二稻或谓之传稻或谓之孕稻是也。诸邑皆有,太邑为盛,俗有"黄太熟,六县足"之语。今太邑米半由水路运至黄岩路桥货卖。

（喻长霖等纂修：《台州府志》,卷六十三,物产略下,太平县,民国二十五年铅印本。）

〔**明万历三十三年前,浙江处州府青田县**〕　本县山高土瘠,叠石为田,原无河渠闸坝,民家俱系旧额塘堰逐节作陂蓄水防旱,间有损坏处所,向系农家照田请工修筑,不累在官钱粮夫役。

（明　许国忠修,叶志淑纂：《续处州府志》,卷四,地理志,青田县,影印明万历三十三年刻本。）

〔**清嘉庆十六年前后,浙江台州府太平县**〕　稻禾,《异物志》云丹邱谷,夏秋冬三熟,盖分早中晚三禾,非一田所收。叶《志》：水乡畏水,晚稻少；山乡畏旱,晚稻多。宋大中祥符中,两浙旱,使于福建取种,分给种之,谓之百日黄。今更有六十日即收者,其种亦自闽来,俱早稻。迩年竞尚寄晚于早稻初活之时,即戽水布秧其内。早稻收时,高已尺数,遍野皆青,然自宋来已有之,朱晦庵巡历台州札中所言,土人谓之二稻或谓之传稻或谓之孕稻是也。诸邑皆有,太邑为盛,俗有"黄太熟,六县足"之语。今太邑米半由水路运载至黄邑路桥货卖。

（清　庆霖修,戚学标等纂：《太平县志》,卷二,地理舆志,物产,清嘉庆十六年刻本,清光绪二十二年重刻本。）

〔**清光绪元年前后,浙江处州府松阳县**〕　处郡诸邑,介在万山,率多瘠土,而松邑产米为独盛,是以间阎尝无籴贵之患。旧《志》称,粟米羡余,每资他邑,诚有然也。

（清　支恒椿纂修：《松阳县志》,卷五,风俗志,物产,清光绪元年刻本。）

〔清光绪二十二年至民国十一年前后,浙江海宁县〕

米麦杂粮数目价值统计表

类　别	种植亩数	收获石数	每亩平均获数	每石平均价值
米	二十三万四千亩	四十六万七千石	一石四斗	银　五　元
麦	一十四万二千亩	二十一万四千石	八　　斗	银　四　元
蚕豆	一十八万二千亩	九万五千石	五斗二升	银三元六角
黄豆	三十一万五千亩	二十二万一千石	七　　斗	银四元二角

（清　李圭修,许传沛纂,刘蔚仁续修,朱锡恩续纂:《海宁州志稿》,卷十一,食货志,物产,清光绪二十二年修,民国十一年续修铅印本。）

〔**民国十三年前后,浙江定海县**〕　本地食米总产额,约四十万石。自他埠输入食米,约二十万石。

（陈训正、马瀛纂修:《定海县志》,食货志,食粮统计表,民国十三年铅印本。）

〔**民国十三年前后,浙江定海县**〕　海山鲜平原,多卤地,故适于禾田者少,全境统计宜禾之土不过二十万亩,以平均岁收四百斤计,共产谷八千万斤。查县属居民三十五万口,以每口每年需谷五百斤计,全年应有食谷一万七千五百万斤,供求相差不足九千五百万斤,客、渔食粮尚不在此数内,除薯芋补充外,余皆仰给外埠。

（陈训正、马瀛纂修:《定海县志》,物产志,植物之部,民国十三年铅印本。）

〔**民国十九年前后,浙江南田县**〕　植物以谷类、番薯为大宗,豆、麦次之。山中大都种植小松,而柴薪亦复不少。畜类以猪为大宗,牛羊次之。海面网捕鱼虾亦为大宗,只因行栈未兴,不能吸收作为本地出产,每供邻邑人之取求。濒海斥卤,未许纳税制销。秋收稻谷,泰半完纳,外来业主运输出境。

（吕耀钤、厉家桢修,吕艺延、施仁纬纂:《南田县志》,卷三十,物产,民国十九年铅印本。）

〔**民国十九年前后,浙江寿昌县**〕　米,出产甚丰,每年除自给外,装售临浦一带,约数万石。其由陆路肩贩邻境者数亦不鲜。其他杂粮出产尤非少数。

（陈焕等修,李钰纂:《寿昌县志》,卷三,食货志,特产,民国十九年铅印本。）

〔**民国二十二年至二十六年前后,浙江鄞县**〕　农产不足自给,以食粮一项言之,全县出米一百十八万八千石,据民国二十二年户口调查,为六十八万五千九百三十人,以平均每人每年食米二石五斗,计全年需米一百七十一万余石,尚不敷五十二万余石。(二十四年宁属各县民政现状统计,鄞县米粮生产额一百十二万五千石,消费额二百万石,亏额八十七万五千石。)则须乞籴洋米及温台各产米区域之接济。

(张传保等修,陈训正等纂:《鄞县通志》,食货志,甲编,农林,民国二十六年铅印本。)

〔民国三十一年前后,浙江分水县〕 其出产大宗岁收约数:稻十四万五千石,小麦五千石,玉蜀黍八万八千石,豆三千五百石,荞麦二万六千石,高粱二千担,蕃薯四千担。

(钟诗杰修,臧承宣纂:《续修分水县志》,卷七,食货志,物产,民国三十一年铅印本。)

〔民国三十七年,浙江杭州〕 本市米之供求概况(包括粳米、籼米及糯米):

本市需米量 (担)	本市常年产米量 (担)	本市常年米量不足数	
		绝对数(担)	百分数(%)
1 875 963	101 146	1 774 871	94.61

(干人俊编:《民国杭州市新志稿》,卷十四,物产一,农产,民国三十七年修,杭州市地方志编纂办公室一九八七年铅印本。)

〔清光绪十八年,安徽凤阳府凤台县〕 凡县中田地,当得四百万亩有奇;计亩岁收二石,当得米谷八百万石;丁口计三十万,别其士、工、商三民不在农者约五万,实丁之在南亩者不过二十五万。以二十五万丁治四百万亩之地,人可得十六亩,家有三丁同力合作,治其屋下之田,不为兼并,所取计岁米谷常在九十石。上家不过八口,人食日一升,岁所食三十石,以其余具粪溉,供租赋,与工商交易其有无,为婚嫁丧宴会之具,又以余力治塘堰,穿窦窖为水旱之备,塘可以鱼,堰可以树,亦足以优游乡里,长子养孙,为安足之氓矣。乃一有小水旱,菜色满野,流亡载途。郑念祖者,邑素封家也,佣一兖州人治圃,问:"能治几何?"曰:"二亩,然尚须僦一人助之。"问:"亩之粪几何?"曰:"钱二千。"其邻之闻者,哗曰:"吾一人治地十亩,须粪不过千钱,然岁之所出常不足以偿值,若所治少而须钱多,地将能产钱乎?"郑亦不能尽信,姑给地而试之,日与其人辟町治亩,密其篱。疏其援,萌而培之,长而导之,其愚而无虑,盖大率如此。使邑之民皆如郑之圃,而募江南民为佃,师以开水田,其利岂可数计乎!

(清 李师沆修,葛荫南等纂:《重修凤台县志》,卷四,食货志,物产,清光绪十九年木活字本。)

〔民国二十年前后,安徽无为县〕 县无异产,以地多平原,水道如网,夏日炎热,雨量丰沛,故农业盛,而尤以为米为最。其圩田之多甲于全皖,即巢湖五属舒、庐、无、巢、合亦无与拟者。全县田共九九五〇〇〇亩,中圩田占七〇六九八〇亩,其他山田不过十万余亩,洲地仅数亩而已。综观圩田约居十之七八,大小计五八九圩,连山田年产稻约三百万石,中圩田每亩平均四石,亦多至六七石者。山田则以土味较瘠,年产每亩不过二石左右,其劳力倍于圩田,故多种杂粮。然如水利修利、施肥以道,未尝不可化为良田也。所产二分之一供民食,余皆输往芜湖销售,为全县生计之所赖,或以无为为皖省产米中心,由此观之并非过誉。稻分籼、糯二种,籼米最多,糯米不过占全额十分之二三而已,皆于高地或过旱时种之,仅供酿酒及小食之用。……民食以米为大宗,面除喜庆年节外罕食之。

(佚名纂:《无为县小志》,第四,物产,民国二十年稿本。)

〔民国二十五年,安徽桐城县〕 桐城全县面积,江河湖泊占十分之四五,山岗岭珑又占十分之二五(编者按:疑系2.5之误),而耕地册亩计三十三万三千余亩,占申弓亩约二百余万亩。农民自耕农甚少,佃农其多数,以丰稔年计之,每册亩年收稻谷二十石,全年计出产六百万石。业主占十分之三,佃农仅占十分之七,除供给本县食米外,尚有少数之输出。居山之民,则兼售柴炭。滨江湖之民,则捞取鱼虾菱藕,以补稻谷之不足。然就农业出产额比较,稻占百分之九十,凡早、迟、晚三种,以及糯稻,皆在其中;麦占百分之五;黄豆占百分之二;蜀黍占百分之一;荞麦、杂品占百分之一;如芝麻、棉花、菜籽、粟、芡实、薏苡、山芋皆属之杂品,产量极微,仅足自给。农产籽种改良,为当务之急,二十五年度开始推广优良棉种五百亩,分配各区施种。

(徐国治修:《桐城县志略》,十四,经济,民国二十五年铅印本。)

〔民国二十五年前后,安徽凤阳县〕 农业:凤阳农民人数约占全县户口百分之九十二,故农产品每年除自给外尚有输出,其最著者为麦、黄豆两项。麦之产量约四十余万石,黄豆约二十余万石。输出数,每年麦约十万石,黄豆约九万石,以上系按丰收计算,倘遇灾歉,不免稍有折减。凤邑各项杂粮出产甚微,惟重烟一项,农民倚为副业,每年产量约三百余万元,由英、美在县设场收买。

(易季和纂修:《凤阳县志略》,经济,农业,民国二十五年铅印本。)

〔民国二十五年前后,安徽泗县〕 泗县农民约占全县人数百分之九十六,故农业产品每年除自给外,麦豆高粱尚多输出。一、产值:小麦每年全县产量约一百四十四万石,绿豆约十九万石,豌豆约八万五千石,豇豆约十二万石。二、输出:每年小麦约二十万石。黄豆约两万石。绿豆约十万石,高粱约十万石。以上系按丰收计算,倘遇灾歉,均有折减。副产,除芝麻每年产额约十万石,足供全县需要外,他如棉麻丝各项产量甚微,均须取材异地。

（王汾纂修：《泗县志略》,经济,农业,民国二十五年铅印本。）

〔民国三十七年前后,安徽广德县〕 广德以米为大宗,出口至四安,杭越仰给焉。(按：米商将米运至杭州湖墅上堆栈,得价再售之,以销绍兴为多,浙米不足自给也。)

（钱文选编：《广德县志稿》,物产,民国三十七年铅印本。）

〔清康熙四年前后,江西抚州府东乡县〕 谷之属：占,种出占城国。……麦、大麦、小麦、荞麦。

（清 沈士秀修,梁奇纂：《东乡县志》,卷二,物俗,物产,清康熙四年刻本。）

〔清康熙五年前后,江西南昌府武宁县〕 谷之属,凡二十六种,稻之可食者为占,可酿者为糯。占,古谓之秔,种获各有早晚,在田总曰禾。

（清 冯其世修,汪克淑等纂：《武宁县志》,卷一,土产,清康熙五年刻本。）

〔清康熙十四年前后,江西南康府建昌县〕 稻,粳、秫之通称,今之食米皆粳,酿酒则秫。粳之早者有望暑白、救工饥、刷帚早、一丘水诸名。秫之早者曰大糯,有赤、白二种。粳之迟者有北风占、八月白、乌谷、芒谷之类。秫之迟者有团糯、占糯、荔枝糯之类。又有晚占稻、晚糯稻,则刈早稻而复植于早田者。

（清 李道泰修,袁懋芹纂：《建昌县志》,卷一,舆地志,物产,清康熙十四年刻本。）

注：建昌县今为永修县。

〔清康熙二十二年前后,江西吉安府永新县〕 谷有占、糯二种,占谷即粳,其名甚伙,早晚成熟不一时。糯谷,秫也,名类之多亦然,皆水耕而刈获迟速各异,民食所出盖尽是。虽近山之阴有旱稻,然艺者不能什一。

（清 王运桢等纂修：《永新县志》,卷三,物俗,物产,影印清康熙二十二年刻本。）

〔清康熙二十二年前后,江西袁州府分宜县〕 谷属：占谷、糯谷、麦、豆、芝麻、粟。

（清 蔡文鸾修,林育兰纂：《分宜县志》,卷二,土产,清康熙二十二年刻本。）

〔清康熙二十三年前后,江西吉安府永丰县〕 谷有粳糯稻、粱、黍、稷、豆、麦之类。

（清　陆湄纂修：《吉安府永丰县志》，卷一，疆域志，物产，清康熙二十三年刻本。）

〔**清乾隆十三年前后，江西南安府大庚县**〕　庚邑山高地阴，平阳两收之田视他邑独少，早稻出产无几。最早者俗呼"救工饥"，谓其仅足供雇工人日食耳。晚稻种类不一，布插有早晚，收获有先后。……二麦只种小麦。

（清　余光璧纂修：《南安府大庚县志》，卷四，地舆志，物产，清乾隆十三年刻本。）

注：大庚县今为大余县。

〔**清乾隆十四年前后，江西赣州府长宁县**〕　邑无他产，五谷为饶，于稻间或种豆，土所宜也。

（清　沈涛修，沈大中纂：《长宁县志》，卷二，物产，清乾隆十四年刻本。）

注：长宁县今为寻乌县。

〔**清乾隆十五年前后，江西吉安府永宁县**〕　粘谷，粳也，有红、白二种，其名甚伙，早晚成熟不一时。糯谷，秫也，名类之多与粳同。……芋，有水、旱二种，户耕比谷，民食甚资之。

（清　赖能发纂修：《永宁县志》，卷一，地舆志，物产，清乾隆十五年刻本。）

〔**清乾隆三十二年前后，江西临江府峡江县**〕　大麦，先小麦熟，农家赖以济歉。小麦。米麦，与小麦同，亦可和米煮食。荞麦，秋种秋熟，堪助秋歉。

（清　乔大椿等修，王金英纂：《峡江县志》，卷一，疆域志，物产，清乾隆三十二年刻本。）

〔**清道光二年前后，江西袁州府分宜县**〕　大小麦沾四时之气，九月种，四月熟，分宜水田旱土皆有种者，然不如粘糯谷之多。荞麦与豆同种，先后同熟。

（清　龚笙修，王钦纂：《分宜县志》，卷十二，土产，清道光二年刻本。）

〔**清道光四年前后，江西赣州府信丰县**〕　山邑地瘠而民拙，奇淫珍玩之好服物之需，皆不及他郡，所恃惟谷菽而已。

（清　许夔修，谢肇涟纂：《信丰县志续编》，疆域志，风俗，清道光四年刻本。）

〔**清道光二十九年前后，江西南昌府南昌县**〕　稻，有早、晚两种。……麦，大麦为辫，小麦为秾，南昌种者殊少，下乡间有种大麦者。荞麦，秋种冬收，磨为面用代稻粱，南昌多种之。

（清　庆云修，吴启楠等纂：《南昌县志》，卷一，舆地志，物产，清道光二十九年刻本。）

〔清同治九年前后，江西抚州府金溪县〕 稻之属，有大占，有细占，名目不一。曰占者，其先闽人得占城种。又有淮禾，以种得之淮上也。春社日前后浸种，立夏前后莳秧，至秋而熟。最早熟者名五十日占，田家种以救饥。占之外，有晚稻，曰冬占，赤白二色，有芒刺，皮薄而粒长，尤宜于水田。一岁再收者曰二稻。稻之粘者曰秫，俗谓之糯，有早糯，有晚糯，名目不一，至冬收者曰大糯，酿酒尤美。麦之属，有大麦，《诗》谓之"来"，有小麦，《诗》谓之"牟"。二麦秋下种，冬出土，春始秀，至夏而熟，凡历四时，故麦为五谷所贵。然地气下湿，麦不逮北方，亦不为恒食。又有荞麦，味甘滑，性寒，别为一种。

（清　程芳等修，郑浴修等纂：《金溪县志》，卷四，风土，土产，清同治九年刻本。）

〔清同治十一年前后，江西吉安府安福县〕 稻分红白，早晚两收。又种糯谷，可作酒，各视四乡田所宜。小麦，有昼开花者佳。又有大麦、荞麦。

（清　姚濬昌修，周立瀛等纂：《安福县志》，卷四，食货志，物产，清同治十一年刻本。）

〔清同治十年前后，江西瑞州府高安县〕 稻，名品甚多，有团谷早、尖谷早、救工饥、七十日早、百日早、秋风粘、冷水粘、迟谷、大禾，皆粳稻。早稻，马糯、红菱糯、交秋糯、黄糯、重阳糯、迟糯、白糯、大糯、鸭脚，皆可酿酒。麦，有大、小二种。

（清　孙家铎修，熊松之纂：《高安县志》，卷二，疆域志，物产，清同治十年刻本。）

〔清同治十三年前后，江西吉安府永丰县〕 近郊之田沃者可两获，其次刈早稻后则莳以豆、麦、油菜、荞麦、瓜瓠、莱菔之属，四时无旷土也。近山之田泉膏灌注，沃倍于郊，而性寒，惟宜晚稻不宜早熟，亦不能莳杂种。

（清　双贵、王建中修，刘绎等纂：《永丰县志》，卷五，地理志，风俗，清同治十三年刻本。）

〔清同治十二年前后，江西广信府上饶县〕 麦有大麦、小麦。顾元庆曰："江南麦花夜发，故发病；江北麦花昼发，故宜人。"荞麦则稍逊饶州，然可御冬，农家每喜种之。

（清　王恩溥等修，李树藩等纂：《上饶县志》，卷十，土产，谷之属，清同治十二年刻本。）

〔清康熙五十八年前后，福建漳州府平和县〕 县多山林川谷，可耕之地少，农亦最勤，一岁两熟。卑下为田，耕以水火，种以稻秫、菽麦之类。高燥为园，并种麻枲、吉贝焉。近或种蔗取浆为糖,亦种烟草以货外省。

（清　王相修,昌天锦等纂:《平和县志》,卷十,风土志,民风,清康熙五十八年刻本,清光绪十五年重刻本。）

〔民国元年至十四年,福建尤溪县〕　尤邑山多田少,地瘦人贫,递年米谷之产,仅济丰年之需,所损种作山物杂粮以添口食。自前清道、咸以来,未有采购外米之入,一年颇足相抵。迨同治四年,一大饥荒,天时人事回不古若,始有采购外来接济,以后生齿日繁,游民日多,更兼连年水旱交侵,地利变迁,米谷愈少,虽有米商之采购,入不敷出,往往无处告,犹不至大饥,未有如民国以来,递年粮食缺乏之甚者也。

（马传经修,洪清芳纂:《尤溪县志》,卷之八,呈请遍种地瓜议,民国十六年铅印本。）

〔民国年间,福建建阳县〕　洋麦,民国以来始有此种,大粒无芒,但质较脆,味亦鲜香。

（万文衡等修,罗应辰等纂:《建阳县志》,卷四,物产志,植物一,谷之属,民国十八年铅印本。）

〔民国八年前后,福建政和县〕　麦,各处山田园坂均有布种,除本地食用外,岁入约数千元。品质洁白,稍逊于外货,而滋养性则较外货为佳。惜未精布种及制粉之法,而本地之麦售诸邻境者仅属少数,每年洋粉之购自外国者不知凡几。

（黄体震等修,李熙等纂:《政和县志》,卷十七,实业志,农业类,民国八年铅印本。）

〔民国九年前后,福建龙岩县〕　田产以谷、蔬为要品,麦次之,番薯、落花生又次之,间种棉、蔗,而产额不多。稻田率岁二获,惟山田水冷,则岁一获,其岁三获者则多种麦。麦于晚收后播种,不及麦秋而熟,随种早稻,故麦田多岁三获。昔年农人趋利,多种罂粟,今则改种烟草,利虽较罂粟为微,而视稻已宏。盖农人注意于亩收之利,不专种稻,并更番以休息地力,此最可喜之象也。

（马龢鸣、陈丕显修,杜翰生等纂:《龙岩县志》,卷十七,实业志,农业,民国九年铅印本。）

〔民国三十一年前后,福建崇安县〕　稻有早稻、晚稻……全年产量向无确实调查,然以全县水田四四二七四亩计之,当为六六四〇五六市担,曝干为米当为三七八五一一市担。麦有大麦、小麦二种。邑人所种均小麦,又名子麦,产于下梅、吴屯、星村、黄土、兴田、城村各处，全年产约一千市担。大豆，俗名黄豆，产于曹墩、星村、黄土、兴田、城村各处，每年产量约二千市担。甘薯，俗名番薯，产于城厢、黄柏、赤石、星村、曹墩、公馆等处，全年产量约二千市担。玉蜀黍，俗名包黍，各乡均有出产，而以封禁山为多，全年产量约一千市担。落花生，有大小二种，大者俗名洋花生，小者俗名三眼连，产于赤石、星村、曹墩等处，全年产量约一千市担。

（刘超然等修，郑丰稔等纂：《崇安县新志》，卷十九，物产，关于国民生计者，民国三十一年铅印本。）

〔民国三十四年前后，福建龙岩县〕 本县农家栽培主要之作物，为水稻、甘薯、小麦、油菜、花生等数种，其中尤以水稻为大宗。因人民食用习惯上之需要，及土壤、温度、雨量诸种有利条件下，故分布面积异常广泛，全县共三十六万二千六百七十亩，几达栽培面积总数百分之八十八点四。此作物栽培情形之优良与否，关系县内整个民食之供给，影响绝大多数农家经济之收入。其他如甘薯，为农家补充粮食不足之唯一作物；小麦为附城土地缺乏农家之主要栽培，对农村之经济均具有重大价值。

（郑丰稔纂：《龙岩县志》，卷十七，实业志，农业，民国三十四年铅印本。）

〔清康熙六十一年前后，台湾〕 三县皆称沃壤，水土各殊，台县俱种晚稻，诸罗地广及凤山、淡水等社，近水陂田可种早稻，然必晚稻丰稔始称大有之年。千仓万箱，不但本郡足食，并可资赡内地。居民止知逐利，肩贩舟载，不尽不休，所以户鲜盖藏（《使槎录》）。

（清 范咸等纂修：《重修台湾府志》，卷十七，物产一，五谷，清乾隆十二年刻本。）

〔清康熙年间至道光十七年，台湾噶玛兰厅〕 岁有二冬：早稻曰早冬，晚稻曰晚冬。早稻虽收，必晚稻丰稔，始称大有之年。不但本地足食，兼可以资江、浙之乍浦、镇海，闽之漳、泉。《使槎录》云：居民止知逐利，肩贩舟载，不尽不休，所以户鲜盖藏。惟兰亦然，稍非丰裕之家，一稻未熟曰"粜粟生"，将熟曰"粜米生"，一样丰稔，先粜者折价争收，十无七八，尚安有余九、余三哉。

（清 柯培元纂修：《噶玛兰志略》，卷十一，风俗志，农事，清道光十七年修，一九六一年《台湾文献丛刊》铅印本。）

〔清嘉庆十二年前后，台湾台湾县〕 谷，言全台则内地赖之，邑地狭而人众，常仰食于南北二路，故谷不及远。其种类之多，与内地同。麦，昼开花，异粤、闽，而同于齐、鲁,故特美,然少种,价数倍于谷。

（清　薛志亮修,谢金銮、郑兼才纂:《台湾县志》,卷一,地志,物产,清嘉庆十二年刻本。）

〔清光绪十九年,台湾新竹县〕　新竹田多、园少,筑陂、筑圳,水利毕通。田则播插粳稻、糯稻,一年二获;园则杂种地瓜为多（晚季田亦兼种地瓜）。其余如麻、菽、麦、黍、稷、菁以及甘蔗、落花生等物,其栽培也渥,其耕锄也厚。

（清　郑鹏云、曾逢辰纂:《新竹县志初稿》,风俗考,清光绪十九年纂,一九六八年《台湾方志汇编》铅印本,一九八四年台湾成文出版社影印本。）

〔清光绪年间,台湾凤山县〕　凤山县平原沃野,有竹、木、果、植之饶,蓄埤溉田,年收二稻。

（清　佚名纂:《安平县杂记》,风俗,清光绪年间纂,民国六年抄本,一九六八年《台湾方志汇编》铅字重印本。）

〔民国二十三年至二十七年,台湾〕　台湾气候适合于每年两期之米收,加以历年对米产之培植法逐渐改进,至一九三四年收获总量已达九百零八万八千石,至一九三六年即增至九百五十五万八千石,一九三七年增至一千四百零一万六千石,一九三八年增至一千五百零九万三千石。每年产量供全岛人口而有余,因之日人每年均由台湾运去其大半,如一九三六年运去四百四十六万五千石（价值一亿二千四百二十五万零一百一十九元）,一九三七年运去四百八十二万石。

（柯台山编:《台湾概览》,第四章,台湾的经济,第六节,生产,民国三十六年铅印本。）

〔明嘉靖三十四年以前,河南河南府巩县〕　洛水自偃师以入巩境,绕西而北,近五十余里。洛之两岸,先曾开渠,设闸,疏通灌稻,民获利益,惜乎久废。

（明　周泗修,康绍第纂:《巩县志》,卷之四,闸坝;明嘉靖三十四年刻本）

〔清雍正十三年前后,河南〕　籼稻、粳稻,俗呼籼为早稻,粳为晚稻,汝宁府所种最多,其余府州亦皆有之,出郑州者佳。

（清　田文镜等修,孙灏等纂:《河南通志》,卷二十九,物产,谷类,清乾隆间《四库全书》本。）

〔清嘉庆四年前后,河南彰德府涉县〕　邑多山坡地,宜麦、黍、稷、高粱,稻惟东乡滨河一带有之,所称水饶地也。

（清　戚学标修,李文元纂:《涉县志》,卷一,疆域,物产,清嘉庆四年刻本。）

〔民国二十三年前后，河南获嘉县〕 农产品以米、麦、棉花、高粱、各豆为大宗，胶土易旱，然收量较丰，以麦论之，收两季者每亩约得三四斗，收一季者约得五六斗不等，收两季者每亩尚可得玉蜀黍一石有余，惟盛夏之际必数日一加灌溉，殊不易也。其余米豆之属，亦均在一石以下、数斗以上。壤土耐旱，然收量则较胶土减半。至于沙碱二土，则每况愈下矣。惟播种棉花颇宜壤土，丰收时每亩约可获百斤上下。

（邹古愚修，邹鹤篆：《获嘉县志》，卷九，风俗，生活，民国二十三年铅印本。）

〔南朝时期，荆州〕 马仁陂，在泚阳县五十里。盖地百顷，其所周溉田万顷，随年变种，境无俭岁。

（南朝　郭仲产撰：《荆州记》，清王谟《汉唐地理书钞》辑本。）

〔清光绪十一年前后，湖北襄阳府〕 襄郡居楚北上游，地势颇高，水田少而旱地多，襄麦较下游诸郡独胜，作面食佳，稻以光化六股泉产者为上，枣阳香稻亦不减也。又有秋，一名玉高粱，俗名包谷，最耐旱，近时南漳、谷城、均州山地多产之，遂为贫民所常食。

（清　恩联等修，王万芳等篆：《襄阳府志》，卷四，舆地志，物产，清光绪十一年刻本。）

〔民国十一年前后，湖北南漳县〕 县境山陬硗确，原隰涂泥，粳稻、玉蜀黍产额稍丰，麦、豆次之，胡麻、蜀黍又次之，杂物惟木耳、大纸、蚕丝、药类常鬻于市余，产伙颐而皆微。

（包安保等修，向承煜等篆：《南漳县志》，卷四，舆地志四，物产，民国十一年石印本。）

〔清嘉庆十八年前后，湖南常德府〕 境内产稻，有粳稻、糯稻、冬糯稻，一岁有早、中、晚三收。

（清　应先烈修，陈楷礼篆：《常德府志》，卷十八，物产考，清嘉庆十八年刻本。）

〔清同治九年前后，湖南永州府江华县〕 江华半系猺人半系土著，亦有外来入籍耕凿为业者。山多田少，火种刀耕，所产稻禾为最，木棉、杂粮间有之。

（清　刘华邦修，唐为煌等篆：《江华县志》，卷十，风土，清同治九年刻本。）

〔清同治四、五年间，湖南宝庆府城步县〕 邑令盛鉴源为开导，晓谕以期必行：照得事莫贵于兴利除弊，因时制宜，苟能稍为变通，即家给人足，吾民又何惮而不为也。查城步地方辽阔，从前设县时必地广人稀，不惟山土不必耕种，即水田亦可择肥美而耕之。彼时人少粮足，谷价必贱。本境户有余粮，无所消售，即欲卖诸邻境,除去往返盘费,则又所余无几。是以丰年陈陈相因,反遇水旱偏灾,亦必绰有余粮,此每年耕种一次之所始。至于近日情形,与前回异,在本地居民,已经生齿日繁,更兼以新化农民多有携眷来县开垦土山者,大约人丁加增较昔已不下数十倍。虽将前弃薄田及开垦平坦山土改为水田,一律普种稻谷,无如邑中并无水陆通衢运来谷米接济,此则不得不筹之于杂粮矣。查同治四、五两年,季夏皆旱,四年所收稻谷尚在五分以上,五年亦在六分以上。惟山土歉收较甚,年来谷价有增无减者,实缘人多粮少之所由,显然情形已露,若不亟早思变章程,恐将来不致饥馑不止耶!本县履任后,访知以上情节,并闻乡间陋俗,每于冬初即许野放牛马,任其野食,去秋以经出示严禁,不准散放牲畜,并饬令赶种杂粮,以佐谷米不足,免致乏食之虞,原期一经出示,即使野无旷土。迨至本县令间赴乡便中查看,见耕种者仍属寥寥,殊堪叹惜痛恨也。盖普天之下,务农之常规,及至寒之地,亦必收成两次,国家钱粮原有上、下两忙,故农事收成亦有春秋二季,惟独尔邑与众不同,数百年来毫无更变,竟将膏腴田地任其荒芜半年之久,甘愿家无盖藏,岂不可惜。既为农民,焉能惜力,况耘耕熟田比之开垦山土,岂不力半而功倍。本县不特三令五申,原为农民衣食起见,愿尔等清夜扪心自思,然乎否乎,亟早猛省,其亨〈享〉温饱云福耳。为此再行开导晓谕:自今秋为始,除山土不计外,每水田耕种杂粮以五成为适中,如不及五成者,即予重罚十分,普种者立给奖赏。如此示以惩惰劝劳,庶不致再为因循观望。若能实力奉行,俟四、五年后,家给人足,时方知本县之言不谬也。此次谆诫期在必行,倘再如前阳奉阴违,定即照章处罚,决不再宥,毋谓言之不豫,各宜凛遵毋违,特示。

(清 盛镒源等修,戴联璧等纂:《城步县志》卷之十,兴除,清同治六年刻本。)

〔清同治十二年前后,湖南永顺府桑植县〕 邑多山,宜种杂粮,其可种稻者曰水田,较山地不能什一。播莳后全资雨露,鲜灌溉之功,成谷亦速,六月中可食新。……包谷(一名玉米),遍种山谷间,至秋熟,价不足与粟米之半,山农资为食,兼以作酒,能贩给他境。麦,有大小二种。大麦春三月即熟,小麦四月内始熟,可作面贩给他境。

(清 周来贺修,陈锦等纂:《桑植县志》,卷二,风土志,土产,清同治十二年刻本。)

〔清同治年间,湖南永州府祁阳县〕 祁之农务全在稻田,有恒产者自食其力,俯仰固属充裕,贫乏者佃种富室之田,偿租而外,与己业无异。凡山头地角稍有可垦者,无不开辟。向来七八月间获稻后,便无所事,以地不宜麦,而来岁春耕又早故也。当于收获后添种荞麦、油菜、萝卜,以佐饔飧。又戒田主苛索,禁牛畜践踏,则乡民利赖正复不鲜。

(清 陈玉祥等修,刘希关等纂:《祁阳县志》,卷之二十二,风俗,清同治九年刻本。)

〔清同治年间,湖南永州府祁阳县〕 祁邑素称产米之乡,询诸父老,二三十年前,客商贩米至湘潭、汉镇者,岁率十余万石,故邑中银钱流通不匮。迨后,户口滋繁,平岁米谷仅敷本境民食,即丰岁所余亦不过数万石,一遇歉岁,反仰给于邻境,故邑中银钱日艰。所恃者杉木一种,客商编筏贩至汉镇,岁可得数万金。县境自归阳以上各乡,杉木一望青葱,即问土庶之富者,亦多数此以对。迩来,近郊种树视前较稀,细察其故,由奸民多入山窃伐,间有植主捕获,皆以为其事细微不便控官,辄复释之,而窃树者益无忌惮,致有山土之家宁坐失其地利而不复为树木计。所当严为晓谕,俾乡民知窃树之罪即是窃盗犯者,依律治之,然后种树者有所恃而无恐,又复广为劝导,凡土性所宜之处,即令栽杉种竹,数年之后,四乡杉木自必加多,其利不可胜言矣。

(清 陈玉祥等修,刘希关等纂:《祁阳县志》,卷之二十二,风俗,清同治九年刻本。)

〔清同治年间,湖南长沙府湘乡县〕 湘土,其谷宜稻,岁惟一获,农人春耕夏耘,至秋收弗懈。岁晚,储粪种,修陂池,四时间无日休息,父老子弟皆知稼穑之艰难。

(清 齐德五等修,黄楷盛等纂:《湘乡县志》,卷二,地理,农事,清同治十三年刻本。)

〔清同治末年至光绪初年,湖南永州府宁远县〕 宁邑沃野连阡,其谷宜稻。稻有占、糯二种,黏者曰糯,不黏者曰占。占有六十占、九十占(谓计日可熟也)、红脚占、马尾占、麻谷占、观音占、新田老、顿脚黄诸名。糯有灰糯、虾糯、梨子糯、同禾糯诸名。糯米专为麹糵糍饵之用。香稻每种田一亩较少收一半,价亦倍之,造饭入少许,香气异常,多则不甚香也。二麦、大麦、燕麦、荞麦、春荞、苦荞、高粱、芝麻(黑白二种)、黄豆、绿豆、豌豆、禾根豆、包谷(亦名玉米)、穬子(俗名,字书不载)、黍稷,高原下隰所在皆有。前知县陈丹心教种番薯备荒,始犹猺洞种之,今则平壤亦然。近产凉术〈薯〉最多,味甘,可清暑。甘蔗利倍于谷,可制饧,然有妨民田,官司屡禁不止也。凶岁,土人掘蕨根捣粉以食,于深山丛生处掘深数尺,净洗其根,和水捣之,漉其汁,则粉自出,岁饥,所出愈多。又有观音粉土,白细如粉,渗入米粉,亦可疗饥。

(清 张大煦修,欧阳泽闿纂:《宁远县志》,卷三,赋役,物产,清光绪二年刻本。)

〔**清朝末年至民国二十年,湖南临湘县**〕 前清末季,地方平静,每年谷米为出口大宗,合计全县农田约四十万亩,每年出谷二百万石,除供本县日食,尚多运出鄂境。近年因兵灾天旱,人口消亡,强悍者尤多流为土匪,故田园荒芜,无人耕种,沅、城、云三区几荒三分之一。其最大之弊,因水利太不讲求,田亩均靠天然水利……故每遇旱年,遂束手无策。

(曾继梧等编:《湖南各县调查笔记》,物产类,临湘,民国二十年铅印本。)

〔**民国十五年前后,湖南醴陵县**〕 县民生活以农作为主,人烟稠密,垦种略无弃地。稻分早晚两熟,种类不一,要以土宜而施。其晚稻夹植早稻行中者曰秜禾,亦曰二禾。于早稻割后另插者曰翻子,亦曰顺子。东乡地气较暖,早稻最先熟,故皆插翻子,余皆播二禾。其地气尤冷,或泥脚过深者,则插冬粘或糯禾,岁仅一割,且迟熟。

(傅熊湘编:《醴陵乡土志》,第六章,实业,农田,民国十五年铅印本。)

〔**民国二十年前后,湖南城步县**〕 产谷米以下六乡为多,全县通计,在丰年尚可供给人民需要,益以杂粮补充,且有余额输出。

(曾继梧等编:《湖南各县调查笔记》,物产类,城步,民国二十年铅印本。)

〔**民国二十年前后,湖南零陵县**〕 零陵物产,以谷米为大宗,每年接济邻县不少。有早禾、迟禾之分。早禾约在六月初,迟禾必在处暑前后,产谷区域首推水北乡,汉北乡、西乡、东乡次之。

(曾继梧等编:《湖南各县调查笔记》,物产类,零陵,民国二十年铅印本。)

〔**民国二十年前后,湖南汉寿县**〕 汉寿种稻,只有中收谷一次。其种早、晚两次者,惟近沅江地方间亦有之。(常年山田每亩可获谷二石余,障田每亩可获谷三石,腴田亦有获四石者。)

(曾继梧等编:《湖南各县调查笔记》,物产类,汉寿,民国二十年铅印本。)

〔**民国二十年前后,湖南安乡县**〕 安乡土地肥沃,尤宜种五谷,稻田以七十万亩计,每亩平均可收谷四硕,年可收谷二百余万担。

(曾继梧等编:《湖南各县调查笔记》,物产类,安乡,民国二十年铅印本。)

〔**民国二十年前后,湖南临澧县**〕 北大平原,在北路合口、新安二区,纵四五十里,横二三十里,为临澧第一大平原,水田仅占百分之二十,旱田占百分之八十,然极肥美,一年有三四次收成,较水田所获为多。水田种稻,旱田种荞麦、棉花、甘蔗、花生等,而小麦所出尤多。本年临澧各区秋收歉薄,至多不过三四成,而地方不现饥荒现象者,因上年新、合两区小麦可抵三年收成也。故小麦当上市时,每担仅售三元。现在每石已达七八元矣。棉花、花生、甘蔗,出产亦不少。

（曾继梧等编:《湖南各县调查笔记》,地理类,临澧,平原,民国二十年铅印本。）

〔民国二十年前后,湖南邵阳县〕 全县农产物以禾、麦为大宗,禾分早、晚两种,麦分谷麦、曲麦两种。

（曾继梧等编:《湖南各县调查笔记》,地理类,邵阳,气候,民国二十年铅印本。）

〔民国二十年前后,湖南道县〕 物产以谷为多,次则番薯,全县番薯实居其大半,次则为麦、为豆、为高粱、为包谷产子等。

（曾继梧等编:《湖南各县调查笔记》,物产类,道县,民国二十年铅印本。）

〔民国二十年前后,湖南凤凰县〕 县境多山,田谷有早、中、晚之分,而无再种之禾。全年五谷收入不敷人民半年之需,恃有大宗红薯略资接济。

（曾继梧等编:《湖南各县调查笔记》,物产类,凤凰,民国二十年铅印本。）

〔民国二十年前后,湖南浏阳县〕 农产物以谷米、高粱、黄豆、红薯、红茶、茶油、甘蔗、土靛、树木等为大宗。东乡产谷最多,每逢岁稔,除供给县城外,尚可运销省城,约二万余石。高粱产量亦巨,除供酿酒外,每年输出达一万一千三百余石。

（曾继梧等编:《湖南各县调查笔记》,物产类,浏阳,民国二十年铅印本。）

〔民国二十年前后,湖南湘潭县〕 湘潭农产以稻谷为大宗,全县有田百五十五万七千二百三十三亩九分,岁收稻谷五百九十一万零九百七十二石。

（曾继梧等编:《湖南各县调查笔记》,物产类,湘潭,民国二十年铅印本。）

〔民国二十一年前后,湖南汝城县〕 稻为县属农产之一大宗,以南一区土田稍广,产米为尤多。以全县计算,丰年有四分之一产额,余售粤省城口乐昌地方及江西之崇义、本省之资兴,惟间遇歉收,有时反向外县买籴接济。

（陈必闻、宛方舟修,卢纯道等纂:《汝城县志》,卷十八,政典志,实业,民国二十一年刻本。）

〔民国三十年前后,湖南宁乡县〕 宁乡谷米为物产大宗,岁收丰歉平均约四五百万石,除供食及酿酒、熬糖线粉外,水陆输出尚有四十余万石。近以人口日增,出数日减。

（周震麟修,刘宗向纂:《宁乡县志》,故事编,财用录,物产,民国三十年木活字本。）

〔民国三十一年前后，湖南宁远县〕　县多晚稻，综一县所获，不足以供一岁之食，赖蓝山、新田来挹注之。又多植麦稷、粱禾〈菽〉、玉蜀黍、番薯、荞麦之属，古者九谷并重，今江南多稻，此皆号曰杂粮矣。

（李毓九修，徐桢立纂：《宁远县志》，卷十七，食货，民国三十一年石印本。）

〔民国三十七年前后，湖南醴陵县〕　本县稻谷产量，尚无精密统计，每亩岁获有多至十石，少至二石者。全县农田六十余万亩，以平均六石计之，可得三百六十万石，每年平均每人食谷四石。全县人口六十余万，共需谷二百四十万石。饲猪八万头，需谷四十万石。饲鸡鸭需谷十万石。煮酒、熬糖需谷五十万石。以产抵销，可余二三十万石，运销长沙、湘潭一带。此盖就大熟之岁而言，通常以八成计算，则为三百万石，仅是供本县销耗，岁歉即虑不足。故近年以来，政府征购赋谷，益之以灾害频仍，民乃大困矣。

（刘谦等纂：《醴陵县志》，卷五，食货志上，稻，民国三十七年铅印本。）

〔清雍正八年前后，广东惠州府连平州〕　山多田少，勤于耕种，两熟获毕，接种油菜、大麦。平原无剩土，即深山无人处，亦烧粪种蓝，伐木种蕈。妇人勤纺绩，绅士家机杼不断。贫人多上山樵苏，负竿累累，如列行阵。

（清　阮元修，陈昌齐等纂：《广东通志》，卷九十三，舆地略，风俗，惠州府，清道光二年刻本，清同治三年重刻本。）

〔清乾隆十年前后，广东惠州府陆丰县〕　谷之品曰稻。稻有三种，黏之类有赤粘、黄粘、白粘、迟粘、埔粘，而交趾粘最为繁盛。糯之类有安糯、赤脚糯、高州糯、黄糯、白糯、早糯、埔糯。粳之类有白粳、赤粳、香粳。……麦有二种，有壳为大麦、无壳为小麦，曰芝麻细粒、曰黍稷，多种高埔。稷似黍而茎小，近有益种于海潮消长湿地生者，不费人力，亦一种也。曰番薯，有二种，有红、有白，蔓生易种，而实结于地，其有资于食用者利甚溥，当五谷不熟之时，贫民恒利赖之。

（清　王之正等修，沈展才等纂：《陆丰县志》，卷二，疆域，物产，清乾隆十年刻本。）

〔清道光十七年前后，广东连山厅〕　连山皆丘陵，无原野，民皆依山开垦，旷田悉奇零硗确，刀耕火种，高者为旷，种麦黍。蹲鸱有秋地、有夏地，秋地岁两收，夏地岁一收，下者为田，宜稻。

（清　姚柬之编：《连山绥猺厅志》，食货第二，清道光十七年刻本，清光绪三年重刻本。）

〔清道光二十一年至光绪十六年前后，广东琼州府〕 有三熟之稻、八登之蚕。冬种夏熟曰小熟。……琼三国时属吴，故云自宋播占城禾种，夏种秋收。今有三熟者。低田一岁两收，养蚕一岁八登。……以薯菜为粮，地高田少处则种山禾或薯蓣、天南星、粟豆兼粒食食之。东坡云海南薯菜为粮，几米之十六。

（清　明谊修，张岳崧纂：《琼州府志》，卷三，舆地志，风俗，清道光二十一年刻本，清光绪十六年补刻本。）

〔清同治年间，广东惠州府河源县〕 河源农事，早晚两造，兼以麦、豆、杂粮、园蔬各种。山峰多种姜薯，埔坝多植麻蔗。县属虽属通津，实非商旅萃集之所，且去海益远，无鱼盐蜃蛤之利。故民间重农，唯产稻谷。按粤东人稠地窄，米谷不敷，仰赖广西，兼资湖楚。尝考河源一邑，高低田亩、山峰、水坝、埔坝之间，靡不树艺，以一邑所出谷石，食一邑之人，岁且大登，可给三年之食。第珠玉无胫可走，千里功令，只禁出洋，而邻境不得遏籴。故省郡邻封商贩驾艘搬运，土人前多载输出境，余粟之易，岁以为常。倘值官仓采补之期，在郡文武衙门，以及邻邑，往往来籴，致市价高昂。犹幸永安沿水乡村，彼去永城阔远，亦就近赴河源粜谷，此所谓或益之自外来也。查河源产谷，有大江、小江之别，大江之谷为最，小江之谷次之。早晚二造，民情勤力，无或失时，其初种麦者少。乾隆七年，知县陈张翼履任，劝民多栽二麦，高低沙土，东乡之种麦者益广，兼以三年以来，二麦丰收，至乾隆十年尤盛，人情踊跃，虽云两造，实则三收，此诚民富之源，必不可忽。况河源官山无税，其近居民田者，往往引为己有，惟当劝民种桐、种茶、种松、十年树木，亦足输日用之资于无穷也。

（清　彭君谷等修，赖以平等纂：《河源县志》，卷十一，农功，清同治十三年刻本。）

〔清同治年间，广东潮州府大埔县〕 邑多山陵林麓，耕稼之地，十仅一二。农亦最勤，岁两熟。低洼为田，种占、糯各稻。高燥为园，种粟、菽、薯、芋、番薯、瓜蔬诸物，以佐谷食。近日，同仁、白堠一带，有种烟草以贩外省者。山居小民，则烧山治畬栽植旱禾、油茶、油桐、杉、松，以供日食，勤苦倍甚。至干粮田、质田混淆虚实，粪尾顶替，纠讼公庭，则通邑所同也。

（清　张鸿恩等纂修：《大埔县志》，卷十一，风俗，清光绪二年刻本。）

〔清光绪年间，广东广州府顺德县〕 谷凡两造，早造以新兴白、红头赤为多，晚造以金风雪为多，或有种金边赤者。夏至白，其熟较早。县属至光绪末年，禾田多变基塘,莳禾之地不及十一,谷之登场亦罕矣。

（周之贞、冯保熙修,周朝槐等纂:《顺德县志》,卷一,舆地略,物产,民国十八年刻本。）

〔清宣统年间,广东广州府番禺县、惠州府河源县等地〕

早造早稻

种　名	原产地	品　质　及　收　量
黄壳粘	本　邑	谷粒细长,如条状,色深黄,亩收约二百斤。
白壳粘	同　上	谷粒扁大,色黄白,亩收同上。
河源种	河　源	谷粒圆而细小,色淡黄白,亩收二百余斤。
香山白	香　山	亩收谷约二百四五十斤。
地　糯	广西桂平	性质较强健,谷粒扁大而短,色浅黄,亩收谷约二百余斤。
不知早	日　本	亩收谷约二百四五十斤。

（丁仁长、吴道镕等纂:《番禺县续志》卷十二,实业志,民国二十年刻本。）

〔清宣统年间,广东广州府番禺、东莞、增城等县〕

早造水稻

种　名	原产地	品　质　及　收　量
秋　香	本　邑	邑中之最良种,色有黄白带赤之分,赤者名红头秋香,黄白者名白头秋香,赤者较优,谷粒形圆长而小,亩收谷约三、四百斤,白者稍劣,收量亦少减。
夏至白	本　邑	米质颇佳,亩收谷约三百余斤。
东莞白	东　莞	谷形圆长而小,色纯黄,亩收谷约四百斤,多者可达五百斤,且性质强健能耐风雨,邑人多喜植之。
新兴白（一名围田早白）	新　兴	谷形圆而尾大,色带黄,亩收谷约三百五六十斤。
银　粘	增　城	谷形长而两端尖,色带嫩黄,米质最佳,亩收谷约三百斤。谷形尖而长,色带淡黄,米质尚优,亩收谷约三百余斤,栽培容易,邑人多植之。
矮苗赤	南　海	米质平庸,收量得中。
西　粘	广西昭平	米质较良,收量亦得中。
安南粳	安　南	秆甚高,水深不虞,谷粒形短而圆,色带黄,性坚强,品质未佳,收量中平。

(续表)

种　名	原产地	品　质　及　收　量
花罗粘	香　山	性质坚强，颇近安南粳，收量亦得中。
金包银	广西贺县	与花罗粘谷粒全同，疑名异而实同。
红　谷	广西桂平	谷粒形扁而长，色褐黄带赤，有芒，质极粗，亩收谷约四百斤。
六十日早	本　邑	谷粒尖小，色黄，或带赤褐，米质平庸，收量亩约三百斤。
八十日早	本　邑	同上。
百日早	广西桂平	谷粒扁长，有芒刺，色黄褐，收量不多。

（丁仁长、吴道镕等纂：《番禺县续志》卷十二，实业志，民国二十年刻本。）

〔清宣统年间，广东番禺、南海、英德、海阳等地〕

晚　造　水　稻

种　名	原产地	品　质　及　收　量
黄　粘	本　邑	谷粒尖细，色金黄，质味甘美，为中上之品，亩收谷常四五百斤。
油　粘	南　海	米粒纵长，色淡黄，质味与黄粘相埒，亩收约五百斤。
英德油粘	英　德	米粒尖长，色黄，质味中上，亩收约三四百斤。
丝苗粘	增　城	米粒尖细，色黄带褐，质味最美，为晚造特优之种，收量同上。
牙　粘	广西贵平—云贵县	米粒圆长而尖，色淡黄，白质，味亚于丝苗，收量同上。
鼠牙粘	广西贵平	米粒细而长，色淡黄，质味中等，收量同上。
马坝粘	英　德	米粒圆长，色带金黄，质味中上，亩收量同上。
沙　粘	本　邑	粒形两端锐长，色深黄，收量略同黄粘，而味不及。
大　粘	海　阳	粒扁而大，色赤黄，收量约四百斤，质味中下。
桂味粘	本　邑	米粒稍扁，色浅黄，味近黄粘，收量与大粘埒。
香黎粘	东　莞	粒中大而两端稍尖，色带褐，味中下，收量三百余斤。
榴花粘	新　安	米粒扁短，色浅黄，质味中等，收量同上。
白花粘	广西桂平	米粒圆收，色黄白，质味中下，收量四百余斤。
牛尾早	本　邑	米粒圆长，色褐，尖端带青黄，质味中等，收量三百余斤。
禁风雪	本　邑	米粒圆大，色淡黄，白带褐点，味居中下，以能耐风水之力，故发育最强，收量常五百余斤，于围田尤适，邑农多喜植之。
糯　杂	香　山	米粒圆长，色淡黄，味中上，以便于耕种，邑农喜植之。

以上膳食之品

种　名	原产地	品质及收量
大　糯	本　邑	米粒圆胖,色深黄,惟株数多而谷粒少,而邑农多植之,或昔本良种,以耕种日久,不善治理,致变为劣种耶?亩收谷约三百余斤。
黑　糯	花　县	米粒扁大而长,色灰黑,亩收二三百斤。
红　糯	东　莞	米粒圆胖,色带红,亩收同上。
鹈细糯	本　邑	粒扁而长,色黑赤,亩收约四百斤。
香黎糯	连　山	粒圆而实,色深黄,强壮茂实,收量最丰,亩收常五百余斤。

（丁仁长、吴道镕等纂：《番禺县续志》卷十二,实业志,民国二十年刻本。）

〔清宣统年间,广东广州府番禺县〕

大　小　麦

种　名	产　地	品质收量及用途
油小麦	本邑北部	品质最佳,纵长而圆,色微赤,面皮较薄,亩收约百三四十斤,用以制土面或酿啤酒,其秆可以构屋。
黄糖小麦	本邑高塘附近	形短小,微有芝色,略黄,亩收与上略同,亦供土面,澄面之用。
大　麦	同　上	形纵长,色黄,以其芽制饴糖,邑中多擅此法,其秆可制草帽。
荞麦（又名荍麦,亦名乌麦）	广西移植	状三棱,故俗名三角麦,皮色黑,制粉及饼饵用,亦可入药,治脚气病。
燕　麦（一名雀麦）		供饲畜用。

（丁仁长、吴道镕等纂：《番禺县续志》,卷十二,实业志,民国二十年刻本。）

〔**清宣统三年前后,广东广州府南海县**〕　白石堡白冈乡林族有大糯田数亩,所出糯米纯而不杂,每年四月初旬运至省城米埠,比常价倍之。

（清　张凤喈等修,桂玷等纂：《南海县志》,卷四,舆地略,物产,清宣统三年刻本。）

〔**清朝年间至民国二十七年前后,广东阳山县**〕　谷之属有稻、有粳、有糯,皆稻也。有旱稻,一名冈禾,种山麓,早熟,曰黍、曰稷。陆《志》云：阳山向系一岁一熟,题报在案。知县万克谦虑民食不足,于巡历村庄时,劝谕农民于河边溪畔水源充裕之处种植早稻。于是四乡种早稻者约十之二。乾隆十二年详情汇入收成分数案内声明题报。案：今种一岁两熟之稻者十之八九矣。

（黄瓒等修，朱汝珍纂：《阳山县志》，卷二，舆地，物产，民国二十七年铅印本。）

〔民国初年，广东佛山〕　乡田皆两熟。早谷有早白、秋香、飞天黏；晚谷有油黏、禁风雪及糯。惟黏多糯少，苏轼南海文，以黏为饭，以糯为酒，糯贵而黏贱，盖以其性善变，罕得佳实云。飞天黏实大于秋香，收成亦较佳，近多种之。禁风雪俗称金风雪，晚造近水之田恒种之，仓储多用此谷。田每亩下种约八九斤，收获平均约四百斤，每岁所收不足供一乡之食，恒恃西北江谷米及洋米接济。至薯芋等物，只供佐膳，不以充粮。土性不甚宜于麦，惟荞麦则近时冬耕有种者也。

（冼宝干等纂：《佛山忠义乡志》，卷六，实业，民国十五年刻本。）

〔民国十五年前后，广东始兴县〕　农为国本，邑人业此者十居八九，其有间营他业者，多于农隙为之。田是〈事〉，种植之事，妇孺多能胜任。然地势攸殊，其耕作时期、树艺势攸殊，其耕作时期、树艺种类亦因之而异。兹将低原、高原、山地三项分叙如下。低原饶水利，故弥望皆稻田，所种谷类多粘、粳、糯三种，收成分早晚两造。早造播种以春分至谷雨为期，尤以清明节为最适，至大暑节前即可收获。晚造莳秧在大暑、三秋之间，收获则在霜降以后。设或稻田水量过多，宣泄不尽，早造势难播种，须迟至端午前后，改莳粳糯（俗名大禾，以别于晚造），收获期在霜降前后，较晚造为略早。此等稻田只种一造，冬成既逾，农功已毕。勤力者流，仍有于冬间植肥田子以培土质，种芸苔、花麦、大麦以尽地利者。余如田畔种豆，隙地种粟，水田种荸荠，池塘种莲藕，沙坦种西瓜，燥爽之区种薯芋、花生、黄麻、甘蔗、萝卜以及各种果蔬者，所在多有。此低原农业之大略也。高原多亢旱，其可引水作陂圳者播种，收成可得两造，与低原稻田无异。若仅恃塘水及坑谷之水灌溉者，每至夏秋之交，农人苦旱，种稻只得一造，或改种花生、黄麻，或于早稻、黄麻收割后，再种番薯。其不能种稻者，则种松造林。更有一种土质宜于种烟，普安约最多，四约、七约以及一约、东乡亦有之。此高原农业之大略也。山地，涧谷纷歧，本饶水利，惟气候稍冷，暑夏插秧，凉秋刈稻，年只得一造。间有山阳平原，可种两造者，故山民恒苦饥，多乞籴于城市。其有一种粢禾，种之山阴，不需灌溉，自能秀实，山中猺民多以此为粮，邑人种之者鲜。至于山岭重叠，宜于造林，杉、竹、松、桐、茶、樟之属，其利甚溥。近年，民间创设森林股份有限公司，以振兴种植，如罗坝家山公司、兴仁里陈氏公司、流田水群兴公司、成城乡联兴公司、杨公岭茂兴公司，或种杉、或种松，颇著成效。此山地农业之大略也。至于牧畜,则牛、鸡、犬、豕、鹅、鸭、池鱼、蜜蜂;园艺,则桃、李、梨、零、柑、橙、橘、柚以及蔬菜、瓜、豆,只供本地之用,无甚特别可纪,故从略。

(陈赓虞等修,陈及时等纂:《始兴县志》,卷四,舆地略,民国十五年石印本。)

〔**民国二十年前后,广东石城县**〕 民间多种稻粱,但收获不丰,只足敷邑内口食,一遇岁歉,饥荒在所不免,故穷民必栽番薯以补助之,盖可节省谷食三四也。

(钟喜焯等修,江珣等纂:《石城县志》,卷二,舆地志,实业,民国二十年铅印本。)

〔**民国二十年前后,广东番禺县**〕 邑属农业以稼穑为大宗,所在多稻田,间有植高粱及麦、粟者。稻田分高田、低田二种。高田有山田、坑田(俗亦称曰大望田)之分。低田有围田、坦田、潮田之别。坦田岁一熟,曰大禾。山田亦岁一熟,曰斜禾。坑田、围田、潮田皆岁再熟。

(梁鼎芬等修,丁仁长等纂:《番禺县续志》,卷十二,实业,农业,民国二十年刻本。)

〔**民国二十年前后,广东西宁县**〕 邑山峦如织,地鲜平原,凡乡村城市悉棋布于重冈叠巘之间,民无他技,力田为多。田之等有六。附郭及附近村市之田曰洞面田,平畴衍旷,水源深远,其土沃,一岁再熟,如三熟粘、黄降粘、香粳、西粘之属皆宜。峒溪赤卤之田曰山埇田,其土硗确,一岁再熟,宜黄降粘、赤粘之属。山间低下泞泥之所曰溩壤田,亦一岁再熟。种之所宜,与山埇田同,曰大造田,如《岭表录》所云,春月养鱼,秋月种稻者,其土沮洳,岁一熟,宜赤粘、白粘、须稻,王芪臣谓:薄田宜早是也。其近西江之地,常为西潦浸者,曰低水田,土沃而坟,凡稻咸宜。濒江之地不可为田,俗曰地面,谷宜赤撒,宜大小麦、荞麦、油菜、落花生、甘薯、甘蔗,又曰堻田。凡贫民无恒产者,于斜崖陡壁之际,芟杀草木,焚烧根株,俟土脂熟透,徐转积灰,种以山禾,李德裕诗所谓"五月畬田收火米"是也。或种薯芋以为杂粮,终岁之勤,仅足自给,土瘠弃之,更伐一山,此则无粪种,无水源,全赖雨泽矣。

(何天瑞等修,桂坫等纂:《旧西宁县志》,卷四,舆地四,风俗,民国二十六年铅印本。)

〔**民国二十二年前后,广东开平县**〕 谈农学者谓十数年来,谷种悉输自外洋。其初至也,国人试之颇丰收,且土种早造饭味不及晚造,洋种则早、晚造不相远也,遂争相传播,沿用至今。而粘谷之得种于占城,尤其多历年所者。

(余启谋修,张启煌等纂:《开平县志》,卷六,舆地略,物产,民国二十二年铅印本。)

〔民国三十二年前后,广东大埔县〕 邑人称田亩,向不以量数计算,契券所载,皆以容种若干斗者,又非实在需谷种如此甚多也。大抵村面平旷之田,插秧较稀疏,所称一斗种者,实在以三升谷种插秧可敷分布,收获可得二石余。山塘阴冷之地,插秧较密,所称一斗种者,实在须五升谷种插秧始敷分布,收获可得一石余。至若干容种始合一亩之数,亦毫无标准,约略计之,大抵二斗种可合一亩。田之肥瘠,俗以阳田、山田别之。阳田可分二种。第一种,村面广阔,可收早、晚两造者,可谓之上田。第二种附近河岸者,虽土地肥沃,上季常遭水患,早稻失收,仅晚稻得收成一造,可谓之中田。至若山田亦可分二种。第一种两山之夹平沟为田,广仅数丈,或仅数尺,山影阴沉,泉流冷浸者,或称山塘,或称湖洋。第二种掘山成级,引水为田,土质粗劣者。此二种仅可收早稻一造,可谓之下田。阳田土地较肥沃者,晚稻收成之后更可植麦,待次年三月收麦之后,仍可插莳早稻,可以多收一造。只以植麦而肥料不足者,往往早稻有欠收之虞,故农人植麦者犹不甚多。至冷浸水田或山田土质粗劣者,则虽有肥料,亦不宜植麦。且阳田所植之禾,粳糯俱宜,大都禾茎软,谷壳薄,而米质精细者。惟山田所植之禾,多为冻背粘。一种禾茎粗硬,谷壳厚,米色赤而质粗,倘植以阳田之禾种,则谷未成熟,禾茎已经弯折匝地,如席沾水而腐化,不得收成。此阳田与山田之比较实相去至远也。村乡较小之地,其所谓阳田,亦有不宜于晚稻者,只宜栽种番薯。当早稻未收之前,先……使田干晒,刈稻后,即将田土犁松,打碎拨之成畦,栽插尺许之薯藤,至十一二月,藤老刈去,专供饲猪,掘其地下块茎储之,以供食料,故邑中小村乡人家,冬、春间,皆以番薯为粮食之大宗。上述阳田、山田之外,尚有旱地两种。在平旷之地因不得水利,不可以为田者,曰埔坝;依山垦植者,曰峯。此种旱地稍肥沃者,早季宜粟、宜旱稻及高粱、玉蜀黍等。晚季宜番薯、蔬菜等。稍瘠者,仅宜番薯,若在沿河两岸者,尚有过冬番薯一造,冬栽春获,与麦相等。此种旱地可资耕作者,如三河、高陂、同仁、百侯各区,为数颇不少,亦各有升科纳税。

(温廷敬等纂:《大埔县志》卷十,民生志上,农田,民国二十四年修,三十二年增补铅印本。)

〔清嘉庆以前至道光二十八年前后,广西镇安府归顺州〕 顺地,嘉庆以前,鲜种麦。自嘉庆二年,遍地皆种,亦大丰熟。以后种者愈多,包粟、杂粮前止种一造,今则连种两造,及山头坡脚无不遍种,皆有收成。

(清　何福祥纂修:《归顺直隶州志》,卷二,地舆,气候,清道光二十八年抄本。)

〔清嘉庆七年至光绪十七年前后,广西桂林府临桂县〕　粤西之糯,其名有黄皮糯、大糯、香糯、铃子糯、庸糯,谷皆有芒,异于籼。惟一种光头糯无芒。又一种晚收者亦曰穜禾,比糯不粘,比籼香软,统名大米,有大白禾、马皮禾、八月鲜、红棉禾、白棉禾、兰禾、蕃禾、香粳禾诸名。又一种早收者谓之籼,糯、籼田可种之,六七月熟,名曰早糯。(临桂县册)

(清　吉庆、谢启昆修,胡虔纂:《广西通志》,卷八十九,舆地略,物产,桂林府,清嘉庆七年刻本,光绪十七年再补刻本。)

〔民国二十一年前后,广西明江县〕　生物以谷米为最多,蕃薯、包粟、豆次之。
(佚名纂修:《明江县志》,人物纪,土产,民国二十一年修,一九五九年传抄本。)

〔民国二十三年前后,广西雒容县〕　谷之属,有早谷、油黏、红冬谷、粳谷、糯谷,主要粮食以早谷、油黏为大宗,尚能自给,并可运输出口,特产有香粳、牙黏、畲谷名种。

(藏进巧等修,唐本心等纂:《雒容县志》,卷二,舆地,物产,民国二十三年铅印本。)

注:雒容县于一九五一年与榴江县、中渡县合并为鹿寨县。

〔民国二十四年前后,广西贵县〕　县属农产品类甚繁,其主要者为谷米、薯芋、黄豆、落花生、玉蜀黍等,谷米每年产量全县平均估计约二万万斤以上,以三板桥东津所产者为最著名。

(欧仰羲等修,梁崇鼎等纂:《贵县志》,卷十一,实业,农业,民国二十四年铅印本。)

〔民国二十四年前后,广西罗城县〕　县属各种谷类出产尚堪自给,丰年尚有盈余,运出柳、梧各地销售,惟三防区除公义乡产量堪以自给,丰年尚有盈余运输出口。至于大云、杆峒两乡产量较少,即丰年亦不足自给,大云乡由龙岸运入接济,杆峒乡多由黔边输入接济。

(江碧秋修,潘宝箓纂:《罗城县志》,经济,产业,农产,民国二十四年铅印本。)

〔民国二十五年,广西阳朔县〕　谷之属,通常产品有早谷、花谷、油粘、大谷、糯谷、高粱、包米、粟米、面麦、荞麦十种主要粮食,以早谷、花谷为大宗,每岁产谷约二万九千余石,以之自给而有余,输出外县者以平乐为多,因有民船载运,可直达梧州也。特产有红米、香稻二种,以之酿酒,香味异常。

(张岳灵等修,黎启勋等纂:《阳朔县志》,第四编,经济,产业,农产及农业,民国二十五年修,民国三十二年石印本。)

〔民国二十七年前后,广西隆山县〕 本县主要之农产品,首为稻谷,次为玉蜀黍(俗名包粟)。

(吴克宽修,陆庆祥等纂:《隆山县志》,第六编,经济,产业,民国二十七年修,一九五七年油印本。)

〔民国二十七年前后,广西田西县〕 谷之属,通产为水稻、陆稻、大小麦、粟、小米、高粱、荞麦、玉蜀黍等。水稻籼占百分之二十一又九,粳占百分之六十四又六六,糯占百分之十三又四四。主要粮食以稻为大宗,全属产量尚可自给,如遇有特别状况需量增加时,即向西林、乐业两县运来接济。

(叶鸣平、罗建邦修,岑启沃纂:《田西县志》,第五编,经济,产业,农产,民国二十七年铅印本。)

〔民国二十九年前后,广西柳城县〕 稻分为粳、秫、籼等类,俗谓之禾,又有早稻、晚稻之分。县属地质不等,肥沃者如沙埇、东泉、禄村等处每年两糙,其余硗瘠者一糙,丰年为出口大宗。

(何其英修,谢嗣农纂:《柳城县志》,卷二,地舆,物产,民国二十九年铅印本。)

〔民国二十九年前后,广西柳城县〕 普通耕种,如东安乡木界村一带,每播谷一石,可收获一百石。县治附近每播谷一石,可收四十石。头塘、五塘等处,每播谷一石可收获二三十石不等。

(何其英修,谢嗣农纂:《柳城县志》,卷五,经政,农林,民国二十九年铅印本。)

〔民国二十九年前后,广西平乐县〕 本邑谷米为出产大宗,供给境内民众粮食外,运销于梧州。玉蜀黍次之,麦类又次之。

(蒋庚蕃、郭春田修,张智林纂:《平乐县志》,卷七,产业,农产及农业,民国二十九年铅印本。)

〔东晋时期,益州蜀郡〕 又有绵水,出紫岩山,经绵竹入洛,东流过资中,会江阳。皆溉灌稻田,膏润稼穑。是以蜀川人称郫、繁曰膏腴,绵、洛为浸沃也。

(晋　常璩撰:《华阳国志》,卷三,蜀志,清乾隆间《四库全书》本。)

注:蜀郡今为四川成都。

〔东晋时期,益州蜀郡繁县〕 繁县,郡北九十里,有泉水稻田。

(晋　常璩撰:《华阳国志》,卷三,蜀志,清乾隆间《四库全书》本。)

〔东晋时期,益州蜀郡绵竹县〕 绵竹县,刘焉初所治。绵与雒各出稻稼,亩收三十斛,有至五十斛。

（晋　常璩撰：《华阳国志》,卷三,蜀志,清乾隆间《四库全书》本。）

〔**清嘉庆五年前后,四川雅州府清溪县**〕　谷之类,稻为第一,有籼米、火米等名。籼米鲜新洁白,与西川不殊,当为雅南之冠。又有一种曰红稻,香软尤异,收较晚。……麦次之,雅南向来以芦山麦为最,然多杂以他粟,故细腻损于清溪。清溪稻、麦,打箭炉诸处资以为生,亦不能多与之,以可种之地甚少也。

（清　刘传经等修,陈一洉纂：《清溪县志》,卷一,土地类,物产,清嘉庆五年刻本。）

注：清溪县今为汉源县。

〔**清同治八年前后,四川成都府汉州**〕　石亭江、白鱼河、沉犀河、雁江、马牧、濛阳、蒋家诸河,居民皆随时浚疏,以堰塘灌田故也。

（清　张超等修,曾履中、张敏行纂：《续汉州志》,卷二,地理,山川,清同治八年刻本。）

注：汉州于民国二年改名广汉县。

〔**清同治十三年前后,四川懋功厅章谷屯**〕　章谷兵民番练所,耕地亩,俱在屯治东与懋功,近山寒地瘠,稻谷不生,惟产小麦、牟麦、青稞、豌豆、蚕豆、荞麦数色。

（清　吴德煦辑：《章谷屯志略》,土宜物产,清同治十三年刻本。）

注：懋功厅章谷屯今为丹巴县城厢镇。

〔**清光绪十九年前后,四川叙州府雷波厅**〕　荞麦,有甜、苦二种,宜高山寒地,居民资以为食,夷地处尤赖之。

（清　秦云龙等修,万科进等纂：《雷波厅志》,卷三十三,物产志,谷之属,清光绪十九年刻本。）

〔**清光绪三十二年前后,四川宁远府越巂厅**〕　农,日出而作,日入而息,五谷荞麦之外,不种杂产,种亦不善滋生。近惟大树堡河道有种花生、甘蔗、芝麻者,视其土宜,古风未改。

（清　马忠良纂修,孙锵、寒念恒增修：《越巂厅全志》,卷十,风俗志,农,清光绪三十二年铅印本。）

注：越巂厅今为越西县。

〔**清光绪年间,四川成都府崇庆州**〕　州地皆产稻谷,故食以稻米为主,麦次之,惟西北山产包谷,一名御麦,可为煮酒之用,多以为正粮者。

（清　沈恩培等修,胡麟等纂:《崇庆州志》,卷二,风俗,清光绪三年刻本、光绪十年增补刻本。）

〔民国十二年前后,四川眉山县〕　今境内多稻田,半蓄冬水,其能兼种小春者厥为上上。（麦及豌豆、蚕豆、菜子为小春。）农民食米至粗粝,东馆米色稍良,下运嘉定。

（王铭新等修,杨卫星、郭庆琳纂:《眉山县志》,卷三,食货志,土产,民国十二年铅印本。）

〔民国十四年前后,四川合江县〕　邑东凡三区,山二田八,三面环江,厥土黑坟,丘陵蔓衍,阡陌云连,诸溪蔓流,其中凿堰引流,资以灌溉,最宜于稻。土壤则粱、麦、黍、菽、瓜蓏、菜蔬、诸薯之属,靡不繁殖。出境之粟约年获三分之二。

（王玉璋修,刘天锡、张开文等纂:《合江县志》,卷二,食货,物产,民国十四年修、十八年铅印本。）

〔民国十六年前后,四川酆都县〕　综十乡全年所产,通算以田亩计,全县十五万四千余亩,一亩岁收谷约二石或不及二石,总计约三十万石。杂粮之数半之。而现在丁口已五十四万有奇,平均剖分一丁所得不过数斗,年丰差足自给,小有荒歉,上游惟仰给重庆、合川,下游惟仰给忠县。治属土瘠民贫,即此可以概见。

（黄光辉等修,郎承诜、余树堂等纂:《重修酆都县志》,卷九,食货志,物产,民国十六年铅印本。）

〔民国十九年前后,四川名山县〕　综计,全县秋收,在田为水谷（籼也）,在地为苞谷（玉麦即玉蜀黍）。就平年约算,水谷七十万石（石重一百六十斤）,苞谷二十万石（石重二百斤）。此九十万石中,衡以人口岁食及饲畜造酒,约去三分之二,运售出境不过三十五万石。黄豆养料丰富,出产亦饶,县人每借以佐餐,岁运出境不过售二千石左右。春收则以菜子、二麦（大麦、小麦）为大宗,田佣恃以接济荒月（菜榨清油,运售出境约五百挑;麦产次于油,只敷本境之用）。年来烟禁大弛,愚氓竞趋末利,菜与麦减过半矣。

（胡存琮修,赵正和纂:《名山县新志》,卷八,食货,农,民国十九年刻本。）

〔民国二十年前后,四川南川县〕　邑人常食,随地之产。水田产稻,山土产包谷、红苕（雅名番薯）。冬季田土皆产麦。金佛山半寒瘠,从前独产洋芋（今已绝种,下地亦多腐于地中）。五者皆正粮,然以稻、包谷、红苕为大宗。

（柳琅声修,韦麟书等纂:《重修南川县志》,卷四,食货,农业,民国二十年铅印本。）

〔民国二十八年前后,四川德阳县〕 农产品以稻为最多,杂粮次之,菜子、烟叶、甘蔗、花生、棉花之类又次之。

(熊卿云、汪仲夔修,洪烈森等纂:《德阳县志》,风俗志,风俗,民国二十八年铅印兼石印本。)

〔民国二十九年前后,四川懋功〕 小金川沿河一带,地土倾斜较缓,其他耕种地均有六七十度以上倾斜。气候寒冷,每年耕种一次。以麦子、玉蜀黍、马铃薯为主要。

(边政设计委员会编:《川康边政资料辑要》,懋功概况,地势,民国二十九年铅印本。)

〔民国三十一年前后,四川西昌县〕 西昌一农国也。其产物以农作物为大宗,分夏季作物、冬季作物两项。夏季作物水田以水稻为主,莩芋、席草、灯草、蓝靛、叶烟等为辅。旱地以玉蜀黍为主,高粱、黄豆、向日葵、落花生等为辅。冬季作物以胡豆、小麦为主,豌豆、大麦、荞子、菜子等为辅。

(杨肇基等纂修:《西昌县志》,卷二,产业志,物产,民国三十一年铅印本。)

〔民国三十三年前后,四川长寿县〕 全县面积除荒地不计外,分为上、中、下三等。上等地约占百分之二十,中等地百分之五十,下等地略为百分之三十。三等之中,水田约一六九九市亩,旱地约二零三八九市亩(据土地陈报处)。农产品以稻为大宗,次为玉蜀黍。稻田约占耕地百分之六十以上,玉蜀黍约百分之十二,余如高粱、黄豆、甘芋、马铃薯等,相地种植,仅占少数。产米数量,就县人分配,丰年有余,运赴河街镇出境。如遇荒歉,仅足供餐食而已。近以抗战关系,人口骤加,尚形不足,接济惟赖垫邑,然陆地运输,颇感不便也。

(陈毅夫等修,刘君锡、张名振纂:《长寿县志》,卷四,风土,农桑,民国三十三年铅印本。)

〔民国三十五年前后,四川〕 川东稻米多产之县,当推江津、綦江、忠县等处,除自给外,尚有余力供给渝、万。江北巴县产米亦丰,但以重庆需要之大,距自给之域尚远。川南如宜宾、江安、长宁、南溪、泸县、合江各县,皆为有名产米区域,亦渝、万之米供给地。上川南如夹江、大邑、洪雅、彭山、眉山、青神各县所产,质佳量丰,上以供给成都,下以供给犍、乐。川西为大水田区域,产米之多为全川冠,俗有"汉州鞋子金都牌,要吃白米新都来"之谚。平原各县所产之米,除自给外,北部者大多集于赵家渡,沿沱江下销渝、万;南部者,沿岷江而下,或止于牛华溪米市,以补犍、乐盐场之不足,或经叙府而转销渝、万。

(郑励俭纂:《四川新地志》,第二编,人文地理志,第一章,经济地理,第一节,农业,民国三十六年铅印本。)

〔民国二十七年前后,四川安县〕 安县东、南、西三乡坝田而外,尚有小山沟田,以产米为大宗,以食米为最。普通逢旱年,则种黍及红苕、红豆食,或添以杂粮。惟北乡永安场以上多山地,出产以黍为大宗,食料亦黍为普通。

(夏时行等修,刘公旭等纂:《安县志》,卷五十五,礼俗门,食料,民国二十七年石印本。)

〔清康熙二十二年前后,贵州镇远府天柱县〕 邑人所艺者唯早、中、晚三禾,其余所收无几。

(清 王复宗纂修:《天柱县志》,上卷,土产,谷之属,清康熙二十二年刻本。)

〔清乾隆二十三年前后,贵州兴义府普安州〕 州属长牛、南俄烈当、毛口、三江,气稍燠,农事略早,六月可获。黄平山开朗,寒燠均平,彝地高风大,土瘠田少,农事不如州城。夹河箐深水冷,刀耕火种,惟宜荞麦。

(清 王粤麟修,曹维祺、曹达纂:《普安州志》,卷二十二,风俗,清乾隆二十三年修,一九六四年贵州省图书馆油印本。)

〔民国八年前后,贵州思县〕 思县全境土多田少,出产以米和豆为大宗,麦荞、高粱次之。米、麦、豆均销往湘边。

(杨焜修,涂芳藩纂:《思县志稿》,卷七,经业志,农业,民国八年修,一九六六年贵州省图书馆油印本。)

注:思县今为岑巩县。

〔民国八年前后,贵州关岭县〕 本县土多田少,除山岭所占地面外,可施耕种者大约旱田土占十分之六,水田占十分之四。米、麦、玉蜀黍、荞、豆、高粱等项均产,米与玉蜀黍为大宗食品,米量约超过玉蜀黍一倍。每年各项粮食供本县食用外,约余十分之一,销售镇宁、贞丰、安南、紫云等属。

(陈钟华等采辑:《关岭县志访册》,卷三,食货志,农桑,民国八年采辑,一九六六年贵州省图书馆油印本。)

〔民国二十五年前后,贵州册亨县〕 册亨全境,土多田少,所产白米不过二十余万石。其他副产品,如棉花年产约十五万斤,黄豆七百余石,大麦三百余石,荞麦二百余石,小麦五百余石,红稗三百余石,茶油四万余斤,菜油五万余斤,桐油十余万斤,罂粟一百余石。

(罗骏超纂修:《册亨县乡土志略》,第四章,物产,第四节,其他副产品,民国二十五年修,一九六六年贵州省图书馆油印本。)

〔**民国二十年代末,贵州安顺**〕 安顺耕地大别为水田、旱地二类。水田出产稻谷、荸荠、慈菇、蒲草、三棱草等。旱地出产玉蜀黍、麦、荞、豆、薯、红稗、高粱、小米、蕳子、烟草、罂粟等。安顺地势平衍,可耕地约占全县面积四分之一,其中已耕者约占全县面积六分之一,田、地比例约为四与一之比。

(贵州省安顺市志编纂委员会据民国二十年代末稿本整理:《续修安顺府志·安顺志》,第八卷,农林志,农业;安顺市志编委会一九八三年铅印本。)

〔**民国二十年代末,贵州安顺**〕 全县农民约占人口总数十分之八。所出农产物以稻谷为大宗,玉蜀黍次之,豆类、麦类、红稗等更次之。至若小米、高粱、荞麦等则为数甚少。各种粮食除自给外,倘遇丰收之年,亦略有剩余接济各邻区。稻米由普定、织金运销黔西、大方一带,黄豆则由广顺、平坝运销省城。惟地居南岭干脊,河流极鲜,稍晴则苦旱,稍雨则苦涝,以是歉年多而丰年少,居民每忧乏食,是亦地理环境使然。所幸农智尚高,勤求副业,历试地质,轮番换种,田事有时虽感不足,而园艺、树艺尚形发达。如县城及其附近所产之花红、雪梨、白菜、百合及东、西两区所产之茶叶、蓝靛与南区所产之烟叶、荸荠等,年中获利俱厚。而百合、烟叶、荸荠三项销行尤远。

(贵州省安顺市志编纂委员会据民国二十年代末稿本整理:《续修安顺府志·安顺志》,第八卷,农林志,农业;安顺市志编纂委员会一九八三年铅印本。)

〔**民国二十年代末,贵州安顺**〕 安顺各乡农作物之生产情形如下:一、县城附近、东南与西南二方为稻谷产量最丰且质量最佳之区,县城人烟稠密,附近所产不足以自给,常仰给于四乡。至若豆、麦之属,出产尤少。二、东乡阿若塘、石板房一带以产稻谷为大宗,玉蜀黍次之,麦、粱又次之,但因寨密人稠,冠于全县,所产亦不足以自给,常须仰给于大河十三寨等地。大河十三寨等地以产稻谷为大宗,自给之余半销售于邻乡及平坝、广顺两县边境。次为黄豆、玉蜀黍与其他杂粮,仅足自用。三、东南乡旧州一带,产谷之富甲于四乡,常以之销售城内或接济邻县,其量不下十分之四;惟玉蜀黍、麦、荞之属所出无几。双堡附近产谷亦多,计每年销售于城内者亦不下十分之四;玉蜀黍次之,亦半售于他乡;惟其他杂粮出产甚少。四、南乡羊武一带亦多产谷类,每年秋收后农民自担销售城内及邻境者将及出产之半数。玉蜀黍与豆、麦、荞等次之此数者,亦多有余,常运销他处。鸡场一带则多产玉蜀黍、荞、麦及豆类,稻谷甚少,义让一乡且仅产杂粮而已。堵鱼河新场一带产谷最少,住民多食玉蜀黍,半则仰给于羊武、双堡一带。五、西乡么铺及大、小屯一带亦为产谷最多最好之地,常以有余运销境外,因品质优良,价值每高于他乡者。玉蜀黍、麦、粱等,则产量无多。六、东北乡吊圫场与长山狗场、架布鸡场一带,产谷既少,人烟复稠,住民常自城内购食。若玉蜀黍、荞、麦之属,则出产较多,然亦仅足自给而已。

（贵州省安顺市志编纂委员会据民国二十年代末稿本整理:《续修安顺府志·安顺志》,第八卷,农林志,农业,农产物;安顺市志编委会一九八三年铅印本。）

〔民国二十年代末,贵州安顺〕　安顺县农产物,据民国十九年铁道部经济调查队之调查,年产谷类约一亿零三百万斤,总值约三百四十二万元;玉蜀黍约一千三百万斤,总值约三十九万元。再据本局（编者按:指安顺府志局）最近调查,安顺年产谷类约一亿一千六百四十余万斤,玉蜀黍约二千三百三十余万斤,豆类约一千二百万斤,麦类约一百八十万斤,红稗约一百五十万斤,荞麦约四十余万斤,高粱约二十五万斤,粟米约二十四万斤。

（贵州省安顺市志编纂委员会据民国二十年代末稿本整理:《续修安顺府志·安顺志》,第八卷,农林志,农业,农产物;安顺市志编委会一九八三年铅印本。）

〔民国三十二年前后,贵州榕江县〕　榕江河流两岸,尤其是在江河一带平原地方,是榕江产米之区,每年产量约四十余万石,除供给民食外,每年出口谷米仍有十万石左右。

（李绍良编:《榕江县乡土教材》,第二章,榕江地理,第四节,物产,民国三十二年编,一九六五年贵州省图书馆油印本。）

〔民国三十三年前后,贵州剑河县〕　本县物产首以稻谷为大宗,木、棉、麦、油等类次之,林业尤以杉木为盛。

（阮略纂修:《剑河县志》,剑河县概况,物产,民国三十三年铅印本。）

〔东晋时期,宁州云南郡〕　云南郡,蜀建兴三年置,属县七,户万,去洛六千三百四十三里。……土地有稻田畜牧,但不蚕桑。

（晋　常璩撰:《华阳国志》,卷四,南中志,清乾隆间《四库全书》本。）

注:云南郡今为云南祥云县。

〔清光绪三十一年前后，云南顺宁府〕 府属山多田少，多种荞与玉麦，以此为天。

（清　党蒙等修，周宗洛等纂：《续修顺宁府志稿》，卷十三，食货志三，物产，清光绪三十一年刻本。）

〔民国二十二年前后，云南新平县〕 新平农人种稻者居多数，菽麦次之，谷种杂粮又次之。

（吴永立、王志高修，马太元纂：《新平县志》，第十一，农政，农人生活状况，民国二十二年石印本。）

〔民国二十七年前后，云南昭通县〕 昭地土质，五谷俱宜，惟种稷者鲜，麦、菽出产颇饶，稻、黍二物为昭民正粮出产，尤属大宗。

（卢金锡修，杨履乾、包鸣泉纂：《昭通县志稿》，卷五，农政，农时，民国二十七年铅印本。）

〔民国二十八年前后，云南昆明高峣〕 米为高峣佳产，白而细腻，以附近碧鸡关一带田亩皆濒湖，所产皆如是，故咸称曰鸡街米。

（由云龙纂：《高峣志》，卷上，物产，民国二十八年铅印本。）

注：高峣又名碧峣村，在昆明市。

〔民国三十一年前后，云南巧家县〕 巧家因各地气候有寒温热之分，农产物之种类亦因地而异，计谷类及杂粮可分稻、玉蜀黍、膏粱、小米、豆、麦、荞七种。

（陆崇仁等修，汤祚等纂：《巧家县志稿》，卷六，农政，办谷，民国三十一年铅印本。）

〔民国年间，云南元江县〕 本县粮食有谷、麦、荞、黍、蚕豆、豌豆、黄豆、高粱、玉蜀黍等，然产量以谷米为最多。查本县有耕地十三万余亩，平均稻田约十万亩，每年可产谷六万余石，杂粮一万七八千石余，人民食用外，可余谷二万石，杂粮二千余石，以之销售于昆明、蒙自、个旧一带，即作每年输入货物之换取。

（元江县政府编：《元江县乡土资料》，物产，民国抄本。）

〔民国年间，西藏拉萨〕 拉萨附近所产，以大麦为大宗，菀豆次之，也有小麦与芥子、洋芋之类。

（法尊纂：《现代西藏》，第五章，物产经济及其交通，一，物产，民国三十二年铅印本。）

2. 玉米、高粱、青稞

〔民国二十二年前后，河北顺义县〕 全境平原五谷咸宜，玉蜀黍为大宗，各地皆产,沿河多产麦、高粱,箭杆河上源产稻,沙地植花生、豇豆。业农者百中九五惜守旧法,只用畜力,一遇水旱偏灾,无法救济。

(苏士俊修,杨德馨纂:《顺义县志》,卷十,实业志,农业,民国二十二年铅印本。)

〔民国二十三年前后,河北平谷县〕 人民食料以粟米为大宗,高粱、玉蜀次之,黍稷又次之。豆类供佐食物,稻、麦为上品,专备供客之需。人稠地窄,且多山河,丰年农产可供全县需用,一遇凶荒,辄有饥饿之忧。

(李兴焯修,王兆元纂:《平谷县志》,卷三,社会志,民生,民国二十三年铅印本。)

〔清乾隆年间,直隶顺天府永清县〕 谷五色俱全。黍稷,稷有三种,黍有二种,大麦、小麦有二种,荞麦、豆各色俱有,稗子、芝麻、高粮三色。玉蜀黍,苞生,叶间有白须。

(清 周震荣修,章学诚纂:《永清县志》,户书第二,一九八五年文物出版社《章学诚遗书》影印本。)

〔清咸丰末年至民国二十二年前后,河北昌黎县〕 寻常食品以高粱、小米为大宗,玉蜀黍次之,黍、稷、稗米又次之。近年,山农栽薯,一名地瓜,又名山芋,其味甘,系咸丰末年来自外国者,可以代食粮,又可以磨粉条,是食品中可以扩充者也。至粳米、麦面,只为款宾客,供庆贺,养老亲之用耳。

(陶宗奇等修,张鹏翱等纂:《昌黎县志》,卷五,风土志,人民生活之状况,民国二十二年铅印本。)

〔清同治十二年,直隶宣化府西宁县〕 五谷,麦为嘉种。禾(即粟也,今名谷子,脱壳为小米)、黍(去壳为黄米,其不黏者曰糜子)尤民食所需也,植最广,号为大田。……稻、粱,备而已。

(清 韩志超、寅康等修,杨笃纂:《西宁新志》,卷九,风土志,附物产,清同治十二年修,清光绪元年刻本。)

〔民国二十年前后,河北卢龙县〕 农产物以红粮、玉蜀、谷、黍、豆、麦、麻、棉花为多。山村居民近年栽种地瓜,虽不能行销他处,亦占民食百分之十。

(董天华修,胡应麟、李茂林纂:《卢龙县志》,卷九,物产,民国二十年铅印本。)

〔民国二十三年前后,河北怀安县〕 以高粱、谷、黍为大宗,黄、黑、绿豆次之,马铃薯又次之,稻因各处水源不旺,种亦无几。

(景佐纲修,张镜渊纂:《怀安县志》,卷三,政治志,实业,农业,民国二十三年铅印本。)

〔民国二十三年前后，河北藁城县〕　藁邑地势平坦，无山泽矿产之利。农产以棉花、粟、麦、高粱、大豆为大宗。总计，全境垦殖之田约七千余顷，棉花占百分之二十，年产千余万斤；粟占百分之二十，年产二千余万斤；麦占百分之十三，年产千余万斤；高粱占百分之七，年产五、六百万斤；大豆占百分之十，年产千万斤；次则甘薯、落花生亦为本县主要农产。

（任傅藻等修，于箴等纂：《续修藁城县志》，卷一，疆域志，物产，民国二十三年铅印本。）

〔民国二十三年前后，河北望都县〕　粟为全县大宗产品，民生日用不可缺者，每年种植面积约占全县地亩百分之五十以上。其品质中等，每亩（以二百四十步计）产量优者一石三四斗（每斗以二十管计），次者七八斗。……全县产额约八万余石，概销境内。

（王德乾修，崔莲峰等纂：《望都县志》，卷一，舆地志，物产，民国二十三年铅印本。）

〔民国二十三年前后，河北霸县〕　霸县实业以农业为大宗，约占全县十分之八九，其耕作仍用旧法。近数年来，种子间有自外来者，然惟玉米、棉花两种，亦未畅旺。其他谷物产量，以未改良之故，收益皆略减于前。

（张仁蠡、刘延昌修，崔汝襄、刘崇本纂：《霸县新志》，卷三，实业，民国二十三年铅印本。）

〔民国二十五年前后，河北香河县〕　香邑所产谷类以玉蜀黍、小米、黄豆、高粱为主要食物，种者甚多。但所收仅足供本地销耗，无多外运。惟黑豆一项向外行销，恒在三万石以上。

（王葆安修，马文焕、陈式谌纂：《香河县志》，卷三，物产，民国二十五年铅印本。）

〔民国二十五年前后，河北香河县〕　居民日三餐食品，以小米、玉蜀黍、杂豆为重要，麦粉、稻米为上品。杂粮系本地产，，米面则来自津沽，故寻常除食杂粮及本地产麦外，稻米则非婚丧节令，恒不轻用。

（王葆安修，马文焕、陈式谌纂：《香河县志》，卷五，风土，民生，民国二十五年铅印本。）

〔清光绪三十四年前后，内蒙古土默特旗〕　其产五谷略备，莜麦即油麦，青稞者曰青莜麦，民食所重。又有小麦，其味佳，种者犹鲜。

（清　贻谷修，高赓恩纂：《土默特旗志》，卷八，食货，清光绪三十四年刻本。）

〔民国二十四年前后，绥远归绥县〕　食用作物，禾本科曰高粱，曰谷子，曰麦子,曰草麦,曰黍子,曰糜子,曰油麦,曰玉荬子。县向无稻,近有试种之者。

(郑植昌修,郑裕孚纂:《归绥县志》,产业志,农业,民国二十四年铅印本。)

〔民国二十六年前后,绥远归绥县〕 归绥近城土地丰腴,宜种高粱、大小麦、谷子、胡麻、红黑豆等,故粮食为出口大宗。工业善制毡毯。

(廖兆骏编:《绥远志略》,第七章,绥远之县邑,第四节,归绥县,民国二十六年铅印本。)

〔清乾隆元年至咸丰二年,盛京〕 蜀黍,种始自蜀,今呼高粮,土人率多饭此,沤为米粉,食品所珍,岁以充贡。又,蜀黍入曲烧酒供祀,私烧者禁。

(清 吕耀曾等修,魏枢等纂,雷以诚补修:《盛京通志》,卷二十七,物产志,谷之属,清乾隆元年刻、咸丰二年补刻本。)

〔清光绪三十四年前后,奉天辽阳州〕 农产物出额之最多量者惟大豆、高粱(即蜀黍),逢一有年,敷土人二年之用有余,故高粱酒、豆饼为出口大宗,而粳米尤为特产。粳即陆稻,米色微青,俗呼辽阳青,城西南陶官屯所产向系贡品,号为桃花米。城东高原地宜豆宜粟宜玉蜀黍(即包米),城西太子河左右宜来、䅟(来,大麦;䅟,小麦),其余各色杂粮如黍(糜子)、稷等类,早种而早熟,于气候尤宜。其油粮类,豆子而外,有苏子、芝麻、蓖麻、火麻(即线麻)等。统计一年收获额应得高粱二百七十万石,大豆一百一十五万石,粳子六万石,小麦三万石,杂粮如谷子、稃子、大麦、小豆、糜子、包米等约得三万余石,诚产粮之区也。

(清 洪汝冲修,永贞纂:《辽阳乡土志》,物产,农产,清光绪三十四年铅印本。)

〔民国四年前后,奉天宽甸县〕 出产,以包米、元豆为大宗,高粱、谷稻、小豆次之,小麦、绿豆、芝麻、黑豆、苏子秤、粳米等类又次之。

(程廷恒修,陶牧纂:《宽甸县志略》,风俗略,民国四年石印本。)

〔民国九年前后,奉天复县〕 包米,本境岁产约六万余石,运销娘娘宫、普兰店、瓦房店、皮口等处。高粮,俗称红粮,本境岁产约二万余石,装运普兰店行销。稻米,俗称粳子,有水、旱二种,以松树驿一带水产者为佳。

(程廷恒修,张素等纂:《复县志略》,第三十五,物产志,植物,民国九年石印本。)

〔民国十年前后,奉天锦县〕 锦县农田一百七十万亩有奇,土性多黄沙,种植以红粮(即蜀黍之俗称)为大宗,原占约百分之六十。近以包米(即玉蜀黍之俗称)收获较优,红粮大减。今红粮约占百分之四十,包米约占百分之二十,豆约占百分之十五,谷(即粟去壳则曰小米)约占百分之十五,杂粮约占百分之八,草棉(俗呼棉花)约占百分之二。其收获数目,红粮每亩丰约六斗,歉约三斗,平均约四斗五升。包米每亩丰约八斗,歉约三斗,平均约五斗五升。豆每亩丰约五斗,歉约一斗,平均约三斗。谷每亩丰约六斗,歉约二斗,平均约四斗。杂粮每亩丰约五斗,歉约一斗,平均约三斗。草棉每亩丰约百斤,歉约二十斤,平均约六十斤。

(王文藻修,陆善格纂:《锦县志略》,卷十二,实业,农产,民国十年铅印本。)

〔民国十三年前后,奉天海城县〕 本城实业以农殖为大宗,居民业农者约三分之二,每岁出产以高粱、元豆为最多,小米次之。

(廷瑞修,张辅相等纂:《海城县志》,卷七,人事,实业,民国十三年铅印本。)

〔民国十六年前后,奉天兴城县〕 兴城县农田九十四万五千九百亩有奇,土质多黄色,夹沙带石者亦间有之。按年种植,红粮居大多数,约占百分之四十五。近以玉蜀黍(俗呼包米)之收获早且优,种者遂日以众,约占百分之一十五。谷(即粟,其米俗呼小米)约占百分之二十,豆约占百分之一十,杂粮约占百分之九,草棉(俗呼棉花)约占百分之一。至每亩收数,红粮丰约六斗,歉约三斗。玉蜀黍丰约七斗,歉约四斗。谷丰约六斗,歉约三斗。豆丰约六斗,歉约二斗。杂粮丰约四斗,歉约一斗。草棉丰约百二十斤,歉约三十斤。平均红粮四斗五升,玉蜀黍五斗五升,谷四斗五升,豆四斗,杂粮二斗五升,草棉七十五斤。

(恩麟、王恩士修,杨荫芳等纂:《兴城县志》,卷七,实业志,农产,民国十六年铅印本。)

〔民国十七年前后,奉天辽阳县〕 奉天素号农区,辽境农产尤甲于各县。男丁业农者约居百分之六十五。每岁产额最多量者,惟大豆、高粱,逢一有年,足敷二年之用,故高粱酒、豆油、豆饼为出口大宗。……总计,全境产额,高粱为大宗,约可一百二十万亩,平均约收七八十万石。豆类约五十万亩,约收二十六七万石。小麦三十万亩,约收八万石。大麦七万亩,约收四万五千石。谷子二十万亩,约收十一万石。石草四百万斤。棉花二万亩,约收熟棉六十万斤。其余杂粮,无烦缕数。

(裴焕星等修,白永贞等纂:《辽阳县志》,卷二十七,实业,农,民国十七年铅印本。)

〔民国十九年前后,奉天开原县〕 开原西南北三面为一小平原,东境清、柴二川两岸水田亦日渐开拓,计居民业农者平均约百分之六十。地利所出,大豆、红粮占最多数,谷及小麦亦不少。

(李毅修,王毓琪等纂:《开原县志》,卷九,人事,实业,农业,民国十九年铅印本。)

〔民国十九年前后,奉天辽中县〕 全县农之为业几于百分之七十,终岁勤动,时逢有秋,出产大宗以高粱及各种豆粮为产额最巨。经烧行、油坊收买制酒及豆饼、豆油行销外运。……按:本邑全境地额共二百余万亩,以二十分计之,种高粱者占十分,年可收获约五十余万石。种大豆者占三分,年可收获十二万余石。种谷子者占二分,年可收获十二万余石。种稗子者占二分,年可收获十四万余石。种小麦者占一分,年可收获一万五千余石。种大麦者占一分,年可收获六万石。至种各项杂粮者,共占一分之五,约计不下七八万石。他如种棉花者占一分之五,年可收棉二十万斤。此全年收获之概数也。

(徐维淮修,李植嘉等纂:《辽中县志》,卷二十六,实业志,农业,民国十九年铅印本。)

〔民国二十年前后,奉天义县〕 义县农田全数一百三十五万三千九百零九十四亩六分五厘,土性强半多黄黑沙。种植以红粮(即蜀黍之俗称)为大宗,约占百分之六十。其次为谷子,约占百分之三十。余各项杂粮及草棉(俗称棉花),以东北为最多,约共占百分之一十。其收获数目,红粮每亩丰约六斗,歉约三斗,平均四斗五升。包米每亩丰约八斗,歉约三斗,平均约五斗五升。豆每亩丰约五斗,歉约一斗,平均约三斗。草棉每亩丰收百斤,歉约二十斤,平均约六十斤。

(赵兴德修,王鹤龄纂:《义县志》,中卷之九,民事志,实业,农业之属,民国二十年铅印本。)

〔民国二十二年前后,奉天北镇县〕 本城实业以农殖为大宗,居民业农者约三分之二,出产以高粱、元豆为最多,谷子、棉花次之。

(王文璞修,吕中清等纂:《北镇县志》,卷五,人事,实业,农务,民国二十二年石印本。)

〔清光绪十七年前后,吉林〕 农人力田,少嗜好,终岁辛勤,不敢少休。……土地肥饶,收获自倍,新垦之荒,得粟尤多。

(清 长顺等修,李桂林等纂:《吉林通志》,卷二十七,舆地志,风俗,清光绪十七年刻本。)

〔清光绪末年,吉林海龙府〕 大麦、小麦、荞麦、粳子、苏子、玉蜀黍、青豆、小豆、绿豆、土豆、萝卜、白菜、瓜匏、苎麻、线麻、烟草等,均为本境常户,以青豆、高粱为大宗,靛青为特产。

(清 海龙府劝学所编:《海龙府乡土志》,物产,一九六〇年油印本。)

〔清光绪三十三年前后,吉林柳河县〕 小麦、大麦、荞麦、粳子、苏子、高粱、谷子、包米、黄豆、小豆、绿豆、土豆、萝卜、白菜、苞蕡麻、线麻、烟草、靛草等,均为本境常产,以高粱、黄豆为大宗。

(奎斌、邹铭勋纂:《柳河县乡土志》,物产,植物,清光绪三十三年抄本。)

〔**清宣统二年前后,吉林长白县**〕 麦类分大麦、小麦……本境种小麦者多。……玉蜀黍,一名玉高粱……此物最宜北地,为辽东食物大宗,长郡居民家家蚕积。

(清 张凤台等纂:《长白汇征录》,卷五,物产,植物类,清宣统二年铅印本。)

〔**民国四年前后,吉林双山县**〕 高粱为大宗,芝麻尤佳,谷子、稗子次之,荞麦、包米次之。

(牛尔裕纂:《双山县乡土志》,植物,民国四年铅印本。)

注:双山县今为双辽县。

〔**民国十六年前后,吉林辉南县**〕 玉蜀黍,俗曰包米……与粱与谷为境内食粮三大宗。粳,即稻之艺于陆者,俗曰旱粳子,其米较稻为逊,境内种者颇多。

(白纯义修,于凤桐纂:《辉南县志》,卷一,疆域,物产,农产,民国十六年铅印本。)

〔**民国二十年前后,吉林辑安县**〕 全县居民几尽为农……农作物最主要者为元豆、玉蜀黍等。

(刘天成等修,张拱垣等纂:《辑安县志》,卷三,人事,农业,民国二十年石印本。)

注:辑安县今为集安县。

〔**民国二十年前后,吉林辑安县**〕 玉蜀黍,俗名包米……为农产大宗,居民主要食品。稻……有水、旱两种,水稻较优,价亦较昂,近年提倡水利,种水稻者颇多,获利倍蓰。

(刘天成等修,张拱垣等纂:《辑安县志》,卷四,物产,植物,民国二十年石印本。)

〔**清康熙二十五年至光绪十七年,黑龙江**〕 黑龙江省旗屯之设,始于康熙二十五年诏令出征罗刹官兵同汉军披甲在墨尔根、黑龙江等处资为驻防。雍正十三年,续移奉天开户旗丁于呼兰设屯。乾隆十年,郎中富明安条奏黑龙江等处兵丁生齿日繁,请照呼兰设屯之例,再加推广。四城之设旗屯,大率皆在乾隆中叶以前。其屯地初以黑龙江为腴,后以呼兰为腴,墨尔根、齐齐哈尔则皆次焉。所播谷种无稻,余皆有之,而以穈及高粱为多且佳。穈色黄粒细,即小米之类;高粱色白粒巨,充饥尤足,土人常餐恃此两种,其各屯交粮则惟以穈为主。收分既定,由各屯官按丁催纳,就各城官仓库运交数,各仓官监司其事。

（清　徐宗亮纂：《黑龙江述略》,卷四,贡赋,清光绪中刻本。）

〔**清嘉庆十五年,黑龙江**〕　稻米,自奉天来者,食者少,价亦过昂。他如高粱、稗子、黑豆、豇豆之属,皆土产。此外有谷,穗长尺许,色如血,名老羌谷。

（清　西清纂：《黑龙江外纪》,卷八,清嘉庆十五年修,清光绪二十六年刻本。）

〔**清光绪十七年前后,黑龙江**〕　谷种杂色皆有,不为常食,常食者惟小米、高粱二种,皆黍类,昔人称莜麦,色洁性温,大胜中土。……播种期在三月以后,收成期在八月以前,早寒迟暖,气候使然。然土脉上腴,无粪土耘耨一切工费,壮健单夫治二三垧地,供八口家食绰有余裕,以故内省游民嚣然赴之。

（清　徐宗亮纂：《黑龙江述略》,卷六,丛录,清光绪中刻本。）

〔**民国十四年前后,黑龙江**〕　谷属,如豆、麦、黍等类皆产,而以大豆、高粱为大宗。

（金梁纂：《黑龙江通志纲要》,物产志,植物,民国十四年铅印本。）

〔**明嘉靖十四年前后,陕西巩昌府秦安县**〕　多稷,俗呼为糜、为黄米。……有数种焉,有黄糜、有红糜、有黑糜,亦有可作酒者为黏糜。多粱,秦陇少稻,惟以粟米充饔飧,然实适口颇胜于陇东。亦有数种,有白谷、有红谷、有黄谷、有黑谷、有青谷,其米一尔。有黍多麦,色赤者曰火麦,白者曰白麦,冬种者曰冬麦,春种者曰春麦。

（明　胡缵宗纂修：《秦安志》,卷八,田赋志,明嘉靖十四年刻本。）

〔**清嘉庆二十四年前后,陕西凤翔府扶风县**〕　地少水,故稻田仅附渭滨。近则瘠地皆种包谷(一名玉米,省《志》谓之玉蜀黍),盖南山客民所植,浸及于平地矣。

（清　宋世荦等修,吴鹏翱、王树棠纂：《扶风县志》,卷四,赋役,土产附,清嘉庆二十四年刻本。）

〔**清道光二十二年前后,陕西汉中府留坝厅**〕　五谷皆种,以玉黍、荞麦为最,稻、菽次之。

（清　贺仲瑊修,蒋湘南纂：《留坝厅志》,卷四,土地志,物产,清道光二十二年刻本。）

〔**清光绪五年前后,陕西汉中府定远厅**〕　山内以粟谷为重,粟利不及包谷,近年遍山满谷皆包谷矣。

（清　余修凤纂修：《定远厅志》,卷五,地理志,风土,清光绪五年刻本。）

注：定远厅今为镇巴县。

〔清光绪三十四年前后,陕西商州镇安县〕 苞谷,为民食大宗,本境山多地少,高坡旱地,惟此以宜。岁歉足供自食,年丰则驮运咸宁引驾卫销售,或易盐入山。

(清　李麟图纂修:《镇安县乡土志》,卷下,商务,本境产物,清光绪三十四年铅印本。)

〔民国十九年前后,陕西横山县〕 稷……分青谷、白谷、红谷数种。其不黏者名硬谷,为煮饭之用。黏者名软谷,亦名酒谷,可酿造酒类。县境多山岳,高寒干燥,五谷外他非所宜,农家恒以种谷为大宗,故收谷最多,人亦乐于食用。……稻,有软、硬,软即糯米,黏性最大,俗名软稻米。横山地接沙漠,河北沟渠纵横,稻产尚矣。去壳成米,洁白如玉如珍,食之芳香,行销邻县甚广。其种有红、白二种,县属波罗之二石磕、鲍家渠等村,粒肥细腻,所产尤佳。

(刘济南修,曹子正纂:《横山县志》,卷三,物产志,谷部,民国十九年石印本。)

〔民国二十三年前后,陕西宁陕厅〕 日用常食以包谷为主,老林中杂以洋芋、苦荞,低山亦种豆、麦、高粱。至稻田,惟近溪靠水筑堰,阡陌不过山地中十分之一。

(杨虎城、邵力子修,吴廷锡等纂:《续修陕西通志稿》,卷一百九十五,风俗一,宁陕厅,民国二十三年铅印本。)

〔明天启元年至清康熙二十七年,甘肃巩昌府岷州〕 岷州卫地瘠而气寒,五谷不能熟,惟产青稞、大豆。

(明　杨恩纂修,清　纪元补订:《巩昌府志》,卷七,风俗,明天启元年修,清康熙二十七年补订刻本。)

〔清道光十三年前后,甘肃兰州府〕 府属五谷,黍、稷为多,麦、菽次之,稻惟皋兰、靖远近河地偶有之。青稞、玉麦之类可佐食者,则处处产焉。

(清　陈士桢修,涂鸿仪纂:《兰州府志》,卷五,田赋志,物产,清道光十三年刻本。)

〔清道光十三年前后,甘肃兰州府靖远县〕 五谷俱堪树艺,而黍、稷为多。黍、稷,秦人通称的穈,而靖远日用多稷米,而黍米差少。酿酒以粟米,不用秫糯。黄、白、黑、绿各色豆俱有。有蚕豆,不见有小豆。以地寒,小麦、大麦、青稞、豌豆皆春种,六七月熟。小麦虽春种,颗粒甚佳,作饼蒸煮皆宜。卫人能作细面,干之可以寄远。有大小燕麦,小燕麦俗呼油麦,此边地人民所常需。

(清　陈之骥纂修:《靖远县志》,卷五,物产,清道光十三年刻本,民国十四年铅字重印本。)

〔民国年间，甘肃民勤县〕 幅员狭隘，十地九沙，民习勤劳，率力耕自食。岁二月先种青稞，次大、小麦为夏种。四五月种糜谷为秋种，布种稠密，禾深以手去莠，无耘锄之具。六月，夏禾俱收。八月，西成告竣。边地寒冷，田不两收，农鲜余三余九之蓄。

（马福祥等主修，王之臣等纂修：《民勤县志》，风俗志，士农工商执业，民国年间手抄本。）

〔民国二十四年，宁夏隆德县〕 农界约居百分之六七十，主要出产为春麦、豌豆、扁豆、莜荞麦、糜谷、胡麻、羊芋等，副产物品有羊毛、蜂蜜、粉条、清油、大黄、冬花等。

（桑丹桂修，陈国栋纂：《重修隆德县志》，卷一，民族，生计，民国二十四年修，石印本。）

〔清乾隆五十七年前后，甘肃兰州府循化厅〕 五谷，附城左右多种青稞、小麦、大麦，而大麦尤多。豆则小莞豆、小扁豆、白莞豆、蚕豆、绿豆，园中间有种刀豆者。秋田种大糜子、谷子，其荞麦则青稞割后方种，惟此为两收。起台堡近大山，地气较冷，惟种青稞、小麦，而青稞为多。……阿巴拉合儿等寨及南番多以牧放为生，种地者少，间有种者，惟种青稞。

（清 龚景瀚纂修：《循化厅志稿》，卷七，物产，传抄清乾隆五十七年刻本。）

〔清乾隆六十年前后，浙江衢州府开化县〕 苞芦，种自安庆来，近年处处种之，可以代粮，然开邑田地山场因此多被水冲塌，似宜禁。

（清 范玉衡修，吴淦等纂：《开化县志》，卷五，物产，清乾隆六十年刻本。）

〔清嘉庆中叶，安徽泗州盱眙县〕 山多无草木，嘉庆中，皖人典种不用牛犁，惟锹动垦刨，多种高粱，倍常收获。

（清 崔秀春、方家藩修，傅绍曾纂：《盱眙县志》，卷二，食货志三，漕运，清同治九年修、十二年刻本。）

〔民国二十六年前后，安徽歙县〕 地隘斗绝，厥土骍刚不化，高水湍悍，少潴蓄，寡泽而易枯，十日不雨，则仰天而呼。骤雨过，山涨暴出，粪壤之苗又荡然枯矣。农家事倍功半，故健者多远出为商贾焉。山农盛于东南，种不宜稻，多植玉蜀黍（俗名苞芦）及菽与粟（即黄小米），号曰秋粮。泽农盛于西北，分秧而后，莳艺如绣，夏霖不给，桔槔从之，昼夜不少休，收获分归田主，名曰纳租。平地农，则畦町、场圃、舍旁、路侧在在有之，女妇亦事耰锄，工校晴雨，辛勤所得聊给饔飧。

土性宜茶,出产大宗,多恃乎此,谷雨前后昼采夜制,无稍暇逸。

（石国柱等修,许承尧等纂:《歙县志》,卷一,舆地志,风土,民国二十六年铅印本。）

〔清乾隆五十九年以前,江西南昌府南昌县〕 御米,一名䉻粟,茎叶颇类粟,附茎着包,包裹米,米如石榴子,有红、黄、白三种,可煮食,宁州最多,近南昌亦有之。

（清 徐午修,万廷兰纂:《南昌县志》,卷三,土产,清乾隆五十九年刻本。）

〔清同治十二年前后,江西广信府上饶县〕 粟,其不黏者,北地最多,呼为小米,亦曰黄米,食之宜人,信郡近年亦有种者,作饭煮粥皆可。其种植以地不必田,亦贫民粒食之所赖也。

（王恩溥等修,李树藩等纂:《上饶县志》,卷十,风俗,土产附,清同治十二年刻本。）

〔清道光二十二年前后,湖北施南府建始县〕 邑境山多田少,居民倍增,稻谷不足以给,则于山上种包谷、洋芋、荞麦、燕麦或蕨蒿之类,深林剪伐殆尽,巨阜危峰一望皆包谷也。

（清 袁景晖纂修:《建始县志》,卷三,物产,清道光二十二年刻本。）

〔清同治三年前后,湖北宜昌府东湖县〕 玉蜀黍,释名玉高粱,土名包谷。旧惟蜀中种此,自赛陵改府后,土人多开山种植,今所在皆有,乡村中即以代饭,兼可酿酒。

（清 金大镛修,王柏心纂:《东湖县志》,卷五,疆域志下,物产附,清同治三年刻本。）

〔清同治三年前后,湖北施南府恩施县〕 环邑皆山,高山以包谷为正粮,间有稻田种植,收获恒迟。贫民则以种薯为正务。最高之山惟种药材,近则遍植洋芋,穷民赖以为生。恩邑年产惟视高山之收成以定丰歉。里人呼包谷各种为杂粮,而呼稻谷为大粮。邑民食稻者十之三,食杂粮者十之七。

（清 多寿、罗凌汉纂修:《恩施县志》,卷七,风俗志,地情,清同治三年刻本。）

〔清同治九年前后,湖北郧阳府〕 六属崇山峻岭,平畴水田十居一二,山农所恃以饔飧者麦也、荞也、粟也,要以玉蜀黍为主(俗名包谷)。至稻、麦,唯士宦与市廛之民得食之。

（清 吴葆仪等修,王严恭等纂:《郧阳志》,卷四,田赋志,物产,清同治九年刻本。）

〔清同治十三年前后,湖北襄阳府襄阳县〕 襄阳居楚北上游,地势颇高,水田少而旱地多。襄麦较下游诸郡独胜,以界连豫境作面食佳。稻以峪山黄龙荡产者为上,西张家山亦不减也。又有秾,一名玉高粱,俗名包谷,最耐旱,近时山地多产之,遂为贫民所常食。

(清 杨宗时修,崔淦纂,吴耀斗续修,李士彬续纂:《襄阳县志》,卷三,食货志,物产,清同治十三年刻本。)

〔清光绪十一年前后,湖北宜昌府兴山县〕 县境土地硗瘠,物产最多者惟玉蜀黍、罗汉芋为民间常食,药类次之,其余所产更微。

(清 黄世崇纂修:《兴山县志》,卷十四,物产志,清光绪十一年刻本。)

〔清同治年间,湖南沅州府〕 近时①楚中遍艺之②凡土司之新辟者,贫民率挈挐入居。垦山为陇,列植相望,岁收子捣米而坎,以充常食,米汁浓厚,饲豕易肥。近水者舟运出粜,市酤者购以酿酒,且有研碎滤汁为粉搓揉漉汤成索以入馔者。水乡岁歉,亦升斗易之,以救荒,盖为利多矣,郡境虽有种植,而闲土尚可耰锄,不妨广布其种,收实而储之仓庾,未必不愈于蕨根、草实也。

(清 张官五等修,吴嗣伸等续修:《沅州府志》,卷之二十,物产,清乾隆五十五年刻,同治十二年增刻本。)

① 清同治十年前后。
② 指种玉蜀黍。

〔清同治七年至光绪四年前后,湖南永顺府龙山县〕 邑少田,居民赖山土为常产。冬日抵荒坡可垦处,薙草斩木纵火燎之,谓之烧畬。久荒则地力足,经火则土性松。迄春加以锄垡种苟杂粮甚硕蕃,足济终岁之食。

(清 符为霖等修,谢宝文续修,刘沛纂:《龙山县志》,卷十一,风俗,清同治七年修、光绪四年续修刻本。)

〔清宣统年间,广东广州府番禺县〕

高粱　玉蜀黍　粟

种　名	产　地	性质收量及用途
散穗高粱	本邑东北部	性黏,可酿酒,亦作饲料。
紧穗高粱	同	同
黄玉蜀黍（即黄苞粟）	本邑（直隶移植）	苗心别出一苞,上生百须垂垂,久则苞坼子出,颗颗攒簇,亩收约五、六百斤,棵可二千计,味甘美,堪作食品,近有制人罐头贩外洋者,味劣者或以饲畜。
红玉蜀黍	外洋移植	

(续表)

种 名	产 地	性质收量及用途
白玉蜀黍	同	
砂糖玉蜀黍	同	
马齿玉蜀黍	同	
狗尾粟 （一名谷子）	本邑东北	性耐旱，形似北方小米，黄色，穗如狗尾，故名。
鸭脚粟	暹罗移植	似黍而穗异生三、四歧，若鸭掌，故名，秄粒细，色黑，而味劣，两种皆可作粉调粥用，尤劣者以饲雀。

（丁仁长、吴道镕等纂：《番禺县续志》，卷十二，实业志，民国二十年刻本。）

〔民国二十六年前后，广西崇善县〕 主要食粮，东南各乡以粘谷、油粘为大宗，西北各乡以玉米为大宗。

（林剑平、吴龙辉修，张景星等纂：《崇善县志》，第四编，经济，产业，民国二十六年稿本。）

〔清乾隆四年前后，四川雅州府打箭炉厅〕 打箭炉，瘠土不毛，惟播种青稞、莞豆，蓄养牛、羊，挤乳作酥，拌糌粑而食，余无所产。

（清 曹抡彬修，曹抡翰纂：《雅州府志》，卷五，物产，清乾隆四年刻本。）

〔清光绪十一年前后，四川夔州府大宁县〕 山乡日食以苞谷、红薯、洋芋为大宗。至荞面麦粉，因时更易。

（清 高维岳修、魏远猷等纂：《大宁县志》，卷一，地理，风俗，清光绪十一年刻本。）

〔民国四年前后，四川峨边县〕 县属山多田少，间有山田，半就泉水灌溉，半因天雨，乃能栽种。附郭一带耕耘无空隙时，每年约有三季，所出有玉黍、芋、菽之类。

（李宗锽等修，李仙根等纂：《峨边县志》，卷二，礼俗志，习俗，民国四年铅印本。）

〔民国十三年前后，四川松潘县〕 青稞，颗圆头尾尖，色深青，宜种山原，各番寨地广种之，官仓储粮以此为最。

（张典等修，徐湘等纂：《松潘县志》，卷八，物产，谷属，民国十三年刻本。）

〔民国二十九年前后，四川茂县〕 全境万山重叠，山势崎岖，以南路为甚，其可耕之地较理番、汶川为优，因山多斜坡，至县城东部，农垦甚盛。

（边政设计委员会编：《川康边政资料辑要》，茂县概况，地势，民国二十九年铅印本。）

〔民国二十九年前后,四川西昌〕　土质纯系砂土、砂质砾土,异常干燥,至于夏季饮水亦不易得。作物只宜荞、豆、麦、玉蜀黍、马铃薯,能耐旱耐寒之物,已垦者不过十分之一,未垦者约占十分之九有奇。

（边政设计委员会编:《川康边政资料辑要》,西昌概况,夷地土质,民国二十九年铅印本。）

〔清代至民国年间,贵州施秉县〕　施秉地属苗疆,山多田少,田亩除治城稍肥沃外,余俱硗瘠。同光以还,苗疆底定,夷汉归农,农产以黏米为大宗,除敷本地日食外,运销外县,年约数百余石。杂粮如麦荞、高粱、苞谷、黄豆、豌豆等类,亦有种者,第不及米粮之多。

（朱嗣元修,钱光国纂:《施秉县志》,卷一,农桑,民国九年修,贵州省图书馆一九六五年油印本。）

〔民国十一年前后,贵州安南县〕　安南全境田约十分之二三,土约十分之七八,以产包谷为大宗,米次之,菽麦又次之。然乡民多食包谷,故产米虽少,亦与包谷同运销于邻封。

（李兰生修,李大泽纂:《安南县志稿》,卷六,经业志,农桑,民国十一年修,一九六六年贵州省图书馆油印本。）

注：今晴隆县。

〔清道光十一年前后,云南〕　青稞,质类穬麦,而茎叶类黍,耐霜雪。阿墩子及高塞之地皆种之,经年一熟,七月种,六月获。夷人炒而舂面,入酥为糌粑。

（清　王崧纂:《云南备征志》,卷十八,故实十八,物器,清道光十一年刻本,民国三年重刻本。）

〔清康熙年间,西藏〕　拉萨谷属产青稞、小麦、胡豆、豌豆、菜子,自他处贩来者则绿豆、黄豆、水豆、稻米、黑糖。蔬属则圆根葱蒜蘑菇,近汉人自中国带菜种有白菜、莴苣、菠菜、苋菜、韭菜、萝卜、桐蒿、四季豆、苦豆。牲畜则马、骡、驴、牦牛、黄牛、长毛牛,猪颇小,至大不过四五十斤,鸡亦小。

（清　佚名撰:《西藏志》,物产,清康熙间修,清乾隆五十七年刻本。）

〔清乾隆五十七年前后,西藏拉萨〕　拉萨谷属产青稞、小麦、胡豆、豌豆、菜子。自他处贩来者,则绿豆、黄豆、冰豆、稻米、黑糖。蔬属则圆根、葱、蒜、蘑菇。近汉人自内地带菜种有白菜、莴苣、菠菜、苋菜、韭菜、萝卜、桐蒿、四季豆、苦豆。

（清　佚名纂:《西藏志》,物产,清乾隆五十七年和宁刻本,西藏人民出版社一九八二年铅印今人吴丰培校订本。）

3. 薯类

〔**清乾隆二十三年至光绪十二年,直隶顺天府**〕 甘薯,即番薯,又呼山薯,煮食味甘,生食亦甘。……通州王志云乾隆二十三年官饬民种,今每年长发利民。

(清　周家楣等修,张之洞、缪荃孙纂:《顺天府志》,卷五十,食货志,物产,清光绪十二年刻本。)

〔**清光绪五年前后,江苏松江府南汇县**〕 山芋……向不产,近年客民于沿海沙地种之。

(清　金福曾等修,张文虎等纂:《光绪南汇县志》,卷二十,风俗志,物产,清光绪五年刻本。)

〔**民国十二年前后,河北藁城县**〕 甘薯,俗名山芋,原产于交趾。……其质甘美,可代糗粮,吾邑盛产之。而以河北为最著,河北各村家家种之,人人食之,一入冬期则为食物之要品,有余则售之于市,又为入款之大宗。昔河南各处栽培尚少,近年渐渐亦多。

(林翰儒编:《藁城乡土地理》,下册,甘薯,民国十二年石印本。)

〔**民国二十三年前后,河北望都县**〕 甘薯,本邑种植甚多,品质中等,产量每亩优者三千斤,次者一二千斤不等。……每年全县产额不下千八百万斤,农民冬季赖此物产而生活者实居多数。

(王德乾修,崔莲峰等纂:《望都县志》,卷一,舆地志,物产,民国二十三年铅印本。)

〔**清嘉庆年间至民国七年前后,山西马邑县**〕 山药,古名薯蓣,但蓣薯形长,而此形圆,本名芋,色有黄、红、紫数种。清嘉庆年,其种来自福建,盛行于今。三四月下种,七八月收。每亩多至二千余斤。制粉面,多于豆粉、藕粉者,边地贫寒赖此为养命之源。

(陈廷章修,霍殿鳌纂:《马邑县志》,卷一,赋役志,土产,民国七年铅印本。)

〔**清道光以前至光绪五年前后,陕西汉中府定远厅**〕 高山之民尤赖洋芋为生活,道光前,惟种高山,近则高下俱种。春种,则五六月可食。山民有因之致富者。

(清　余修凤纂修:《定远厅志》,卷五,地理志,风俗,清光绪五年刻本。)

〔**清咸丰年间至民国十四年前后,陕西韩城县**〕 甘薯,一名地瓜,俗名红薯,先产于直隶，由直入鲁入晋。咸同间，陕人始有种者。近日各县皆种，而仍不甚多。

（赵本荫修，程仲昭纂：《韩城县续志》，卷一，田赋，附物产，民国十四年石印本。）

〔清乾隆初年至民国二十年前后，山东胶县〕 番薯，俗名地瓜，胶初无此产，清乾隆初年，闽商自吕宋携至，适合土宜，今蕃衍与五谷等，亦可切干，蔓叶可作喂养料，农民冬食多仰赖之。

（叶钟英等修，匡超等纂：《增修胶志》，卷九，疆域志，物产，民国二十年铅印本。）

〔民国二十五年前后，山东莒县〕 蕷薯，俗名地瓜，清乾隆间来自吕宋，今则蕃衍，与五谷等。分红、白二种，红者普遍，春夏皆可种，高阜沙土咸宜，今为重要民食。

（卢少泉等修，庄陔兰等纂：《重修莒志》，卷二十三，舆地志，物产，民国二十五年铅印本。）

〔清光绪十三年前后，江苏徐州府睢宁县〕 甘薯，俗名白芋，又名山芋，民食半赖之。

（清 侯绍瀛修，丁显等纂：《光绪睢宁县志稿》，卷三，疆域志，物产，清光绪十三年刻本。）

〔清光绪二十一年前后，江苏淮安府盐城县〕 盐邑沙地种薯渐广，皮朱而味甘，汁多而筋少，较阜邑所产过之。

（刘崇照修，龙继栋、陈玉树纂：《盐城县志》，卷四，食货志，物产，清光绪二十一年刻本。）

〔清光绪末年，江苏镇江府丹徒县〕 光绪末，本邑办理清荒，近山旷土不宜禾稻者多由客民开垦种植山芋，所产日富。惟其色白，味亦较淡，疑即浙东温、处等地所产番薯之一种，尚待详考。

（张玉藻、翁有成修，高觐昌等纂：《续丹徒县志》，卷五，食货志，物产，民国十九年刻本。）

〔清嘉庆十六年前后，浙江台州府太平县〕 今漫山遍种番薯，资贫人口食之半，曝干或为粉，可货远方。

（清 庆霖修，戚学标等纂：《太平县志》，卷二，地舆志，物产，清嘉庆十六年刻本，清光绪二十二年重刻本。）

〔民国初年，安徽怀宁县〕 山芋一曰山薯，山冈土瘠之区皆可种，有紫、白两种,其成芋时,大者每重数斤,小者约斤许,生食风干者美,煨食尤甘芳悦口,可碎切杂米作饭,亦可洗粉作饵。昔年尚少,近日如东西冶塘、广村、大小胜肌以及土桥坂,渌水园等处种者极多,八口之家除洗粉出售外,可代数月粮。

(朱之英等纂修:《怀宁县志》,卷六,物产,民国五年铅印本。)

〔清道光三年前后,江西赣州府安远县〕 番薯,种传交趾,皮紫肉白者上,肉黄者次,可酿酒,可制粉,近年耕山者出最多,大者重数斤。

(清 黄文燮修,徐必藻纂:《安远县志》,卷十二,土产,清道光三年刻本。)

〔清道光三年前后,江西高安府上犹县〕 番薯,有红、白二种。

(清 欧阳辑瑞纂修:《上犹县志》,卷十二,土产志,蔬之属,影印清道光三年抄本。)

〔清同治九年前后,江西南昌府南昌县〕 番薯,种自南夷,近处处有之,皮紫肌白,生熟皆可食。

(清 陈纪麟等修,刘于浔等纂:《南昌县志》,卷一,舆地志,土产,清同治九年刻本。)

〔清同治九年前后,江西南昌府武宁县〕 薯,有山薯、番薯二名,山田皆可种,生熟皆可食。

(清 何庆朝纂修:《武宁县志》,卷九,物产,清同治九年刻本。)

〔清同治十年前后,江西临江府峡江县〕 薯,峡地最多,洲土及山上皆种。

(清 暴大儒等修,廖其观纂:《峡江县志》,卷一,地理志,物产,清同治十年刻本。)

〔清同治十年前后,江西袁州府分宜县〕 近年山农多种番薯,可充三月之粮。

(清 李寅清、夏琮鼎修,严升伟等纂:《分宜县志》,卷一,地理,物产,清同治十年刻本。)

〔清同治十三年前后,江西吉安府永丰县〕 甘薯,俗名番薯,有红、白二种,生食爽脆,熟食甘美,可充粮糗,可酿酒,亦可作粉。

(清 双贵、王建中修,刘绎等纂:《永丰县志》,卷五,地理志,物产,清同治十三年刻本。)

〔清同治十三年前后,江西南安府大庾县〕 番薯,一名地瓜。有红、白二种,本蔓而根生,秋种冬收。

(清 陈荫昌修,石景芬纂:《大庾县志》,卷二,地理志,物产,清同治十三年刻本。)

注:大庾县一九五七年改名大余县。

〔明万历年间至清朝初年，福建〕 蕃薯，万历中闽人得之外国，瘠土砂砾之地皆可以种。初种于漳郡，渐及泉州，渐及莆，近则长乐、福清皆种之。盖度闽海而南有吕宋国，国度海而西为西洋，多产金银，行银如中国行钱，西洋诸国金银皆转载于此以过商，故闽人多贾吕宋焉。其国有朱薯被野连山……中国人截取其蔓咫许，挟小盒中以来，于是入闽十余年矣。其蔓虽萎剪插种之，下地数日即荣，故可挟而来。其初入闽时，值闽饥，得是而人足一岁其种也。不与五谷争地，凡瘠卤沙冈皆可以长，粪治之则加大。天雨，根益奋满。即大旱，不粪治，亦不失径寸围。泉人鬻之，斤不值一钱，二斤而可饱矣。于是耄耋童孺、行道鬻乞之人皆可以食饥焉。

（清　周亮工撰：《闽小记》，上卷，蕃薯，清乾隆刊龙咸秘书本。）

〔明万历二十二年至清乾隆二十七年前后，福建福宁府〕 番薯，有红白二色，郡本无此种，明万历甲午岁荒，巡抚金学曾从外番购种归，教民种之，以当谷食。……迩来生齿日繁，米价渐高，沿海民食半资于此，或磨为粉，或切为米，或酿为酒，或煮为糖，无不俱宜。

（清　李拔等纂修：《福宁府志》，卷十二，食货志，物产，清乾隆二十七年刻本，清光绪六年重刻本。）

〔明万历二十二年至民国二十二年前后，福建闽侯县〕 番薯，福州呼金薯者，以万历甲午福州岁荒后，巡抚金学曾莅任，始教民种蕃薯，故称金薯。有紫白二种，又有早薯、晚薯之别。皮紫者肉红，胜于白薯。

（欧阳英修，陈衍纂：《闽侯县志》，卷二十四，物产二，实根类，民国二十二年刻本。）

〔清乾隆四十二年至光绪十九年前后，福建泉州府马巷厅〕 三里水田不及十顷，唯地瓜则遍地皆种，比户皆食，间有不知稻谷之味者，其利溥而用宏。

（清　万友正纂修：《马巷厅志》，卷十二，物产，谷之属，番薯附，清乾隆四十二年刻本，清光绪十九年校补刻本。）

〔清光绪二十四年前后，福建邵武府〕 番薯，味甘，生熟皆可食，亦可酿酒，向产福州、兴化，今郡中广植之。

（清　王琛、徐兆丰修，张景祁等纂：《邵武府志》，卷十，物产，蔬之属，清光绪二十四年刻本。）

〔民国十二年前后，福建平潭县〕 平潭稻田甚少，山坡、沙埔大率种薯或花生之属，稍腴则先种小麦，获后再下薯种。次年先种黄豆，再种花生，两载四易种,地利可谓尽矣。

（黄履思等纂修:《平潭县志》,卷二十一,礼俗志,祭礼,民国十二年铅印本。）

〔民国十八年前后,福建同安县〕 番薯非谷类也,但同邑遍地皆种,比户皆食,且以此物之盛衰卜年岁之丰歉,利溥而用宏,几与五谷并重。

（林学增等修,吴锡璜等纂:《同安县志》,卷十一,物产,番薯,民国十八年铅印本。）

〔清乾隆十二年以前,台湾〕 番薯,结实于土,生熟皆可啖,有金姓者文来〈莱〉携回种之,故亦名金薯。闽、粤沿海田园栽植甚广,农民咸借以为半岁粮（《台海采风图》）。

（清 范咸等纂修:《重修台湾府志》,卷十七,物产一,蔬菜,清乾隆十二年刻本。）

〔清同治年间,湖北施南府恩施县〕 环邑皆山,高山以苞谷为正粮,间有稻田种植,收获恒迟。贫民则以种薯为正务。最高之山,唯种药材,近则遍植洋芋,穷民赖以为生。

（清 多寿修,罗凌汉纂:《恩施县志》,卷之七,风俗志,地情;民国二十六年铅印本。）

〔清康熙年间至民国三十七年前后,湖南醴陵县〕 县产粮食以稻谷为主,外概称杂粮。产量之巨,首推番薯（一名甘薯,一名红薯）。明、清之际,始由南洋岛输入闽、粤。康熙、乾隆间,闽、粤之人迁移至醴,乃挟其种以俱来。剪茎插土,稍施肥料,不待灌溉,自然繁殖。根肥当粮,藤叶饲猪。最初为红心薯,光绪二十年后,始有红皮白心种,谓之胭脂红。又有由茶陵输入者,皮色亦红,大而短,称茶陵薯。光绪末年,有所谓六十工者,皮色白,自栽种以至成熟,需时仅六十日。又一种由云南输入,谓之云南薯,皮色亦白,生食颇松脆。既而又有四十工者,皮色红,生长更速,岁可两种。赣州薯形如纺锤,质硬粉多,并为人所重视。迩来人烟日以稠密,近山者遂争事莳薯,户产率二三十石,斜坡深谷,大半辟为薯土。全县岁入,不难从估计得之。通常薯三石易谷一石,切丝曝干,每斤易米一升。故山谷之民虽遇歉岁,而有含哺鼓腹之乐,此种植之所由日蕃也。豆、麦、粟、粱俱可充饥,年荒谷贵,种者倍于往年。然其产量不及蕃薯远矣。

（陈鲲修,刘谦等纂:《醴陵县志》,卷五,食货志,杂粮,民国三十七年铅印本。）

〔清乾隆年间,湖南永州府宁远县〕 乾隆间,知县陈丹心教种番薯备荒,初仅徭山种之,后乃遍植。

（李毓九修,徐桢立纂:《宁远县志》,卷十七,食货,民国三十一年石印本。）

〔清同治十年前后,湖南长沙府攸县〕 今山民以薯充粮,其利颇溥。

(清 赵勤等修,陈之骥纂、王元凯续修、严鸣琦续纂:《攸县志》,卷五十二,物产,清同治十年刻本。)

〔民国十五年前后,湖南醴陵县〕 大抵东南乡之田较肥,故出谷亦较西北乡为多,而农夫之勤,治田之精,则皆远胜于他邑。田塍皆种豆、种蔬,山地皆种薯、种麦及诸杂粮之属,无旷土矣;豆有黄豆、赤豆、黑豆、小豆、大豆诸种,迟早不一,而饭豆(俗呼摘乾)、绿豆尤为接荒大宗,其熟较早稻为先也。山民尤利种薯,几占食粮之半,兼可作粉,薯之实根最速者,曰四十工,色红,曰六十工,色白,皆可先后剪插,每根实四五斤,近三十年始有此种,皆白心,旧种则红心,实根较少,统谓红薯,亦曰番薯。

(傅熊湘编:《醴陵乡土志》,第六章,实业,农田,民国十五年铅印本。)

〔民国二十年前后,湖南浏阳县〕 红薯,各乡皆产,东南产量尤多,为山居农民之主要食品。

(曾继梧等编:《湖南各县调查笔记》,物产类,浏阳,民国二十年铅印本。)

〔民国二十年前后,湖南汉寿县〕 红薯,宜于山地,夏种秋收,每亩约可获二百斤,味甘质浓,可作补助食料,此亦山乡大宗出产。

(曾继梧等编:《湖南各县调查笔记》,物产类,汉寿,民国二十年铅印本。)

〔民国三十年前后,湖南宁乡县〕 杂粮以红薯为大宗,二、四、五、七都之山,或土质不宜,或野兽为害,产额较少。若一、三、六、八、九、十各都,一家动产数十百石至二三百石,沩上、祖塔、段溪一带尤著,土不需粪,薯大弥甘,薯粉出售岁获万元以上,酿酒甚酽。其次小麦,初不好种,近以连年灾歉,种者渐多,有家获二三十石者。黄豆则全县皆种,供本地外销,可上市。惟绿豆、饭豆并黑豆、豌豆、川豆、脂麻、玉蜀黍、马铃薯等,皆只自给而已。

(宁乡县志局:《宁乡县志》,故事编,财用录,物产,民国三十年木活字本。)

〔清嘉庆十七年至道光二年前后,广东肇庆府阳江县〕 薯有山薯、大薯、芋数种,而番薯为多,分红、白二色,农民多以此充食。

(清 李沄等修,区启科等纂,李应均增补,胡璿续纂:《阳江县志》,卷一,地理志,物产,清嘉庆十七年修、二十三年增补、道光二年续修刻本。)

〔清道光二十九年前后,广东雷州府遂溪县〕 薯,有红皮黄肉、白肉,其类不一,四时皆可种植,约七八十日可收。遂地所收倍于他处。味甘而性和,贫民饔餐多资之。

(清 喻炳荣修、朱德华、杨翊纂:《遂溪县志》,卷十,物产,清道光二十九年刻本。)

〔清咸丰七年前后,广东琼州府琼山县〕 甘薯,叶如芋,实如拳,有大如瓯者,皮紫而肉白,蒸煮食之。旧珠崖地不业耕稼,惟种甘薯,秋熟收之,蒸晒切如米粒贮之,是名甘薯粮。

(清 李文烜修,郑文彩、蔡藩纂:《琼山县志》,卷三,舆地志,物产,清咸丰七年刻本。)

〔清光绪六年前后,广东广州府清远县〕 甘薯,俗名番薯,其种来自诸番,乡人多种,以充粮糇,名薯粮。

(清 李文烜修,朱润芳、麦瑞芳纂:《清远县志》,卷二,舆地,谷类,清光绪六年刻本。)

〔清光绪二十七年前后,广东嘉应州〕 番薯……植最易生,叶可肥猪,根可酿酒,州属山多田少,贫户每借此以充粮食。

(清 吴宗焯修,温仲和纂:《光绪嘉应州志》,卷六,物产,清光绪二十七年刻本。)

注:嘉应州今为梅县。

〔清朝年间,广东琼州府崖州〕 番薯,种来自南夷,延蔓易生,割其藤而种之。实大如拳,如瓯。有岭头薯、紫色,多粉。白薯、红薯、面薯、鸡薯、黄心薯诸种。土人每切片晒干,捣粉,名曰薯粮。或磨为面粉,白如雪,食之最滑。东坡云:"海南以薯为粮,几米之十六。"嵇含《南方草木状》云:"食之,寿多至百余岁。"土人常以酿酒。

(清 张隽等纂修:《崖州志》,卷之三,舆地志三,物产,郭沫若一九六二年点校,广东人民出版社一九八三年版。)

〔民国二十六年前后,广西崇善县〕 红薯,各乡种者极多,贫民赖此充食,有磨洗作淀粉,作粉条,以充菜食者。

(林剑平、吴龙辉修,张景星等纂:《崇善县志》,第四编,经济,产业,民国二十六年稿本。)

〔清光绪二十六年前后,四川资州井研县〕 井研出产之物,运销外地者,莫巨盐、丝、蜡,其供给县民食用,则莫先五谷。井研五谷与他县无大异同,稻谷之入,不给民食一年,大率中家以下,皆半菽而食,遇谷歉告饥,日食白粲者盖百不一二。故井研虽患少谷,不告籴于邻县,偶有贩运,惟旱涝则然。其杂粮充食,甘薯尤伙，其种贱易植，野人垦掘荒坡、峻坡，遍种之以担量，有收至数百担者，贫户倚为半岁之粮，岁视此为丰歉，此物丰，虽歉岁不为害。稷，俗谓膏粱；玉蜀黍，俗谓之包谷，他县呼玉麦者是也。然皆用以酿酒，故井研酒皆烧春，无异名之酒，自取足焉。每岁靡耗，不下数十百万石，朝廷例禁烧锅，官吏奉行而已。自余蚕豆、苜蓿、大麦、戎菽、猫豆之属，亦取代粮食，因节候析名大小春，荒月食小春，秋后食大春，其大较也。

（清　叶桂年等修，吴嘉谟等纂：《光绪井研志》，卷八，食货四，土产，清光绪二十六年刻本。）

〔清代后期至民国十年前后，四川双流县〕　地瓜，牧马山一带所产，向以华阳东路为盛，近五十年则邑境最多最美，每至秋冬，盈市山积，复担于道，络绎不绝。

（刘佶修，刘咸荣纂：《双流县志》，卷二，土产，民国十年铅印本。）

〔民国十八年前后，四川南充县〕　红薯，原名甘薯，又名番薯……或者以当粮，或切碎和米作饭，县属西北农民广种者收百十石，可供半载食，除稻、麦外，此为大宗。

（李良俊修，王荃善等纂：《南充县志》，卷十一，土物志，植物，民国十八年刻本。）

〔民国十八年前后，四川遂宁县〕　蕃苕，字典名甘薯，种出西蕃……近年地密人稠，谷食不足，一日三餐多赖此物。

（甘焘等修，王懋昭等纂：《遂宁县志》，卷八，物产，植物之谷类；民国十八年刻本。）

〔清道光十五年前，云南临安府蒙自县〕　薯蓣，《蒙自县志》：亦名山药，红、白二种，倘甸人王琼至坝洒携种归教乡人栽种，不论地之肥硗，无往不宜，合邑遍植，价甚廉，即以当餐，利甚溥。乡人德琼，岁祀之。

（清　阮元等修，王崧、李诚纂：《云南通志稿》，卷六十九，食货志，物产三，临安府，清道光十五年刻本。）

（三）经 济 作 物

1. 棉花

〔民国二十三年前后，河北平谷县〕　大黑子棉，一二十万斤；小黑子棉，三四十万斤,以上销路均在本县暨北平。以上物产之产量,皆按全年计算。

(李兴焊修,王兆元纂:《平谷县志》,卷四,物产志,草类,民国二十三年铅印本。)

〔明万历十六年前后,南京松江府上海县〕 木棉,邑人借之以给衣食。

(明 颜洪范修,张之象等纂:《上海县志》,卷三,赋役志,物产,明万历十六年刻本,抄本。)

〔明万历三十三年前后,南京苏州府嘉定县〕 棉花,通邑栽之,以资纺织。有金底者,每斤收衣六七两。

(明 韩浚修,张应武纂:《嘉定县志》,卷六,田赋考,物产,货之属,明万历三十三年刻本。)

〔明崇祯四年前,南京苏州府嘉定县外冈〕 吾乡皆瘠沙,颇难蓄水,不宜于禾,往惟种棉花,遇丰年亩可售五六千,下可一二千。

(明 殷聘尹编:《外冈志》,卷二,物产,明崇祯四年修,一九六一年铅印本。)

〔明崇祯四年前后,南京苏州府嘉定县外冈〕 正月十二日为棉花生日(棉花即吉贝),晴则有收,又必决于二月三月之十二日,谚云:"有利无利,只看三个十二日。"

(明 殷聘尹编:《外冈志》,卷一,时序,明崇祯四年修,一九六一年铅印本。)

〔清乾隆元年前后,江苏松江府等〕 木棉,古名吉贝,宋时始传其种于乌泥泾,今沿海高乡皆种之。

(清 尹继善等修,黄之隽等纂:《江南通志》,卷八十六,食货志,物产,清乾隆元年刻本。)

〔清乾隆三十七年前后,江苏太仓州嘉定县真如〕 棉花,色有紫、白,种有早、晚,以供纺织,且资远贩,公私赖之。

(清 陆立编:《真如里志》,第一卷,物产,清乾隆三十七年刻本。)

〔清乾隆五十七年前后,江苏太仓州嘉定县外冈〕 棉花,即吉贝也。……近镇遍栽,以资纺织。

(清 钱肇然编:《续外冈志》,卷四,物产,清乾隆五十七年修,一九六一年铅印本。)

〔清乾隆五十七年前后,江苏太仓州嘉定县外冈〕 嘉土沙瘠,不宜于禾。外冈地势高阜,尤不宜于禾,往时皆种木棉,近因米价昂贵,每石有五两外者,始多种稻,又贪两熟,刈麦后然后插秧,若种棉必须旱田,故今花、稻参半矣。

(清 钱肇然编:《续外冈志》,卷一,风俗,清乾隆五十七年修,一九六一年铅印本。)

〔清嘉庆十九年前后，江苏松江府上海县〕　木棉，邑土所宜，其利视稻、麦为溥，其种植较华娄为多。……布，棉所成，其市吾邑独盛。

（清　王大同等修，李林松等纂：《嘉庆上海县志》，卷一，疆域志，物产，清嘉庆十九年刻本。）

〔清道光十七年前后，江苏松江府川沙厅〕　收买木棉于四五更，挑灯竹竿远近列为繁星，俗谓收花灯。

（清　何士祁修，姚椿纂：《川沙抚民厅志》，卷十一，杂志，风俗，清道光十七年刻本。）

〔清光绪年间，江苏华亭县〕　邑境向惟浦北朱家行、浦南沿海等处田高土燥，多种木棉，其余各乡只于沟塍隙地种之。自遭兵燹，民生日蹙，无力买牛、养猪及购备农具，于是改禾种花者比比焉。今六磊塘北种花已十之三，再东北十之七矣。大洋泾南种花亦十之三，再东南十之六矣。花贵米贱之年，种花较赢；设遇凶饥，则乡间积储愈寡，深可虑已。

（清　杨开第修，姚光发等纂：《重修华亭县志》，卷二十三，杂志上，风俗，清光绪五年刻本。）

〔清光绪年间，江苏宝山县罗店镇四乡〕　罗店素称饶富，有"金罗店""银南翔"之名。庚申匪扰后，家多中落，称饶富者百无一二，然俭勤之风犹有存焉。分属罗店者共四十二图，其种亦宜木棉，而不宜禾，然久种棉花，又苦蔓草难图，故三年种花必须一年种稻，所谓七分棉花三分稻也。农家勤纺织，种田之暇，惟以纱布为事。

（清　王树棻等修，潘履祥等纂：《罗店镇志》，卷一，疆域志，风俗，清光绪十五年铅印本。）

〔清光绪年间，江苏南汇县〕　傍浦种粳稻者十之三，种木棉者十之七。妇女饁饷外，耘获车灌，与男子共作苦。盛夏赤日中，耘草棉田，俗谓脱花（"脱"宜为"挩"解。挩也，谓为草所缠而解挩之，俗通作"挩"，浦南人呼如"挞"声之转），汗雨交流，热极就塘掬水饮之，甚或和衣入水浸片时，不特贫家妇女为然，即温饱家亦必躬亲操作，俗谓领脱花。

（清　金福曾等修，张文虎等纂：《南汇县志》，卷二十，风俗志，清光绪五年刻本。）

〔清光绪十年前后，江苏上海、南汇、奉贤等县〕　郡东奉〔贤〕、上〔海〕、南〔汇〕三县，地形较高，种棉豆多于粳稻，而棉尤盛（案今华亭之东南、东北与奉、上毗连之外，亦多种棉）。妇女与男子共作苦。盛夏秉锄耘草于棉田，俗谓脱花。……木棉早晚不同,十月候寒,游手之徒连群攫取,名曰捉落花,于是田户雇人防守,曰赶捉落花,有相斗致伤人命者。其种稻者不过十之三四,迟种易获,八九月已无遗秉,盖田土高厚,冬无积水,太阳之气晒入土中,一经冬雪,土尤松美,故易长发,非若西北各县地势洼下者比,然其戽水亦差难云(种稻者曰水田,种棉豆者曰旱田,今岁稻明岁棉、豆者曰翻田)。

(清 博润等修,姚光发等纂:《松江府续志》,卷五,疆域志,风俗,清光绪十年刻本。)

〔清朝末年至民国初年,江苏嘉定县钱门塘乡〕 棉花,即吉贝,与交、广木本者不同,俗呼木棉,非也。通邑栽之,以资纺织。我乡顾浦东岸,地势稍高,栽者亦多。

(童世高编:《钱门塘乡志》,卷一,土产,一九六三年《上海史料丛编》本。)

〔民国十九年前后,江苏嘉定县〕 居民好稼穑,治五谷,勤朴者居多。以棉、稻、豆、麦为主要作物,春收曰小熟,秋获曰大熟。成熟之田,二年种棉,一年种稻。稻较棉少,故农家恃棉为生,以种植瓜菜及喂养猪、鸡为副产。施肥以豆饼为大宗,以人粪、猪粪、河泥、垃圾为次要肥料。至蚕桑之业,则虽有倡者,终未兴焉。

(陈传德修,黄世祚、王焘曾等纂:《嘉定县续志》,卷五,风土志,风俗,民国十九年铅印本。)

〔民国二十三年前后,江苏宝山县月浦里〕 本乡农民恃农业为生,农田占全境十之七八。其自名田而耕者曰自田,赁人之田而佃者曰租田。农产物分春熟、秋熟两期,耕种情形大略相同;而农产物尤以棉花为大宗,乡民赡身家、纳赋税,悉赖于是,稻次之。

(陈应康等纂:《月浦里志》,卷五,实业志,民国二十三年铅印本。)

〔民国二十五年前后,江苏上海县〕 县境可耕之田计有二十四万七千三百七十五亩,其中旱田占十九万五千四百三十六亩,所以农产物亦以棉花为大宗,年产约在二十万担以上。

(殷惟和纂:《江苏六十一县志》,上卷,上海县,物产,民国二十五年铅印本。)

〔民国二十五年前后,江苏崇明县〕 本县可耕之田共计八十万亩,五十万亩为水田,三十万亩为旱田,大部分种棉花,年产约十五万担以上。其种有双边、毛边、黑核、白核之分,惟质次于南通、海门所产,称下沙棉。

(殷惟和纂:《江苏六十一县志》,上卷,崇明县,物产,民国二十五年铅印本。)

〔民国二十五年前后,,江苏宝山县〕 农产物棉花及米为大宗,棉花年产约二十万担,有紫花者质优而所产不多。

(殷惟和纂:《江苏六十一县志》,下卷,宝山县,物产,民国二十五年铅印本。)

〔民国二十五年前后,江苏奉贤县〕 棉花年产约二十余万担,为本县出口之大宗,每年销路值达数百万,上海各花厂均有坐庄买办来此采购。

(殷惟和纂:《江苏六十一县志》,下卷,奉贤县,物产,民国二十五年铅印本。)

〔民国二十五年前后,江苏川沙县〕 农产物棉多于米,棉花年产约八万担左右,米年产不足一万石。布类甚多,俗称有七十二种,皆出女工。

(殷惟和纂:《江苏六十一县志》,下卷,川沙县,物产,民国二十五年铅印本。)

〔清乾隆年间,直隶顺天府永清县〕 木棉,永清人无种者,或田连顷亩,偶植一二,自给衣被,不通市易也。

(清 周震荣修,章学诚纂:《永清县志》,户书第二,一九八五年文物出版社《章学诚遗书》影印本。)

〔清道光二十六年前后,直隶正定府栾城县〕 货则棉布、蜂蜜、黄腊、大靛、小靛、麻油、棉花子油,其最著曰棉花。栾地肆千余顷,稼十之四所收不足给本邑一岁食,贾贩于外济之;棉十之六,晋豫商贾云集,民竭终岁之勤,售其佳者以易粟,而自衣其余。土宜桑,而蚕织之利未兴,则在山者所宜教也。

(清 桂超万等修,高继珩等纂:《栾城县志》卷二,食货,物产,清道光二十六年刻本。)

〔清同治五年前后,直隶永平府昌黎县〕 绵花,《府志》云沙社出;今到处皆有之。

(清 何崧泰等修,马恂纂,何尔泰续纂:《昌黎县志》,卷四,田赋志,物产,杂产,清同治五年刻本。)

〔清光绪十一年前,直隶正定府新乐县〕 地处冲要,土瘠民困,邑多枣,丰歉并关岁事。近颇种棉,熟时,妇人、孺子盈襁盈筐计斤受雇值,不为无裨生计。然其地多沙,风多则压损,久旱又不耐烈日,必择土脉好而凿井者,植之不能多也。(《府志》)

(清 雷鹤鸣修,赵文濂纂:《重修新乐县志》,卷六,礼乐志,风俗,清光绪十一年刻本。)

〔清光绪二十年前后,直隶广平府〕 永年之临洺关、邯郸之苏、曹二镇花店尤多,山西、山东二省商贩来此购运,近亦渐稀。

(清 吴中彦修,胡景桂纂:《重修广平府志》,卷十八,舆地略,物产,货属,清光绪二十年刻本。)

〔清光绪二十二年前后,直隶保定府容城县〕 棉花,有白、紫二色,上高地种者最多。

(清 俞廷献、曹鹏修,吴思忠纂:《容城县志》,卷四,食货,物产,清光绪二十二年刻本。)

〔清光绪二十三年前后,直隶赵卅〕 棉,一名吉贝,赵地种植甚多。

(清 孙传栻修,王景美等纂:《直隶赵州志》,卷二,舆地志,物产,清光绪二十三年刻本。)

〔清代至民国年间,河北迁安县〕 棉花,在昔所种统为小子棉,纤维细而产量少,俗呼小子棉,每亩不过十数斤。清季美棉输入中土,邑人多仿种之,纤维稍粗而产量则三倍于小子棉,每亩约物三四十斤,西北境多种之,颇获厚利。

(滕绍周修,王维贤纂:《迁安县志》,卷十八,物产篇,植物,民国二十年铅印本。)

〔民国以前至民国二十一年前后,河北徐水县〕 县境地高土肥,种棉获利倍于五谷。民国以前,普通皆种中国棉,近年乃多改种美棉,绒长质细,产量极丰,每年运销天津口外最多。

(刘延昌修,刘鸿书纂:《徐水县新志》,卷三,物产记,植物,民国二十一年铅印本。)

〔民国四年前后,河北晋县〕 县境所销物产以棉花为大宗,或由陆运之山东,或由水运之天津,或由水陆运之河间、保定、定县,每岁所销不下数百万斤。

(清 李翰如编:《晋县乡土志》,第二章,商务,第一课,销售祁花,民国四年石印本,民国十七年重印本。)

〔民国四年以后,河北馆陶县〕 民国四年间,美棉尚未盛行,植中棉者较多。嗣因美棉收获额较丰,且易出售,价值尤昂,植美棉者日渐加多,棉业颇有进步。

(丁世恭等修,刘清如等纂:《续修馆陶县志》,卷二,政治志,经济,民国二十五年铅印本。)

〔民国初年至二十年前后,河北成安县〕 邑人张延龄先生农部供职十有数载,深知农事之关于民生甚深,爰从磁县马头镇及我县北郎堡先后创立棉厂两处,专种美棉,一以经营实业,一以提倡风气。试验数载,著有成效,又欲推己及人,改良磁、成棉业,散放美棉籽种三四年,其收效之速,初及磁县,继及成邑。成邑,植棉较广之区也,棉花地约占三分之二,城西普种美棉,城东、南、北美棉亦居多数。再阅数年,本棉当尽变为美棉。以美棉之成质优良,收获加多,种不择地,攸往咸宜,询足改良吾县棉业也。按:马头镇广育棉场,民国十年开办,场长称为经理,场务由经理聘员雇工经营之,产额年约籽棉六万斤,资本洋一万八千元,工人月资洋六七元不等。北郎堡棉场系马镇分场,年产约籽棉二万斤,资本由分场按年支数,预算从马头镇总场拨给之;经营情形及工资等,与马头镇棉场同。

(张应麟修,张永和纂:《成安县志》,卷六,实业,农,民国二十年铅印本。)

〔民国七年以前至二十三年,河北望都县〕 本县西南部唐灰、固店一带,暨唐河以南并围城附近村庄,均为产棉区域。然在昔所植者尽系中棉,至民国七八年间,美棉种子传播到县,农场迭次试验,农民以其纤维细长且产量较丰,渐次改种美棉。至二十二年,谷价惨跌,棉价陡涨,大利所趋,棉田愈增。据二十二年统计,全县棉田约有五千余亩,每亩平均收获子棉百斤,则去年总额即约有五十万斤。本年种棉者调查,又增数倍。全县农村经济之补救,将为棉业是赖云。

(王德乾修,崔莲峰等纂:《望都县志》,卷五,政治志,实业,民国二十三年铅印本。)

〔民国十年以前至二十年前后,河北成安县〕 成安地亩六千零二十顷,种棉约三千顷上下,堪称植棉区域。棉分中棉、美棉二种。中棉由来通种之,美棉自民国十年间有种植,近则渐行普及。查美棉种类质纯如丝,工业上可称佳良原料,绒细而长,纺织业可出精美物品,种植既随地皆宜,收获又比较增多。

(张应麟修,张永和纂:《成安县志》,卷五,物产,货属,民国二十年铅印本。)

〔民国十一年前后,河北文安县〕 邑民重农,闲暇时,男妇均以纺织为业,所需绵料必仰给于西南郡邑,路远价昂,近岁民习种之,所获尤厚,相沿成俗,亦阜民之一助也。

(陈桢等修,李兰增等纂:《文安县志》,卷一,方舆志,物产,民国十一年铅印本。)

〔民国十二年前后,河北藁城县〕 藁城土田肥美,人民殷实,故农产品甚丰。滹沱之南多植棉花,滹沱之北多艺五谷,而甘薯、花生,亦为出产之大宗。

(林翰儒编:《藁城乡土地理》,上册,物产,民国十二年石印本。)

〔民国十二年前后,河北藁城县〕 吾邑棉花到处产之,而河南尤盛。近年棉价高昂,种植者益多,统计棉田,约占土地之半,可谓盛矣。

(林翰儒编:《藁城乡土地理》,下册,棉花,民国十二年石印本。)

〔民国二十年前后,河北枣强县〕 货类,棉花为大宗,因地脉关系,城西所产多于城东。丰年每亩可收百斤,本地用以絮衣织布,余则运往德县,由铁路分销津、济纺纱厂。

(宋兆升修,张宗载、齐文焕纂:《枣强县志料》,卷二,物产,货类,民国二十年铅印本。)

〔民国二十一年前后,河北平山县〕 农产五谷之外,以棉花为大宗。近年产量除本地纺织所用外,其售至石家庄、天津者为最多,次则山西。近查每年出境花价约在数十万元。

(金润壁修,焦遇祥、张林纂:《平山县志料集》,卷五,物产,民国二十一年铅印本。)

〔民国二十一年前后,河北柏乡县〕 棉花销往清丰、南乐等县,穄子运往外洋。惜宜于北区,中区次之,南区不普遍。

(牛宝善修,魏永弼等纂:《柏乡县志》,卷三,物产,特产,民国二十一年铅印本。)

〔民国二十二年前后,河北高阳县〕 县属西区以棉花为大宗,北区以苎麻为大宗。棉花、苎麻,除县内销用外,运售天津。

(李大本修,李晓泠等纂:《高阳县志》,卷二,物产,民国二十二年铅印本。)

〔民国二十二年前后,河北藁城县〕 藁邑地势平坦,无山泽矿产之利,农产以棉花、粟、麦、高粱、大豆为大宗,总计全境垦殖之田约七千余顷,棉花占百分之二十,年产千余万斤;粟占百分之二十,年产二千余万斤;麦占百分之十三,年产千余万斤;高粱占百分之七,年产五、六百万斤;大豆占百分之十,年产千万斤。次则甘薯,落花生亦为本县主要农产;余者果品,则有桃、杏、梨、枣,木料则有杨、柳、榆、槐;菜蔬则有,豆角、白菜、葱、韭、萝卜、茄、瓜等品;家畜则有猪、羊、牛、马、鸡、鸭等类。以上物产,棉花则运销天津,或制成土布行销山西、绥远等处,五谷及甘薯,除供给民食外,随地销售,落花生则销售于正定、石门,或轧制成油运往平、津。果品、菜蔬出售无多,家畜之肥猪,多沽于北平,羊毛、羊皮出售于辛集。

(任传藻等修,于箴等纂:《续修藁城县志》,卷之一,疆域志,物产,民国二十三年铅印本。)

〔民国二十二年前后,河北元氏县〕 元地高燥,水利不兴,农产亦薄,东北与栾、赵接壤,产棉之地十不过二三,每年所产数量约二百万斤左右,行销多在天津,次则山西榆次、太谷、辽州及河南彰德等处。近年受军事影响,交通不便,运费陡增,以故棉价低廉,农商交困。

(王自尊修,李林奎纂:《元氏县志》,物产,植物,民国二十二年铅印本。)

〔民国二十三年前后,河北清河县〕 草棉……旧有白、紫二种,白种产额颇巨,每亩产量百余斤,县东及南二部为主要产区,总产额约占全县物产总额三分之一,有所谓晋州种者特良,绒粗而短,又作土布,子可榨油作肥料。运销市场以济南为最多,开州次之。紫色者产额极微。美棉,自近年始畅种,为棉业放一异彩。先是产棉区仅限于县东南沙壤地,近美棉则全县畅种,产量巨而绒质良,每亩可产二百余斤。绒细而长,作布类丝织品。子较棉子稍大,油质亦较多,已拔旧棉之帜而代之矣。其总产额约全县物产总额之半,且强分运至天津、济南等处,为清河第一富源。

(张福谦修,赵鼎铭等纂:《清河县志》,卷二,舆地志,物产,民国二十三年铅印本。)

〔民国二十三年前后,河北完县〕 完境棉花每岁所产,虽不及正定、栾城等处之多,倘能及时普种,其收益亦约在百二十余万元之谱,获利不可谓不丰。

(彭作桢等修,刘玉田等纂:《完县新志》,卷七,食货,物产,民国二十三年铅印本。)

〔民国二十三年前后,河北定县〕 定县妇女向业手工纺织者甚多,故种棉亦多,近年除本地需用外,每年输出约三百万斤。至长绒之美棉,种者亦年有增加。

(何其章等修,贾恩绂纂:《定县志》,卷二,舆地志,物产篇,民国二十三年刻本。)

〔民国二十三年前后,河北望都县〕 草棉,本邑西南乡与河南八村多种植之,品质不佳,产量每亩百斤上下。……全县产额约三百万斤,花绒多运销天津,子则销境内榨油。按:本邑近来因谷贱病农,受经济压迫,惟草棉一项,价值较昂,销路亦多,为活动经济之出路,故对于草棉之种植,极力推广,大有一日千里之势。

(王德乾修,崔莲峰等纂:《望都县志》,卷一,舆地志,物产,民国二十三年铅印本。)

〔民国二十三年前后,河北完县〕 山前诸村近年来种棉者颇多,因运销外洋价值甚昂,棉花税一项每至万元以上,棉之收获量视天时为转移,丰收之年全县约可达千二百万斤。

(彭作桢等修,刘玉田等纂:《完县新志》,卷七,食货,物产,民国二十三年铅印本。)

〔民国二十四年前后，河北三河县〕 以棉纺纱、以纱织布，为吾人必须品，近来，种者日多，对于选种、弹絮之法，亦有进步。倘再加以研究，自可抵制洋线，亦挽回利权之道也。

（唐玉书等修，吴宝铭等纂：《三河县新志》卷十五，因革志，实业篇，棉业，民国二十四年铅印本。）

〔民国二十四年前后，河北晋县〕 晋境所产为各省最，统计絮棉每年运至天津者约数百万斤，称西河花，获利甚厚。

（刘东藩、傅国贤修，王召棠纂：《晋县志》，卷上，物产志，特产，民国二十四年石印本。）

〔民国二十五年前后，河北无极县〕 邑中物产以黍、稷、麦、棉为大宗，棉之一项尤为普遍，近来益盛，远求子种，出品愈丰。

（耿之光、王桂照修，王重民等纂：《重修无极县志》，卷四，物产志，民国二十五年铅印本。）

〔民国二十五年前后，河北南宫县〕 棉为本县大宗产品，故业此者众，外籍之商、本县坐贾，随在收罗，曰挂秤。挂秤者日用机器榨成巨包，曰花包。每包重量约一百六七十斤，北运天津，东运济南，冬春之际，车马络绎不绝于途。以丰年计之，其总额当不下千万也。

（黄容惠修，贾恩绂纂：《南宫县志》，卷三，疆域志，物产篇，货物，民国二十五年刻本。）

〔民国二十五年前后，河北香河县〕 棉花为香邑特产，绒长色洁而软，称为线花，每年产额约在三百万斤以上，熟花多行销北平、张家口外一带，穰子（即将棉花子轧出者）则销天津纱厂。

（王葆安修，马文焕、陈式谐纂：《香河县志》，卷三，物产，民国二十五年铅印本。）

〔民国二十三年前后，河北霸县〕 霸县棉花本有二种，一曰美棉，一曰黑铁蛋。此二种中，以黑铁蛋为最良，驰名河北省，其产量虽不甚丰，而纤维细长，品质优良，故价值颇昂。

（张仁蠡、刘延昌修，崔汝襄、刘崇本纂：《霸县新志》，卷三，实业，民国二十三年铅印本。）

〔民国二十六年前后，河北滦县〕 棉花，古名吉贝，为主要农产，境内全产，大抵色白而绒不甚长,上田每亩产五十余斤,次则三四十斤或二三十斤不等。……每年谷雨前播种,处暑拾花,运销各处。(近日有所谓洋棉花者,美国所产种也,枝叶高大,花亦繁多,每亩有产二百余斤者。)

(袁莱修,张凤翔等纂:《滦县志》,卷十五,物产志,农产,民国二十六年铅印本。)

〔清乾隆五十四年前后,山西蒲州府虞乡县〕 棉花,境内皆种。

(清 周大儒纂修:《虞乡县志》,卷一,地舆志,物产,清乾隆五十四年刻本。)

〔清代后期至民国九年前后,山西解县〕 五十年前,人稠工贱,一尺之布仅值制钱二十余文,尔时犹未多种棉也,统计吾解之地,种棉者不过百分之一二,今则三分之一种棉矣,而花价腾贵,布几如绸,其故何也？良以风气大开,铁路轮船交通便易,远商云集,购运各省,故货愈多而价愈昂,不比从前闭关时代也。人民趋利若鹜,专精此业,吾所甚惧者,本地物产惟棉有利,日种日多,恐无置五谷之地。

(徐嘉清修,曲迺锐纂:《解县志》,卷二,物产略,民国九年石印本。)

注:解县今为运城县。

〔民国十八年前后,山西新绛县〕 棉,即草棉也,桥东产者其色洁白而质软,故远近驰名,其他各村庄种者亦多获利极厚,除供全绛人之穿用外,尚能贩往于他邑,实绛郡主要之产物也。

(徐昭俭修,杨兆泰等纂:《新绛县志》,卷三,物产略,民国十八年铅印本。)

〔民国十八年前后,山西翼城县〕 棉花、烟叶二项,为平川一带村庄特有之产。至城东南二三两区之山庄天气较凉,不适种此,人民难享其利。近年棉花、烟叶行销外境价值突涨,因而近城一带村庄人民业此甚伙,而收成加倍,为从前所未有。

(马继桢、邢翔桐修,吉廷彦、马毓琛纂:《翼城县志》,卷八,物产,民国十八年铅印本。)

〔民国二十四年前后,山西浮山县〕 近自谷贱以来,县中种棉日渐增多,二三两区几已普遍。收量每亩约在二十斤以上,棉质纯白,绒细长,纺纱最宜。

(任耀先修,乔本情、张桂书等纂:《浮山县志》,卷十二,实业,民国二十四年铅印本。)

〔清乾隆元年至咸丰二年,盛京〕 今辽阳、盖平、海城亦多种棉,内务府设有棉庄,贡棉纺线,机匠织家机布,染青、蓝、大红诸色入贡。按:海、盖宜棉,收时尚行远省。

（清　吕耀曾等修，魏枢等纂，雷以諴补修：《盛京通志》，卷二十七，物产志，货之属，清乾隆元年刻、咸丰二年补刻本。）

〔**清咸丰初年，奉天岫岩厅**〕　木棉，岫多山田，从前不解种棉，惟恃南来者以为用。比年以来，种植渐伙，收成亦佳，将见男耕女织生计日裕矣。

（清　台隆阿修，李翰颖纂：《岫岩志略》，卷五，物产，清咸丰七年修，民国二十三年铅印本。）

〔**清光绪三十四年前后，奉天辽阳州**〕　棉，城东沙土地性质最宜……丰歉均平，每亩可收棉花十六斤，每岁额产约在十万斤以上，足敷当地之用。

（清　洪汝冲修，永贞纂：《辽阳乡土志》，物产，蚕桑，附棉花，清光绪三十四年铅印本。）

〔**清朝年间至民国二十二年前后，奉天铁岭县**〕　棉，从先种者普遍，近二十年来减种十之七八。

（黄世芳、俞荣庆修，陈德懿等纂：《铁岭县志》，卷十三，物产，货物，民国二十二年铅印本。）

〔**民国十八年前后，奉天绥中县**〕　绥中西北区土质硗薄，性最宜棉，所以有地百亩之家，百谷仅居其半，而棉花实居大宗。察历年各家所获，多有数千斤至数百斤者，质白绒长，织布精良，除本处消耗外，出口为大宗货。又一种大子者，其绒较短。

（文镕修，范炳勋等纂：《绥中县志》，卷十五，物产，货类，民国十八年铅印本。）

〔**民国二十三年前后，吉林梨树县**〕　棉花，入秋结实如桃，实熟则绽裂棉出，弹之为衣絮，或供纺织，本境第七、八区产之。

（包文峻修，李溶等纂，邓炳武续修，范大全等续纂：《梨树县志》，戊编，物产，卷一，植物，民国二十三年铅印本。）

〔**清雍正十三年前，陕西西安府**〕　木棉……西安府境多有之，土人织纺为业（马《志》）。

（清　刘于义修，沈青崖纂：《陕西通志》，卷四十三，物产，货属，清雍正十三年刻本。）

〔**清道光八年前后，陕西绥德州清涧县**〕　近年地多种棉，置机杼，习纺织，女红渐兴。

（清　钟章元修，陈第颂纂：《清涧县志》，卷一，地理志，风俗，清道光八年刻本。）

〔清光绪初年，陕西绥德州米脂县〕　光绪初元，知县于承谟劝种木棉，县北城外川地有种者。

（清　潘松修，高照煦纂：《米脂县志》，卷九，物产志，货物属，清光绪三十三年铅印本。）

〔清光绪初年至宣统年间，陕西西安府鄠县〕　棉分乡棉、洋棉二种。清光绪初，鄠产多乡棉，俗名乡花。嗣后洋棉输入，俗名洋花，茎高实大，收数优于乡棉，故种者多。至宣统间，洋棉遂普及，而乡棉日少。

（强云程、赵葆真修，吴继祖纂：《重修鄠县志》，卷一，物产，民国二十二年铅印本。）

注：鄠县今为户县

〔清光绪二十三年至宣统三年前后，陕西西安府泾阳县〕　自光绪二十三年始，县境出棉五十三万三千有奇。三十二年，增至三倍。今又倍增矣。宣统元年，每百斤售银十七八两至二十两。二年，百斤售银十二三两至十五两。

（清　刘懋官修，宋伯鲁、周斯亿纂：《重修泾阳县志》，卷八，实业，棉，清宣统三年铅印本。）

〔清光绪三十四年前后，陕西商州镇安县〕　木棉，宜向阳之地，近年种植渐多。

（清　李麟图纂修：《镇安县乡土志》，卷下，物产，植物，清光绪三十四年铅印本。）

〔清宣统三年前后，陕西西安府泾阳县〕　棉有布花、洋花二种，五六月间开花结实，絮可纺纱，近来以洋花多收种之，为农家出产大宗。

（清　刘懋官修，宋伯鲁、周斯亿纂：《重修泾阳县志》，卷二，地理下，物产，清宣统三年铅印本。）

〔清代至民国年间，陕西南郑县〕　棉花，在民国前，县东北境仅种土棉，后洋棉种输入，种者日多，全境种植地五分之三，为境内出口货大宗，此改良种子之效也。

（郭凤洲、柴守愚修，刘定铎、蓝培厚纂：《续修南郑县志》，卷三，政治志，实业，农业，民国十年刻本。）

〔民国初年，陕西洋县〕　其特产者惟棉花、烟叶、木耳为大宗。

（佚名编：《洋县乡土志》，物产，民国初年修，抄本。）

〔民国十年前后，陕西南郑县〕　棉，县东北西三面旱地产之，每亩产量约三十斤至七十斤。

（郭凤洲、柴守愚修，刘定铎、蓝培厚纂：《续修南郑县志》，卷五，风土志，物产，民国十年刻本。）

〔民国十五年前后，陕西澄城县〕 棉有旧棉（唐时传自印度者）、德国棉（芝细而长来自德国者）两种，近来棉花为陕出产大宗，临渭、同、朝种棉日多，获利颇巨。邑南乡种者亦日加，春种秋熟，每亩拾棉花有十斤至四十斤不等，子可取油，较种麦利厚。

（王怀斌修，赵邦楹纂：《澄城县附志》，卷四，实业，物产，民国十五年铅印本。）

〔民国二十一年前后，陕西咸阳县〕 邑之棉种有二，曰脱子棉，实圆；曰爱子棉，实稍尖，纤维较长，岁产额约三百万斤，行销甘、苏各省，为入款之大宗。

（刘安国修，吴廷锡、冯光裕纂：《重修咸阳县志》，卷一，地理志，物产，民国二十一年铅印本。）

〔民国二十三年前后，陕西泾阳县〕 地虽出棉，多贩于外，纺织不甚讲求。

（杨虎城、邵力子修，吴廷锡等纂：《续修陕西通志稿》，卷一百九十五，风俗一，泾阳县，民国二十三年铅印本。）

〔民国二十四年前后，陕西醴泉县〕 种棉风气渐开，质地颇佳，去岁运销咸阳棉市。据沪商云，醴棉纤维甚佳，每斤取绒可八九两。

（张道芷、胡铭荃修，曹骥观纂：《续修醴泉县志稿》，卷十，风俗志，职业，民国二十四年铅印本。）

注：醴泉县今为礼泉县。

〔民国二十六年前后，陕西鄠县〕 鄠之植物，惟棉花为一大宗，而纺织全恃人口。

（佚名纂修：《鄠县乡土志》，下卷，物产，民国二十六年铅印本。）

〔清道光十三年前后，甘肃兰州府靖远县〕 新产棉花，色白丝长，以之织布，光泽细密。

（清　陈之骥纂修：《靖远县志》，卷五，物产，清道光十三年刻本，民国十四年铅字重印本。）

〔清朝中叶至民国二十五年前后，甘肃康县〕 当清代初，康邑本无产棉之可言，及清之中叶，镡家河以北毗连成县，该地始有试种者。民元以来，县北之西汉水河以及修水两流域种者日渐繁多,棉质颇佳。其初,镡河一带只有轧花机三五架,今则增至数十架,可知种棉之户日益增多也。

(王世敏修,吕钟祥纂:《新纂康县县志》,卷十四,物产,民国二十五年石印本。)

〔清光绪年间至宣统二年,新疆〕 棉,则吐鲁番岁产三百万斤,柔濡洁白异常种(据俄人调查,吐棉有二种,一本地种,与布哈尔种同类;一美利坚种,较旧种尤良。惟美种何时移植无可考,自光绪二十九年后输出俄国者岁值五六十万两云),客民之菆棉者咸聚焉。……南疆岁产棉额皆不及吐鲁番,大约莎车十之一(莎车产十五万斤,其属叶城,产十三万斤),温宿、疏勒得二十之一(温宿府属共产十五六万斤,疏勒如之),和田得三十之一(岁约产十余万斤)。缠民所菆柔洁终出吐棉下,溉种之法未备也。

(钟广生撰:《新疆志稿》,卷二,实业志,农田,清宣统二年修,民国十九年铅印本。)

〔清光绪三十四年前后,新疆疏勒府〕 棉花,每年约产三十万斤。

(清 蒋光陛纂:《疏勒府乡土志》,物产,清光绪三十四年稿本。)

〔清朝末年至民国初年,新疆吐鲁番〕 至于棉,则吐鲁番岁产三百万斤,柔濡洁白异常种(据俄人调查:吐棉有二种,一本地种,与布哈尔种同类,一美利坚种,较旧种尤良,惟美种何时移植,无可考。自光绪二十九年后,输出俄国者岁值五六十万两云)。

(清 袁大化修,王树楠等纂:《新疆图志》,卷二十八,农,清宣统三年木活字本。)

〔民国三年前后,新疆〕 棉花,天山南路为适宜之物产,其出额甚多,其内最佳者和田、叶尔羌、嘻什噶尔、库车、吐鲁番等。盖自喀什尔每年输出俄国者其数达百数十万两,其他输出本部及西藏者亦大,可知为南路之一大特产物也。

(张献廷初稿:《新疆地理志》,第三章,人文地理,产业,农业,民国三年石印本。)

〔民国五年,新疆〕 棉花则有洋棉、土棉二种,洋棉"相传系美国种",柔濡洁白胜于土棉,产额以吐鲁番、鄯善为最多,年约三百余万斤,而以库尔勒为最佳。莎车、温宿、新平、和田、于阗、疏勒亦遍产,近来伊犁、乌苏、绥来一带亦皆传播,气候适宜,不让他处。

(林竞编:《新疆纪略》,五,实业,农业,民国七年铅印本。)

〔民国七年至三十六年前后,新疆〕 棉花为新省重要经济作物,棉性喜高温,其在新省分布限于玛那斯以南,在伊宁及哈密所产尚不多,主要产区遍及南疆。棉于四月中旬下种,九月上旬收花。民国七年,全省棉田共二十八万亩,二十九年产花二千八百万斤。如以每亩平均产七十五斤计,棉田约达三十七万亩。当时不但扩充棉田,棉种亦经改良,于是棉产骤增,竟形成生产过剩、棉价暴跌现象,农民颇多放弃植棉不愿再种,故三十一年仅产一千八百万斤。棉产以莎车最多,品质以吐鲁番者最佳。……全省所产棉花,三分之二为本省自用,三分之一过去输往苏联,目前内销,为新省重要外输原料。

(丁骕撰:《新疆概述》,六,农业,民国三十六年铅印本。)

〔民国七年前后,新疆〕 木棉生于南路,以吐鲁番为巨产,岁出三百余万斤。三月种,七月花,八月实。

(王树枏纂:《新疆小正》,民国七年铅印本。)

〔民国十九年前后,新疆吐鲁番〕 棉则吐鲁番岁产三百万斤,柔濡洁白异常种。(据俄人调查,吐棉有二种,一本地种,与布哈尔种同类,一美利坚种,较旧种尤良,惟美种何时移植,无可考。自光绪二十九年后,输出俄国者岁值五六十万两云。)

(钟广生撰:《新疆志藁》,卷之二,农田,民国年间铅印本。)

〔清乾隆二十一年前,山东曹州府郓城县〕 郓城县地广衍饶,沃土宜木棉,贾人转鬻江南,为市肆居焉,五谷之利不及其半。

(清 周尚质修,李登明纂:《曹州府志》,卷七,食货志,风土,郓城县,清乾隆二十一年刻本。)

〔清乾隆二十一年前后,山东曹州府〕 木棉转鬻他方,其利颇盛。

(清 周尚质修,李登明纂:《曹州府志》,卷七,食货志,风土,清乾隆二十一年刻本。)

注:曹州府今为菏泽地区。

〔清光绪十九年前后,山东曹州府郓城县〕 全境种棉二百八十顷,产量颇佳。

(清 毕炳炎编:《郓城县乡土志》,农业,清光绪十九年抄本。)

〔民国十七年前后,山东〕 棉花除供给本埠之大纱厂而外,近年尚有三百余万两之出口。山东土质宜棉,且气候干燥,不似南方之多雨,故于美棉尤宜。全省植棉地可二百三十万亩。昔年驻济德领事拜兹调查谓全省产额不下三百万担,去壳轧花大约三而得一,是制成纯棉尚得一百万担也。产棉最著之地为临清、夏津、清平、博平、馆陶、冠县、曹县、高唐,偏于省之西部。所产多数运销天津、青岛,出口尚属少数也。

(赵琪修,袁荣叟纂:《胶澳志》,卷五,食货志,商业,民国十七年铅印本。)

〔民国二十三年前后,山东济阳县〕 棉花,本县曲隄镇一带多有种植者,将花摘下轧弹成絮,用以纺绩或制棉衣,种子可制油粕,可制肥料。

(路大遵等修,王嗣鋆纂:《济阳县志》,卷一,舆地志,物产,民国二十三年铅印本。)

〔民国二十三年前后,山东临清县〕 农产属最著者为棉花,产棉区占全部土地十分之六,每年出口总额约六千万斤,诚土产之第一大宗。

(张自清修,张树梅、王贵笙纂:《临清县志》,经济志,物产,民国二十三年铅印本。)

〔民国二十三年前后,山东临清县〕 临境所种大别为中棉、美棉两种。美棉绒细而有光,纱厂多用之。中棉之中,有长绒、硬毛之别,出绒较多,收量与美种相埒。……农产出口以棉花为大宗,可得价洋七百余万元。

(张自清修,张树梅、王贵笙纂:《临清县志》,经济志,农业,民国二十三年铅印本。)

〔民国二十四年,山东齐东县〕 县境棉地,据棉业场二十四年调查,一区五万一千七百四十四亩,二区一万六千三百九十六亩,三区四千七百四十亩,四区九千四百五十六亩,五区九千八百六十四亩,六区三万九千三百四十亩,共计十三万一千五百四十亩。

(梁中权修,于清泮纂:《齐东县志》,卷四,政治志,实业,民国二十四年铅印本。)

〔民国二十四年前后,山东齐东县〕 全县盛产棉花,西乡产花生为多,棉次之,农家用度全恃此为开支。

(梁中权修,于清泮纂:《齐东县志》,卷二,地理志,社会,民国二十四年铅印本。)

〔民国二十五年前后,山东德平县〕 棉花有本地棉与美棉二种,前者种植较易,后者收获较丰,近以棉价飞涨,全县已普遍种植,年产一万二千余担。

(吕学元修,严绥之纂:《德平县续志》,卷四,经济志,物产,民国二十五年铅印本。)

〔民国二十五年前后,山东临邑县〕 本县地处平原,土质优沃,向宜植棉,全县棉田占耕地总面积十分之四,农民收入以棉价为大宗,年景之丰歉以棉作收获良否为转移。惟一般民众墨守旧法,不知改良,视草棉为佳种,对于美国棉子未敢遽于轻试,以致棉业生产落后,农村经济凋蔽。经崔县长公甫悉心考察,严密规划,以为欲使农村经济恢复,乡镇繁荣,必须提倡美棉,运销合作。于民国二十五年春派县政府第三科长王实盦于建设厅召集各县科长会议之际,向建设厅详陈本县实际需要情形,几经交涉,陆续领得优良美棉种子三万六千余斤。督率合作指导员王洒忠组设美棉产销合作社五十一处,共计加入社员八百余人,并组织联合社一处,筹设轧花厂一处,共计增植美棉六千余亩,收获结果产量特丰,约略估计较种草棉生产量增加十余万元。

（崔公甫等修,王树楠、王孟戌纂：《续修临邑县志》,卷二,地事篇,建设,民国二十五年铅印本。）

〔**民国二十五年前后,山东临邑县**〕 其货物广为民赖者尤以棉花、白酒为最。盖下湿多积水,秋获为艰,秫性耐潦,故播者众。城以北土兼沙壤,故宜棉,商贾之家借是致小康。

（崔公甫等修,王树楠、王孟戌纂：《续修临邑县志》,卷三,地物篇,物产,民国二十五年铅印本。）

〔**民国二十五年前后,山东沾化县**〕 棉,有土棉、美棉二种,产量颇富,除境内自用外,并出口。

（梁建章等修,于清泮纂：《沾化县志》,卷一,疆域志,物产,民国二十五年铅印本。）

〔**民国二十五年前后,山东东平县**〕 本邑向不产棉,近年东北山乡种者颇多。又有一种美棉,俗名洋棉花,较本地棉纤维长而绒头大,农家亦间有种者。

（张志熙修,刘靖宇纂：《东平县志》,卷四,物产,民国二十五年铅印本。）

〔**唐代至清朝年间,江苏淮安府**〕 棉则国初多植之（淮安自唐以来即以棉布、苎布入土产,谓其地不宜植棉者,非也）,其后浸微。

（清 孙云锦修,吴昆田等纂：《淮安府志》,卷二,疆域,物产,清光绪十年刻本。）

〔**清乾隆元年前后,江苏太仓州**〕 棉花,州邑栽之,以资纺织。又有一种名紫棉,结实大如桃。

（清 尹继善等修,黄之隽等纂：《江南通志》,卷八十六,食货志,物产,清乾隆元年刻本。）

〔**清乾隆十三年前后,江苏苏州府**〕 棉花,草本,高者四五尺,花如黄葵而小,结实名花铃。元至正间,始传此种。太仓东乡土高,最宜。今常熟东乡高田皆种之。

（清 雅安哈善、傅椿修,习寯等纂：《苏州府志》,卷十二,物产,杂植之属,清乾隆十三年刻本。）

〔清道光二十一年前后,江苏常州府江阴县〕 棉花,西乡及沙洲产最多,有白、紫二种。白者复有大花、沙花之别。子可压油饼,供牛食。

(清 陈延恩修,李兆洛纂:《江阴县志》,卷十,物产,货属,清道光二十一年刻本。)

〔清光绪三十年前后,江苏苏州府常熟、昭文县〕 棉花,亦名草吉贝,东北乡一带地性夹沙,不宜种稻者皆植此。其花有白、黄、紫各色,用以弹絮纺纱织布,其子榨油,油渣压饼以充肥料。

(清 郑钟祥、张瀛修,庞鸿文纂:《常昭合志稿》,卷四十六,物产志,清光绪三十年木活字本。)

〔清宣统三年前后,江苏太仓州〕 统计州县地不下八千余顷,大率种木棉者十之七,种稻者十之二,豆菽、杂粮十之一。

(王祖畬等纂:《太仓州志》,卷三,风土,物产,民国八年刻本。)

注:记载至清宣统三年。

〔民国十五年前后,江苏泗阳县〕 近年百货昂贵,农谷亦获利倍蓰,加之植棉、饲蚕,风气渐开,此农业之进步也。

(李佩恩修,张相文等纂:《泗阳县志》,卷七,地理志,风俗,民国十五年铅印本。)

〔民国二十三年前后,江苏南京栖霞镇〕 栖霞附近各乡原种草棉,现时各地已多种爱字美棉,系中大农学院所赠送者,成绩很好。

(陈邦贤编:《栖霞新志》,第九章,物产,植物,民国二十三年铅印本。)

〔民国二十五年前后,江苏〕 棉花之主要产地在江北之东南部及江南之东部,棉田面积广至一万一千余万亩,全国产棉八百万担,而本省约占十分之六,品质之佳、产量之巨,均冠全国。

(殷惟和纂:《江苏六十一县志》,上卷,江苏省总说,物产,民国二十五年铅印本。)

〔民国二十五年前后,江苏海门县〕 可耕之田共计一百三十八万六千零五十四亩,虽濒江海而旱田却占大多数,水田仅四万余亩而已,故农产物以棉及豆、麦为大宗。棉年产约三十万担,其种有青梗、黑梗之分,质次于南通所产,俗称中沙棉。

(殷惟和纂:《江苏六十一县志》,下卷,海门县,物产,民国二十五年铅印本。)

〔民国二十五年前后,江苏昆山县〕 植棉之田计一万六千六百五十亩,年产在十二万担以上。

(殷惟和纂:《江苏六十一县志》,上卷,昆山县,物产,民国二十五年铅印本。)

一、农　业 | 183

〔民国二十五年前后，江苏宿迁县〕　布匹向来仰给于南通，今则遍树木棉，年产已在四千担左右，亦颇能纺织。

（殷惟和纂：《江苏六十一县志》，下卷，宿迁县，物产，民国二十五年铅印本。）

〔民国二十五年前后，江苏常熟县〕　东北乡沙地则盛产棉花，棉田四万五千亩，年产棉花七万七百五十担，以产于常阴沙者为最佳。

（殷惟和纂：《江苏六十一县志》，上卷，常熟县，物产，民国二十五年铅印本。）

〔民国二十五年前后，江苏江阴县〕　棉花年产亦近二十万担，以西乡及沙洲所产为多，常阴沙棉花品质为全省冠。

（殷惟和纂：《江苏六十一县志》，上卷，江阴县，物产，民国二十五年铅印本。）

〔民国二十五年前后，江苏南通县〕　全县可耕之田共有一百三十八万六千零五十四亩，大部分为沙田，十分之七皆种棉花，故棉花为大宗物产之一，年产在百万担以上，品质之佳、产量之丰，为全国第一。称上沙棉，其种有青茎、红茎、鸡脚三种，以鸡脚为最上。

（殷惟和纂：《江苏六十一县志》，上卷，南通县，物产，民国二十五年铅印本。）

〔民国二十五年前后，江苏启东县〕　全县可耕之田共计九十七万亩，旱田多于水田，盛产棉花，棉田占全县十分之五以上，每年产额在十万担左右。次为米、麦、豆等。米仅足自给，麦、豆均有运销于外埠。

（殷惟和纂：《江苏六十一县志》，下卷，启东县，物产，民国二十五年铅印本。）

〔清嘉庆七年前后，浙江金华府义乌县〕　棉，即棉花，古称不蚕而茧，不绵而丝，其利甚薄。

（清　诸自谷修，程瑜、李锡龄纂：《义乌县志》，卷十九，土物，草之属，清嘉庆七年刻本。）

〔清光绪六年前后，浙江温州府玉环厅〕　棉花，种植者多，藉以为布。

（清　杜冠英、胥寿荣修，吕鸿焘纂：《玉环厅志》，卷一，舆地志，物产，清光绪六年刻本。）

〔清光绪年间，浙江湖州府孝丰县〕　木棉，高原多种，质坚而韧，价昂于产异地者十之一二。

（清　刘濬修，潘宅仁纂：《孝丰县志》，卷四，食货志，土产，清光绪五年刻本，清光绪二十九年补刻本。）

〔清光绪二十二年至民国十一年前后，浙江海宁县〕

茶棉桑麻数目价值统计表

类别	种植亩数	收获担数	每亩平均收数	每担平均价值
棉	一万一百亩	四千一十担	三十八斤	银七元五角
桑	二十三万三千一百亩	七十万担	三百斤	钱八百文
麻	六百五十亩	一千一百五十担	一百斤	银四元

备考：州境不产茶，惟有范茶一种，产斜桥乡，相传只十八株，不能增。此外惟袁花乡稍有山茶，质粗味薄，产亦无几，烘焙均用土法，故不填列，附志备考。

（清 李圭修，许传沛纂，刘蔚仁续修，朱锡恩续纂：《海宁州志稿》，卷十一，食货志，物产，清光绪二十二年修，民国十一年续修铅印本。）

〔民国十五年，浙江衢县〕　衢地向不产棉，农家所植仅供自用。近因西乡桔多冻折，改而植棉。又有购采良种为植棉试验场之设，所出已较前增多。

（郑永禧纂：《衢县志》，卷六，食货志，制造品，民国十五年修，民国二十六年铅印本。）

〔民国十五年前后，浙江丽水县〕　棉，有高矮二种，色逊于越产，而温暖胜之。近来美国种输入，政府极力提倡，产额日多。

（李钟岳、李郁芬修，孙寿芝纂：《丽水县志》，卷四，物产，民国十五年铅印本。）

〔民国二十二年至三十六年，浙江省〕　棉花：一、产棉区及面积。本省土产之能大宗销行外省者，丝、茶外，则为棉花。沿海各地如镇海、定海、鄞县、慈溪、余姚、上虞、绍兴、萧山、杭县、海宁、海盐、平湖、富阳、新登等县，土质砂性，洵为产棉区域。南部沿海一带，如象山、南田、临海、宁海、黄岩、玉环、永嘉、瑞安、乐清、温岭等县，亦有相当数量之棉田。昔年少有调查，莫得而知。后又因米价高昂，或易棉种稻，或因海塘失修，棉田被水，改植他种作物。民国二十二年《中国实业志》统计，全省产棉区凡二十，棉田面积凡一百九十余万亩，皮棉产量凡四五十万担。惟棉田面积各方统计略有不同，据立法院统计处十九年调查，全省计有棉田一百六十九万亩；又据中华棉业统计会（即前华商纱厂联合会统计部）估计，十九年凡一百八十五万一千六百二十亩，二十年凡一百九十八万四千一百八十七亩，二十一年凡一百六十七万一千七百七十五亩，其数远较立法院之估计为大。二十一年全国棉田总数凡三千七百零九万九千八百亩，浙江计占百分之四点五一，仅亚于江苏。自民国十七年省棉场成立，统计较完密，其统计十年以来棉田面积平均为一百七十七万二千九百零二亩。二、棉之种类。浙棉品种向甚复杂,在昔姚花、绍花极负盛名,然此为就地之命名。若按各地棉种名称,统计不下数十种,惟同种异名者亦不少。若以科学分别之,大概有三种:曰大蒜,一名大苞或大树;曰小蒜,一名小树;曰南阳,一名南翔。中以大都为最劣,韧力小而撚曲数又少,仅可纺十支以下之纱,种之者众。南阳种亦劣,惟较大蒜为佳,纤维较长亦较柔软,足纺十二支左右之粗纱。小蒜为大蒜之变种,品质虽不如大蒜之劣,然亦不能比南阳为优。昔年萧、绍一带大都为南阳种,今尚有植者。余姚旧时所用棉种,亦多属于南阳种,因南阳之纤维较大蒜为柔软,搀潮较难,棉农迎合棉商心理,以利其产品之出售计,遂改种含水力强之大蒜种,南阳几于绝迹。此为浙棉品质变劣之原因。此外因棉种不纯,栽培方法不良,实为主因。民国十七年春,本省为谋棉种之改良与推广,曾引种南京金陵大学农场所育成之百万棉。试验结果,纤维长达一英寸,每亩籽棉量产达一百六十斤乃至二百斤,棉铃大而收获早,成为推广之棉种。后觉美棉之产量较中棉为优,前人以为美棉不适于浙江种植之成见,至此不攻自破。后二十二年,政府决分二区,在沿海东滨一带推广美棉,在内地沿江区域则推广百万棉。二十五年推广面积达十九万四千七百五十亩,产籽棉达十四万九千二百六十担。百万棉可纺二十八支细纱,美棉可纺四十支细纱,且纤维细长,拉力强韧不下于洋棉。三、产量。各县棉种有土、洋之别,土壤有肥瘠之殊,此外则气候有寒暖,雨量有多寡,故收获量各不相同,若将历年比较言之,则因品种有改变、年岁有丰歉,故虽同一县份亦相悬殊,据中华棉业统计会将民国九年至民国二十年间十三年之历年每亩平均数观之,则河北每亩皮棉收获量为三十一斤,山东为二十六点五斤,山西为二十五点九斤,陕西为二十五点二斤,而浙江为二十三点四斤。棉花品种不同,于缫棉率关系甚大,土种棉花其缫棉率常较洋种棉花为低,而土种之中又因种类不同而有差别,如余姚大苞种之缫棉率为百分之二十九至三十三,海宁南阳棉乃为百分之三十四至三十五。缫棉率既不同,则籽棉产量自与皮棉产量异趋。据《中国实业志》全省皮棉产量,十九年计产皮棉四十七万二千六百九十六担,二十年减至三十八万九千八百八十三担,二十一年减至四十一万七千一百六十四担。十七年省棉场成立后,向各地调查,统计十年来每年皮棉产额平均为四十四万九千九百九十六担,每亩平均生产皮棉二十四点七四斤,改良棉产量每亩较土棉可增收自每亩十五斤至五十斤不等,平均每亩可增收二十斤以上。二十九年农业改进所调查,年产达五十万担左右。三十年,本省重要各棉地沦陷,棉产大减,因在衢属地区辟新棉区。三十二年,推广区扩展至温、台二属各县,八年间增加植棉面积共达二十六万六千亩。其间推广优良棉种以脱字棉为主,共达四千三百七十二担,面积共达八万七千七百余亩。据浙江新闻处所记,浙棉自二十九年至三十二年新增棉田约四十三万亩,每年产皮棉三万余担。胜利后,民国三十五年起,加紧推广改良棉种,在三十六年所推广者为德字棉一百吨,河字棉十五吨,共推广二万六千亩,加三十五年推广之繁殖面积已有改良棉三万二千亩。据农业改进所调查,三十五年度全国植棉面积已达一百六十余万亩,共产皮棉三十余万担,较之战前产量虽少,而产区反扩大,其中美棉面积仅十余万亩,而退化脱字棉居多,中棉占一百四十余万亩。四、销量及销路。据《中国实业志》统计,本省全年产棉四十万担,除杭州、鄞县及萧山三处纱厂每年用棉十三万九千零九十担外,尚有二十万担可供市场之需要。据海关报告,宁波关民国十八年之出口皮棉计十四万五千一百十一担,十九年计十五万五千九百十担,二十年计十四万五千八百零五担,其他一部分棉花则由大车零星输出。浙棉除供各生产县之衣被所需外,自皆以供给纱厂所在地为主。宁波、杭州两地每年供不应求,皆吸收邻县之棉花。萧山则有余棉可输杭州、宁波、上海各地。

浙江省历年棉田面积及皮棉产量统计表

年份(民国)	面积(市亩)	数量(市担)
九年	1 170 524	499 720
十年	1 104 998	367 342
十一年	1 010 074	117 331
十二年	1 088 410	393 840
十三年	1 720 812	806 357
十四年	1 633 923	604 081
十五年	1 595 290	389 743
十六年	1 598 239	631 629
十七年	1 130 800	346 445
十八年	1 660 317	407 799
十九年	1 851 620	472 696
二十年	1 984 187	389 883
二十一年	1 671 375	417 164
二十二年	1 631 504	391 858
二十三年	1 634 167	462 618
二十四年	1 759 492	461 936
二十五年	1 584 000	1 000 000
二十六年	1 459 346	463 175

(续表)

年份(民国)	面积(市亩)	数量(市担)
二十七年	1 233 554	417 127
二十八年	1 373 308	391 318
二十九年	1 170 958	505 749
三十年	880 834	119 490
三十一年	1 052 650	295 442
三十二年	1 056 760	261 868
三十三年	870 894	241 212
三十四年	451 830	129 580
三十五年	1 674 016	336 507
三十六年	1 520 000	410 400

资料来源：[民国]三十年至三十四年数字为棉产改进处估计，其余为浙江省农业改进所估计。

抗战期间，各产棉地大部沦陷，因敌伪厉行统制政策，抑价收售，农民苦之，遂将棉田改种杂粮，棉之产量大减。沦陷时间较长之县普减十分之八九，接近后方沦陷时间较短之各县，如旧衢属及旧温属各县，因需要既殷，售价高涨，农民喜其获利之优，因之反有数倍于昔之增产。胜利后，各棉产地均恢复，三十六年丰收，几已回复旧观矣。

浙江省各县市三十六年棉田棉产统计表

项别 县名	棉地面积(市亩) 中棉	美棉	合计	皮棉产额(市担) 中棉	美棉	合计
杭县	51 450		51 450	13 139		13 139
余姚	431 120	28 400	459 600	117 631	11 246	128 877
慈溪	72 600	46 800	119 400	16 880	16 988	33 868
镇海	11 400	49 340	60 740	2 668	19 004	21 672
萧山	311 970	2 030	314 000	74 873	670	75 543
平湖	77 960		77 960	21 829		21 829
海宁	24 160		24 160	4 789		4 789
海盐	8 000	4 500	12 500	1 277	1 350	2 627
绍兴	151 600		151 600	40 888		40 888
鄞县	159 000	1 600	17 500	4 245	480	4 725
上虞	68 330	17 670	86 000	17 920	5 300	23 220
定海	19 000	2 500	21 500	5 055	750	5 805
象山	5 703		5 703	1 540		1 540

(续表)

项别\县名	棉地面积(市亩) 中棉	美棉	合计	皮棉产额(市担) 中棉	美棉	合计
三门	9 000	3 000	12 000	2 340	900	3 240
临海	22 000	550	22 550	5 923	165	6 088
玉环	3 000		3 000	810		810
瑞安	9 909	2 378	12 287	2 604	713	3 315
乐清	4 500	370	4 870	1 205	110	1 315
温岭	15 690		15 690	4 236		4 236
永嘉	16 000	650	16 650	4 301	195	4 496
龙游	348	1 674	2 020	33	502	595
衢县	11 000		11 000	2 970		2 970
江山	6 500	320	6 820	1 743	98	1 841
常山	11 000		11 000	2 970		2 970
合计	1 358 218	161 782	1 520 000	351 931	58 469	410 400

资料来源：浙江省农业改进所。

(本表横直合计数字不符，不知错在何处，原稿如此，特此注明。)

(浙江省通志馆修，余绍宋等纂：《重修浙江通志稿》，第二十一册，物产，特产上，棉花，一九四三年至一九四九年间纂修，稿本，浙江图书馆一九八三年誊录本。)

〔清朝初年至民国十年前后，安徽宿松县〕 吾松清初时烟草未入境以前，农民于种稻外，其他高阜地亩均种棉花，出产亦富。续以改种烟草，棉产渐稀，每亩产量平均计算，种烟草者可收叶八九十斤，种棉花者仅收花五六十斤，棉之收获短于烟，其价格又无以超过乎烟，故种棉之地多改而种烟，亦趋势使然耳。

(俞庆澜、刘昂修，张灿奎等纂：《宿松县志》，卷十七，实业志，农业，民国十年活字本。)

〔清朝末年至民国初年，安徽黟县〕 棉，吴《志》谓棉来自池阳，按禹贡蔡传云：木棉之精好者，谓之吉贝，王桢《木棉图谱》云：产自外番，先传於粤，继传于闽，元初始至江南，而江南又始於松江，是以今之通州花称为最佳。今欧村、木岭一带亦多开荒地种之，三月间下种，苗苗出土逾半月头耘，又半月次耕，最后有草丛生，接绩耘草，野草芟除，种自繁茂，立秋后开花，花色红白相间，花铃簇结，累累如贯珠，实熟皮裂，花絮绽出，采而取之，乃以轧车去子，雇工弹之。惟现系吾华棉种，若择土质丰腴之地改用巴西及美国种，则利益定可倍增，愿我邑实业家急起而提倡之可也。

（吴克复、程寿保等纂修：《黟县四志》，卷三，地理，物产，民国十二年刻本。）

〔民国二十五年前后，安徽临泉县〕 临泉为农产区域，小麦、黄豆、高粱三项为出产大宗。他如芝麻、棉花，因适合风土，产量亦颇充裕。本年春，由县府向南京金陵大学农学院购来美棉三千斤，分发农民，妥为培植，以广传播。

（刘焕东纂修：《临泉县志略》，经济，民国二十五年石印本。）

〔明嘉靖六年前后，江西九江府德化、瑞昌、德安、湖口、彭泽县〕 棉，五邑俱产，惟德化封郭、桑落二洲者核小而绒多。

（明 冯曾修，李汛纂：《九江府志》，卷四，食货志，物产，明嘉靖六年刻本。）

〔明万历十三年前后，江西吉安府〕 地不桑蚕，衣木棉，西南稍益葛苎。

（明 余之桢修，王时槐纂：《吉安府志》，卷十一，风土志，明万历十三年刻本。）

〔清同治十年前后，江西临江府峡江县〕 棉花，缉其花为布，峡地多种之。

（清 暴大儒等修，廖其观纂：《峡江县志》，卷一，地理志，物产，清同治十年刻本。）

〔清同治十一年前后，江西吉安府安福县〕 地少桑蚕，多种棉花，出东南乡者绒更厚。

（清 姚濬昌修，周立瀛等纂：《安福县志》，卷四，食货志，物产，清同治十一年刻本。）

〔清嘉庆十一年前后，福建福宁府福鼎县〕 棉花，间亦有之，郡守李拢教民广种，今渐多。

（清 谭抡修，王锡龄、高昊纂：《福鼎县志》，卷三，物产，货类，清嘉庆十一年刻本。）

〔清光绪年间至民国八年前后，福建政和县〕 棉向为政邑未有之产物，清光绪间知县蒋唐祐锐意提倡实业，购棉子，多数编制棉浅说，广劝树艺，一时农民始行仿种，然尚未能普及，至今种者仅有县城及附近村落，产额殊寡，比较舶来棉额，不敌十分之一。

（黄体震等修，李熙等纂：《政和县志》，卷十七，实业志，农业类，民国八年铅印本。）

〔明嘉靖三十三年至民国三十一年，河南南阳〕 旧日土棉长毛紫花，产量不丰，近改用美国棉种，花白桃大，邓之东乡、新野东南出产为各县冠。

（明 杨应奎修，张霈补遗，张嘉谋校注：《明嘉靖南阳府志校注》，卷三，土产，民国三十一年张嘉谋据明嘉靖三十三年刻本校注本。）

〔清乾隆十九年前,河南归德府宁陵县〕 宁陵要冲与商丘同,距河稍远,地沙瘠,宜木棉,附城郭多为圃(旧《府志》)。

(清 陈锡辂修,查岐昌纂:《归德府志》,卷十,地理略,形胜,清光绪十九年据乾隆十九年刻本重刻本。)

注:宁陵县今为商丘地区。

〔民国七年前后,河南河阴县〕 可用为工艺作物者以棉花为大宗,山原一带东西数十里皆棉花地,枯河沿岸亦有之,衣著外余售他县,颇获厚利。

(高廷璋等修,蒋藩等纂:《河阴县志》,卷八,风俗物产考,天然物,民国七年刻本。)

〔民国八年至二十二年前后,河南安阳县〕 城西北向称产棉区,近年美国棉种输入,其苗枝叶肥壮,棉绒细长,洁白如丝,抽纱细致而光泽,织布绵密,各纺纱厂多乐购之,且又不择地而生,高下咸宜。自民国八年河南实业厅发放美棉种子,实业局设棉业试验场于南关,第二区大寒村白璧集亦先后组织植棉公司就地实验,均获成效,由是东南原隰之地,以前只种五谷者,今已为产棉上田矣。而冈阜地带向种土棉者,今亦试种美棉,最后结果,则美棉之耕作与收获为较易,土棉几有被淘汰之势。

(方策等修,裴希度等纂:《续安阳县志》,卷三,地理志,物产,民国二十二年铅印本。)

〔民国年间,河南安阳县〕 组织公司大规模改良棉种、试种美棉,则始于广益纱厂经理袁心臣及邑人马绍庭,二人曾集资十万元,购地五十顷,设植棉公司于白璧集,凿井百余,购水车三十余架,而本县种美棉之风于是大开。

(方策等修,裴希度等纂:《续安阳县志》,卷七,实业志,农业,民国二十二年铅印本。)

〔民国二十二年前后,河南安阳县〕 县境西北及西南为产棉之区,产量甚丰,在昔铁道未通,多半由小车、马车运销卫辉怀庆一带,远及黄河以南,直达开封、许昌等处。迨广益纱厂成立,遂相率售于纱厂。其后天津、石家庄、郑州、青岛、汉口纱厂日多,于是棉花出境北达天津、石家庄,东至青岛、济南,南通郑州、汉口转销上海,已非往昔之局促于本省者可比。经营棉业者曰花行,全县不下数十家,中间忽起忽灭,未便评记,今举其营业稍久、规模稍大者言之,如城内义兴恒花店、水冶镇德兴花店、洪河屯集之义兴隆花店、曲沟集之泰兴恒花店最为知名,南北大商埠均派有专员,综计全年棉花出境不下千万云。

(方策等修,裴希度等纂:《续安阳县志》,卷七,实业志,商业,民国二十二年铅印本。)

〔民国二十三年以前及以后，河南陕县〕 陕县农产以棉花为大宗，而商业以棉业为基础，市面之繁荣与萧条全视棉业之发达与否为衡。自二十三年棉商亏累太巨，停业甚伙，而全市面顿形凋敝。

（欧阳珍等修，韩嘉会等纂：《陕县志》，卷十三，实业，商业，民国二十五年铅印本。）

〔民国二十五年前后，河南陕县〕 棉花向来为产棉地种之者倍于五谷，近自洋种西来，德、美各棉其收更丰，故栽植者尤多，而外来巨商在南关建筑打包厂，每年发运于上海，为出产一大宗。

（欧阳珍等修，韩嘉会等纂：《陕县志》，卷十三，实业，物产'民国二十五年铅印本。）

〔清乾隆二十五年前后，湖北襄阳府〕 棉花以枣、光二邑为多。

（清　陈锷纂修：《襄阳府志》，卷六，物产，清乾隆二十五年刻本。）

〔民国二十四年前后，湖北麻城县〕 农业，东北产谷麦，山地棉花不蕃茂；西南出棉、谷，而麦亦不多，若棉熟，则一年用度胥赖乎此；东乡棉少，以养蚕丝出产为大宗；北乡豆、麦、谷、米、花生、油饼之类亦销售外乡。

（郑重修，余晋芳等纂：《麻城县志续编》，卷一，疆域志，风俗，民国二十四年铅印本。）

〔清嘉庆十八年前后，湖南常德府〕 境内产棉，有黄、白二种。黄者不多种，俗呼为紫花。白者湖岸高地本高五六尺，山乡瘠地高仅二三尺而已。

（清　应先烈修，陈楷礼纂：《常德府志》，卷十八，物产考，清嘉庆十八年刻本。）

〔民国九年前后，湖南永定县〕 棉花，大宗常产，以沙地产者为上，黄土次之，本境阳和、平大、庸溪所产尤良。有二种，一为洋棉，子绿黑色，棉粗而硬，不如本境之软厚有力也。种在立夏以前，八月采取。

（王树人、侯昌铭编：《永定县乡土志》，下篇，物产第十二，民国九年铅印本。）

〔民国九年前后，湖南永定县〕 木棉花，本境常产，兼水运澧州各属入境，陆运销行来凤，上及四川，每岁约近千万包。

（王树人、侯昌铭编：《永定县乡土志》，下篇，物产第十二，民国九年铅印本。）

〔民国十二年前后，湖南慈利县〕 棉出县附郭及溇以北，而在溇北者良，贩者多捆以入蜀及鄂西鄙，盖慈利之棉盛矣。

（清　田兴奎等修，吴恭亨等纂：《慈利县志》，卷六，实业第三，民国十二年铅印本。）

〔民国十九年前后，湖南永顺县〕 棉花产本境者较常、澧客货更绵软，织布粗厚,但不能多种。

(胡履新等修,张孔修纂:《永顺县志》,卷十一,食货志,货类,民国十九年铅印本。)

〔民国二十年前后,湖南耒阳县〕 土产棉花最佳,较湖花温软,每年产量在县城三数家花号亦可卖一两月。

(曾继梧等编:《湖南各县调查笔记》,物产类,耒阳,民国二十年铅印本。)

〔民国二十年前后,湖南安乡县〕 全县种植棉花,年可收一千三百余担。

(曾继梧等编:《湖南各县调查笔记》,物产类,安乡,民国二十年铅印本。)

〔民国二十年前后,湖南临澧县〕 木棉以澧水流域新安合口产量居多,各区冈阜处亦有种者,其质以鳌山区所产者为最佳,做盖被极好,旅临及作宰临邑者咸相采办,以为归家时送人礼物。

(曾继梧等编:《湖南各县调查笔记》,物产类,临澧,民国二十年铅印本。)

〔民国二十年前后,湖南汉寿县〕 棉种高地,山湖各乡皆有之,下种收花与田谷农时不同,常年每亩可得花一百二十余斤,棉子亦可以制油。

(曾继梧等编:《湖南各县调查笔记》,物产类,汉寿,民国二十年铅印本。)

〔民国三十年至三十七年前后,湖南醴陵县〕 棉,邑中旧产不多,近因纱价踊贵,始多种者。……近又有美棉种输入,结实比中棉多三分之一。……民国三十年,调查全县棉产为二千担。

(陈鲲修,刘谦等纂:《醴陵县志》,卷五,食货志,工艺原料,民国三十七年铅印本。)

〔民国三十七年前后,湖南醴陵县〕 地价高下,以其收益为准衡。农田之收益主要为稻,此外有种蔬菜、烟、麻、芸苔者,大抵利用农隙或旱田为之。至于菽、麦、红薯、玉米、棉花之属,则不在田而在土,收益之丰,不亚于稻。例皆为耕者所有,无庸纳租。次之则为畜鱼、养猪、牧羊、植果、造林及家庭工艺,通谓之农家副业。

(陈鲲修,刘谦等纂:《醴陵县志》,卷五,食货志,农田,民国三十七年铅印本。)

〔清道光二十三年前后,广东韶州府英德县〕 吉贝,草木,低小如桑枝,自吕宋来,春生冬罢,夏吐黄花,秋绽白绵,岁一植,绩布著衣,卒岁御寒,全借乎此。其核可榨油,其枝仍供爨。属内所产不多,仅以自给,市所售洋花,岁以万计,闻外国洋花俱是木本。近年赤朱得于花中,得其实种之,树已拱把,每岁收棉盈筐,与洋花无异。广州木棉高十余丈,大数围,春吐丹葩,夏飞雪絮,惟不坚韧,只以著帽及蔽膝几褥等物,不可纺缉,亦不耐寒。

（清　黄培燨等修,陆殿邦等纂：《英德县志》,卷十六、物产略,清道光二十三年刻本。）

〔**清光绪十四年前后,广东嘉应州长乐县**〕　棉有火棉、木棉二种。火棉以田分棱排行列种之,一岁收即罢,结实略小,实拆花白而松,亦有黑花者,为布不用染,贫家利之。木棉高数尺,历年多枝条繁盛,结实较大,实拆为花,松而韧,篱落隙地种十余株,每株获花数斤,足资一家暖衣用,邑东云炉各村产者尤良,谓之家棉。

（清　郑业崇等修,杨颐等纂：《茂名县志》,卷一,舆地,物产,清光绪十四年刻本。）

〔**清光绪二十三年前后,广东琼州府昌化县**〕　昌邑东北近黎岐,高燥,民以刀耕火种为业,名曰砍山。集山木而焚之,播草麻子、吉贝二种于积灰之上,昌民之利尽于是矣。阅三年即弃去。

（清　李有益纂修：《昌化县志》,卷一,风土,清光绪二十三年刻本。）

注：昌化县民国三年改名昌江县。

〔**民国二十三年前后,广西昭平县**〕　棉花,关区黄姚石山脚沙泥地所产花朵最大,绒头最厚,温暖如火,出产大宗,销路最远。

（李树楠修,吴寿崧等纂：《昭平县志》,卷六,物产部,制造物,民国二十三年铅印本。）

〔**民国三十五年前后,广西三江县**〕　棉,本县所植者为草棉,在昔产量亦多,各乡村间一届秋初,棉絮几泛白于原野,妇女竞逐拾棉,熙熙攘攘,故男女衣著及御寒之棉被、棉袄诚自给而有余,自织而成之,坚韧耐用之布俗曰"家织布",加以蓝靛染工,即今上海灰布不如也。惟迩来洋纱充斥,各种布匹日新月异,土织成本既重,且青年男女趋向奢华,棉业遂一蹶不振,影响于农村经济良非鲜浅。幸近年提倡得力,产量仍增加不少。

（覃卓吾、龙澄波纂修,魏仁重续修,姜玉笙续纂：《三江县志》,卷四,产业,物产,植物,民国三十五年铅印本。）

〔**清道光十七年前后,四川资州仁寿县**〕　木棉,吉贝,草花也。四月种,八月收,邑人种之,利与种田等,亩可二十斤。安下一乡最盛,顺和间有之,东林绝不产,今通称曰棉花,又曰白花。

（清　马百龄修,魏崧、郑宗垣纂：《仁寿县新志》,卷二,户口志,土产,清道光十七年刻本。）

〔清道光二十五年前后,四川潼川府蓬溪县〕 蓬溪县田多山阜,无河渠之利,农资雨泽,终岁勤动,煮盐易粟,贸迁以日。至涪水以西,多膏腴地,民相习植棉,其利倍谷,故家自赡给。

（清 吴章祁等修,顾士英等纂:《蓬溪县志》,卷十五,风俗,清道光二十五年刻本。）

〔清代至民国十四年,四川合江县〕 宜于棉,前清之季,知县夏与赓用高名世议,购发子种,导民种棉。比年家种户植,渐成巨宗,销行朱家沱（江津县属）、松溉（永川县属）各市,年值银数万两。

（王玉璋修,刘天锡、张开文等纂:《合江县志》,卷二,食货,物产,民国十四年修,十八年铅印本。）

〔民国年间,四川宣汉县〕 棉花,有西花、土花。土花较温暖。民国初年,家家种之,多者可收数百斤。烟禁废弛,种几绝矣。

（汪承烈修,邓方达等纂:《重修宣汉县志》,卷四,物产志,植物之属,民国二十年石印本。）

〔民国初年至二十一年前后,四川万源县〕 十年前,农民盛行种棉,几成出口大宗,如大竹河、官渡湾、罗文坝等处购有轧棉机备用。近年种者渐少,盖此物畏寒,宜于低山,县属山高土冷,所以收获欠丰。

（刘子敬修,贺维翰等纂:《万源县志》,卷三,食货门,实业,农业,民国二十一年铅印本。）

〔民国十年前后,四川金堂县〕 棉花随地可种,而实以县属东路土桥沟、广兴场、竹篙寺及毗连、简阳一带为最多,据最近调查,每年可出花七八万斤。

（王暨英修,曾茂林等纂:《金堂县续志》,卷一,疆域志,物产,民国十年刻本。）

〔民国十四年前后,四川彭山县〕 棉,近年种者渐多,然远不及广棉之良。

（刘锡纯纂:《重修彭山县志》,卷三,食货篇,物产,民国十四年修,三十三年铅印本。）

〔民国十六年前后,四川酆都县〕 棉,产崇德乡廖家坝、太平乡滩山顶,附城十五里九溪子一带亦有种者。邑人呼为土花,质极温软,特所产无多,惟赖两湖装运入口。治城向有广花行,近洋纱盛行,遂致关闭。

（黄光辉等修,郎承诜、余树堂等纂:《重修酆都县志》,卷九,食货志,物产,民国十六年铅印本。）

〔民国十七年前后,四川大竹县〕 棉种购自川北,谓之土棉,子多花少,农务局购有美国长绒棉及湖北洋棉,散布四乡,实大而花白,惜未发达。本境所用土花来自遂宁,广花仰给两湖、西安。城乡旧有花行,近则纺绩业微,棉纱、棉花概由夔、万输入,棉布大宗来自渠、广,近则本县机织渐多。

(郑国翰等修,陈步武等纂:《大竹县志》,卷十二,物产志,丝之属,民国十七年铅印本。)

〔民国十八年前后,四川遂宁县〕 棉花:旧《志》载农家资织布、制棉絮御寒。今乡坝宜棉花之地皆广种而丰收,每年运贩出境已达二三百万斤。

(甘煮等修,王懋昭等纂:《遂宁县志》,卷八,物产,货类,民国十八年刻本。)

〔民国十八年前后,四川遂宁县〕 涪江两岸,地势平坦,土质肥沃,滨江上游之土多宜棉,下游之土多宜烟草、白芷、甘蔗等物。而密迩山麓一带,凿渠受水,便于种稻。丽南郭一带,缘畴碧壤,半是菜蔬。此其特点也。夹平原而隆起者为山地,其产物以稻为主,以棉为辅。只东路土产蕃苔,不产棉花,且山石崔嵬,茅茨满野,土浅沟狭,田小路崎,以故力农者常有事倍功半之叹焉。至于菽麦粱黍芝苔之属,又境内之普通产品,播种既夥,收获自丰。但择种无方,御害无术,一逢灾变,即咎命运。

(甘煮等修,王懋昭等纂:《遂宁县志》,卷七,实业,农业,民国十八年刻本。)

〔民国十八年前后,四川南充县〕 县境棉种最劣,仅堪纺粗纱用,产量亦微,人民所需向自潼川太和镇运入。近年实业局倡种美棉,未有成绩,沪、汉洋纱输入日众,民户自纺者日稀,棉作益难挽救矣。

(李良俊修,王荃善等纂:《南充县志》,卷十一,物产志,农业,民国十八年刻本。)

〔民国十九年前后,四川名山县〕 棉,东、北两区略产,惟因多雨,不丰不佳。

(胡存琮修,赵正和纂:《名山县新志》,卷四,物产,植物,民国十九年刻本。)

〔民国二十三年前后,四川华阳县〕 县无棉树,山土皆种草棉,亩收约四十斤。近有美国棉种絮多而长,纺纱尤细。

(叶大锵等修,曾鉴等纂:《华阳县志》,卷三十四,物产,货,民国二十三年刻本。)

注:一九六五年并入双流县。

〔民国二十八年前后,四川德阳县〕 棉分黄花、白花等种,往货松潘、阶文等处,近日县立各工厂制之颇精。

(熊卿云、汪仲夔修,洪烈森等纂:《德阳县志》,卷四,建设志,物产,民国二十八年铅印本兼石印本。)

〔清乾隆二十九年前后，贵州南笼府〕　棉可织，蓝可染，山地间亦种之。至于蚕丝，则非土之所宜矣。

（清　李其昌纂修：《南笼府志》，卷二，地理志，土产，清乾隆二十九年刻本。）

注：南笼府清嘉庆二年改名兴义府。

〔民国二十五年前后，贵州册亨县〕　本县农产品以棉花、白米、菜油三种数量最多，占输出主要地位。

（罗骏超纂修：《册亨县乡土志略》，第四章，物产，第一节，植物，民国二十五年修，一九六六年贵州省图书馆油印本。）

〔民国三十二年前后，贵州榕江县〕　棉花产量亦丰，品质亦佳，每年产改良种棉三万斤，土棉约数千斤，乡间居民自种自纺，自织自染，几为农家妇女必营之副业。

（李绍良编：《榕江县乡土教材》，第二章，榕江地理，第四节，物产，民国三十二年编，一九六五年贵州省图书馆油印本。）

2. 蚕桑

〔清光绪年间至民国三年前后，河北密云县〕　古北口蚕桑局，据前清光绪季年册报，前后种活桑秧二十余万株，前栗园庄罗振声植桑五千株，本城傅东山、石匣镇张蓂等植桑三千八百余株，金叵罗、张应基植桑九千余株。议事会会场于未设议事会前，经郭大令以保陆大令嘉藻，由农务局领到四川及湖州桑秧三千余株，与本地桑秧杂植，其中现已成林，惟缫丝不得法，殊粗劣，出售不获善值。

（臧理臣等修，宗庆煦纂：《密云县志》，卷二之七，舆地，物产，民国三年铅印本。）

〔清嘉庆二十四年前后，江苏松江府〕　桑，顾《志》：松江自木棉之利兴，不尽力于蚕事。元守王至和刻栽桑图以劝之，一时种植成林，遂呼为太守林。今西南乡，近嘉兴者，所植尤盛。

（清　宋如林等修，莫晋、孙星衍纂：《松江府志》，卷六，疆域志，物产，清嘉庆二十四年刻本。）

〔清道光末年以后，江苏华亭县〕　郡境向不事蚕桑，自道光季年，浦南乡人始有树桑饲蚕者。华亭诸生顾华琳、庄镜新自植数千株于家园，于是相继兴起。及咸丰兵燹，浙西及江宁人避难于浦东，益相讲习，官吏复鼓舞导之。近虽植桑渐多,然蚕利犹未溥也。

（清 博润等修,姚光发等纂:《松江府续志》,卷五,疆域志,风俗,清光绪十年刻本。）

〔**清咸丰年以后,江苏松江府**〕 蚕桑之事,吾邑至咸丰年后始盛。南汇知县罗嘉杰,于同治十二年设种桑局于养济院侧,买田四亩有奇,为桑园立章程四条,捐廉购桑,督民种植。各邑亦多讲求此事者。

（清 博润修,姚光发等纂:《松江府续志》,卷四十,拾遗志,清光绪十年刻本。）

〔**清咸丰末年以后,江苏奉贤县**〕 邑民向勤耕织,不务蚕桑。自咸丰末,有浙西、江宁人逃难来者,沿习其俗,遂亦有树桑饲蚕,能治丝者。又,富室妇女惟事针黹,乱后习勤,兼娴纺织,亦返朴之一证。

（清 韩佩金等修,张文虎等纂:《重修奉贤县志》,卷十九,风土志,风俗,清光绪四年刻本。）

〔**清同治年间及以后,江苏上海县法华乡**〕 同治十一年,苏松太道归安沈秉成捐廉购买柔桑数万株,谕城董设局分给乡民种植,并刊发《蚕桑辑要》一书,规条精细,图说详明,种桑养蚕之家咸取法焉。后两江总督左宗棠亦购桑分给,今法华、徐家汇、小闸、漕河泾一带已蔚。当急图改良,以求进步。

（清 王钟编,金凤祥增补:《法华镇志》,卷三,土产,清嘉庆十八年编,光绪末年增补,抄本。）

〔**清同治十一年以后,江苏上海县法华、徐家汇、龙华一带**〕 吾乡自明徐文定公劝务蚕桑,自植数百株于家园。然习俗难化,蚕事未兴。同治十一年,苏松太道归安沈秉成捐廉购桑数万株,分给邑民种植,而蚕桑之利始溥。今法华迤南徐家汇至龙华一带已蔚然成林矣。

（王钟撰,胡人凤续辑:《法华乡志》,卷三,土产,清嘉庆十八年编,民国十一年续编,抄本。）

〔**清同治十二年,江苏南汇县**〕 桑园在城西北隅养济院侧。同治十二年,知县罗嘉杰捐廉购运桑秧,广为散给,并置买田四亩有奇,插槿为篱,种桑数百株,就嘉、湖等处雇工二名,栽植培剪,俾四乡知所则效焉。

（清 金福曾等修,张文虎等纂:光绪《南汇县志》,卷三,建置志,桑局,清光绪五年刻本。）

〔**清同治至光绪年间,江苏嘉定县钱门塘乡**〕 嘉邑向不产桑。清同、光间,州牧吴承璐于太仓设桑秧局，劝民领种。里人徐禹年、许敬贤等首先往领，植郭泽塘南岸，每岁育蚕、缫丝，获利颇厚。自是乡人多植之。光绪中叶，里无不桑不蚕之家，时号小湖州。今则棉花价昂，栽桑者渐少。

（童世高编：《钱门塘乡志》，卷一，土产，一九六三年《上海史料丛编》本。）

〔清光绪五年前后，江苏南汇县〕 土俗向不解蚕桑，粤寇之乱，浙西及江宁避难者多至浦东，遂开其端。前令罗嘉杰、金福曾先后官斯土，始课民艺桑，并导以育蚕之利。近日周浦、新场、六灶各镇已树桑遍地，而蚕利犹未溥焉。

（清 金福曾等修，张文虎等纂：《南汇县志》，卷二十，风俗志，清光绪五年刻本。）

〔清光绪至宣统年间，江苏青浦县〕 光绪二十九年，知县田宝荣筹设课桑局，并辟试验场于北门校场。邑人赵鸿书董其事，以澄照寺所捐荡息购买桑秧，遍植仓场隙地及城根灵园四围，并育蚕于邑庙，历四五年废。又，宣统元年，邑人吴绍书等创设蚕桑研究社，并于重固陆将军墓旁地栽种桑秧二千余本。

（于定增修，金咏榴增纂：《青浦县续志》，卷二，疆域下，土产，民国六年修，民国二十三年增修刻本。）

〔清朝末年至民国初年，江苏上海县法华乡〕 近来丝厂林立。吾乡养蚕绝不缫丝，而鲜茧出售动以数万计。兴蚕桑之利，以济棉布之穷。谋生计者，不得不改弦易辙焉。

（王钟撰，胡人凤续辑：《法华乡志》，卷三，土产，清嘉庆十八年编，民国十一年续编，抄本。）

〔民国初年，江苏上海县西乡〕 邑自巡道沈秉成提倡蚕桑，而茧丝之利渐兴，自他处传入之种类渐多，西乡农民多育蚕以补纺织之不及。近来丝厂盛开，收买蚕茧，而育蚕者更盛。

（吴馨等修，姚文楠等纂：《上海县续志》，卷八，物产，民国七年刻本。）

〔清朝末年至民国初年，江苏嘉定县〕 鲜茧，邑素不习蚕事，故出茧绝鲜。近年上海丝厂盛开，广收蚕茧，乡人始渐讲求。城西一地，市茧者年已可得数百担。惜育法未精，且不能自缫，颇易折耗，急宜改良，以兴其利，借济棉布之穷。

（陈传德修，黄世祚、王焘曾等纂：《嘉定县续志》，卷五，风土志，物产，民国十九年铅印本。）

〔清道光十一年至光绪十三年前后，直隶承德府〕 槲栎茧，产建昌县，每年内地民携蚕种出塞养之,收丝织绸,其养蚕时以槲椤叶为饲,故名。……绵绸,府境多有之,其细而白者不减吴中,土人名为土绸。

（清　海忠纂修,廷杰、李世寅重订:《承德府志》,卷二十九,物产,清道光十一年修,清光绪十三年重订刻本。）

〔清光绪三十年前后,江苏苏州府常熟、昭文县〕　桑,近年西乡讲求蚕业,桑田顿盛,所栽桑秧均购之浙江。

（清　郑钟祥、张瀛修,庞鸿文纂:《常昭合志稿》,卷四十六,物产志,清光绪三十年木活字本。）

〔清光绪年间,江苏徐州府睢宁县〕　丝,时当涌出,商贾云集,收抽民人,获利岁不止万余缙。

（清　侯绍瀛修,丁显等纂:《光绪睢宁县志稿》,卷三,疆域志,物产,清光绪十三年刻本。）

〔清光绪年间,江苏淮安府阜宁县〕　县境无大规模之养蚕事业。农家妇女向饲春蚕,至多蚁量不过一两,大都墨守旧法,不事改良,其饲料均仰给于材用之荆桑,湖桑间有植者,然其数极少。清光绪间,邑人有以柘叶代桑者,又遇蚕卵孵化时,桑叶未萌,每切莴苣叶饲之,其成绩均良（日本农学博士田中义磨,于昭和五年即民国十七年盛称:以莴苣代桑为彼所发明,邑人已先彼而知之）。民国七年,县知事郭文彻倡办蚕桑试验,顾以费绌,阅十载而并入农场。

（庞友兰等纂:《阜宁县新志》,卷十二,农业志,蚕桑,民国二十三年铅印本。）

〔清光绪末年至宣统二年,江苏镇江府丹徒县〕　从前,邑中饲蚕多不甚旺。光绪末,邑人讲求蚕桑,渐用新法,出茧较多。宣统二年,列入劝业会,获有优奖。

（张玉藻、翁有成修,高觐昌等纂:《续丹徒县志》,卷五,食货志,物产,民国十九年刻本。）

〔清宣统年间,江苏江宁府〕　农殖之余,土各有宜,与谷并种,厥木为桑。南乡之民朴勤,以饲蚕为业,朱门及横水桥人比户皆然。每当春季,遍野绿阴,雨润叶浓,罗纨争赋,登梯采之,筐筥蒉刀相属也。茧成缫釜,负以八〈入〉城,行户收买,谓之土丝,微粗于湖州之产,织锻之绛用之不中经材,以其未染色也,谓之白货。其质非上品者,盖桑非湖种,饲养不尽如法耳。今自蚕业有学堂,教民接树浴茧之法,沃若兴歗,贸丝者其毋尤食贫乎。

（陈绍霖编:《上元江宁乡土合志》,卷六,物产,桑丝,清宣统二年刻本。）

〔民国十年前后,江苏吴县木渎镇〕 乡民多业蚕桑,比户缫丝。自近来有欧人采买新茧,于是各处多设茧行,而缫丝者去其大半。

(张郁文辑:《木渎小志》,卷五,物产,民国十年铅印本,民国十七年铅字重印本。)

〔民国十年前后,江苏江阴县〕 往时,蚕事未盛,出丝甚少。近时竞卖鲜茧,缫丝亦不多。

(陈思修,缪荃孙纂:《江阴县续志》,卷十一,物产,货之属,民国十年刻本。)

〔民国十年前后,江苏江都县〕 江洲一带,多植果树,以桃梨为大宗。近年亦产花红,而枸橼〈橼〉尤香色俱美,修竹成林,春时笋市甚盛,农隙则伐隔年老竹编制器具,杂树若桑、榆、槐、柳之属俱备,柳为多,用也甚广。东乡宜陵、大桥各地多植桑,除饲蚕外,兼售桑苗。近年,乡民知绵为大利,亦多种绵花者。附郭缺口门外,芍药田数里,花时市花。茎荄则为药品。宝塔湾附近种花为业者甚多,春月季、秋菊、冬唐花,岁颇获利。

(钱祥保等修,桂邦杰等纂:《江都县续志》,卷六,实业考,民国十五年刻本。)

〔清同治十年至光绪初年,直隶宣化府怀安县〕 山桑曰檿柘,亦似桑,邑中此种甚少。至同治辛未,邑侯寻銮晋从南方购种,教民植桑,至今其木甚多。

(清 荫禄等修,程燮奎等纂:《怀安县志》,卷三,方物,木属,清光绪二年刻本。)

〔清光绪二十六年前后,直隶深州〕 深州有丝旧矣,今州之西鄙诸村蚕桑利最饶,所获岁可十余万金。饶阳䌷本不多,若安平之绢往时但用为筛底,近则远贩海外,利既倍蓰。

(清 吴汝纶撰:《深州风土记》,第二十一,物产,清光绪二十六年刻本。)

〔民国初年,河北三河县〕 邑内土质膏腴,天气和暖,到处宜蚕宜桑。民国初年,曾在段甲岭、张各庄两镇成立乙种农校,研究植桑育蚕之法,奈何款难筹措,两校停办,所种湖桑随即枯死。近来,只有少数妇女采桑饲蚕,然缫丝亦不得法。

(唐玉书等修,吴宝铭等纂:《三河县新志》,卷十五,因革志,实业篇,蚕业,民国二十四年铅印本。)

〔民国二十二年前后,河北昌黎县〕 蚕业,昌黎不甚发达,山居人家养蚕者较多,各村镇养蚕者甚少。每岁端阳节前,在邑城西街城隍庙前,有收买蚕茧者。

(陶宗奇等修,张鹏翱等纂:《昌黎县志》,卷四,实业志,蚕织,民国二十二年铅印本。)

一、农　　业 | 201

〔**民国二十二年前后,河北高邑县**〕　妇孺采桑饲蚕,每年产茧约一千二百斤,丝九十斤,销于顺德、辛集等处。

(王天杰、徐景章修,宋文华纂:《高邑县志》,卷二,实业,农家副业,民国二十二年铅印本。)

〔**明朝初年,山西平阳府太平县**〕　明初令各里设柘桑园以重蚕事,后皆废。嘉靖中听民易买官地膏腴,里耆民王登汉易得园地,舍为义冢。

(清　劳文庆、朱光绶修,娄道南纂:《太平县志》,卷二,建置志,公署,清光绪八年刻本。)

注:太平县于民国三年改名汾城县,一九五四年与襄陵县合并为襄汾县。

〔**清顺治元年至咸丰二年,盛京**〕　蚕:顺治之年,盛京地方留养蚕屯十处,而辽地多寒,畜之者犹少。山蚕,一名槲茧,海、盖、金、复人放之槲、柞等树,春秋收茧,练丝为紬。

(清　吕耀曾等修,魏枢等纂,雷以诚补修:《盛京通志》,卷二十七,物产志,虫豸之属,清乾隆元年刻、咸丰二年补刻本。)

〔**清乾隆三十八年前后,奉天塔子沟**〕　塔属各旗境内高山之中多产簸箩,其叶大如掌,可饲山蚕,余无他用。先是山东种地人自伊本省携带蚕种出口试养,以后人争效之。至今放蚕者众。茧成之后捻线织紬,名曰山紬,与内地茧紬无异。丰年茧多丝贱,每匹市价不过二两四五钱,可为袍服二。歉岁茧少丝贵,每匹市价二两七八钱有差。东民常欲占蒙古山场自专其放蚕之利,以致构讼无已。后经地方官定以收茧之时,令民人将所得十分之一给与山主为租价,近始相安无讼焉。

(清　哈达清格纂:《塔子沟纪略》,卷九,土产,清乾隆三十八年刻本,民国二十三年铅字重印本。)

注:塔子沟今属朝阳地区。

〔**清咸丰初年,奉天岫岩厅**〕　山茧,城北分水岭及西南猫儿岭诸山俱产蚕。城守尉衙门征收蚕厂茧税。城南北各乡皆织造茧绸,而城南者尤佳。

(清　台隆阿修,李翰颖纂:《岫岩志略》,卷五,物产,清咸丰七年修,民国二十三年铅印本。)

〔**清光绪三十四年前后,奉天辽阳州**〕　蚕丝亦本境殖产之一大宗,除粱、豆外,余皆不及,特野蚕多,家蚕少。野蚕饲以柞叶,山村僻地如城南兴隆沟、吉洞峪、浪子山以南,城东牛棚沟、茨沟一带,土人设场养蚕,资为农家之副业,输出额近日渐增,约岁出茧七十万两。

(清　洪汝冲修,永贞纂:《辽阳乡土志》,物产,蚕桑,清光绪三十四年铅印本。)

〔清朝末年至民国十七年前后,奉天辽阳县〕　本境颇宜蚕业。桑蚕方在试验时期,尚未推广,惟山蚕占出产大宗。东南两部山多地少,土质硗瘠,不宜稼穑,居民多以柞蚕为生计。近年茧丝畅销,价格日涨,外资因此输入,经济因此流通,利之所在,人争趋之,故种作者日多。现时,蚕场较十年前增多一倍,较二十年前则不止两倍。

(裴焕星等修,白永贞等纂:《辽阳县志》,卷二十七,实业,蚕业,民国十七年铅印本。)

〔民国九年前后,奉天复县〕　柞叶饲蚕得丝,为复县之一种特产。产柞地方均在县城以东,自一区东北境起,迄三、四两区界止。其间山岚绵亘,产柞尤多,约距县七八十里或百八九十里不等,居斯土者多以养蚕为生计。

(程廷恒修,张素等纂:《复县志略》,第三十六,柞蚕略,民国九年石印本。)

〔民国十三年前后,奉天海城县〕　本境山丝为土货大宗,且产额极富,销路亦广。东山土地硗薄,生计艰窘,人民皆赖此业以谋生活。近年丝业大昌,山茧骤贵,凡业此者均获厚利。……本境茧丝每年收获额平年可得六十万斤,丰年可得八十万斤,由盖平、安东等处输出,近年各大丝房多框招牌丝在上海销售。……每箱茧丝重一千六百两即百斤,约需茧二百余千,虽无一定价格,平均价目约值安东银七八百两。其销路,大框房有商标者为招牌丝,多销上海,曰上海装;小框房无商标者则销安东,曰安东装;即同在安东销售,有招牌丝与无招牌丝,每箱亦差银三四十两。究竟丝之优劣不在乎此,只在信用如何耳。

(廷瑞修,张辅相等纂:《海城县志》,卷七,人事,实业,民国十三年铅印本。)

〔民国十八年前后,奉天绥中县〕　绥界边地苦寒,惟七八区稍讲艺树,渐收蚕利。今风气大开,沿海区域亦慕其利,渐知考察。绥中商界每年买茧约六七千元。现有蚕场二处,亦胜事也。

(文镒修,范炳勋等纂:《绥中县志》,卷六,实业,蚕业,民国十八年铅印本。)

〔民国二十三年前后,奉天庄河县〕　柞叶饲蚕得丝,为庄河特产之一,产柞地方均在城北四、五、二、六各区之北部,距县七八十里或百余里不等。其间平原少而山岭多,邻山居民率务山蚕,业斯业者依为生计。近年提倡种柞,故柞岚较昔渐广,蚕业日见起色。……全境养蚕山场,统计约达三百五十万亩,均系栽植作槲两种树株,每隔三五年辄砍伐一次,俾生新枝嫩叶,伐材则用以作薪或烧炭。

(王佐才等修,杨维蟠等纂:《庄河县志》,卷九,实业志,农业,民国二十三年铅印本。)

〔清宣统年间,吉林西安县〕 近日,发生出产不占田利者,则有山茧。山茧者,异乎家养蚕之称也。以春、秋两季放虫于山,春以三月至五月初,秋以五月至八月。虫食柞树叶饱,则自裹茧,乃取之家。……邑之有茧始于光绪三十四年,然不过数户。宣统元年放茧者二十五户,二年增至四百八十九户(中路占八十五户,东路五十四户,南路二百零八户,西路七十九户,北路六十三户)。凡蚕场皆在陡山峻岭,其种皆购之南城、盖平、复州等处围场地。过寒,春茧多冻损,以余种放秋蚕乃成。是年共放虫一万七千七百三十九倮,出茧四千七百零七万四千倮,每千倮值洋七角,计三万二千九百五十一元八角,然多运售外境,家亦有缫丝者,居少数,且粗恶也。

(清 雷飞鹏修,段盛梓等纂:《西安县志略》,卷十一,实业篇,清宣统三年石印本。)

注:西安县于一九五六年改名东辽县。

〔清朝末年至民国十六年,吉林通化县〕 全境地处边陲,于蚕桑素无经验,近年虽有试验,但因农村疲敝影响,终未发达。民国初年前,有开拓山场,饲养山蚕,获利甚丰。其后,逐年增加。至十六年时,共有山场三十四处,蚕剪四百九十把。所产之丝成色较美,于沿海各县颇为顾客所喜,销路则以交通关系,销于安东者为多。

(刘天成修,李镇华纂:《通化县志》,卷三,实业志,蚕业,民国二十四年铅印本。)

〔民国十五年前后,吉林双城县〕 双城襟带江河,松花江、拉林河、漱江河处,野生桑树最多。近今,土人多有采野桑饲蚕,成茧缫丝,妇女多有能之者。丝质绵软彻白,亦有黄色者,成色甚足,大利所在,将来定见起色。

(高文垣等修,张肃铭等著:《双城县志》,卷七,物产志,动物,民国十五年铅印本。)

〔清乾隆二十七年前后,陕西延安府延长县〕 延长四乡亦桑,凡川原平地,民家环墙种之,庄地亦间植。……芒种后,民间采以饲蚕,吐丝劲而少润,时有晋人购收之。本地间织为绢,白、黄色颇细,然多作酒帘,或以本色裁衫,男女俱著。

(清 王崇礼纂修:《延长县志》,卷四,食货志,服食,清乾隆二十七年刻本。)

〔清乾隆三十四年前后,陕西同州府郃阳县〕　邑东南颇宜桑,而饲蚕者少。

(清　席奉乾修,孙景烈纂:《郃阳县全志》,卷二,田赋,清乾隆三十四年刻本。)

注:郃阳县今为合阳县。

〔清嘉庆十三年至二十三年,陕西兴安府汉阴厅〕　厅民旧亦养蚕,特取丝以为纫组之需,所饲固无多也。嘉庆十三年,通判钱鹤年于湖州携来蚕种,并延善养蚕者来汉劝民饲之,并教以取丝织绸作绵作线之法,仍令于隙地广种桑树,三年后即可采用。……南乡民饶钦选植桑千余株,饲蚕取丝,岁入甚厚,通判钱鹤年复会同叶太守以绩效蚕桑旌之。自此民竞树桑,地无旷土矣。四乡饲蚕取丝织绸作线者大有成效。

(清　钱鹤年修,董诏等纂:《汉阴厅志》,卷二,疆域志,物产,清嘉庆二十三年刻本。)

〔清代后期至民国二十三年,陕西〕　丝有水丝、火丝二种(《汉中府续志》),有黄、白二色(《米脂县志》)。生丝岁出二三万斤,行销湖北、河南等处(《紫阳县访册》)。近数十年,蚕业颇盛,最为出产大宗(《汉阴县访册》)。

(杨虎城、邵力子修,吴廷锡等纂:《续修陕西通志稿》,卷一百九十二,物产三,货属,民国二十三年铅印本。)

〔清代至民国年间,陕西南郑县〕　蚕桑在清末种鸦片以前尚盛,后则衰歇。民国以来,县设农业学校,先办蚕科,讲求栽桑养蚕新法,以气候、土质适宜,渐有成效。

(郭凤洲、柴守愚修,刘定铎、蓝培厚纂:《续修南郑县志》,卷三,政治志,实业,农业,民国十年刻本。)

〔民国八年,陕西商南县〕　民国八年,知事罗传铭于城外东岗公地二十亩令植桑一万二千株,又于东西大道及城边周围植柳一万二千株。油房岭、王家楼两处,私植桑树一千余株,均已采叶饲蚕,丝业日见发达。

(罗传铭修,路炳文纂:《商南县志》,卷六,实业,桑园,民国八年铅印本。)

〔民国二十三年前后,陕西安康县、紫阳县〕　蚕丝运售甚广,年约六十万斤(《安康访册》)。蚕丝每岁约出二三万斤(《紫阳访册》)。

(杨虎城、邵力子修,吴廷锡等纂:《续修陕西通志稿》,卷一百九十四,物产五,介属,民国二十三年铅印本。)

〔民国二十六年前后,陕西宜川县〕　宜川地近边关,寒多燠少,气候稍迟,桑不易长,长亦后晴,温蚕成茧,究属太晚。且所产之丝不甚柔润而多断续。现止平安、平乐二里能抽丝织绢,其他仅借以为线,若绸纱非此丝不可成云。

（佚名纂：《宜川乡土志》,风俗,民国二十六年铅印本。）

〔民国二十五年前后,甘肃康县〕　蚕丝,全县皆有之。故每年当清明时即孵化为蚕,村庄妇女皆育之,经期四旬即得丝焉。但每家育蚕不多,所得丝料仅够本地机房织丝帕之需,所制花线并生丝绸等皆牢守旧法,未加改良,兼之出品不多,不知推广,以致销场仅在兰垣及陇东、陇南各县,不能推销于他省,诚可叹矣。

（王世敏修,吕钟祥纂：《新纂康县县志》,卷十四,物产,民国二十五年石印本。）

〔清乾隆二十六年前后,甘肃宁夏府中卫县〕　中邑亦有养蚕之家,东城之李生、永康之阎明经及西南乡宁安、枣园、广武等堡皆有养蚕成效,曾岁获蚕丝,已织成茧绸、绵绸者,或纺丝绳及织成幅巾系蒂者。特以种桑不广,育蚕亦少,眠蚕煮茧抽丝纺丝之法未尽娴习,是以织纴不克大兴。

（清　黄恩锡纂修：《中卫县志》,卷一,地理考,物产,附蚕桑,清乾隆二十六年刻本。）

〔唐代至民国年间,新疆〕　《唐史》载："于阗蚕蛾飞,尽治茧为丝。"盖西域蚕桑之利自昔盛行,乱平之后,左文襄于南路创设蚕桑局,试办数年,虽无大效,然风气已开,和田、叶城、洛浦、皮山诸地多有以此为业者,但缠民愚惰。树桑饲蚕不得其法,故无厚利。丁未之岁,檄已革副将浙江赵贵华考察南疆土宜,设立蚕桑局,教民养蚕诸法,州县官吏即以此为考成。二年以来,丝茧之利多于往年数倍。（皮山报称蚕种一两约得黄、白二茧五十余斤,每茧一斤售银一钱五六分,近长至二钱二三分,每茧十斤可得净丝一斤。）英、俄商贾贩茧出境者岁一百五十余万斤。

（王树枏纂：《新疆小正》,民国七年铅印本。）

〔清光绪初年后,新疆〕　光绪初元,全疆底平,督师大臣左宗棠以为：山南城郭之国也,其民被服完好,尚勤俭,与山北毡幕毡裘不同俗,又土沃泉甘,环庐树桑有邠原之风,宜兴蚕事。乃精选员吏设蚕桑局于疏勒城,招致吴越蚕工织工四十余人,授民以浴种、饲养、分簿、入簇、煮茧缫丝、轧花、染采诸艺。凡筐箔竹木之器,杼轴络纬之机,靡不取足。旧日桑田,本大叶瘦,不中饲蚕,蚕多僵死,更辇运东南桑秧数十万株,给民领种,而勤导以压条、接本、壅肥、采叶之法。经始之费,数逾巨万。疏勒土性舄〈潟〉卤,蚕不菀而枯,和阗蚕丝脆涩,理之多绪结,抽之碍手,制为纨缯,黯淡无色泽。有司以为糜财殚力,劳而少功。行之期年,上下交怼,于是委蛇者奉行故事,贪黠者因而利之,归于中饱,而局事乃益隳废,盖率作兴事之难也如此。然自是以来,蚕事渐兴,缠民习其业者日众,而英、俄商人颇有运我茧丝出口者,则成效亦稍著矣。

（钟广生撰:《新疆志稿》,卷之二,蚕桑,民国年间铅印本。）

〔清朝末年至民国初年,新疆〕 宣统元年,檄南疆官吏,一切张施,皆如贵华法。自是,蚕业骎骎,日有进益。据近年调查,册报和田境内植桑近二百万株,岁销英、俄两国茧二十七万斤(约值银一万二千二百五十两)。合属织户共一千二百余家(合和田、洛浦、于阗及莎车府属之皮山县四邑统计),所织曰夏夷绸,岁制三万余匹,供本地缠民服御,无行销城外者,其民殷富从可识矣。莎车岁产茧丝三万斤,叶城产茧十万余斤(每斤约值银二三钱不等),丝一万三千七百余斤(丝值一两计每两约值银一钱四五分)。所属皮山一邑产额尤盛,有村曰木吉、曰桑株、曰桂雅泊尔,比户业蚕,桑荫遍埜。光绪三十二年,岁产茧额不足七万斤,其明年增至三倍,又明年复增至五倍以上(三十四年皮山土茧出口销数共三十二万三千斤,英、俄商人争相购买,茧价每斤由一钱五分涨至二钱二三分,是年皮山一邑共售银六万一千三百两有奇)。盖利之所在,如水之赴壑,不待董劝督课,而民争趋之,况鼓舞作兴之者,有其渐耶!至其他邑若温宿(有桑一万九千株,岁产茧额无多),库车(产茧五十斤)、沙雅(产粗丝)、轮台(产茧额无多)、焉耆(库尔勒村宜桑近万株,岁产茧约四五百斤),或宜蚕,或否,大都产额微细,无足比数。然民竞于利,流风所扇,虽吐鲁番(近种桑约四千株)、鄯善(新出茧五六十斤),哈密(近试种桑二三百株)、偏处山北,不习蚕事之区,闻而兴起,栽秧购种,转相传习。统计,南疆茧丝旧额三十余万斤,近今乃增为七十万斤云。

（钟广生撰:《新疆志稿》,卷之二,蚕桑,民国年间铅印本。）

〔民国五年,新疆〕 蚕桑则盛产喀什一道,每岁产丝百余万斤。阿克苏镇迪诸道,近亦传播种子,为数甚微。饲蚕之家多不知自制蚕连,以故种子纯购之俄属,然出茧硕大,逾于江浙,只以缫炼不得其法,故色泽较逊。然以制夏夷绸则胜于山东茧绸,杂棉纱以织花布,胜于舶来电光布。

（林竞编:《新疆纪略》,五,实业,农业,民国七年铅印本。）

〔民国二十年前后,山东蒙阴县〕 茧绸,以山茧缫丝为之,有春茧、秋茧,秋为胜。此种绸,俗亦曰山绸。又饲以椿叶为茧缫成者,谓之椿绸。绵绸,练家茧作线为之。绢,以家茧丝为之,类绸而薄,若双丝为之,则厚而韧。按:蒙群山错处,旧本多槲,故居民养蚕为业,故或制成茧绸。近百年来,户口日繁,强半伐去,垦以为田,而业此者几稀矣。至椿绸本少,惟桑蚕大兴,所出茧额逾累万。苟织业创举,可致富饶,而民无为者,皆运售于外,可惜也。

(黄星垣、赵家琛等编纂:《蒙阴县志》,卷一,物产,帛属,民国二十年前后编纂,稿本,蒙阴县志办公室一九八七年整理铅印本。)

〔民国二十三年前后,山东济阳县〕 本县一、二、六各区养蚕缫丝者甚多,光泽尚好,丝亦细致,因纺车丝桃均欠改良,仅销售于本地及周村一带,惜不能出口也。

(路大遵等修,王嗣鋆纂:《济阳县志》,卷一,舆地志,物产,民国二十三年铅印本。)

〔民国二十四年前后,山东临朐县〕 邑人养蚕其来甚久,种桑之田十亩而七,养蚕之家十室而九,故蚕业之盛为东省诸县之冠。在昔旧法缫丝,利用已遍全国,贸易且达西欧。自后改用新法制成厂经,尽销外洋,每岁出口至三千九百余箱,平均比较可年出三千余箱,可云至巨。乃自二三年来,丝价骤落,一蹶不起,民生困竭,商肆萧条,财源既塞,不得不另辟出路,乃群趋于种烟之一途。

(周钧英修,刘仞千纂:《临朐续志》,卷十,食货略,物产,民国二十四年铅印本。)

〔民国二十五年前后,山东莒县〕 县内蚕业素不发达,而养蚕之法亦多守旧,故每年产丝既少,而丝质亦劣,所产之丝多供自己使用,出售者寥寥无几。

(卢少泉等修,庄陔兰等纂:《重修莒志》,卷三十八,民社志,农业,民国二十五年铅印本。)

〔民国二十五年前后,山东莒县〕 蚕类不一,莒县有桑蚕、柞蚕、樗蚕,东山柞蚕最多,茧曰山茧,产量极富。

(卢少泉等修,庄陔兰等纂:《重修莒志》,卷二十三,舆地志,物产,民国二十五年铅印本。)

〔民国三十年前后,山东潍县〕 本县无丝厂,茧多外售,且无烘茧灶,饲蚕者多售鲜茧,故获利极微。近年来,因收茧者之需要,多饲吾国改良蚕种,不特蚕病少、饲育良,且丝缕长、颣节少,颇为制丝家之欢迎。

(常之英修,刘祖干纂:《潍县志稿》,卷二十五,实业志,物产志,民国三十年铅印本。)

〔元代至明弘治十六年,南京苏州府〕 农桑、蓝靛,宋无考,元二县四州栽桑二十七万株,兵余无几。国朝洪武初,七县栽桑一十五万一千七百株,蓝靛七千三百六十七斤有奇。弘治十六年,农桑二十四万九百三株,科丝一万一千五百三十二两五钱一分,折绢六百四十匹。又,人丁丝绢一万二千五百五十匹各有奇。

（明 王鏊等纂:《姑苏志》,卷十五,田赋,税课贡役附,明正德元年刻本,清乾隆间《四库全书》本。）

〔明洪武二年至清乾隆十二年前后,江苏苏州府吴江县〕 桑以育蚕,明洪武二年诏课民种桑,吴江境内凡一万八千三十三株。宣德七年,至四万四千七百四十六株。近代丝绵日贵,治蚕利厚,植桑者益多,乡村间殆无旷土。春夏之交,绿阴弥望,通计一邑无虑数十万株云。

（清 陈荚缵修,倪师孟、沈彤纂:《吴江县志》,卷五,物产,乾隆十二年刻本,民国间石印重印本。）

〔清乾隆十一年前后,江苏苏州府震泽县〕 桑所在有之,西南境壤接乌程,视蚕事甚重,故植桑尤多,乡村间殆无旷土。春夏之交,绿荫弥望。别其名品,盖不下二三十种云。丝,邑中盛有,西南境所缫,丝光白而细,可为纱缎,经俗名经丝。其东境所缫,丝稍粗,多用以织绫绸。俗称绸丝,又有同宫丝、二蚕丝,皆可为绸绫纬。

（清 陈和志修,倪师孟、沈彤纂:《震泽县志》,卷四,物产,清乾隆十一年刻本,清光绪十九年重刻本。）

〔清乾隆十一年前后,江苏苏州府震泽县〕 邑多栽桑以畜蚕,故西南境之农家颇善治桑。

（清 陈和志修,倪师孟、沈彤纂:《震泽县志》,卷二十五,风俗,生业,清乾隆十一年刻本,清光绪十九年重刻本。）

〔清嘉庆二十年前后,江苏镇江府溧阳县〕 蚕桑之业,据吴《志》,向惟姜笪、新昌两村。自吴苾任,鼓舞利导,其业渐广。旧县《志》有新昌绸、奉安布,今有。

（清 李景峄、陈鸿寿修,史炳等纂:《溧阳县志》,卷六,食货志,物产,清嘉庆二十年刻本,清光绪二十二年重刻本。）

〔清嘉庆二十年前后,江苏镇江府溧阳县〕 蚕桑之利,向惟姜笪、新昌两村。鼓舞利导,近且缫车轧轧,声遍四乡矣。

（清 李景峄、陈鸿寿修,史炳等纂:《溧阳县志》,卷一,舆地志,风俗,清嘉庆二十年刻本,光绪二十二年重刻本。）

〔清道光二十四年至光绪二十三年前后，江苏苏州府吴县光福镇〕 妇女以蚕桑绣绩为工……光福艺桑，随处皆植，蚕事尤勤于他处。凡女及笄，即习育蚕，四、五月谓之蚕忙。又有女工以刺绣、绩麻为事。惟地无木棉，故纺绩则不习也。

（清　徐傅编，王镛等补辑：《光福志》，卷一，风俗，清道光二十四年编，光绪二十三年补辑，民国十八年铅印本。）

〔清道光二十七年前后，江苏苏州府吴江县分湖镇〕 村俗尚勤，乡人农隙，则灌种蔬菜，妇女亦勤农事，间或种桑、麻以治丝枲。

（清　柳树芳纂：《分湖小识》卷六，别录下，风俗，清道光二十七年刻本。）

〔清道光末年以后，江苏苏州府吴县〕 每岁暮春治蚕。案：初仅吴县属香山、光福等处有之。通商以来，丝、茶为出口大宗，人人皆知其利。长洲县所辖之西北境，凡与无锡，金匮接壤者，遍地植桑治蚕。

（曹允源等纂：《吴县志》，卷五十二上，舆地考，风俗一，民国二十二年铅印本。）

〔清道光、同治年间，江苏江宁府句容县〕 蚕桑之利，吾容未溥。道光间，知县刘佳与教谕张履议行未果。同治十年，省城大吏设局劝民愿植桑者，户给三十五株，分别自种、佃种，书于册。佃种者，蚕时，官收其息（自种谓民地，佃种谓官地）。令虽下，吾民犹观望。至光绪八年，左文襄公移节两江，饬委胡道光镛购办桑秧六十五万株，内派吾邑领种八万株，分散各乡栽种，而免其息，至今闲闲泄泄，其利无穷矣。九年，知县张沅清缮册，呈报各乡所领数目如左：句容乡领八千七百株，移风乡领五千八百株，孝义乡领一万四千株，凤坛乡领八千二百株，仁信乡领二千九百株，来苏乡领八百株，崇德乡领一千四百株，茅山乡领七百株，承仙乡领一千三百株，福祚乡领一千六百株，上容乡领五千一百株，临泉乡领一千一百株，通德乡一万二千五百株，琅琊乡领一万三千株，靖安乡领二千九百株。

（清　张绍棠等修，肖穆等纂：《续纂句容县志》，卷四，实政，清光绪三十年刻本。）

〔清道光年间至宣统年间，江苏太仓州〕 道、咸间，邑绅钱公宝琛宅后拓茧园，树桑饲蚕，又于太原王氏南园种桑千余本，为乡里倡。同治末，归安吴公承潞知州事，创捐设蚕桑局，购桑秧令民栽种，十余年间不下数十万株。嗣后，官则或作或辍，民间又不得治桑育蚕之法。若复数年，将成枯木朽株。

（王祖畬等纂：《太仓州志》，卷三，风土，物产，民国八年刻本。）

〔清同治初年以后，江苏常州府无锡县〕 丝，旧惟开化乡有之。自同治初，经乱田荒,人多植桑饲蚕,辄获奇羡。其风始盛,延及于各乡。

（清　裴大中修,秦湘业纂:《无锡金匮县志》,卷三十一,物产,清光绪七年刻本。）

〔清同治初年以后,江苏镇江府丹徒县〕　本邑产者,向惟野桑及柘。道光朝,虽有植湖桑者,传亦未广。同治初,观察沈公秉成始设课桑局,购湖桑教民种之,而桑园、桑田遂遍境内。

（清　王蕴华等修,吕耀斗等纂:《丹徒县志》,卷十七,物产,清光绪五年刻本。）

〔清同治初年至光绪九年前后,江苏扬州府高邮州〕　邮民素不饲蚕。自粤匪荡平后,郡城设湖桑局,俾民愿种者领之,而邮邑乃知饲蚕。近年,湖东、西,以农兼桑者,不可胜计。至丝成时,江南贩丝者无岁不至。

（清　龚定瀛等修,夏子鐊等纂:《再续高邮州志》,卷二,民赋志,风俗,清光绪九年刻本。）

〔清同治六年以后,江苏苏州府昆山、新阳县〕　邑中向以纺绩为女工,而妇女亦务农者多,蚕桑则无之。自同治六年昆山知县王定安、新阳知县廖纶昌倡,始捐俸购隙地栽桑,延娴其事者教以树桑、养蚕、煮茧、调丝之法。今则渐次风行。

（清　金吾澜等修,汪堃等纂:《昆新两县续修合志》,卷一,风俗,清光绪七年刻本。）

〔清同治十年后,江苏江宁府〕　江宁蚕桑之利未溥,自官府课桑,民间渐知育蚕,其丝不若浙产良,名曰土丝,不中织也。光绪二年,常镇道因中和洋商,有请照赴江宁收丝之事。

（清　蒋启勋、赵佑宸修,汪士铎等纂:《续纂江宁府志》,卷六,实政,清光绪七年刻本。）

〔清同治十三年前后,江苏扬州府〕　属吏买桑于吴兴,分给农民领种十余万株,而局之前后亦种数千株,以为官桑饲蚕缫丝,鬻其值备善举之用。

（清　英杰修,晏端书等纂:《续纂扬州府志》,卷三,城池志,公署,附课桑局,清同治十三年刻本。）

〔清同治年间,江苏苏州府昆山、新阳县〕　旧时,邑鲜务蚕桑,妇女间有蓄之。自国朝同治中,巴江廖纶摄新阳县事,教民蚕桑,设公桑局,贷民工本。四、五年后,邑民植桑饲蚕不妨农事,成为恒业。

（清　金吴澜等修,汪堃等纂:《昆新两县续修合志》,卷八,物产,清光绪七年刻本。）

注：新阳县后并入昆山县。

〔清同治年间后,江苏镇江府丹阳县〕　蚕桑之事,向惟邑南黄丝岸等处有之。兵燹后,闲田既多,大吏采湖桑教民栽种,不十年,桑阴遍野,丝亦渐纯,岁获利以十数万计。西北乡民,在湖州业机坊者,归仿湖式织之,几可乱真,但水色不宜练丝,或稍逊于湖耳。知地无不兴之利也。

（清 凌焯等修,徐锡麟等纂：《丹阳县志》,卷二十九,风土,清光绪十一年刻本。）

〔清同治年间至民国十年前后,江苏江阴县〕 江邑蚕桑,同治年间,屡兴屡废。其时,育蚕缫丝诸法,未暇多求,间有成茧缫丝,亦不得善价。有将已植之桑毅然拔去者。邑人钱维锜在无锡营办茧事,悉心考察,知育蚕之法尚易,缫丝之术较难,欲推广蚕桑,当从开设茧行收买鲜茧入手。遂于光绪十六年由锡设分庄于青旸,容试为之。顾所收之茧虽不多,而品质良于锡茧。因集议合资创设青旸豫昌、璜塘昌顺两茧行,是为江阴设行收茧之始。由是东南各乡咸知拾蚕之利。二十年来,逐渐推广,合邑茧行开设四十余家,岁有百数十万多或二百余万之茧款散注民间,小民生计实利赖焉。

（陈思修,缪荃孙纂：《江阴县续志》,卷十一,物产,实业附,民国十年刻本。）

〔清同治年间至民国十年前后,江苏江阴县〕 桑,有湖桑、花桑、子桑之别。饲蚕以湖桑为佳。同治年间,汪令坤厚来宰江阴,倡设蚕桑会,购湖州桑秧千数百株,遍栽栖霞庵前。其时,育蚕者少,未善其用。嗣有邑人吴煊著《蚕桑提要》一书,广劝种植。光绪初年,苏宗振、钱维锜特辟桑田若干亩,种桑者免租二年,限满纳租,并酌量轻减,于是湖桑始盛。今本邑桑田约有十万亩云。

（陈思修,缪荃孙纂：《江阴县续志》,卷十一,物产,桑麻之属,民国十年刻本。）

〔清光绪初年,江苏江宁府〕 今广植桑田,年复一年,自必茂密,由上元之铜山、谢村迤东各乡产渐旺。秣陵禄口、陶吴横溪桥、谷里村、六郎桥、江宁镇、铜井、慈湖皆养蚕地也。然而摇经之丝非海宁不可,头号缎之丝非湖州不可。此非人力可胜,殆天所以资其生欤？近日,江北产丝甚广,六合、江浦、扬州、高邮,如皋、通州皆有丝。

（清 蒋启勋、赵佑宸修,汪士铎等纂：《续纂江宁府志》,卷十五,拾补,清光绪七年刻本。）

〔清光绪初年,江苏淮安府阜宁县〕 桑亦所在皆有,特其种不宜蚕。知县朱公纯曾领湖桑为敦俗之劝。土人多植之者,一切培养修剪之法尚有待。芦茅蔓衍其地,数培树谷,其利之溥,亦有倍于谷者,麻……淡巴菰之属。农人于隙地垫之,非山左、浙、闽可获奇赢。棉之利速于桑,境亦一岁之熟,亩可十千,间且倍之,则固非地不宜棉,赖教之树且织者,大有人耳。知县阮本焱,曾捐廉遣人赴通州购棉种,方将置器募师设局兴事。邑妇女诚相率而习之,以织补耕之不足,虽地瘠无虑民贫,盖知此事非身体力行终寡效耳。

(清　阮本焱等纂:《阜宁县志》,卷一,疆域志,土物,清光绪十二年刻本。)

〔清光绪初年至民国六年,江苏六合县〕　自是,风气稍开,育蚕者多人知蚕桑之利,每至蚕月,包桑饲蚕,有至数里外,雇人采土桑者,而四乡育蚕者亦复不少。新集有桑叶行,晨起即有担桑叶赴集售者,络绎不绝,故蚕茧以西南乡出产为多。自民国四年钱树模创置承志桑园于竹镇,雇用浙湖桑工,聘毕业蚕桑学生陈启莹为经理(民国三年,巴拿马赛会,启莹以各种蚕茧制成标本呈赛得奖三等金牌)。年来,桑已成阴,而王乃榷亦创桑园于小北门城内。此外,四年,桑园林立,蚕桑之利渐将普及。民国六年,无锡商民至有设公司住六合收茧者,亦可见蚕事从此蒸蒸日上矣。

(郑耀烈修,汪昇远等纂:《六合县续志稿》,卷十四,实业志,蚕桑,民国九年石印本。)

〔清光绪初年以后,江苏苏州府昆山、新阳县〕　初邑民不知蚕桑。光绪初,邑令王定安廖纶捐俸购地教民树桑育蚕,荒地日辟。

(连德英等修,李传之纂:《昆新两县续补合志》,卷一,风俗,民国十一年刻本。)

〔清光绪八年至光绪十三年前后,江苏徐州府睢宁县〕　光绪八年,知府曾广照禀明大宪,委员来买湖州桑分植各属县。今水南社有官桑园地二十五亩,栽桑四千株,枝叶繁茂,甲于他县。

(清　侯绍瀛修,丁显等纂:《光绪睢宁县志稿》,卷三,疆域志,物产,清光绪十三年刻本。)

〔清光绪九年以前,江苏苏州府〕　湖中诸山大概以桔橘为产,多至千树,贫家亦无不种。以蚕桑为务,地多植桑,凡女未及笄即习育蚕。三四月谓之蚕月,家家闭户,不相往来。以商贾为生,土狭民稠,民生十七八即挟资出商,楚、卫、齐、鲁,靡远不到,有数年不归者。

(清　李铭皖修,冯桂芬纂:《苏州府志》,卷三,风俗,清光绪九年刻本。)

〔清光绪九年前后,江苏江宁府溧水县〕　丝,邑产以西北近上元、铜山者为最。近来东乡亦多饲蚕者。

(清　傅观光等修,丁维诚等纂:《溧水县志》,卷二,舆地志,土产,清光绪九年刻十五年重印本。)

〔清光绪十年前后,江苏淮安府安东县〕　饲蚕缫丝,利入十倍,郡之人罕知之。……安东人颇能习其事,疆场室庐之旁莫不种桑。春日,蚕事起,妇孺奔走,采桑布箔,昕夕靡皇。每丝出时,他方贸易者操金钱入乡买之,城市则有牙阜为之总会,亦可见其盛矣。此实他邑当仿而行之者也。

（清　孙云锦修,吴昆田等纂:《淮安府志》,卷二,疆域,物产,清光绪十年刻本。）

〔民国十年前后,江苏山阳县〕　丝絮之属,有桑,有麻,所植不多,无裨实用。近邑进士丁宝铨购湖桑万株,分植城东南隅及乡镇隙地,以为模范,乃仿行者少,岂谓非土性所宜欤。

（周钧修,殷朝端等纂:《续纂山阳县志》,卷一,疆域,物产,民国十年刻本。）

〔民国十七年,江苏清河县〕　近湖桑繁植,蚕事日盛,每岁初复,闽、粤富贾挟资入境建灶、焙茧、捆载而南。土著小商亦多设盆缫丝,邮致海上。损墙隙之地,致兼旬之劳,而所获恒十倍。

（刘樗寿等修,黄范冕等纂:《续清河县志》,卷一疆域志,物产,民国十七年刻本。）

〔民国二十年前后,江苏泰县〕　苏、浙号中华国产丝之区,育蚕之法家喻户晓。泰邑虽隶苏省,僻处江北,四境桑地不足二千亩,蚕不足五百石,蚕利甚微。

（单毓元等纂修:《泰县志稿》,卷十九,农业志,蚕桑,民国二十年修,一九六二年油印本。）

〔民国二十四年前后,江苏南京〕　南乡之民,农殖之余,率以饲蚕为业,春季采桑,筐筥相属。茧成缫釜,负以入城,行户收买,谓之土丝。微粗于湖州之产,织缎之纬用之,不中经材,以其未染色也,谓之白货。

（叶楚伧修,王焕镳纂:《首都志》,卷十二,食货下,农业,民国二十四年铅印本。）

〔民国二十五年前后,江苏〕　丝茧主要产地亦在江南之太湖流域,尤以湖之西北两岸为盛。全国产茧一千五百万担,而本省约占三分之一,产量之丰亦为诸省所不及。最近数年,育蚕家以困守成法,不加讲求,遂致蚕病丛生,收成大减。又以丝业衰落,茧价低廉,农人对于育蚕兴趣大为减退,有一小部分已改变桑田为稻田者。

（殷惟和纂:《江苏六十一县志》,上卷,江苏省总说,物产,民国二十五年铅印本。）

〔民国二十五年前后,江苏无锡县〕　桑田约占全县田亩十分之三,农家皆以养蚕为收入大宗之一。沪、苏、锡三处共有丝厂一百四五十家,丝车三万余,每年产丝五万担,而大部分则在无锡。

(殷惟和纂:《江苏六十一县志》,上卷,无锡县,物产,民国二十五年铅印本。)

〔南宋绍兴九年至淳熙十二年,两浙西路严州〕 州境山谷居多,地狭且瘠,民贫而啬,谷食不足,仰给它州,惟蚕桑是务。

(宋 董弅修,喻彦先检订,陈公亮重修,刘文富订正:《严州图经》,卷一,风俗,宋绍兴九年修,淳熙十二年重修,民国二十六年铅印本。)

〔南宋嘉泰元年前后,两浙西路湖州〕 湖州蚕丝有头蚕、二蚕,细而白者谓之合罗,稍粗者谓之串五,又粗者谓之肥光,合郡俱有,而独盛于归安。

(明 董斯张纂:《吴兴备志》,卷二十六,方物征,明天启四年纂,清乾隆间《四库全书》本。)

〔南宋嘉泰元年前后,两浙西路湖州吴兴〕 本郡山乡以蚕桑为岁计,富室育蚕有至数百箔。兼工机织,水乡并种苎及黄草,纺绩为布。

(宋 谈钥撰:《吴兴志》,卷二十,物产,宋嘉泰元年撰,民国三年刻本。)

〔明洪武年间至清康熙十二年前后,浙江湖州府德清县〕 栽桑一事,明洪武宣德年间,勅县植桑报闻株数,以是各乡桑柘成阴,蚕缫广获。今邑中穷乡僻壤,无地不桑,季春孟夏时,无人不蚕,男妇昼夜勤苦,始获茧丝告成,输课完租,聊给衣食。倘或育蚕失利,未免折栖变产抵偿。

(清 侯元棐修,王振孙等纂:《德清县志》,卷四,食货考,农桑,清康熙十二年刻本。)

〔明嘉靖三十九年前后,浙江湖州府〕 蚕桑之利,莫盛于湖,大约良地一亩可得叶八十个,每二十斤为一个。计其一岁垦耡壅培之费,大约不过二两,而其利倍之。

(明 徐献忠纂:《吴兴掌故集》,卷之十三,物产类,明嘉靖三十九年刻本。)

〔清乾隆年间至光绪十八年前后,浙江湖州府长兴县〕 农桑并重,而湖俗之桑利厚于农。自夷人通商,长兴岁入百万计。粤匪之乱,民穷财尽,赖以稍苏。官军之饷、善后之需,咸取给焉。乾嘉之际,大利未兴,前《志》田蚕统归物产,而数十年来,其利倍蓰。

(清 赵定邦修,周学濬等纂:《长兴县志》,卷八,蚕桑,清光绪元年刻本,清光绪十八年邵同珩等增补刻本。)

〔清代中叶至宣统二年,浙江绍兴府诸暨县〕 前八邑惟诸暨出丝,至同治后,嵊产几与诸暨埒。近年,嵊人以洋厂缫丝,皆售茧而不缫,诸暨丝又冠于七邑。

（清　陈遹声、蒋鸿藻纂修：《诸暨县志》,卷二十,物产志,清宣统二年刻本。）

〔**清道光二十年前后,浙江嘉兴府海盐、石门等县**〕　禾郡蚕丝之利亚于湖州。就七邑中,石门、桐乡育蚕最多,次则海盐,又次嘉兴、秀水。若嘉善、平湖,此事罕及,非关地利,亦由人功之不习也。至元《嘉禾志》云：是郡丝棉绢帛视苎枲次之,则俗尚蚕织旧矣。盐邑素不习于蚕,近三四十年中,蚕利始兴,今则桑柘遍野,无人不习于蚕矣。饲蚕法多学之吴兴。盐邑地狭人众,力耕不足糊口,比户养蚕为急务,蚕出火一斤,食叶百斤,作茧十斤,缫丝一斤,此大略也。墙隙田旁悉树桑叶,千斤养蚕十斤,谓之本分蚕。蚕多叶少,为空头蚕,必买叶饲之。轻舫飞棹四出远买,虽百里外一昼夜必达,迟则叶蒸而烂,不堪喂蚕矣。男不盥,女不栉,间以罱泥、割麦、撒秧诸事足为忙月,蚕或不登者,举家聚哭。盖农家全恃蚕以为耕耘之资,蚕荒则田芜,揭债鬻子,惨不免矣。蚕有家种,有客种。向只有家种,十余年来,有自余杭、湖州带归者,食叶甚猛,每蚕一斤,食叶较家种多十数斤,缫丝亦重数两。愚民利其多丝,竟弃家种而养客种,究竟因人财运为丰歉,尽有一纸平剖而此成丝,彼无茧者,乡人狡猾者,往唐栖、西溪诸处贩之。沿村放买,其利不赀,贩者益众,彼处苦无以应,反向盐邑收取绵茧生子以畀贩夫,贩夫以贱值持归,仍昂价以给乡愚,其贻害非浅也。石邑六乡官民及抄没桑共计六万九千四百余株。迩来,四郊无警,休养生息,民皆力农重蚕,辟治荒秽,树桑不可以株数计。石邑田地相埒,故田收仅足支民间八个月之食,其余月类易米以供,公私仰给,惟蚕息是赖,故蚕务最重。

（清　于尚龄等修：《嘉兴府志》,卷十一,农桑,清道光二十年刻本。）

注：禾郡即嘉禾,亦即嘉兴府。

〔**清道光至光绪年间,浙江嘉兴府嘉善县**〕　丝,向来惟西乡有之。至道光时,东南乡有树桑饲蚕、竞为治丝之事者。今则西北乡间有之矣。

（清　江峰青等修、顾福仁等纂：《重修嘉善县志》,卷十二,物产,清光绪二十年刻本。）

〔**清同治三年后,浙江湖州府长兴县**〕　长邑叶每论担,担则百斤,计叶五箩也。同治甲子后,叶价腾贵,每担售钱五千,犹无觅处。俗之养空头蚕者,往往以蚕投诸河。

（清　赵定邦等修、丁宝夫等纂：《长兴县志》卷八,蚕桑,清光绪元年刻本。）

〔清同治十三年前后，浙江湖州府安吉县〕　西北乡饲蚕者多，东南惟近州二十里者皆育蚕，山乡甚少，以鲜栽桑地也。

（清　汪荣、刘兰敏修，张行孚等纂：《安吉县志》，卷八，物产，蚕，清同治十三年刻本。）

〔清同治年间，浙江衢州府江山县〕　树桑，鲜习业。即有，不过园圃中数株，间有饲蚕者。缫丝，质甚粗，且不善织。同治七年，知县陶鸿勋分给蚕书。九年，知县张彝购买桑秧，广分课种，土性攸殊，种未能盛。

（清　王彬、孙晋梓修，朱宝慈等纂：《江山县志》，卷一，舆地，风俗，清同治十二年刻本。）

〔清光绪初年以后，浙江嘉兴府平湖县〕　向时邑人治丝者尚少，今则栽桑遍野，比户育蚕，其利甚大。

（清　彭润章等修、叶廉锷等纂：《平湖县志》，卷八，食货下，物产，清光绪十二年刻本。）

〔清光绪三年前后，浙江嘉兴府海盐县〕　《续图经》：盐邑地狭人众，力耕不足糊八口，比户养蚕为急务。……盖农家全恃蚕以为耕耘资，蚕荒则田芜，揭债鬻子，惨不免云。蚕有家种有客种，向只有家种，十余年来，有自余杭、湖州带归者。……彼无茧者，乡人狡猾者，往唐栖、西溪诸处贩之，沿村放卖，利不赀，贩者益众。彼处苦无以应，反向吾邑收取绵茧生子，以畀贩夫，贩夫以贱值持归，仍昂价以给乡愚，其赔害匪浅鲜也。

（清　王彬修，徐用仪纂：《海盐县志》，卷八，舆地考，风土，清光绪三年刻本。）

〔清光绪十二年前后，浙江嘉兴府平湖县〕　丝，向时邑人治丝者尚少，今则栽桑遍野，比户育蚕，其利甚大。

（清　彭润章等修，叶廉锷等纂：《平湖县志》，卷八，食货下，物产，清光绪十二年刻本。）

〔清光绪十三年前后，浙江嘉兴府桐乡县〕　地得叶盛者，一亩可养蚕十数筐，少亦四五筐，最下二三筐。（若二三筐者，即有豆二熟。）米贱丝贵时，则蚕一筐即可当一亩之息矣。（米甚贵，丝甚贱，尚足与田相准。）

（清　严辰纂：《桐乡县志》，卷七，食货志下，物产，清光绪十三年刻本。）

〔清光绪二十二年前后，浙江处州府庆元县〕　邑为浙省瘠区。近日，陈郡尊谲教民种桑养蚕,邑亦未兴其利。

(清　李应珏撰:《浙志便览》,卷四,庆元县序,清光绪二十二年增刻本。)

〔清光绪年间,浙江湖州府孝丰县〕　孝丰山乡植桑寡,农家育蚕者多不过数筐,且不似乌、归等邑,民皆业此。……丝,有细丝、粗丝、串五、肥光诸名目,第不如归安、德清等邑所出者。

(清　刘濬修,潘宅仁纂:《孝丰县志》,卷四,食货志,土产,清光绪五年刻本,清光绪二十九年补刻本。)

〔清光绪年间,浙江嘉兴府桐乡县〕　桐乡田地相匹,蚕桑种厚,东而嘉善、平湖、海盐,西而归安、乌程,俱田多地少,农事随乡地之利为博,多种田不如多治地。盖吾乡田不宜牛耕,用人力最难。又,田,壅多,工亦多;地,工省,壅亦省。田工俱忙,地工俱闲,田赴时急,地赴时缓,田忧水旱,地不忧水旱。俗云"千日田头,一日地头"是已。况田极熟,米每亩三石、春花一石有半,然间有之,大约共三石为常耳(下路湖田有亩收四五石者,田宽而土滋也,吾乡田隘土浅,故止收此)。地得叶盛者,一亩可养蚕十数筐,少亦四五筐,最下二三筐(若二三筐者,既有豆二熟)。米贱丝贵时,则蚕一筐既可当一亩之息矣(米甚贵、丝甚贱,尚足与田相准)。虽久荒之地,收梅豆一石、晚豆二石。近来,豆贵亦抵田息,而工费之省,不啻倍之,况又稍稍有叶乎。但田荒一年熟,地荒三年熟,人情欲速治地,多不尽力,其或地远者,力有所不及耳。俗云,"种桑三年,采叶一世",未尝不一劳永逸也。

(清　严辰重辑:《光绪桐乡县志》,卷七,农桑,清光绪十三年刻本。)

〔清光绪年间,浙江杭州府富阳县〕　桑:《府志》云,有女桑山。桑出富阳者佳,余县接种者亦名富阳桑。按:富阳桑树高而叶大土人名荷叶桑,东南、正南两乡最盛,每有新涨沙地,皆植桑树,故较匪前已多倍倍,桑多如此,蚕丝可知矣。

(清　汪文炳等纂修:《富阳县志》,卷十五,风土、物产,清光绪三十二年刻本。)

〔清宣统元年,浙江杭州府海宁州〕

养蚕户数	收茧担数	售茧数	出丝数	平均价值
六万一千九百户	四万二千担	一万二千担	一千九百担	茧丝每担银四十二元 每担银三十二元

(朱锡恩等续纂:《海宁州志稿》,卷十一,物产表,清光绪二十二年修,民国十一年续修铅印本。)

〔清宣统二年前后，浙江绍兴府诸暨县〕 邑无巨商远贾，惟新丝出则丝贩络绎于村落间，然所利极微。

（清　陈遹声、蒋鸿藻纂修：《诸暨县志》，卷十七，风俗志，四民，清宣统二年刻本。）

〔清朝末年至民国初年，浙江海宁县〕 物产以蚕桑、食盐为大宗，若木棉、烟叶、土布、丝绵、海产、鳞介、冬菜等尤著名。

（朱尚编：《海宁县乡土志》，卷上，第四，城区，民国年间抄本。）

〔清朝末年至民国初年，浙江嘉兴新塍镇〕 桑无乡不种，蚕有余食，江南界中皆仰给焉。每届蚕时，市人争相居奇，价随时变，名曰中市。白桑有花无实，黑桑有实无花。饲蚕须种白桑，欲收紫葚为药，明目延年，则黑桑亦可种十分之一也。郑之章云：蚕事既毕，贫户预算来岁所有之叶，以半价钱售于人，名曰梢叶；及期，或无以偿，则又以市价收回之，年来此风滋甚，而乡民之贫亦滋甚。

（朱士楷辑纂：《新塍镇志》，卷三，物产，民国十二年铅印本。）

〔民国初年至十五年，浙江宣平县〕 种桑养蚕，邑人向不讲求，用丝多购自外邑。民国六年，知事陈邦彦以宣邑蚕桑事业无人研究，而土质适宜，野桑亦所在多有，甘自暴弃，殆为可惜，乃酌拨地方款项，特派县农会长何锡蕃赴湖购买桑秧，并于县署左旁空园辟土种桑数百株，名为模范桑园，又令十二乡乡农会各设模范桑园，或一二所或三四所不等，以示提倡，并令各农会均赴县具领桑秧，不收价值。民国八年，委陈鹤书试办短期养蚕讲习所，设立郑回周宅内，研究养蚕事业。九年，知事陈景元对于蚕桑尤加注意，凡有模范桑园之处，躬自查勘，每年旧历正月委人赴湖购买桑秧，以便人民来县购买，桑价减半，故近年蚕桑事业日形发达。

（何横、张高修，邹家箴等纂：《宣平县志》，卷五，实业志，农业，民国十五年修，民国二十三年铅印本。）

〔民国六年前后，浙江吴兴双林镇〕 蚕多叶少，必须买叶。大眠后，叶市开秤，然后开叶船取行票到地扎叶，如地主缺额无偿，则勒令至行中倍罚，甚感絷之如捕盗，可谓鲜货道路，非同儿戏也。然买叶者预算十担，先买五担，盖恐蚕或不佳，致有剩叶也。亦有叶场仅敷数筐，蚕之食，而看至一二十筐，全需买叶者，曰开空头蚕。叶贱之年，侥幸获利，若遇昂贵，无可借贷，势必将蚕倾弃，孼孰甚焉。稍叶其预立约以定价，而候蚕毕贸丝以偿者，名曰赊稍。有先时予直，候叶大而采之,或临期以有易无,胥谓之现稍。按开叶行者,先于上年各杪向乡人买叶数百担,此时价贱,乡人度岁乏资,请中保立券卖叶于行家,谓之卖现。稍叶开春渐昂,亦有不昂之年,然总无比冬日更贱者。至收蚕时,交易渐盛,清明始用黄纸招帖,大眠开秤扎叶曰三市。头市三日,中市五日,末市七日。末市大起,上山买卖,只有零碎,不成市矣。又,叶价最不可定,自朝至晚,每千斤有数千钱上下者,俗谓仙人难断叶价也。养蚕之家赴行买叶,谓之吃户,须择地之近者,随到随发,不能迟延。镇人有并不养蚕,亦盈千买卖者,谓之做心思,虽似贸易,实同赌博。究之失利者多,得利者少。有亏本而无力弥缝者,有已得利而仍归乌有,转至受累者。盖叶昂则卖主逃逸,买者非但无叶可发,即成本亦无从追取。设已销出,转须买叶赔补。叶贱则买主逃逸,卖者非但无处讨钱,且预备之叶,转须减价求售。于是,债主催逼,家人争闹,至酿命案者亦有之。故贩鲜一事,实为敝俗之尤也。

(蔡蓉升原纂,蔡蒙重编:《双林镇志》,卷十四,蚕事,民国六年铅印本。)

〔民国十一年前后,浙江萧山县〕 蚕业以龛赭为盛,植棉亦以东沙为最著。

(王铭恩辑:《萧山乡土志》,第三十六课,物产,附工商业,民国十一年铅印本。)

〔民国十二年,浙江德清县〕 农人数有十四万五千二百十四人,占全县人口百分之八十弱,现除农业亟须讲求及农产物另详物产外,所恃者厥惟蚕桑。

(吴骞皋、王任化修,程森纂:《德清县新志》,卷四,食货志,农桑,民国十二年修,民国二十一年铅印本。)

〔民国十五年,浙江宣平县〕 宣邑素乏蚕桑,近年官厅提倡,购桑秧以给人民,设桑园以为模范,复于各乡立模范养蚕场,以资实习。于是,种桑者渐多,而养蚕者亦遍地有之。惟蚕事大半皆妇女任工作,男人之专业此者颇少。

(何横、张高修,邹家箴等纂:《宣平县志》,卷四,礼俗志,风俗,民国十五年修,民国二十三年铅印本。)

〔民国二十五年前后,浙江海盐县澉浦〕 澉浦负山面海,地狭势高。斥卤之民,率多煮海为盐。山家樵苏而外,多栽果树为业,每岁所产桃、李、橙、橘、茶、笋等,销售他处,步值万计。农家服田力穑,稍遇荒歉,即不足供一岁之粮,比户以种桑养蚕为急务。

(程元煦编纂:《澉志补录》,物产,民国二十五年铅印本。)

〔民国二十五年至三十五年，浙江省〕　本省蚕丝冠于全国，考典籍所载，禹贡时即已有之。全省产蚕丝者达五十八县，全以种桑养蚕为专业者，亦不下三十余县，全省养蚕户数八十余万户，产茧一百零八万余担。每岁所产生茧、生丝占全国总数三分之一以上（民国二十五年统计）。据战前国际贸易局之调查，本省年产蚕丝可九万担，蚕户九十五万四千余户。中央信托局调查，民国三十五年浙江鲜茧产量十五万担，产地杭、嘉、湖、绍四属各县市。价格，春期每担十万元，秋期每担十二万元。丝之产量一万五千担，产地杭、嘉、湖、绍四属各县市，价格每关担厂丝约五百七十五万元。

（浙江省通志馆修，余绍宋等纂：《重修浙江通志稿》，第二十一册，物产，特产上，蚕丝，一九四三年至一九四九年间纂修，稿本，浙江图书馆一九八三年誊录本。）

〔民国年间，浙江遂安县〕　邑向无蚕业，仅宅旁隙地自生野桑，供妇女育蚕制线之用。入民国，始有蚕桑机关之设立。

（罗柏麓等修，姚桓等纂：《遂安县志》，卷五，文治，实业，民国十九年铅印本。）

〔清乾隆十四年前后，安徽池州府石埭县〕　埭上蚕事久废，今则家皆植桑，户皆养蚕，莫不习缫丝浴茧之法，而衣与税足以取给。

（清　石瑶灿纂修：《续石埭县志》，卷二，续风土志，风俗，清乾隆十四年刻本，民国二十四年铅字重印本。）

〔清同治初年以后，安徽滁州〕　向无蚕事，乱后养蚕颇多，每年可出茧四千斤。

（清　熊祖诒纂修：《滁州志》，卷二，食货志一，风俗，清光绪二十三年木活字本。）

〔清光绪初年，安徽庐州府〕　庐地棉利既兴且普。李光禄诗所谓"木棉如雪满秋畦"，又云纸阁芦帘夜绩绵者是也。惟树桑善政一节，经守土当事及郡邑先达多方广劝，尚未观成。兹以旧《志》所述"木属多桑"，并附前太守张公广种植示于后，以为印证。所愿州人士购桑秧于石门，收蚕种于新城。以浙西之利，移之淮西，城近中原，土壤膏沃，肥施风土，安见遽逊苕霅耶？予日望之。

（清　黄云等修，林之望等纂：《庐州府志》，卷八，风土志，物产，清光绪十一年刻本。）

〔清光绪年间，安徽安庆府怀宁县〕　桑多野生，昔年蚕缫之事，百家一二。清光绪间，省长官创设桑园，由江、浙运桑秧栽于城之东郊，使人习养蚕、缫丝诸法，并迭经出示劝导，风气渐开。邑人仿而栽者，如白麟坂、戴家店、江家嘴等处，不下数十家，得丝数百两或百余两不等，光色细洁，无异江、浙。惟树经虫伤，叶即不茂,殆由培植之不得法,岂得谓地利之不宜耶?

(朱之英等纂修:《怀宁县志》,卷六,物产,民国五年铅印本。)

〔清光绪三十一年前后,安徽六安州霍山县〕 桑有山桑、园桑二种。山桑叶薄小而多椹,园桑叶则肥大光润,于蚕最宜。近年,官给桑种,虽有领秧栽植者,仍未得移接之法,故乡中养蚕之家十无二三,且仅妇女任之,男子不屑也。所出之丝,运往汉口、金陵等处,以作线甚美,不堪为绮罗,盖饲蚕缫丝之法未精也。

(清 秦达章修,何国祐等纂:《霍山县志》,卷二,地理志下,物产,清光绪三十一年木活字本。)

〔清光绪三十四年前后,安徽凤阳府〕 凤阳自古号称蚕富,丝枲利冠诸郡,凤绢、寿绸致泽可喜,犹有古之遗制。今则山川童然,事抒柚者寥寥,昔桑田阡陌杳不复辨。

(清 冯煦修,魏家骅纂,张德霈续纂:《光绪凤阳府志》,卷十二,食货考,物产,清光绪三十四年木活字本。)

〔民国初年,安徽英山县〕 育蚕必先种桑。我邑桑树,多树于墙边地角,鲜有成林者,且所种者多属荆桑,而湖桑甚少,故丝之出产无多。是宜多辟桑园,以荆桑为本,接以湖桑,或用湖桑以压条之法,蕃殖之,则饲料日多,养蚕者自众。

(徐锦修,胡鉴莹等纂:《英山县志》,卷之八,实业志,农村,民国九年木活字本。)

〔民国初年,安徽英山县〕 桑,树旁墙下田边地角多种之。土桑叶薄而树高大,近亦有购湖桑种植者,叶颇肥大,惟种桑不多,饲蚕者亦少。其木材可制食器,皮可制纸,葚味甘,可酿酒,若广种之,其利兴溥。

(徐锦修,胡鉴莹等纂:《英山县志》,卷之一,地理志,物产,民国九年木活字本。)

〔民国十四年前后,安徽太和县〕 丝:地宜蚕。其丝有黄、白、红、绿各色,质坚而润,较邻县特优。本境所传蚕种也,向皆莘鹭豫省,今则除湖州蚕种纯白色输出外,岁计本境蚕种丝五六千斤,尽销本境。改良缫工,细制丝条愈佳。

(丁炳烺等修,吴承志等纂:《太和县志》,卷四、食货、物产,民国十四年铅印本。)

〔民国十四年前后,安徽太和县〕 烘茧往时腌茧。近设立公司,仿制烘茧法,岁收茧约银币十六万元,转贩沪商。

(丁炳烺等修,吴承志等纂:《太和县志》,卷四,食货,物产,民国十四年铅印本。)

〔民国二十六年前后,安徽歙县〕 桑分荆桑、鲁桑二种,山桑曰檿,即荆桑之大者,为良材。荆桑叶如荆,有椏缺;鲁桑叶园〈圆〉无缺,俗皆称野桑,其皮苦,故不生虫。以野桑为本,以湖桑接之,则根固而叶茂。盖桑与梨、桃等树皆须接枝取子,种则复故本。惟接枝须距根数寸以上乃佳。近时邑人所植皆湖桑,其购来之树皆一年苗、二年接、三年分栽,所接枝与根齐,易生虫而枯。又富阳种名大桑,性热、带雨露,饲蚕佳,故养蚕者须植此种,以防天雨。吾邑产丝质不亚于湖、绍,所以不及者,特育蚕法及缫丝法未研究耳。

(石国柱等修,许承尧等纂:《歙县志》,卷三,食货志,物产,民国二十六年铅印本。)

〔民国二十六年前后,安徽徽州府歙县〕 丝,城中及邑北之江村,邑东之桂林、蓝田等处皆有所产,第出数无多,养法缫工佳者,可敌湖丝,宜设法推广。

(石国柱等修,许承尧等纂:《歙县志》,卷三,食货志,物产,民国二十六年铅印本。)

〔民国三十七年前后,安徽广德县〕 丝、茶昔日为大宗,目下养蚕虽有,不及以前远矣。

(钱文选编:《广德县志稿》,物产,民国三十七年铅印本。)

〔明朝初年至末年,江西吉安府吉水县〕 明初,每乡设有桑柘园,教之树植。绢匹之税,实由于此。明末,名存而园废。

(清 周树槐纂修:《吉水县志》,卷十二,土产,清道光五年刻本。)

〔清同治九年前后,江西南昌府南昌县〕 南昌城亦有饲蚕者,中洲较多,近各乡俱有。

(清 陈纪麟、汪世泽修,刘于浔、曾作舟纂:《南昌县志》,卷一,舆地志,土产,清同治九年刻本。)

〔清同治十年前后,江西南康府星子县〕 土蚕丝,栖杨党多饲蚕缫丝。

(清 蓝煦、徐鸣皋修,曹征甲等纂:《星子县志》,卷一,疆域志,物产,清同治十年刻本。)

〔清同治十一年前后,江西建昌府〕 建昌种桑养蚕者少,偶或养之,妇女只取其茧与绵,作妆台中物,不解缫织。

(清 邵子彝修,鲁琪光纂:《建昌府志》,卷一,地理志,物产,清同治十一年刻本。)

注:清建昌府辖泸溪、南城、新城、南丰、广昌等县。

〔清光绪年间,江西建昌府南丰县〕 光绪年间,邑人赵从佐致仕归,由苏、浙带来桑种,聘请蚕工种桑养蚕,出丝甚佳,惜无继起者。

(黎广润修,赵惟仁等纂:《南丰县志》,卷一,疆域志,物产,民国十三年铅印本。)

〔清道光末年至光绪初年，福建福州〕 福州，道光末，盐运使绍兴高其垣始传蚕种、桑苗于湖州。同治初，闽抽厘金以济陕、甘兵饷，视关税有八倍，当道以厘余买平宁商陈恒献耿王庄为桑棉局，祀马头娘，本有庙在南门外，延蚕师、司道、缙绅司其事。越数年，桑叶之柔而大者渐粗而小矣。叶粗则丝僵，至光绪三、四年，事遂废。

（陈仪等修，沈瑜庆等纂，汪涵川等续纂：《福建通志》，物产志，卷一，布帛类，民国二十七年刻本。）

〔清顺治十六年前，河南卫辉府封丘县〕 封土无他奇产，即篇中所载，多昔有今无者，旧西南陡门多茧丝，临清客来贸易，今屡被河灾，萧索殊甚。

（清　余缙修，李嵩阳等纂：《封丘县志》，卷三，民土，土产，清顺治十六年刻本。）

〔清乾隆十八年前后，河南归德府鹿邑县〕 邑有蚕，多饲桑，少饲柘，三眠乃老，一年止成一次（王《志》）。社绢有黄白二种，旧无此制，近有观音堂集东民，杜三奇始创为之，体质轻细，冬夏俱宜。

（清　许荄纂修：《鹿邑县志》，卷一，方舆略，物产，清乾隆十八年刻本。）

〔清乾隆二十四年前后，河南汝宁府遂平县〕 茧，大小二种，大者出于山，小系家畜。

（清　金忠济修，祝旸纂：《遂平县志》，卷三，土产，清乾隆二十四年刻本。）

〔清光绪二十年至民国三十七年前后，湖南醴陵县〕 醴陵旧产桑树，皆为小叶。清光绪二十年，巡抚吴大澂输入湖州桑种。越数年，蔚然成林。三十三年，知县汪文溥设蚕桑讲习所于县城，招生学习，养蚕乃知改用新法。然以修业期短，绩效弗彰。民国元、二年，长沙开办蚕业学校，邑中女子多有肄业其中者，风气一变，缫成之丝光泽匀腻，与吴绫埒。迨后时局稍宁，又值人造丝大宗输入，丝价骤落，乡村妇女乃咸舍是而事纺绩矣。当日所植之湖桑，至今尚多存在，如能重事倡导，当易为功也。

（陈鲲修，刘谦等纂：《醴陵县志》，卷五，食货志，畜产，民国三十七年铅印本。）

〔清光绪二十四年至民国二十年，湖南汉寿县〕 湖乡旷土高处及堤埠旁，最宜种桑，向来土人多植此养蚕。清光绪二十四年，县设种植局，政府发杭桑种数万株到县，造谣者谓为洋种有毒，咸毁坏之。现在乡民业蚕桑者甚少。

（曾继梧等编：《湖南各县调查笔记》，物产类，汉寿，民国二十年铅印本。）

〔清光绪末年,湖南长沙府宁乡县〕 宁无蚕丝业,故无桑林,乡间妇女或偶为之,未得其法,但成苋褥,不能缫丝。光绪末年,李毓森等禀请官府,于南门外鲇鱼洲官地种桑,开蚕桑局,然桑树不茂,营业者亦时作时止,无可记。

(宁乡县志局:《宁乡县志》,故事编、财用录、物产,民国三十年木活字本。)

〔清光绪三十四年至民国六年,湖南宁乡县〕 自光绪三十四年李毓生等禀请于南门外驿马洲(一曰鲇鱼洲)官地开办蚕桑局,民国六年李炳奎承顶,缫丝诸法,渐次研穷,旋以折阅罢业。近则桑株皆老,倘有继者,非开辟另种不为功。又有欧阳社生呈请在大成桥侧,彭树勋等请在巷子口、金紫山侧,龙秋高在水云寺,开办蚕桑,均以时变所限,无甚成绩。

(宁乡县志局:《宁乡县志》,卷二,实业,民国三十年木活字本。)

〔民国十九年前后,湖南永顺县〕 丝,四境皆有,惟上椰为多,但无输出品。

(胡履新等修,张孔修纂:《永顺县志》,卷十一,食货志,货类,民国十九年铅印本。)

〔清道光元年前后,广东肇庆府阳春县〕 旧《志》云:春俗尚朴,衣食俭啬,士知廉谨,民不商贩,器用货物取给外邑。男则耕佃而兼渔猎,女则纺绩而不事蚕桑。今则间有蚕桑者。

(清 陆向荣等修,刘彬纂:《阳春县志》,卷一,舆地,风俗,清道光元年刻本。)

〔清同治中叶,广东肇庆府德庆州〕 庐屋遭兵燹,半瓦砾,同治中相率植桑,贫家稍得利。

(清 杨文骏修,朱一新、黎佩兰纂:《德庆州志》,卷四,地舆志,风俗,清光绪二十五年刻本。)

〔清光绪五年前后,广东广州府香山县〕 丝,小榄、黄圃诸乡养蚕抽茧,售于各处,不自织也。

(清 田明曜修,陈澧纂:《香山县志》,卷五,舆地下,物产,清光绪五年刻本。)

〔清光绪七年前后,广东惠州府〕 蚕桑之利,南、顺最盛,惠亦偶有养蚕者,其法未精,当募请别邑善蚕者以广其利。

(清 刘溎年等修,邓抡斌等纂:《惠州府志》,卷四十五,杂志,物产,清光绪七年刻本。)

〔清光绪年间,广东广州府顺德县〕 桑种甚多,世所名者荆与鲁。荆桑多椹,叶薄而尖,其边有瓣;鲁桑少椹,叶圆厚而多津。凡枝干条叶坚劲者,皆荆之类;丰腴者皆鲁之类。荆之类,根固心实,而能久,宜为树;鲁之类,根不固心不实,不能久,宜为地桑。荆桑不如鲁桑之茂盛,当以鲁条接之,则能久而又茂盛。鲁桑有藏条换根之法,传转无穷,亦可长久。荆桑宜饲大蚕,其丝坚韧,《禹贡》"厥篚檿丝注"曰:檿山桑,此荆之类而尤佳者也。鲁桑之类,宜饲小蚕,其丝少坚韧,可酌栽荆桑于大眠取叶间饲之(农桑要则)。山桑尤宜于春蚕,以胶质多而水分少。顺德赖凤韶以光绪间来泷提倡蚕桑,数载间,山陬屋嵎,浓阴满目,人咸利之。有茧市,岁出茧丝十余万斤。

（周学仕等修,马呈图等纂:《罗定志》,卷三,物产,民国二十四年铅印本。）

〔清光绪年间,广东广州府东莞县〕 广东蚕桑之利,顺德称首,南海次之,莞未之前闻。然据旧《志》所载,地未尝不宜桑也。前三十年间,诸缙绅立普善堂提［倡］蚕桑,购桑栽于顺德,并请养蚕之善者为之师,自是播种渐兴,峡内、石步、周屋厦、半仙山诸乡,产丝尤伙。然桑市未立,养蚕之家值将熟时,每虞缺饲。邑中善士能再诱掖而振兴之,使风气大开,庶获利之丰,可几于南、顺乎？若麻之属,多可为布。旧《志》所载,诸种俱有,而莞俗无作之者,此亦士大夫所亟宜讲求以兴工业也。

（陈伯陶等纂修:《东莞县志》,卷十三,舆地略八,民国十六年铅印本。）

〔清光绪年间,广东罗定州〕 顺德赖凤韶以光绪间来泷,提倡蚕桑。数载间,山陬屋嵎,浓阴满目,人咸利之。有茧市,岁出茧丝十余万斤。

（周学仕修,马呈图纂,陈树勋续修:《罗定志》,卷三,食货志,物产,民国二十四年铅印本。）

〔清光绪末年,广东广州府新会县〕 蚕为广东特有之种类,,常供饲育者,为大造、输月两种,均于大寒前后孵化,采不刈枝、先发芽之桑耳饲之(桑耳俗名桑谷),名曰渡蚕种。用火补助温度,以温度之高下,伸缩其龄期,令下次发生合于蚕造。蚕造之早晚,因桑叶发生迟速为差,约自三月起至九月止,凡六造,用汤浴法令蚕卵发生。蚕期之中,昼与夜之温度相差不远,极适于蚕儿之发育,惟湿度颇高,须用法补救耳。邑中蚕业现况,与顺德略同。东北方天河、荷塘各乡多业之,因其附近于顺德,有桑市、茧市故也。西北方土地居民均占多数,地势稍高,沙壤居多,最宜于蚕桑。将来蚕种改良及桑市成立,或有发达之望也。饲蚕家手术极敏,但昧于蚕之生理、病理,又乏补救之思想,苦阴雨连续,或西风偶吹,则蚕儿多毙,饲蚕家又不知扑灭疫菌,仅委诸命运,长叹奈何而已。且蚕室多是密敝,空气绝不流通,蚕具多不完备,给桑不按时刻,亦不准定,重量无饲育标准表及养蚕日志，墨守旧习惯，无试验改良之思想，幸值天气晴燥，收茧仅得五六成，能得八九成者，罕见。据荷塘人称，三月头造无蚕蛆之弊，则待蚕虫变蛹，而后供茧，若四月以后每患蚕蛆，蚕未变蛹，即以火烘之，盖迟则蚕蛆发作也。不知设法扑灭蚕蛆，徒亟亟于蚕儿吐丝未尽之时烘之，以减去其丝量，岂不可惜，且于饲育期中减蚕甚多，故蚁蚕量与食桑、收茧各数难得一定之比例。现邑中有林国光实行改良蚕种之研究，拟用显微镜检查，病者汰之，健者留之，又用杀菌剂严行蚕室、蚕具消毒法，将来有成，得无病壮健蚕种，则本邑蚕业可期发达。又现在蚕种所出之茧为纺锤状，色或黄、或白，然白者亦非纯白，微带淡青色，茧谷一枚之重量，仅三厘余，丝缕头大尾细长，得检尺器口百一十回，类节多而切断易。茧每百斤价值由七十两至一百四十两，研究家谓，浙江丝质甲于全球，惜其蚕每年仅发生一次，拟取浙江蚕种，用冰室及穷理法，令年中发生数回，俾合于广东饲育，又欲用动物进化理法，改良土蚕，全茧形丰大，丝质精韧云。

（清　谭镳纂修：《新会乡土志》卷十四产物，清光绪三十四年铅印本。）

〔**清光绪季年以后，广东罗定州西宁县**〕　丝，邑俗时养蚕抽茧，售于商人，多不自织。光绪季年，养蚕风气渐盛，缫丝自织，染莨为绸，以备家用夏服者，颇觉不少，亦有贩丝织布发售于晒莨家者。业此者，以附近县城各区乡人家为多，至南江、连滩等处，仍属养蚕卖茧，无缫丝自织者。

（何天瑞等修，桂坫等纂：《旧西宁县志》卷十四，食货三，物产下，货类，民国二十六年铅印本。）

〔**清光绪、宣统至民国年间，广东钦县**〕　光、宣间，小董蚕业之盛，固不待言，而钦城与各墟乡兴起亦弗衰。故钦街有广府店铺二间，专以收买黄丝为业，雇人将丝拣选分粗、幼两种，付省发售。至本土收丝店铺，亦有数家，倘非钦属养蚕之盛，何以收丝人如是之多，况且各人蚕丝自织自用者尤不少。民国以来，城乡养蚕，比前清有增无减，收丝人各到民家沿门采买，不独销省，且多销安南，二九年冬光复后，洋布缺而益贵，各家欲著美好衣服，除养蚕无别门，尤以中人以上家门，有女未嫁，其丝蚊帐及嫁时衣服布匹，恒欲由养蚕而出，故养蚕人尤多。

（陈德周纂：《钦县志》，卷八，民生志，蚕业，民国三十六年铅印本。）

〔**清宣统年间，广东广州府东莞县**〕　广蚕之利，顺德为最，南海次之。邑近知养蚕,然风气未大开,所出丝无多。近日泰西人购丝每出重价,家有十亩可以致富,不仅为衣食计,此宜亟讲求振兴者也。

(陈伯陶等纂修:《东莞县志》,卷十五,舆地略十二,民国十六年铅印本。)

〔清宣统三年前后,广东广州府南海县〕 蚕桑之利,顺德而外,以县属为最。……县属养蚕之家以西樵各乡为最盛,约有万余家。其余所在皆有,实在数目一时未详。……茧市以官山为大,有经纪行数间,旺造日进出茧值五六万两,通岁茧值过百万两。九江、沙头各处茧市虽不大合之,亦略与官山等,以值伸茧,则产茧之数不啻三百余万两。

(清 张凤喈等修,桂坫等纂:《南海县志》,卷四,舆地略,物产,清宣统三年刻本。)

〔清朝末年至民国初年,广东乐昌县〕 邑自清季有农务分会。鼎革后,复有县农会。今虽停办,而当时之附和者已风起云涌。但八区之中,地力各异,东西南北及附城各乡,岁登两造,春播夏收,秋种冬获。特三区之五山、四区之良坑、六区之五甲,山多田少,与七、八两区气候相同,岁只一造,随播豆麦。此气候使然,莫能强致。蚕桑一事,光绪末年有第四区黄姓种桑饲蚕,既有动机,特碍于交通未便,购种为难,成效缺如。民国十九年,奉建设厅,派员到昌试办,筑室赁田,极力提倡,将见上行下效,渐及于其他农产物,次第改良,则地利之兴,正未有艾也。

(刘运锋纂修:《乐昌县志》,卷九,实业,民国二十年铅印本。)

〔民国初年,广东佛山〕 麻及蓝靛,本乡所无,惟桑及花卉、药品则有之。桑叶用以饲蚕,价值随丝业之利纯为低昂,相差恒至培蓰,获利较种稻为易,故近多改禾田以植之。

(冼宝干等纂:《佛山忠义乡志》,卷六,实业,民国十五年刻本。)

〔民国十五年前后,广东顺德县〕 民务农桑,养蚕为业,桑与蚕一年六造,女善缫丝。

(佚名纂修:《顺德龙江乡志》,卷一,风俗,民国十五年铅字重印本。)

〔清光绪年间,广东广州府顺德县〕 桑之生长,每年六造,六造完后,则为寒造,俗名桑花,多少不一,每亩多可得四五十斤,少或二三十斤。咸、同以前,丝业未盛,少养寒造蚕者,往往任人采摘。……光绪中叶,洋庄丝盛行,茧价日昂,农人多养寒造蚕,爱惜桑叶,禁人摘取,于是因争桑花而械斗者有之。……蚕属阳,喜燥恶湿，其种有三，曰乌归（出浙江乌程、归安）、曰金茧（即大青）、曰银茧。……银茧则丝多洋人喜购之，故邑人皆养银蚕。

（周之贞、冯保熙修，周朝槐等纂：《顺德县志》，卷一，舆地略，物产，民国十八年刻本。）

〔民国十八年，广东顺德县〕 按吾邑出丝之多，第五区为最，第一、第十区次之，其余各地均有业此者，其丝悉售与洋商，供其织造。迩来商战剧烈，失败时虑，空言改良，亦复何补。论者谓当于水藤、乐从、容奇产丝等处，增设丝业研究分所，派员赴日本、欧洲考求新法，归而教授女工，精益求精，此举诚不容缓。然必要求政府减轻税率，不至以终岁之所得，供无艺之诛求，俾商人安心营业，有余力以改良，而出与外人争衡，庶乎有济也。

（周之贞等修，周朝槐等纂：《顺德县志》，卷一，舆地，丝部，民国十八年刻本。）

〔民国二十年前后，广东乐昌县〕 邑之西乡，近有养之者，然风气未开，桑叶不足以接济，故出丝不多。今泰西人购丝，每出重价，家有十亩亦可以致富，愿吾邑人亟宜讲求，振兴可也。此外，有樟树蚕，椿树蚕，俗呼天然蚕，价值亦昂。

（刘运锋纂修：《乐昌县志》，卷五，地理五，民国二十年铅印本。）

〔民国二十二年前后，广东开平县〕 蚕，吐丝之虫也。胸腹至尾，有足六对，食桑叶，自幼成长，以蜕皮数次。每当蜕皮，则不食不动二三日，谓之蚕眠，经三四眠，始上簇作茧，在茧变为蛹，又由蛹化为蛾，则唾液，使茧受湿化软，破之以出，谓之蚕蛾。欲取丝者，乘蛾未出茧时缫之，既出则丝绪断绝，不复能缫也。邑中向有业蚕者，以不能成市，获利甚难，故次第停止。其余业茧县分，亦因洋丝充斥，市情大落，洋丝有人造丝，由机器、药水制成，固受影响。即其天然丝，而日茧大于土茧一倍，日茧得丝千尺，土茧仅五百尺，当于养蚕时研究方法，忽视为物质之本不及人，则得之矣。

（余启谋修：《开平县志》，卷六，舆地下，民国二十二年铅印本。）

〔南宋淳熙年间，广南西路〕 广西亦有桑蚕，但不多耳。得茧不能为丝，煮之灰水中，引以成缕，以之织绸，其色虽暗，而特宜于衣，在高州所产为佳。

（宋　周去非撰：《岭外代答》，卷六，服用，清乾隆间《四库全书》本。）

〔清光绪十五年，广西柳城县〕 桑叶可饲蚕。清光绪十五年，知县陈师舜购桑苗五十万株,分发各乡试种,土质均宜,又由容县雇工前来教民缫丝,惜蚕病不知医治,收效尚微。

(何其英修,谢嗣农纂:《柳城县志》,卷二,地舆,物产,民国二十九年铅印本。)

〔清光绪中叶至民国二十九年前后,广西平乐县〕 清光绪中叶,广西巡抚马丕瑶曾设立蚕桑局于城厢,招粤中技士教民种桑养蚕,极一时之盛。马去职后,逐年减少,今竟寂然。

(蒋庚蕃、郭春田修,张智林纂:《平乐县志》,卷七,产业,农产及农业,民国二十九年铅印本。)

〔民国十一年至二十九年前后,广西平南县〕 本县沿江两岸,气候温和,颇适养蚕。本县年产丝量约三六五一〇斤。蚕业最盛时期为十一年至十七年,六年平均养蚕者有九二〇户,四四〇〇人工作。十六年产茧量六八三九〇〇斤,二十二年产生丝量一六七〇〇斤。近年来因技术欠精,已减至百余,年产丝量不过五万余斤,比诸盛时不及十分之一。

(郑湘涛纂修:《平南县鉴》,物产,动物产,蚕业,民国二十九年铅印本。)

〔东晋时期,益州巴西郡〕 巴西郡,属县七,去洛二千八百一十五里。……土地山原多平,有牛马桑蚕。

(晋 常璩撰:《华阳国志》,卷一,巴志,清乾隆间《四库全书》本。)

注:益州在今四川境内。

〔东晋时期,荆州涪陵郡〕 其地东至鱼复,西至僰道,北接汉中,南极黔、涪。土植五谷,牲具六畜。桑、蚕、麻、纻、鱼、盐、铜、铁、丹、漆、茶、蜜、灵龟、巨犀、山鸡、白雉、黄润、鲜粉,皆纳贡之。

(晋 常璩撰:《华阳国志》,卷一,巴志,清乾隆间《四库全书》本。)

注:涪陵郡今为四川涪陵县。

〔北宋年间,梓州路〕 蚕丝山,每上春七日,远近士女游于此山,以祈蚕丝。

(宋 王存撰:《元丰九域志》,卷七,梓州路,清乾隆间《四库全书》本。)

〔宋代至民国二十三年,四川华阳县〕 宋时成都蚕市最盛,载记可征。近来,吾县簇桥每新丝熟时,乡人鬻茧及商贩贸丝者麇集,官为榷税,岁额常数万金。晚清设劝业道,尤注重蚕事,凡育卵、缫丝一切仿物欧西。于是,蚕桑学社、缫丝工厂逐渐设置,虽不逮嘉定、潼川诸郡,然捆输海上亦农产之大宗也。十年以来,兵祸洊臻,农力耗竭,蚕织之利且销歇无声矣。

(叶大锵等修,曾鉴等纂:《华阳县志》,卷三十四,物产,虫,民国二十三年刻本。)

注:华阳县于一九六五年并入双流县。

〔宋代至民国三十六年前后,四川新繁县〕 县南龙桥旧有蚕市,见《成都古今记》,则吾邑蚕事之盛自宋已然矣。清季,注重蚕桑,倡导一时,后遂废而不振。近岁,农家妇女虽偶有饲蚕者,然其获利亦甚微矣。

(侯俊德等修,刘复等纂:《新繁县志》,卷三十二,物产,虫之类,民国三十六年铅印本。)

〔清道光二十年前后,四川龙安府江油县〕 江邑无极富贵家,其妇女多织麻纺绵,衣其家人,至春夏养蚕,浓阴沃若〈野〉间,提筐盈路。极贫者,则织屦以佐其夫,捶芒声昼夜弗绝。瘠土不滛,其势然也。

(清 桂星修:《江油县志》,卷之三,风俗,女功,清道光二十年刻本。)

〔清道光二十二年前后,四川石砫厅〕 厅民向少蚕桑,近有饲蚕获利者,日增月盛,利益溥矣。

(清 王槐龄纂修:《补辑石砫厅志》,物产志第九,清道光二十三年刻本。)

〔清道光末年,四川夔州府大宁县〕 蚕丝有黄、白两种。道光末,知县高理亨倡始,捐廉植桑。同治间,知县张曾彦踵行于后。近年,刘家坝、野鹿窨颇收其利,间为绸绫,居然可比上川之产。惟仅两地蚕缫,所益尚不广耳。

(清 高维岳修,魏远猷等纂:《大宁县志》,卷一,地理,物产,清光绪十二年刻本。)

〔清同治八年,四川重庆府巴县〕 巴人植桑育蚕,清代道、咸以上寂焉无闻。同治八年,归安姚觐元备兵川东,谋有以利吾民者,始教民蚕。兵备浙人,浙以善蚕桑著闻海内,兵备固娴于兹事者也,以为蚕桑之道,择种为先。吾川前日所有种,皆非嘉者,以故绩效弗彰,常不得与它地比。于是,设局筹赀,远求桑种于湖州,颁发所属各州县,使民分树,岁购蚕种于浙以遗之。又虑民之未习其事,事败辄阻也,招浙人之老于蚕事者种桑于佛图关隙地,亲为饲养,以资取法,凡民可与乐成,难于图始,复恐民之未能听信也。又于关内立蚕神祠,以神其事,使民知所敬重焉。鄞都徐编修昌绪为文纪之。吾县人知有蚕桑,于是乎始。

(朱之淇等修,向楚等纂:《巴县志》,卷十一,农桑,蚕桑,民国二十八年刻,三十二年重印本。)

〔清同治八年至民国三十三年前后,四川长寿县〕　植桑育蚕,县人向未讲求也。同治八年,姚觐元备兵川东。姚固浙人,娴于蚕事,远求桑种于湖州,颁发属县,使民分种饲蚕。民智闭塞,种者寥寥。清季,省设劝业道,振兴实业,教民育蚕,贵筑唐我圻知县事严于督饬,民情乐利,踊跃从事,一时勃兴。有识之士于旧凤山书院创办桑学堂,往浙聘专门教习,讲求湖桑佳种。彭克远又于北真观办理乙种农业学校。数年之间,四野桑株一望葱茏,力求新法,改良蚕如桂圆、大元、幼习等种均购自国外,茧丝优美,质量逾恒。新茧登场,渝各方缫丝厂来县争购,惟因本县缫丝工厂未能举办,不免受外来者勒捎,恒以贱价捆载而去,桑者难得美利,任意砍除,现已潜灭殆尽矣。

（陈毅夫等修,刘君锡、张名振纂:《长寿县志》,卷四,风土,农桑,民国三十三年铅印本。）

〔清同治十二年前后,四川成都府新繁县〕　蜀号蚕丛,蚕固蜀之利也。今顺、潼诸州县,家以为业,而眉州亦多。成属之利不在蚕,然饲者亦十室而四。新繁之南十五里有蚕市。……凡乡村墙隙种桑数十百株,为养蚕资,饲者多妇女,以三、四月农工忙迫,男子不能任其役也。

（清　李应观等修,杨益豫等纂:《新繁县志》,卷三,地舆志,风俗,清同治十二年刻本。）

注:新繁县于一九五六年并入新都县。

〔清光绪元年前后,四川顺庆府西充县〕　蚕桑为充最宜,每入夏,丝成,商贩辐辏,输供税、完婚嫁,胥于焉是赖。有大绸、二绸、麻底诸名,然精良不能及南中,或议其法未备。

（清　高培谷等修,刘藻等纂:《西充县志》,卷三,食货志,物产,清光绪二年刻本。）

〔清光绪年间,四川成都府双流县〕　桑,采叶饲蚕缫丝,邑中最多。

（清　彭琬修,吴特仁增修:《双流县志》,上卷,土产,木属,清光绪三年刻、二十年增刻本。）

〔清光绪二十六年前后,四川资州井研县〕　井研丝在成都市称上品,织户争购,取名曰东路丝,以别异于嘉、眉、潼、绵等郡。其类分二等,价视细、粗为高下。细倍粗价什二,资本费亦如之,岁入丝贾殆数十万金,农民资以为生计甚众。凡国赋、田租及一切馈遗、叩唔、偿负、赁庸之费,常取给于此,命曰丝黄钱。贫户假贷子钱,以丝黄为期,无弗应者。然桑树年久多空灌,后来种植亦稀,而民间育蚕又不得培护之法,值桑叶翔贵及蚕病之年,因之责〈债〉负累累者十室恒八九,洵所谓利与害相乘除者矣。

(清　高承瀛修,吴嘉谟等纂:《光绪井研志》,卷八,食货四,土产,清光绪二十六年刻本。)

〔清光绪三十年至民国年间,四川安县〕　县属养蚕在昔只有旧法,而种桑亦甚少。光绪三十年左右,研究蚕桑,曾开办蚕务局,种桑接桑之法渐次发明。已种〈办〉农业学校,每年实地喂蚕结果,所得之利,不偿其本之数,故令亦搁置焉。乡间养蚕之人仍习旧法,或亦有得利者,以全县而论,百户之中养蚕获利者不过一二户而已。

(夏时行等修,刘公旭等纂:《安县志》,卷五十五,礼俗门,养蚕,民国二十七年石印本。)

〔清光绪三十三年前后,四川顺庆府广安州〕　今苏家场、戴市、花桥三处春蚕出丝黄白莹然,仅以销售本地。

(清　周克堃等纂:《广安州新志》,卷十二,土产志,清光绪三十三年修,宣统三年刻本,民国十六年重印本。)

〔清宣统元年以后,四川嘉定府峨眉县〕　峨邑僻处偏隅,工艺骤难发达,惟桑、茶向系特产。自宣统元年开办蚕桑茶业传习所以来,于校场公地,集股栽桑二千余株,社会为之勃兴。平畴旷野,弥望青葱,蚕桑大有起色。

(清　李锦成等修,朱荣邦等纂:《峨眉县续志》,卷三,食货志,物产,清宣统三年刻,民国二十四年补刻本。)

〔清光绪末年至民国年间,四川新都县〕　植桑之法,县人多不讲求,故养蚕者绝少。清光绪末年,风气渐开,种桑之家到处多有。国变以来,桑被砍伐,而妇女经乱,更无心饲蚕矣。

(陈习删等修,闵昌术等纂:《新都县志》,第一编,舆地,物产,民国十八年铅印本。)

〔清末至民国十七年,四川中江县〕　桑之种类甚繁,其收利丰啬相距甚远。近数十年,提倡实业,境内渐多佳种,讲求稍早者,已市利三倍矣。以良沃之条,接植劣桑之本,如老圃蒔菊于艾根者然,尤为良好,比〈此〉汉人博异气之说也。颇闻川北地方,自顺庆、保宁边陲,上至吾邑,一大圜,皆宜桑宜蚕之地。此由各丝厂购茧、缫丝试验成绩而知之。惜吾邑不尽振奋,坐弃厚利,不能与三台、射洪、盐亭诸邻邑竞。方今吾蜀可收还外人所剥削者,赖有此尔,而约计出品,犹不足偿洋纱所失之数。又,近今风气务饲蚕,而不务植桑,一遇颠踬,资产荡然。敬告邦人,改图其至要矣。自利利人,而又利国,夫何惮而久不为此?

(李经权等修,陈品全等纂:《中江县志》,卷之二,舆地二,物产,民国十九年铅印本。)

〔**清朝末年至民国十八年前后,四川遂宁县**〕 丝:近因种桑者多,而蚕业日兴,故丝之出产较前二十年多至十倍,价亦增至六七倍,本邑岁消〈销〉无几,贩出境者甚多。

(甘焘等修,王懋昭等纂:《遂宁县志》,卷八,物产,货类,民国十八年刻本。)

〔**清朝末年至民国十九年前后,四川名山县**〕 蚕桑素失讲求。清末,邑人胡存琮归自日本,组合蚕桑公社,招生讲习。民国初年,张子英复立名丹蒲蚕桑公会,并于康乐场试办丝厂(此厂后毁于匪),悉力提倡。至今桑株盈野,养蚕者颇不乏人。

(胡存琮修,赵正和纂:《名山县新志》,卷八,食货,农,民国十九年刻本。)

〔**清代至民国二十年,四川富顺县**〕 桑,有牛皮桑、嘉定桑二种。牛皮桑亦曰苦桑,叶小而厚,其浆浓。嘉定桑亦曰甜桑,叶大而薄,其浆淡。旧时所种均系牛皮桑。光绪二十九年知县赵渊捐廉五十两,三十年知县徐樾捐廉二百串,购嘉定桑秧,散给四乡分种,县民竞植,多者至万余株。丝,县南赵镇一带每岁产额约七八万两,其余四乡因种桑未久,产叶不多,每岁所产尚不如赵镇一隅之盛。

(彭文治、李永成修,卢庆家、高光照纂:《富顺县志》,卷五,食货,物产,民国二十年刻本。)

〔**清代至民国三十一年前后,四川西昌县**〕 县人养蚕,清季较盛,民国反正后,因夷匪猖獗,桑园颓败,饲蚕者少。县中人士,虽先后十余人远至日本、浙江、广东、成都学习蚕业,各皆精到。归来后曾数度设学校,提倡改良,究以种种关系,效未大著。迄今育蚕缫丝仍用旧法,每年产量不过万余斤耳。

(杨肇基等纂修:《西昌县志》,卷二,产业志,物产,民国三十一年铅印本。)

〔**民国初年至二十一年前后,四川万源县**〕 民国初,蚕务局由嘉定购回湖桑五千株,分植八区青花溪及操坝(时局设演武厅内)火药局等处,并建蚕室。每年春,接湖桑苗,刊《养蚕浅说》分发各地。县人闻风兴起,安轩〈轮〉缫丝者全县约在百架以上,乡农妇女以为专职。近年废弛,蚕种几绝,桑树亦砍伐殆尽。有谓气候不宜无良好结果,有谓与农事冲突,碍难兼顾,而茧丝价值又为洋货所抵,日见低落,得不偿失,此县属蚕业骤衰之一大原因也。

（刘子敬修,贺维翰等纂:《万源县志》,卷三,食货门,实业,农业,民国二十一年铅印本。）

〔民国四年前后,四川峨边县〕 养蚕之家亦十居二三,惜纯以旧法,现亦渐有试用新法改良者,惟推行尚未广耳。

（李宗锽等修,李仙根等纂:《峨边县志》,卷二,礼俗志,习俗,民国四年铅印本。）

〔民国十年前后,四川金堂县〕 蚕业,附城各区最多,东山各场次之,然皆崇尚旧法,未加改良。近日,中昆河干,桑株发达,饲蚕亦多,悉听乡农之自为。其由官力提倡者曰蚕桑局,种有湖桑千株。

（王暨英修,曾茂林等纂:《金堂县续志》,卷五,实业志,农业,民国十年刻本。）

〔民国十年前后,四川双流县〕 民间之利,不止农田,蚕桑、纺织以及蔬圃花果皆生计也。

（刘佶修,刘咸荣纂:《双流县志》,卷一,风俗,民国十年铅印本。）

〔民国十年以后,四川南充县〕 清末成立蚕务局,始创桑苗圃于莲池北。民国六年,实业所成立,接收蚕务局,桑园继续经营,皆鲜成绩。民国十年,兴办地方自治,整顿实业所,扩充桑苗圃,并创林苗圃,试播松、柏、银杏、灰杨、刺槐等种。其后,林苗圃仍鲜成效,惟桑苗年产十余万株,四乡桑植由是大盛。

（李良俊修,王荃善等纂:《南充县志》,卷十一,物产志,林业,民国十八年刻本。）

〔民国十二年前后,四川眉山县〕 丝,在成都市织户争购,以光泽肥韧,称最上品。城内苏邻丝厂集股开办,用新法缫装运沪,贫民方倚为生,惜不久旋废。然乡间茧丝,为青黄不接之补助,几无家不有,零星贩运,岁入尚不下二十万。

（王铭新等修,郭庆琳等纂:《眉山县志》,卷三,食货志,土产,民国十二年铅印本。）

〔民国十四年前后,四川崇宁县〕 三四月间蚕茧市,岁约出产数千余斤不等。

（陈邦倬修,易象乾等纂:《崇宁县志》,卷三,食货门,物产,民国十四年刻本。）

注：崇宁县于一九五八年大部分并入郫县。

〔民国十七年前后,四川大竹县〕 蚕,丝虫也。……茧有黄白二色,种分春、夏、秋及五花等名,县南高家坝一带多育之。

（郑国翰等修,陈步武等纂:《大竹县志》,卷十二,物产志,虫之属,民国十七年铅印本。）

〔民国十八年前后,四川南充县〕 蚕桑纺绩咸勤厥职,不以刺绣为工。

(李良俊修,王荃善等纂:《南充县志》,卷七,掌故志,风俗,女功,民国十八年刻本。)

〔民国十八年前后,四川南充县〕 西区山地夙产桑,季春月,农家皆养蚕。近年,南北、中、东各区蚕业亦次第盛。所产茧旧由各蚕户自缫土丝售之。近年,十八九售茧于各丝厂,年产茧约千余石。

(李良俊修,王荃善等纂:《南充县志》,卷十一,物产,农业,民国十八年刻本。)

〔民国十八年前后,四川遂宁县〕 农人副产以养蚕之利最大。

(甘焘等修,王懋昭等纂:《遂宁县志》,卷七,实业,农业,民国十八年刻本。)

〔民国二十二年前后,四川绵阳县〕 蚕桑以东乡为盛,北乡次之,西南乡又次之。……东、北两乡,土质宜蚕,浴蚕、刈桑纯用旧法,即寒暖失宜,饲养稍疏,亦无大损,以故魏城、刘家河、玉河场一带,虽妇人、孺子岁必育蚕。成茧之时,较农业一季获利更优。此吾绵蚕桑之近状也。

(梁兆麒、蒲殿钦修,崔映棠等纂:《绵阳县志》,卷三,食货志,物产,民国二十二年刻本。)

〔民国二十六年前后,四川犍为县〕 从前种桑多于墙头屋角,近始以熟土遍种。……茧之种类分红白二种,质均佳,每斤缫丝较他处约重一二钱,岁产约百万斤之谱。县属清溪、箭板、龙究、观音、三江、马踏、桥滩、冠英、西坝、罗城等场所产尤伙。

(陈谦、陈世虞修,罗绶香、印焕门等纂:《犍为县志》,卷十一,经济志,农业,民国二十六年铅印本。)

〔民国二十七年前后,四川安县〕 蚕,向由乡中妇女随意饲之。前数年间开办蚕桑讲习所。近日,栽桑饲蚕者,较前稍多。

(夏时行等修,刘公旭等纂:《安县志》,卷二十六,食货门,虫类,民国二十七年石印本。)

〔民国二十八年前后,四川德阳县〕 蚕桑之利又为苛捐杂税与舶来品所抵制,饲蚕之家几于断绝。四乡妇女多以养兔为副业,然销路不畅,获利亦甚微末。

(熊卿云、汪仲爱修,洪烈森等纂:《德阳县志》,风俗志,风俗,民国二十八年铅印兼石印本。)

〔民国二十八年前后,四川德阳县〕 农家副业,蚕桑、棉织为大宗,近以税捐繁重,人造丝盛行,蚕业几于断绝,种桑之户多自行砍伐,改种杂树。棉织亦受走私货影响,农村十有九户不闻机织之声。

（熊卿云、汪仲菱修,洪烈森等纂:《德阳县志》,风俗志,农村状况,民国二十八年铅印兼石印本。）

〔民国三十六年前后,四川郫县〕　丝,郫邑多桑,人家养蚕作茧,多不自缫织,故有商来收茧缫丝,贩至成都等处销之。

（李之青修,戴朝纪等纂:《郫县志》,卷一,物产,民国三十七年铅印本。）

〔明朝末年至清光绪初年,贵州遵义府桐梓县〕　县境旧隶巴蜀,明末改土设县,仍属于川,蚕桑之利发轫较早。……清乾隆初,布政使陈德荣、按察使宋厚扎各属教民养蚕,桐梓隶焉。故五里乡村,屋角墙阴,田塍圃畦,莫不绿枝掩映,红椹离离。继有陈玉璧守遵,购蚕种于历城,凡三往返,教民以槲叶养山蚕缫丝织府绸,桐民则效之。芦溪、夜娄里间获利甚巨。芦溪民曾设绸行于鸭塘,并塑玉璧像于官坟嘴庙祀之,以报其德。时织双丝,名桐绸,立同心号于汉、沪间销售,而豫、蜀商贩时载茧来货绸去,通计岁入不下数十万金。道光十九年,郡守黄乐之三年文告,劝民种桑养蚕,定期报验,重给奖金,遵绥桐民均不报。嗣有洪顺、国祯、兴顺等十大号踵起蚕织,合组绸帮公所于渝,桐绸行销亦伙,先后为作伪者胶以豆浆赝货致败。粤军窜扰,业遂停止。同光之际,新站以上育桑蚕,松坎以下育山茧,开市场于綦、桐交界之扶欢坝,分茧帮、绸帮,设公秤。双方派人经理之年,有山西商载河南茧种来易丝,市场甚旺。继之者,有洋庄丝客,后又销行于贵阳、正安、重庆,而芦里间,民复织生丝绸,与正安绢颇相埒,苦无资本,未克推行。光绪初,家蚕、山蚕频年失败,远商不复来,后之育蚕者殆寥寥矣。

（李世祚修,犹海龙等纂:《桐梓县志》,卷十一,实业志,蚕业,民国十八年铅印本。）

〔清乾隆七年至道光二十一年前后,贵州遵义府〕　乾隆七年春,知府陈玉璧始以山东槲茧蚕于遵义……迄今几百年矣。纺织之声相闻,槲林之阴迷道路,邻叟村媪相遇,惟絮语春丝几何,秋丝几何,子弟养织之善否。而土著裨贩走都会,十十五五,骈坒而立,贻遵绸之名,竟与吴绫、蜀锦争价于中州。运徼界绝、不邻之区,秦晋之商,闽粤之贾,又时以茧成,来埘鬻捆载以去。

（清　平翰等修,郑珍等纂:《遵义府志》,卷十六,农桑,清道光二十一年刻本。）

〔清乾隆十三年以后,贵州遵义府正安州〕　正安向无织纴之业。乾隆十三年,正安州吏目徐阶平自浙江购蚕种来州,教民饲法。……初,州地少桑,阶平教饲柘叶后,家皆种桑,始尽以桑饲。其茧,色美质精,不下中州产,而价昂于山丝。缫丝,昔皆以手汫澼,故质精而织毛;今则遍张机抒,渐成花样,售丝售绸,远通商贾矣。

(李退谷修,朱勋等纂:《瓮安县志》,卷十四,农业,蚕桑,民国四年铅印本。)

〔清乾隆十三年至嘉庆二十三年,贵州遵义府正安州〕 土瘠民贫,仅事力作。乾隆十三年,州吏曰徐阶平携蚕种教民饲织,至今咸业纴丝。

(清 赵宜彰纂修:《正安州志》,卷二,风俗,清嘉庆二十三年刻本。)

〔清光绪二十一年前数十年,贵州仁怀厅〕 厅属宜蚕桑,可得厚利,惜民无知者。余家先君习蚕桑数十年,余守其训,屡屡劝人,辄以不知饲法为言。按:从前地方官亦出示劝民栽桑养蚕,竟至不能振兴。吾乡李梧冈出宰叙永厅,著《养茧栽桑说》劝世民,亦未见听从者,何哉?盖蚕桑树三年始可饲蚕,至于成功必待九年之久,地方官之突任者不过数年,署任者一年一换,或此勤于始,而彼怠于终,或此兴于前,而彼废于后,安望九年如一日哉!余思欲兴桑利,必地方之绅士议妥,立定章程,联名具禀,由地方官详请上宪立案,俾移交之日,不致浸废。创者兴之,继者成之,不过九年之间,民之获利有不可胜言者矣。四川青神县蚕丛时,因蜀王尝服青衣行郊野教民养蚕,经年累月,至眉州地方,迄今蚕桑之利遍于蜀,青衣庙祀亦遍于西土矣。附记于此,以俟后之有能者。

(清 张正熿等修,王椿纂,王培森校正补遗:《增修仁怀厅志》,卷之六,农事,清光绪二十八年刻本。)

〔清光绪初年以后,贵州黎平府〕 按:黎平放养山蚕自道光巳酉始。郡人以本境多植橡栎,考物土之宜,醵金赴遵义购子种,觅工匠、择附郭枊林放养之。咸丰初年,知县陶履诚、知府胡林翼先后捐助,以苗乱废。光绪三年,知府袁开第辟公桑园,谕郡人购种河南归养黑洞头二眠约三十万,三眠以雨雹损。十五年,知府俞渭慨然于大利中辍,捐廉银二百两购种河南鲁山,札委绅士周文郁、谢文模等经理其事,通禀在案。十六年,三眠成茧抽丝,织绢滑泽有光,不亚遵郡,复筹银二百两助养。从此,地利将兴,倘顺以天时,助以人力,不且骎骎乎与吴、越、豫、晋争缫机之富哉。

(清 俞渭等修,陈瑜等纂:《黎平府志》,卷三下,农桑,清光绪十八年刻本。)

〔清光绪十五年至三十四年,贵州安顺〕 安顺之桑,有刺桑与奶桑二种。刺桑系本地原种，以南乡羊武为多；奶桑由江浙移植而来，以县城及附郭为多。光绪十五年，潘霨抚黔，派员由江、浙运来大批桑苗。安顺知府文海请分发数万株来安，委县绅周泽钟、王文英、邸光甲、肖梦九等主管种植事宜。设课桑局于崇真寺，煮茧缫丝以为提倡。又于西门箭道、常平仓废址、崇真寺、吉祥寺、东岳庙等地设官桑园，广植桑株，令人民采桑饲蚕。但不得其法，听其自长自荣、勿剪勿伐而已。至光绪末年，树高至二三丈，径几盈尺。知府瞿鸿锡加以整顿，复于南水关公地及东北角城垣右营废署等地增设桑园数处，虽栽种之法未能尽善，然存活甚多。并进而派人买茧缫丝以资提倡；复至羊武一带指导乡民，教以植桑养蚕之法。光绪三十四年，知府瞿鸿锡为推广蚕桑，创设蚕桑初等小学堂，专授种桑养蚕知识；并由学校实地育蚕以资练习。试验结果，用日本新法制丝，洁白光润，不亚于江浙所产。

（贵州省安顺市志编纂委员会据民国二十年代末稿本整理：《续修安顺府志·安顺志》，第八卷，农林志，林业，种桑之沿革；安顺市志编委会一九八三年铅印本。）

〔**清光绪二十一年前后，贵州仁怀厅**〕 厅属山土多，妇女尝助耕于坡岭，故纺绩之声，帷城内盈街满巷，越在乡居，多半从事耘耨，且一家巾履丝麻必资仰给，日间馌亩荷锄，夜分针纫补茸，力不暇纺绩也。市镇则食力于十指者固多，近自旧仁怀至土城，亦有栽桑养蚕者。

（清 张正燡等修，王椿纂，王培森校正补遗：《增修仁怀厅志》，卷之六，风俗，清光绪二十八年刻本。）

〔**清光绪宣统年间，贵州遵义府**〕 家蚕之事重在种桑，桑叶不足，则若饥兵之四散，瘠瘁之横陈。故欲饲蚕，先以种桑为主，而种桑不良，不如不秀之苗，绘划之饼，既仁蚕，而予以馁之，道殊不善为谋矣。正安徐吏目予民以术，亦云获利矣。挽近懈视斯业，自弃之，复自毁之，不谋中兴，其事殆亦自疏之甚矣。邓显鹤误以……乃呈请者之误也，而彭牧吻其雌黄，以扬播之，州之食其利者遂附会之，而不辞本源，自绝若是，其可款〈叹〉之甚，毋忽乎下流之忘返也。遵义、桐梓、绥阳、仁怀亦素有桑蚕之好，嗜之不笃，无专利之者。光绪中，余守上华欲大其业，以为人之不趋斯利，殆桑种之不良。于是，遣人走西蜀，购运湖桑，遍布区里，民始畏领之，惟恐督饬之将至，继栽者遍其田塍，大叶油油，反青垂露，亦弗故〈顾〉广饲之趣。渐渐，田者恶其敝害苗稼，或仅代瓜棚豆栈，久之或摧以枯死，而养蚕之事遂亦渺矣。宣统初，袁守玉锡奉令倡导，设立蚕桑学校，挽新法而训诲之，以为可大振聋瞶,而漠视之如故。然遍察群情,旁稽事理,非好之不众,殆有阻其响往之途者,缫丝之术不普遍也。盖本有技师,绸者、轮者、薪者,务数人为之,且绎取之丝多毛乱而不理,售之可得下植,且不能遍置缫场,必蓄茧家之坚于得丝者,然后裹粮相从,否则弃其茧以饫蚜蝛蚰蜓之蚀,而无惜废之心,故缫丝之举,又为倡导者不可不尽心也。及郡之有自东洋习蚕业归,即委以广衍是术,而授受缫茧之法,又只洋式必多箱驼运轮航以寻洋商,且必媒介而售之,虽可获如意之偿,然年不可常,期屠龙之术偃塞自高而已。故邑人之不明缫法亦仍如故。然邑中非无能者,特擂者寡,而不能遍及,安得尽人而能者,彼缫取之善者,一人以三四茧沃融中,手绎其绪,足转其轮,以一人司柴水,而足持其丝予机,织绸缎者无不悦。朝游之市,易米而归爨,然后耕,何便如是关心民瘼。惟是劝其种导之,养扩以缫,又指以贸易之所,慈母之恋嫽娇子,犹亭育姁妪之而不德有如是也。

（周恭寿等修,赵恺等纂:《续遵义府志》,卷十一,农桑,民国二十五年刻本。）

〔**清朝年间至民国二十年代末,贵州安顺**〕 桑、蚕关系密切。蚕无桑无以为生,桑无蚕失去效用。安顺以气温较低,不适于饲蚕,故种桑者缺乏热情。虽迭经官府提倡,而育蚕之家以每多亏折之故,不愿从事,致桑树成为废物。新植言固不复见,旧有者亦日渐凋零。民国初年厉行烟禁,民生维艰,种桑业务渐有复苏之势。民国四五年间,烟土禁绝,民生益急。当时政府注意实业,于省城成立蚕桑总局,各县设立分局与桑区,教民育蚕以资补救。县城分局与桑区于民国五年十二月成立后,设置劝业员（旋改称为桑区管理员）以专责成。除指定北教场与欢喜岭共二百五十亩地为桑区外,复于中教场前公地及北城垣提署、箭道、右营废署等处遍植桑株,前后经四五年之久,用款达七八千元,共栽足四万八千余株,育苗五十余万棵,分令各区领栽。更有私家所植之桑,虽无详实记载,然宅边墙下历历成荫者为数实多。及烟禁大开,生活渐高,人民以饲蚕获利甚微,多弃而不顾;虽有管理人员,亦只有听之而已。……民国十七年桑区管理员裁撤,各处桑株更无人重视,官桑园附近居民多砍伐为薪,官府亦不之禁,迄至现在,已所存无几。

（贵州省安顺市志编纂委员会据民国二十年代末稿本整理:《续修安顺府志·安顺志》,第八卷,农林志,林业,种桑之现状;安顺市志编委会一九八三年铅印本。）

〔**民国年间,贵州思县**〕 民国以来,各地皆建桑区,思县亦然,在新旧校场、县署后山等处均为桑区,后又辟俗坡、冉家寨等处山地约二百余亩植桑,全县桑树约四万六千株。

(杨焜修,涂芳藩纂:《思县志稿》,卷七,经业志,蚕桑,民国八年修,一九六六年贵州省图书馆油印本。)

〔民国五年至九年前后,贵州施秉县〕 施秉桑业,于民国五年经知事马政修奉令倡办,任本省农林学校毕业生李杰林为桑区管理员,划县城西门外平宁坝、中沙坝等处地面为桑区,计二百余亩。民国六年知事甘鸿宝,七年知事杜熙筠,八年知事朱嗣元,先后维持。现县城桑株已成活四万五千余株,接换湖桑二万余株。余如东区高碑、刘家庄等处,人民领种桑秧一万二千余株;南区胜秉、新城、平寨等处,人民领种桑秧六万余株;西区紫荆关、白塘等处,人民领种桑秧五万余株。惟土质不宜,成活者少,不如改植桐、茶、漆树,收利较丰也。

(朱嗣元修,钱光国纂:《施秉县志》,卷一,农桑,民国九年修,贵州省图书馆一九六五年油印本。)

〔民国十八年前后,贵州桐梓县〕 近年家蚕、山蚕各区小有饲养,远商来购,每以丝质劣甚,不中织造,购茧运汉、沪厂缫,或带匠人自缫,兼用新法,以求适用。旧日大线、小线土法缫丝,归于淘汰矣。

(李世祚修,犹海龙等纂:《桐梓县志》,卷二十三,实业志,蚕业,民国十八年铅印本。)

〔民国二十五年前后,贵州遵义安顺场〕 陈守玉鏊教遵民以橡茧。同时,正安吏目徐阶平则教正人以桑蚕,正人至今尸祝之。每岁春季,红男绿女携筐筐而采桑者,触目皆是,黄丝之盛,甲于各县。距州城三十里之安顺场,与川界毗连,新丝上市时川商络绎而来,每年交易款至十数万元。

(周恭寿等修,赵恺等纂:《续遵义府志》,卷十二,物产,民国二十五年刻本。)

〔东汉时期,益州越嶲郡〕 越嶲郡,在建宁西北千七百里,沿江都县自建宁,高山相连,至川中平地东西南北八千余里。郡特好桑蚕,宜黍、稷、麻、麦、稻、粱。

(东汉 杨终撰:《哀牢传》,清王谟《汉唐地理书钞》辑本。)

〔清代至民国二十七年前后,云南昭通县〕 昭地,自前清时,经长官提倡,于东区五谷庙及黄竹林等地栽植。所有桑株叶不肥硕,加以饲养无方。后由实业所,于西门外菜园及府署后囿、县厅内等遍树桑林,并设学堂练习养蚕,开办十余年。究以气候多寒,虽当暑月,一遇北风回冷,蚕多僵病,鲜有成效,因此停止。

故今公家私宅养蚕一事无可称述,盖亦气候之不宜也。

(卢金锡修,杨履乾、包鸣泉纂:《昭通县志稿》,卷五,农政,蚕桑,民国二十七年铅印本。)

〔民国初年,云南泸水〕 当民国初年,曾广种桑树试养蚕业,均不成效,因气候不宜之故。

(段承钧纂修:《泸水志》,第十一,农政,蚕桑,民国二十一年石印本。)

3. 茶叶

〔清嘉庆二年前后,江苏常州府宜兴县〕 茶叶,产茗岭、铜官、离墨诸山者尤佳。

(清 阮升基等修,宁楷等纂:《增修宜兴县志》,卷一,疆域志,土产,清嘉庆二年刻本。)

〔清光绪五年前后,江苏镇江府丹徒县〕 徒邑迤西诸山皆有之,五州出者尤佳,名云雾茶,但土人不善焙,故名不闻耳。

(清 何绍章修,吕耀斗纂:《丹徒县志》,卷十七,物产,清光绪五年刻本。)

〔清光绪十一年前后,江苏镇江府丹阳县〕 土茶,晓里桥南数里地,名杨城,有坟约四五亩产此。每年于二三月间采之,风味不减武夷,近已有收买之者。

(清 凌焯等修,徐锡麟等纂:《丹阳县志》,卷二十九,土产,清光绪十一年刻本。)

〔唐大历年间前后,浙江湖州府〕 唐制湖州造茶最多,谓之顾渚,贡焙进造一万四千八百斤,焙在长城县西北。大历五年已后,始有进奉。

(明 董斯张等撰:《吴兴备志》,卷二十六,方物征,明天启四年撰,清乾隆间《四库全书》本。)

〔清光绪二十二年前后,浙江杭州府余杭县〕 邑中遍地植茶,专供省会饮食,每斤得钱三四百,岁值银二三十万。

(清 李应珏撰:《浙志便览》,卷一,余杭县序,清光绪二十二年增刻本。)

〔清光绪二十二年前后,浙江严州府淳安县〕 威坪茶近亦大逊。自中外通商后,洋人岁售中国货物,税轻价廉,夺土产销路,以致土产日绌,旷土游民日多,贫而为盗。中国所恃以转售者,不过丝、茶各二三千万耳。乃近来日形减色,就光绪己丑计,英商销茶六十五万余担,较旧短销四十二万余担,俄商销茶四十八万余担,较旧短销十七万余担,已短近六十万担。而就庚寅论,汉口销茶十一万余担,较己丑短销四万余担,九江销茶万七千余担,较己丑短销三万一千余担,福州销茶二十一万余担,较己丑短销六万担,合计又短销十三四万担矣。盖因印度西郎茶并不抽税,即日本茶亦仅抽税一圆。外国之茶既日隆,中国税厘与山价相等,又多用柴火烘焙,味劣色减,更有以粗梗搀和者,故至滞销。而就此两年论,上已短二百余万之捐项,下已短七八百万之生计,曷胜浩叹。考光绪乙未洋货进口册,值银一万七千一百余万两(杂货七千八百余万,棉货五千三百余万,洋药近三千万,较旧减千万,绒毛三百余万,铜铁八百余万),中国出口丝仅三千余万两(机器缫丝居三之一),茶仅二千余万两耳(红茶二千三百余万两,绿茶三四百万两,茶砖、茶末百数十万两,俄销砖末七八十万担,大半由恰克图返)。若并区区之茶而日减,不益绌哉。抑尤有说者,畿辅东三省新疆,因天寒不产茶,人多饮沸汤解渴。陕甘砖茶系南省茶末所制,每片重四斤,本银二钱,须税脚七钱,故两省仅岁销茶引五六千,近日洋人把持茶市,商人叠困,何如大减税厘,使畅行北地,则洋价自增,商课两裕耶。

(清　李应珏撰:《浙志便览》,卷三,淳安县序,清光绪二十二年增刻本。)

〔**民国初年,浙江定海县**〕　茶,分东乡、西乡二种。东乡较胜,然采制均不合法,惟洞隩黄杨尖、岱山石马隩二处乃雨前所采,制法又稍精,人争购之,惜产额不多。民国四年,美国巴拿马赛会征集各国出品,黄杨尖牙茶曾得三等奖凭。

(陈训正、马瀛纂修:《定海县志》,物产志,植物之部,民国十三年铅印本。)

〔**民国十九年前后,浙江寿昌县**〕　茶,每年出产约数千担,运销沪、杭一带,以十都之绿茶及十二都里洪坑之红茶为最,曾得北京展览会褒奖超等褒状及巴拿马赛会特奖头等金牌。

(陈焕等修,李钰纂:《寿昌县志》,卷三,食货志,特产,民国十九年铅印本。)

〔**民国二十一年至一九四九年,浙江省**〕　今日本省各县无不产茶,全省茶园面积,据实业部调查,民国二十二年统计产茶六十三县市,茶园面积共五十六万六千七百余亩。省农改所二十九年调查,全省五十三县(杭县等沦陷未计入),共计种茶面积四十六万余亩,产茶二十七万市担以上,外销有二十万担。本省所产之茶,大半为绿茶,红茶甚少。以产区分别,可分为四种:一杭湖茶,为杭市、杭县、余杭、临安、于潜及吴兴、长兴、安吉、孝丰、武康等县所产;二平水茶,为绍兴、新昌、上虞、嵊县、诸暨、余姚、萧山等县所产者;三温州茶,为温岭、平阳、青田、丽水、遂昌、云和、乐清等县所产者;四分水茶,为分水、淳安、寿昌、开化等县所产者。除以产区分类外,有依茶之产地而名者,如龙井、平水;有依其形状而名者,如旗枪、圆茶；有依采摘时间而名者，如雨前、清明；有依制法而名者，如红茶、绿茶。此外更有粗细之分，名目繁多。本省产红茶之地，仅有杭市、杭县、余姚、临安、长兴、武康、镇海、绍兴、诸暨、兰溪、永康、汤溪、开化、淳安、桐庐、寿昌、瑞安、平阳、泰顺、松阳、庆元等二十一县。绿茶则各县有之。据《中国实业志》，全省年产毛茶四十二万六千四百零二担，其中绿茶三十六万九千六百九十六担，红茶五万六千六百四十六担。又据《建设杂志》，战前本省各种茶叶之产量年达四十余万担，价值约一千八百余万元。其中，绿茶占百分之八十六强，红茶占百分之十四弱。据农业改进所二十九年调查估计，亦有二十七万市担，中以平水区为最多，占作百分之五十五。本省茶叶以杭之龙井及绍之平水为最著名，实则龙井一地产茶甚少，以其少也，故杭市南山、灵庆里、北山三区之茶均名之曰龙井，即远至余杭、富阳、临安等县之茶叶，亦常因品质相似而名为龙井茶。真龙井茶产于龙井山、梅家坞、狮峰一带，约年产五百担左右，最盛时期曾达一千二三百担之多。附近各县所产而称为龙井茶者，战前每年可产七万五千担，因八年抗战，民不聊生，茶农多砍去茶树，改植五谷，故产量大减，不及三万担。南山区产茶地点包括天马山、珍珠寺、石屋洞、四眼井、满觉垅、杨梅岭、翁家山、饮马桥、贵人峰、虎跑、扫箕湾、赤山埠、杨家山、于坟、鸡笼山、三台山、小天竺、茅家埠、法相巷、龙井、丁家山、理安寺等处。……龙井茶品质虽佳，然少出口，其因有三：一产量无多；二色香味易消失，保藏不能超过三个月；三用人工制造，成本较大，价格上难与日本、印度茶竞争。……平水茶产量甚多，上者名珠茶、珍眉、贡熙等，专销欧美，次等粗茶专销俄国。平水绿茶以驻骅岭上危岩所产为最佳，民国二十五年统计，每年约产十余万担，由宁波转上海出口，价值达四百五十万元，大都销售美国。三十五年，平水毛茶一百市斤价值十万元以上，是年产量四万担左右。……本省著名茶叶，龙井茶、平水茶外，其散在各县如天台云雾茶、乐清雁山茶、上虞高山茶、诸暨白毫尖、兴红芽、长兴之顾渚茶、绍兴之日铸茶、卧龙茶等等，均名闻遐迩，然产量均不多。民国四年《之江日报》发表之《浙省茶叶调查报告》云，浙省旧十一府属，除嘉兴府属外，其余均产茶叶，为岁入之大宗。兹将上年各属茶叶产量及价额调查如下，以供实业家览焉。计开：杭属龙井茶，产量六百八十五万四千七百五十一斤，价额三百九十二万三千六百六十元。湖属薛锦茶，产量三百七十四万二千三百一十五斤，价额一百二十一万七千二百三十元。宁属平水茶，产量一百三十四万五千八百一十七斤，价额四十九万五千六百二十元。绍属玉芝茶、平水茶，产量四百八十九万七千七百五十斤，价额二百十六万四千五百十八元。

台属绿茶,产量一百九十八万七千四百五十斤,价额七十一万二千三百八十元。金属绿茶,产量四百五十七万二千三百八十斤,价额一百九十八万七千八百五十元。衢属绿茶,产量三百八十九万五千七百二十斤,价额一百九十四万三千零六十元。严属绿茶,产量四百十五万七千七百八十斤,价额二百十五万四千七百八十二元。温属红茶,产量三百七十四万五千八百三十斤,价额一百九十六万九千九百七十元。处属平水茶,产量三百七十八万八千七百五十斤,价额一百五十一万二千七百七十元。本省农业改进所民国二十九年统计整理,各地旧式茶园面积共达三万亩之谱,二十七起至三十两年举行制茶示范,共制内外销红绿茶共达五万六千斤,以品质优异,运美销售颇得好评,价格每高出寻常茶叶。二十八年所制红茶,评价高至港币二百五十元,珍眉亦达一百三十五元,其时一般市价不过五六十元,最高亦不及百元。又《浙江经济统计》,二十八年浙江宁、绍、台区、金、衢、严区、温、处区,箱茶产值(红绿茶合计)一千三百六十七万八千四百二十七市担,价值九亿一千六百八十五万三千零四十六元。民国三十五年中央信托局调查,本省外销茶产量约五万担,产地旧绍、温、严属各县,价每担四十万元,内销茶约产三万担,产地旧杭属及其他各县,价每担二十万元。民国三十七年四月四日杭州市价,上等龙井每斤一百二十六万元,中等九十六万元,普通六十四万元,最次二十四万元。本文参考《中国实业志》《建设杂志》《新闻报》《浙江青年》、各县志、《浙江经济年鉴》。兹将各县茶叶产量列表如下:

浙江省茶叶产量(民国 21—22 年)　　　　　　　　　　单位:市担

产地＼年份	21 年	22 年	备　考
新登	1 398	1 000	资料来源:《浙江商务》卷一期。本表合计数字与细数不符,不知错在何处,原稿如此,特此注明。
德清	90	50	
鄞县	2 000	2 000	
萧山	270	250	
新昌	7 500	8 000	
温岭	320	300	
义乌	100	100	
汤溪	250	260	
庆元	100	100	
乐清	1 500	1 500	
杭县	17 000	18 000	
昌化	1 400	1 400	

(续表)

产地＼年份	21年	22年	备考
武康	325	350	
镇海	3 500	3 500	
诸暨	5 000	5 000	
黄岩	1 300	1 000	
衢县	2 000	2 500	
永康	580	600	
分水	2 000	2 000	
云和	850	900	
平阳	24 000	30 000	
余杭	1 800	2 000	
吴兴	720	650	
安吉	500	350	
定海	1 500	1 400	
余姚	8 637	9 637	
天台	159 750	200 000	
江山	20 000	18 000	
武义	613	700	
缙云	2 000	2 000	
景宁	250	250	
于潜	2 000	2 000	
长兴	10 000	10 000	
孝丰	1 400	1 100	
绍兴	120 000	120 000	
嵊县	10 000	9 000	
仙居	3 000	2 000	
金华	520	460	
浦江	7 500	7 500	
龙泉	12 000	15 000	
瑞安	1 000	1 000	
总计	447 133	491 220	

民国三十六年浙江省各县市茶叶产量　　　　单位：市担

县市别	产量	备考
临安	10 000	资料来源：《浙江经济年鉴》。
上虞	10 000	
衢县	500	

(续表)

县市别	产　量	备　考
桐庐	3 000	
奉化	5 000	
瑞安	1 000	
杭市	200	
新登	2 000	
嵊县	15 000	
龙游	200	
分水	1 000	
镇海	1 000	
杭县	7 000	
于潜	4 000	
新昌	4 000	
淳安	10 000	
寿昌	500	
永嘉	12 000	
富阳	4 000	
绍兴	50 000	
金华	1 400	
遂安	6 000	
浦江	700	
平阳	75 000	
余杭	4 000	
诸暨	5 000	
东阳	6 500	
建德	1 000	
开化	2 000	
泰顺	7 000	
总计	258 000	

（浙江省通志馆修，余绍宋等纂：《重修浙江通志稿》，第二十一册，物产，特产上，茶叶，一九四三年至一九四九年间纂修，稿本，浙江图书馆一九八三年誊录本。）

〔民国三十七年前后，浙江杭州〕　本市茶园面积及其产区概况：

茶园面积(亩)	产　　区
2 000	龙　井

本市茶叶产量（总产以干茶、毛茶计）：

红茶	绿茶	其他	总计产量（担）
459	115		574

本市茶叶价格及价值概况（以担计算）：

红茶价格（元）			绿茶价格（元）			价值（元）		
最高	最低	普通	最高	最低	普通	红茶	绿茶	共计
400	20	100	600	40	200	45 900	23 000	68 900

本市所产之茶叶，大部分销于市内，作为直接消费。

（千人俊编：《民国杭州市新志稿》，卷十四，物产一，农产，民国三十七年修，杭州市地方志编纂办公室一九八七年铅印本。）

〔清道光八年以前至宣统年间，安徽徽州府歙县〕 歙土宜茶，而道光八年前出产无多，故须认销他县茶，厥后逐渐推种，求变为供。至光、宣间，计输出者已达三万数千担，国家课税每行百二十斤为一道，征库平银二两二钱五分，由两江总督委员征解。

（石国柱等修，许承尧等纂：《歙县志》，卷三，食货志，茶纲，民国二十六年铅印本。）

〔清咸丰光绪年间，安徽六安州霍山县〕 吴《志》：土人不辨茶味，唯燕、齐、豫、楚需此日用，每隔岁，经千里挟资而来，投行预质，牙狯负诸贾子母，每刻削茶户以偿之，银则镕改低色，秤则任意轻重，价则随口低昂，且多取样茶，茶户莫能与较，虽迭经告诫，申详各宪严饬乡保稽查，茶户稍沾实惠，然弊端犹未能尽除也。按茶之为利虽厚，工则最勤苦，日采摘，夜炒焙，恒兼旬不能安枕，人力不足又须厚雇客工，茶值稍昂犹可相偿。军兴后，厘捐日益浮费繁多，商人成本既重，则转而抑减民值。近日行户渐增，竟有夤缘茶商预订价值、把持行市者點贩收买则又掺老叶、加水潮，茶商得以借口，故茶价愈趋愈下。光绪以来，每斤银贵不过钱余，贱时才七八分，以是民用益绌，近徽郡仿外洋以机器烘焙，制精工省，颇获其利，本邑绅商如能集股设公司，精其制造，则利权操之自我，诸弊不禁自除矣，西人亦云霍茶味香较胜徽产。

（清 秦达章等修，何国祐等纂：《霍山县志》，卷二，地理志，物产，清光绪三十一年木活字本。）

〔清光绪末年,安徽六安州霍山县〕　货之属,茶第一。茶山环境皆有,大抵山高多雾所产必佳,以其得天地清淑之气,悬岩石罅偶,得数株不待人工培植,尤清馨绝伦。故南乡之雾迷尖、挂龙尖二山左右所产,为一邑最。采制既精,价亦倍于各乡。茶商就地收买,倩女工检提分配花色,装以大篓,运至苏州,苏商薰以珠兰、茉莉,转由内洋至营口分售东三省一带。近亦有与徽产出外洋者。次则东北乡与西南近城一带,多北运至亳州及周家口,半薰茉莉转售京都、山西、山东。而西乡自土地岭以西,迤逦而南,茶味厚,微苦,枝干粗大,采焙不精,皆青,齐茶集于大化坪、五溪河收买,运销山东一路。诸佛庵以北数保,则由土人运潮枝至州境之流波磴,西商收买,自行焙制,运销山西、口外、蒙古等处。极西之九五保所出既微,味制俱逊,多为鄂人收买。

（清　秦达章等修,何国祜等纂:《霍山县志》,卷二,地理志,物产,清光绪三十一年木活字本。）

〔清光绪年间至民国二十六年前后,安徽歙县〕　吾邑惟产绿茶,其品目缘制法而分,有虾目、麻珠、宝珠、园珠、锚珠、珍眉、凤眉、蛾眉、芽雨、针眉、蕊眉、乌龙、熙春、副熙、十四品,其实皆一叶之所别也。拣之、筛之、火之、扇之,竭极人工而制法始备。熙春、副熙乃其粗者,亦茶之大宗,运销俄国,几逾全额之半。珠则状其园,眉则言其细。虾目,园中之最者。珍眉之上者,别名抽心,珍眉皆类中重品,与各品畅销德意志、摩洛哥、花旗、巴尔干、土耳其及其他国。光绪中,出口称盛,产亦递增,迄今统计全邑岁产近五万担,东一万担有奇,南三万担有奇,北近万担,西亦数十担云。

（石国柱等修,许承尧等纂:《歙县志》,卷三,食货志,物产,民国二十六年铅印本。）

〔清代后期至民国十年前后,安徽宿松县〕　通商以来,以丝茶为出口大宗,皖属徽六尤以茶业甲天下。吾松为皖南北之中枢,各山之种茶者所在多有,以西源山、北沿河、蒋家山、叶家山为最。松产之茶,品质纯厚,气味香美,其尤佳者则为罗汉荡之云雾茶。清宣统时江宁赛会,近年美洲赛会、巴拿马赛会,松茶亦荷褒奖。惟茶质虽美,而拣焙不甚合法,制工粗率,不能畅销外埠,仅供本邑城乡各镇之销售,每亩平均产量约八九十斤。

（俞庆澜、刘昂修,张灿奎等纂:《宿松县志》,卷十七,实业志,农业,民国十年活字本。）

〔民国初年,安徽怀宁县〕　茶:高山石岩不种自生,谓之野茶。龙眠庵、张家山、龙池尖、大龙山所产品皆绝胜,清明前后,采之制出,如新蚕,泡以山泉,味不在蒙顶下,但不可多得。其余独秀山、百子山、科甲冲、甘露庵、谷泉庵、王家坝等处亦产茶,味香质厚,惜所出者少。惟旨泉冲有茶园,居民多以种茶为业。

(朱之英等纂修:《怀宁县志》,卷六,物产,民国五年铅印本。)

〔民国初年至三十七年,安徽广德县〕 丝、茶昔日为大宗……北乡五花岩山之茶尤称珍品,谓之云雾茶,今已绝少。石溪、阳滩、干溪等处亦佳,但所产者多系野山茶,并无人兴种耳。(按:民国四年美国巴拿马赛会,余任国际审查官,以广德之茶与赛,得金牌大奖。)

(钱文选编:《广德县志稿》,物产,民国三十七年铅印本。)

〔民国九年前后,安徽英山县〕 茶,邑境皆有,但所种不多,仅供本处饮料,近虽有肩挑贩运,亦不甚多,茶味不减六、霍,若能广种,亦生利之一端。

(徐锦修,胡鉴莹等纂:《英山县志》,卷之一,地理志,物产,民国九年木活字本。)

〔民国二十六年前后,安徽歙县〕 珠兰花:邑产朱兰窨茶花,不变色,较闽产为佳。问政山、琳村、厚鸠、山口一带,土墙瓦舍鳞次栉比,出产地也。初夏至立秋,出产期也。山东人届时来歙设立号厂,购以制茶,运销北地,艺花人每晨摘方开花,携往售之,以百两为率,价值七八元,秤无标准,操商家,花贵,则一两可升至数两,花贱,则数两可降为一两,年产约五六十万两,艺此者以茉莉为副产,出数不多。

(石国柱等修,许承尧等纂:《歙县志》,卷三,食货志,物产,民国二十六年铅印本。)

〔唐代至民国三十六年,江西〕 江西茶叶素居我国主要地位,产区达五十余县。据历来之传述,茶叶系肇始于唐,盛行于宋,然其销售场所仅限于国内,且用以进贡馈赠居多,普及消费当如今日之盛。至其大量外销,可得而知者,则清代末叶,咸、同年间仅修水红茶一种,每年外销量已达二十余万箱,值银一千五百余万两。迨至民[国]前数年,全省每年输出量竟达五十余万箱。就品质与市场声誉言,当时之宁红实驾于祁红之上。嗣因市场畅销,价格又佳,茶园面积日益扩大,焙制贩运家数亦日见增充,故清末民初间实为江西茶叶之黄金时代。至二十年前后,日本在锡兰所经营之茶园产量日增,焙制包装大有改进,我国国际茶叶市场如伦敦(红茶主要市场)、摩洛哥(绿茶主要市场)等地,均为日茶倾销所攫夺,赣茶外销市况因之一蹶不振。他如品种退化、采摘焙制之失宜、分类包装之不标准、出口机构之不健全,亦为本省茶叶失败之因素。致政府税收与农民收入同行减少,农村经济顿呈枯竭现象,而茶叶之救济乃为政府所重视。民国二十五年,江西农业院曾设立茶叶改良场,同年赣、皖两省复共组皖赣红茶运销委员会,办理茶货。自二十五年起,至二十八年,江西之外销茶曾由二万余箱增至十八万余箱(二十七年数量),成效颇为显著。二十八年,皖赣红茶运销委员会结束,本省另组茶叶运销委员会,与中茶公司订立货款协约,继续办理外销,尚能保持十二万箱之数量。至二十九年,再改组为江西全省茶叶管理处,将全省所产茶叶交由中茶公司统购统销。惟当时战事日趋紧张,海口多被封锁,故外销数量大形减退,至三十年则三万箱尚不能购足。抗战胜利以后,因茶园摧毁过甚,公私贩运机构多未恢复,直至三十六年春始略见活动,然外销数量亦不过数千箱。

(吴宗慈修,辛际周、周性初纂:《江西通志稿》,经济略,四,工业,一九四九年稿本,江西省博物馆一九八五年整理油印本。)

〔明嘉靖四年前后,江西南昌府〕 罗汉茶,西山出,叶如豆苗。

(明 林庭㭿修,周广纂:《江西通志》,卷五,南昌府,土产,明嘉靖四年刻本。)

〔清光绪二十八年前后,安徽六安州〕 土产以茶为大宗,出麻亦众。收成时,另设茶、麻厘卡(湖北现设麻局,仿制洋绸、洋布,机器须银十一万余两)。顾近日茶税奇重,毛茶每担价八九元,税厘亦如之,洋人又把持价值,茶商近年亏倒,种茶者亦渐以稀。

(清 李应珏撰:《皖志便览》,卷三,凤阳府序,清光绪二十八年刻本。)

〔明嘉靖六年前后,江西九江府〕 茶,五邑俱产,惟庐山者味香可啜。

(明 冯曾修,李汛纂:《九江府志》,卷四,食货志,物产,明嘉靖六年刻本。)

〔清乾隆四十六年前后,江西宁都州石城县〕 石邑茶多取资于福建崇安、宁化,本处山谷虽产亦不佳,惟县南十五里通天岩有异茶,善制者往往携囊就岩采制,清芬淡逸,气袭幽兰。

(清 杨柏年修,黄鹤雯纂:《石城县志》,卷一,舆地志,物产,清乾隆四十六年刻本。)

〔清乾隆四十九年前后,江西广信府玉山县〕 茶,土产颇佳,然不善制。

(清 李实福纂修:《玉山县志》,卷二,地理,物产,清乾隆四十九年刻本。)

〔清同治十年前后,江西南康府星子县〕 庐山茶,有云雾茶最好,但不易得。

(清 蓝煦、徐鸣皋修,曹征甲等纂:《星子县志》,卷一,疆域志,物产,清同治十年刻本。)

〔清同治十一年前后，江西吉安府泰和县〕 茶，高行乡出。

（清　宋瑛等修，彭启瑞等纂：《泰和县志》，卷十一，土产，清同治十一年修，稿本影印本。）

〔清同治十一年前后，江西赣州府赣县〕 赣之储茶，出自储山，曰大园储茶，香味最佳，昔尝入贡。所产无多，人不易致，各乡亦有艺茶为业者。

（清　黄德溥、崔国榜修，诸景昕纂：《赣县志》，卷九，地理志，物产，清同治十一年刻本。）

〔清光绪三十四年前后，安徽徽州府婺源县〕 我婺物产，茶为大宗。顾茶唯销于外洋一路。迩年，茶市窳败，业茶者，富户实降为穷户，而农民依茶为活，遂苦不可支。亦有稍加变计，易种木棉者。

（清　董钟琪、汪廷璋编：《婺源乡土志》，第六章，婺源风俗，清光绪三十四年活字本。）

〔民国三十一年前后，江西西北部〕 宁州区，这个区域包括赣西北的修水、武宁、铜鼓、宜丰等数县，这个地域到处都布满着连绵的冈峦，同峦的脚麓便是茶树的唯一生长地。……这个地区出产的茶叶统名"宁红"。从前，出产最多的时候，每年可以达到十万担的巨大数目。近年以来，因为国外市场蹙减，外销数目一落而为一万五千担左右。在从前修水每当三四月的时候，外省的茶商都纷纷赶来购买茶叶，届时平时冷落的修水县城便一跃为万商云集的热闹都市。可是现在寂寥的空气整年的笼罩着漫长的街衢，茶商的玉趾再也不光临这偏僻的城市，凋残冷落令人不胜今昔之感。

（吴宗慈修，辛际周、周性初纂：《江西通志稿》，经济略，一，农业，李一呼《驰名海外的赣茶》，一九四九年稿本，江西省博物馆一九八五年整理油印本。）

〔宋代至民国十八年前后，福建建瓯县〕 乌龙茶，叶厚而色浓，味香而远，凡高旷之地种植皆宜。其种传自泉州安溪县，制法与水仙略同。清光绪初，工夫茶就衰，逐渐发明。至光绪中叶，遂大发展。近今广潮帮来采办者不下数十号，市场在城内及东区之东峰屯、南区之南雅口，出产倍于水仙，年以数万箱计（箱有大斗及二五箱之别，二五箱以三十斤为量，大斗倍之）。白毫茶出西乡紫溪二里，采办极精，产额不多，价值亦贵，由广客采买，安南、金山等埠其销路也。莲子心茶，三禾、西紫、五里前运售崇安之赤石街，近年水吉镇亦有设庄采办者，庄客多属广、潮二帮。按：宋代北苑凤凰山产茶，相传有凤凰飞集其地，喙茶子而食之，山上有茶堂、御茶亭，官焙三十二、小焙拾余，当时称为天下名胜。宋之北苑犹后之武夷也。至元，武夷兴而北苑遂废，今为吉宛里，里内村落犹有东焙、西焙之名称，岂宋世之留遗欤？清咸、同间，里之钟山复有客氓至此开垦，普及各区，所出工夫茶年以千数百万计，实超宋代而过之。垦植贩运大半皆本地人，享其利而起家者无处蔑有。旋以不善制作、掺伪乱真，致为印度、锡兰、台湾之茶所打击，遂使绝大利益无复保存，犹幸绿茶（俗名香茶）接踵发明，借资补救，嗣是有和兴茶业公帮起而讲究种植、制焙诸法，寻改为建瓯茶业研究会，联络群力，锐意改良。宣统二年，南洋第一次劝业会如金圃、泉圃、同芳星诸号均获优奖。民国三年，巴拿马赛会，詹金圃得一等奖凭、杨端圃、李泉丰得二等奖凭，此其效也。近年广潮帮盛，建瓯业此者日形衰落。

（詹宣猷修，蔡振坚等纂：《建瓯县志》，卷二十五，实业志，茶，民国十八年铅印本。）

〔明代至民国三十一年前后，福建崇安县〕 茶客者，即经营武夷茶叶生意之下府帮、广州帮、潮州帮也。至于历代产量，除明季徐𤊹《茶考》所载"环九曲之内不下数百家，皆以种茶为业，岁产十万斤"外，均无文献可征，兹据林馥泉、吴心友所调查者列表如下：

武夷岩茶历年数量调查表

年 代	数 量	备
清光绪间	四〇〇〇〇	据林馥泉调查
民国三年	四五〇〇〇	同上
民国十三年	二〇〇〇〇	同上
民国二十三年	三五〇〇〇	据省政府统计室调查
民国二十六年	四一〇〇〇	据吴心友调查
民国二十九年	四九〇〇〇	据林馥泉调查
民国三十年	三四二八二	同上

平时岩茶价格，奇种每斤四元，名种二元，小种一元，今则须增高二倍以上。水仙、乌龙价格与奇种略同。清初，本县茶市在下梅、星村。道、咸间，下梅废而赤石兴。红茶、青茶向由山西客（俗谓之西客）至县采办，运赴关外销售。乾、嘉间，销于粤东。五口通商后，则由下府、潮州、广州三帮至县采办，而转售于福州、汕头、香港。岩茶多销于厦门、晋江、潮阳、汕头及南洋各岛，其用途不仅待客，且以之作医疗之良剂。抗战后，转运为难，晋江等处几无茶业可售，病者至以包茶纸代之。

（刘超然等修，郑丰稔等纂：《崇安县新志》，卷十九，物产，关于本地特产者，民国三十一年铅印本。）

〔清乾隆四十六年前后,福建福宁府宁德县〕 其地山坡,洎附近民居,旷地遍植茶树,高冈之上多培修竹。计茶所收,有春夏二季,年获利不让桑麻。即所产竹,大小皆利用,其最小者犹可造纸。初出土为笋,鲜者干者并售贾贩,亦与茶之利埒。……其无茶、竹之地,农舍桑麻而种地瓜,利反较胜于桑麻。

(清　卢建其修,张君宾等纂:《宁德县志》,卷之一,物产;清乾隆四十六年刻本。)

〔清乾隆年间至民国二十八年,福建上杭县〕 茶叶一项,往时古田、下隔、湖梓里等处出产甚巨,而汉口镇有悬"下隔"名茶牌者,询之则乾、嘉年间物,其产品之盛可知。古田里产茶之乡如大坪、上磜、洋尾、长坑里、分水岭、金谷岩、石坪一带年可产茶数万斤,近年产额只一万数千斤而已。下隔出产亦微。

(张汉等修,丘复等纂:《上杭县志》,卷十,实业志,林业,民国二十八年铅印本。)

〔清道光末年以后,福建建宁府建阳县〕 建阳,清季自五口通商,民竞业茶,茶疲而仅守农田,外此若工商若矿植从未有出而经营之者,何怪童山旷野,满目荒凉。

(万文衡等修,罗应辰等纂:《建阳县志》,卷七,实业志,民国十八年铅印本。)

〔清咸丰年间至民国十七年前后,福建沙县〕 茶,吕峰山草洋产者良。咸、同间产数较多,近年渐减。

(梁伯荫修,罗克涵等纂:《沙县志》,卷五,物产志,货属,民国十七年铅印本。)

〔清同治初年至民国十七年前后,福建沙县〕 沙邑茶有两种,一名乌龙,一名红边。制乌龙则用火烘,制红边则须日晒,制法略异。而装箱运销口外,为吾沙出产品一大宗。清同治初,茶市大兴,如富口、琅口、渔溪湾、馆前、云溪等乡茶庄林立,要以琅口为最盛。由同治而光绪,茶之出数有增无减。民国以还,远不及矣。查乌龙茶在同治初计出一万余箱(每箱装三十斤),及季年则加一倍。光绪兴,茶业如故。自十年起至二十八等年,已增三万五千余箱。二十九年后,逐渐减少。季年,尚出二万六千余箱。降及民国,只二万箱或万余箱。民十以后,仅数千箱而已。红边茶,始装于同治季年,时出一万八千余箱(每箱装四十斤)。光绪九年乃达三万余箱。此后箱额递增,至十五年竟有六万箱之数。十六年以降,则年少一年,由五万余箱递减为四万余、为三万余、为二万余,迨季年仅一万五千余箱。民国初及三、四等年,虽多出三五千箱,曾不旋踵,而卒未能满万。民十以后,则更不堪过问耳。近因匪扰,茶多荒芜,琅口等处茶庄非毁则闭,现时商家只办绿茶,以篓与袋装之,箱俱不用。递年所出,约值昔年二三千箱之货。所谓乌龙、红边者,但存其名而已。通计茶业进款,全邑年少二百六七十万元。

（梁伯荫修，罗克涵等纂：《沙县志》，卷八，实业志，茶业，民国十七年铅印本。）

〔清同治年间至民国三十一年前后，福建古田县〕 清同、光间，茶业为本地出产品一大宗，县城及西区七保，北区平湖，大东区鹤塘、杉洋、邹洋等处，均有茶行。迄清季，本地茶业失败，茶行尽闭歇，茶山亦荒。迩来，有名于此会者，只九都之乌龙、十七都之水仙而已。惟出产有限，不敷本地销售。此外，如大东区鹤塘、杉洋、邹洋等乡制造绿茶，尚有运者销售，然不及从前远矣。

（黄澄渊等修，余踵英等纂：《古田县志》，卷三十七，实业志，民国三十一年铅印本。）

〔清代至民国年间，福建大田县〕 大田茶业原为出产大宗，在三十都各处多茶山，每年采做乌龙、小种、红茶，售额可达万余金。自清末以来，省中茶价跌落，茶商多亏折，兼之时局影响，以致商家无敢采办，而各处茶山亦因之荒废。

（陈朝宗等修，王光张纂：《大田县志》，卷五，实业志，民间二十年铅印本。）

〔清代后期至民国二十二年前后，福建连江县〕 茶，早采为茶，晚收为茗、为荈。连茶出产山乡皆有，而焙制之佳者，以鹿池为最，次则云头山、儒洋等乡，然此为绿茶，销售不广。红茶出于梅洋及西路诸山，前数十年为盛，今亦锐减矣。

（曹刚等修，邱景雍纂：《连江县志》，卷十，物产，货属，民国二十二年铅印本。）

〔民国八年前后，福建政和县〕 茶，有种类名称凡七。曰银针，即大白茶芽，产地始自铁山、高仑头山，现到处均有布种；曰红茶，产西南里；曰绿茶，产地与红茶同；曰乌龙，产东平里；曰白尾；曰小种；曰工夫。随地皆有，皆以制造后而得名。业此者有厂户、行栈二种。上年岁入约三十万元。自欧战发生后，销路阻梗，价格低落，比较上年十折其九。设法救济，挽回利权，当以此为先着。

（黄体震等修，李熙等纂：《政和县志》，卷十七，实业志，农业类，民国八年铅印本。）

〔民国二十二年前后，福建闽侯县〕 茶，福州诸县皆有之，闽之方山、鼓山，侯官之水西，怀安之凤冈尤盛。……鼓山半岩茶，色、香、风味当为闽中第一，不让虎丘龙井也。

（欧阳英修，陈衍纂：《闽侯县志》，卷二十五，物产三，茶类，民国二十二年刻本。）

〔清同治十年前后，台湾淡水厅〕 茶，产大坪山、大屯山、南港仔山及深坑仔内山最盛。

（清　陈培桂等纂修：《淡水厅志》，卷十二，物产考，货属，清同治十年刻本。）

〔清光绪初年至二十一年前后，台湾恒春县〕 罗浮山茶，距县城东北三十里，其地崇山峻岭，知县周有基购茶秧教民种植，并建茅屋三四间以为憩息之所，今废。其茶味甚清，色红，十余年来未能推而广之，每年所产不过数十斤。港口茶，距县东二十里地，临海，产茶亦不多，色香味三者与罗浮茶相似。

（清　陈文纬修，屠继善纂：《光绪恒春县志》，卷九，物产，茶之属，清光绪二十一年修，抄本，一九八三年台湾成文出版社影印本。）

〔清光绪二十四年前后，台湾树杞林堡〕 树杞林堡所有物产皆与全台同，惟大山背一带山埔所种之茶，较之全台为最上品焉。其山多崎少平，土色赤，亦有黑者，不论何种，种在此山即为上茶，惟[缘]此土最宜茶故也。茶亦犹是茶也，但经泡水，将茶泊握成团掷在壁上，团粘不坠，他处茶不能如是，台北茶找以是办之，皆不能假。而其茶较他处之茶价高十元，远近驰名，故相传为山背名茶云。

（清　林百川，林学源纂：《树杞林志》，物产考，清光绪二十四年纂，抄本，一九八三年台湾成文出版社影印本。）

〔民国二十七年，台湾〕 茶产居台湾农产品之第四位，且为主要输出品，主要出产地即集中于台中以北一带。一九三八年，茶户收入共值九百十七万九千元。

（柯台山编：《台湾概览》，第四章，台湾的经济，第六节，生产，民国三十六年铅印本。）

〔清咸丰中叶，湖北宜昌府兴山县〕 县境旧无茶，咸丰中，九冲山民李进考始种茶，为县境产茶之始。

（清　黄世崇纂修：《兴山县志》，卷十四，物产志，清光绪十一年刻本。）

〔清同治五年前后，湖北宜昌府鹤峰州〕 州中产茶甚多，其味较佳于他邑，近有茶行数家，荆、襄人多入山采买。

（清　聂光銮等修，王柏心等纂：《宜昌府志》，卷十一，风土志，物产，清同治五年刻本。）

〔清光绪十一年前后，湖北武昌府武昌县〕 茶之属，山乡多种于隙地，隔年播种茶子数十颗，至次年便生，烈日须用树枝遮之，三年便可采，有雨前、明前、雀舌诸名。土人以嫩为贵，故味清而不腴，产黄龙山巅者名云雾茶，极佳。

（清　钟桐山等修，柯逢时等纂：《武昌县志》，卷三，物产，清光绪十一年刻本。）

〔唐代、五代至清道光二十三年以后，湖南岳州府巴陵县〕 邑茶盛称于唐，始贡于五代，马殷旧传产瀼湖诸山，今则推君山矣。然君山所产无多，正贡之外，山僧所货贡余茶(贡尖下有贡兜,随办者炒成,色黑而无白,亮价率千六百),闲以北港茶参之。北港地皆平冈,出茶颇多,味甘香亦胜他处。道光二十三年与外洋通商后,广人每挟重金来制红茶,土人颇享其利,日晒色微红,故名红茶。昔之称兰芽、锅青、用火焙者,统呼黑茶云。

（清　姚诗德等修,杜贵墀等纂：《巴陵县志》,卷之七,舆地志,物产,清光绪十七年刻,二十六年修改印本。）

〔**清同治十年前后,湖南长沙府醴陵县**〕　近日,红茶利兴,三四月间,开庄发拣,贫家妇女虽多资余润,然男女杂处渐染,当防。

（清　徐淦等修,江普光等纂：《醴陵县志》,卷一,舆地志,风俗,清同治十年刻本。）

〔**清同治十二年前后,湖南永顺府桑植县**〕　峒茶,四邑皆产,县属独多,味颇厚,谷雨前摘取细者,亦名枪旗。

（清　周来贺修,陈锦等纂：《桑植县志》,卷二,风土志,土产,清同治十二年刻本。）

〔**清同治年间至民国三十七年,湖南醴陵县**〕　醴陵茶叶以西南近潭、攸诸山为多,东北近浏阳诸山次之。春夏采制,有黑茶、红茶两种。黑茶亦名烟茶,行销县境。红茶则后黑茶而采,输出国外,岁值数十万元。始由粤人擅其利,光绪初,邑人始自起组织茶号,营业颇盛,有谦吉、启泰、大中诸行,多在县城来龙门一带。设子庄于各乡村,挂秤收买,发拣焙制、装箱,运至汉口转售外商。县人刘敏儒及殷光鼎、绍万父子,均以茶业起家,贫民资以为活者更不可胜计。又采茶、拣茶皆妇女为之,时值春荒,利赖尤广。既而锡兰、日本之茶竞兴,而我国山户徒贪近利,掺以杂叶,复不知讲究装潢,于是华茶销路低落,无人过问,醴陵茶行歇业至今四十余年矣,目前所产茶叶皆为烟茶,仅足自给。

（陈鲲修,刘谦等纂：《醴陵县志》,卷六,食货志,工商,民国三十七年铅印本。）

〔**清光绪二年前后,湖南永州府零陵县**〕　茶有青茶、红茶之分,二三月间贾客至境采取,亦生民之利也。

（清　徐保龄、嵇有庆修,刘沛纂：《零陵县志》,卷五,学校,风俗,清光绪二年刻本。）

〔**清光绪三十三年前后,湖南宝庆府邵阳县**〕　茶叶,各乡多产,东乡茶冈岭、水东江一带尤众。为茶箱售于洋人者,则概由湘乡永丰市、杨家滩二处购买另制。

（清　陈吴萃等修,姚炳奎纂：《邵阳县乡土志》,卷四,地理志,商务,清光绪三十三年刻本。）

〔清光绪年间至民国年间，湖南醴陵县〕 清光绪间，红茶为醴陵大宗产品，运销于外，岁可二万石。穷陬僻壤，青翠成丛。入民国后，茶业衰歇，遂多摧而为薪。其存者，当春采制烟茶（即黑茶），亦不在少数。官庄、桃花、阳坑、花麦田一带，所产销售于浏阳普迹，而以产自西乡龙骨冲者香味特佳。全县居民所需茶叶，大都取之当地，不待外求也。又有一种味如甘草者名甜茶，性质凉，邑东北深山中常见之。

（陈鲲修，刘谦等纂：《醴陵县志》，卷五，食货志，茶，民国三十七年铅印本。）

〔清代后期至民国初年，湖南醴陵县〕 县境宜茶，山地皆可种植。在昔，醴茶输出国外，岁值数十万元，县城常有茶号十数家，于各乡设庄，挂秤收买，运至汉口转售。自采摘、运送、以至发拣、装箱，贫民资以为生者不可胜计。又宜于妇女，且时值春荒，利赖尤广。然山户徒贪近利，于种植制造既漫不研究，一至供不应求，又每掺以杂叶，不合卫生。而商人素无营业知识，于装潢广告之法均属茫然，不能按合外人习尚。于是，印度、锡兰等处之茶竞兴，华茶遂以低落，无人过问，而外人且盛倡抵制华茶入口矣。此国内产茶各处应同负其责，不独醴陵为然。然即吾醴而言，比岁春荒所受茶业低落之影响固不少也。近各省多有改良红茶之议，设学研究，渐著成效。华茶出口亦渐启外人注意，而吾醴则并旧植者而荒落之。至日用之茶（俗名黑茶），亦渐由萍攸输入，是可慨已。

（傅熊湘编：《醴陵乡土志》，第六章，实业，茶业，民国十五年铅印本。）

〔民国十五年前后，湖南祁阳县〕 产茶之乡，如黄家渡、大忠桥、源福岩、青冈上下皆是，而以花筵江为良，然不能多获。

（李馥纂修：《祁阳县志》，卷十，货物志，民国十五年修，二十年刻本。）

〔民国二十年前后，湖南临湘县〕 物产以茶为大宗，聂、羊二区，每年产额最旺，青、红二项约三万箱，黑茶六万箱，忠、云、城三区稍逊。故茶最旺之时，每年入款约二百余万。近年则营茶业者常遭失败，今年尤甚。因中东路战事发生，与俄断绝国交，华茶不能入俄，临湘大受影响，百业停滞，一切税收尤形竭蹶。

（曾继梧等编：《湖南各县调查笔记》，物产类，临湘，民国二十年铅印本。）

〔民国二十年前后，湖南浏阳县〕 红茶，产于东北，年可输出四万余箱，行销外国，获利颇巨。惟不讲求制法，以致近年来日形衰落。

（曾继梧等编：《湖南各县调查笔记》，物产类，浏阳，民国二十年铅印本。）

〔民国二十年前后,湖南平江县〕 红茶以长寿市、嘉义市销场为最大,往年红茶盛时,每年出口货有数十万元。

（曾继梧等编：《湖南各县调查笔记》,物产类,平江,民国二十年铅印本。）

〔民国二十年前后,湖南郴县〕 茶以秀良之五盖山为最有名,然出产不多。其品质良而数量多者,则凤翔也。……茶盛之时,西帮、广帮载钱而来,贩茶而去,得利之厚略与烟等,而金钱之活动尤过之也。近则焙制不精,拣选不净,品质日劣,色味日减,远商裹足,几无过问之势,诚可忧也。

（曾继梧等编：《湖南各县调查笔记》,物产类,郴县,民国二十年铅印本。）

〔民国二十年前后,湖南永兴县〕 冈陵岩谷之处多种桐、茶,而茶山普遍占全县之八,为农民秋谷登场后之大收入。

（曾继梧等编：《湖南各县调查笔记》,物产类,永兴,民国二十年铅印本。）

〔民国二十年前后,湖南沅陵县界亭镇〕 界亭镇产茶,每年出细茶叶亦多,其味清香,销售上游及常、桃各县。

（曾继梧等编：《湖南各县调查笔记》,物产类,沅陵,民国二十年铅印本。）

〔民国二十年前后,湖南古丈县〕 地质宜茶,清香适口,邻县巨商大贾及往来官场中者,多以此为馈赠,上等每斤价值八元,因感交通不便,乏人提倡,不能推销远道也。

（曾继梧等编：《湖南各县调查笔记》,物产类,古丈,民国二十年铅印本。）

〔民国二十年前后,湖南长沙〕 锦绣镇之绿茶（土名青茶）、红茶,出产最为丰富。除少数绿茶用以销售本省各地外,而大宗红茶则由茶商募集巨资,设庄采购,烘晒而成。由新塘桥至金井一带,茶庄颇多,惜茶商只知用成法制造,不知改良,近年日益衰落。

（曾继梧等编：《湖南各县调查笔记》,物产类,长沙,农产物,民国二十年铅印本。）

〔清同治年间至民国十三年,广东花县〕 第一区之单竹坝、李婆洞、曹洞等处,从前种茶颇盛。当前清同治、光绪年间,有茶行十余间设在县城收买该处茶叶。……近则以农民作伪,故致茶商裹足。……又第三区之三华店附近五六十年前亦多种茶,年产约万余担。近则多伐去茶树而改种荔枝,约只存十之一云。

（孔昭度等修,利璋纂：《重修花县志》,卷六,实业志,农业,民国十三年铅印本。）

〔**清光绪年间,广东罗定州西宁县**〕 珠茶,春末,山人采软芽鬻诸市,茶商复拣而研之,焙炒成珠,转运河南销售外洋。邑茶以产嘉益、通门、大社诸乡为多。光绪年间,外商来此设茶庄者,不下十余家,销售广而获利亦厚。近日①则茶市渐衰,出产渐少,然亦为农产品出口货之一种,其余不用工制之茶叶,销售内境,获利有限。

(何天瑞等修,桂坫等纂:《旧西宁县志》,卷十四,食货三,物产下,货类,民国二十六年铅印本。)

注:① 民国二十六年。

〔**清宣统三年前后,广东广州府南海县**〕 西樵山多产茶,山人向以植茶为业。官山墟有茶市,在一区近高街百步石地方。近日,茶业失败,山人往往将地售作坟墓,所产茶株比前百不存一,市地亦废,今已夷为民居矣。

(清 张凤喈等修,桂坫等纂:《南海县志》,卷四,舆地略,物产,清宣统三年刻本。)

〔**民国十五年前后,广东赤溪县**〕 种茶之地,宜阳宜瘠。县境山高石露,故产佳茗,而以深湾、三个、湾头、大麻等处高山所产为最,有观音茶、白云茶、白心茶、红心茶、石茶多种。

(王大鲁修,赖际熙等纂:《赤溪县志》,卷一,舆地志,物产,民国十五年刻本。)

注:赤溪县于一九五三年并入台山县。

〔**民国二十四年前后,广东罗定县**〕 茶,三区罗境、四区蒲峒坑皆有之,而以泗纶为多。在昔茶叶甚盛,后因制法失宜,外茶代兴,遂至不振。

(周学仕修,马呈图纂,陈树勋续修:《罗定志》,卷三,食货志,物产,民国二十四年铅印本。)

〔**清乾隆九年前后,广西梧州府岑溪县**〕 茶,岑向无茶,止大峒山巅植之,其味甚佳,故有峒茶之名。迄今,各乡近山处尽种,而谢孟堡山场所植尤伙,远近贩鬻,为利颇饶。

(清 何梦瑶纂修,刘廷栋续纂:《岑溪县志》,物产,货,清乾隆九年刻本,民国二十三年铅字重印本。)

〔**清光绪二十年前后,广西郁林州**〕 茶宜于山,近山者之利,嫩芽清明前采,名未明。茶比他省雨前尤早,茶味厚而色近浊,土人不善制之故。昔时,尝有远商来收买,焙碾好,始运去,今则少矣。

(清 冯德材等修,文德馨等纂:《郁林州志》,卷四,舆地略,物产,清光绪二十年刻本。)

〔民国九年前后，广西桂平县〕 桂平诸山如思陵、紫荆、三岩及乌茶、大泽、盘龙、大石、石田各岭皆产茶。

（黄占梅等修，程大璋等纂：《桂平县志》，卷十九，纪地，物产下，植物，民国九年铅印本。）

〔民国十八年前后，广西灵川县〕 物产，稻菽为大宗，红茶次之，湘人贩义宁茶往衡者，必取和于此，否则，色不鲜而味不浓也。

（陈美文修，李繁滋纂：《灵川县志》，卷二，舆地二，物产，民国十八年石印本。）

〔民国二十三年前后，广西贺县〕 茶之叶制茗不异武夷，向来姜七、姜八两都颇收其利。冷水茶，出三叉山，味美。仙人茶，出三叉，山顶老树三株，高丈余，味清香。南乡龙水茶尤盛。近瑞云山亦种茶，名西山茶，品质泽润，气味清香，声价倍高。永庆、大宁、大小水等处茶皆不及。种植用子，培护用草灰，采叶时以手搓之，以锅炒之，每年产量三万余斤，每斤最多三角或二角。昔时，制红茶又名珠茶，行销粤地，由粤运洋。制叶用麻布袋以足践之，用火焙之，每年产量不下十万斤。近因洋庄不销，茶价大跌，根不培植，茶遂荒弃，虽有出产，大非昔比。

（韦冠英修，梁培焕、龙先钰纂：《贺县志》，卷四，经济部，林产林业，民国二十三年铅印本。）

〔民国二十四年前后，广西贵县〕 河婆茶，一名六花茶，河婆人植之于六花山，故名。味淡而香，怀西、怀北各里产。土壤宜砂土。清明后，谷雨前采嫩叶焙制者尤佳。

（欧仰羲等修，梁崇鼎等纂：《贵县志》，卷十，物产，植物，民国二十四年铅印本。）

〔民国二十五年，广西阳朔县〕 县境有碎江茶一种，以地得名，生于黄土岭上。其性耐寒，树之形状似荆柴，叶作椭圆形稍长，每岁旧历雨水节前种之即生，不须肥料。壅培保护茶树，须将树脚之蔓草除去，以防引火。摘叶时多在三月清明谷雨前后，叶分老嫩二种，制法用铁锅炒熟焙干，晒二三日即有香气发泄，味香色黄，品质甚佳，每年产量约二三千斤，每斤价值老叶售银二三角，嫩叶售银四五角不等，行销本地及附近，因产量不多，尚未能输出县外。

（张岳灵等修，黎启勋等纂：《阳朔县志》，第四编，经济，产业，林产及林业，民国二十五年修，民国三十二年石印本。）

〔民国二十九年前后，广西平乐县〕 茶叶为本邑特产，以糯渹茶为最著，年产约五千斤，每斤值桂钞约一元。次则石芽茶，年产约二千斤，价亦相等。其余各茶,所出无多。查糯洴茶焙制不得良法,色甚黑,烹之水,作深红色,味甚佳,惜少香气,不能与别处名茶抗衡。石芽茶色味与龙井茶相似,均销行不远,亟宜推广种植,讲求制法,以图发展。附糯洴茶现在制法:每年出产三次,以谷雨、小满、白露三节令采茶之嫩叶,以文火焙干稍卷,以手工搓匀,再焙再搓,即成茶叶。

（蒋庚蕃、郭春田修,张智林纂:《平乐县志》,卷七,产业,林产及林业,民国二十九年铅印本。）

〔民国二十九年前后,广西平南县〕 茶亦为刺激性作物,为日常饮料。本县以六陈、平山、登明、福寿、新隆、六合等乡出产最多,以福寿登塘茶、大同黄三茶、罗运乡白牛茶、罗香龙军茶为著名,味香色清。

（郑湘涛纂修:《平南县鉴》,物产,植物产,民国二十九年铅印本。）

〔民国三十五年前后,广西三江县〕 茶,供饮料者,种茶叶之户制之,采制皆土法,芽茶炒软细挪,粗茶以足踹之,然烘焙,溶江出口为大宗,梅寨有少数细茶。

（覃卓吾、龙澄波纂修,魏仁重续修,姜玉笙续纂:《三江县志》,卷四,经济,产业,工业品,民国三十五年铅印本。）

〔东晋时期,益州蜀郡〕 南安、武阳皆出名茶。

（晋 常璩撰:《华阳国志》,卷三,蜀志,清乾隆间《四库全书》本。）

〔东晋时期,益州蜀郡什邡县〕 什邡县,山出好茶。

（晋 常璩撰:《华阳国志》卷三,蜀志,清乾隆间《四库全书》本。）

〔东晋时期,荆州涪陵郡〕 涪陵郡,巴之南鄙……无蚕桑,少文学,惟出茶、丹、漆、蜜、蜡。

（晋 常璩撰:《华阳国志》卷一,巴志,清乾隆间《四库全书》本。）

〔清乾隆四年前后,四川雅州府〕 山多田少,地瘠耕劳,近山人户借茶为业。

（清 曹抡彬修,曹抡翰纂:《雅州府志》,卷五,风俗,雅安县,清乾隆四年刻本。）

〔清乾隆中叶至民国十四年,四川合江县〕 清乾隆中,穆为元种茶数十万株,用以起家,艺者日众。清世,至设关甘雨场税之,号曰甘关。曩时输出茶斤岁以数十万计,今稍逊矣。（甘关税章,每茶百斤征钱三百零五文,昔年收入在千贯以上,近不过数十贯。）

（王玉璋修,刘天锡、张开文等纂:《合江县志》,卷二,食货,物产,民国十四年修、十八年铅印本。）

〔清嘉庆十五年前后，四川雅州府里塘司〕 雪茶生雪山中，蛮人于四五月间采摘以售，叶如茶而白色，冰芽云片气味香辣，食之令人止燥消烦，领其风调，可补《茶经》之缺。

（清　陈登龙编：《里塘志略》，卷下，杂记，清嘉庆十五年刻本。）

注：里塘司今理塘县。

〔清道光二十三年前后，四川重庆府〕 茶，锦里新闻涪州出三般茶，宾花最上，制于早春，其次白马，最下涪陵。

（清　王梦庚修，寇宗纂：《重庆府志》，卷三，食货志，物产，清道光二十三年刻本。）

〔清代至民国十七年前后，四川大竹县〕 茶有藤茶、甜茶、姑娘茶、老英茶等名，而家茶反少，因清有茶税，种者伐之，以避催科。卒至茶去税存，入民国始获免。今云雾山嫩茶出境颇饶，清香，惜产额不多。团坝铺茶山亦荒废。

（郑国翰等修，陈步武等纂：《大竹县志》，卷十二，物产志，草之属，民国十七年铅印本。）

〔清代至民国三十三年前后，四川汶川县〕 邑南芽亭产茶，味清香，色微绿，叶长而宽，清时入贡，素负盛名。又兴文坪茶亦佳，龙溪、映秀次之，均称细茶。又，老枝叶焙成方圆形，运往夷地销售，名茶包，即粗茶。

（祝世德等纂修：《汶川县志》，卷四，物产，成品，民国三十三年铅印本。）

〔民国元年至三十七年前后，四川筠连县〕 筠连茶叶，为川省南路茶重要产区之一，产量虽不及其他地区，然品质尚佳，故其销售区域远达陕、滇、贵西南诸省。……筠茶之生产，值属农家副业，至今仍日离原始形态。……筠茶产量，往昔已无可考，民元迄二十五年，最高量尝达七千担，后即逐年减退，至今已不足四千担矣。考其原因，大略有二：一为茶林枯老，雨水失调，培育无方；二为生活高昂，茶价往往不敷口食，致农家任茶荒老。

（祝世德纂修：《续修筠连县志》，卷一，舆地志，茶，民国三十七年铅印本。）

〔民国四年前后，四川峨边县〕 峨边略产茶，向无官引，惟土人自采自制，销用本地而已。

（李宗锽等修，李仙根等纂：《峨边县志》，卷二，食货志，茶法，民国四年铅印本。）

〔民国十四年前后，四川崇宁县〕 崇宁地土茶树颇少，惟县北山中稍有种植，出产亦微，岁由灌商购取成庄。

（陈邦倬修，易象乾等纂：《崇宁县志》，卷三，食货门，物产，民国十四年刻本。）

〔**民国十九年前后,四川名山县**〕 茶……全县皆产。其产青衣、大幕两流域者曰西山茶,百丈、延镇两流域者曰东山茶。东山茶味不如西山。其在谷雨前采者,曰雀舌、曰花毫、曰白毫、曰毛尖、曰元汁,行销内地;谷雨后采者,曰金玉、曰金仓,行销边藏,大宗出产也。

(胡存琮修,赵正和纂:《名山县新志》,卷四,物产,植物,民国十九年刻本。)

〔**民国二十一年前后,四川万源县**〕 县属产茶以三区之白羊庙、四区之锅团圆、八区之青花溪、十区之大竹河、白果坝等处最为驰名。

(刘子敬修,贺维翰等纂:《万源县志》,卷三,食货门,实业,农业,民国二十一年铅印本。)

〔**清咸丰二年前后,贵州贵阳府**〕 茶,山园中皆有种者,谓之丛茶,谷雨前采取,善于制造者匀细而香美,近时种之者迩众。

(清 周作楫等修,萧琯等纂:《贵阳府志》,卷四十七,食货略,土物,清咸丰二年刻本。)

〔**民国二十五年前后,贵州遵义**〕 茶,各属皆有。遵义金鼎山产云雾茶。仁怀鳛水两岸高山多蓄茶树,地愈冷愈佳,年约出十万余斤,行销渝泸间,曰怀茶。

(周恭寿等修,赵恺等纂:《续遵义府志》,卷十二,物产,货类,民国二十五年刻本。)

〔**民国二十九年前后,贵州开阳县**〕 本县全年茶之产量,至少在五万斤以上,除供应本地外,贩运邻县,约三万斤之谱。平均以每斤五毛计,每年入洋亦在一万五千元左右。

(欧先哲修,钟景贤纂:《开阳县志》,第四章,经济,物产,民国二十九年铅印本。)

〔**民国三十五年前后,贵州岑巩县**〕 县属龙田、客楼两乡每年运售湘西甚伙,昔以地印、天应、都坪等地产量最丰,现已划归石阡镇远管辖。

(蔡仁辉纂修:《岑巩县志》,卷九,物产志,木类,茶,民国三十五年修,一九六六年贵州省图书馆油印本。)

〔**清嘉庆十三年前后,云南**〕 普茶,名重于天下,此滇之所以为产而资利赖者也。出普洱,所属六茶山,一曰攸乐,二曰围登,三曰倚邦,四曰莽枝,五曰蛮耑,六曰慢撒。周八百里入山作茶者数十万人,茶客收买运于各处每盈路,可谓大钱粮矣。

(清 师范纂:《滇系》,疆域系四之一,赋产,清嘉庆十三年刻本,清光绪十三年重刻本。)

〔清代至民国年间,云南省〕 茶叶以普洱茶、景谷茶为多。其猛库茶、凤山茶至光绪末年始盛。又佛海、五福、车里所产之坝子茶,镇越、江城、思茅所产之大山茶,俱名之曰普洱茶。今列表分析如左:

茶　名	产　地	运销地
普洱茶	普洱、思茅	本省、香港、广东
景谷茶	景谷、景东	本省、四川
猛库茶	缅宁、双江	本省、四川
凤山茶	顺宁、镇康	本省、四川
猪街茶	元江	香港
宝洪茶	宜良	本省、四川
归化茶	昆明	本省

(龙云、卢汉修,周钟岳等纂:《新纂云南通志》,卷一百四十四,商业考二,进出口贸易,省际贸易,一九四九年铅印本。)

〔民国十一年前后,云南元江州〕 普茶以倚邦、易武二山为最。近来,元人购种,遍植猪羊街诸处,其色香味不减普产,最佳者为生芽,即银尖,亦曰白尖,乃谷雨时所采之蘖。惜业此者尚用土法制造,人迪新机,我封故步,殊难望发达耳。

(黄元直修,刘达武等纂:《元江志稿》,卷七,食货志,物产,民国十一年铅印本。)

〔民国二十一年,云南富州县〕 茶叶一项,惟花甲区产有,所出无多,不能供给全县,多由广南属购用。

(陈肇基纂修:《富州县志》,第十四,物产,棉茶,民国二十一年修,民国二十六年本。)

注:富州县今为富宁县。

4. 烟草

〔民国十七年前后,河北房山县〕 淡巴菰,此种本为奢侈品,对于人害多而利少,然以经济论,业圃者所宜急讲也。房山长沟以西诸村,业此者最多,而品质亦好。近县诸村,以羊头冈为上,苏村、夏村次之。每亩产出由数十斤可至百斤,折洋每亩所得二十元上下。

(冯庆澜修,高书官等纂:《房山县志》,卷五,实业,农业,民国十七年铅印本。)

〔民国十九年前后,河北雄县〕 烟叶销行本境,间有肩贩运至邻境新城、霸县、永清一带销售者。近年纸烟盛行,销路渐少。

(秦廷秀、褚保熙修,刘崇本等纂:《雄县新志》,故实略,商务篇,民国十九年铅印本。)

〔民国二十一年前后,河北柏乡县〕 烟叶为烟草之一种,产量亦大。原料供土人吃吸,加以制造即成美烟,销注邻封各县。

(牛宝善修,魏永弼等纂:《柏乡县志》,卷三,物产,特产,民国二十一年铅印本。)

〔民国十八年前后,山西新绛县〕 烟叶,又名烟草,即淡巴菰是也。旧《志》谓之"笋布鲁"。本亦为大宗出产,近年以来烟税繁重,故种者日少,至其出路,除为本地烟房收买外,余皆运售于曲沃。

(徐昭俭修,杨兆泰等纂:《新绛县志》,卷三,物产略,民国十八年铅印本。)

〔清乾隆元年至咸丰二年,盛京〕 烟草,冬可御寒,土人尤多食之,出抚顺者佳。

(清 吕耀曾等修,魏枢等纂,雷以諴补修:《盛京通志》,卷二十七,物产志,草之属,清乾隆元年刻,咸丰二年补刻本。)

〔清光绪三十三年前后,吉林通化县〕 烟叶,每岁由陆路运至新宾堡、省城二处销行二十万斤,由通加江运至安东县销行十万斤。

(佚名纂修:《通化县乡土志》,商务,民国三十一年抄本。)

〔清宣统三年前后,吉林西安县〕 县境产烟最多,质味亦佳。

(清 雷飞鹏修,段盛梓等纂:《西安县志略》,卷十一,实业篇,清宣统三年石印本。)

注:西安县于一九五六年改名东辽县。

〔清光绪十七年前后,黑龙江呼兰〕 旗户不重茶饮,客至则口吸袋烟,手捧以进。或久坐,饷白水一盂,市肆商主则煮茶进客,以故茶贩甚少。烟叶产呼兰,味极重,行于各城,为税课大宗。

(清 徐宗亮纂:《黑龙江述略》,卷六,丛录,清光绪中刻本。)

〔民国八年前后,黑龙江方正县〕 黄烟,收获时间在七月下旬。地间挖一土壕,置叶其中,上盖蒿草,闷之使黄,再行上架晒干,置于空室,以水润之,以绳捆之,入市销售,此本境出产一大宗也。

(杨步墀纂修:《吉林方正县志》,职业,农业,民国八年铅印本。)

〔民国十五年前后,黑龙江双城县〕 淡巴菰,即名黄烟,双城拉林东山一带之产色黄味香,亦不亚于吉林南山之烟,每年所产为土人衣食所资,捆载运输于内省者轮蹄接踵,此为拉林特出之产。

（高文垣等修,张肅铭等纂:《双城县志》,卷九,实业志,植物制造,民国十五年铅印本。）

〔民国十八年前后,黑龙江珠河县〕 黄烟,一名淡芭菰,七月杪收获。烟叶积藏土窖内,覆以蒿草,渐变黄色,再缀烟叶于草绳繁之架上,浴日吸露,火候成熟,气味香窨,捆载销售于市。此地土产黄烟,昔年驰名遐迩。每入冬际,大车运销长春、新城、奉天等处,每车载重千斤或二千斤,外埠烟商知系玛埏河黄烟,格外赐顾。

（孙荃芳修,宋景文纂:《珠河县志》,卷十一,实业志,农业,民国十八年铅印本。）

〔清光绪二十四年前后,陕西汉中府洋县〕 民有田地数十亩之家必栽烟草数亩,田则种姜黄或药材数亩。烟草,亩摘三四百斤,卖青蚨二三十千,以为纳钱粮、市盐布、庆吊人情之用。

（清　张鹏翼纂修:《洋县志》,卷四,食货志,清光绪二十四年刻本。）

〔清光绪三十四年前后,陕西商州镇安县〕 旱烟,采烟叶晒干,近为大宗。

（清　李麟图纂修:《镇安县乡土志》,卷下,物产,植物制造,清光绪三十四年铅印本。）

〔民国十一年前后,陕西宝鸡县〕 烟叶、棉花为川村之出产。木板、薪炭乃山家之利益。蓝靛有济于平原。花生遍产于沙碛。

（曹骥观修,强振志纂:《宝鸡县志》,卷十二,风俗,物产,民国十一年铅印本。）

〔民国二十三年前后,陕西〕 烟草,其叶可制烟,名曰汉烟。又有一种名小烟（《安塞县志》）,较他邑为胜（《城固县志》）。今岐、凤、陇、宝产者最佳。

（杨虎城、邵力子修,吴廷锡等纂:《续修陕西通志稿》,卷一百九十二,物产三,货属,民国二十三年铅印本。）

〔清道光十三年前后,甘肃兰州府靖远县〕 产黄烟,邑人资以为利。

（清　陈之骥纂修:《靖远县志》,卷五,物产,清道光十三年刻本,民国十四年铅字重印本。）

〔民国三年前后,新疆〕 烟草,产于叶尔羌、阿克苏者品质不良。又别称麻子烟,类于鸦片之一种毒烟,产于喀什噶尔、和田间,土人爱吃之,且输出于印度地方。

（张献廷初稿:《新疆地理志》,第三章,人文地理,产业,农业,民国三年石印本。）

〔明万历年间,山东莒县〕 烟,一名淡巴菰,葡萄牙人始吸食之。明万历间始由吕宋输入，邑中多有种者。

（卢少泉等修，庄陔兰等纂：《重修莒志》，卷二十三，舆地志，物产，民国二十五年铅印本。）

〔民国初年至二十二年，山东潍县〕　烟草为潍县重要物产，自民国初年培种以来，生产日增。二十二年，县境种烟面积为八万五千余官亩，每亩约产烟叶八百斤，烘干后可得重烟二百斤，共产干叶约一十七万余市担。县境内二十里堡坊子、潍县虾蟆屯等站，上海南洋、英美、华成各公司等商均设庄收买。农民出售烟叶，有直接投收买处出售者，亦有售与小商人转售于烟公司者。二十二年秋，价格大跌，向每百磅售二十元者，只售十余元，收买者仅英美烟公司、南洋公司数家，收买之数甚少。

（常之英修，刘祖干纂：《潍县志稿》，卷二十四，实业志，农业，民国三十年铅印本。）

〔民国七年至十七年前后，山东〕　烟叶出口以民国七、八年为盛，达三四百万两，嗣前〈后〉减至三百万两以下。惟十六年出口十八万担，值三百万两，大都由南洋、英美、米星、山东、南信五公司所收买。其产于潍县、安邱、临朐、昌乐、昌邑、益都、临淄者，集中于潍县；产于泰安、莱芜、新泰者，集中于大汶口。此外，则宁阳、桓台等处亦以产烟著名，而坊子站并有英美烟公司之种烟试验场颇有成效。

（赵琪修，袁荣叜纂：《胶澳志》，卷五，食货志，商业，民国十七年铅印本。）

〔民国十八年前后，山东泰安县〕　烟，到处有之，西南乡最盛。

（葛延瑛修，孟昭章、卢衍庆纂：《重修泰安县志》，卷一，舆地志，疆域，物产，民国十八年铅印本。）

〔民国二十年前后，山东胶县〕　烟，本草名淡巴菰，昔年种者甚伙，自南洋烟草公司纸烟盛行，土烟之利几为所夺。

（叶钟英等修，匡超等纂：《增修胶志》，卷九，疆域志，物产，民国二十年铅印本。）

〔民国二十年前后，山东蒙阴县〕　烟，一名淡巴菰。旧多种者，借以资用。近以豆饼昂贵，种者渐少，况又重税也。

（黄星垣、赵家琛等编纂：《蒙阴县志》，卷一，物产，货用属，民国二十年前后编纂，稿本，蒙阴县志办公室一九八七年整理铅印本。）

〔民国二十四年前后，山东临朐县〕　烟叶，即淡巴菰，宜沃土，利较谷类为厚，故农家多种之。在昔卷烟未兴，烟叶贸易不过及于寿光、利津等县，岁入已达数十万。近以欧、美路通,辄得高价,大利所在,人争趋之,故种烟比于昔日之养蚕。倘能培壅得法,烘制合宜,其利殆不逊于蚕丝。

(周钧英修,刘仞千纂:《临朐续志》,卷十,食货略,物产,民国二十四年铅印本。)

〔民国二十五年前后,山东寿光县〕 烟草,古人谓之淡巴菰,俗称曰旱烟,昔运往益都、临朐,制造丝烟。自美国烟种输入,种植者日多,西乡有一家种数亩者。成熟后熏干运辛店、青州各车站售外人为造卷烟之用。

(宋宪章修,邹允中、崔亦文纂:《寿光县志》,卷十一,实业志,物产,民国二十五年铅印本。)

〔明万历年间至民国十二年前后,江苏邳县〕 烟叶……明万历时中国始有,邳于高原种之,远近相望,为出产大宗。

(窦鸿年等纂:《邳志补》,卷二十四,物产,民国十二年刻本。)

〔清乾隆十年前后,江苏苏州府吴县〕 烟草,出西山一带者佳。

(清 姜顺蛟、叶长扬修,施谦纂:《吴县志》,卷二十三,物产,清乾隆十年刻本。)

〔清乾隆二十年前后,江苏通州〕 州郡附郭原田之近濠河者,十余年来多种烟叶,相沿日甚,利颇不资,则俗之变也。

(清 王继祖修,夏之蓉等纂:《直隶通州志》,卷十七,风土志,物产,清乾隆二十年刻本。)

〔清光绪初年,江苏常州府靖江县〕 草之有烟……靖邑向无此种,自沙洲积涨以来,正东圩一带逐渐有种之者。

(清 叶滋森等修,褚翔等纂:《靖江县志》,卷五,食货志,土产,清光绪五年刻本。)

〔清光绪十一年前后,江苏镇江府丹阳县〕 淡巴菰,俗名土烟,山田多种之。

(清 凌焯等修,徐锡麟等纂:《丹阳县志》,卷二十九,土产,清光绪十一年刻本。)

〔清朝末年,江苏扬州府宝应县〕 烟,产仁和集,淮、徐、海、通四属人来争购,名为仁和烟,邻庄仿种皆不及。

(清 戴邦桢等修,冯煦等纂:《宝应县志》,卷一,疆域志,土产,民国二十一年铅印本。)

〔民国九年前后,江苏沛县〕 多淡巴菰,即烟叶,微湖东岸出产极盛,亦能销远。

(于书云修,赵锡蕃纂:《沛县志》,卷三,疆域志,物产,民国九年铅印本。)

〔清乾隆五十年至光绪十三年前后，浙江嘉兴府桐乡县〕 烟叶产于县之南乡，而北乡则无之，乡人种此者利与桑麻相埒，故濮、屠两镇厘税以此为大宗，有伏烟、秋烟、顶烟、脚烟等名。每夏秋间，远商来集，烟市极盛。相传乾隆五十年，吾乡大旱，苗槁几尽，南乡有种烟者，收值数倍于谷，由是种者渐多。偶遇潦年，田蚕荒歉，颇赖此以资生计。

（清 严辰纂：《桐乡县志》，卷七，食货志下，物产，清光绪十三年刻本。）

〔清咸丰八年至同治三年前后，浙江处州府云和县〕 烟草，俗名烟叶，本闽产，今土人多种之。

（清 伍承吉修，王士钤等纂，涂冠续修：《云和县志》，卷十五，物产，清咸丰八年修、同治三年续修刻本。）

〔清同治初年以后，浙江嘉兴府海盐县〕 烟草，性辣而驱寒，向产于闽、广，大定以后，率土皆树烟，嘉郡尤多，不惟供土著之需，抑且比闽、广之产矣。

（清 王彬修，徐用仪纂：《海盐县志》，卷八，舆地考，风土，清光绪三年刻本。）

〔清同治年间至民国十六年前后，浙江嘉兴濮院镇〕 烟叶行开设在西南市。濮烟向销江北各处。同、光间，每至夏秋，江淮客商麇至，近颇有销东西洋各国者。烟叶上市，各行于栅外揽收，每遇桥梁要路，随地交易，喧哗如市，名曰出庄。

（夏辛铭辑：《濮院志》，卷十四，工农商，商业，民国十六年刻本。）

〔清光绪四年前后，浙江处州府宣平县〕 宣山多田少，颇宜麻、靛。麻始于江右人。靛始于闽人。二省之居宣者，十有其七，利尽归焉。以麻放阜地，靛栽土山也。今土著亦效种靛，近又多种烟草，悉择腴田，冀获重利。然烟苗价廉，而季夏采叶曝干即售，虽不得善价，而所亏犹少。靛种贵而工料数倍于种谷与烟草，收迟而售，必在冬春，遭价贱则亏折无算，往往有因侈志而倾家者。

（清 皮树棠纂修：《宣平县志》，卷五，风土，民事，清光绪四年刻本。）

〔清光绪五年前后，浙江嘉兴府石门县〕 烟草闽产者佳，燕产者次，浙江石门产者为下。一名相思草。耿《志》：邑产烟叶有名，远商来贩者成市，乡民利此，亦称一熟。迩来佳种日出，其味且埒于建烟矣。

（清 余丽元等修，谭逢仕纂：《石门县志》，卷三，物产，清光绪五年刻本。）

〔清光绪二十二年前后，浙江处州府松阳县〕 邑虽瘠区，然岁产烟叶值银二三十万。铁颇多，磺亦可采。种烟者，九月布子于秧田，覆以茅，忌日晒，来正揭茅,稍受日气。二月移插田中,粪以豆饼。中年每亩可收叶二担,粪饼三百斤,叶以百二十斤为一担,值银八九元,饼百斤值银三元。

(清 李应珏撰:《浙志便览》,卷四,松阳县序,清光绪二十二年增刻本。)

〔清光绪二十二年前后,浙江处州府遂昌县〕 淡巴菰,俗名烟草,本地植之者多,利胜于种稻。

(清 胡寿海、史恩纬修,诸成允纂:《遂昌县志》,卷十一,物产,清光绪二十二年刻本。)

〔清朝末年至民国年间,浙江嘉兴濮院镇〕 烟叶,自清末以来种植者甚伙。

(阎幼甫修,陆志鸿等纂:《嘉兴新志》,第一章,地理,濮院镇,民国十八年铅印本。)

〔民国十二年前后,浙江德清县〕 烟,即烟草,一名淡巴菰。东门外乌山下舍玉字圩、西门外淡竹坞最著名,叶质柔韧,香味浓厚,销于江、浙每年数万斤。江苏省镇江、江北等处烟号署曰乌山名烟。若制为雪茄,当可与吕宋齐驱,南京赛会时采陈之。

(吴翯皋、王任化修,程森纂:《德清县新志》,卷二,舆地志二,物产,民国十二年修,民国二十一年铅印本。)

〔民国十四年前后,浙江松阳县〕 松阳出产,烟叶为大宗。近年,日本公司亟批购办,价益腾贵,是以种者愈多。昔年曾有集股屯藏自制卷烟之议,诚以此种烟叶,其色香味与吕宋烟大致相同,苟能仿制出口,获利奚啻倍蓰。今日本专购此烟,或亦制造卷烟之用欤。

(吕耀钤、秦丰元修,高焕然纂:《松阳县志》,卷六,风土志,物产,民国十四年木活字本。)

〔民国十五年前后,浙江宣平县〕 因靛失败后,悉择腴田改种烟草,冀获重利。盖烟苗价廉,而夏季则采叶曝干,即有烟客到门购买,不必如靛运售各埠,即不得善价,而所亏犹少。改靛种烟,于光绪初年亦大盛也。近因谷价昂贵,豆饼肥料价格亦高,不若将腴田仍旧种谷较为合算,故种烟者近亦减少。

(何横、张高修,邹家箴等纂:《宣平县志》,卷四,礼俗志,风俗,民国十五年修,民国二十三年铅印本。)

〔民国十九年前后,浙江寿昌县〕 烟叶,每年出产以石屏、西华两区为最多。

(陈焕等修,李钰纂:《寿昌县志》,卷三,食货志,特产,民国十九年铅印本。)

〔民国二十二年至三十六年,浙江〕 本省年产烟叶十余万担,大部均供本省之消费，惟桐乡、萧山、新昌、松阳等县，则颇蜚声于上海，每年运销于各雪茄烟厂者达数万担。本省烟叶以绍属各县为最多，嘉属各县次之。统计全省烟田，面积计十八万零二百五十三亩，产量凡十七万三千一百二十担。兹将旧府属之产额列表于下（根据二十二年出版之《中国实业志》）：

旧府属	面积（亩）	产额（担）	平均每担价格（元）	总值（元）
绍兴	65 930	60 000	14.50	870 000
嘉兴	53 846	49 000	20.00	580 000
处州	27 692	25 200	30.00	756 000
湖州	15 385	14 000	12.50	280 000
金衢	15 385	14 000	12.50	175 000
台州	6 145	5 600	15.00	84 000
温州	3 100	2 800	12.50	35 000
杭州	2 308	2 100	13.50	28 350
宁波	462	420	10.00	4 200
共计	190 253	173 120		2 812 550

观上表知本省各属皆产烟叶，惟质有高下，产额有多寡，故有外销者仅松阳、新昌、嵊县、萧山、桐乡、建德、富阳而已。民国二十七年，本省开始烟草育种工作。三十年，参加品种达一百八十八种，所得结果以萧山种产量最高。抗战期间，出产数额受影响，统计亦无从获得。金、衢、严及处州烟叶，皆溯富春江销售杭州。新昌、嵊县烟叶多经萧山渡江入杭，间有东运至鄞县者。嘉兴烟叶，由火车运销入杭。本省烟叶销售于本省者占十之六，外省占十之四。本省烟叶宜于制造卷烟，惟雪茄烟厂常以之制下等雪茄，或与吕宋叶搀和制中等雪茄。杭州各旱烟店大都以浙烟为主要原料。据民国三十六年调查，松阳烟叶战前盛年产五万担，战时盛年产四万担，本年产三万担，三十六年一月至七月每担平均价六十五万元。本文参考《中国实业志》《农业改进略史》、新闻纸、县志。

民国三十六年浙江省各县市土烟烟产量统计表

单位：市担

县市名称	产量	县市名称	产量
杭州市	1 594	桐乡	28 658
杭县	98	海宁	345
平湖	10	吴兴	105
崇德	3 024	安吉	125

(续表)

县市名称	产量	县市名称	产量
孝 丰	26	东 阳	23
德 清	83	永 康	1
天 台	256	武 义	1
鄞 县	9 818	丽 水	5
黄 岩	5	松 阳	16 195
富 阳	724	龙 泉	30
余 杭	37	宣 平	50
定 海	27	衢 县	57
新 昌	34 005	龙 游	1 001
奉 化	4 803	新 登	3
余 姚	1 109	嘉 兴	1 341
象 山	8	江 山	105
萧 山	30 449	常 山	44
嵊 县	6 906	遂 安	402
金 华	54	建 德	136
兰 溪	496	桐 庐	5 053
义 乌	42	淳 安	168
温 岭	782	永 嘉	3 820
于 潜	150	瑞 安	8 981
临 安	2	平 阳	20 422
浦 江	9 445	临 海	102
		总 计	191 105

资料来源：财政部浙江区货物税局，其产量以已征货物税者为根据。
本表总计数与细数不符，不知错在何处，原稿如此，特此注明。

（浙江省通志馆修，余绍宋等纂：《重修浙江通志稿》，第二十一册，物产，特产上，烟叶，一九四三年至一九四九年间纂修，稿本，浙江图书馆一九八三年誊录本。）

〔清道光五年前后，安徽安庆府怀宁县〕 烟，俗曰烟叶子，处处可种，而能使地瘠，老农每岁易其种之处焉。自独秀山至东西冶塘、江镇所产尤多，惟香炉冲、蔡家阪最良，其筋平，其叶厚，热之其气清。以计其值视他产为高，农民一亩烟之获，较厚于一亩田。人之耽烟者，视为日用不可缺之物。岁六七月，扬州烟贾大至。洪家铺、江镇牙行填满货镪辐辏，其利几与米盐等矣。

（清 王毓芳、赵梅修，江尔维等纂：《怀宁县志》，卷七，物产，清道光五年刻本。）

〔清代中叶至民国十年，安徽宿松县〕 农产杂类，在东南者，以烟草为大宗。

按：烟草出自吕宋，译作淡巴菰，满洲先种之，清初始遍传中国。吾松当有清中叶，东南两乡居民，各就高阜地土，试种烟草，续种植愈广，西北两乡亦间有栽种者。

（俞庆澜、刘昂修，张灿奎等纂：《宿松县志》，卷十七，实业志，农业，民国十年活字本。）

〔清光绪十八年前后，安徽凤阳府凤台县〕 烟，俗名烟草。治烟最勤，利亦最大，近城诸坊多种之。烟草之为害，夺谷土，耗地力，前贤论之详矣，而细民没于小利，终不能止。仰思种烟工费数倍于他种，若移此以治五谷，何尝不可得饶息乎？

（清 李师沆修，葛荫南等纂：《重修凤台县志》卷四，食货志，物产，清光绪十九年木活字本。）

〔清光绪三十年至民国二十五年前后，安徽宁国县〕 宁邑向不产烟，清光绪三十年，邑人吴之彦倡之，仿桐、宿种烟法，开辟利源，普及一乡，价额每年可达六、七万金。今因卷烟侵销内地，种户日稀，年则不上万金，一蹶不振。

（王式典修，李丙麟纂：《宁国县志》，卷七，物产志，植物，民国二十五年铅印本。）

〔民国初年，安徽英山县〕 烟，一曰烟草，又谓之淡巴菰，叶大为长椭圆形，可制切烟、卷烟之属。近年吸烟者多，虽农家间有种植不足供其所求。烟台之烟叶，多自湖北、江西等处购来。惟其中含有泥枯汀〈尼古丁〉毒质，有害卫生。

（徐锦修，胡鉴莹等纂：《英山县志》，卷之一，地理志，物产，民国九年木活字本。）

〔明朝末年以后，江西赣州府赣县〕 蔫，烟草也。种出日本，明末始入中国，闽人以其叶制烟，赣与闽接壤，故种者亦多。

（清 黄德溥、崔国榜修，褚景昕纂：《赣县志》，卷九，地理志，物产，清同治十一年刻本。）

〔清康熙五十九年前后，江西宁都州瑞金县〕 烟草，各县皆种，而瑞金尤甚。

（清 白潢修，查慎行等纂：《西江志》，卷二十七，土产，赣州府，清康熙五十九年刻本。）

注：《西江志》即《江西通志》。

〔清道光二十八年前后，江西赣州府〕 烟，一名淡巴菰，种出日本，始入中国，初盛于闽，赣与闽接壤，由是种者日多。

（清 李本仁修，陈观酉等纂：《赣州府志》，卷二十一，舆地志，物产，清道光二十八年刻本。）

〔清同治以前,江西广信府上饶县〕 烟,本名淡巴菰,向惟盛于广丰,今农亦有种者。

(王恩溥等修,李树藩等纂:《上饶县志》,卷十,风俗,土产附,清同治十二年刻本。)

〔清同治十一年前后,江西赣州府兴国县〕 烟草,一名淡巴菰,种出日本,明季始入内地。兴邑种烟甚广,以县北五里亭所产为最,秋后吉郡商贩踵至,利视稼穑反厚。

(清 崔国榜修,金益谦、蓝拔奇纂:《兴国县志》,卷十二,土产,食货类,清同治十一年刻本。)

〔清同治十二年前后,江西南昌府〕 烟草,可辟瘴,产闽广间,亦名淡巴菰,近南昌亦多种之。

(清 许应鑅等修,曾作舟等纂:《南昌府志》,卷八,地理,土产,清同治十二年刻本。)

〔清光绪二年前后,江西赣州府龙南县〕 烟草,邑乡里中近年竞植之。烟,一作蔫,一曰食烟,一曰淡巴菰。先是种传自福建,近赣属邑遍植之,甚者改良田为蔫畲,致妨谷收,以获厚利。

(清 孙瑞征、胡鸿泽修,钟益驭等纂:《龙南县志》,卷二,地理志,物产,清光绪二年刻本,民国二十五年重印本。)

〔清光绪二年前后,江西赣州府龙南县〕 所恃惟谷菽而已,故力耕者众,近多栽烟牟利,颇夺南亩之膏。

(清 孙瑞征、胡鸿泽修,钟益驭等纂:《龙南县志》,卷二,地理志,风俗,清光绪二年刻本,民国二十五年重印本。)

〔抗日战争以前,江西〕 本省瑞金、广丰、黎川、广昌、会昌等县,出产烟叶甚多,年约值七百万元以上。抗战前,此项烟叶多由粤、闽两省商人购运南洋等处推销。抗战军兴,交通因此颇感困难,商人裹足,烟叶无法运出。

(吴宗慈修,辛际周、周性初纂:《江西通志稿》,经济略,四,工业,一九四九年稿本,江西省博物馆一九八五年整理油印本。)

〔明崇祯初年至清光绪元年前后,福建龙岩州宁洋县〕 烟,俗名芬,崇祯初年始种之,今颇大盛。

(清 董钟骥修,陈天枢等纂:《宁洋县志》,卷二,地舆志,物产,清光绪元年刻本。)

〔明代至清光绪二十六年前后,福建建宁府浦城县〕 烟叶,产自吕宋国,至明季移植中土，一名淡巴菰。邑中种于田者曰田烟，种于山者曰山烟。山烟以产自黄龙茅洋者为上，田烟以产自莲塘及党溪者为上，远近皆著名。

（清　翁天祐等修，翁昭泰等纂：《续修浦城县志》，卷七，物产，货之属，清光绪二十六年刻本。）

〔清乾隆三十六年前后，福建兴化府仙游县〕　东、西二乡多水田，岁可二稔，南乡亦然，而广衍不如东、西，故水田较少，北则多山而寒，可种之田岁一稔。东乡间种烟叶、花生，获息较赢，亦以渥土膏沙田多种蔗。烟叶之熟视早稻，花生与蔗之熟视晚稻，其种之总在春，故民之业农者四时皆勤，而冬夏尤甚。

（清　胡启植等修，叶和侃等纂：《仙游县志》，卷八，邑肇志，风俗，清乾隆三十六年刻本，清同治十二年重刻本。）

〔清代至民国年间，福建上杭县〕　杭邑山多田少，人情射利，弃本逐末，向皆以良田种烟，害农之大者，近亦奉文切禁矣。是乾隆初年前已然。又闻父老言，总督李鹤年出巡，尚令兵拔去，是同治末年事也。然农家薯、芋、茄、豆、瓜、蔬无不旁种烟，田中收成，复种油菜、青菜，不得尽谓之弃本逐末也。惟自卷烟、纸烟盛行，此业已一落千丈矣。

（张汉等修，丘复等纂：《上杭县志》，卷九，物产志，民国二十八年铅印本。）

〔民国五年以后，福建上杭县〕　条丝，其原料为烟叶，已详物产志中，多产东下路与永定毗邻各乡。据民国五年财政所调查，全县所出，每年约三千担，而不及永定十分之一。自纸烟盛行，人趋简便，条丝已成弩末之势。

（张汉等修，丘复等纂：《上杭县志》，卷十，实业志，民国二十八年铅印本。）

〔民国十七年前后，福建南平县〕　烟草，种出东洋，近多莳之，价昂，甚以腴田种艺者。

（吴栻等修，蔡建贤纂：《南平县志》，卷六，物产志，货属，民国十七年铅印本。）

〔民国三十一年前后，福建崇安县〕　烟叶，产于大浑、吴屯、黎口、五夫等处，而以五夫为盛，质亦最佳。全年产量约一千市担，除供应本地外，余运销于建阳、建瓯、水吉等县。

（刘超然等修，郑丰稔等纂：《崇安县新志》，卷十九，物产，关于国民经济者，民国三十一年铅印本。）

〔清康熙三十一年前后，河南归德府鹿邑县〕　旧《志》俱不载烟草，今则遍地栽之。

（清　吕士鵕修，梁建纂：《鹿邑县志》，卷一，方舆略，物产，清康熙三十一年刻本。）

〔民国二十二年前后，河南安阳县〕　县西水冶阜城一带多种烟叶，往昔制为旱烟，行销各处。迨至卷烟盛行，汉沪商人亦有派人到彰收买烟叶者。此为新兴事业，尚未有大规模之经营。

（方策等修，裴希度等纂：《续安阳县志》，卷七，实业志，商业，民国二十二年铅印本。）

〔民国二十八年前后，河南禹县〕　禹之种烟久矣，到处皆间有之，不孳孳为也。惟洋烟之兴不满十年，自襄境阑入禹之东南，始则大获其利，遂蔓及万栢、礼临、颍川三里，几于无家不种，无种不多。近且波及禹之西北，奄有风行草偃之势，或有为得钱买食之计，小农至罄其田以种烟，以赌枭卢之一掷。

（车云修，王棽林纂：《禹县志》，卷七，物产志，民国二十八年刻本。）

〔明代至民国二十年，湖南衡阳县〕　卉类十，烟其一也。自明代海内以衡烟为上品（县西金华山产尤有名），山、陕烟商麇集衡阳，有九堂十三号之称，贸易额年达数百万。近代，建烟盛行，衡烟益绌，而堂号先后散去，种者惜之。

（曾继梧等编：《湖南各县调查笔记》，物产类，衡阳，民国二十年铅印本。）

〔清道光年间以后至同治年间，湖南衡州府衡阳县〕　烟草，自明季海内通买社坛，衡烟社坛城北旧坛地也。山西、陕西大商以烟草为货者，有九堂十三号。每堂资本出入岁十余万金。号大于堂，兼通领外，为飞钞交子，皆总于衡烟。四方求烟草者，得真衡产，一爇而辨。种烟草者相望。近五六十载，福建所产盛行，衡烟益绌，凡堂号皆失业，先去无一存者，其馆为团局矣。种烟草者虽有而稀，复捆载出境，不知其所由盛衰也。自后稷奏根食，种百谷、百蔬，至汉有茶茗，及明有烟草，烟之为用，尤与茶异，而公私金钱以之聚散。迄今，有西夷烟膏，启兵糜财，为国大蠹，天地之生草木，其利害至于此邪，其神农后稷所不能料者邪！

（清　彭玉麟等纂修：《衡阳县志》，卷十一，货殖六，清同治十三年刻本。）

〔清光绪初年，湖南长沙府善化县〕　蔫，臭草也，近日种蔫几成美利，或至废田与园而为之。一亩之蔫，可获利数倍，夫果能以蔫之所获买谷买钱，何不可也？乃仅以供一人一家之呼吸，尽数亩之获而耗之，亦何益之有哉！四十年以前，男子吃蔫者什之一，女子吃蔫者百之一。近日则男女、内外、老少、长幼，行止坐卧，视同珍膳，而不可离。近有闽、广水蔫，种类不一，其耗财物，正不少矣，可慨也夫！

（清　吴兆熙等修，张先抡等纂：《善化县志》，卷十六，土产，清光绪三年刻本。）

〔**清朝末年至民国三十七年前后，湖南醴陵县**〕　烟，一名淡巴菰，即烟草也，烧之作浓烟，故俗直呼为烟。近四十年来，东乡耕者几乎无家不种，平均每户可二百本（肥料用堆肥、煤柴灰、茶枯或桐枯，少用人粪尿，勤除害虫，摘去心芽，佳者每三本可收干叶一斤）。盖晚稻翻子，当禾苗盛长时，必须插烟于根旁，以防虫害也。近以烟价奇昂，各乡多自种以供吸食。综计，全县产量约数千担。邑东渣江、古塘有田不半亩，所种之烟叶，纹皆对筋，气味特浓厚，间岁一种，所获不过百斤，移莳邻田，则变种。邑中，间有取烟叶刈后再发之嫩叶，以制纸烟者。然纸烟原料别有佳种，湘潭夏湾所产之烟叶植于山上，其叶于收获时熏烤，亦可用，近渐传人县境矣。

（刘谦等纂：《醴陵县志》，卷五，食货志，烟，民国三十七年铅印本。）

〔**民国十九年前后，湖南永顺县**〕　烟，一名淡巴菰，本境有种者，然不足用，常采办于湖北来凤。

（胡履新等修，张孔修纂：《永顺县志》，卷十一，食货志，货类，民国十九年铅印本。）

〔**民国二十年前后，湖南湘潭县**〕　就所调查者东一、东二及南一各区。山土多产烟草及西瓜。东一区之株洲产萝菔，西一区之犁头嘴亦产萝菔，惟逊于株洲。北一区之云塘产桔，城区之杨梅洲产茄，味美冠于湖南（近年已无）。南二区之晓霞山产竹笋，九峰寨产蓝靛，南三区之刘家围子产烟草，南二区之牛角冲亦产烟草，味浓于他处。

（曾继梧等编：《湖南各县调查笔记》，物产类，湘潭，民国二十年铅印本。）

〔**民国二十年前后，湖南郴县**〕　烟、茶则为郴之特产。城区之农作物，烟盖占十之六，以五里堆白鹿洞擅名，而鹿洞尤胜。凤鸣、凤翙，品质、产量虽较次于城区，亦有优良之称者也。历来远商采卖，常德、津市为惟一之销场，获利甚厚。然近年机器制烟大见改良，而郴烟仍故步自封，顷因他处之烟侵入两处市场，郴烟遂受打击，不可不筹所以保持之也。

（曾继梧等编：《湖南各县调查笔记》，物产类，郴县，民国二十年铅印本。）

〔**清乾隆年间至道光四年前后，广东南雄州**〕　烟叶，旧《志》未载，近四五十年日渐增植，春种秋收，每年约货银百万两，其利几与禾稻等。但种烟之地，俱在山岭高阜,一经垦辟,土性浮松,每遇大雨,时行冲刷下注,河道日形壅塞,久则恐成水患。然大利所在,趋之若鹜。

（清 余保纯修,黄其勤纂,戴锡纶续修:《直隶南雄州志》,卷九,舆地略,物产,清嘉庆二十四年修,清道光四年续修刻本。）

〔**清光绪末年,广东广州府新会县**〕 烟草种于河村、杜阮、棠下、天河各处稻田中。年中,或一烟二稻,或烟、稻、瓜各一造。盖种烟在十月以后,采烟在三月以前,烟与稻不同时,故可周岁而轮种之,且可利用种烟之余肥,而生成丰稔之禾稻也。烟草之性质,喜燥恶湿,湿地则坏其根茎,又忌害虫发生,须预防之。害虫之卵,初生于烟叶背面,如白粉形,有则亟扫除之,若孵化以后,须以糯米糊涂于竹枝之端,粘而去之,埋没于距烟地稍远之水泥中,方能免患,若不谨慎勤捕,致害虫蕃殖,则全田之烟皆死,殃及邻田烟。宜于近山沙土,故以鹤山产者最美。邑中种烟各乡,皆邻近鹤山之地也。烟以顶叶为最佳。顶叶每百斤值银十二两至十五两。邻邑鹤山优者,价至二十五两,是优劣之差价过半也。江门有工厂数家制为烟丝,为邑中出口货之最大宗,亦有用以仿制淡巴菰者,惟未甚发达,将来有成种药者,或尚可扩充也。此种嗜好物品可利用之,以征地方税焉。

（清 谭镳纂修:《新会乡土志》,卷十四,物产,清光绪三十四年铅印本。）

〔**民国十三年前后,广东花县**〕 第一、二区,第六区,年产烟叶约三数十万斤,但品质平常,油少而叶脉较粗,比之清远产每百斤常低二三元。然迩来烟价日昂,业此者每获利,故种植多也。

（孔昭度等修,利璋纂:《重修花县志》,卷六,实业志,农业,民国十三年铅印本。）

〔**民国二十年前后,广东石城县**〕 烟,俗名烟……邑西北多种之,以塘蓬、长山一带所出名山叶为佳,又名古冈顶最上。收时商贩达雷、廉、琼各处,岁获利可达百万。

（钟喜焯等修,江珣等纂:《石城县志》,卷二,舆地志,物产,民国二十年铅印本。）

〔**民国二十年前后,广东石城县**〕 邑中出产以烟叶为大宗,运销于琼州至多,间及于雷、廉,岁获利在百万之谱。然惟塘蓬、长山有之,别区则无。次如蒜头,出产颇饶,岁获利不下数十万,然亦惟吉水一隅之地始有,别区绝鲜。至于甘蔗、柑、橙,出息较种稻为胜,但出产亦非甚多。竹蔗,各区皆种,用以榨汁煮糖,获利仍未大旺。向时以种番豆榨油,出息最巨,农家无有不种者。近来土质变异,出产渐形缺乏,故坡地多有荒弃。

（钟喜焯等修,江珣等纂：《石城县志》,卷二,舆地志,实业,民国二十年铅印本。）

〔民国二十一年前后,广东开平县〕 烟丝,采鹤山及本邑之烟叶制成,境内以是为业者,有数家。水口悦和号,所制黄烟丝最有名,运销于广西南宁、百色诸地,岁出所值不下百万元。近因纸卷烟盛行,稍减色矣。

（余启谋修：《开平县志》,卷六,舆地下,民国二十二年铅印本。）

〔民国三十二年前后,广东大埔县〕 烟叶,种出东洋,取叶晒干,切为细丝,吸其烟,食之辄醉,今奉禁止,小民无复种者。百侯、同仁一带竞尚种烟,估客贩运江西发售。种烟之利,比稻加倍。今兰沙、在城、维新、大宁等甲俱出产甚多。

（温廷敬等纂：《大埔县志》,卷十,民生志上,物产,民国二十四年修,三十二年增补铅印本。）

〔民国二十四年前后,广西贵县〕 烟草,县北各里近年多植之,产量以根竹乡为最。

（欧仰羲等修,梁崇鼎等纂：《贵县志》,卷十,物产,植物,民国二十四年铅印本。）

〔民国二十九年前后,广西平南县〕 烟草为刺激料作物,本县以大安出产最多,各乡间亦有栽种者,制法以生切或制烟丝,运销各地,颇负盛名,每年产量约二万五千担。

（郑湘涛纂修：《平南县鉴》,物产,植物产,民国二十九年铅印本。）

〔清光绪中叶至民国年间,四川中江县〕 大烟、叶烟,邑中出产甚微,多仰给什邡、绵竹等处。光绪中,县民始有习卷烟者,其后行销渐旺,而兴发场、广福镇、通山井一带初种大烟,迭获厚利,烟税于是乎起。

（谭毅武等修,陈品全等纂：《中江县志》,卷十二,政事,赋税,民国十九年铅印本。）

〔民国十年前后,四川金堂县〕 本邑最称特产者,尤莫如烟草。……产于近治城西北一带。凡绣川河两岸,每年春夏,无不遍种烟草,行销他省为数至巨。近日,陈氏更创立卷烟庄,外商争先购买,大有供不敌求之势。

（王暨英修,曾茂林等纂：《金堂县续志》,卷一,疆域志,物产,民国十年刻本。）

〔民国十年前后,四川温江县〕 烟……邑西北境多有种之者。

（张骥修,曾学传等纂：《温江县志》,卷十一,物产,植物,民国十年刻本。）

〔民国十二年前后,四川眉山县〕 烟叶,晒露成条,装式用菜杆包捆,重十斤,行销夹、峨、雅属,岁值等于丝。

(王铭新等修、杨卫星、郭庆琳纂:《眉山县志》,卷三,食货志,土产,民国十二年铅印本。)

〔民国十四年前后,四川崇宁县〕 烟,一名烟草,一名淡巴菰,由高丽国传其种,今各处皆有,惟郫县所产尤佳。崇与郫接壤之处,种植颇多,有大小二种。大烟行销外地,小烟行销内地。大烟以捆计,小烟以担计。岁出大烟三千余捆,小烟千余担不等。

(陈邦倬修,易象乾等纂:《崇宁县志》,卷三,食货门,物产,民国十四年刻本。)

〔民国十八年前后,四川新都县〕 烟草为县中特品,他县虽亦产烟,非小柳叶也,而尤以县属督桥河地面产烟为最佳。凡督桥河纵横十余里,所产为内庄,非督桥所产为外庄,以土地既有肥浇,故价格不无高下。每年产烟约三十余万石,售价值洋一百万元之谱。此为县中一大利源也。

(陈习删等修,闵昌术等纂:《新都县志》,第一编,舆地,物产,植物,民国十八年铅印本。)

〔民国十八年前后,四川南充县〕 烟草……夏季采叶制之,称为烟叶,县属沿河一带种之甚多,销行各地。

(李良俊修,王荃善等纂:《南充县志》,卷十一,土物志,植物,民国十八年刻本。)

〔民国十九年前后,四川名山县〕 烟,一名淡巴菰,其种来自吕宋,叶似枇杷,制作丝烟、卷烟,吸食兴奋,价昂竞种,出产渐饶。

(胡存琮修,赵正和纂:《名山县新志》,卷四,物产,植物,民国十九年刻本。)

〔民国二十八年前后,四川德阳县〕 叶烟本名淡巴菰,石亭江沿岸有种之者多。又有折烟,孝泉、柏社镇一带,多有人种之。

(熊卿云、汪仲夔修,洪烈森等纂:《德阳县志》,卷四,建设志,物产,民国二十八年铅印本兼石印本。)

〔清嘉庆年间至民国初年,贵州贵定县〕 贵定出产向少特品,前清嘉道间,闽、广人侨寓于此,倡种烟叶,辗转仿效,遂为出产大宗。然种烟先论地面,以受阳光、少沙土者为贵,故四乡惟附郭之西华山王大冲为最著。西乡则养马寨、磨子田,北乡则蔡苗、昆主堵、新堡、新添司。至东南乡,虽亦产烟,因山阴沙重,售价遂贱。以烟制成丝烟,在道光季年,系合十斤为一大包,货色粗丑,仅售下司、古州等路。光绪初年,逐渐改良,于是,有半斤一包之白丝,有四两一包之奇品、仿条、金兰各名目。光绪十四、五年,烟叶大兴,丝烟铺至三百余家,销售极远。光绪季年,因烟铺既多,红丝不能畅销,则利者暗用硫磺薰过,取色白易售,吸之实于卫生有碍。一二年后,贩卖者皆知其诈,群愿贩卖红烟,于是本色红烟价昂,薰烟亦渐减少,惟货色窳败,利权转至外溢。民国以来,有运叶烟至镇远、铜仁、洪江发庄制条丝者,有运至安顺、遵义制丝烟者。外售既多,本城之烟铺骤减。近年,本丰货良者仅五六家,中下烟铺一二十家,遂有一落千丈之势。

(贵定县采访处辑:《贵定县志稿》,贵定出产,民国初年修,一九六四年贵州省图书馆油印本。)

〔民国三年前后,贵州独山县〕 烟,原产吕宋,厥名淡巴菰。……种者获利,屡驾种菽麦上,县产以者维塘称最,巴台村次之。

(王华裔修,艾应芳纂:《独山县志》,卷十二,物产,货类,民国三年稿本。)

〔民国十年前后,贵州黄平县〕 旧《志》亦不载烟草,今则遍地栽之,州南及东北一带为甲。

(陈昭令修,李承栋纂:《黄平县志》,卷二十,食货志,物产,民国十年稿本。)

〔民国二十五年前后,贵州遵义〕 叶烟,亦曰淡巴菰,种来自吕宋,各邑皆种之。特所产不尽佳种,亦不足本境吸食,尚须由外境运来。

(周恭寿等修,赵恺等纂:《续遵义府志》,卷十二,物产,货类,民国二十五年刻本。)

〔清代至民国元年以后,云南昭通县〕 昭于烟草出产甚微,人民吸食向用川产。种之者有大烟、蓝花烟二种。民元以还,因滇币价格低落,税率加重,川烟腾贵。每斤价三角者,渐涨至三元上下。适昭农种者,乘机获利倍蓰。于是,争效栽植,出产较丰。农界、工界销行最盛。昭于川烟漏卮,借此抵制,不无小补。惟种植之法未能精求,发酵露晒之方鲜有加意,复以过贪厚利,每株留叶过繁,致烟之质不充,色味香气均较川烟有逊色焉。

(卢金锡修,杨履乾、包鸣泉纂:《昭通县志稿》,卷五,物产,烟叶,民国二十七年铅印本。)

〔民国九年前后,云南蒙化县〕 草烟,年约出十万余斤,多行销下关、鹤庆、剑川及顺、云、缅等处。黄烟,以极细黄者截作丝,东销至省,西南销至思、普及顺、云、缅等处。

（李春曦修,梁友檍纂：《蒙化志稿》,卷十一,地利部,物产志,,民国九年铅印本。）

〔民国年间,云南澄江县〕　本县烟叶分旱烟叶、黄烟叶两种,黄烟叶年产约数万斤,推制成丝,行销各地。

（澄江县政府编：《澄江县乡土资料》,物产,民国抄本。）

〔民国二十一年前后,云南泸水〕　烟为人民嗜好,泸水烟叶,户户自耕自食,市面上销售者颇少。

（段承钧纂修：《泸水志》,第十四,物产,烟叶,民国二十一年石印本。）

〔一九四九年前,云南〕　销售省会一带之黄烟丝,以通海县制出者为大宗,迤西,则蒙化、永昌、腾越之烟丝亦著名。

（龙云、卢汉修,周钟岳等纂：《新纂云南通志》,卷一百四十二,工业考,制烟丝业,一九四九年铅印本。）

5. 花生

〔清光绪五年前后,江苏松江府南汇县〕　落花生,俗名长生果……向不产,近年客民于沿海沙地种之。

（清　金福曾等修,张文虎等纂：《光绪南汇县志》,卷二十,风俗志,物产,清光绪五年刻本。）

〔清咸丰年间以后,直隶顺德府唐山县〕　唐邑地土多被沙压,赋重而民苦之,旧《志》言之详矣。民间每竭终岁力,不足以偿地赋。自咸丰年间,有相地之宜、倡种落花生者,较种五谷得利加倍。十数年来,无论城乡凡有沙土地者,均以种植落花生为上策。

（清　苏玉修,杜霭等纂：《唐山县志》,卷之一,物产,清光绪七年刻本。）

〔清光绪十至二十年前后,直隶保定府束鹿县〕　自光绪十数年后,花生之利始兴。其物运行闽、粤,外国购之,用机器榨油,转售中国取利。以比〈此〉,种者沾其赢余,相习日多,亦颇自榨为油,以便民用。其岁入过于种谷。本境各疃皆种,而小章疃尤盛,几至十之七八,近以滞销之故,种者日少。

（李中桂等纂：《光绪束鹿乡土志》,卷十二,物产,清光绪三十一年修,民国二十七年铅印本。）

〔清光绪二十六年前后,直隶深州〕 光绪十许年后,花生之利始兴,其物运行闽、粤,外国购之用机器榨油,转售中国取利。以此种者沾其赢余,相习益多,亦颇自榨为油,以便民用,其岁入过于种谷,此近年新获之田利前古无有。

(清 吴汝纶撰:《深州风土记》,第二十一,物产,清光绪二十六年刻本。)

〔清光绪年间至民国二十五年前后,河北南宫县〕 花生,本名落花生,土人谓之长生果,沙壤最宜,故东之三、六诸区,西之八区多种之。自清光绪十许年来,其利始兴,运输各国及外洋,土人亦多自榨为油,以便民用,故价值日涨,树艺亦日多。迩来,捐税递加,雨量复缺,种者获利渐微,不如前数年之盛矣。

(黄容惠修,贾恩绂纂:《南宫县志》,卷三,疆域志,物产篇,货物,民国二十五年刻本。)

〔民国十二年前后,河北藁城县〕 落花生,俗称长生果,原产于南美,后繁殖于世界各地。清康熙初年,始由外洋传入中国。……令吾邑沙壤之土均产之,而以河北为最盛。

(林翰儒编:《藁城乡土地理》,下册,落花生,民国十二年石印本。)

〔民国十八年前后,河北新河县〕 落花生,粒小,品质稍亚于卫河流域所产,然脂肪质尚富。本地人多榨为油,以佐烹调,或为饼以供肥料。自美国花生传入后,虽所收较少,而便于收拔,故种者日多。

(傅振伦纂修:《新河县志》,食货门,下编,社会经济,民国十八年铅印本。)

〔民国二十年前后,河北卢龙县〕 第三区之花生、桑条为特产品。概计花生每年产额千余万斤之谱,除地方榨油消耗少量外,多运销于津埠。桑条则系根生,每年刈条一次,取其皮为造纸原料,销诸迁邑各纸作坊,其条可编器物,销路甚广。

(董天华修,胡应麟、李茂林纂:《卢龙县志》,卷九,物产,民国二十年铅印本。)

〔民国二十一年前后,河北柏乡县〕 落花生……为果中佳品,产量极大。仁之小者在本境销售,大者运往天津。惜宜于南北二区,中区罕见。

(牛宝善修,魏永弼等纂:《柏乡县志》,卷三,物产,特产,民国二十一年铅印本。)

〔民国二十三年前后,河北定县〕 落花生,一名长生果,制油,为本县出品大宗。

(何其章等修,贾恩绂纂:《定县志》,卷二,舆地志,物产篇,民国二十三年刻本。)

〔清光绪二十年以前至宣统年间，陕西汉中府南郑县〕 落花生，在清光绪二十年前，所种者纯为小花生，后大花生种（俗谓之洋花生）输入，以收获量富。至宣统间，小花生竟绝种。

（郭凤洲、柴守愚修，刘定铎、蓝培厚纂：《续修南郑县志》，卷三，政治志，实业，农业，民国十年刻本。）

〔清代后期至民国初年，山东安邱县〕 自青岛通商以来，舟车便利，落花生仁始为出洋大宗。

（孙维均、章光铭修，马步元纂：《续安邱新志》，卷九，方产考，民国九年石印本。）

〔清光绪中叶至民国十八年，山东泰安县〕 花生，一名长生果，向惟有短小之一种，种者尚少。自清光绪十许年后，西洋种输入，体肥硕，山陬水澨，播植五谷，不能丰获，以艺花生，收入顿增，以故种者日多。近年且为出口大宗，民间经济力遂因之而涨。此新兴之利，古无有也。

（葛延瑛修，孟昭章、卢衍庆纂：《重修泰安县志》，卷一，舆地志，疆域，物产，民国十八年铅印本。）

〔清光绪年间至民国二十五年前后，山东莒县〕 落花生，俗曰长生果，旧惟有小者，清光绪间始输入大者，曰洋花生，岭地沙土皆艺之，易生多获，近为出口大宗。

（卢少泉等修，庄陔兰等纂：《重修莒志》，卷二十三，舆地志，物产，民国二十五年铅印本。）

〔清宣统三年前后，山东泰安府莱芜县〕 落花生，宜沙田，今日遍植洋花生，旧种转寥落矣。

（张梅亭修，王希曾纂：《莱芜县志》，卷七，地理志，物产，民国十一年铅印本。）

〔民国二十年前后，山东胶县〕 落花生，俗曰长生果，须垂地结实，近来种者益多。又有洋长生果，颗粒较大，油气短，农民多种之，为出口货大宗。

（叶钟英等修，匡超等纂：《增修胶志》，卷九，疆域志，物产，民国二十年铅印本。）

〔民国二十三年前后，山东济阳县〕 落花生，俗名长生果，有大粒、小粒两种。近来种大粒者甚多，种小粒者渐少，三、八两区多种之，亦为土产大宗。其仁可榨油供食用，或为制造肥料之原料。

（路大遵等修，王嗣鋆纂：《济阳县志》，卷一，舆地志，物产，民国二十三年铅印本。）

〔民国二十四年前后，山东高密县〕 旧时，落花生颗纤而粒小，自洋花生输入,颗粒甚大,惟油气较短,第九、第十等区种者甚伙,为出口货大宗,有花生米、花生油二种。

(余有林、曹梦九修,王照青纂:《高密县志》,卷七,实业志,农业,民国二十四年铅印本。)

〔民国二十五年前后,山东德平县〕 落花生种类甚多,产量亦富,每年约三万七千五百担,或剥为米或榨为油,销售于津济等地。

(吕学元修,严绥之纂:《德平县续志》,卷四,经济志,物产,民国二十五年铅印本。)

〔清光绪十年前后,江苏淮安府〕 花生,一名长生果,可榨油。本出闽、粤,乾隆中,土人犹未解植法,至播种时,辄佣闽、粤人种之。今则盈畴被野,与麦、豆等矣。

(清 孙云锦修,吴昆田等纂:《淮安府志》,卷二,疆域,物产,清光绪十年刻本。)

〔清光绪十三年前后,江苏徐州府睢宁县〕 落花生,旧《志》入果部。按:今民间布种,溥如五谷,远近倚为油粮,故移入谷部。

(清 侯绍瀛修,丁显等纂:《光绪睢宁县志稿》,卷三,疆域志,物产,清光绪十三年刻本。)

〔民国十二年前后,江苏邳县〕 西北沙碛多花生,岁亦可数十万担。

(窦鸿年等纂:《邳志补》,卷二十四,物产,民国十二年刻本。)

〔清道光年间以后,安徽安庆府怀宁县〕 落花生宜沙地,道光以来,洪水泛溢,涤水乡江滨田园多被沙压,蔬菽不生,惟宜种此,落花结实,或挖或筛,为酒馆、茶肆中所不可缺之品,亦可以榨油,每斤可值钱四五十文,其利虽薄,然以沙废之业得此,亦不为无补云。

(朱之英等纂修:《怀宁县志》,卷六,物产,民国五年铅印本。)

〔明朝末年至清嘉庆二十一年前后,福建漳州府云霄厅〕 落花生,蔓生其花,落地成子,壳绉,仁玉色,性燥热,一名人参豆,明末才有此种,今随地皆种。

(清 薛凝度修,吴文林纂:《云霄厅志》,卷六,物产,果之属,清嘉庆二十一年刻本,民国二十四年铅字重印本。)

〔清道光二十年前,台湾噶玛兰厅〕 田中艺稻之外,间种落花生,俗名土豆,冬月收实,充衢陈列,居人非口嚼槟榔,即啖落花生。

(清 萨廉修,陈淑均纂,董正官续修,李祺生续纂:《噶玛兰厅志》,卷六,物产,谷之属,清道光二十年修,咸丰二年续修刻本。)

〔清光绪八年前后，台湾澎湖厅〕　澎地斥卤，不宜稻，仅种杂粮，而地瓜、花生为盛。每岁暮春种花生时，附种粱黍于其旁。迨五六月间，花生暂长，则粱黍已熟矣。至八九月，而花生方成熟。地瓜种于三四月，至中秋后亦暂次收成，切片晒干以储来岁之食。取二者藤蔓枝叶以饲牛，以作薪，利亦溥焉。湖东西地颇洼下滋润，故多种蔬菜。南蓁有井，又有宅可避风，故多种柑。西屿、小池角等社亦稍滋润，故花生早种早熟也。凡有地百亩者，仅种地瓜二三十亩，取供一家终岁之食，其余悉种花生。因是物可作油与糁，易于售卖，而农家终年用度，胥恃有此耳。油渣谓之糁，可以粪田，澎地所出皆贩往内地，连樯运去，无肯留之以自粪其园者。

（清　蔡麟祥修，林豪纂：《澎湖厅志》，卷九，风俗记，民业，清光绪八年修，一九五八年油印本。）

〔清光绪三十一年前后，河南彰德府临漳县〕　沙生，俗名落花生，宜沙土，最多。

（清　周秉彝修，周寿梓、李耀中纂：《临漳县志》，卷一，疆域，风土，土产，清光绪三十一年刻本。）

〔民国二十三年前后，河南通许县〕　近十余年来，县西北一带之沙地多种落花生，产量颇丰，为新增农产，除本地制油或熟食外，向能运销各地，为出产之大宗。

（张士杰、侯昆禾纂修：《通许县新志》，卷十一，风土志，物产，民国二十三年铅印本。）

〔民国三十六年前后，河南仪封县〕　旧《志》不记花生，今则为出产大宗。

（耿愔续修：《续仪封县志稿》，土产，货类，河南省兰考县县志编纂委员会据一九四七年耿文郁手抄本整理，《兰考旧志汇编》一九八六年铅印本。）

〔民国二十年前后，湖南东安县〕　三河、城厢等区之花生，每年可出数千担。

（曾继梧等编：《湖南各县调查笔记》，物产类，东安，民国二十年铅印本。）

〔清乾隆四十四年前后，广东潮州府揭阳县〕　落花生，俗名地豆，亦名仙豆，以其花实不相见也。揭中市集皆是。

（清　刘业勤修，凌鱼、陈子承纂：《揭阳县志》，卷七，风俗志，物产，清乾隆四十四年刻本，民国二十六年铅字重印本。）

〔清嘉庆二十四年前后，广东广州府新安县〕　落花生，延蔓而生，叶碧花黄，花落而实结于泥中。仁白,炒熟清香可人,榨而成油,为利最广,一名地豆,邑中甚伙。

(清 舒懋官修,王崇熙纂:《新安县志》,卷三,舆地略,物产,清嘉庆二十四年刻本。)

注:新安县今为宝安县。

〔清光绪以前至民国年间,广东恩平县〕 落花生,俗名地豆……邑人多种之,取其实榨油,用以食,则其气清香,用以灯,则其光明彻。其渣为豆麸,可粪田,其利甚溥。前为邑中出产大宗。光、宣而后,连年失收,农民大受打击,业此者已年少一年矣。

(余丕承修,桂坫纂:《恩平县志》,卷五,舆地,物产,谷属,民国二十三年铅印本。)

〔民国十三年前后,广东花县〕 花生,第二区为多,第一区、第六区次之。第二区农家每以田一半种水稻,一半种花生,递年轮作。近则渐衰,每家年只种花生二三亩,多用平田种之两垄附近。现在花生产额年共百余万斤。

(孔昭度等修,利璋纂:《重修花县志》,卷六,实业志,农业,民国十三年铅印本。)

〔民国二十年前后,广东石城县〕 花生,俗名番豆……可生啖,熟食味更香美,种宜坡地。邑西南农人多植之,春种秋收,碾米榨油,出息最巨。

(钟喜焯等修,江珣等纂:《石城县志》,卷二,舆地志,物产,民国二十年铅印本。)

〔清乾隆年间至光绪年间,广西浔州府桂平县〕 花生收入为盛,始自乾、嘉迄同、光之际。种者咸利市三倍,岁时伏腊,度之〈支〉活泼时,出衣租食税之上,且田俱自耕,则贫富不甚相差,平原大隰无兼并之豪,则丘角易于易主,积粟一年即可置产,故出入相友,无主仆阶级之分,亦少鬻卖儿女之事。自光绪之季,花生锐减,陆居之农始大困,有创冬耕,栽菽、麦诸谷,以补荒歉者,而所得去花生远甚。

(黄占梅等修,程大璋等纂:《桂平县志:》,卷二十九,纪政,食货中,民业,民国九年铅印本。)

〔清朝年间,广西浔州府贵县〕 落花生,俗名地豆,有大小二种。县属向种小荚花生,一荚有数实。清季改种大荚者,荚大而实少。每年花生产量以郭西里、郭北里、山南里为盛。

(欧仰羲等修,梁崇鼎等纂:《贵县志》,卷十,物产,植物,民国二十四年铅印本。)

〔清光绪年间至民国九年前后,广西桂平县〕 花生,即落花生,有大小二种。小者身长、仁多而味厚,大者仁少而味薄。二十余年前,生产甚旺,沿江田地种者,利抵五谷。商家以榨花生油,为市中大宗贸易。光绪晚年,收成锐减,各市因此冷落。按:花生闻来自暹罗,县内兴种盖在嘉、道间。考旧《志》作于道光二十二年,而"物产类"云,十余年前,种者尚少,今则遍地皆然,期可证矣。

(黄占梅等修,程大璋等纂:《桂平县志》,卷十九,纪地,物产下,植物,民国九年铅印本。)

〔民国二十四年前后,广西迁江县〕 落花生有大小颗二种,大颗八九月间、小颗四五月间收,迁江所种极多,用以榨油。

(黎祥品、韦可德修,刘宗尧纂:《迁江县志》,第四编,经济,农产及农业,民国二十四年铅印本。)

〔民国二十六年前后,广西崇善县〕 落花生,各乡所种极多,用以供食,并以榨油。

(林剑平、吴龙辉修,张景星等纂:《崇善县志》,第四编,经济,产业,民国二十六年稿本。)

〔清光绪年间至民国十四年,四川彭山县〕 落花生,有大小二种,大者自外来,仅十余年。县境三十年前产出最多,今少矣。

(刘锡纯纂:《重修彭山县志》,卷三,食货篇,物产,民国十四年修,三十三年铅印本。)

〔民国十年前后,四川温江县〕 落花生……邑西北江干沙地多种之。

(张骥修,曾学传等纂:《温江县志》,卷十一,物产,植物,民国十年刻本。)

〔民国十年前后,四川金堂县〕 落花生,本名踯躅,山地、河坝地皆产之,亦为出产之一大宗。昔日食之不尽,用以榨为油,较芥油微逊。今因价稍昂,鲜有用以榨油者,仅供人食品。

(王暨英修,曾茂林等纂:《金堂县续志》,卷一,疆域志,物产,民国十年刻本。)

〔民国十七年前后,四川中江县〕 落花生,数十年前,吾邑产地最广,所出最繁,今仅十之一二而已。前此,取油出售,岁在十余万以上。地质等,人事同,而收入乃不及半。仰给他县,油类日有增加矣。

(李经权等修,陈品全等纂:《中江县志》,卷之二,舆地二,物产,民国十九年铅印本。)

〔民国十八年前后,四川遂宁县〕 落花生:洋花生每岁能出三百万石,除本邑供用外,出境约十成之三。

(甘焘等修,王懋昭等纂:《遂宁县志》,卷八,物产,货类,民国十八年刻本。)

〔民国十八年前后，四川南充县〕 落花生，沿江各坝皆产之，治城过江楼为县境大花生市。

（李良俊修，王荃善等纂：《南充县志》，卷十一，物产志，农业，民国十八年刻本。）

〔民国二十八年前后，四川德阳县〕 落花生，山地及滨河沙壤种者甚多。邑人以转运花生赴蓉为生业者，不下数十家。

（熊卿云、汪仲夔修，洪烈森等纂：《德阳县志》，卷四，建设志，物产，民国二十八年铅印本兼石印本。）

6. 蓝靛、红花

〔明崇祯四年前后，南京苏州府嘉定县外冈〕 蓝靛，利倍于五谷，然而种作不胜劳。

（明　殷聘尹编：《外冈志》，卷二，物产，明崇祯四年修，一九六一年铅印本。）

〔清乾隆五十七年前后，江苏太仓州嘉定县外冈〕 蓝，俗名青秧，向出安亭、黄渡、纪王镇诸处。近因靛价昂贵，镇南遍地皆种焉。

（清　钱肇然编：《续外冈志》，卷四，物产，清乾隆五十七年修，一九六一年铅印本。）

〔清同治五年前后，直隶永平府昌黎县〕 靛，有大小二种，南人呼苗叶为蓝，以水出色者为靛，土人总呼为靛。

（清　何崧泰等修，马恂纂，何尔泰续纂：《昌黎县志》，卷四，田赋志，物产，杂产，清同治五年刻本。）

〔清光绪十七年前后，直隶遵化州丰润县〕 靛，邑产槐蓝，吐穗后刈之，沤以水，投以石灰，用木耙捣之靛。秋时客商云集，土人获利甚厚。

（清　牛昶煦、郝增祐纂修，周晋堃续纂修：《丰润县志》，卷三，物产，货属，清光绪十七年刻本，民国十年铅字重印本。）

〔清光绪二十年前后，直隶广平府〕 靛有大小蓝两种，水渍加石灰挞成为靛，郡属俱有种者，染房用之，获利颇厚。

（清　吴中彦修，胡景桂纂：《重修广平府志》，卷十八，舆地略，物产，货属，清光绪二十年刻本。）

〔清朝末年，直隶宣化府保安州〕 蓝，产于城外田园，每岁计数十余顷……

销售外境,用以染布,实土产之一大宗也。

（佚名纂修:《保安州乡土志》,植物,蓝,抄本。）

注:保安州今为涿鹿县。

〔民国元年以前至民国八年以后,河北磁县〕 靛蓝,茎高二三尺,叶互生,可制蓝色染料。吾磁滏河流域昔日栽种颇盛。民国初元,德靛东渐,遂皆停业。欧战期间,复行种植,后又有英、法之人造靛输入,竟永无复活可能矣。

（黄希文等纂修:《磁县县志》,第八章,物产,第四节,农产品,民国三十年铅印本。）

〔民国十九年前后,河北雄县〕 靛,有大小蓝两种,采其叶取水渍之,加石灰打成为靛,十里铺多有之。近年利权亦为洋靛所夺。

（秦廷秀、褚保熙修,刘崇本等纂:《雄县新志》,故实略,物产篇,制造产,民国十九年铅印本。）

〔民国二十一年前后,河北徐水县〕 靛为染布原料,昔年沿河一带种靛最多,出产亦富。近受洋靛影响,均已改种大麦,而蓝靛草遂不多见。

（刘延昌修,刘鸿书纂:《徐水县新志》,卷三,物产记,植物,民国二十一年铅印本。）

〔民国二十三年以前,河北井陉县〕 淀,今作靛。在昔洋靛不盛行,境内东北区有园圃诸乡种蓝者甚多,今已无人种之矣。

（王用舟修,傅汝凤纂:《井陉县志料》,第五编,物产,植物,民国二十三年铅印本。）

〔民国二十五年前后,河北香河县〕 城镇均有染坊,供居民需用,从前均用本地靛青,自德国靛料输入,工省色鲜,各商争购用之,本县所产之靛不得销售,种靛者遂因之断绝矣。但年来外靛价值屡增,各商罔不叫苦,然习用已久,本县产靛已无,不得不忍痛用之,亦利权外溢之一大端也。

（王葆安修,马文焕、陈式谱纂:《香河县志》,卷三,实业,民国二十五年铅印本。）

〔民国二十八年前后,河北广平县〕 靛,大、小蓝两种,水渍其秧,加石灰挞成为靛。本县以前种者尚能获利,自舶来靛水流入,蓝种将绝也。

（韩作舟纂修:《广平县志》,卷五,物产,货属,民国二十八年铅印本。）

〔清朝年间至民国十年以后,山西沁源县〕 蓝靛为染布原料,清季,县治附近处及二区郭道镇种蓝甚伙,获利较谷、粟加倍。民国十年后,洋靛盛行,又兼粮价增高,种蓝者改种谷粟,而蓝田绝无矣。

（孔兆熊、郭蓝田修,阴国垣纂:《沁源县志》,卷二,农田略,民国二十二年铅印本。）

〔民国十八年前后，山西新绛县〕 靛，为蓝色之染料，故又名蓝靛，亦名蓝叶，以其蓝色素皆存于叶中故也。沿河一带多种之，获利甚巨，除为本地染房收买外，余皆运售于邻县，亦一大宗之出产也。

（徐昭俭修，杨兆泰等纂：《新绛县志》，卷三，物产略，民国十八年铅印本。）

〔清乾隆元年至咸丰二年，盛京〕 蓝，一名靛草，内务府设靛庄，为染布之用。靛花入药，名青黛。

（清 吕耀曾等修，魏枢等纂，雷以諴补修：《盛京通志》，卷二十七，物产志，草之属，清乾隆元年刻，咸丰二年补刻本。）

〔清代后期至民国二十三年前后，奉天〕 自欧洲靛油输入，靛青大受淘汰。欧战期间，靛油不继，地方种靛又兴，惜不能改良，终无以抵制靛油，加以最新之染料仁丹士林相继输入，是全省之一大漏卮也。

（翟文选等修，王树枬等纂：《奉天通志》，卷一百十四，实业二，工业，民国二十三年铅印本。）

〔民国十三年前后，奉天海城县〕 近来种靛者极少，多用外国靛，油色娇，不能耐久。

（廷瑞修，张辅相等纂：《海城县志》，卷七，人事，实业，民国十三年铅印本。）

〔清代至民国八年后，吉林桦甸县〕 靛，昔年田家种者甚伙，为吉省出产大宗。近以舶来靛油便于应用，靛之销路被夺，而种靛者鲜。……当欧战方炽时，靛油之来源遏塞，靛之需要增，而供给乏，田家种靛者骤兴，几于将恢复旧状。迨欧战息，而靛油复行输入，用靛者又少，种靛者亦稀，染工顿忘舶来缺乏困难，又置靛于不顾，而种靛者益无已。

（胡联恩修，陈铁梅纂：《桦甸县志》，卷六，食货，物产，民国二十一年铅印本。）

〔民国二十三年前后，吉林梨树县〕 蓝，叶类蓼，亦名蓼蓝，立秋沤其叶，澄其水，著石灰为靛，以作染料。本境曩昔多种之，近因外货靛油逐渐输入，价廉用广，以故无种者。

（包文峻修，李溶等纂，邓炳武续修，范大全等续纂：《梨树县志》，戊编，物产，卷一，植物，民国二十三年铅印本。）

〔民国十五年前后，黑龙江双城县〕 靛：双城江河之地居民，至六七月间，挖池蓄水，沤秧点灰，名为打靛，可染布帛，洵为农产之大宗，运销内省即可制为广蓝、广青,今农家种者亦日见少矣。

（高文垣等修,张鼐铭等纂:《双城县志》,卷九,实业志,植物制造,民国十五年铅印本。）

〔清光绪初年以后,陕西汉中府南郑县〕 红花盛种于光绪初年,为境内一时名产,运销重庆、汉口等处作染料,及洋红输入,种植遂衰,仅存千分之一。

（郭凤洲、柴守愚修,刘定铎、蓝培厚纂:《续修南郑县志》,卷三,政治志,实业,农业,民国十年刻本。）

〔清光绪三十四年前后,陕西商州镇安县〕 靛青,以靛叶烂成,近时栽植日见发达。

（清 李麟图纂修:《镇安县乡土志》,卷下,物产,植物制造,清光绪三十四年铅印本。）

〔清宣统三年前后,陕西西安府泾阳县〕 蓝,有大小之别,汁可为靛,河下里多种之。

（清 刘懋官修,宋伯鲁、周斯亿纂:《重修泾阳县志》,卷二,地理下,物产,清宣统三年铅印本。）

〔民国二十一年前后,陕西咸阳县〕 大、小蓝,产于南乡,岁可售金数万。近因洋靛充斥,几灭种。

（刘安国修,吴廷锡、冯光裕纂:《重修咸阳县志》,卷一,地理志,物产,民国二十一年铅印本。）

〔民国二十二年前后,陕西鄠县〕 染料则有红花,产地甚少。蓝,濒山一带产额较多,成色亦好,近为洋靛所侵,产额亦少矣。

（强云程、赵葆真修,吴继祖纂:《重修鄠县志》,卷一,物产,民国二十二年铅印本。）

〔民国二十三年前后,陕西〕 红花,即红蓝花,其花染真红,又作胭脂(《华阴县志》)。一名黄蓝,出汉中(《汉中府志》)。邑产以红花为第一,红花铺所产最著名(《周至县志》)。丰原乡产红花,四方商多来购者(《华州志》)。茜草,即今染绛草,出商南山阳府谷(《见各访册》)。蓝,染草也,有大蓝、小蓝二种,小蓝特佳,南乡、西乡多种(《兴平县访册》)。

（杨虎城、邵力子修,吴廷锡等纂:《续修陕西通志稿》,卷一百九十二,物产三,货属,民国二十三年铅印本。）

〔民国三十三年前后,陕西洛川县〕 蓼蓝,昔年农人多种植作染料,迩来因用洋靛,几绝种。

(余正东修,黎锦熙纂:《洛川县志》,卷七,物产志,植物,民国三十三年铅印本。)

〔清代后期至民国年间,甘肃镇原县〕 靛,南三镇农人于高原上种蓝叶,及长成,刈叶积汁,和以石灰,可为靛,染衣不脱色。自洋靛行,而土靛无人过问矣。

(钱史彤、邹介民修,焦国理、慕寿祺纂:《重修镇原县志》,卷二,舆地志,物产,货物,民国二十四年铅印本。)

〔民国十年前后,甘肃高台县〕 蓝,即靛青……成熟后叶可制染料,利甚厚,今农人多种之。

(徐家瑞等纂修:《新纂高台县志》,卷二,舆地,物产,民国十年铅印本。)

〔清乾隆二十一年前后,山东曹州府〕 茜草、靛青可以为染,田间多种之。

(周尚质修,李登明纂:《曹州府志》,卷七,食货志,风土,清乾隆二十一年刻本。)

注:曹州府今为菏泽地区。

〔清代后期至民国年间,山东胶县〕 蓝,花叶蓝色,沤成为靛中染料。自洋靛入口,业此者稀。

(叶钟英等修,匡超等纂:《增修胶志》,卷九,疆域志,物产,民国二十年铅印本。)

〔清代后期至民国年间,山东高密县〕 靛,自洋靛入口,栽蓝沤靛者甚少。

(余有林、曹梦九修,王照青纂:《高密县志》,卷二,地舆志,物产,民国二十四年铅印本。)

〔清代后期至民国二十五年前后,山东牟平县〕 各区均有染坊,按时沿村庄取布染之,收发布时,俱合符印为证。染料向用土产之蓝靛与红花,现改用洋蓝、洋红,土色遂绝。

(宋宪章等修,于清泮等纂:《牟平县志》,卷五,政治志,实业,民国二十五年铅印本。)

〔民国十八年前后,山东泰安县〕 靛,大、小蓝为之,西南乡最盛。自洋靛盛行,业此者遂形衰退。

(葛延瑛修,孟昭章、卢衍庆纂:《重修泰安县志》,卷一,舆地志,疆域,物产,民国十八年铅印本。)

〔民国二十四年前后,山东莱阳县〕 蓝叶如蓼,亦名蓼蓝,可制染料,即靛青也,向为县农业重要副产,今为外洋舶来品所夺,无种植者。

(梁秉锟修,王丕煦纂:《莱阳县志》,卷二,政治志,实业,民国二十四年铅印本。)

〔民国二十五年前后，山东莒县〕 蓝，花叶蓝色，沤成为靛，中染料，自洋靛入口，种者日稀。

（卢少泉等修，庄陔兰等纂：《重修莒志》，卷二十三，舆地志，物产，民国二十五年铅印本。）

〔清乾隆十三年前后，江苏淮安府〕 靛种最青，河南种蔵，其种多取于淮。

（清 卫哲治等修，顾栋高等纂：《淮安府志》，卷二十四，物产，食用之属，清乾隆十三年刻本，清咸丰二年重刻本。）

〔清乾隆年间至清光绪九年前后，江苏江宁府溧水县〕 靛花，本名蓝。……乾、嘉时，多植此，其后渐少，今又浸盛。

（清 傅观光等修，丁维诚等纂：《溧水县志》，卷二，舆地志，土产，清光绪九年刻、十五年重印本。）

〔清嘉庆十三年前后，江苏通州如皋县〕 靛青用最广，江南多取资焉，近颇有采蓝收其利者。

（清 杨受廷等修，冯汝舟等纂：《如皋县志》，卷六，物产志，清嘉庆十三年刻本。）

〔清咸丰二年前后，江苏扬州府兴化县〕 靛：大蓝、小蓝出城东各垛，浸汁为靛，虽不及建靛之佳，然远近数百里皆赴兴采买，其利甚溥。

（清 梁园棣等修，薛树声等纂：《重修兴化县志》，卷三，食货志，物产，清咸丰二年刻本。）

〔清咸丰七年前后，江苏常州府靖江县〕 民间棉花之外，多艺蓝为染，取利甚倍。

（清 于作新修，潘泉纂：《靖江县志稿》，卷五，食货志，土产，清咸丰七年活字本。）

〔清光绪初年，江苏常州府靖江县〕 靛之染布，靖亦向无此产，自有沙洲农民移居此地，往往有与园蔬并莳者，俗名小缸青，其色深且佳。

（清 叶滋森等修，褚翔等纂：《靖江县志》，卷五，食货志，土产，清光绪五年刻本。）

〔清光绪十年前后，江苏江宁府六合县〕 靛，有大靛、蓼靛、槐靛，其沫为靛，花色冠邻郡。《笠翁画谱》谓闽靛之外，即以棠产者为佳。

（清 谢延庚等修，贺延寿等纂：《六合县志》，卷二，田赋志，物产，清光绪十年刻本。）

〔清宣统三年前后，江苏太仓州〕 蓝，叶如菘菜，三月下种，五月剪其叶，浸水日去渣，搅之成靛青，胜于闽产。剪已复生，岁常三四收，江、浙染坊资以为用。

（王祖畲等纂：《太仓州志》，卷三，风土，物产，民国八年刻本。）

〔清朝末年,江苏扬州府宝应县〕 大蓝、小蓝,二蓝俱产衡羡庄观音寺镇。大蓝形如菠,三刈始尽,色最娇。小蓝形如广三七,茎红叶圆,色较深,一刈即尽。均历久不变,他处仿种弗若也。

(清　戴邦桢等修,冯煦等纂:《宝应县志》,卷疆域志,土产,民国二十一年铅印本。)

〔清乾隆三十年至民国十一年前后,浙江新登县〕 靛青种自乾隆三十年后(旧《志》)。今上四乡虽有出产,为数甚鲜。

(徐士瀛等修,张子荣、史锡永纂:《新登县志》,卷十,舆地篇九,物产,民国十一年铅印本。)

〔清咸丰八年至同治三年前后,浙江处州府云和县〕 靛,俗呼靛青,闽人始来种之,今山民多取利焉。

(清　伍承吉修,王士钫等纂、涂冠续修:《云和县志》,卷十五,物产,清咸丰八年修,同治三年续修刻本。)

〔清同治十三年前后,浙江处州府丽水县〕 靛,俗呼靛青,闽人始来种之,俱在山,今渐种于田矣。

(清　彭润章纂修:《丽水县志》,卷十三,物产,清同治十三年刻本。)

〔清光绪以前至民国十五年前后,浙江宣平县〕 邑境山多田少,清光绪以前,种靛为出产大宗,次则莲子、烟叶、苎麻。近数年来,洋靛进口,利为之夺,兼之谷价飞涨,种靛者十减八九,所谓副产物大都加工于莲子、烟叶、苎麻等项,较前倍蓰,获利亦丰。

(何横、张高修,部家箴等纂:《宣平县志》,卷五,实业志,农业,民国十五年修,民国二十三年铅印本。)

〔清光绪三年以前,浙江嘉兴府海盐县〕 《续图经》:草本中有俗名青者,每年于二三月间下子布种,疏削成林,取汁成靛,获其价值,数倍于谷、麦。

(清　王彬修,徐用仪纂:《海盐县志》,卷八,舆地考,风土,清光绪三年刻本。)

〔清光绪初年至民国十五年,浙江宣平县〕 光绪初年,凡农家兼种靛,出产为邑之大宗。至光绪季,洋靛进口,各口通行,土靛不仅价落,几若过问无人,以致靛商亏折无算,往往有因侈志而倾家者。今则比较从前,十居一二。

(何横、张高修,邹家箴等纂:《宣平县志》,卷四,礼俗志,风俗,民国十五年修,民国二十三年铅印本。)

〔清光绪三年前后,浙江处州府宣平县〕 地少蚕桑,惟事农圃,人事不齐,耕耨后时,上田仅及下田所获。山多田少,颇宜麻、靛。麻,始于江右人。靛,始于闽人。江、闽人居宣者十之七,利尽归焉。今土著亦种靛,又多种烟草。

（清 潘绍诒修,周荣椿等纂：《处州府志》,卷二十四,风土志,风土,清光绪三年刻本。）

〔清光绪七年前后,浙江处州府缙云县〕 靛蓝,俗称靛青,性喜阴,山民资以为利。

（清 何乃容、葛华修,潘树棠等纂：《缙云县志》,卷十四,物产,清光绪七年刻本。）

〔清光绪三十四年前后,浙江宁波府奉化县〕 靛青,剡源《志》注,昔时闽人、台人垦山种之,今则土著亦种矣,且多有种于田者。

（清 李前泮修,张美翊纂：《奉化县志》,卷三十六,物产志,货之属,清光绪三十四年刻本。）

〔清代后期至民国年间,浙江平阳县〕 其衣色,旧以靛蓝为主,妇女则加以红花、绿柴所染之色。自西洋颜料染色行,本地红绿染色几为尽废,土产靛青利亦半夺。

（王理孚修,符璋、刘绍宽纂：《平阳县志》,卷十九,风土志一,民风,民国十四年刻本。）

〔清代后期至民国十五年前后,浙江丽水县〕 靛,俗呼靛青,闽人始来种之,俱在山,今渐种于田矣。近来洋靛输入,种者渐稀。

（李钟岳、李郁芬修,孙寿芝纂：《丽水县志》,卷四,物产,民国十五年铅印本。）

〔民国初年,浙江衢县〕 靛青,山中人处处种之,民国六年,曾由省设改良制靛厂于衢,以办理不得其人而裁撤,至今靛池等物尚在。

（郑永禧纂：《衢县志》,卷六,食货志,制造品,民国十五年修,民国二十六年铅印本。）

〔民国十九年前后,浙江寿昌县〕 靛青,出常乐区仁都一图岳家、白山后等庄,他处间亦种之,惟不及彼纯美,盖由土性使然也。

（陈焕等修,李钰纂：《寿昌县志》,卷三,食货志,特产,民国十九年铅印本。）

〔清康熙六十年前后,安徽安庆府〕 蓝,一名染青草,有蓼蓝、大蓝、槐蓝三种,皆可作靛,六县俱有。

（清 张楷纂修：《安庆府志》,卷四,地理志,物产,清康熙六十年刻本。）

〔清光绪以前至民国十年前后，安徽宿松县〕　吾松所种者，多属茶蓝，间有淮蓝、蓼蓝。清光绪以前，出产极富，每亩产量平均约五六百斤，为收入大宗。近来，所种不旺，产额锐减。……查蓝为制造靛青原料，自近来通用德国矿物颜料，俗称洋靛，以致各种植物颜料销场日隘。蓝为颜料之大宗，受其影响尤巨。

（俞庆澜、刘昂修，张灿奎等纂：《宿松县志》，卷十七，实业志，农业，民国十年活字本。）

〔民国十三年前后，安徽涡阳县〕　蓝。《本草纲目》：蓝分五种，为淀则一。今俗所种，多是蓼蓝、菘蓝、马蓝，均名大叶蓝；其吴地所种之木蓝，俗谓之槐叶蓝，制淀作染料，用普而利大。涡地种槐叶蓝最多，大叶蓝则少。近日，农人皆得制淀善法，其获利极厚，倘再加进步，则洋靛可无形抵销。

（聂宪藩修，黄佩兰等纂：《涡阳风土记》，卷八，物产，民国十三年刻本。）

〔民国二十五年前后，安徽宁国县〕　靛，自德货侵入，今已绝种。

（王式典修，李丙麟纂：《宁国县志》，卷七，物产志，植物，民国二十五年铅印本。）

〔明成化末年以后，江西吉安府泰和县〕　青靛，《宏治志》："本县土产蓝草，长尺四五寸，故其为靛，色虽淡而价甚高，由于土人少种故也。成化末年，有自福汀贩买蓝子至者，于是洲居之民皆得而种之。不数年，蓝靛之出，与汀无异，商贩亦皆集焉。"

（清　杨讱纂修，徐迪惠订正：《泰和县志》，卷十一，食货志，土产，清道光六年刻本。）

〔明嘉靖六年前后，江西九江府〕　红花，五邑俱种。蓝靛，有木蓝、蓼蓝二种。

（明　冯曾修，李汛纂：《九江府志》，卷四，食货志，物汽明嘉靖六年刻本。）

〔清康熙二十一年前后，江西饶州府浮梁县〕　靛，有山靛、地靛二种。

（清　陈淯修，邓爌等纂：《浮梁县志》，卷一，舆地，物产，清康熙二十一年刻本。）

注：浮梁县今已并入景德镇市。

〔清康熙二十二年前后，江西广信府弋阳县〕　蓝靛，四乡皆产。

（清　谭瑄纂修：《弋阳县志》，卷三，农政志，食货，物产，清康熙二十二年刻本。）

〔清乾隆十六年前后，江西赣州府安远县〕　靛，大小蓝二种，摘叶和石灰渍汁成凝，七月刈，九月再刈，乡间禁种熟田，惟山田岭土栽之。

（清　董正修，刘定京等纂：《安远县志》，卷一，舆地志，土产，清乾隆十六年刻本。）

〔清乾隆二十五年前后，江西袁州府〕　蓝，一名靛，惟耕山者种此，不妨田畴。

（清　陈廷枚修，熊曰华等纂：《袁州府志》，卷七，物产，清乾隆二十五年刻本。）

注：清袁州府辖萍乡、宜春、分宜、万载等县。

〔清同治十一年前后，江西吉安府安福县〕　蓝靛，西南乡山人种之，佳者染广庄布，名小蓝。

（清　姚濬昌修，周立瀛等纂：《安福县志》，卷四，食货志，物产，清同治十一年刻本。）

〔清同治十一年前后，江西赣州府兴国县〕　靛，本草名蓝淀，俗作靛。……邑产除油、烟外，蓝利颇饶。

（清　崔国榜修，金益谦、蓝拔奇纂：《兴国县志》，卷十二，土产，食货类，清同治十一年刻本。）

〔清同治十二年前后，江西南昌府义宁州、武宁县〕　蓝，染草，汁可作靛，义宁、武宁田间多种之。

（清　许应鑅等修，曾作舟等纂：《南昌府志》，卷八，地理，土产，清同治十二年刻本。）

注：义宁州今为修水县。

〔民国二十八年，江西〕　中国土靛之种植及其使用，由来已久，自洋靛侵入后，日渐衰落。本省乐平、余干、临川、鄱阳各县均产土靛，于二十八年设染料厂于光泽，出先峰牌靛浆一种，足与洋靛抗衡。现正力图制成靛粉，减轻运费，促进外销。

（吴宗慈修，辛际周、周性初纂：《江西通志稿》，经济略，工业，一九四九年稿本，江西省博物馆一九八五年整理油印本。）

〔清朝初年至民国二十八年，福建上杭县〕　蓝，取其茎叶，用石灰水浸烂，澄淀以作染料，古谓之淀，今谓之靛青。邑人曩时业此者甚伙，多获厚利，各省县多有上杭会馆，皆此业商人醵资所建。赵《志》云：本邑种蓝者其利犹少，往南浙作靛获利难以枚数。是此业在乾隆以前已盛矣。乃日渐衰落，自色料由外输入，而此种工业益不如前。

（张汉等修，丘复等纂：《上杭县志》，卷九，物产志，草之属，民国二十八年铅印本。）

〔民国年间，福建霞浦县〕　靛，俗呼青淀，一名菁草。绞其汁以灰扰之而成靛。民国初年，柘洋村农尚有种者，自洋靛输入后，种菁草者遂寥寥。

（刘以臧修，徐友梧等纂：《霞浦县志》，卷之十一，物产志，货属，民国十八年铅印本。）

〔民国十年前后，福建闽清县〕　蓝靛，有二种，多种于旱田。

（杨宗彩修，刘训瑞纂：《闽清县志》，卷三，物产志，货属，民国十年铅印本。）

〔民国十八年前后，福建建瓯县〕　靛有大叶、小叶两种，西北区大庙、宜均等处土质合宜。上年出产最多，近以洋靛充斥，逐渐减少。其实染色较洋靛尤佳。

（詹宣献修，蔡振坚等纂：《建瓯县志》，卷二十五，实业志，用品，民国十八年铅印本。）

〔民国二十二年前后，福建闽侯县〕　蓝靛，闽县洞江上下尤多，故地有名蓝布、青布者。叶大丛生，茎短有节，折其茎以土壅之辄生，诸县皆有，闽侯官、长乐尤多。

（欧阳英修，陈衍纂：《闽侯县志》，卷二十三，物产一，杂货类，民国二十二年刻本。）

〔清同治十年前后，台湾淡水厅〕　菁靛，有围菁、山菁二种，淡北内山种之，常运漳、泉、南、北发售。

（清　陈培桂等纂修：《淡水厅志》，卷十二，物产考，货属，清同治十年刻本。）

〔清康熙三十四年至同治二年，河南开封府〕　蓝，州县皆有之。

（清　管竭忠修，张沐等纂：《开封府志》，卷十五，物产，清康熙三十四年刻、同治二年补刻本。）

〔清光绪以前至民国年间，河南新乡县〕　红花，光绪以前，四境多种之，远近商贾贩运亦大宗也。自洋颜料盛行，价廉工省，受无形之抵制，故种者寥寥。……靛，染料大宗，北乡一带多种之，自洋靛充斥，种者日少。

（韩邦孚、蒋浚川修，田芸生纂：《新乡县续志》，卷二，物产，民国十二年铅印本。）

〔清代后期至民国年间，河南安阳县〕　烟以制烟丝，蓝以制靛，曩昔水冶阜城一带种植者颇获厚利，嗣因卷烟、洋靛多自舶来，土产原料无人改良制造，种植烟蓝者逐日见其少。

（方策等修，裴希度等纂：《续安阳县志》，卷三，地理志，物产，民国二十二年铅印本。）

〔清代后期至民国年间，河南西华县〕　县城附近产大蓝靛、小蓝靛，惜自海禁大开，外洋颜料充斥，土产蓝靛几濒绝迹，良可叹也。

（凌甲烺、吕应南修，张嘉谋等纂：《西华县续志》，卷七，建设志，工业，民国二十七年铅印本。）

〔清代后期至民国年间，河南偃师县〕　从前之草蓝，现为洋靛所夺，毫无种者，利权外溢，殊为可惜。

（乔荣筠纂：《偃师县风土志略》，第二编，物产，民国二十三年石印本。）

〔民国二十一年前后,河南滑县〕 靛分大蓝靛、小蓝靛,大蓝即蓼蓝,小蓝即槐蓝,土人兼而种之,可以作染料之需。……近因洋靛充斥,而种靛者渐寡。

(马子宽修,王蒲园纂:《重修滑县志》,卷十,实业,物产,民国二十一年铅印本。)

〔民国二十八年前后,河南新安县〕 旧有蓼蓝,今为洋靛所夺,种者绝少。

(李庚白修,李希白纂:《新安县志》,卷七,实业,农业,民国二十八年石印本。)

〔清同治十二年前后,湖南永顺府桑植县〕 青靛,于水次隙地种之,可染布帛。

(清 周来贺修,陈锦等纂:《桑植县志》,卷二,风土志,土产,清同治十二年刻本。)

〔清同治年间,湖南沅州府黔阳县〕 蓝草。按此种,邑旧《志》不录,今县东北太平里多种之,俗呼靛。春暮植种,秋初摘叶,孟秋再摘,并刈留下截及根数寸许,见霜则根叶坏,不可用。初犹无几,今大半南亩矣。倘值荒年,害有不可胜言者。愚民趋利,不计远图,得良有司严禁,俾无占良田,亦重农贵粟之意也。

(清 陈鸿作等修,易燮尧等纂:《黔阳县志》,卷十八,户政五,物产,清同治十三年刻本。)

〔清光绪三十三年前后,湖南宝庆府邵阳县〕 靛、漆皆出县西北乡隆回各都。漆较靛产为伙,靛以染成各色布匹,漆饰各器,光采动目,销售自广,县城业靛生理者不减业漆,以多来自武冈、洞口各地,故隆回产靛终不如漆。

(清 陈吴萃等修,姚炳奎纂:《邵阳县乡土志》,卷四,地理志,商务,清光绪三十三年刻本。)

〔清代至民国年间,湖南醴陵县〕 县境东乡产蓝,可为染靛。洋靛未兴,本县及萍、潭各地咸取给焉。蓝种以蒲蓝为上,状如苦荬,高三尺许,叶含靛白独多。又有蓼蓝、槐叶蓝,皆不及蒲蓝之佳。种蓝之法,始田作畦,届春分,取种植其中,生叶后施以菜枯,至夏至,叶始可采。凡采三次,乃刈其末,截其根,留茎尺许,藏诸土窖,作次年之种。即以所采之叶沤诸池中,历一二昼夜,沥去其糟粕,入石灰汁和搅之,则靛白即养化而成靛青,然后淀去其水,即成染料。惟靛质不纯,狡者且或掺以他物,则不适用。旧时每石值十五六元,一亩之田年可得纯利八九十元。又蓝性好阴,田中必兼植瓜、芋等物,其所入足以当田租而有余。自洋靛侵入,蓝靛价格骤落,山民皆去其种。

(傅熊湘编:《醴陵乡土志》,第六章,实业,蓝靛,民国十五年铅印本。)

〔清代至民国三十七年前后,湖南醴陵县〕 蓝靛系植物染料中最普通之一种。邑中所产除供给本县应用外,畅销于邻县漏水坪、李家山、老鸦山、大小阳坑。山谷阴翳之地,多种植之。每年产量在百万斤以上。民国初年,舶来品黑靛粉、快靛、印度靛输入,蓝靛成色不及远甚,因制造不良,价值低落,种蓝者逐年减少,有濒灭种。抗战军兴,舶来品来源断绝,蓝靛业乘时复兴,数年来,蓝田阮阮,转胜于前矣。

（刘谦等纂：《醴陵县志》,卷五,食货志上,工艺原料,民国三十七年铅印本。）

〔**民国九年前后,湖南永定县**〕　靛草,大宗特产,即蓝也。本境选阴湿地种之,采取入池腌以石灰,俟烂成糜,以封之。其浮水面者,谓之靛花,以染诸色。……本境染房销行外,时贩至澹、澧下游出售,约数千篓,价亦近万金。

（王树人、侯昌铭编：《永定县乡土志》,下篇,物产第十二,民国九年铅印本。）

〔**民国十九年前后,湖南永顺县**〕　靛,草本,种山田隙地,为染布帛之用。近染店多购快靛,而种者顿减。

（胡履新等修》张孔修纂：《永顺县志》,卷十一,食货志,货类,民国十九年铅印本。）

〔**民国二十年前后,湖南浏阳县**〕　土靛,输出约八百石。

（曾继梧等编：《湖南各县调查笔记》,物产类,浏阳,民国二十年铅印本。）

〔**民国二十四年前后,广东罗定县**〕　四区云致所出蓝米最佳,岁约三十石,粤西人争采之为靛。

（周学仕修,马呈图纂,陈树勋续修：《罗定志》,卷三,食货志,物产,民国二十四年铅印本。）

〔**清光绪中叶以前至宣统年间,广西浔州府贵县**〕　蓼蓝,南岸九怀各里产蓝素盛。迨清光绪中叶,则北岸所产尤为著名。北山、郭西、山东等里均有蓝山,垦植者多属郁林籍,制靛贩销县境,远及佛山,每年获利殊丰。宣统年间,蓝山多聚盗,嗣是蓝业浸衰。

（欧仰义等修,梁崇鼎等纂：《贵县志》,卷十,物产,植物,民国二十四年铅印本。）

〔**清光绪二十年前后,广西郁林州**〕　蓝有二种,山蓝似草决明,田蓝如鸡爪兰,一年五六刈,畏暑日、霜雪,夏、冬须草盖覆,割苗浸池中,加石灰沤去滓,即成青靛。州西北方为盛,与北、陆、兴三县靛,俱从北流江贩运广东、苏、杭,人通谓为北流靛。

（清　冯德材等修,文德馨等纂：《郁林州志》,卷四,舆地略,物产,清光绪二十年刻本。）

〔清朝末年,广西浔州府平南县〕 蓝靛:蓝经发酵作溶化水中,复经养化,可成化合物多种。蓝色者,靛,即其化合物之一,用为染料。二十年前,本县栽蓝可称盛极。

(郑湘涛纂修:《平南县鉴》,物产,植物产,民国二十九年铅印本。)

〔清朝末年至民国二十六年前后,广西来宾县〕 南乡土性近山者多宜种蓝,所出靛青且或出售邻县。近日,出产之盛,虽不及三十年前,尚不似棉花之一落千丈也。

(瞿富文纂修:《来宾县志》,下篇,食货二,农工商业,民国二十六年铅印本。)

〔民国九年前后,广西桂平县〕 俗呼蓝曰靛,草本有二种,盖即蓼蓝、大蓝,木本一种,盖即槐蓝也。大蓝宜平原冈阜,小蓝宜山,桂平北河所在多产,粤西以兴业靛为最良,惟桂平紫荆产可以相埒。今盛行江淮,亦民间一利源也。

(黄占梅等修,程大璋等纂:《桂平县志》,卷十九,纪地,物产下,植物,民国九年铅印本。)

〔民国二十三年前后,广西昭平县〕 蓝靛,又名蓝青,本邑偏预两区出产最多。草本植物,谷雨前施种于山岗或平地,凡五十日枝叶发育完满,刈浸靛池约一月许,滤出渣滓,和以上等石灰细末,即成蓝靛。普通每靛草六百斤造成一百斤之靛为佳,不及此数,渐分差次。在洋靛未来之前,本极发达,一切渲染皆仰给之。近日,洋布盛行,洋靛每能以少胜多,价格反逊于土靛,以致影响出产销路,是有望于后之改良振兴者。

(李树楠修,吴寿崧等纂:《昭平县志》,卷六,物产部,制造物,民国二十三年铅印本。)

〔民国二十九年前后,广西柳城县〕 蓝又名蓼蓝,叶可制染料。县属头塘乡之蓝靛冲,以种蓝得名。

(何其英修,谢嗣农纂:《柳城县志》,卷二,地舆,物产,民国二十九年铅印本。)

〔民国三十五年前后,广西三江县〕 蓝,有大蓝、小蓝二种,于夏末秋初摘其叶以制靛,供染布之用。在昔产量亦盛,其后亦随棉业而减少矣。

(覃卓吾、龙澄波纂修,魏仁重续修,姜玉笙续纂:《三江县志》,卷四,产业,物产,植物,民国三十五年铅印本。)

〔清道光十七年前后,四川资州仁寿县〕 蓝,染草也,俗称蓝子,酿成谓之靛。两丹山,四维四十里内人遍种之,一亩可得靛十斤,其利倍于种谷。红花,亦染草也。邑安下甚多,顺和间种之,东林绝不种,种亦无花,其利倍于白花。

（清　马百龄修,魏崧、郑宗垣纂:《仁寿县新志》,卷二,户口志,土产,清道光十七年刻本。）

〔清道光、咸丰年间至清光绪三十三年,四川顺庆府广安州〕　道、咸间,顺庆属红花利大,江南远贾来购,官监其税。自洋紫竞出,山户歇业,然其色不耐久,雨湿辄霉变,今渐复种,或曰茜。

（清　周克堃等纂:《广安州新志》,卷十二,土产志,清光绪三十三年修,宣统三年刻本,民国十六年重印本。）

〔清光绪三年,四川嘉定府威远县〕　布出于棉,昔时东盛,今转西南。明,盐井遍邑境,近时惟南乡有二。靛乃山中奇货,利倍于稻,多废稻田以种。桐、桊诸乡亦有,惟新最多。

（清　吴增辉修,吴容等纂:《威远县志》,卷二,食货志,物产,清光绪三年刻本。）

〔清光绪十七年前后,四川酉阳州秀山县〕　沤蓝为靛,农隙所讲事也。《通考》云,种蓝一亩,敌谷田一顷。能自染青者,其利又倍。县地蓝畦相望。叶满,则坎土潴水为圆池,谓之靛池。刈叶入水可七八日,以竿耙杂搅之,渗以石灰,其轻重视水色为程。有如蔚蓝者,佳靛也。岁货亦数千金。乡人贩蓝靛、烟草起家者接踵,但贾视之屑如也。

（清　王寿松修,李稽勋纂:《秀山县志》,卷十二,货殖志第九,清光绪十七年刻本。）

〔清朝末年至民国三于四年前后,四川大足县〕　靛,一名蓝叶,清末以[来]中鳌镇产量最富,用土法制成染料,运销遂宁、安岳各县。自洋蓝输入中国,销场为其侵夺,遂无种者。近因抗战军兴,洋蓝来源缺乏,始渐复种。

（郭鸿厚修,陈习删等纂:《大足县志》,卷一,方舆上,物产,民国三十四年铅印本。）

〔民国十年前后,四川温江县〕　蓝……渍汁和以石灰制为靛青,以染布帛,邑西北境多有种之者。

（张骥修,曾学传等纂:《温江县志》,卷十一,物产,植物,民国十年刻本。）

〔民国十一年前后,四川邛崃县〕　西山之种蓝者,以石子坡、大兴场两处为最,南路亦间有之。其销售之数每年可销得七八千挑,每挑约八九十斤,以八十斤计,八千挑已得六十四万斤矣。

（刘夔等修,宁湘等纂:《邛崃县志》,卷二,方物志,识大略,民国十一年铅印本。）

〔民国十二年前后，四川丹稜县〕 蓝，染色草，叶狭而长，状似鱼子兰。采叶入水浸之，令叶腐，下石灰，打成靛，染布匹。岁凡两刈，属境山农多种植。

（刘良模等修，罗春霖等纂：《丹稜县志》，卷四，食货志，物产，民国十二年石印本。）

注：丹稜县于一九五四年改为丹棱县。

〔民国十二年前后，四川眉山县〕 棉与蓝为染织原料，向惟取资异地，今山农渐知种植。

（王铭新等修，杨卫星等纂：《眉山县志》，卷三，食货志，土产，民国十二年铅印本。）

〔民国十七年前后，四川大竹县〕 蓝靛，每岁清明下种，五六月摘茎下老叶造靛……每四五斤蓝叶得靛一斤。近时，产额渐多，除敷用本县外，岁运绥定、顺庆、汉中、汉口等处约二千担，每担以五六两计，约银万余两。

（郑国翰等修，陈步武等纂：《大竹县志》，卷十二，物产志，制造之属，民国十七年铅印本。）

〔民国十八年前后，四川遂宁县〕 红花：叶尖长而色白，有刺缺，二月抽茎开花，色金黄，取其瓣以辗成饼，用染朱红。远商来贩，利甚大。近年，因洋红运入，而红花遂不消〈销〉，种者仅供入药而已。

（甘焘等修，王懋昭等纂：《遂宁县志》，卷八，物产，货类，民国十八年刻本。）

〔民国十八年前后，四川荣县〕 荣产皆槐蓝也，西北山中农业大宗。

（廖世英等修，赵熙等纂：《荣县志》，卷六，物产，草类，民国十八年刻本。）

〔民国十九年前后，四川名山县〕 蓝，茎近于木，一种可经三年，采其叶而沤之，略加石灰即凝为靛。青、蓝两色染料也，出产最多。

（胡存琮修，赵正和纂：《名山县新志》，卷四，物产，植物，民国十九年刻本。）

〔民国二十年前后，四川宣汉县〕 蓝子，蓼蓝也。昔为农家副产，今以洋靛侵入，种者少矣。

（汪承烈修，邓方达等纂：《重修宣汉县志》，卷四，物产志，植物之属，民国二十年石印本。）

〔民国二十一年前后，四川万源县〕 近时因洋靛输入，土靛价值低落，务者绝少。

（刘子敬修，贺维翰等纂：《万源县志》，卷三，食货门，实业，农业，民国二十一年铅印本。）

〔民国三十三年前后，四川长寿县〕　葛兰乡……从前种蓝颇多，现为泊来品抵制，出产渐少矣。

（陈毅夫等修，刘君锡、张名振纂：《长寿县志》，卷二，建置上，城市，附区镇乡，民国三十三年铅印本。）

〔清嘉庆、道光年间，贵州镇远府黄平州〕　黄平山多田少，山间多植蓝靛、烟叶，男耕女耨，习以为常。

（清　李台修，王孚镛纂，陶廷瑑续修：《黄平州志》，卷一，方舆志，风俗，清嘉庆六年修，道光十三年续修，一九六五年贵州省图书馆油印本。）

〔清代后期至民国十年前后，贵州黄平县〕　靛之为利，较之种杂粮者不啻倍之。旧《志》不载。近来，种者甚伙。旧城以上塘出者为最，上塘以李溪河、龙洞河出者为尤。数十年来，因以致富者不少，以故人争趋之。

（陈昭令修，李承栋纂：《黄平县志》，卷二十，食货至，物产，民国十年稿本。）

〔民国三年前后，贵州独山县〕　靛，按一亩之田，稻与靛各分莳半亩，收成估价，靛加二倍。

（王华裔修，艾应芳纂：《独山县志》，卷十二，物产，货类，民国三年稿本。）

〔民国九年前后，贵州施秉县〕　靛青，出县属东北，年出数万斤，除供本地染房外，并行销外县，约值银数千元，为本地出口货之一大宗。

（朱嗣元修，钱光国纂：《施秉县志》，卷一，物产，民国九年修，贵州省图书馆一九六五年油印本。）

〔清代后期至一九四九年前，云南〕　云南自来染色俱用土靛，东川青布最有名，其他颜色之配合，俱不如他省之鲜艳也。至洋靛输入，土靛渐衰。近因洋靛价昂，又有复种土靛者。

（龙云、卢汉修，周钟岳等纂：《新纂云南通志》，卷一百四十二，工业考，染色业，一九四九年铅印本。）

〔清宣统二年前后，云南楚雄府楚雄县〕　蓝靛草，近来遍种。

（清　崇谦等修，沈宗舜等纂：《楚雄县志》，卷四，食货述辑，物产，清宣统二年修，抄本。）

〔民国六年前后，云南大理县〕　今北乡周城、江渡、塔桥、阳乡等村，产靛甚伙。

（张培爵等修，周宗麟等纂，周宗洛重校：《大理县志稿》，卷五，食货部，物产，民国六年铅印本。）

〔民国二十二年前后，云南新平县〕 染渍，以白布锤洗，沤于石缸中，次日取出，以土靛染之。近日兼用洋靛。

（吴永立、王志高修，马太之纂：《新平县志》，第十二，工业，纺织，民国二十二年石印本。）

7. 苎、麻、桐、桕

〔民国二十三年前后，河北静海县〕 苘麻，静邑西北乡出产大宗。近来，洋布多麻织品，故麻销路广，统计，每年销售价约十万元以上。

（白凤文等修，高毓浵等纂：《静海县志》，土地部，物产志，货食，民国二十三年铅印本。）

〔民国十一年前后，河北宣化县〕 线麻，出西南乡王家湾、石匣里、狼洞、沟头、马坊、打鱼湾、沙笊一带，及西千庄、一堵泉、金家庄。凡有泉水及井浅之村落，每岁约出三十余万斤。

（陈继曾等修，郭维城等纂：《宣化县新志》，卷四，物产志，植物类，民国十一年铅印本。）

〔民国二十五年前后，甘肃康县〕 麻，全县产，南区最多，清明下种，六月刈获。入水沤之，经旬余，去其纤维，弃其茎干，结成束捆即为净麻，其质优良。每岁，除本地自做麻鞋、麻绳、麻布外，运于川、陕者不少，亦康县之最优品也。

（王世敏修，吕钟祥纂：《新纂康县县志》，卷十四，物产，民国二十五年石印本。）

〔民国二十五年前后，甘肃康县〕 县南三十里许，县坝及冯家峡、碾子坝各处，所产麻，质极精细，色又洁白，用途甚广，除本邑需用外，其销售武都、汉中者，为数不少，每年约售洋几近万元。

（王世敏修，吕钟祥纂：《新纂康县县志》，卷十，工商，民国二十五年石印本。）

〔民国八年前后，青海大通县〕 胡麻，红白二色。……苴麻，俗名麻子。二麻皆可压油，此间，岁产油数十万斤，皆取于此。

（刘运新修，廖偯苏纂：《大通县志》，第五部，物产志，植物，民国八年铅印本。）

〔清光绪三十四年前后，新疆疏勒府〕 葫麻，每年约产四五百石。

（清 蒋光陞纂：《疏勒府乡土志》，物产，一九五五年据清光绪三十四年稿本油印本。）

〔北宋年间至民国十二年，浙江德清县〕 苎麻：德清苎溪以多苎得名，为湖属之土产（《寰宇记》）。又，洛舍等处多苎，故镇志曰苎西乡。今，苎以洛舍等处所出为多，市肆收积，以时逐利而卖之。若采剥其皮，分缕以绩布，即苎缕也。夏布汗巾，旧惟有皋村盛出。嗣新市镇妇女皆务织此，以青、白苎缕间合而成，稍存发络，甚坚整可喜，远人多购之（镇《志》）。按：苎麻现销洋庄，彼以我之原料而成熟品，还售于我，光彩耀目。近年，细缕夏布价胜于纱罗，吾邑妇女坐食者多，何不仿之。

（吴嚚皋、王任化修，程森纂：《德清县新志》，卷二，舆地志二，物产，民国十二年修，民国二十一年铅印本。）

〔清乾隆二十四年前后，浙江杭州府临安县〕 迩年，有外来棚民散处山谷栽麻，其人去来无定，性情强顽。

（清 赵民洽修，许琳等纂：《临安县志》，卷二，风俗，清光绪十一年据乾隆二十四年刻本木活字排印本。）

〔清乾隆年间至民国十六年，浙江象山县〕 乾隆《志》：诸物不多产，惟柏油出运四方货之。又云，清、白二油，岁获其利，是柏油为象山商业之一。今则柏树多榴。说者谓，自近年煤油盛行，而柏油气死。此警言也。老柏悉先农所植，今农家无种柏子成新树者，能不以老死而见其少乎。

（李冰等修，陈汉章纂：《象山县志》，卷十三，实业考，树艺，民国十六年铅印本。）

〔清嘉庆十六年至民国六年前后，浙江西安县〕 田陌多种柏树，参差成行，冬暮擣子取膏，造成蜡饼，岁获赢余，亦农家之利薮也。

（清 姚宝煃修，范崇楷等纂：《西安县志》，卷二十，风俗，清嘉庆十六年刻本，民国六年补刻本。）

〔清同治十三年前后，浙江处州府丽水县〕 茶油，树高丈许，花叶皆类，茶子大如龙目，屑以为油，近岁始盛，邻郡资之。

（清 彭润章纂修：《丽水县志》，卷十三，物产，清同治十三年刻本。）

〔清光绪四年前后，浙江处州府龙泉县〕 溪岭深邃，棚民聚处，种麻，植靛，烧炭，采菰，所在多有，惟木厂实繁有徒，易藏奸匪。

（清 顾国诏纂修：《龙泉县志》，卷十一，风俗志，习尚，清光绪四年刻本。）

〔清光绪十三年前后，浙江嘉兴府桐乡县〕 湖州家家种苎为线，多者为布。

一年植根,三时可刈。其后不烦更种,稍加肥土足矣。若种苎地一分,则线可无乏用,苎头更可入粉为食。

(清 严辰纂:《桐乡县志》,卷七,食货志下,物产,清光绪十三年刻本。)

〔民国十九年前后,浙江寿昌县〕 苎麻,出县西北四灵、石屏、西华等区,他处间亦有之,惟出产不多。

(陈焕等修,李钰纂:《寿昌县志》,卷三,食货志,特产,民国十九年铅印本。)

〔民国十九年前后,浙江寿昌县〕 柏油,每年出产大都运销外埠。桐油,每年产额以仁丰、石屏、西华等区为最多,运销外埠为数颇巨。

(陈焕等修,李钰纂:《寿昌县志》,卷三,食货志,特产,民国十九年铅印本。)

〔民国二十一年至抗日战争后,浙江〕 本省桐油色淡质优,向受外人欢迎,产量居全国第四位,仅次于川、湘、桂三省。民国二十一年统计,产额为十六万六千四百零五担,价值二百九十四万七百九十元。据海关报告,本省桐油集中于温州、杭州运销各处者每年约三四万担(见《中国实业志》)。二十五年,估计约二十万担(见《浙赣路特刊》)。二十九年,估计为五十万担(见《浙江青年》)。其中销售于本省者只六千担,销售于国内者只一万担,余均运销海外。本省产桐之地,分布于钱塘江及瓯江两流域,尤以钱塘江流域为最盛,以产于衢县、江山、常山、开化、金华、淳安、兰溪、浦江、东阳、义乌、建德、分水、桐市、龙泉、松阳、寿昌、遂安、于潜、昌化、缙云、青田为最多。我国桐油输出海外者,以运销美国及南洋者十分之七,英、俄等国十分之三,占对美贸易出口总额百分之七十以上,故桐油之价亦随美国之销纳量而低昂。桐油虽为本省特产,然农民对于桐树之种植向不甚注意研究,普通约种于山坡上,任其自生自成而已,故桐树虽多,桐油之产量并不甚富也。

据民国二十二年出版《中国实业志》各县桐油产量

县 名	产量(担)	价值(元)
江 山	20 655	265 790
常 山	10 000	160 000
衢 县	10 000	170 000
开 化	5 000	70 000
龙 泉	3 000	60 000
松 阳	3 000	65 000

(续表)

县　名	产量(担)	价值(元)
兰　溪	30 000	600 000
金　华	8 000	160 000
义　乌	4 000	84 000
建　德	6 600	132 000
桐　庐	5 000	100 000
分　水	6 000	126 000
淳　安	20 000	440 000
寿　昌	3 000	54 000
遂　安	2 000	41 000
于　潜	2 000	40 000
昌　化	2 000	40 000
浦　江	13 000	260 000
青　田	150	3 000
永　嘉	300	10 000
缙　云	2 400	60 000
总　计	166 405	2 940 790
备　注	本表产量数与总计数不符,不知错在何处,原稿如此,特此注明。	

抗战前,桐油年产量日增,每担最高价为二十六元,约合米四石,故农民均乐于栽种。抗战军兴,桐油出口濒于绝望,价亦日落,至一担油仅值一石米,农民多斧桐为薪,改植他物。胜利时,浙省尚有存油八万担左右。民国三十五年,年产约五万担(见《浙江经济年鉴》)。复员之初,农民有补植桐树者,不意价格停滞,向居首位之桐油,而价反落于各油之下。农民因失望之余,产量日趋黯淡,而步丝、茶之后尘。且昔日销售桐油之美国,已有自植之桐油及其他代替物之油可用,其需要已远逊战前。南洋等地购买力亦不如前。英、俄等采购亦减少,故复兴桐油之路,殊为艰困。且因农民不愿栽桐,任其自生自灭,以致桐树逾期衰老,影响出产油质,亦复兴之阻碍也。

(浙江省通志馆修,余绍宋等纂:《重修浙江通志稿》,第二十一册,物产,特产上,桐油,一九四三年至一九四九年间纂修,稿本,浙江图书馆一九八三年誊录本。)

〔**清咸丰以前至民国三十七年前后,安徽广德县**〕 按郡号桐川,原以产桐得名。昔年油桐甚多,自遭洪杨之乱,土著存者少。客民只知种田,不知兴山。原有桐树多砍伐殆尽。今日油桐虽有,不及昔时千分之一,如能复兴,其出产额量当不在少数。盖广德地土宜于植桐,昔日桐花漂流水上,甚为美观,故广德古名桐川,亦因此也。

(钱文选编:《广德县志稿》,物产,民国三十七年铅印本。)

〔民国初年,安徽英山县〕 油树乌桕,多种于田边地角,吸收作物之肥料,方能结实,荒山因肥料不足,不能收良善之果。桐树于荒山旷地亦颇相宜,近年种者日多。

(徐锦修、胡鉴莹等纂:《英山县志》,卷之八,实业志,农林,民国九年木活字本。)

〔民国二十五年前后,安徽宁国县〕 宁庄桐油运销外埠,质较他省为良,获利颇厚。近来各乡桐子产量甚丰,若再推广种植,将来必为出产大宗。现计每年产数已达一万二千担,价约收入四五十万金或六七十万金不等。

(王式典修,李丙麐纂:《宁国县志》,卷八,实业志,制造品,民国二十五年铅印本。)

〔民国二十六年,安徽歙县〕 柏油:子外之肉制成者,称柏油,俗称皮油;子内之仁制成者,称青油。邑南出产较多,次则西北,通年产柏油约四千担、青油为数百担。柏油输售于浙,青油曩为燃灯料,今则当另辟销路,宜研究。又,青油合药去毒胜麻油,皮饼止能充薪,青饼肥田能松土。

(石国柱等修,许承尧等纂:《歙县志》,卷三,食货志,物产,民国二十六年铅印本。)

〔民国二十六年前后,安徽歙县〕 桐油,邑产不多。昔惟黄山源及东北交界山中有植桐者,今则安徽人在五都坦头垦山种之。通计年产油量约四千担。桐油为鬃屋及制器要品,外人以之制漆,销用极广,近年油之输出价极昂,然制漆转售于我,利仍外溢,宜广植并求制漆之法,以图挽救。桐子之粕为桐饼,俗称枯粪,培苞芦及珠兰花极肥。

(石国柱等修,许承尧等纂:《歙县志》,卷三,食货志,物产,民国二十六年铅印本。)

〔明嘉靖六年前后,江西九江府瑞昌县〕 桐油,出瑞昌。

(明 冯曾修,李汛纂:《九江府志》,卷四,食货志,物产,明嘉靖六年刻本。)

〔明嘉靖六年前后,江西九江府德安、德化县〕 苎麻,多出德安。白麻,出德化三洲。

(明 冯曾修,李汛纂:《九江府志》,卷四,食货志,物产,明嘉靖六年刻本。)

〔明嘉靖四十年前后,江西袁州府〕 桐子,可取油,凡栽杉先植此树,以其叶落而土肥。乌桕,取油为烛。

（明　严嵩原修,季德甫增修:《袁州府志》,卷五,物产,影印明嘉靖四十年刻本。）

注：明袁州府辖宜春、分宜、万载、萍乡等县。

〔**清康熙二十二年前后,江西广信府弋阳县**〕　苎麻,四乡俱出。

（清　谭瑄纂修:《弋阳县志》,卷三,农政志,食货,物产,清康熙二十二年刻本。）

〔**清道光二年前后,江西袁州府分宜县**〕　邑北山地多种苎,其产甚广,每年三收。五月后,苎商云集各墟市,桑林一墟尤甚。妇女亦多绩苎为布,粗而不精曰苎布。

（清　龚笙修,王钦纂:《分宜县志》,卷十二,土产,清道光二年刻本。）

〔**清同治十年前后,江西九江府德安县**〕　苎麻,旧《志》失记。近日各乡种植甚多,每岁获刈三次。

（清　沈建勋等修,程景周等纂:《德安县志》,卷三,地理志,物产,清同治十年刻本。）

〔**民国二十九年前后,江西分宜县**〕　西北两乡山土甚多,其质石沙,其色红黄,宜于苎麻者,各村各户广为种植。每年刈剥三次,以水浸之,以刀刮之,取筋成片,由片分丝,由丝绩纱,由纱织布,畅销汉口、上海各处转售外洋,每年价值数十万。

（萧家修修,欧阳绍祁纂:《分宜县志》,卷十三,实业志,种植,民国二十九年石印本。）

〔**清朝末年至民国十八年前后,福建建瓯县**〕　桐油以桐子制油,出自石砾山者,多结实而且多油。二十年前,输出以数万担计,今不及十之一二。盖自煤油传入,种桐者少,且新种之桐又易焦枯,不及古桐之耐老,则此业锐减,亦天时人事大有关系也。

（詹宣猷修,蔡振坚等纂:《建瓯县志》,卷二十五,实业志,用品,民国十八年铅印本。）

〔**民国十一年前后,福建永泰县**〕　油,有桐、茶、芝麻三种。近洋油盛行,榨油之桐只十存一二矣。

（董秉清等修,王绍沂纂:《永泰县志》,卷七,实业志,油,民国十一年铅印本。）

〔**民国二十六年前后,湖北恩施县**〕　恩邑从前亦种棉花,今则久无其种。裳衣之需,市之外地。近唯广植苎麻,尚可以此易彼。远商每岁购载出山,而以棉花各转相贩易。

（清　多寿修,罗凌汉纂:《恩施县志》,卷之七,风俗志,地情,民国二十六年铅印本。）

〔清同治十年前后,湖南长沙府攸县〕　苎麻：……邑山民近来栽种甚广,即城中隙地亦然。但只供贩运,未曾沤麻织布。

（清　赵勷等修,陈之骥纂、王元凯续修、严鸣琦续纂：《攸县志》,卷五十二,物产,清同治十年刻本。）

〔清光绪初年,湖南郴州兴宁县〕　兴宁水田宜稻,春种,夏耘,秋获,冬惟蓄水,故不宜别种。南乡于秋收后,多种油菜,亦有种荞麦者。又,南乡水田宜苎麻,居民多以倍租佃田植麻,利获数倍。故五路惟南乡缺谷,多仰给于东路。其山上亦有种谷者,谓之旱禾,必风雨调匀,及亦有秋。其余多宜包菽、高粱、穄子、薯蓣、芝麻、豆、姜、荞麦等类。姜本宜于西乡,近来南乡多种之。又,宁向无落花生,自道光间南乡屡遭洪水,近河之田半属沙洲,居民多种花生。若水塘,宜藕,宜芋,藕惟北乡最多,近城亦有之。草宜蔫木,宜松、杉、桐、茶。

（清　郭树馨等修,黄榜元等纂：《兴宁县志》,卷之五,风土、风俗,清光绪元年刻本。）

〔清朝末年至民国初年,湖南慈利县〕　桐子、茶子,子皆以榨油。桐子县产多有,独八都为特富,次则三都,往时八都、三都,矮丘高下如贯珠,皆无寸萌,间艺松,而不繁荣。逮清季或垦以植桐,再期年作花,再期年结实,谚所谓"栽桐子,三年还本"者也。初,不二纪、八都山无不桐矣。转相仿效,逾澧而南,三都山又无不桐矣。闻之父老,清咸丰、同治世,桐油市价斤百缗钱三千或四千而止。自后海通,输出额逐步增高,县人植桐去草松土,岁有常程,故地力彭亨,油质更佳,每百斤售钱六十缗或八十缗,是二十倍矣。货名出口,虽易占高价,然要大可惊人云。茶子产额,首上、下九都、四都,次十九都、二十都,其伙颐诚莫比桐子,而日用所关,除供阛阓食品外,即下九都、四都一隅输出岁为缗钱实已跻十万。前此二三十年,某埠发起种蓖麻子,盖麻子油为各油冠也,其子舶输之来,凡城市空隙处,人艺之殆遍,其发荣滋长也,亦较迅易,顾随种艺,随摧毁之。今时有一二株郁然于故墟废陇者,而拾子榨油之实行迄未一见,弃货于地,此盖其一端。

（吴恭亨纂：《慈利县志》,卷六,实业第三,民国十二年铅印本。）

〔民国初年至三十七年前后,湖南醴陵县〕　县产植物油,向只茶、桐、菜、木四种,近数年,始有蓖麻油、樟子油。茶油：茶油为人生日用必需品,产量向称饶裕。近十余年来,各乡种油茶树者益多,占全县林场五分之一。……除供本地食用外,销售长沙、湘潭一带。民国三十年,农业推广所调查,清正、荷里、楚东、明月、杉仙、集体、忠爱、和信诸乡,产油凡三万一千四百石,其他各乡数量较少。桐油:以前桐油销路不广,所产无多,至民国十年后,乃行销美洲。何键主湘政,提倡植桐。陶广、钟克仁、汤新昭等,首于本县自辟农场,所植各以万计,各县翕然向风。二十七年对外贸易,湘省出产首推桐油,遂益为国人所重视。……三十年春,农业推广所报告,醴陵全县增植八万株。……迩来,发明桐油可制汽油,价值提高,植桐者倍踊跃,将来产量之巨,必且驾茶油而上之矣。菜油……民间多用以供食,今县所产在万石以上。……木油,木子树即乌桕。……东乡尚堡冲、樟树坝,多有是树,仅供本县制烛之用。

(陈鲲修,刘谦等纂:《醴陵县志》,卷五,食货志,植物油,民国三十七年铅印本。)

〔**民国九年前后,湖南永定县**〕 桐油、茶油、木油,三种皆本境特产。桐、茶为上,木油次之。价值,茶、木为贵,桐油次之,每岁出境之桐油约十万,茶油约十万,木油约五千,各商设栈收买,贩运武汉一带,获利特巨。

(王树人、侯昌铭编:《永定县乡土志》,下篇,物产第十二,民国九年铅印本。)

〔**民国九年前后,湖南永定县**〕 苎麻,本境各乡特产,为土物上品,销行江西、广东、汕头,水运出洋,每岁约计五千捆,估值十余万钱。

(王树人、侯昌铭编:《永定县乡土志》,下篇,物产第十二,民国九年铅印本。)

〔**民国九年前后,湖南永定县**〕 麻,刮取为麻,晾干后束之成捆,运往汉口及广东、香港、汕头一带,贩卖出洋。每岁粤商来本境采运,岁可数千捆,价约十二万内外。商务品,麻者,以永定为上,销行甚畅,其运往江西者颇以之作夏布练麻线,贩运不如广东之多。本境制造,但作麻布、麻线,差供民用,不如迁地之良也。

(王树人、侯昌铭编:《永定县乡土志》,下篇,物产第十二,民国九年铅印本。)

〔**民国十四至三十年间,湖南宁乡县**〕 山林向种松槠,自十四、五年间,渐提倡植桐及各种果木。如廖起于蔡家冲植桐二万株;邓耘于东城外撩箕坡约植二千株,并植各种花果;陶懋功、李思运等各于榯山植数百株;宋光武购捞箕坡,辟地种果木;颜郁文于东效垦田土数十亩,分田艺、园艺两部种植之;林鹿苹辟园西乡,蓄种橘树;风气渐开,各有赢利。继起者,陈家骐于县东北十五里桃林桥私山,植桐八千株;狮顾乡唐氏于距县二十里仙凫冲之南竹山后私山,植桐约二千株;彭氏于驻县三十里之唐家坡私山,植二千株;詹氏于东郊外数里二岭坡私山,植数千株;罗汉冲之黄泥岭、陈家坡周氏私山相连,各植桐约二千株。二十五年,北城外梅氏私山植约三千株,而县长杨绩荪复令各乡于公私荒山皆得植桐。三十年,县政府调查各乡镇所植,统计约四万余株,从此勤加培植,一县闻风兴起,富源不可量矣。

（宁乡县志局：《宁乡县志》，卷二，实业，民国二十年木活字本。）

〔民国十五年前后，湖南醴陵县〕　县境以产茶桐油著称，为输出之次要品物。茶油以供烹调及灯烛之用。桐油之用，以漆皮革、木材之器及屋壁、船板髹漆而外，咸有待于桐油（近且输入欧洲，美国最为销行）。旧日煤油未侵入时，皆燃茶、桐油为灯，间亦用菜油、棉油。菜油取之油菜子，棉油则自棉花子榨出。且各种油枯（即榨余之渣滓）皆为肥田上品。今家家皆点煤油，仰给外货，而茶桐油之产额遂以锐减，棉油、菜油在醴境几于绝迹，殊可慨也。

（傅熊湘编：《醴陵乡土志》，第六章，实业，油业，民国十五年铅印本。）

〔民国二十年前后，湖南麻阳县〕　近山居民多植桐、茶，间以冬青，故桐、茶之利，每年以数万计。蔗糖产额亦富，岁入常在万元以上。

（曾继梧等编：《湖南各县调查笔记》，物产类，麻阳，民国二十年铅印本。）

〔民国二十年前后，湖南沅陵县〕　西、南、北各乡（如保、利、益、新、南、建、永、安八乡）山地多植桐树，每年出桐油颇多，巨商收买装运汉口。而东、南、北各乡（如咸、和、敬、颂、康、广、贞、柳、宏、盛、亲、乐、兴、宣、治十五都）山地多蓄禁森林，每年出杉木柴炭亦不少，故本县木商颇多，将杉木结成排，运往常德南县及岳州之洪水港、汉口之鹦鹉洲贩卖，且常、桃之柴炭商，亦多在此地采买柴炭。

（曾继梧等编：《湖南各县调查笔记》，物产类，沅陵，民国二十年铅印本。）

〔民国二十年前后，湖南辰溪县〕　桐、茶为出产大宗，因气候于种植相宜，凡高山峻岭遍种桐、茶。近数年来，辄遇兵匪、水旱、虫风等灾，赖桐、茶油出息，维系民众生计不少，商务亦因之进展。

（曾继梧等编：《湖南各县调查笔记》，物产类，辰溪，民国二十年铅印本。）

〔民国二十年前后，湖南古丈县〕　古丈物产以桐油为大宗，总其收入，年约四十万元。

（曾继梧等编：《湖南各县调查笔记》，物产类，古丈，民国二十年铅印本。）

〔民国二十年前后，湖南沅江县〕　苎麻为沅产之一大宗，分头、二、三季，全年产额约值百五十万元。近因水旱频仍，人民流离转徙……闾里萧然，生产量已非复从前之盛矣。

（曾继梧等编：《湖南各县调查笔记》，物产类，沅江，民国二十年铅印本。）

〔民国二十年前后，湖南凤凰县〕　全县每年约产桐油千余石，概行运销外省。茶油每年约产数百担，专供本县食用。

（曾继梧等编：《湖南各县调查笔记》，物产类，凤凰，民国二十年铅印本。）

〔民国二十年前后，湖南资兴县〕　水田宜稻，而南区水田宜苎麻，居民多以倍租佃田植麻，利获数倍。故五区惟南区缺谷，多仰给于东区。

（曾继梧等编：《湖南各县调查笔记》，物产类，资兴，民国二十年铅印本。）

〔民国二十年前后，湖南汉寿县〕　苎麻，宜山地，每岁可割三次，东南各乡多种之，汉口商人设庄沅江收买，均呼为沅麻，亦汉寿山乡大宗出品。

（曾继梧等编：《湖南各县调查笔记》，物产类，汉寿，民国二十年铅印本。）

〔民国二十年前后，湖南嘉禾县〕　嘉禾山产麻，岁售金数十万，辣椒、麦、花生、茶、桐木子脂、麻油、甘蔗、高粱、柿、百合不下数十万，皆贾湘粤。

（王彬修，雷飞鹏纂：《嘉禾县图志》，卷十七，食货篇第九中，民国二十年铅印本。）

〔民国二十八年前后，湖南澧县〕　妇女纺纱，乡村甚多，织布发贩，亦好现象也。近桐油见重外方，得价特昂，西乡担挑至津市，不绝于路，故植桐者众，但收效在四年之后。

（张之觉修，周龄纂：《澧县县志》，卷三，食货志，物产，民国二十八年刻本。）

〔民国十六年前后，广东东莞县〕　邑产多黄麻，为土货一大宗，广人呼为东黄麻，遇水湿愈坚韧，船缆多用之。

（陈伯陶等纂修：《东莞县志》，卷十三，舆地略，物产上，民国十六年铅印本。）

〔民国二十四年前后，广东罗定县〕　麻用甚广，其利亦溥，境内大络麻多于苎麻，络麻即都落麻，其皮可为绳索、为布，估客贩运尤多。

（周学仕修，马呈图纂，陈树勋续修：《罗定志》，卷三，食货志，物产，民国二十四年铅印本。）

〔清康熙四十年至乾隆九年前后，广西梧州府岑溪县〕　漆，自康熙四十年间始种，近年各乡处处植之。

（清　何梦瑶纂修，刘廷栋续纂：《岑溪县志》，物产，货，清乾隆九年刻本，民国二十三年铅字重印本。）

〔民国二十七年前后，广西田西县〕　茶油树种后，每年除草一次，五年结实，每树约产油二两至五两，常运销百色及滇省之广南、黔省之安龙市，价每斤由十七元至二十五元。桐树培植与茶油树同,种后三年(矮桐)、五年(高脚桐)结实,每树产油约六两至十两,运销百色,市价每百斤由二十五元至四十元。

(叶鸣平、罗建邦修,岑启沃纂:《田西县志》,第五编,经济,产业,林产及林业,民国二十七年铅印本。)

〔清咸丰、同治、光绪年间,四川酉阳州秀山县〕 秀山擅油利旧矣。故秀油最名,载销湘、汉、淮、泗之间,而汉口其都会也。其次常德,次湘潭、新隍。咸、同间,粤寇轶犯武昌,汉口为墟,秀油滞壅,商贾皆失业。及江南寇平,则油不敷销,坐获奇价,或起家者数十万。秀油者,研膏桐实为粉,入锅炒煎沸,膏四溢,则团以稻秸,铁箍束之,积二三十团上下,夹横木而加椎焉。油成,佳者如漆。膏桐一名荏桐,又名虎子桐,其树臃肿拳曲,三月始华,时必肃寒,民间谓之冻桐花。杨慎《丹铅录》引语云,"贫儿且莫夸,要过桐子花"。其实累累满枝,有房如核桃,研则去其外皮,以县产最优,故秀油名一时。其不为秀油者,为桐油。秀油色黑,故称桐油为白油,对黑为称也。秦、吴、荆、豫大商贾,皆奔走数千里以为专业。旧有十号,今唯万事、义合、同人、瑞泰、正盛、义顺、万兴、长茂八家犹盛。桐实平时斗率于一二百钱,一斗实得秀油十二斤。汉口秀油百斤,率值银六七两有奇,同治时至十三四两,益千载一时也。近三十年,始别出一种熬煮白油,而染其色,起于一二作伪之徒,其后遂通行之。故今秀油有二种,伪者谓之水牌,其值百斤银率下一二两,驵侩狙近习,又工费便省,不思变图矣。秀油发货二十余万金,白油亦不下七八万金。

(清 王寿松修,李稽勋纂:《秀山县志》,卷十二,货殖志,清光绪十七年刻本。)

〔清同治五年前后,四川夔州府万县〕 万多山,故民多种桐,取其子为油,盛行荆、鄂。

(清 王玉鲸、张琴修,范泰衡等纂:《增修万县志》,卷十三,地理志,物产,清同治五年刻本。)

〔清光绪十一年前后,四川夔州府大宁县〕 桐油,四面山乡皆产,场灶每年需用数十万斤。其他,麻油、菜油、烟子油均出邑产。供用漆油、木油,则行销下河一带。

(清 高维岳修,魏远猷等纂:《大宁县志》,卷一,地理、物产,清光绪十二年刻本。)

注:大宁县于民国三年改名巫溪县。

〔民国十二年前后,四川江安县〕 县以南山多田少,产竹、木、纸、麻、靛、炭等物；县以北，田多山少，除谷米粮食，别无大宗出产。

（严希慎修，陈天锡纂：《江安县志》，卷一，镇乡第五，民国十二年铅印本。）

〔民国十六年前后，四川酆都县〕 仁寿乡太平坝遍种青麻，商贩常捆载出口。其余各乡所产只自给其用。

（黄光辉等修，郎承诜、余树堂等纂：《重修酆都县志》，卷九，食货志，物产，民国十六年铅印本。）

〔民国十六年前后，四川酆都县〕 桐油，治南北各乡出产俱盛，而黄河坝、厢子石尤多。近外国人利以制造器物，悬格订价，遍向各场搜买，商贩装运出口，颇获厚利。

（黄光辉等修，郎承诜、余树堂等纂：《重修酆都县志》，卷九，食货志，物产，民国十六年铅印本。）

〔民国十七年前后，四川大竹县〕 县属土皆宜麻，为出产大宗，山前上、中两段尤伙，或外商捆载出境，或以织粗、细麻布，制成漂白及印花蚊帐，贩运络绎，远至沪、汉、西安、云、贵诸省，销售甚广。

（郑国翰等修，陈步武等纂：《大竹县志》，卷十二，物产志，特产之属，民国十七年铅印本。）

〔民国十八年前后，四川南充县〕 县人呼油桐为桐，在昔各山皆有之，土人取油点灯及为涂料。近世行销欧美，油价日高。民国以来，人知其利，种者日多，各山岩间多有成林者。

（李良俊修，王荃善等纂：《南充县志》，卷十一，物产志，林业，民国十八年刻本。）

〔民国十八年前后，四川遂宁县〕 同麻：乡坝俱有，最裨农用，亦为盐户、井灶所需，故每有运贩出境者。

（甘煮等修，王懋昭等纂：《遂宁县志》，卷八，物产，货类，民国十八年刻本。）

〔民国二十四年前后，四川云阳县〕 曩者，菜油最贵，香油次之，桐油最贱。今则桐油值几数倍，种者益多，皆山农余利也。

（朱世镛修，刘贞安等纂：《云阳县志》，卷十三，礼俗中，农，民国二十四年铅印本。）

〔清道光二十一年前后，贵州思南府〕 桐油，碾末而压者曰明油，炒末而压者曰黑油，运两湖销售。柏油，以白膜压者曰皮油，以仁压曰水油，运售与桐油同。

（清　夏修恕等修，萧琯等纂：《思南府续志》，卷三，食货门，土产，清道光二十一年刻本。）

〔民国三十二年前后,贵州榕江县〕 桐油为榕江特产,每年可产五万余担,近更由政府提倡,遇山造桐,将来的产量正有可观。

(李绍良编:《榕江县乡土教材》,第二章,榕江地理,第四节,物产,民国三十二年编,一九六五年贵州省图书馆油印本。)

8. 蔗、果、瓜、蔬、豆

〔元朝时期,中书省大都路〕 栗:西山栗园、斋堂栗园、寺院栗园、道家栗园、庆寿寺栗园。祖师以《华严经》为字号种之。当身迷望,岁收数十斛,为常住供。紫荆关下有栗园,尤富,岁收栗数千斛,今为官军占据之。

(元 熊梦祥撰:《析津志》,物产,北京古籍出版社,一九八三年辑佚铅印本。)

注:大都路今为北京。

〔明洪武十二年前后,南京苏州府崇明县〕 金柑,出崇明县,实小而累累。其本高三二尺,殊为可爱。然不可久留,惟藏绿豆中,则经时不变。宋温成皇后好食之,价重京师。

(明 卢熊纂:《苏州府志》,卷四十二,土产,明洪武十二年刻本。)

〔明崇祯四年前后,南京苏州府嘉定县外冈〕 西瓜,向称沙头、太仓及吾邑北门外井亭为佳。今吾乡有紧皮之名,瓤红如朱,味甘如蜜。沙头人往往买去充本地土者,亦莫能辨。

(明 殷聘尹编:《外冈志》,卷二,物产,明崇祯四年修,一九六一年铅印本。)

〔明崇祯四年前后,南京苏州府嘉定县外冈镇〕 秋瓜尽起,复种萝卜,至冬,亩亦有一二千之息,一岁两熟,且培获易,然劳费颇不资。

(明 殷聘尹编:《外冈志》,卷二,物产,明崇祯四年修,一九六一年铅印本。)

〔清乾隆五十七年前后,江苏太仓州嘉定县外冈〕 韭菜,乡人以利倍棉花,种者颇多,又以粪泥培壅,冬初即生芽,芽长,远鬻他邑。

(清 钱肇然编:《续外冈志》,卷四,物产,清乾隆五十七年修,一九六一年铅印本。)

〔清乾隆五十七年前后,江苏太仓州嘉定县外冈〕 金桃,向产娄塘,与上海水蜜桃相似,后惟西城隅王姓觅种射利,遂传其接法,今则镇乡各接,花开时红艳如锦。

(清 钱肇然编:《续外冈志》,卷四,物产,清乾隆五十七年修,一九六一年铅印本。)

〔上海开埠通商后,江苏嘉定县真如里〕 自上海辟为租借地后,中外互市,人口日繁,需要巨量之蔬菜。农民以应供求起见,有舍棉、稻而改艺者。工力虽倍,应时更替,年约六七熟,获利倍蓰。本乡之东南部大都如是,而西北部农民以交通上之关系,不能享此权利,然有改植洋葱头者(每亩收获多至二十余担,价格视产量及需要之多寡为转移),为西餐之主要食物,销售洋庄,获利亦溥。

(王德乾辑:《真如志》,卷三,实业志,农业,民国二十四年稿本,一九五九年抄本。)

〔清朝末年至民国初年,江苏嘉定县真如里〕 地以沙瘠,不宜稻,而宜棉,然必一年植稻,乃可二年植棉。若常以植棉,则花为草窃,久雨即芟夷不能尽矣。近年沟渠淤塞,戽水为难,改植豆、麦者不少。东南部因邻近租界之故,改艺蔬菜以应供求者尤夥。

(王德乾辑:《真如志》,卷八,礼俗志,风俗,民国二十四年稿本,一九五九年抄本。)

〔清朝末年至民国初年,江苏上海县〕 马铃薯,此物乃植物之地下茎,陕、甘各省俱植之,俗称洋芋。近邑中植者,盖自爪哇传来,佐西餐中之肉食,又可煮食。大者如山薯,即植物学所称之块茎,各块茎上之细茎支持其地上茎,叶为羽状复叶,一本生块茎七八枝。种时,切块茎为片,埋地中,易生长,春种夏熟,夏种秋熟。花白,略如水仙。每亩收获少者三四十担,多者七八十担。吴淞江、蒲汇塘两岸间,种植甚富。近十余年来,为出口物之大宗。

(吴馨等修,姚文楠等纂:《上海县续志》,卷八,物产,民国七年刻本。)

〔民国初年,江苏上海县〕 洋葱,外国种,近因销售甚广,民多种之。叶似葱,高三四尺,地下茎如水仙茎,植物学所谓鳞茎也。佐肉食,味颇佳,惟其叶人多不食。

(吴馨等修,姚文楠等纂:《上海县续志》,卷八,物产,民国七年刻本。)

〔民国七至二十年及以后,江苏嘉定县疁东地区〕 薄荷,民国七年本区开始种植,至十年前后,户户种植,二十年以后,销路欠广,价低,种者渐少。

(吕舜祥、武嘏纯编:《嘉定疁东志》,三,物产,天然物,民国三十七年油印本。)

〔民国年间,江苏嘉定县疁东地区〕 近镇人家除种棉与五谷外,兼种各种蔬菜。近徐家行一带,兼种黄草,其利丰厚。近娄塘者,兼种大蒜、洋葱、薄荷等。近东门者,曾试种除虫菊,以不得法而止种。

(吕舜祥、武嘏纯编:《嘉定疁东志》,四,实业,农业,民国三十七年油印本。)

〔民国十年前后,江苏宝山县江湾里〕 本境民皆务农,以禾、棉、菽、麦为大宗,禾居十之三,棉居十之七,树桑育蚕之家殊不多见。其濒近蕴藻河一带之田,辄利用海潮灌入种稻,不劳戽斗,人工省而便利多。近自商埠日辟,向以农业为生者,辄种植蔬菜,杂莳花卉,至沪销售,获利颇不薄,而以潘氏之花园为最。其他如蜀商公所之川主宫、粤人张氏之补萝花园(今改为中国公立医院)、宋墓公园、沈氏坟园,亦均栽花木甚多,特非注意于营业。其从事畜牧者,则惟芦泾浦旁之畜植公司,当光绪二十九年,由粤人集股开办,资本万余元,圈地三十余亩,专养鸡、鸭、兼种棉花、菜蔬,民国初年以款绌停办。

(钱淦等纂:《江湾里志》,卷五,实业志,农业,民国十三年铅印本。)

〔民国十年前后,江苏宝山县〕 菜圃之成熟,岁可七八次,灌溉施肥,工力虽倍,而潜滋易长,获利颇丰。凡垦熟之菜圃,地价视农田几倍之。邑城内外业此者甚多,各市乡近镇之四周亦属不少,乡村则于宅旁余地略辟数弓,所种亦足供自食。其出产较多者,如城市之塌菜、青菜(俗呼白菜,四时不断,冬令味最佳)、罗店之瓜茄、杨行、月浦之红白萝卜、刘行、广福之韭菜、韭芽、江湾之马铃薯、真如之洋葱头(每亩收获多至二十余担,销售申地,为西餐主要物,但价格视来源多寡为转移,贵时每斤一二角,贱时多半倾弃河边)、彭浦之卷心菜以及洋种菜蔬,均甚著名者。

(张允高等修,钱淦等纂:《宝山县续志》,卷六,实业志,农业,民国十年铅印本。)

〔民国二十年前后,江苏嘉定县桃溪乡〕 竹园甚多,凡宅基之旁,莫不栽之。非特作编篱制器之需,并可掘笋牙以佐餐,味甚鲜美。亦有出售者,价格颇昂,并有将成材之竹运销沪地,作晒衣之用者。

(王德乾撰:《桃溪志》,卷三,实业志,农业,民国二十年抄本。)

〔民国二十五年前后,江苏上海县三林塘乡〕 辣椒,俗呼辣茄,色青时可作蔬,及色转红,捣作酱辣,逾川椒,销行甚广。盖自镇江以上,西至蜀,北至京津,人都嗜之。产数旺时,三林一乡每日肩挑以去者辄数十担,为贩蔬大宗之一。

(吴馨等修,姚文枬等纂:《上海县志》,卷四,农工,农产,民国二十五年铅印本。)

〔民国二十六年以后,江苏嘉定县疁东地区〕 蒜,有大蒜、小蒜二种。小蒜俗名夏蒜,旧多种于棉田,鳞背、鳞茎外售。大蒜旧多自用,种植不多,民国后,始外售而多种,近娄塘者尤多,"八·一三"后种者更多;初只种于杂地,近则种植整块良田。

(吕舜祥、武嘏纯编:《嘉定疁东志》,三、物产,天然物,民国三十七年油印本。)

〔清嘉庆四年前后,直隶保定府束鹿县〕 农,善稼穑,膏沃之地岁有实获,即沙瘠如旧城、桃园、梨园、西古营一带,多植桃、杏、枣、梨,足以易食,故邑无旷土。

(清 李符清修,沈乐善等纂:《束鹿县志》,卷九,风土志,风俗,清嘉庆四年刻本,民国二十七年铅字重印本。)

〔清宣统二年至民国四年,河北任县〕 食品多枣、梨、桃、杏。枣约一万余株,通共收量约五十余万斤,每斤约七八文,自用无多。近年制为熏枣,由滏阳河运销天津。梨、桃、杏,共约六千余株,通共收量约三千余斤,本境自销,无外售者。

(清 谢昺麟修,陈智纂,王亿年增修,刘书舫增纂:《任县志》,卷一,地理,物产,清宣统二年修,民国四年增修铅印本。)

〔民国十一年前后,河北宣化县〕 白葡萄,味甘皮薄,已熟者能切成薄片,以供上客。赤葡萄,形似乳,土人谓之马乳葡萄,价亦昂,销售亦远,经冬则味变。红葡萄,色微红,迟熟,皮厚,蒂甚长,味甘微酸,能耐冬,次年五六月犹有藏储者。……从前官商合资设有上谷美酒公司,因用人不当,造法不良,遂至倒闭。今亦有小试其技者,而色味不纯,故难畅销。惟火车通后,关内人来贩葡萄者甚伙,价值愈昂,销路愈广,城内园地有增无减,而北街葡萄尤为发达,以其能浇河水也。

(陈继曾等修,郭维城等纂:《宣化县新志》,卷四,物产志,植物类,民国十一年铅印本。)

〔民国二十二年前后,河北昌黎县〕 梨,种类最多,有白梨、蜜梨、香水梨、五香梨、沙果梨、糖梨、甜瓜梨、红绡梨、雅梨、油香梨、罐梨、杜梨、雪梨、安梨等名。碣石山一带,数十里随处种植,每年行销外省及外国,而白梨、蜜梨尤为著名。

(陶宗奇等修,张鹏翱等纂:《昌黎县志》,卷四,物产志,民国二十二年铅印本。)

〔民国二十二年前后,河北昌黎县〕 葡萄,一名蒲萄,有数种。先熟者,实小而青色,无子,名无子绿。次熟者,形长色绿微白,名马乳葡萄。形稍小而下尖者,名鸡心葡萄。色黑而形圆者,名黑葡萄。前数年种者尚少,近年碣石山一带,随处种植,而五里营、十里铺、凤凰山为尤多。将熟之时,颗颗如珠,累累满架,甚为美观,每年运销各省及外国,进款几数十万,与昌黎梨、桃,并为出产大宗。

(陶宗奇等修,张鹏翱等纂:《昌黎县志》,卷四,物产志,民国二十二年铅印本。)

〔民国二十三年前后，河北望都县〕 枣，本邑东南十余里井泉、双庙、南王家疃、田家庄、韩家庄、荆家庄等十余村，多有种植者。……每年产额约二三十万斤。品质甚佳，其色红，其肉甘，其实无蛀，行销省垣、北平及察省。梨，本境产梨之区甚少，在东南境沙地，年约二三千斤。葡萄，南北王家疃、荆、韩、陈家各庄多有栽植者，品质中等，其色碧，其味甜，每年产额约二三万斤，行销邻邑及本境，有时运销汉口。

（王德乾修，崔莲峰等纂：《望都县志》，卷一，舆地志，物产，民国二十三年铅印本。）

〔民国二十四年，河北涿县〕 主要果蔬产量：桃约十五万余斤，梨约百万斤，杏约十万斤，枣约二百万斤，红果（山里红）约百万斤，蔬菜约三千余万斤，藕约十五万斤，荸荠约三万斤。

（宋大章等修，周存培等纂：《涿县志》，第三编，经济，第一卷，实业，民国二十五年铅印本。）

〔隋朝年间，雁门郡雁门县〕 雁门县有枣户城，初筑此城以地多枣树为名，土人云，此枣多输北京。

（隋 郎蔚之撰：《隋州郡图经》，雁门县，清王谟《汉唐地理书钞》辑本。）

注：雁门县今为山西代县。

〔清康熙二十一年盛京锦州府〕 香梨，闾山中多有之，气香而味美，初食犹觉酸涩，贮久愈佳。国制设壮丁看守，每秋实日遣使采进，民不得私采。

（清 刘源溥、孙成修，范勋纂：《锦州府志》，卷五，田赋志，物产，清康熙二十一年修，民国二十三年铅印本。）

〔清康熙年间，盛京锦州府广宁县〕 香梨，城西闾山中多有之。其气香而味美，初食犹觉酸涩，贮久愈佳。国制设壮丁看守，每秋实日遣部吏采进，禁民私采。

（清 项蕙修，范勋纂：《广宁县志》，卷三，田赋志，物产，清康熙三十一年修，民国二十三年铅印本。）

〔民国十八年前后，奉天绥中县〕 果类实繁，凡杏品、桃品、枣品、梨品及各果品为类不一，称名亦异，产于绥中七、八两区品美味甘。按年计，本地销用不过十居其一，其余均经客商，或运以旱脚，或载诸火车，贩运于奉、吉、黑三省销售者为最多，获利亦巨。

（文镒修，范炳勋等纂：《绥中县志》，卷十五，物产，货类，民国十八年铅印本。）

〔民国十九年前后,奉天开原县〕 开原城址占地较邻邑为广,所有四隅旷土,今已悉改为园圃,加以附城厢关,亦或因获利较巨,不种谷而种菜,约计之已有四五十家,近皆得厚利焉。

(李毅修,王毓琪等纂:《开原县志》,卷九,人事,实业,农业,民国十九年铅印本。)

〔民国十九年前后,奉天盖平县〕 境内果园之盛,以一、二、三、四、五等区为最伙,七、八两区次之,计共园主一千二百余户,园田九千余亩,各种果树十八万余株,葡萄二千数百架(其植之宅边院内者在外)。

(石秀峰修,王郁云纂:《盖平县志》,卷十二,实业志,果园,民国十九年铅印本。)

〔民国二十年前后,奉天安东县〕 蔬圃多在县治附近,大沙河、东坎子、土燕窝、通天沟、青梅村、九道沟、八道沟、七道沟、六道沟等处。专以种蔬为业者,现时统计五百三十余户,用地三千余亩。菜蔬之品类,通常种植者菘、韭、菠、芹、葱、蒜、茄、芥、胡荽、茼蒿、菜菔、瓜类、豆类、马铃薯等,供给中国菜市,埠内商民购食。复有日本之勾帮、甘蓝(俗名洋白菜)、萝卜等,专售于日本菜市。至种植大宗萝卜及甜瓜等,以一区之九连城、瑷河村、太平村,二区之楼房村、青梅村、聚财村等为最多,每岁取获甚丰。

(关定保等修,于云峰纂:《安东县志》,卷六,人事,农业,民国二十年铅印本。)

〔民国二十二年前后,奉天北镇县〕 果园亦农家副业,以山中为最多。稽其种类,有梨、枣、桃、杏等,而梨之产量尤多。梨之名称不一,有白梨、红梨、酸梨、甜梨、香水梨、麻梨、秋子梨、安梨数种以外,葡萄、山楂亦颇著名,自交通便利,运销东省者每年约数百万斤,为本境输出品之大宗也。

(王文璞修,吕中清等纂:《北镇县志》,卷五,人事,实业,农务,民国二十二年石印本。)

〔民国四年前后,吉林双山县〕 五谷,豆最多而美,金黄色,粒小坚脆,为边外第一。虽昌图鸳鹭树屯所产,不如也。

(牛尔裕纂:《双山县乡土志》,植物,民国四年铅印本。)

〔民国十六年前后,吉林辉南县〕 大豆,古谓之菽,俗曰之豆,粒大而圆,色黄,富蛋白质,制为豆腐,味旨美,含养分,制油,供烹饪,轧滓为饼,曰豆饼,可肥畜,各为境内农产大宗,输出颇多。

(白纯义修,于凤桐纂:《辉南县志》,卷一,疆域,物产,农产,民国十六年铅印本。)

〔民国二十年前后,吉林辑安县〕　大豆……今有黄、青、黑、白、褐斑诸色。惟青者,俗名大青豆,白者为大白眉,黄者为小金黄,种者尤多,可以制腐、生芽、造豉、榨油以佐食,而榨油为用尤多,为境内农产大宗,输出甚多。

(刘天成等修,张拱垣等纂:《辑安县志》,卷四,物产,植物,民国二十年石印本。)

〔民国二十三年前后,吉林梨树县〕　果园,全县专业者少,而由田家兼营者多。如第六区郭家围子等村居民,多以培养葡萄为副业,所产色、味俱佳,为本地销售量之一巨额。中秋节,水果盛行时,其他各种果品则多仰给于输入,惟本地产出之葡萄颇占优胜。

(包文峻修,李溶等纂,邓炳武续修,范大全等续纂:《梨树县志》,丁编,人事,卷四,实业,民国二十三年铅印本。)

〔民国二十三年前后,吉林梨树县〕　大豆,土名黄豆,种子可制酱及酱油、豆油、豆腐等食品,为本地最普通之副食物,产量较多,占谷类五分之一,为输出品一大宗,以一、二区所产为优,五、九区次之。

(包文峻修,李溶等纂,邓炳武续修,范大全等续纂:《梨树县志》,戊编,物产,卷一,植物,民国二十三年铅印本。)

〔民国十五年前后,黑龙江双城县〕　大豆,古谓之菽,有黑、白、黄、青数色。黑豆,小者为雄豆,入药,大者堪食。黄豆亦有大小二种,可食、可酱、可油、可腐,滓可喂猪,为双城拉林之大宗产,有地皆种,十岁九稔。又,小白豆,丛生,子赤色,和黍蜀炊饭极佳。

(高文垣等修,张肃铭等纂:《双城县志》,卷七,物产志,植物,民国十五年铅印本。)

〔民国十八年前后,黑龙江珠河县〕　珠河初垦荒地,农人贪种豆田,谷田仅种十分之一二。若丰收大豆,以此易彼,尚可足食,一遇歉收,则食粮缺乏,虽有粮商运贩,而钱根奇绌,民食为之恐慌。

(孙荃芳修,宋景文纂:《珠河县志》,卷十一,实业志,农业,民国十八年铅印本。)

〔民国十八年前后,黑龙江珠河县〕　元豆为县境之大宗出产,荒熟之地均宜种,有铁角青、大白眉、霸王鞭、小金黄之类,制油出口外洋,皆以东省产者为佳。

(孙荃芳修,宋景文纂:《珠河县志》,卷十二,物产志,植物,民国十八年铅印本。)

〔民国二十二年前后,黑龙江〕　蔬类以马铃薯(即俗称土豆子)为最盛。种五十六万七千一百三十一亩,每亩收获量约四百五十八斤,约总计二亿六千零八万一千四十斤(马铃薯原产于南美之智利国,因其质滋养,可代米谷,穷苦人借以当饭,又为淀粉、酒精等等制造原料,实属重要农产)。

(万福麟修,张伯英纂:《黑龙江志稿》,卷十六,物产志,农业,民国二十二年铅印本。)

〔明万历十二年前后,陕西西安府朝邑县〕 千树杏,万树桃,桑、枣无虑以亿计。葱、茄千畦,莱菔、瓜田百亩。秋夏之交,肩任背负,缊属辐辏,达于四境。交易而退,得谷百钟,因之衣食滋殖。语云:"一亩园,十亩田。"非虚言也。

(明 郭实修,王学谟纂:《续朝邑县志》,卷四,食货志,物产,明万历十二年修,清康熙五十一年刻本。)

注:朝邑县于一九五八年并入大荔县。

〔清乾隆以后至光绪二十二年前后,陕西兴安府平利县〕 乾隆以后,户口加增至数十倍,地利日辟,物产日增,低山以漆、木耳、苎麻、漆油、桐油为大宗,岁所出巨万,有业此而货殖致富者。……南乡高山则以洋芋、药材为大宗,东至镇坪界,西至砖坪界,数百里中皆业此以资生活。光绪己丑以后,连年阴雨为灾,洋芋几无遗种,而当归、党参蕃殖异常,高山居民专以种药营生。

(清 杨孝宽修,李联芳纂:《续修平利县志》,卷九,土产志,货之属,清光绪二十二年刻本。)

〔清道光二十七年前后,陕西绥德州吴堡县〕 五谷无稻。果之属,枣为多,居民以此为业。

(清 谭瑀纂修:《吴堡县志》,卷一,舆地部,物产,清道光二十七年刻本。)

〔民国十年前后,陕西南郑县〕 近城有务专园者,其产出品较各乡为优,且一地轮换接种,有年收四次至六次者。

(郭凤洲、柴守愚修,刘定铎、蓝培厚纂:《续修南郑县志》,卷三,政治志,实业,农业,民国十年刻本。)

〔清道光十八年前后,甘肃秦州秦安县〕 陇以西,虽皆有梨,惟县川阳兀川梨独佳,人以为不在宣州河间之下,但路僻,不能远致,是以止称于陇。

(清 严长宦修,刘德熙纂:《秦安县志》,卷四,食货,物产,清道光十八年刻本。)

〔清宣统二年前后,新疆迪化〕 迪化为全疆一大都会,五方之民辐辏,时时仰谷他邑,惟蔬菜品汇特繁。军兴以后,湘人之从征者,捆载芽荄,移植兹土,津人踵之。庸次比耦,阡陌相望,园圃之利,富于农十倍。

(钟广生撰:《新疆志稿》,卷二,实业志,农田,清宣统二年修,民国十九年铅印本。)

注:迪化今为乌鲁木齐。

〔民国七年前后,新疆〕 秋分前后,绥来之苹婆、库车之梨、吐鲁番之葡萄、喀什之石榴,皆至于市。

(王树楠纂:《新疆小正》,民国七年铅印本。)

〔民国七年前后,新疆〕 哈密瓜为缠民特产,形似蚕茧,皮绿色,外缠白丝纹如蛛网,味甘而脆。种法不仅灰培,必用苦豆,不然则不甘美。他处种者,只具其形而已。凡瓜甜而美者,皆自哈密来也。

(王树楠纂:《新疆小正》,民国七年铅印本。)

〔民国七年前后,新疆〕 葡萄自山南来,处暑后始成熟,无酸味,吐鲁番岁出三百余万斤。

(王树楠纂:《新疆小正》,民国七年铅印本。)

〔民国七年前后,新疆〕 韭菜华捣烂,浸以盐,北方人好食此菜。天津商人在新疆者,出鬻之。

(王树楠纂:《新疆小正》,民国七年铅印本。)

〔民国九年前后,山东安邱县〕 潍汶之滨,近年植楂树者益多,秋末取实切制为片,运往他境,岁约数百万斤,其利亦云大矣。

(孙维均、章克铭修,马步元纂:《续安邱新志》,卷九,方产考,民国九年石印本。)

〔民国二十三年前后,山东济阳县〕 黑枣,俗名熏枣,本县一、二两区造此枣者甚多,销售于上海、青岛等处。

(路大遵等修,王嗣鋆纂:《济阳县志》,卷一,舆地志,物产,民国二十三年铅印本。)

〔民国二十三年前后,山东桓台县〕 菘菜,俗名白菜,亦名黄芽,城东时水两岸栽植最多。有名卷心白者,其叶肥大,一本重至二十余斤。其味脆美清腴,尤称上品。每亩约产四千斤上下,立冬后多由小清河运销济南,为本县蔬菜出产之大宗。

(佚名纂修:《桓台县志》,卷二,法制,实业篇,物产,民国二十三年铅印本。)

〔南宋绍熙三年,两浙西路平江府吴县〕 绿橘,出洞庭东、西山。比常橘特大,未霜深绿色,脐间一点先黄,味已全可啖,故名绿橘。又有平桔,比绿橘差小,纯黄方可啖,故品稍下。而其皮正入药,今市卖橘皮,多杂以柑皮及永嘉扁桔皮,不可不察。真柑,出洞庭东、西山。柑虽橘类,而其品特高,芳香超胜,为天下第一。浙东、江西及蜀果州皆有柑,香气标格悉出洞庭下。土人亦甚珍贵之。其木畏霜雪,又不宜旱,故不能多植及持久。方结实时,一颗至直百钱,犹是常品,稍大者倍价。

（宋　范成大撰：《吴郡志》,卷三十,土物,宋绍熙三年修,清乾隆间《四库全书》本。）

〔**明天顺年间至清乾隆十二年前后,江苏苏州府吴江县**〕　橘有绿桔、匾橘、平橘诸种,乡村间往往栽治以取利,号曰橘园,野绿阴翳,望之郁葱可爱。按《吴郡志》云：橘出洞庭东、西山。莫《志》云：三十年来,吴江盛植之,结实不减洞庭。则知明天顺、成化间已然,沿至今三百年矣。

（清　陈荚缵修,倪师孟、沈彤纂：《吴江县志》,卷五,物产,清乾隆十二年刻本,民国间石印重印本。）

〔**明弘治元年前后,南京苏州府吴江县**〕　庞山村,在二十五都,居民皆业圃种蔬,远近取给。每晨钟初静,黄童、白叟累累然数百担入城变易,皆土产也。

（明　莫旦纂修：《吴江县志》,卷二,市镇,明弘治元年刻本,民国十一年传抄本。）

〔**明嘉靖十七年前后,南京苏州府昆山县**〕　娄县菱,出娄县村者大而味美。

（明　杨逢春修,方鹏纂：《昆山县志》,卷一,土产,明嘉靖十七年刻本。）

〔**清乾隆十七年前后,江苏常州府无锡、金匮县**〕　不植五谷而植园蔬,惟城中隙地及附郭居者为多。其冬菜一熟可抵禾稼秋成之利。余则菘、韭、苋、芥、茄、卜之属,及时栽种,肩担而鬻于市。

（清　黄印辑：《锡金识小录》,卷一,备参上,场圃之利,清乾隆十七年辑,光绪二十二年木活字本。）

〔**清乾隆十七年前后,江苏无锡、金匮县**〕　有红菱田、茭田,近更有种西瓜、甜瓜者,皆乡民以水稻收薄,故为他种,以图利。

（清　黄印辑：《锡金识小录》,卷一,备参上,田土之利,清乾隆十七年辑,光绪二十二年木活字本。）

〔**清嘉庆十年前后,江苏苏州府吴江县黎里镇**〕　菱所在皆有,黎里湖荡所产尤多。六月花开,满湖皆白,味亦较他处独胜。又有醉红可爱者,曰雁来红,总名红菱,味更佳。

(清 徐达源纂:《黎里志》,卷四,物产,清嘉庆十年刻本。)

〔清道光二十年前后,江苏苏州府吴江县平望镇〕 菱出鸳胭湖者,小而角尖,味佳。他处大而角圆,味稍逊。

(清 翁广平纂:《平望志》,卷一,土产,清道光二十年刻本。)

〔清道光至光绪年间,江苏苏州府吴县光福镇〕 光福西北多山,宜植花、果、杂树,山中人业于此而贩四方者,十有七八。

(清 徐傅编,王镛等补辑:《光福志》,卷一,风俗,清道光二十四年编,光绪二十三年补辑,民国十八年铅印本。)

〔清光绪十一年前后,江苏镇江府丹阳县〕 萝卜,有红白二种,陵口一带多种之。白者亦名水萝卜,岁值丰收,利倍于谷。

(清 凌焯等修,徐锡麟等纂:《丹阳县志》,卷二十九,土产,清光绪十一年刻本。)

〔清宣统年间,江苏江宁府〕 灌圃之业,较农为优,田畴纵横,间以畦畛。城中西北五台山、干河沿一带,皆有稻田、蔬圃,而蔬圃之衍沃者,则在城内旧王府,明太祖旧邸也。东花园、万竹园,徐中山王别墅也,张府、郭府诸园,明勋臣宅第也。昔年华屋,废为邱墟,水土肥腴,农民是力。每当晨露未晞,夕阳将落,担水荷粪之夫,往来若织,不肯息肩力,耕者逊其勤矣。其蔬种,若菠棱、莴苣、油薹、莴苋、瓠瓜、豆荚之属,皆与他郡同,即旧称板桥萝卜、善桥葱,亦虚有其名。而初春韭芽,首夏牙竹笋,秋菘之美者,以矮脚黄名,冬日则有瓢儿菜、雪里蕻、白芹,可烹菹,其甘媚舌最为隽品。至于荠菜、苜蓿、马兰、雷菌、蒌蒿诸物,类皆不种而生,村娃穉子相率成群,远望如蚍蜉蚁子,蠕蠕浮动,挈筐提笼,不绝于途。而茭蒲菇、蒋宛在水中取之者,又必解衣赤足如凫鹭之出没,是固农业之别派也。

(陈作霖编:《上元江宁乡土合志》,卷六,物产,蔬菜,清宣统二年刻本。)

〔民国初年,江苏常熟县金村〕 油菜子,以产西杨者为佳。黄豆产西杨者,县人称西杨早豆,七月可收,实大而美,苏州、无锡等处咸来购此造酱。

(金鹤翀撰:《金村小志》,卷一,民国十二年铅印本。)

〔民国十年前后,江苏吴县木渎镇〕 果实,桃、杏、枣、柿居多。柑橘来自洞庭,枇杷、杨梅则光福、洞庭产,竞卖市中。横山诸坞,亦产杨梅,今已绝迹。

(张郁文辑:《木渎小志》,卷五,物产,民国十年铅印本,民国十七年铅字重印本。)

〔民国十年前后,江苏吴县木渎镇〕 园艺菜蔬,在长浜马市一带最伙,遍售城乡。

(张郁文辑:《木渎小志》,卷五,物产,民国十年铅印本,民国十七年铅字重印本。)

〔民国二十三年前后,江苏阜宁县〕 黄大豆,俗名黄豆,为西北乡主要作物,充食而外,用以榨油。渣曰豆饼,均本邑大宗出品。以播种期不同,分为春豆、秋豆,共约三十余种。

(焦忠祖等修,庞友兰等纂:《阜宁县新志》,卷十一,物产志,植物,民国二十三年铅印本。)

〔民国二十三年前后,江苏阜宁县〕 桃,昔淮河流域有大宗产品,近东南乡果园日拓,新种输入甚多。

(焦忠祖等修,庞友兰等纂:《阜宁县新志》,卷十一,物产志,植物,民国二十三年铅印本。)

〔明代至民国十五年,浙江衢县〕 宝山枇杷林:北乡车塘区内之宝山及上祝、下祝、诚村、川坑、郑村、石井坞、板桥等村落,均产有枇杷,约计有八千余株,分黄华、白华二种,白华尤胜,果皮近白,核少味甘。每年两种出产共有五千余担,除行销本邑外,又畅销于邻近各县。航埠橘林:西乡航埠一带滨河之区,皆有橘树,从前出产每年有数十万担之多。自明以来,入贡,晚清始罢免。民国五年大冻,损折殆尽,至今补植者尚未成林,出产遂亦大减。峡口石榴林:北乡峡口近地,多种石榴,每年运出苏、杭各地约有数千担之多。相传,昔有方石榴,异产也,曾经入贡,今不闻矣。

(郑永禧纂:《衢县志》,卷六,食货志,林场,民国十五年修,民国二十六年铅印本。)

〔清光绪十三年前后,浙江嘉兴府桐乡县〕 濮院西瓜,产濮院东乡之圩汇。瓜瓤以红者为下。濮瓜皆黄白色,味甘而脆。瓜田利颇厚。瓜方熟时,老农于萤火光中,屏水养瓜,守瓜者恒彻夜不眠。濮镇瓜市极盛,苏、杭数百里间,估客来贩者,瓜时掌舟麇集。

(清 严辰纂:《桐乡县志》,卷七,食货志下,物产,清光绪十三年刻本。)

〔清宣统元年,浙江杭州府海宁州〕

类　别	产地亩积	出产总数	销售总数	平均价值
毛　竹	二十亩	一万株	银二千元	每株银二角
淡　竹	四十亩	二万五千株	银二千五百元	每株银一角
甘　蔗	一百二十亩	二万捆	银四万元	每捆银二角
西　瓜	三百五十亩	七千担	银七千元	每担银一元

（朱锡恩等续纂：《海宁州志稿》,卷十一,物产表,清光绪二十二年修,民国十一年续修铅印本。）

〔清朝末年至民国三十五年,浙江〕　本省各县所产之枣,名南枣,蜚声全国。南枣之外,更有著名蜜枣,其制法较南枣为复杂,著名产地在兰溪县。兰溪在清末始有蜜枣,为旅兰徽商元泰茶漆号店主吴某所首创,以兰溪、金华、义乌、浦江、淳安、桐庐等县所产之青枣设厂煎制,出品甚佳,运销又便,故营业蒸蒸日上。战前,兰溪蜜枣厂曾达三十余家之多,年产蜜枣约一万五六千桶,大部运销上海,转售江北、粤、港、南洋等地。制枣时期自立秋至白露前后,为期仅四五十日。……普通制成蜜枣百斤,需青枣一百斤,粗砂白糖七十斤。抗战期间,白糖价昂,有代以蜂糖、饴糖者,惟味欠佳,又难久藏。胜利后,白糖来源大增,用替代品者已不多。……民国三十五年,兰溪蜜枣厂十三家,产量约二千五百余桶,不及战前十分之二也。三十五年一月,平均每担二五七〇八三元。

（浙江省通志馆修,余绍宋等纂：《重修浙江通志稿》,第二十一册,物产,特产上,兰溪蜜枣,一九四三年至一九四九年间纂修稿本,浙江图书馆一九八三年誊录本。）

〔民国元年以后,浙江景宁县〕　洋芋：西餐用之,向为本邑所无,民元后,种子传入,种者甚多,占粮食三分之一。

（吴吕熙修,柳景元纂：《景宁县续志》,卷十五,风土志,物产,民国二十二年刻本。）

〔民国十一年前后,浙江吴兴南浔〕　农人日即偷惰,新谷登场,不闻从事于春花,前《志》所载,田中起棱,播种菜麦,今皆无有。惟陇畔桑下,莳种蚕豆。吾镇所辖十二庄大率如此。春郊闲眺,绝无麦秀花黄之象。近市之黠农,专务时鲜蔬瓜,逢时售食,利市三倍。近来,佃农输田主租额不过六七斗,顽田或仅输三四斗,不敷纳粮。同、光以来,有力之家,以田为累,不敢置买,惟居乡之富户放加一钱,放转斗米,则佃农不敢顽疲耳。

(周庆云纂:《南浔志》,卷三十,农桑一,民国十二年刻本。)

〔民国十五年,浙江衢县〕 蔗糖,从前未有所出,近小南乡滨河沙淤地,多植蔗,制糖,颇有出品,较之常山改良制糖厂色味均过之。

(郑永禧纂:《衢县志》,卷六,食货志,制造品,民国十五年修,民国二十六年铅印本。)

〔民国十六年前后,浙江象山县〕 乡谚有云:"做官不如做吏,种田不如种地。"地,皆田之无水源者也。近居宅者,多种葱、韭、蒜,远者皆种小麦、甘薯。

(李泯等修,陈汉章纂:《象山县志》,卷十三,实业考,田业,民国十六年铅印本。)

〔民国十六年前后,浙江象山县〕 今县西乡猫〈毛〉竹甚盛,南乡则桃、李、枇杷、杨梅,亦有运而至他邑者。近年,樟木蒸脑货至沪上,获利亦厚。

(李泯等修,陈汉章纂:《象山县志》,卷十三,实业考,树艺,民国十六年铅印本。)

〔民国二十二年至二十九年,浙江〕 民国二十二年出版之《中国实业志》统计,塘栖年产枇杷达四万四千四百担,价值二十六万六千四百元,每年行销杭市、上海、苏州、嘉兴、湖州等处,计二万九千六百担。全省共产枇杷七万六千七百五十二担,价值五十一万四千四百五十七元,杭县所产占全省(包括三十县)二分之一以上。……又,民国三十年,浙江经济统计:二十九年,全省枇杷年产一万九千九百七十五市担(包括三十一县)。

(浙江省通志馆修,余绍宋等纂:《重修浙江通志稿》,第二十一册,物产,特产上,塘栖枇杷,一九四三年至一九四九年间纂修,稿本,浙江图书馆一九八三年誊录本。)

〔民国二十二年至三十年,浙江云和县〕 据民国二十二年出版《中国实业志》,本省梨以云和为最多,年产一万五千担。而三十年浙江经济统计,云和年产梨仅一千担,相去悬殊。

(浙江省通志馆修,余绍宋等纂:《重修浙江通志稿》,第二十一册,物产,特产上,金塘梨,一九四三年至一九四九年间纂修,稿本,浙江图书馆一九八三年誊录本。)

〔民国二十四年前后,浙江嘉兴县〕 本省生姜以产于嘉兴者为最著,嘉兴县东新丰镇、徐婆寺、钟埭镇、栖篁镇、大云寺一带均姜之产地也。春季种植,秋季收获。近新丰镇五十里以内之农人大半种植,为每年主要收入,遇丰收,而姜价昂时,则较种任何农产品为有利,故多乐种之。是处种姜之田约二万余亩,每年产姜约三十余万担(见民国二十四年《浙江青年》)。每亩平均可得十六担左右。

（浙江省通志馆修，余绍宋等纂：《重修浙江通志稿》，第二十一册，物产，特产上，新丰生姜，一九四三年至一九四九年间纂修，稿本，浙江图书馆一九八三年誊录本。）

〔民国三十年，浙江〕 据民国三十年浙江经济统计，全省（包括三十一县）共产柿二万二千五百九十六担。

（浙江省通志馆修，余绍宋等纂：《重修浙江通志稿》，第二十一册，物产，特产上，柿，一九四三年至一九四九年间纂修，稿本，浙江图书馆一九八三年誊录本。）

〔民国二十四年至三十六年，浙江〕 现全省以产橘最著者言之，则首推黄岩。……《黄岩县志》有"唐代进贡以橘产名"，又有"产江田者最佳"之语。然其起源则无所稽考矣。黄岩土壤为黏质，壤土略带碱性。据老农言，橘适碱性土，如在淡性土则生长不佳，果实汁少味酸淡，证之事实亦然。黄岩气候亦佳，雨量、温度均适于橘之生长，而四面环山，又少狂风、寒风之吹袭，故产生易繁。产橘区域东起三港口，西至山头洲，南至药山以南，北至临海交界处，面积达二万四千余亩。……黄岩橘多销售于上海、宁波、杭州等处，上海尤为主要市场，更由上海分销各地。黄岩橘之产量尚无确切统计，抗战前数年两次统计，橘之收入（彼时每百斤平均三元或四元），一次为二百万元，一次为一百四十万元（据新闻纸刊载）。《浙江建设月刊》（抗战前出版）载：每年出产价值一百八十万元。……据民国三十年浙江经济统计：二十九年，黄岩种橘面积二万二千四百四十亩，产量十三万八千二百三十三担；种柑面积一千二百四十亩，产量四千七百担。……又次于黄岩橘者则为衢州橘，产于西乡航埠一带，果实有大红、二红二种，其产量据民国二十四年统计，每亩树可产五六千斤，全县每年产桔二百万斤，亦销售于沪、杭各地。据《中国实业志》统计，衢县每年产橘七千二百担，在全省产橘各县占第二位。民国三十年浙江经济统计，衢县种柑面积七百十八亩，产量八千四百十担；种橘面积二千二百九十五亩，产量二万四千一百三十担。民国三十六年调查，黄岩种橘面积一万三千一百五十九亩，种户一万三千四百四十二家。

（浙江省通志馆修，余绍宋等纂：《重修浙江通志稿》，第二十一册，物产，特产上，黄岩桔，一九四三年至一九四九年间纂修，稿本，浙江图书馆一九八三年誊录本。）

〔民国二十九年前后，浙江〕 本省所产梅子，品质最优者，当推杭州大青梅及塘栖大青梅，果实均甚大，且产量丰富。上海各糖果公司常至杭收买，以之制造陈皮梅。产量以桐庐为最多，数达六万担，杭县亦产四万四千担，全省（包括四十县)年产二十万七千六百六十八担,价值九十一万七千零九元。梅子,除鲜食及制陈皮梅外,又可制酱,为佐餐及涂面包之用。民国三十年浙江经济统计,二十九年全省(包括三十一县)年产梅子二万二千九百六十担。

(浙江省通志馆修,余绍宋等纂:《重修浙江通志稿》,第二十一册,物产,特产上,梅子,一九四三年至一九四九年间纂修,稿本,浙江图书馆一九八三年誊录本。)

〔民国二十九年前后,浙江〕 本省杨梅,据《中国实业志》,包括二十五县,年产计三十一万二千六百七十一担,价值四百二十五万零三百八十元。各县以黄岩所产为最多,计十万担。次则上虞、温岭、平阳等县,萧山则六百担。民国三十年,浙江经济统计,二十九年,全省(包括三十一县)共计年产五万四千五百三十五担,黄岩年产二千零四十担,萧山则仅年产五十担。然萧山湘湖杨梅之名独著闻遐迩,水果店中以此为标帜,小贩口中亦以是为号召,他县杨梅每假湘湖之名以求售者。

(浙江省通志馆修,余绍宋等纂:《重修浙江通志稿》,第二十一册,物产,特产上,杨梅,一九四三年至一九四九年间纂修,稿本,浙江图书馆一九八三年誊录本。)

〔民国三十年前后,浙江〕 全省桃之产量合计,以奉化、吴兴为最多,年产三万担;镇海、余姚亦产二万余担(见《中国实业志》)。民国三十年浙江经济统计:奉化年产量三万四千担,吴兴、镇海、余姚三县无统计。

(浙江省通志馆修,余绍宋等纂:《重修浙江通志稿》,第二十一册,物产,特产上,水蜜桃及蟠桃,一九四三年至一九四九年间纂修,稿本,浙江图书馆一九八三年誊录本。)

〔民国三十二年前后,浙江嘉兴〕 南湖菱,全年产量约计五千余担,销售地以淞、沪、杭为大宗,每岁约四千余担。

(浙江省通志馆修,余绍宋等纂:《重修浙江通志稿》,第二十一册,物产,特产上,南湖菱,一九四三年至一九四九年间纂修,稿本,浙江图书馆一九八三年誊录本。)

〔民国三十五年前后,浙江〕 全省产蔗,据《中国实业志》所统计,列表如下:

县别	产量(担)	价值(元)	县内销量(担)	县外销量(担)	县外行销地点
杭州	450 000	270 000	150 000	300 000	嘉、湖、绍、申、甬、苏
平阳	150 000	90 000	5 000	145 000	永嘉、宁波
永嘉	41 600	24 960	1 600	40 000	上海、宁波
义乌	100 000	60 000	50 000	50 000	杭州
永康	12 000	7 200	10 000	2 000	邻县
遂安	100 000	60 000	50 000	50 000	邻县
共计	853 600	512 160	266 600	587 000	

民国三十五年十月,塘栖甘蔗每株售价一千元,龙游甘蔗之价仅塘栖三分之一。

(浙江省通志馆修,余绍宋等纂:《重修浙江通志稿》,第二十一册,物产,特产上,甘蔗,一九四三年至一九四九年间纂修,稿本,浙江图书馆一九八三年誊录本。)

〔民国三十五年至三十六年,浙江〕 民国三十六年调查,嘉兴櫵李,每年产量五十担,每担二十五万元。桐乡,民国三十五年调查,产量欠佳,共产十一二担,每斤平均二千五百元。三十六年,共产五十余担,每斤四千元。

(浙江省通志馆修,余绍宋等纂:《重修浙江通志稿》,第二十一册,物产,特产上,櫵李,一九四三年至一九四九年间纂修,稿本,浙江图书馆一九八三年誊录本。)

〔民国三十六年前后,浙江海宁县〕 民国三十六年调查,海宁西瓜盛年产三万担,常年产二万六千担,常年输出量一万六千担,每担值五万元。瓜分红、黄、白三种,味甘脆。

(浙江省通志馆修,余绍宋等纂:《重修浙江通志稿》,第二十一册,物产,特产上,海宁西瓜,一九四三年至一九四九年间纂修,稿本,浙江图书馆一九八三年誊录本。)

〔民国三十七年前后,浙江杭州〕 本市水果(杨梅、荸荠、樱桃、橘子、桃子、杏子、梅子、甘蔗、柿子、藕)产量及销路表:

类别	常年总产量(担)	总价值(元)	县内销量(担)	县外销量(担)	行 销 地 点
甘蔗	450 000	270 000	150 000	300 000	嘉、湖、绍、申、甬、苏
桃子	574	13 080	274	300	上海
梅子	15 000	84 000	8 000	7 000	上海
橘子	200	3 000	200		全销市内
杨梅	1 000	3 000	600	400	上海及邻县
柿子	8 800	26 400	5 867	2 933	邻县
荸荠	50 000	100 000	50 000		
藕	40 000	80 000	40 000		
樱桃	300	8 000	300		
杏子	600	1 200	600		

(干人俊编:《民国杭州市新志稿》,卷十四,物产一,农产,民国三十七年修,杭州市地方志编纂办公室一九八七年铅印本。)

〔清咸丰、同治年间以后,安徽徽州府歙县〕 昔琶塘以产枣著。今邑南武阳及三阳川一带,枣林茂密,盖始于咸、同以后,其制为蜜枣,有京庄、天香、贡枣诸种,武阳、琛渡人工制之,以三阳川东南,山上之高山枣所制品为最上,行销全国,外人因购自沪,呼为春申枣云。

(石国柱等修,许承尧等纂:《歙县志》,卷三,食货志,物产,民国二十六年铅印本。)

〔清光绪中叶,安徽凤阳府寿州〕 农人男妇力田,终岁勤动,无游惰纷华之习。城内空隙处,多凿井灌畦,以种菜蔬,桔槔之声,时按于耳。

(清 曾道唯等纂修,《寿州志》,卷三,舆地志,风俗,清光绪十六年木活字本。)

〔民国二十五年前后,安徽宁国县〕 宁北壤接宣城,素称产枣之区。每届秋季,市商设厂制枣,有秃秃、提秃、金丝、提贡、蛋贡、贡枣、灰枣等色,芜屯展览会视为上品,行销南京、汉口各埠,年约产量二三百担。其次则为蒸枣,又名黑枣,不用蜜制,亦味甜可食。

(李丙鏖等修:《宁国县志》,卷八,实业志,制造品,民国二十五年铅印本。)

〔民国二十六年前后,安徽歙县〕 梨,旧产文公舍,今北乡丰源一带及东乡汪岔皆产之,以名硬枒为最佳。其名金花,早梨,味美。名细皮者,迟梨,味甘耐久。小叶酸、白酸、野酸、长柄酸、黄皮、经久。涩梨等名,其涩者治肺疾有效。又迟花梨出二十五都旗田。南洋劝业会报告书称,歙县雪梨为上品,色白气香。

(石国柱等修,许承尧等纂:《歙县志》,卷三,食货志,物产,民国二十六年铅印本。)

〔明弘治初年,江西吉安府泰和县〕 西瓜,闽人所种红心者佳。《宏治志》:"淘金驿地方出,旧无此种,邑人六七月间皆往赣州及吉水大洲贩卖,其瓜小而且淡。宏治初,驿丞馆陶人徐纲来仕,始教民种之。由是尽得其法,而种之者益广,其大如斗,味亦甘美,与北方之产无异。"

(清 宋瑛等修,彭启瑞等纂:《泰和县志》,卷十一,土产,清同治十一年修,稿本影印本。)

〔清康熙四十九年前后,江西南安府南康县〕 南康产糖蔗,岁煎糖。

(清 陈奕禧修,刘文受纂:《南安府志》,卷三,地舆志,物产,清康熙四十九年刻本。)

〔清乾隆三十三年前后,江西南安府南康县〕 南康产糖蔗,岁煎糖,与闽粤产相类。产果曰落花生,种宜瘠土,土人美其名曰长生果。二物行远而利溥,南康较他邑差为殷富者,抑亦物产之力欤。

(清 蒋有道、朱文佩修,史珥等纂:《南安府志》,卷一,疆域,物产,清乾隆三十三年刻本。)

〔清乾隆四十七年前后,江西南昌府武宁县〕　建溪、剑山诸村独盛,沿溪绕屋皆梅树……村人拾取烘熏为乌梅,贾者络绎不绝。

（清　梁鸣同纂修:《武宁县志》,卷七,土产,清乾隆四十七年刻本。）

〔清道光年间至光绪五年前后,江西吉安府泰和县〕　甘蔗,道光年间赣人寄寓,携植此种,近今沿河遍植矣。

（清　宋瑛等修,彭启瑞等纂:《泰和县志》,卷二,舆地考,土产,清光绪五年刻本。）

〔清同治十年前后,江西广信府弋阳县〕　甘蔗,有赤白二种,汁可为砂糖。近有赣人教之,亦可为白糖。

（清　俞致中修,汪炳熊纂:《弋阳县志》,卷二,地理志,物产,清同治十年刻本。）

〔清同治十三年前后,江西吉安府永丰县〕　甘蔗,有四种。红蔗只堪生吃,芳蔗可作砂糖,西蔗可作霜即今之白糖也,杜蔗绿嫩味厚专用作霜,丰邑山间多种之。

（清　双贵、王建中修,刘绎等纂:《永丰县志》,卷五,地理志,物产,清同治十三年刻本。）

〔一九四九年前后,江西〕　豆有蚕豆、豌豆、大豆、小豆之别,尤以大豆为重要之农产作物,亦稻及杂粮以外之一大宗生产。全省大豆产区有五十县左右,而以临川、都昌、鄱阳、星子、进贤、丰城为最著,次即高安、新喻、弋阳、广丰、余干、东乡、乐平、上高、新建等县,种植亩数总计约一三七九九四八亩,平均年产量达一三八六二九八石。

（吴宗慈修,辛际周、周性初纂:《江西通志稿》,经济略,四,工业,一九四九年稿本,江西省博物馆一九八五年整理油印本。）

〔清道光十三年前后,福建延平府永安县〕　永邑山多田少,依山者,半皆梯田,大约以雨露多寡、山水有无为丰歉。蓄水池塘、运水桔槔无有也。比来,佃田者不顾民食,将平洋腴田种蔗、栽烟,利较谷倍。一值雨水不调,拖欠田租,贻误田主。现今生齿日繁,寄居者众,谷产不足于食。

（清　孙义修,陈树兰、刘承美纂:《永安县续志》,卷九,风俗志,农事,清道光十三年刻本。）

〔民国初年以后,福建崇安县〕　自民初外国教士到县传教后,而洋花随之输入,如洋芍药、洋海棠、洋绣球、洋玫瑰、洋菊花、洋鸡冠花之类是也。自崇安垦务所成立后,而外菜随之输入,如洋葱、甘蓝花、椰菜、番茄、马铃薯、木薯、飘八茶、甜菜、细叶、雪里蕻、槟榔芋之类是也。

（刘超然等修,郑丰稔等纂:《崇安县新志》,卷十九,物产,关于本地特产者,民国三十一年铅印本。）

〔民国年间,福建云霄县〕 爪哇蔗种,即改良种,计传五项良种,即二八七八、二五六五、二八八三、二九五二及新编九号,各具有水旱抗力性及病害之抵抗性,质量优良,其生产力量超过旧蔗种五倍以上,每株重量以当地栽培记录,重二十磅以上。(民国二十五年由陈阳休输入。)意大利鸡来克亨,为世界最优良之蛋用鸡种,白羽红冠,体格雄健,雌鸡产卵年在二百八十个以上,且不发生巢念。(民国十九年由陈阳休输入。)意大利蜜蜂种,意大利之黄金种蜜蜂,本为世界良种,加以美国科学之改良,育成三圈带之品种,更进千丈。此地饲养之收蜜纪录,每群达至二百八十余镑之产蜜量。(民国二十三年由沈钦锡、陈阳休共同输入。)

（徐炳文修,郑丰稔纂:《云霄县志》,卷七,社会,农,物产,民国三十六年铅印本。）

〔民国三十六年前后,福建云霄县〕 糖、米、谷、花生油、柴炭、竹木为外销大宗,次则地瓜、金枣、荔枝干、龙眼干,此外均为内销之产物,且以城市为吐纳之枢纽。

（徐炳文修,郑丰稔纂:《云霄县志》,卷七,社会,农,产物推销概况,民国三十六年铅印本。）

〔清乾隆十七年前后,台湾台湾县〕 槟榔之产,盛于北路,次则南路,邑所产者十之一耳。南、北路之槟榔,萃来于邑中,男女竞食不绝口,中人之家岁靡数十千,云可鲜〈抗〉瘴气,实无益也。邻里诟谇,亲送槟榔,事无大小,即可消释。

（清 鲁鼎梅修,王必昌纂:《重修台湾县志》,卷十二,风土志,风俗,清乾隆十七年刻本。）

〔清光绪十七年,台湾苗栗县〕 糖,蔗汁熬成,常运售北地。

（清 沈茂荫纂修:《苗栗县志》,卷五,物产考,货属,清光绪十七年修,民国间抄本。）

〔清光绪年间,台湾安平县〕 台南甘蔗有三种:曰红蔗、蚋蔗者,糖少汁多;曰竹蔗者,汁少糖多。其成熟时候,有高至七八尺或丈余。低湿地须种红蔗、蚋蔗,高燥地须种竹蔗,乃得其地宜。……台南园地(即旧安平县界地)凡一万九千六百六十六甲六分九厘,约种甘蔗者四分之二,其园地约九千八百三十三甲三分四厘五毫,受栽蔗一百七十七兆零零零二十一栽。

（清　佚名纂:《安平县杂记》,糖业由来,清光绪年间纂,民国六年抄本,一九六八年《台湾方志汇编》铅字重印本。）

〔民国初年至二十六年,台湾〕　全岛农产中,除米为首要农产外,即以甘蔗为次要农产物。一九三七年,植蔗面积达十一万七千余甲,产量达一百三十九亿六千万斤。一九二〇年前,每甲蔗地产量不过六万斤;迨一九三七年后,每甲蔗地已增产至十二万斤以上。一九三八年前,甘蔗生料收入金额共七千八百十九万三千元,经制为精糖后其价值即达一亿九千二百二十六万元,日人以工业手续所得利益约较生料达二倍半之多。

（柯台山编:《台湾概览》,第四章,台湾的经济,第六节,生产,民国三十六年铅印本。）

〔清嘉庆十八年前后,河南河南府洛阳县〕　河南属县多柿,然皆以按〈制〉成软枣,乃羊枣也。接〈制〉成种类不一,有雁过红、八月黄、造柿、牛心柿、火柿。俗用酿酒,曰高枝酒;曝干,曰冻饼;取柿霜作馓,曰柿华糖。

（清　魏襄修,陆继辂纂:《洛阳县志》,卷二十五,物产记,民国五年据清嘉庆十八年刻本石印本。）

〔民国十二年前后,河南新乡县〕　西瓜,五色俱备,味皆甘美。昔年,瓜匠皆山东人,近则本地人多能之者。火车通行,销路益远,获利颇厚,故种者益繁。

（韩邦孚、蒋湆川修,田芸生纂:《新乡县续志》,卷二,物产,民国十二年铅印本。）

〔民国二十五年前后,河南正阳县〕　正阳旧有之实业出品,惟黄豆一种,经南方制豆食家详加考验,养料成分优于别地,故汉口黄豆价格,以正阳产为较高,沪、汉各陆陈商号,群投资争购焉。

（刘月泉等修,陈全三等纂:《重修正阳县志》,卷二,实业,农业,民国二十五年铅印本。）

〔清同治十年前后,湖南长沙府攸县〕　攸产姜最良,每岁贩运湖北,视蒜尤多。

（清　赵勤等修,陈之骥纂,王元凯续修,严鸣琦续纂:《攸县志》,卷五十二,物产,清同治十年刻本。）

〔清同治十年前后,湖南长沙府攸县〕　大豆:……攸邑东山田农人三四月莳稻谷后,就田塍栽豆,禾熟同敛,第所收无多。惟自东北转西,平原旷野,及正西阴山港内,于立秋前后,播种禾根下,经霜乃收,倍蓰山田,贩运甚广。

(清 赵勤等修,陈之骥纂,王元凯续修,严鸣琦续纂:《攸县志》,卷五十二,物产,清同治十年刻本。)

〔民国九年前后,湖南永定县〕 柑、橘、橙、柚,本境果园以四者为大宗,岁收巨万头,运往澧、常一带销行。

(王树人、侯昌铭编:《永定县乡土志》,下篇,物产第十二,民国九年铅印本。)

〔民国二十年前后,湖南临澧县〕 临邑果实,桃、李、梨三种,各区皆产,而桃、李以鳌山区所产其味较佳,而产量最多,除运销县中各区外,尚多由水路运往津市,陆路运往常德,其数甚巨。

(曾继梧等编:《湖南各县调查笔记》,物产类,临澧,果属,民国二十年铅印本。)

〔民国二十年前后,湖南浏阳县〕 甘蔗,产浏河两岸,产量亦多。

(曾继梧等编:《湖南各县调查笔记》,物产类,浏阳,民国二十年铅印本。)

〔民国三十一年前后,湖南宁远县〕 近顷多以稻田竞种甘蔗,榨其汁以为砂糖,商贩获利倍蓰。

(李毓九修,徐桢立纂:《宁远县志》,卷十八,风俗,民国三十一年石印本。)

〔清咸丰六年前后,广东广州府顺德县〕 《焚余录》云:顺德有水乡,曰陈村。……居人多以种龙眼为业,弥望天际,约有数十万株,荔枝、柑、橙诸果居其三四,比屋皆焙家,取荔枝、龙眼为货以致富,又尝担负诸种花木,分贩之,近者数十里,远者二三百里。他处欲种花木、荔枝、龙眼之属,率就陈村买秧,又必使其人手种缚接,其树乃生且茂,其法甚秘,故广州场师以陈村人为最。按:种树艺花,今盛于佛滘,去陈村仅数里,场圃殆遍一村。

(清 郭汝诚修,冯奉初等纂:《顺德县志》,卷三,舆地略,风俗,清咸丰六年刻本。)

〔清同治年间,广东惠州府海丰县〕 地豆:旧《志》但云,近有参豆,今百余年,惟西南无多束,北则无人不植。冬成熟子,可榨油,糁可壅物,获利不止千金,此物与蔗,丰产大宗也。

(清 蔡蓬恩等修,林光斐纂:《海丰县志》,卷上,物产,清同治十二年刻本。)

〔清光绪初年,广东广州府〕 龙眼树如荔枝、枝叶稍小,壳青黄色,形如弹丸,核如木梡子而不坚,肉而白带浆,其甘如蜜,一朵五六十颗,作穗如葡萄,然荔枝过,则龙眼熟,故谓之荔奴,言常随其后也。《广雅》曰:益智,龙眼也。

《广记》曰：龙眼树叶，似荔枝蔓延，缘木生子，如酸枣，色黑，七月熟。案：龙眼，一名益智，出神农《本草》。《经别录》云：广州有龙眼，非益智也，考龙眼生于树，益智草本蔓生，实二物而名同，故朱翌龙《灊山集》"龙眼"诗，"益智名同姓即非"是也。龙眼肉白如荔支。《广志》云：色黑，蔓延橡木生，误以益智为龙眼尔。龙眼，以顺德陈村、北滘为上，番禺之韦涌次之，而以平洲十叶为最。龙眼之黄皮者，子大皮黄而薄，滑无点，青而有点者，子在大小之间，皆甚甜，最大者孤园，次金字、山字、南字，小者螟糖埕，迟者秋风子。每一年多，则一年少，广中谓之养树。自南海平浪、三山而东一带，多龙眼树。敝弓百里，九江则龙眼遍野，亦生业之藉也。荔枝、龙眼皆成于火，而荔枝先熟，龙眼继之，荔枝火之牡也，龙眼火之牝也。牡大而牝小，故荔枝大于龙眼。而龙眼以初秋熟，又得金气，金以黄而纯，故龙眼色黄，火以赤为正，故荔枝色赤。荔枝肉白而核赤，火在金中；龙眼肉白而核黑。火在金中故性热，水在金中故性寒，而皆为干之木果。广州，凡矶围限岸，皆种荔枝、龙眼，或有弃稻田以种者。田每亩荔枝可二十余本，龙眼倍之，以淤泥为墩，高二尺许，使潦水不及，以蒭草盖覆，使烈日不及。而龙眼之干，欲其皮中之水上升，以稻杆束之，欲其实多而大。凡龙眼用荔枝转接，乃子花头十汰七八。子甜，大而多，荔枝花头不可汰。语曰，"荔枝惜花，龙眼惜子"。又曰，"荔枝十花一子，龙眼一花十子"。荔枝又贵以沃土厚培，使根深，又拔膏泽上行，沙水下渗，然后枝条郁茂，实不裹刺，上广下尖，樽肩壶腹，而成嘉种。语曰，"荔枝宜肥，龙眼宜瘠"。又，荔枝属火，宜使向阳，龙眼属水，宜向阴。荔枝之阳子甜，龙眼之阴子甜。语曰，"当日荔枝，背日龙眼"。清明又宜种荔枝、龙眼。种荔枝，必使枝叶东向，斜其本，使叶阴根。龙眼以稻草缠之，自干至枝，使易上水。荔枝花时，估计者，视其花以知其实多少，而判之是日买焙，其人名曰培家，龙眼亦然。顺德多龙眼，南海、东莞多荔枝，多水枝，增城多山枝。顺德之锦鲤海，若于此贸易，谓之龙眼市。增城之沙县，则荔枝市也。自南海平浪、三山而东，一望皆龙眼树。又东为番禺之李村、大石，多荔枝树。龙眼叶绿，荔枝叶里，数十里无杂木参其中，土地所宜，争以为业，称曰龙荔之民。估〈贾〉人每岁鬻水枝七之，山枝三四之，以龙眼同载，拷箱束以黄白藤，与诸瑰货向台关而北、腊岭而西北者，舟船弗绝。洛阳以牡丹为花岁，二月十五日牡丹盛开，曰花朝。广州以龙眼、荔枝为果岁，夏至后，贾人以板箱载荔枝、龙眼而北，曰果箱。荔枝大熟，曰果日。广人多衣食荔枝、龙眼，其为拷箱者、打包者，各数百家。舟子、车夫皆以荔枝、龙眼为赡口。广州以荔枝、龙眼为果货，亦以荔枝、龙眼为正也。

（清　戴肇辰等修，史澄等纂：《广州府志》，卷十六，舆地略八，清光绪五年刻本。）

〔清光绪初年，广东广州府番禺、东莞、增城等县〕　蔗：诸蔗一名甘蔗，围数寸，长丈余，颇似竹，断而食之，甚甘，彼人谓之石蜜。蔗之珍者，曰雪蔗，大径二寸，长丈，质甚脆，必扶以木，否则摧折。《世说》云："扶南蔗一丈三节，见日即消，风吹即折"是也。其节疏而多汁，味特醇好，食之润泽，人不可多得。今常用者曰白蔗，食至十梃，膈热尽除。其紫者，曰昆仑蔗，以夹折肱，骨可复接，一名药蔗。其小而燥者，曰竹蔗，曰荻蔗，皮坚节促，不可食，惟以榨糖。糖之利甚薄〈溥〉，粤人开糖房者，多以致富。盖番禺、东莞、增城糖房十之四，蔗田几与禾田等矣。凡蔗，每岁二月必斜其根种之，斜而后蔗多。蔗，出根旧者，以土培壅，新者以水久浸之，俟出萌芽乃种。种至一月，粪以麻油之麸。已成干，则日夕揩拭其蟚，剥其蔓荚，而蔗乃畅茂。蔗之名不一，作盱蔗，蔗之甘在干，在庶也。蔗正本少，庶本多，故又曰诸蔗，诸，众也，庶出之谓也。庶出者尤甘，故贵其庶也。曰都蔗者，正出者也。曹子建有《都蔗诗》，张协有《都蔗赋》，知其都之美而不知其诸之美也。增城白蔗尤美，冬至而榨，榨至清明而毕，其蔗无宿根，悉是当年，故美。榨时，上农一人一寮，中农五人，下农八之十之。以荔枝木为两辘，辘辘相比若磨然，长大各三四尺，辘中余一空隙，投蔗其中，驾以三牛之牯，辘旋转，则蔗汁洋溢在盘上，汁流糟中，然后煮炼成饴。雪蔗数年始折，高逾一丈。又铁蔗可以续骨，糖蔗专以为糖。

（清　戴肇辰等修，史澄等纂：《广州府志》，卷十六，舆地略八，清光绪五年刻本。）

〔清光绪十年前后，广东潮州府丰顺县〕　甘蔗，汤坑等处所产曰竹蔗，可炼浆作糖，以贩吴越，人多以此为利。

（清　许普济修，吴鹏纂：《续修丰顺县志》，卷七，风土志，物产，清光绪十年刻本。）

〔清光绪二十六年前后，广东潮州府海阳县〕　糖皆出于蔗，有白糖、清糖、赤糖、冰糖等名。邑田近多种蔗，糖利颇饶。

（清　卢蔚猷修，吴道镕等纂：《海阳县志》，卷八，舆地略，物产，清光绪二十六年刻本。）

〔清宣统三年，广东广州府增城县〕　农林试验场，在县学右侧，地狭而瘠，尚待扩充。启芳园，在云都朱村小磜山下，为朱云生、朱采田合资五千金营筑，经始于光绪三十四年，计内植珍品荔枝千余株，乌榄、白榄各六百余株，橙、柑、橘各二三千株，菠萝不可胜数，其他花、竹、树等等，以千万计，更以余力及于牛、羊、四扰之畜，皆甚蕃育。适可园，在云都朱村，朱麟卿筑，中植佳品荔枝百八本，其他果类称是。另辟花畦植玫瑰万余本，岁撷其花，售为酿糖品，获利颇厚。植芳园，在云都朱村，朱海庆种，植品及营业法略与启芳园同。可园，刘先甲筑。惜园，刘国梁筑。平畴园，刘承志筑。俱在上都麻车乡之数园者，庭院花卉雅擅幽胜，原属于游玩品，而花陈马肆，李卖戎家，收成亦自不薄。下都石厦村附近，地处低洼，护田基围，纵横亘十数里，向多弃置，不甚爱惜，近村人就地遍种荔枝，一望平原，万株佳值，现已披柯覆荫，气象葱茏矣。牛都白面石有垩叟园者，园主人以其号名也。叟姓王，家世业儒，中年以避世，隐居于附近山麓，辟地种植，以菠萝为至夥，其他乌榄、香蕉、柠檬、梨、橘、桃、梅、竹、木之属，相其土宜，而遍艺之。间杂以泰西新法，手自培溉，蕃植尤速云。羊蹄峰园，在牛都横岭村，为何继文营建，以植茶为大宗，沙梨、乌榄、桃、梅、菠萝诸品均盛。福都山塘橙园，村人杨榕高等筑，拓地五十余亩，有橙万余株，其他种植附属品不可胜数。上都西瓜岭村附近园岭、新岭、斜贝岭等处，面积约数百亩，光绪三十二年村人就地遍种乌榄五千余株，荔枝千余株，历年从事扩充，经营未艾，现所植之木已发荣滋长，而获利亦溥云。

（王思章修，赖际熙等纂：《增城县志》，卷九，实业，民国十年刻本。）

〔清宣统三年前后，广东广州府南海县〕　三江一带山坡之田，旧多种蔗，故业糖甚多，近因获利甚微，已有每下愈况之势。

（清　张凤喈等修，桂坫等纂：《南海县志》，卷四，舆地略，物产，清宣统三年刻本。）

〔民国元年以后，广东大埔县〕　农田作物，稻及番薯而外，近数十年有以田植柑桔者，或植甘蔗者。大宁、维新及同仁、百侯、石云等甲，早季多种烟叶，下季继以植芋，其收成为较丰。至旱地之埔坝，则有植黄麻、靛青等物者。近年，洋靛流行，土靛不易售出，种者已渐少。惟蚕桑一项，绝对无有，同治间，曾有一任县知事力劝全邑种桑，从之者颇众，纷纷以田植桑，殊所出蚕丝已不易售出，且养蚕之法未精，一岁风雨失调，桑蚕尽死，因此皆视为畏途，复去桑而植稻。

（温廷敬等纂：《大埔县志》，卷十，民生志上，农田，民国二十四年修，三十二年增补铅印本。）

〔民国十六年前后，广东东莞县〕　邑中诸果，蔗为最，蕉次之，荔枝、龙眼、橄榄等又次之。……蕉产于水乡特佳，售之广州市，利几倍，然只充食品，不能行远也。荔枝、龙眼、橄榄等果，焙制之可以行远，惟树必十年方始结实。

（陈伯陶等纂修：《东莞县志》，卷十三，舆地略，物产上，民国十六年铅印本。）

〔民国二十年前后，广东番禺县〕 粤人多衣食荔枝、龙眼，广州凡矶围、堤岸皆种之，或有弃稻田以种者。每亩荔枝可二十余本，龙眼倍之。……李村一带，荔枝、龙眼树蔽云百里，无一杂树参其中，地土所宜，争以为业，称曰龙荔之民。

（梁鼎芬等修，丁仁长等纂：《番禺县续志》，卷十二，实业，农业，树艺附，民国二十年刻本。）

〔民国二十年前后，广东番禺县〕 附城东北一带，民多为圃蔬果瓜豆，因时易种，以供城市。即各乡之田有地近墟场者，取其得利捷速，亦多植之或于冬耕之后杂植蔬菽、薯芋、落花生等，以补荒歉，即不常丰，然能令稻田不干，为益亦匪鲜。

（梁鼎芬等修，丁仁长等纂：《番禺县续志》，卷十二，实业，农业，民国二十年刻本。）

〔民国二十年前后，广东乐昌县〕 邑诸果，蔗与花生为最，荸荠次之，桃、梨、枣等又次之。邑人煮蔗浆以为饴，榨花生以代肪，获利亦颇丰。荸荠贩输虽广，出产多在附城一隅，故利亦不夥。桃、梨、枣等美而不多，不足供于异地。余则灌溉失宜，栽培无法，不及广州远甚。夫安邑千树枣，燕、秦千树栗，史迁犹以为富。给之资，如改弦更张，力图进步，是所望于格家也。

（刘运锋纂修：《乐昌县志》，卷四，物产上，民国二十年铅印本。）

〔民国二十五年前后，广东儋县〕 县属物产，在县之东南多山，则以树木为多。如荔枝、龙眼、楠木、绥格、相思、品木、胭脂、土檀、苦楝等木料为多。县之西北多海，则以鱼、盐、虾、蟹、螺、蠔、鱼翅、鱼鳔、鱼皮、鱼汁、海味为多。每有贩客以山海所产物两相交易，获利不少也。

（彭元藻等修，王国宪纂：《儋县志》，卷之三，地舆志十八，物产，民国二十五年铅印本。）

〔清嘉庆七年至光绪十七午前后，广西桂林府全州、临桂县〕 藕，临桂、全州产者佳，有塘藕、田藕之别，田种者尤肥美。临桂西门平咸街一带皆有之（府册）。

（清　吉庆、谢启昆修，胡虔纂：《广西通志》，卷八十九，舆地略，物产，桂林府，清嘉庆七年刻本、光绪十七年再补刻本。）

〔民国九年前后，广西桂平县〕 桂平柚有酸、甜二种。甜者种来自容县、沙田，近年种者日多，为果属出产大宗。

（黄占梅等修，程大璋等纂：《桂平县志》，卷十九，纪地，物产下，植物，民国九年铅印本。）

〔民国二十三年前后，广西雒容县〕　甘蔗有大蔗、竹蔗，均可榨糖，有块糖、水糖之别，亦为地方出产大宗，运输出口。

（藏进巧等修，唐本心等纂：《雒容县志》，卷二，舆地，物产，民国二十三年铅印本。）

注：雒容县于一九五一年与榴江县、中渡县合并为鹿寨县。

〔民国二十四年前后，广西贵县〕　黄豆主产地为山南、郭西等里，秋季贩销覃塘墟，市场充溢，每年产量平均估计约逾一百万斤。

（欧仰羲等修，梁崇鼎等纂：《贵县志》，卷十一，实业，农业，民国二十四年铅印本。）

〔民国二十四年前后，广西贵县〕　糖蔗主产地为苏湾附近，冬季糖厂林立，每年糖之产量平均估计约逾五百万斤。

（欧仰羲等修，梁崇鼎等纂：《贵县志》，卷十一，实业，农业，民国二十四年铅印本。）

〔民国二十四年前后，广西贵县〕　竹蔗，叶长如苇，茎小而韧，苏湾附近盛产，榨液制糖，称苏湾糖，颇著名。

（欧仰羲等修，梁崇鼎等纂：《贵县志》，卷十，物产，植物，民国二十四年铅印本。）

〔民国二十六年前后，广西崇善县〕　芭蕉、甘蔗，各乡种之者极盛。

（林剑平、吴龙辉修，张景星等纂：《崇善县志》，第四编，经济，产业，民国二十六年稿本。）

〔民国二十六年前后，广西崇善县〕　黄豆，崇善所种甚多，用途甚广，制豆油、豆腐、酱油及用充菜蔬，出口以此为大宗。

（林剑平、吴龙辉修，张景星等纂：《崇善县志》，第四编，经济，产业，民国二十六年稿本。）

〔民国二十九年前后，广西柳城县〕　甘蔗为工业上最重要之糖料作物，分大蔗、竹蔗、台湾蔗等种。县属沿河一带，恒苦天旱，农家多种蔗以资补救，每年产糖在二百万斤以上，为出口大宗。

（何其英修，谢嗣农纂：《柳城县志》，卷二，地舆，物产，民国二十九年铅印本。）

〔民国三十五年前后，广西三江县〕　柑，叶如金桔叶，而实大倍之，本县老堡柑为最著名，滋味比别县甘美，然亦仅洲上之所产者为佳，故粤商争购，付柳、梧赠送亲友，其皮可入药品。

（覃卓吾、龙澄波纂修，魏仁重续修，姜玉笙续纂：《三江县志》，卷四，产业，物产，植物，民国三十五年铅印本。）

〔**东晋时期,益州蜀郡**〕 蜀之为国,肇于人皇,与巴同囿。……其山林泽渔,园囿瓜果,四节代熟,靡不有焉。

（晋 常璩撰：《华阳国志》,卷三,蜀志,清乾隆间《四库全书》本。）

〔**东晋时期,荆州涪陵郡**〕 其果实之珍者：树有荔枝,蔓有辛蒟,园有芳蒻、香茗、给客橙葵。

（晋 常璩撰：《华阳国志》,卷一,巴志,清乾隆间《四库全书》本。）

〔**清道光十七年前后,四川资州仁寿县**〕 蔗,合邑皆产,以安下为最盛。

（清 马百龄修,魏崧、郑宗垣纂：《仁寿县新志》,卷二,户口志,土产,清道光十七年刻本。）

〔**清宣统元年前后,四川成都府成都**〕 成都地土肥沃,近城一带,蔬菜繁盛。城外则城根周围一带,皆近濠菜畦也。城内之隙地,种菜者数十户,然城内之菜不及城外之美,因城内地质卤质重也。菜市原无一定,菜担甚多,沿街挑卖。近经警察干涉,不准在街乱搁,归入市上,方听其自由售卖。

（傅崇矩编撰：《成都通览》,成都之城内菜园菜市,一九八七年巴蜀书社据清宣统年间手写石印本标点铅印本。）

〔**民国十八年前后,四川南充县**〕 人和、飞龙、吉安等场地势平衍,土味腴沃,农家恒于薯、棉地中添种瓜子,俗呼打子瓜,有家收瓜子数石者,每年运销成、渝各埠,价每石四十余元,为利颇大。

（李良俊修,王荃善等纂：《南充县志》,卷一,舆地志,城市,民国十八年刻本。）

〔**民国十八年前后,四川南充县**〕 上东罗家、御史、会龙三场境内山谷间遍植梨树,称为梨园。……柑,县人呼橙,橘皆曰柑,种之者并多,橙最有名,近年集为大庄,销重庆等埠,李渡、溪头等场多有造橙园者。

（李良俊修,王荃善等纂：《南充县志》,卷十一,物产志,林业,民国十八年刻本。）

〔**民国十八年前后,四川南充县**〕 蔬菜产地,为治城西门坝、南门坝、龙门坝、李渡、孙家坝等处。其地土沃近市,肥料丰富,销售便利,农人亦善于经营,年获十余次。

（李良俊修,王荃善等纂：《南充县志》,卷十一,物产志,农业,民国十八年刻本。）

〔**民国十八年前后,四川南充县**〕 甘鹿,有红白二种。红蔗供生食,附郭各坝产之较多。白蔗除供生食外,又为榨糖原料,土门场、唐村、郭村二坝多有糖厂。

（李良俊修，王荃善等纂：《南充县志》，卷十一，物产志，农业，民国十八年刻本。）

〔民国十九年前后，四川名山县〕　蔗，漉汁制糖，吾川土产也，县境种之者少。

（胡存琮修，赵正和纂：《名山县新志》，卷四，物产，植物，民国十九年刻本。）

〔民国二十年前后，四川富顺县〕　县境产蔗多，在上游沿河两岸上东、下北两路，及荣溪之仙滩、沿滩等处，每年产出总额约计三万万斤有奇。每蔗一斤约得砂糖一两为中则，糖税清糖、砂糖均一万斤征银四十元。熬蔗成糖，入盎取霜者，为清糖；入篓包即售者，为砂糖。

（彭文治、李永成修，卢庆家、高光照纂：《富顺县志》，卷五，食货，物产，民国二十年刻本。）

〔民国二十四年前后，四川云阳县〕　白蔗制糖，西北地近万县者近产颇蕃。

（朱世镛修，刘贞安等纂：《云阳县志》，卷十三，礼俗中，农，民国二十四年铅印本。）

〔民国二十八年前后，四川德阳县〕　甘蔗，旧止大叶、小叶二种，近有云南蔗，高八九尺，作糖倍之。邑东南北河坝一带，蔗林一望皆是，熬糖者不下数百处，货者相望于道，亦出境物产之一宗也。

（熊卿云、汪仲夔修，洪烈森等纂：《德阳县志》，建设志，物产，民国二十八年铅印兼石印本。）

〔民国二十八年前后，四川巴县〕　农产以谷为大宗，大小麦、豆、粱、黍、粟次之。谷则大半奉田主，农所有者惟麦与豆。粱、黍、粟不堪为常食，贫者食之，亦难以终岁，农若持此，欲不为饿殍，难矣！农家因此于树艺五谷外，不得不别求补救之术，乃有所谓副业焉，曰树艺、曰畜养、曰家庭工业。树艺类：一曰橘，西里、铜罐驿及附近西彭、陶家、跳蹬、石板诸乡，其地多冈陵，宜于橘，接壤皆橘园，多者数千株，少者数百株，团团若荠，弥山亘谷，新霜初降，黄若绽金；植树多而培壅得宜者，一岁之获，可一二千金，次数百金，取少者亦数十金，售给近乡与邻县都市外，或由贾舶运销宜昌、沙市间，全年产额约得全数十万，利之大倍于田，惟橘性发育稍迟，种植之后必十余年乃能结实，其利归地主，或自耕农檀之，不及佃户。一曰蔗，宜沃土油沙，种蔗多者，推南里、鱼洞镇、西里、含谷、兴隆、歇马等乡，当畅茂时，平整如新蒲，修干长叶，蔚然深秀，其种或红、或白，秋深后始斩伐之，约计所得一亩百金。一曰姜，各乡多有之，惟沙田所产，纤白脆嫩，如柔荑，其品极佳,一亩之获,亦胜稻田,《汉书·货殖传》,"千畦姜韭,其人与千户等",姜之为利益可知已。一曰桐,桐性宜高原,厌沃土,而安瘠地,有如孤介之士,不乐华膴,甘自放于寂寞者。虽为各乡所共有,以东南两里山地为最多,剥实榨油,供乡人髹器、然灯外,且为国际贸易大宗,近年三里各乡皆加意种植,利之所在,产量益增。一曰烟草,产黄土者佳,肥料宜油粕,炒大豆磨粉施之,味尤醇美,仲夏刈头烟,岁可三刈,各乡农家具种之,乡人款宾及待遇佣作,此为最先,佳者每斤值万钱,次亦数千,故种此亦获厚利。一曰竹,无地不宜,人家屋角墙阴多有之,修竹可制器,新篁可造纸,其用甚大,故随时随地皆可易钱。东里天锡乡之灯笼蔑,销行武汉间,产额尤巨。一曰棕,产于隙地,不劳种植,多系棕子堕地而生者,高干大叶,童童若车盖,尤以二圣、姜家、凉水、石滩、观音等乡为最多,其棕丝运集木洞或县城,绞为绳缆,以供缚系之用,尝有贩住武汉者。一曰菜蔬,农家多种蔬以供啜食,近市,挈篮而往,盈橐而归,日有所获,月有所积,一圃之利,倍蓰于稻田。又以稻田获稻,归之主人,蔬圃之利,为佃农所独有,近市之农,专力种蔬,肥料人工,往往疏于田,而勤于圃,顾其私也。一曰果实,桃、杏、梨、李、林檎、枇杷之属,各地皆宜,培护成林,得利固多,随意栽植十数株,春日怒华,夏秋垂实,玩之、娱目,啖亦适口,俟其成熟,撷之入市,勿庸钻核,利亦在焉。余如石龙乡之苡仁,双盛乡之巴豆,姜家乡之半夏,均为特产。姜半夏尤有名,每年产量约值万余金,惟此物野生,但以人工掘治之,不烦树艺(农夫无识,计利忘害,数年前多有种罂粟者,人和、新店等乡所产尤有名,经政府严令禁止,根株已绝)。畜养类:一曰豕,农家养豕,意不尽在肉食,道在粪溺,此肥料之大原也。故农家无不养豕者,豢娄猪一头,每距半岁,例当产豚,一胎之产,多至十余头,弥月壮健,笼之入市,值约百金。豢阉猪三四头,由小至大,由瘠至肥,岁出槽一二次(乡人以猪售屠,谓之出槽),可得一二百金;饲豕之法,小则萎以残蔬、败叶或鹅肠草,聊以糠秕和之,大则饲以大麦、玉蜀黍之属,且以碎米渗之,豕壮食颇费,然肥料之值足抵其半,市肉所得,赢余可十之二三也。一曰羊,县少荒地可为牧场,县人无专事畜牧者,近年羊皮亦输出大宗,一羊之皮,价高于肉,故农家常畜羊三四头,系诸灌木丛草间,朝出夜归,无粒米之费、茧手之劳,冬日封之,亦博微利。一曰鸡鸭,肉卵均可食,近来人情奢侈,繁于宾宴,城中豪富需以治具者尤多,一膳之设,动伤数禽,饕餮者多行不仁,豢养者因以为利,常有小贩至乡镇收集入城,一尾之价,饼金数角,农妇尤乐多养之。惟鸡性好斗,不能合群,驱之出门,又为蔬圃害,故养之不能过多。养鸭则不然,一群之鸭,动辄百千,以一竿驱策之,逐水觅食,能往来百里内外，人则裹糇粮、荷寝具随之转徙，类似它族游牧者，支棚夜宿，号曰鸭棚。一曰鱼，塘堰及田水深者均可养鱼，一池之鱼，岁一举纲，可数百斤，一田可数十斤。鱼惟鲤、鲫，青鱼宜于乡。青鱼食鱼，常为小鱼害，畜鱼者多恶之。鲫则孳生甚易，无烦布种，故养鱼者惟注意。鲤鱼春日放鱼草，夏日放鱼秧，一岁之后，长可盈尺，投资甚微，而获利甚巨。鱼草制法，有人专为此业者，当水暖时，刈水草浸于大江之滨，草〈鱼〉游依草，即跃卵其上，俟卵丛集，取而束之，以运售各乡。草置诸盆，或投诸浅水处，下荐敝席，勿使入泥，暖日烘之，数日即孵化，谓之鱼花，孑孑蜎蜎，不知几千万亿，一池一田不能并容也。鱼花生后一二月，长可寸许，以法取之，或分布诸田，或售诸畜鱼者，谓之鱼秧。一曰蜂，旧法养蜂，编竹为桶，以泥涂之，旁穿数孔，使蜂出入孳生，繁者一桶之蜂，可折为二，取蜜能得一二十斤，亦自然之利，可不劳而获者。惟农家养蜂，袭用旧制，不久辄衰落。今吾县中有以新法养蜂者，成立场所，已有数处（有川师、蜀农、兄弟、达利、兴隆等养蜂场），多购买意大利蜂种，以木箱畜之，分蜂取蜜，最为便利。将来成绩昭著，一县农民皆知效法，则获利益多矣。工业类：一酿酒，各乡皆有酒户，尤盛于人和、马王二乡，酿者各数十家，输送入城，接于道路。酒材以高粱为最佳，东南两里亦有用玉蜀黍者，酒味差劣，糟粕以萎豕。每一酒户，畜豕常数十头，其粪以之充肥料，故务农之家兼营酿酒业者，农产必丰。一磨粉，或以豆，或以麦，麦粉制面丝、饼饵，豆粉调菜蔬，代蕫、苴、枌、榆之用，麸屑渣滓以饲豕，尤易肥壮。一榨油，油分菜油、桐油、麻油三种，榨油者各乡皆有之，桐油产额以东南两里为最多，麻油产额以白市镇为最多。惟榨取悉用旧法，既劳人工，油质亦逊。一制纸，纸以新竹杂稻草为之，各乡皆产竹，新篁既多，故各乡皆能制纸，西里之石板、跳磴、歇马、北碚，南里之龙岗、一品、永盛，东里之清和、接龙等乡，产纸尤多。惟因陋就简，出品不精，仅石板一乡能制粗劣之白纸，余皆草纸，迷信未除，多供渎鬼楮钱之用。一织布，购国外及沪、汉厂纱，以人力用旧式木机织之，除乡人服用外，多数运销滇、黔，西里走马、白市、龙凤各乡，凡农家妇女，多操是业，机声轧轧，比户相闻，茅屋篝灯，恒至夜半，手足捷者，一日之获，可得钱七八千，贫乏之家，赖以为食。一编制草帽，西里兴隆、土主、虎溪等乡，农家妇女多以编制草帽为业，日累月积，塞屋充栋，每年春夏由贩运者输出永、璧、铜、合等县。兴隆一乡，岁获利约值万金，虎溪、土主两乡获利亦各数千金。惟出品粗恶，殊不美观。劳力者人需一具，以蔽烈日，不为贵富人所喜。一纺制丝弦，为南里跳石、南彭两乡特产，居民购黔省山丝以人工纺作丝弦，外涂以蜡，专供弹棉之用，它地无能仿为之者。

每岁运销川东、北及两湖各地,约值二三万元。其物虽微,亦获巨利,洴澼封侯,信有之矣。一织蒲,白市镇居民多以织蒲为业,缀为卧席,结为团扇,蒲扇一宗,前一二十年运销宜、沙、武汉,其额颇巨。军事迭兴,江途梗塞,无人贩运,业遂不行。惟蒲席为寝所必需,尚有操是业者。余如编笠、织履及编织竹器之属,各地农民多以暇时为之,郅细,殆同一律,虽无鼎食击钟之望,然持取入市,即可得货,佐助米盐,亦不无小补云。

（朱之洪等修,向楚等纂:《巴县志》,卷十一,农桑,农家副业,民国二十八年刻,三十二年重印本。）

〔民国三十三年前后,四川长寿县〕 农家副业,第一类树艺,一曰橘、柚。全县各乡镇,地多岗陵,宜于种橘,多者数千株,少者数百株。一岁之收获,一家有至数万元或数千元、数百元、数十元不等,销售本境或运往宜昌、沙市间出售,全年产量约得金廿万元。至沙田柚,亦为吾县特产。……每柚一个,价值竟增至十或廿元,计全县所获,可得数十万元矣。

（陈毅夫等修,刘君锡、张名振纂:《长寿县志》,卷四,风土,农桑,民国三十三年铅印本。）

〔民国九年前后,贵州施秉县〕 荸荠,出县城东门河坝两江口及西门平宁坝一带,质脆味甘,出品较他处为良,为本处特产,年出数万斤,行销外县。绉皮柑、广柑、丹桔,出县城,色黄味甘,为他属所不及,善藏者延至二年,食味尤甘香无比,年出数万斤,销售外县。

（朱嗣元修,钱光国纂:《施秉县志》,卷一,物产,民国九年修,贵州省图书馆一九六五年油印本。）

〔民国十年前后,贵州黄平县〕 县地之能种柑桔者,惟重安、旧城两处,其果实之利益甚厚。

（陈昭令修,李承栋纂:《黄平县志》,卷三,方舆志,气候,民国十年稿本。）

〔民国三十一年前后,云南巧家县〕 巧属出口货,首推蔗糖,其出产地在附城之内外八村、蒙姑区之普咩、三区之牛厂坪,居多树节。九区之棉纱湾、六城坝,十区之攀枝花、拖姑大寨,四区之荒田等地,均为产量甚富区域。产量:全县每年产量约计三百余十万至四百万斤,值银十三元上下,共值银四五十万元。销售地:曲靖八属及东昭各属与四川之筠连、贵州之毕节一带。

（陆崇仁等修,汤祚等纂:《巧家县志稿》,卷六,农政,甘蔗,民国三十一年铅印本。）

〔民国年间，西藏拉萨〕　蔬菜则有青菜、白菜、萝卜、蔓青、窝苣、莞荽、芹菜、胡萝卜等，韭菜、茴香也间或有之。种菜的多系川人，因为藏人不嗜蔬菜，所以不善栽种。

（法尊纂：《现代西藏》，第五章，物产经济及其交通，一，物产，民国三十二年铅印本。）

9. 菇、笋、药材、花卉等

〔民国二十三年前后，河北望都县〕　本县所产芝麻纯属白色，按其生长状况，有一条鞭、八大叉之名称。品质中等，产量每亩五六斗。……全县产额约六七千石，概运销北平、天津，作榨油之用。

（王德乾修，崔莲峰等纂：《望都县志》，卷一，舆地志，物产，民国二十三年铅印本。）

〔民国十八年前后，山西新绛县〕　玫瑰花，峨眉岭下一带，各庄人民，多于地内分植此花。每年当立夏前后之际，汉、津客商即来绛收买。

（徐昭俭修，杨兆泰等纂：《新绛县志》，卷三，物产略，民国十八年铅印本。）

〔清光绪三十三年前后，内蒙古〕　大黄为蒙古物产大宗，所在有之，多运入内地，亦有运往俄属西比里者。

（姚明辉编：《蒙古志》，卷三，物产，植物类，清光绪三十三年铅印本。）

〔民国二十四年前后，绥远归绥县〕　药用植物有黄芪、大黄、罂粟、野参、赤芍、防风、肉苁蓉、甘草、蒲公英之类，每岁行销于津埠各地，豫、鲁商人亦有来购之者。

（郑植昌修，郑裕孚纂：《归绥县志》，产业志，野业，药用植物，民国二十四年铅印本。）

〔清代前期至民国二十四年，吉林通化县〕　人参……本境在封禁时代，山中盛产之，土人多以开山为业。自设治后，山林砍伐，人烟稠密，人参亦少。间有以苗移植于园圃者，曰棒棰园子，种子者为子参，力皆薄。今县城南大、小庙沟等处尚有参园。境内药商以参和糖为方，曰参糖，畅销各处，颇著名。

（刘天成修，李镇华纂：《通化县志》，卷一，物产，附药材，民国二十四年铅印本。）

〔清光绪三十三年前后，吉林通化县〕　大山参，每岁由陆路运至省城、营口二处销行一千余两。

（佚名纂修：《通化县乡土志》，商务，民国三十一年抄本。）

〔清代至民国十八年前后，黑龙江珠河县〕　山参，一曰人参……考吉林于清代有参票之放行,指定乌苏里、绥芬、英额岭、东山、罗拉密、玛诞河等处。县境间有参营,盖始于建州称卫,以参税为兵饷之源。至满清建国,参税列入正供。汉人之来此者,除种参而外,别无工作。嗣因旗族生计艰难,勘放闲荒,学习种地,汉人多以劳动谋生,即不专趋于种参之一途,以致参业萧条,税亦无形减少矣。清乾隆十八年,派松筠往吉林查办参税,见参业不振,遂请以酒税津贴参税,借以弥补。如县境大高丽山东之于家营、羶羊山之周家营、一面坡之唐家营、元宝顶子之康家营、李家营,皆昔年之参营也。民国五年,景文赴同宾途次,遇康姓叟(即康家营)问之,则曰:吾参把也,吾祖、吾父均业于此,以及吾身,操此业已六十余年矣,均以参为正业,而农产副之。若贡品之山参,多生椵树下,向阴背阳。……若县境玛琏、窝集诸山所产者尤为贵重,甚有逾数两者,其名曰四叶、五披叶耳。

(孙荃芳修,宋景文纂:《珠河县志》,卷十二,物产志,植物,民国十八年铅印本。)

〔民国十五年前后,黑龙江双城县〕 人参,凡掘参者一日所得,晚即蒸,次晨晒于日中,干后有大小、红白不同,土人贵红贱白。参须、果子无不珍之。蒸参之水,复以参梗、叶同煎,收膏运销于京、津、直隶、三江、浙、闽各省,精加制炼,尤珍贵无伦。

(高文垣等修,张嘉铭等纂:《双城县志》,卷九,实业志,植物制造,民国十五年铅印本。)

〔清乾隆二年前后,甘肃肃州〕 大黄,味苦寒,一名黄良。《本草》云:"生陇西。"今甘肃诸卫皆有。唯山丹者,有锦纹,最佳。回夷人畜,俱赖以食用。故其入贡还,辄满载以归。

(清 黄文炜、沈青崖纂修:《重修肃州新志》,肃州,第六册,物产,药类,清乾隆二年刻本。)

〔民国十六年以前至二十五年前后,甘肃康县〕 县南二百四十里阳坝所属之乱山子、铜钱坝,特产银耳、黑耳,向为本地人民采取。纯系黑耳,间得银耳,为数无几。民国十六年,川商姚炳杰富有研究,在乱山子价佃树林,创办银耳厂。每年春末夏初,川人络绎不绝赴阳坝者,皆银耳厂之工人。从此,铜钱坝亦出银耳。此两处每年所产约三四百斤。他如三河坝、火烧河、两河口等处所产黑耳,约有万斤。以平均每斤五角计算,共售洋五千元。其银耳价格贵贱悬殊,贱则每斤值洋二十元,贵则甚有六十元,以平均三十元计,每年售洋一万元。

(王世敏修,吕钟祥纂:《新纂康县县志》,卷十,工商,民国二十五年石印本。)

〔民国二十四年前后,甘肃镇原县〕 蜂蜜,行销宁夏等处,比洮岷所产更上一层。近购意国蜂种,实行改良,每年收蜜亦渐多。

(钱史彤、邹介民修,焦国理、慕寿祺纂:《重修镇原县志》,卷二,舆地志,物产,货物,民国二十四年铅印本。)

〔民国二十五年前后,甘肃康县〕 麝香,全县皆产,因康邑多深山森林,故麝多居于山林也。似鹿而小,分雌雄,雄者有香。麝经年久,其香必多。有末香、粒香,粒香较优。本地人或以网擒或用枪击,必先辨雌雄,而后逮捕也。因得之无定期,故河南、天津、上海等处商人,常驻康收买之。

(王世敏修,吕钟祥纂:《新纂康县县志》,卷十四,物产,民国二十五年石印本。)

〔清朝年间,青海〕 香菇,多产自近海处,汉人亦有往采者。

(清 康敷镕纂修:《青海志》,卷二,出产,抄本,一九六八年台湾成文出版社影印本。)

〔清乾隆二十一年前后,山东曹州府曹县〕 曹县在黄河北岸,地饶而沃……好种花树,多者至数十亩。

(周尚质修,李登明纂:《曹州府志》,卷七,食货志,风土,曹县,清乾隆二十一年刻本。)

〔南宋绍熙三年,两浙西路平江府吴县〕 菊,所在固有之,吴下尤盛。城东西卖花者,所植弥望,人家亦各自种圃者。伺春苗尺许时,掇去其颠,数日则歧出两枝;又掇之,每掇益歧;至秋则一干所出数百千朵,婆娑团栾如车盖熏笼矣。

(宋 范成大撰:《吴郡志》,卷三十,土物,宋绍熙三年修,清乾隆间《四库全书》本。)

〔清道光二十二年前后,江苏苏州府〕 花树店自桐桥迤西,凡十有余家。皆有园圃数亩,为养花之地,谓之花场。种植之人,俗呼"花园子",营工于圃,月受其值。以接萼、寄枝、剪缚、扦插为能。……其有来自南路者,多售于北客;有来自北省者,多售南人。惟必经虎丘花农一番培植,而后捆载往来。凡出入俱由店主。

(清 顾禄撰:《桐桥倚棹录》,卷十二,园圃,清道光二十二年刻本。)

〔清光绪十三年前后,江苏徐州府睢宁县〕 玫瑰,初夏繁开,商贩争买之。

(清 侯绍瀛修,丁显等纂:《光绪睢宁县志稿》,卷三,疆域志,物产,清光绪十三年刻本。)

〔民国十年前后，江苏江阴县〕 玫瑰花，时有外商收买，获息颇丰。近日种者甚众。

（陈思修，缪荃孙纂：《江阴县续志》，卷十一，物产，花卉之属，民国十年刻本。）

〔民国十五年前后，江苏江都县〕 江洲一带多植果树，以桃、梨为大宗。近年，亦产花红，而枸橼尤香色俱美。修竹成林，春时笋市甚盛，农隙则伐隔年老竹，编制器具。杂树若桑、榆、槐、柳之属俱备，柳为多，用亦甚广。东乡宜陵、大桥各地多植桑，除饲蚕外，兼售桑苗。近年，乡民知棉为大利，亦多种棉花者。附郭缺口门外，芍药田数里，花时市花，茎荄则为药品。宝塔湾附近种花为业者甚多，春月季、秋菊、冬唐花，岁颇获利。

（钱祥保修，桂邦杰等纂：《江都县续志》，卷六，实业考，树艺，民国十五年刻本。）

〔民国十五年前后，江苏甘泉县〕 附郭堡城人多以种花为业，春月季、秋菊、冬唐花，岁获利颇丰。

（钱祥保等修，桂邦杰等纂：《甘泉县续志》，卷六，实业考，树艺，民国十五年刻本。）

注：甘泉县今为江都县。

〔清同治、光绪年间，浙江湖州府孝丰县〕 孝丰借竹为山息，毛竹、筐竹为多，俗有大年、小年之说。大年笋出，业者禁人掘取，而常有猴、鹿、野猪等兽窃食为害，故笋时必日夜警备，至成竹乃已。既成竹，以油煤涂记，谓之捏油。冬初，必尽去其稍，以防雪压，否则相比而断，鲜有完者。其次年即为小年，笋出，人多争取。业者既无所利，又必雇工斩刈竹间草木，谓之劙山。否则，出笋必稀而小。再次年不劙，即为荒山矣。是年竹不可伐，盖留母以荫子，谓之护笋。惟大年笋罢，始伐竹之老者，篾束之，谓之纂竹，乘水发，放至市售之。或水浅而阻，则竹枯不堪售，遇大水又惧漂没。故山之水旱同于田亩，而两年一收，其息又减于田云。其有种田间者，名竹漾，种皆小竹，如筱竹、黄姑竹之类。丛密，人不得入，蓄数年，尽欲以售谓之倒漾，亦有逐年删取者，伐者披其枝以为薪，可当佣直，工费无多，而其值倍，故竹漾一亩当竹山数亩焉。又案：大年笋被掘取，便难成林，乡民生计无着。故乾隆年间，邑绅吴铸等迭次以偷笋呈控各宪，准勒石严禁，现忠孝祠及县署大堂均有碑。嘉庆八年，邑绅张书坤等呈请府宪示禁，其竹小水沙滩钉桩，大水岸上钉竹桩，不得用过港人不得偷取。若遇水发冲散，撞阁滩岸，听其停留，不得乘势捞抢。

（清　刘瀋等修，潘宅仁等纂：《孝丰县志》，卷四，食货志，土产，清光绪五年刻本。）

〔民国二十五年前后，浙江〕　本省庆元、龙泉、景宁等十余县人民种植香菇，素称特产。据民国二十五年《浙赣路特产专刊》统计，年产量一万一千担，值一百七十万元，惟以手术秘密，外人莫得而知。种植之地，皆在深山穷谷，制菇之树，大率为檀香木、橄榄树、白皮柴、花香柴……

（浙江省通志馆修，余绍宋等纂：《重修浙江通志稿》，第二十一册，物产，特产上，香菇，一九四三年至一九四九年间纂修，稿本，浙江图书馆一九八三年誊录本。）

〔抗日战争前后，浙江〕　本省所产药材极多，最著者如麦冬、贝母、白术。战前，贝母种植面积达六千亩，产量达八千数百担，价值五十万元。麦冬面积达万亩，产量达二万担，价值达一百二十万元。白术面积凡三万五千五百余亩，产量达七万一千余担，价值达一百三十三万余元。他如元胡、茯苓、芍药、冬桑叶、桑椹、桃仁、枇杷叶、莱服子、冬瓜子、白芥子、荆介、夏枯草、苏梗、苦参子、牛蒡子、白莶子、黄麻子、泽兰、玄参、地黄、薄荷、决明、千金子、白芷等，所在而有。

（浙江省通志馆修，余绍宋等纂：《重修浙江通志稿》，第二十一册，物产，特产上，药材，一九四三年至一九四九年间纂修，稿本，浙江图书馆一九八三年誊录本。）

〔民国三十五年前后，浙江〕　菜油为本省民间之重要食油。菜籽产地浙东较少，以平湖、嘉兴、嘉善、海宁等县为最多，年产达三十万石，可榨油十万担左右。因产地毗连上海，故菜籽大部为沪商所收购，本省油坊采办者殊少。故杭州食油常仰给于上海。

（浙江省通志馆修，余绍宋等纂：《重修浙江通志稿》，第二十一册，特产上，菜油，一九四三年至一九四九年间纂修，稿本，浙江图书馆一九八三年誊录本。）

〔民国三十五年至三十七年，浙江〕　茶油之原料为菜籽，含油量百分之二十五，浙省油茶面积约九万市亩，普通年产量十万担左右，以衢县附近所产为最多。民国三十五年，茶油产量九万担，三十六年仅三万担，种植方面尚有待于改进。浙省茶油均由产地油行收集运杭转沪，出口国外，销路以欧洲为多。茶油除供食油之用外，可制生发油等化妆品，在国外销路颇广。三十七年三月，市价每担值六百四十万元。惜产量不定，不足供应国外之需要也。

（浙江省通志馆修，余绍宋等纂：《重修浙江通志稿》，第二十一册，物产，特产上，茶油，一九四三年至一九四九年间纂修，稿本，浙江图书馆一九八三年誊录本。）

〔清光绪年间，安徽徽州府黟县〕　水竹笋，天然产品，不假人力。每当三四月间，满山满谷，随处皆有。惟九都所产最多，亦最佳。各处男妇，每日赴九都各山寻觅者,不下百余人。日未出时,结伴入山,至午下山,每人拔得者多则六七十斤至百斤,少亦二三十斤,每斤值钱二十三文。贫苦之氓不无小补,然颇劳苦,天雨时,遍体雨淋,状殊可悯。

（吴克俊、程寿保等纂修：《黟县四志》,卷三,地理,物产,民国十二年刻本。）

〔**清光绪年间,安徽六安州霍山县**〕　茯苓仅西南数十保地有之,以黄丽畈保之五经山左右为最。相传,其种法受自潜人,而潜人则传自云南。道、咸以前,潜人来霍兴种,独擅其利,每百斤值钱十千、二十千不等（时银少价昂）。光绪以来,居民趋之若鹜,弃农工,穷山谷,几于比户皆然,得利者固多,因而败业者亦复不少。近则山童地竭,所产不及十之二三,所谓有利必有害也。

（清　秦达章等修,何国祜等纂：《霍山县志》,卷二,地理志,物产,清光绪三十一年木活字本。）

〔**民国初年,安徽英山县**〕　茯苓:古云茯苓生山谷大松下,系野生者,今则皆种苓矣。种苓之法:取松树拱把以上者,削去皮,轮廓间少留少许,俟干,截二尺许为一段,于四月间传引头,以数段为一窖,于树端贴鲜苓片埋于土中,苓气入木。至处暑后,引头成熟,掘起截二寸余,如传引头法,贴入料端,谓之传秋引。次年四、五月间,如传秋引法种之,谓之下场,无引则苓片亦可至菊花节,苓气入料,因松精而流白汁,汁之所至,即结茯苓。至次年夏间,即可起场。寒地树大者,尚能提攒,再蓄三年始毕,抱木者为茯,神色黄者为赤苓。山高土厚者,出苓最佳,故以桃花冲所出者为上品,运至汉口、广东、江、浙等处售卖,亦出产之大宗。

（徐锦修、胡鉴莹等纂：《英山县志》卷之一,地理志,物产,民国九年木活字本。）

〔**民国十年前后,安徽宿松县**〕　邑境各山所产药草亦伙,如严恭山之苍术,凿山洞之石钟乳,其最著也。近山之农,每向采药之地,因时采取,售卖于各药铺中。但贵重之品绝少,获利亦甚寥寥。

（俞庆澜、刘昂修,张灿奎等纂：《宿松县志》,卷十七,实业志,农业,民国十年活字本。）

〔**民国十三年,安徽涡阳县**〕　涡地产药四十余种,皆在县西北隅,而赵旗屯、义门集一带为最多。赤白勺、紫苑、括蒌、白菊、白扁豆为出产大宗,行销最广。义门集又为药草会萃之所,南北药商络绎不绝,亦土产之一大收入也。

（聂宪藩修,黄佩兰等纂：《涡阳风土记》,卷八,物产,民国十三年刻本。）

〔民国二十五年前后，安徽宁国县〕 香菇，即菌类。按：香菇，宁初无此产，清末，浙绍人来拼山制种，择栗、枫、橡、桦等树，伐眠于山，用斧凿口，灌以米汁，以树叶遮盖，听其腐朽。至冬，树口出菇，即名冬菇，价倍之。春出厚而又有纹者，名花菇，与冬菇价等。其次薄而大者，名香蕈，价稍贱。近来，东西两乡出产约在二百余担之谱，年产价额约三四万金，均由浙人运售外埠，当地不甚获利益也。

（李丙麐等修：《宁国县志》，卷七，物产志，植物，民国二十五年铅印本。）

〔民国二十五年前后，安徽亳县〕 亳县为产药区域，如白芍、菊花，均为出产大宗，其他如瓜蒌、桑白、二丑等，产量亦丰。在昔，药号共二十余家，营业十分畅旺，如德泰、保全、吉胜祥数家，每年营业达三十万元。迩来，百业萧条，药业亦相继停闭，现在尚能维持者仅十余家耳。

（刘治堂纂修：《亳县志略》，经济，商业，民国二十五年铅印本。）

〔清康熙四十九年前后，江西南安府〕 郡多产香菌，俗名蕈，亦名为菇，气味香美，远近颇有购者。

（清 陈奕禧修，刘文叕纂：《南安府志》，卷三，地舆志，物产，清康熙四十九年刻本。）

注：清南安府辖大庾、南康、上犹、崇义等县。

〔清同治十一年前后，江西赣州府赣县〕 兰，出闽中者为最，次则莫如赣，四季皆花，为江淮所重，每年舟载下流者甚伙，赣人以此获利。……茉莉，原出波斯，茎干枝繁，夏月，晚间开小白花，其香清婉，赣产最盛，有专业者。圃中以千百计，舟载以达江淮，岁食其利。

（清 黄德溥、崔国榜修，诸景昕纂：《赣县志》，卷九，地理志，物产，清同治十一年刻本。）

〔清乾隆十六年前后，福建福州府古田县〕 香菇，系他郡人来租山伐木造出者。又有糖菇，所出不多。

（清 辛竟可修，林咸吉等纂：《古田县志》，卷二，物产，清乾隆十六年刻本。）

〔清乾隆二十七年至光绪五年前后，福建漳州府龙溪县〕 出郭南五里有乡曰塘北，居人不种五谷，种花为业，花之利视谷胜之，盖地瘠，种谷不蕃，宜花故也。又能于盆中种古松及各花树，枝干扶疏，古致异常。

（清 吴宜燮修，黄惠、李畴纂，吴联薰等增补：《龙溪县志》，卷十，风俗，杂俗，清乾隆二十七年刻本，清光绪五年增补重刻本。）

一、农　业

〔清代后期至民国十八年前后，福建建瓯县〕　冬笋，冬天上市……旧时唯供本地食用，近三十年始运输省会及上海，岁出约数百万斤。玉兰片纯用冬笋制造，流传外埠，乃食品中之最珍贵者。沙笋，一名明笋，山户所出曰毛把，客庄重焙成，方把配运，曰行装，市场设南区南雅、西区之北坪。出产有阴阳年之别，如南雅多，则北坪少，北坪多，则南雅少，俗谓之大小年。两处平均按年可出二三百万斤，运销上海、汉口等处。乌笋，全只煮熟焙干，出自南才里等处，配运省会，年计十数万斤。烟笋，煮熟榨干，以明火焙之，出北区之西乡里，运销省会，年约数十万斤。

（詹宣猷修，蔡振坚等纂：《建瓯县志》，卷二十五，实业志，笋，民国十八年铅印本。）

〔民国八年前后，福建政和县〕　笋，随地皆有，而制为熟货销售外地者，多在上下里、东衢里、南里各乡。有大小年之别，岁入通约四万金左右。此种利源最为永久，曩者茶价骤涨，或有砍竹树茶者，为计甚左，亟应设法劝止。

（黄体震等修，李熙等纂：《政和县志》，卷十七，实业志，农业类，民国八年铅印本。）

〔民国十七年前后，福建沙县〕　沙之香菇出产甚多，然沙民不能制。年至秋末，浙人鱼贯而来，散处各乡，设厂制焙干后，发商贩卖。又有一种红菇，产于楮林者最佳，秋初时出，乡人采而晒干，售诸贩户，常年出息，亦复不少。

（梁伯荫修，罗克涵等纂：《沙县志》，卷八，实业志，菇业，民国十七年铅印本。）

〔民国十七年前后，福建沙县〕　多竹之山，出笋必旺，西路如二十一、二十二、二十三、二十四等都皆有白笋出产。其产笋处，皆设有厂，为榨与焙及装篓之位置。年当春夏，上厂采焙造成白笋干，有顶尖、湖片、上下路之别，篓装运销于上海、苏、常等处。查笋之出产特分大小年，大年约出七八千篓，小年约出二三千篓，每篓装百八十斤。近因匪氛不靖，厂半被焚，故出笋有今昔之异。大年五千余篓，小年仅一千余篓云。其东北区、下南区所制之笋别名乌笋，味亦佳，零售本邑外，余皆运销于省垣，约其进款，亦值白笋干十分之二。

（梁伯荫修，罗克涵等纂：《沙县志》，卷八，实业志，笋业，民国十七年铅印本。）

〔民国十八年前后，福建建瓯县〕　香菇，向系浙江庆元、龙泉、景宁三县人营业，十月方来，次年三月归，率以为常。大年产额百余万斤，小年亦七八十万斤，固实业之一大宗也。俗谓，砍树、刻花、布种，有秘术不传，利权唯浙人操之。然越百里而来，居穷山空谷之中，食粗粝，衣败絮，浙人亦耐劳耳。

（詹宣猷修，蔡振坚等纂：《建瓯县志》，卷二十五，实业志，食品，民国十八年铅印本。）

〔民国三十一年前后，福建崇安县〕 笋干，产于上梅、白水等处。种类有三：产于冬者，曰玉兰片，售上海，全年产量约二千市担；产于春者，曰桃花片，售河口，全年产量约一千市担；产于夏者，曰大笋，又曰明笋，谓其质颇透明也，佳者为黄尖，其次为秀尖、全尖、全片、条片，售河口，全年产量约五千市担。笋干有大小年之别。大年产量多，小年产量少。上列者为大年产量，小年约减收四成。

（刘超然等修，郑丰稔等纂：《崇安县新志》，卷十九，物产，关于国民经济者，民国三十一年铅印本。）

〔民国三十一年前后，福建崇安县〕 香菇，产于本县之上梅、白水、坑口、大安等各处，而种菇者则为浙江庆元、龙泉两县之人，每年农历十月结伴前来，翌年二月回去，常年产量约四百市担。

（刘超然等修，郑丰稔等纂：《崇安县新志》，卷十九，物产，关于国民经济者，民国三十一年铅印本。）

〔清光绪年间，台湾〕 台产樟脑，由来已久矣。始于外山砍熬，年久伐木已尽。迨光绪十二年以后，经设局抚番，募勇防隘，复入内山砍伐樟木，筑灶煎熬，始而官为按秤收买，继而改由商办。按灶抽收防官经费。近则脑灶增多，较往年为尤盛。

（清　唐景崧修，蒋师辙、薛绍元纂：《台湾通志》，物产志，杂产类，清光绪二十一年修，稿本，一九八三年台湾成文出版社影印本。）

〔民国二十七年，台湾〕 一九三八年，台湾樟脑产量约达三百二十四万公斤，价值千万元以上，占全世界天然樟脑总产额百分之七十，主要销售英、美、法等国。

（柯台山编：《台湾概览》，第四章，台湾的经济，第二节，财政，民国三十六年铅印本。）

〔清朝末年至民国初年，湖南慈利县〕 溇南北之黄豆，附郭五都之棉，八都、九都之麻，后十九都西连之茶，及高地十四都前村平、十五都官地之木瓜、之五倍子。每类以货出，以钱归，多者岁缗二十万、三十万，少亦不减十万。又伐木联为簰，乘汛下浮，售钱岁亦往往在十万、二十万缗上下。自外，零星又有漆、有绿、有靛、有棕、有甘蔗、有葛仙米、有蜂糖、有蜡（蜡有黄，有白，白蜡者，虫窠也，寄生蜡树，取者担之无分雨夜，疾足投市交易，一不及时，虫出蜡败矣）。凡此，为农作物之荦荦者。

（吴恭亨纂：《慈利县志》，卷六，食货第三，民国十二年铅印本。）

〔民国二十年前后，湖南浏阳县〕 茶油，产于东南，输出于省城者年约五千余石。至运售于江西各县，其量当超过此数一倍。

（曾继梧等编：《湖南各县调查笔记》，物产类，浏阳，民国二十年铅印本。）

〔民国二十年前后，湖南东安县〕 药材有厚朴、沙参、前胡、吉更、木通等项。其中以厚朴为最著，北应、三水两部大山中，居民多竞相种植，每年出产亦可得数万元。

（曾继梧等编：《湖南各县调查笔记》，物产类，东安，民国二十年铅印本。）

〔民国二十年前后，湖南桂东县〕 药属，据县《志》所载，有六十余种，或云不以此为限。就中以薏苡之产量最多。此品惟城区种之，夏秋之间，普遍原野。现今每石可值洋银七八元，输出攸县者为多。

（曾继梧等编：《湖南各县调查笔记》，物产类，桂东，民国二十年铅印本。）

〔民国二十七年至三十七年间，湖南醴陵县〕 茶油为人生日用必需品，产量向称饶裕。近十余年来，各乡种油茶树者益多，占全县林场五分之一。茶球有大包者，球色红……输入未久，人争选用。向例，以寒露或霜降入山摘取，每球三石，去壳得子一石，壳薄者可得七桶，榨油十四五斤不等。珍珠子油较多，但不易摘取。除供本地食用外，销售长沙、湘潭一带。民国三十年，农业推广所调查，清正、荷里、楚东、明月、杉仙、集体、忠爱、和信诸乡，产油凡三万一千四百石，其他各乡数量较少。

（刘谦等纂：《醴陵县志》，卷五，食货志上，植物油，民国三十七年铅印本。）

〔清光绪年间，广东高州府石城县〕 麻，作芝者非，一名油麻，一名胡麻，有早晚二种，黑、白、赤三色，茎皆方。高者三四尺，可磨为酱，可酿酒，可榨油，黑者入药，电白、沙院多，石城所产尤盛，通行外洋。

（清 杨霁修，陈兰彬等纂：《高州府志》，卷七，舆地志，物产，清光绪十六年刻本。）

〔清宣统年间，广东广州府番禺县〕 排草，状如白茅，对节生叶，两两相排，故名。茎甚长，而杆中空，旧产河南及石狮头乡（详见李《志》）。近年，鹿步属洗村、石牌一带多产此草，生草处广百余亩，乡人播植为业。每年春间种之，至六七日〔月〕即滋生蕃茂，不事灌溉，刈刈异至城西晏公街药材行，贩运为药料之需，气甚芳馥……岁销价银约十余万元。

（丁仁长，吴道镕等纂：《番禺县续志》卷十二，实业志，民国二十年刻本。）

〔东晋时期，荆州涪陵郡〕 其药物之异者有巴戟、天椒。

（晋 常璩撰：《华阳国志》，卷一，巴志，清乾隆间《四库全书》本。）

〔清道光二十二年前后，四川龙安府〕 龙安，山郡也。羌番隶焉，物产饶富，凡日用饮食所需，商贾负贩所聚，波及邻省者，所在皆有，尤以附子为最。《广雅》云：获奚一岁为荝，二岁为乌喙，三岁为附子，四岁为乌头，五岁为天雄。种出平武，殖在彰明，贸于江油之中坝场，岁五月间收，渍以盐，生者易腐，不能致远。他省未闻产此也。

（清 邓存泳等纂修：《龙安府志》，卷三，食货志，物产，清道光二十二年刻本。）

注：龙安府为今绵阳地区。

〔清光绪末年至民国二十一年前后，四川万源县〕 县属四保（现时之八、九区）、九乡（现时之四、七区）等处耳厂最多，此旧日制黑耳之法。近今则专以白耳为业矣。白耳始于清光绪末，由四区刘家坝开办，渐及关坝，今四、五、六、七、八、九各区皆产。砍白耳山之法，在夏历五月内，将青枫树伐倒，稍向上，弥月后，始去枝叶，砍成二三尺许短棍，叠架一处，谓之发汗。至第二年春，始择半阴半阳地点平铺之，谓排山，雨后即生耳。……近年，政烦赋重，民间脂膏已竭，此项利息即为商人操纵。盖催款难缓，措办无法，每将耳山租与商人开办，有三年以至七年始还山者。大宗出产受经济压迫而忍让人，诚可惜也。

（刘子敬修，贺维翰等纂：《万源县志》，卷三，食货门，实业，农业，民国二十一年铅印本。）

〔清代至民国三十一年前后，四川西昌县〕 蜡虫之生，未考始于何时，盛产区域，则有县城北山、东西两河及安宁河以西诸山，以及德昌、锦川一带，尤以南路为多，常有一园岁摘百挑者。昔年每岁可出六万余挑，每挑价值百元左右，诚县中之大富源也。惜乎自民国三、四年来，夷匪披猖，傍山居民烧杀殆尽，虫园因而凋残，甚者砍伐罄尽，迄今已递减至千挑以下矣。

（杨肇基等纂修：《西昌县志》，卷二，产业志，物产，民国三十一年铅印本。）

〔民国十年前后，四川金堂县〕 全县所产药材以明沙参为特色，云顶山附近有之。野生者，最肥大，味极甘，然亦属难得。市所售者，多系居民栽种。据最近调查，每年可出六七万斤。

（王暨英修，曾茂林等纂：《金堂县续志》，卷一，疆域志，物产，民国十年刻本。）

〔民国二十一年前后,四川万源县〕 七乡(即今六区)古佛庵等处有虫园,栽蜡树,土人亦呼虫树。……县属与通江、巴州间,年轮作虫会,周而复始,他处商贾购子者,届期远近毕集,每碗售钱百余文,其利甚溥。第有虫狗害虫,须以时去之。近来,农家以蜡树荒田、蜡价低而种子难寻,此业竟致废弛。

(刘子敬修,贺维翰等纂:《万源县志》,卷三,食货门,实业,农业,民国二十一年铅印本。)

〔民国二十一年前后,四川万源县〕 县属高山农民专务种药,如厚朴、杜仲、黄柏、黄连、桔根、党参、大黄、柴胡,及采野生各药品贩至绥定及陕西兴安等处出售,亦农家副产大宗也。

(刘子敬修,贺维翰等纂:《万源县志》,卷三,食货门,实业,农业,民国二十一年铅印本。)

〔民国二十六年前后,四川犍为县〕 犍蜡上运嘉定,下载叙府,交蜡行售之,每石可售银百数十元。综计,县境岁产蜡约二千石左右,值银二十万上下。

(陈谦、陈世虞修,罗绥香、印焕门等纂:《犍为县志》,卷十一,经济志,白蜡业,民国二十六年铅印本。)

〔民国初年,贵州贵定县〕 药品中之天麻,贵定所产特佳,质白而肥嫩。春二三月采取晒干,可运至湘之常德、蜀之重庆贩卖,或兑换药品来黔,均能获利。

(贵定县采访处辑:《贵定县志稿》,贵定出产,民国初年修,一九六四年贵州省图书馆油印本。)

二、副　　业

（一）林　　业

〔明代至清乾隆四年前后，直隶宣化府蔚县〕　山木，前明时，以南山一带近紫荆关，禁人砍伐，特命守备官及时巡逻，今则资之以为利矣。

（清　王育榀等修，李舜臣等纂：《蔚县志》，卷十五，方产，清乾隆四年刻本。）

〔民国十九年前后，奉天抚松县〕　抚松森林茂密，拔地参天，全境十七村内，所在皆是，占全境十分之七，实为我奉省一大富源。木以松、柞、杨柳、榆、楸为最多，每有三百年以上之树，多系栋梁美材。近来，人烟渐多，农户樵采，风火为灾，摧残日甚，木材渐见缺乏。

（张元俊修，车焕文等纂：《抚松县志》，卷四，人事，林业，民国十九年铅印本。）

〔清光绪三十三年前后，吉林通化县〕　木植，每岁由通加江运至安东县、太平沟二处，销行三千余排，每排一张约计五百棵。

（佚名纂修《通化县乡土志》，商务，民国三十一年抄本。）

〔清光绪三十三年前后，吉林柳河县〕　龙江与濛江接壤一带，树木深密，历年土人砍伐，供附近居民之用，并无销路。

（奎斌、邹铭勋纂：《柳河县乡土志》，物产，植物，清光绪三十三年抄本。）

〔清光绪年间至民国十六年，吉林辉南县〕　辉邑东南毗连长白山之龙冈，跬步皆山，三十年前森林面积不下千余方里。设治以来，逐渐采伐。至民国八年，王令勘测，尚有四百余方里，较之原有已损三分之一也。……按：境内林丛纯属天然林，积久成材，业采伐者设木厂山中，鸠工伐木，或砍为材，或析为薪，由溪水泛入城市栈店承受，转售于人，获利颇厚。城中有木业公司一所，栈店二所。东南四岔、榆树岔名山，随处辄有木厂，不下百余处云。

（白纯义修，于凤桐纂：《辉南县志》，卷三，人事，林业，民国十六年铅印本。）

〔民国七年至十八年，吉林安图县〕　县境水〈久〉为森林茂密之区，若言林业，实为我省各县之冠，举六万七千余方里之面积，除砍垦熟地一万余垧外，余者尽属荒林。……民国七年，有木商张瑞轩、萧梦题等积股开采，设立安抚林业公司。未及二年，即奉省令封禁山林，不准人民采伐，于是林业亦遂废矣。

（陈国钧修，刘钰堂、孔广泉纂：《安图县志》，卷四，人事志，林业，民国十八年铅印本。）

〔民国十四年至十六年，吉林辉南县〕　辉蒙木业公司，在县城南关，民国十四年设立，股份有限性质，注册领照，资本金奉大洋十四万元，纯系华股。内部设总务、采购、运输、售卖四股，各股主任一人，分掌各务，经理总之。职工七十名，专营采买辉南、蒙江两县森林，采伐转输为业。所有森林在辉、蒙二县面积共计二百方里，每年产额七八十万元，获利十万元以上，销售则统由陆路用车转运各县。

（白纯义修，于凤桐纂：《辉南县志》，卷三，人事，林业，民国十六年铅印本。）

〔清同治二年至民国二十二年，黑龙江〕　黑龙江省林木丰富，古称窝集。清同治二年，呼兰府所属各县，始由旗署征收木税，补助各该署办公之用。光绪时，订定税章，饬由征收局代收，作为国家正款。其办法由木把领票入山砍伐，木厂运销，按照卖价而征其税。自俄力东渐，中东铁路沿线附近森林，俄人任意采伐，毫无限制。于是划分林区，组织木植公司，以为抵制之计，而征税如故。民国十九年本省预算木植税项下岁收二十二万余元。兹将林区概况及林政沿革之情形分志于次，以见梗概焉。通原公司承领通河、汤原、绥棱、通北四县境内森林二万二千方里。铁嫩公司承领铁骊、嫩江境内森林一万二千三百六十方里。绥北公司承领，中日俄合办札奂公司承领，俄商卧伦错夫三百方里，俄商义什马果夫七百方里。林商公司、黑龙江木植公司、祥裕木植公司、通原公司、铁嫩公司、绥北公司、中日俄合办札免公司。销路：上自漠河，下至萝北，为黑龙江流域，销俄境者十之七，销商民者十之二三。循呼兰河入松花江下至汤原为松花江流域，销外人及商民者各十之五。省城西南境内兴安岭东出之一部，分东、南、北三部，北路销省城者十之三，销外人者十之七；东路销蒙、民两境各十之五；南路则全数销于科尔沁右翼诸旗。额尔古讷河右岸呼伦所属林木，销外人者十之六，销商民及蒙旗者十之四。内政之建设：民国二年，农商部设东三省林务局，按照森林法办理国有山林。民国三年，江省分设东南路、东北路、北路林业局，与东三省林务局相辅进行。民国八年设立森林局，系按吉黑森林章程设立之机关，根据借款合同而发生其职权。民国十四年,省[设]立农林试验场,意在研究农业、林业而示提倡。

(万福麟修,张伯英纂:《黑龙江志稿》,卷二十二,财赋志,森林,民国二十二年铅印本。)

〔清光绪二十七年至民国十四年,黑龙江〕 黑龙江多大窝集,古有沃沮,即窝集也,森林最盛,而林业未兴,货弃于地,又多为中东铁路伐作燃料以代煤,论者惜之。兹总述林区及林业之大略如次。林区:一、小兴安岭森林;二、汤旺河上流森林;三、青山森林;四、呼兰河上流森林;五、通肯河上流森林;六、大兴安岭森林;七、伊勒呼里山森林;八、嫩江上流森林;九、兴安岭主脉森林;十、大东山森林;十一、海拉尔森林;十二、西山及北山森林。民国六年,森林调查报告:黑省全境计国有林场五十三区,面积一千二百七十四万八十六亩。公有林场九区,面积二十八万三千二百七十五亩;私有林场十二区,面积七万零零四十七亩。林业,有木把,有木厂,有公司。运销之区约分三路:北路销江省者十之三,销外人者十之七;东路销江省民、蒙两境者,各十之五;南路则全销于科尔沁右翼诸旗。岁计共约二三百万,皆由木把砍伐,木厂运销。其后,多设公司,有木植公司,光绪二十七年设,祥裕木植公司,光绪三十一年设,均官办。绥北森林公司、通原公司、庆吉、庆林、庆裕、时利和铁嫩各采木公司均商办。自江省设森林局,并部颁东三省国有森林发放规则,承领森林始有限制,而林业仍不易振兴也。

(金梁纂:《黑龙江通志纲要》,实业志,林业,民国十四年铅印本。)

〔清代后期至民国四年,黑龙江呼兰〕 呼兰全境,初皆森林,巴彦苏苏则译言富有林木也。开垦以来,不及数十年,腹地之木芟夷尽矣。所补植者杨、柳、槐、榆,以供炊薪尚不足用,筑屋制器以暨木桦炭料必购之青、黑二山或远至呼兰河上游。

(黄维翰纂修:《呼兰府志》,卷十一,物产略,植物,林产,民国四年铅印本。)

〔民国年间,黑龙江布特哈〕 民国时代,有承领内兴安岭南脉山场,营作林业之户,日见其众。其办法,将山场执照由实业部领出后,任人前赴山场段内砍伐木料,或以水路放下木排,抑从陆路运输必经布特哈境内查哈彦、尼尔吉等渡口。渡口设立卡所,随时抽收十分之一或二三之抽分不等。

(孟定恭编:《布特哈志略》,村落姓氏,一九三四年铅印本。)

注:布特哈今为莫力达瓦达斡尔族自治旗。

〔民国三年至民国十八年，黑龙江庆城县〕 庆城县东近青山，南界黑山，皆盛产树木，乃天然一大利源。青、黑二山之林木郁郁葱葱，或接连数十里，或连绵百余里。以庆界人民采伐所能及之地而言，约占五百九十四万四千八百方丈，以里计之为三万三千零二十六方里有奇。青山所产之木以棵松、杉松为多，而榆、柳次之；黑山所产则榆、柞等木，惟松鲜见。民国三年春间，本地始设林务局。四年春，以该局办理不善，奉文裁撤，移归铁山包设治委员兼办，于庆城城内设分局一处。嗣又奉文将林务一项统归税局兼办，而城内分局亦裁并焉。本地以采木为业者曰木把头，照章须由本地绅商作保，向官府领照，然后自行招集小股入山采伐。至所招之小股亦必各带腰牌一张，方准入山。木把头于每年秋末入山筑室，先运食物于其中，一切预备毕，即带领小股于划定地点内择高大成材之木施以斧斤，分节截断。采伐既多，乘冬月道路冰滑之际，用爬犁载运河边，待来年桃花水涨，穿联成排，顺流而下，运往呼兰、哈尔滨等处销售，获利颇厚。木把将木采妥后，必先缴纳山本税，按木作价，每百吊抽税八百文。纳税后，其木方能变卖。变卖时，须由买主输纳木植税，按木价每百吊抽钱十吊（《庆城县志略》）。县北乡摩云岭、大伊吉密河、小伊吉密河、小藕根河、大藕根河、大碴子山、南乡木岭等处，富有森林，经各林商照章承领者已二千四百二十方里，其未放者向未勘测（民国十八年调查）。

（万福麟修，张伯英纂：《黑龙江志稿》，卷二十二，财赋志，森林，民国二十二年铅印本。）

〔民国四年至十三年，黑龙江宁安县〕 二道海林河，距城一百里，林区二百方里，所产黄花松、柳、杨、榆、柞、楸等木，由功立公司承领，经理人为王功臣，合资本二万元，系民国四年三月开始砍伐，现甚获利。摩琳山，距城一百里，林区一百九十二方里，所产同上，承领经理人为李庆赓，合资本二万元，系民国七年七月开始砍伐，现甚获利。二道海林河，距城二百里，林区二百方里，所产同上，由志诚公司承领。经理人为王勋卿，董事为徐程九、田象乾、何紫斋、张子庄、孙云峰，合资本三万元，民国七年七月开始砍伐，现甚获利。

（王世选修，梅文昭等纂：《宁安县志》，卷四，物产，林产，民国十三年铅印本。）

〔民国八年前后，黑龙江方正县〕 本境昔年森林遍地，自设治后土地日辟，树木亦逐渐稀少，然东南山一带，千百里森林，丛茂如故。惜民间智识未开，只伐作房料、木椽、火柴、木炭，以给家需，不知转运他处销售。迩来，镜波、阜记、裕方诸林业公司先后成立,雇募工人日事砍伐,材料山积,由航运往哈埠,获利无算。本地绅商有鉴于此,故亦竞思集股开办。从此林业发达,大有一日千里之势。

(杨步墀纂修:《吉林方正县志》,职业,林业,民国八年铅印本。)

〔民国八年至十八年,黑龙江汤原县〕 县境林场面积东西长约三百里,南北宽二百里许,坐落大青山一带地方,所产主要林木,以果松为最。林业公司有通原、天利、众志三家。天利、众志系商办,通原为官商合办,由公司招集木把入山砍伐,无公司执照不得入山。主产之果松,每折七五寸板一块,售价江钱八吊有奇。副产物惟有木耳一项,年约收入八千斤,每斤值江钱十吊。林木国税按价每百吊收税二十一吊八百文(民国八年林业调查报告)。本县北面山脉绵亘,林木众多已有大兴、通原两林业公司开采,各木把所伐木料由汤旺河、八里河放下(民国十八年调查)。

(万福麟修,张伯英纂:《黑龙江志稿》,卷二十二,财赋志,森林,汤原县,民国二十二年铅印本。)

〔民国十年至二十二年,黑龙江雅鲁县〕 一、林区:县境博克图第三区,系森林繁盛之区。二、林商公司:现有永顺、札免、永利、东方、新义各林业公司。三、产额:永利公司于民国十五年二月一日成立,在火燎沟顶子林场采伐,每年约伐二百余车,约可采二十余年。札免公司系中、日、俄合办,于民国十年春成立,在北大河林场采伐,十二年停办,是年冬季复又开采,十八年春季停止。东方公司系俄人营业,于民国十七年冬季成立,在绰尔河林场采伐。该场系借租永利公司,每年采取各种木材一千五百火车,约能供采二十余年。永顺公司于本年六月成立,系在阿伦河林场采伐,能供给十余年之久。新义公司于民国十三年成立,十八年八月间因经济困难,未能正式采办;九月复行开采,系在火燎沟林场,每年约采伐一百五十余火车,能供给十余年之久。各公司因十八年冬季俄乱,纷纷逃避,车马损失甚巨,现稍恢复矣(民国十八年调查)。

(万福麟修,张伯英纂:《黑龙江志稿》,卷二十二,财赋志,森林,雅鲁县,民国二十二年铅印本。)

〔民国十三年前后,黑龙江宁安县〕 松,山中最多,种类不一,结子者为果松,无子者为沙松,脂多者为油松。……每年约出大木二万棵,销长春、大连、天津等处。

(王世选修,梅文昭等纂:《宁安县志》,卷四,物产,植物,木属,民国十三年铅印本。)

〔民国十五年前后，黑龙江双城县〕　本境昔年森林遍地，自安设百二旗屯之后，土地日辟，树木亦逐渐稀少。至今，生齿日繁，荒芜尽变田园，凡属平原旷野之地均皆开垦成熟。惟九区一带山多地少，森林如故。惜民间智识未开，所有砍伐树木，只知作为房料、木桦、火柴、木炭，以为日用之需，不知转运他处销售。

（高文垣等修，张肃铭等纂：《双城县志》，卷九，实业志，林业，民国十五年铅印本。）

〔民国十七年前后，黑龙江呼伦县〕　呼伦一区富有天然森林，面积广阔，多依山脉为繁滋。兴安岭一带，幽谷深岩，蒙茏蓊郁，遮蔽天日，林木丰茂可想而知。惟以交通阻塞，采伐运输深感困难，自然之利遗弃，殊为可惜。虽有海敏、扎免两公司采伐，现因时局关系，暂时停办。

（佚名纂：《呼伦县志略》，森林，民国十九年修，抄本。）

〔民国十八年前后，黑龙江珠河县〕　珠河境内遍地森林，自俄人敷设东路，所有成材木品砍伐净尽，旋因垦荒伐木，凡属林区概从斧削，天然林木今日濯濯。

（孙荃芳修，宋景文纂：《珠河县志》，卷十一，实业志，林业，民国十八年铅印本。）

〔民国二十四年前后，甘肃夏河县〕　本县森林大半在大夏河南岸，沿河之阴面山坡，绵延甚广，西起拉卜楞，东抵土门关，约一百五十里。又沿其支流噶河（即隆洼沟），自沙沟寺南至卡伽，约六十里。据周映昌君调查，森林面积约一百五十里。……林业为藏民利源之一，临潭、循化之番地均以木材为出口大宗，洮漓之运实为木筏，永靖居大夏河之口，小木来自夏河，大木来自循化，均由黄河径驶兰州。本县木材价值以株计算，大约直径尺许者二元，六七寸者一元，四五寸者三至五角。顺河下放，直达临夏，其价值可增高二倍至三倍。木商皆为汉、回，伐木多行于夏季，运木则在夏、秋水涨之季。木材多供本地及临夏县建筑、家具之用，运销兰州者，居少数。

（张其昀纂：《夏河县志稿》，卷四，林业，民国二十四年修，抄本。）

〔清朝年间，青海〕　郭密黄河两岸杉树成林，河南完受寺汪什科先木多一带，天然林木极盛，至巷哇大河坝以及迤西之可可乌苏，有居力盖、丹巴、托力合三家之地，林木茂密，松柏杨柳之属皆中巨室之材，千百年前之故物也。又青海王可可贝勒之地，松柏甚伙，宗合受与巴隆之西南山，科尔录古之北山，以至台吉乃尔之西南山，森林域占地尤广。惜蒙番不解培植之法、保护之方，一任商贩采伐，日形减少，近黄河处尤有濯之虞也。

（清　康敷镕纂修：《青海志》，卷二，森林，抄本，一九六八年台湾成文出版社影印本。）

〔民国二十五年前后，山东临邑县〕 本县林场计有钩盘河、徒骇河、杏花村三处，兹分述于后。一、钩盘河林场。该林场位于县境之西北部，沿钩盘河之东南岸，西起于距城二十五里之四界首，中经盘河镇东北行，而至于祥洼街后，共长三十五里，面积约一万八千九百余亩。西北岸与平原陵县德平交界，于十八年春经前建设局开始植树，共植柳树十万零七千余株。自二十三年县长崔莅县后又植青杨、琴柳等树十万零二千八百，共成活青杨、柳琴等树十八万余株，生长均称茂盛。二、徒骇河林场。该林场位于本县南部，东起夏口之潘家桥，西至于常庄之于家桥，共长十五里，面积五百余亩。自二十二年至二十五年，共植杨、琴等树四万六千余株，均已成活，生长旺盛，林象已成。三、杏花村林场。该林场位于县城东南面，距城里许，面积五十余亩，历年共植琴、榆等树一万二千余株。

（崔公甫等修，王树楠、王孟戍纂：《续修临邑县志》，卷二，地事篇，建设，民国二十五年铅印本。）

〔清雍正十三年前后，浙江衢州开化县〕 开地田少，民间惟栽杉木为生，三四十年一伐，谓之拚山。邑之土产，杉为上，姜漆次之，炭又次之。合姜漆炭之利，只当杉利五之一。闻诸故老，当杉利盛时，岁不下十万，以故户鲜逋赋，然必仰给于徽人之拚本盈，而吴下之行货勿滞也。

（清 李卫、嵇曾筠等修，沈翼机、傅王露等纂：《浙江通志》，卷一百〇六，物产六，清雍正十三年修，乾隆元年刻本。）

〔民国四年，浙江新登县〕 四年，设造林场。（自治委员钟骏文择定造林场二所：一在新登乡陇坞庄龙门岭汤山，是即民国元年马知事充入县义会公产，计税三十五亩，上至岗峰，下至黄泥凸，并横路及袁姓山坪，里至龙门寺，路外至范姓山破垅，四至均有界石。该山托范聚星招人承垦，订有租约。一在昌定乡郎家庄百丈山，是处为郎纪来等十八家私有产、计税三十五亩五分。上至岗峰，下至山脚，里至陈家岭，外至何家岭，有公署派委员会同业主竖立界石。约定界内选养松树，饬警保护，由郎纪来看管。将来成材，公估出拚，公家得十成之三，业主得十成之七，其由公家所植之树木及苗圃、颁发之树苗，不在此限。）

（徐士瀛等修，张子荣等纂：《新登县志》，卷十二、实业，民国十一年铅印本。）

〔民国十九年前后，浙江寿昌县〕 杉木，永平、四灵二区出产最多，石屏、西华等区次之。

（陈焕等修，李钰纂：《寿昌县志》，卷三，食货志，特产，民国十九年铅印本。）

二、副　　业 | 369

〔民国二十六年前后,浙江鄞县〕　本县已有树木之林地,面积凡一万七千五百四十四亩。分布于东乡者百分之三十五,南乡百分之十五,西乡百分之五十,均属私有地权。尚有未经施业之荒山,其面积凡四万三千二百七十三亩。

（张传保等修,陈训正等纂:《鄞县通志》,食货志,甲编,农林,民国二十六年铅印本。）

〔南宋淳熙二年前后,江南东路徽州休宁县〕　休宁……山出美材,岁联为桴,下浙河,往者多取富。

（宋　罗愿纂:《新安志》,卷一,州郡,风俗,宋淳熙二年纂,清康熙四十六年刻本。）

〔清光绪季年,安徽六安州霍山县〕　杉木,本霍邑之上材,质坚细而干正直,鲜有腐坏,故棺椁之材,以此为贵,制器则无往非宜。乡中最喜种植,比户皆然,西南乡尤多且善,每岁出境亦为大宗。

（清　秦达章等修,何国祐等纂:《霍山县志》,卷二,地理志,物产,清光绪三十一年木活字本。）

〔清光绪三十一年前后,安徽六安州霍山县〕　今淮河簰筏,仅至五溪河而止。由五溪河,上至漫水河镇,水程百里,簰筏未能通行。然山中物产既萃于西南,若仅恃人力,万不能流通畅旺。林业不富,工艺不兴,亦由此也。

（清　秦达章修,何国祐等纂:《霍山县志》,卷二,地理志下,水利,清光绪三十一年木活字本。）

〔清康熙三十六年前后,江西南安府上犹县〕　多农少商,有竹木之户,乡市皆得其利。

（清　章振萼纂修:《上犹县志》,卷五,风俗,清康熙三十六年刻本。）

〔一九四九年前后,江西〕　江西盛产杉木,而以赣南、吉安为最著。过去产量年约一千七百余万株,依两码计算,总产两码为三十五万余两,赣州、吉安二处约占十分之七。在昔鼎盛时,除供销本省外,每年输出长江下游各省,为价常达七八百万元。抗战以还,销路不广,产量随之大减。……杉木出产,以赣南各县为最著,其他赣东、西、北各县虽亦有出产,然为量不及赣南各县远甚。……赣南为本省产木之重要地区,赣县则为其集散地,由贡水而下者曰东关木,由章水而下者曰西关木。东关木质坚,西关木较逊,且多寿木,不成器材。西木又以塘江为集散地,往年多运销于常州,以其价廉可占常州木材贸易额中十分之七。

（吴宗慈修,辛际周、周性初纂:《江西通志稿》,经济略,四,工业,一九四九年稿本,江西省博物馆一九八五年整理油印本。）

〔清咸丰年间至民国十七年，福建南平县〕　南平重山复岭，梯田而耕，粒食不足，所赖山林之产，岁入不下百余万金。竹有纸、笋，木有杉、松，既多且遍，随地皆宜，斯为大宗通行，及于燕、齐、楚、豫、赣、浙之邦。菇菌以香菇、朱菇为贵，销行亦远。茶业盛于咸、同之际，而今则衰。

（吴栻等修，蔡建贤纂：《南平县志》，卷六，物产志，民国十七年铅印本。）

〔民国八年前后，福建政和县〕　杉木，随地山林均可布种，年可出息数万元。相传政地向多围拱巨木，今则大仅盈把即行砍伐。农民又以收利太迟，鲜谋继种，故产额渐减，底价频高，不独运售为难，即本地建筑均受其影响。

（黄体震等修，李熙等纂：《政和县志》，卷十七，实业志，农业类，民国八年铅印本。）

〔民国八年前后，福建政和县〕　油有桐油、茶油、柏油、棉油四种。柏油、棉油产量不多，桐油最繁，茶油次之，出入约万余元。年来产额渐稀，市价奇昂。

（黄体震等修，李熙等纂：《政和县志》，卷十七，实业志，农业类，民国八年铅印本。）

〔民国九年前后，福建龙岩县〕　升科可耕之田，不过一千六百余顷。此外，则一望皆山，而林业未兴，山多濯濯，于地尚有遗利焉。迩年，岩人亦颇注意林业，竹山、杉山、茶山，食其利者，殆数百家。园艺，如桃、李、枇杷、桔、柚、梨、枣，所在成林，昔人称"渭川千亩竹，安邑千树枣，其人与万户侯"等。果能于林业、园艺实力振兴，亦未始非吾岩之一富源也。

（马龢鸣、陈丕显修，杜翰生等纂：《龙岩县志》，卷十七，实业志，农业，民国九年铅印本。）

〔民国十八年前后，福建同安县〕　炭窑：芸造溪、田峰两保有五峰耸出，纵横二三十里，于林木可作烧炭材料。如石水社、溪东社、云林社、汀溪乡有炭窑几十所。每窑烧一次能出炭二千余斤，邑所需炭皆仰给焉。

（林学增等修，吴锡璜等纂：《同安县志》，卷十八，实业，炭窑，民国十八年铅印本。）

〔民国三十一年前后，福建崇安县〕　杉木，各乡均有出产，而以上梅为盛，然多属野生，以人工种植者不数数观。杉木经裁制后名京筒，运售福州。……松木，各乡均有，经裁制后谓之松筒，运售福州。

（刘超然等修，郑丰稔等纂：《崇安县新志》，卷十九，物产，关于国民经济者，民国三十一年铅印本。）

〔清同治十年前后，台湾淡水厅〕　樟柴、紫荆、楠枋、加苳、槲榔，以上诸木可制器及造船,南、北、漳、泉多来采买。

（清　陈培桂等纂修：《淡水厅志》,卷十二,物产考,货属,清同治十年刻本。）

〔**清同治年间,湖南永州府祁阳县**〕　祁人务本者多,逐末者少,从无富商大贾远出懋迁者,惟杉、竹之产饶于他郡。每年架簰载舟涉洞庭而抵鄂汉者,络绎不绝。其次则驾小船,如烟江之桐壳,白水、归阳之鳅子、七板子,上下桂、金、湖、湘间,转运花、粮、糖、盐而已。

（清　陈玉祥等修,刘希关等纂：《祁阳县志》,卷之二十二,风俗,清同治九年刻本。）

〔**清同治年间,湖南永州府祁阳县**〕　祁邑历来柴薪最贱,近因户口滋繁,供爨日多,柴价视昔为贵。缘从前采薪者,不过伐其柯干；迩来,愚民多拔其根柢,萌蘗无从生发,柴木日尽。职此之由,加以下游杉木盛行,又连年松被虫蚀,存留无几,将来更难支持。为今之计,惟宜变通烧煤。闻邑中产坟宅风水,地不爱宝,斯足济柴薪之穷耳。

（清　陈玉祥等修,刘希关等纂：《祁阳县志》,卷之二十二,风俗,清同治九年刻本。）

〔**清光绪二十九年,湖南长沙府醴陵县**〕　县境旧盛植林,中人之家,有数子出分,则必各为建屋,其木材皆取之本山,不俟外求而足也。近数十年来,人烟日多,盗伐滋众,山户既不复栽植,而官厅亦无法保护,林业遂以浸衰,即僻远山区,亦仅有存者,可为太息也。夫县境山多于田,惟造林可以代耕,且逼近路矿,多销木材,而烧磁需柴,常虞不给,不独可减少居民需煤之量而已也。其棉、麻、蚕桑、茶、桐油及红茶、蔬果之类,且得为输出大宗,而森林防止水旱,又益于田,故造林之在吾醴尤为急要。先是县人有黎树藩者(字禹岳,南乡人),于光绪二十九年呈准当道,开办醴陵树艺公司,订立章程,定保护农林之法,颇著成效,惜未数年即罢。民国以来,每岁以春分为植树节(原定清明,湖南地气早,故改春分),亦徒事虚文,无裨实效。数年前,省议会议决,强制造林章程,咨由政府令行各县,亦未实施。县人但知患贫,而置此大利于不顾,材木之需,悉由株洲输入,而旧日红茶、桐油之利亦几尽废,居民炊爨多用萍煤,各窑场需柴至于向他县采买。呜呼！醴人虽欲不贫,安可得也。夫种树之利,虽在乡民,不待讲而知,不待教而能也,顾知其利而不为能其事而不举者,何也？此政府既无督促之方,复无保护之法,初则惮于图,始久乃习焉若忘,此不可不有以救正之也。

（傅熊湘编：《醴陵乡土志》,第六章,实业,林业,民国十五年铅印本。）

〔**清光绪三十四年前后,湖南靖州**〕　杉木,由水路运出本境,在常德及湖北各处销行,每岁运出之数约值银五万两。其由贵州及通道运过本境之木,约值银十余万两。松板,由水路运出本境,在常德及湖北各处销行,每岁运出之数约值银三千两。其由通道运过本境者,约值银二千两。

(金蓉镜等辑:《靖州乡土志》,卷四,物产,清光绪三十四年刻本。)

〔清代至民国三十七年,湖南醴陵县〕 县产杉树向足自给,至清季始有杉棚,运销各地。杉木至今益盛,专供本地建屋、制器及石门口煤矿之用。现在营是业者,县城共有十二家,阳三石二家。木料大抵由浏阳、萍乡运来,销售茶陵、安仁、祁阳、桂东、桂阳等处。出产潭湾、神福港、石亭、铁河口、松阳渡、唐山口等处,共有十余家。而南河之泗汾、清水江亦有十余家,运销萍乡、攸县杉木。

(陈鲲修,刘谦等纂:《醴陵县志》,卷六,食货志,工商,民国三十七年铅印本。)

〔民国九年前后,湖南永定县〕 木料,本境所产以杉、松为大宗,兼自永顺、桑植水运入境,销行澧州湖乡,每各处岁多寡不等,估值约以万计。

(王树人、侯昌铭编:《永定县乡土志》,下篇,物产第十二,民国九年铅印本。)

〔民国二十年前后,湖南鄞县〕 鄞县出产,以木杉为大宗,往年多在茶陵售卖,近因木业发达,运往株州、湘潭、长沙售卖者不少。

(曾继梧等编:《湖南各县调查笔记》,物产类,鄞县,民国二十年铅印本。)

〔民国二十年前后,湖南汝城县〕 各乡所产杉木槎运至赣州、衡州者,为出口大宗,颇获厚利。

(曾继梧等编:《湖南各县调查笔记》,物产类,汝城,民国二十年铅印本。)

〔民国二十年前后,湖南新田县〕 西北一带接近猺山,杉树成林,一望无际。每逢夏冬之交,择其干直者伐之,而编为棚筏,一俟春雨涨发,投诸近河,任其飘流,以达于境外。

(曾继梧等编:《湖南各县调查笔记》,物产类,新田,民国二十年铅印本。)

〔民国二十年前后,湖南东安县〕 木料,各区均有出产,输出最多者首推北应、三河二区,总计每年价值亦可达数万元。

(曾继梧等编:《湖南各县调查笔记》,物产类,东安,民国二十年铅印本。)

〔民国三十年前后,湖南宁乡县〕 宁乡西与安化、湘乡接壤,层峦叠嶂,林产颇丰。惟灰汤上下三十余里之山,沙砾硗确,草木不蕃,各都间有童山。光绪以前,所至弥望,青葱其一色。成林者,松为最,杉次之,竹又次之。果树如梅、桃、梨、李、枣、柑、橘、柿、栗、枇杷、葡萄,他若枫、樟、楮、梓、桐、檀、桑、柘、楗、槚、槐、桐、柞、榆、杨柳、乌桕之属,宅场墓地尤伙。八、九、十都松尤茂,大者作梁栋,时复运销县垣靖港,次供薪爨。而冶铁必资松炭,黄材锅炉取用尤多。今则大松几尽,各都惟有小株;杉大者编筏外售,沩山、祖塔、蒿溪、段溪、梅溪各地岁售四五千元,近亦寥寥。竹类大者有三,曰南竹、曰水竹、曰金竹、(一曰黄管竹),皆宜编织。南竹肉厚,质坚嫩者,可造纸。十都沩山、祖塔、段溪、蒿溪、梅溪各山,纸料岁值四五千元。五都凫山则岁出约三万石,其名尤著。附近二都杨家冲、风车仓、冷洞坑、文家冲均有纸棚。此外,若桐,若槚,取榨油,其利颇大,祖塔、段溪各处产油,岁收五六千元,九都次之,各都又次之。

（宁乡县志局：《宁乡县志》,故事编,财用录,物产,民国三十年木活字本。）

〔清朝末年至民国初年,广东乐昌县〕 县中林业向称发达者,如六区之九峰、二区之五山、四区之河路,一望崇山峻岭,杉竹成林,无不编筏为排,蔽江而下。此外,亦间有杂树之生,翳日干霄。山村樵采之余,尚裕香蕈、柴炭之利。其地平衍者,则松杉夹道,十里成荫,酷暑顿消,行路称快。此六十年来之佳景象也。自磷寸盛行,祝融兆祸,纸烟遍境,风伯无情,余烬偶遗,势便燎原,不可响迩,以故童山濯濯,触目皆然。然林政之兴,上之人风行雷厉,邑中前已派员赴省林业技术练习所实地求学矣。现复有农林局之设,因势利导,此其动机乎。

（刘运锋纂修：《乐昌县志》,卷九,实业,民国二十年铅印本。）

〔民国三年,广东乐昌县〕 民国三年,分森林为国有、私有诸法,本为鼓励人心,广植树木起见。乐邑地居岭表,重峦叠嶂,环绕全区,惟四区之泷峡、六区之九峰稍有杉筏运入广州,获利亦不为夥。余仍童山濯濯,触目皆然。夫硗薄之满洲,遍地树植,一变而为富庶,矧南越之地,天时地利,莫不胜于北方。兹录而增注之,俾研究树艺者,辨其土地之宜,察其种植之道,林业庶可兴矣。

（刘运锋纂修：《乐昌县志》,卷五,地理五,民国二十年铅印本。）

〔民国十五年前后,广东始兴县〕 杉木为本境出产大宗,伐木、运木、编扎成排,需工人四五千,工作本粗浅,而邻邑人不优为之,往往木之出产地为南雄、曲江、仁化等县,而伐木、扎排必雇始兴人为之,以其有专长也。南雄至韶州航业,为始兴人所专有,需工人三四千,农隙贫民赖此生活。

（陈赓虞、谭柄鉴修,陈及时纂：《始兴县志》,卷四,舆地略,实业,工业,民国十五年石印本。）

〔民国三十二年前后，广东大埔县〕　吾邑地面山岭重叠，可事耕作之地仅十之二三。其所靠以生产者，端在林业。故凡邑内山岗，除高山峻岭不易登陟者外，十居六七皆苍翠葱茏，收益不少。惟造林植树皆守定成法，无甚研究改良。

（温廷敬等纂：《大埔县志》，卷十，民生志上，林矿，民国二十四年修，三十二年增补铅印本。）

〔民国十八年前后，四川南充县〕　全县建筑器用材料，沿江者仰给于东河。近年，东河森林渐竭，运价复昂，治城等处渐呈木荒。东河发源于陕西宁羌县南境，经广元苍溪东界至阆中县南入嘉陵江。自望苍坝（属广元县）以下可行小船、木筏，望苍坝以上皆森林矿山。出木材、煤炭，顺庆商人多专船至此采办，泛回售卖。往昔售价甚廉，近因沿河各山并已采尽，须远至数十里外采伐矣。木价既增，乡人渐知植树之利，凡属山高岩险不堪耕种之处，已有植树成林者，又有栽植特用树木，虽非茂林，亦成大宗名产者。

（李良俊修，王荃善等纂：《南充县志》，卷十一，物产志，林业，民国十八年刻本。）

〔民国二十年前后，四川富顺县〕　炭，产怀德镇、石灰溪、临江溪、双鹿铺、童家寺、罗罐山、天洋坪等处，每岁产额约一万万余斤，行销县属暨内江沿河一带人家以为薪，糖房用煮糖，小井灶间用煮盐。

（彭文治、李永成修，卢庆家、高光照纂：《富顺县志》，卷五，食货，物产，民国二十年刻本。）

〔清光绪十八年前后，贵州黎平府〕　黎郡产木极多，若檀、梓、樟、楠之类，仅以供本境之用，惟杉木则遍行湖、广及三江等省，远商来此购买。在数十年前，每岁可卖二三百万金，今虽盗伐者多，亦可卖百余万。此皆产自境内，若境外则为杉条，不及郡内所产之长大也。黎平之大利在此。

（清　俞渭等修，陈瑜等纂：《黎平府志》，卷三下，释货，清光绪十八年刻本。）

〔清光绪二十九年前后，贵州镇远府天柱县〕　按：柱邑僻介荒服，土产远不及中州。然自城西汉寨、皮厦以上，地接黎阳，遍地杉山，土产以木植为大宗。自北门邦洞、蓝田以下，虽均产杉木，而鳞塍绣错，以谷米为大宗。至城东兴文里暨新兴里二图，下远口、远洞、地湖等处，土产茶、油。江东、辞兵州（又名自坪洲）多产棉花。惟洋烟，以附城上下及蓝田、邦洞为最。其余荒山旷野待开垦者尚多。诚得贤司牧率作兴事，俾地无遗利，以成余三余九之盛，而犹患贫患寡，亦理所必无也。

（清　林佩纶等修，杨树琪等纂：《天柱县志》，卷三，食货志，杂货，清光绪二十九年木活字本。）

〔**清代至民国年间,贵州剑河县**〕 黔山多童,先民不习松、杉等利,山中之树听其长养,竟多不知其名者。今则松杉葱郁,而地又近河。清末,尝由水道伐木扎排,顺流而下,售于洪江、常德等处,获利甚厚,民生遂渐舒矣。

(阮略纂修:《剑河县志》,卷一,天文志,气候,民国三十三年铅印本。)

〔**民国九年前后,贵州施秉县**〕 柏木,出县属西北山中,木质坚实,本地商人运往洪江一带出售,价值较他处为优,年约值银数千元。……杉木,出县属西北山中,本质坚致,出品较他处为优,运销洪江、常德等处,年约值银数千元。

(朱嗣元修,钱光国纂:《施秉县志》,卷一,物产,民国九年修,贵州省图书馆一九六五年油印本。)

（二）畜 牧 业

〔**民国十九年前后,河北满城县**〕 农家副业。畜牧:本县畜牧以猪为最多,羊次之。猪则农人家家畜之,利用其粪肥田,兼可获利。羊惟近山各村畜之,借粪肥田,每年扒氄翦毛,亦可获利。总计全境猪约五万五千余头,羊约四千余只。饲鸡亦为农户普通获利之业,产卵孵雏极多,确数不可调查。林业:本县无大森林,如西北山麓之柿林,荆山、神星等村之杏林,韩家庄一带之枣林,多系果品,非专营林业。近年各乡居民均感觉木材缺乏,每年旷地种树甚多,苟培植得法,经过十余年后,定可获利也。蚕桑:本县提倡蚕业历有年所,而究未见发展者,一由美利未著,乡民不甚注意;二由无成林之桑;三由妇女拘守旧法,不知选种改良,茧丝不佳,永安庄、尉公、大娄等村虽多有饲养,又苦于茧丝无法销售。为今之计,亟须筹谋茧丝销路,俾有显利可图,则人争趋之,此农家莫大之利也。蜂业:县内养蜂之家,率沿旧法,任蜂群之自为孳息者不过五六十群。每群年取蜜四五十斤不等,蜜质甚佳。近年,自外洋蜂种传入,居民争购,然率以繁殖蜂群,转售获利,不注重酿蜜,以致蜂群愈多,蜜源愈少,本地蜂业大受影响,将来有无失败,尚未可知也。

(陈宝生修,陈昌源等纂:《满城县志》,卷之七、县政三、实业,农家副业,民国二十年铅印本。)

〔民国二十一年至二十三年，河北张北县〕

全县近三年牧畜量值表

类别	名称	项目		二十一年	二十二年	二十三年	总计	平均	备考
家畜	牛	量		15 000	10 000	12 000	37 000	12 333	
		值	每头	30	25	20	75	25	
			共计	450 000	250 000	240 000	940 000	313 333	
		出口量		1 500	1 000	1 200	3 700	1 233	
		出口值	每头	30	25	20	75	25	
			共计	450 000	250 000	240 000	940 000	313 333	
	马	量		17 000	12 000	10 000	39 000	13 000	
		值	每匹	40	35	30	105	35	
			共计	680 000	420 000	300 000	1 400 000	466 666	
		出口量		1 700	1 100	1 500	4 300	1 433	
		出口值	每匹	40	35	30	105	35	
			共计	680 000	38 500	45 000	151 500	50 500	
	骡	量		3 400	2 800	2 000	8 200	2 733	
		值	每头	50	45	40	135	45	
			共计	170 000	126 000	80 000	376 000	125 333	
		出口量		1 700	1 400	1 200	4 300	1 433	
		出口值	每头	50	45	40	135	45	
			共计	85 000	68 000	48 000	201 000	67 000	
	驴	量		1 500	1 200	1 300	4 00	1 333	
		值	每头	25	20	20	65	21	
			共计	37 500	24 000	26 000	87 500	29 166	
		出口量		150	120	130	400	133	
		出口值	每头	25	20	20	65	21	
			共计	3 750	2 400	2 600	8 750	2 916	
	羊	量		50 000	40 000	36 000	126 000	42 000	
		值	每只	3.5	3	2.5	9	3	
			共计	175 000	120 000	90 000	385 000	128 000	
		出口量		15 000	12 000	10 000	37 000	12 333	
		出口值	每只	3.5	3	2.5	9	3	
			共计	52 500	36 000	25 000	113 500	37 833	

(续表)

类别	名称	项目		二十一年	二十二年	二十三年	总计	平均	备考
家畜	猪	量		40 000	35 000	30 000	105 000	35 000	
		值	每口	7	6	5	18	6	
			共计	280 000	210 000	150 000	650 000	26 666	
		出口量		15 000	15 000	10 000	70 000	23 333	
		出口值	每口	7	6	5	18	6	
			共计	15 000	90 000	50 000	240 000	81 666	
	鸡	量		100 000	90 000	88 000	278 000	92 666	
		值	每十只	1.5	1.5	1	4	1.3	
			共计	15 000	13 500	8 800	373 000	12 433	
		出口量		63 500	52 500	61 400	177 400	59 143	
		出口值	每十只	1.5	1.5	1	4	1.3	
			共计	9 525	7 875	6 140	23 540	7 846	
	鸭	量		500	450	350	1 300	436	
		值	每只	1	1	1	3	1	
			共计	500	450	350	1 300	436	
		出口量		400	350	250	1 000	333	

注：量计算单位为斤，值计算单位为元，产量，上同。

（陈继淹等修，许闻诗等纂：《张北县志》，卷五，户籍志，出产之比较，民国二十四年铅印本。）

〔民国二十三年前后，河北完县〕 羊：黑者曰山羊，白者曰绵羊，县境约有二百余群，山羊占三分之二，绵羊三分之一，每群由百头至百五十头。绵羊一种，以绥远二十家子所产为最良，县人赴此地购买，有大尾、小尾、黑头、白头数种。大尾者，为本地产；小尾者，为绥远产。口北羊生产甚速，以羝羊时，在群中不会分离。内地以牧草不便，羊之生产遂受限制。县境习惯，立冬放羝羊入群，立春即取出之，清明产生羊羔。是时春草初生，牧主多折柳枝饲以嫩叶，约三十日即可随群外出觅食矣。春季，农民以荆笆三十余块围作羊圈，会宿其中，是谓登粪，为造肥之良法。县境之羊，多远销保定、易州等处。山羊每头约值四元，绵羊七元。近年，各处多有宰杀胎羊、售羔皮以求重利者，于羊繁殖，颇受重大影响，现已明令禁止矣。

（彭作桢等修，刘玉田等纂：《完县新志》，卷七，食货第五，民国二十三年铅印本。）

〔民国二十四年前后,河北张北县〕　张北以农为正业,以牧畜为副业,然近年以来,农村破产,所赖以生活者,端赖牧畜,盖以牧畜之孳生骨、角、羽之副品,较之农业尤为有益。

（陈继淹修,许闻诗等纂:《张北县志》,卷四,物产志,动物,民国二十四年铅印本。）

〔民国二十九年前后,河北邯郸县〕　农家副业。鸡:农家逐户饲养,多由童、妇于春暮时购买雏鸡;饲至秋后,即有产蛋者,最小数只,多则十数只或数十只不等。每蛋一枚售换铜元六七枚。蛋六七枚,即足抵买雏之资,随时售卖,颇为日常油、盐、酱、菜之补助,是盖副业中之最简易又最有利益者。惟饲养之法多不讲求,粥粥成群,视为营业者,尚未多见也。豕:农家十之八九多饲一豕或二豕,端午、中秋两节,辗转买卖,利获倍蓰。……通常饲猪,率多预备年关,分别售卖、留食,既免市脯,且不伤财,盖亦家常普通计划也。蜂:沿用旧法饲养蜂群者,据查共有十数家,饲七八窝,或十数窝,多至二三十窝不等。每年每窝产蜜最丰时,可达四十余斤,每斤值大洋七角,每窝利益当在三十元上下。最近数年,购意大利蜂,孳生转卖者,计有四家,均系存养二三十箱。惟因购者寥寥,一时颇无售主,拟图制蜜,不惟产量太弱,且较旧时蜜质远逊,盖亦逐末者,过时之失败也。蚕:养蚕一业尽人所能,惟因桑树缺乏,遂致饲养无法。每年蚕茧,据查,境内仅产四五百斤,几与凤毛麟角相等,亦云微矣。数年前,虽经建设局分发桑秧,劝令各村种植,但培养之法向未讲演,敷衍栽种,绝鲜成活,无怪蚕业之迄未发展也。

（杨肇基修,李世昌等纂:《邯郸县志》,卷十三,实业志,农家副业,民国二十九年刻本。）

〔清光绪三十三年前后,内蒙古〕　家畜为蒙古富源,盖其物产大宗也。蒙古人相遇,必先问家畜安否,而后叙寒暄,岂不以性命所系哉!畜有骆驼、马、牛、羊、豕、骡、驴,而骆驼、马、牛、羊为最,豕、骡、驴次之。

（姚明辉编:《蒙古志》,卷三,物产,动物类,清光绪三十三年铅印本。）

〔民国二十六年前后,绥远〕　绥省之牧畜,次于察哈尔,但亦有可观,每年马产约六万匹,羊五十五万头,驼、驴、骡各在五万以上。惟不知改良,而所产之毛,不及美、澳之佳。

（廖兆骏编:《绥远志略》,第十五章,绥远之工业,第二节,绥远之工业品,民国二十六年铅印本。）

〔清乾隆元年至咸丰二年,盛京〕　今有官马群驻牧各处,马极蕃庶,而西北塞外来者亦良。

（清　吕耀曾等修，魏枢等纂，雷以諴补修：《盛京通志》，卷二十七，物产志，兽之属，清乾隆元年刻、咸丰二年补刻本。）

〔民国十四年至十九年，奉天盖平县〕　本县气候，较吉、黑为平，水草亦丰，故有吉林实业家于民国十四年运置驯鹿一百余头，设圈于邑东五里许之白谷庄北山麓间。现共滋生小鹿六十余只，每年可锯获鹿茸三十余副云。

（石秀峰修，王郁云纂：《盖平县志》，卷十二，实业志，鹿圈，民国十九年铅印本。）

〔清代前期至民国四年，黑龙江呼兰〕　府属道、咸以前犹畜牧部落也。自农业发达，畜牧之利浸微，然大户畜牛、马、羊者，仍复十百为群，惟蹈常习，故不研求畜牧之学理。

（黄维翰纂修：《呼兰府志》，卷十一，物产略，动物，家畜，民国四年铅印本。）

〔清光绪十七年前后，黑龙江〕　江省牲畜以牛为多，诸部落初时以为常食，名曰乳牛，又曰菜牛。咸丰以前，市肉一斤不过廿钱。近二十年，昂至六七十钱。盖牛产多在齐齐哈尔、呼兰两城境中，贩至黑龙江城境最为大利，缘俄人广加收买，以供行军干粮。冬春之交，肥牛一头有贵至银二十两者。

（清　徐宗亮纂：《黑龙江述略》，卷六，丛录，清光绪中刻本。）

〔清光绪十七年前后，黑龙江〕　江省牲畜遍放于野，不以豆料、麦屑饲之。至秋后，畜于家厩，则喂以羊草，长尺许，色青而润，经冬不变，郊外随地皆有。四月即生，七八月将枯时，土人争往刈割，堆平屋顶上，约可供牲畜冬、春之需。若道过车乘购取，价亦甚廉。羊草饲马极肥泽，胜豆、麦远甚。

（清　徐宗亮纂：《黑龙江述略》，卷六，丛录，清光绪中刻本。）

〔清光绪十七年前后，黑龙江阿勒楚喀〕　北由辈克图河、大小海沟、荒沟、磊子沟、二层甸子、大小石头河，南至拉林界，北至江沿迤西，均系旗人游牧处所。

（佚名纂修：《阿勒楚喀乡土志》，清光绪十七年抄本。）

注：阿勒楚喀于清宣统初年改名阿城县。

〔清光绪十七年前后，黑龙江〕　黑龙江省牲畜孳息，以牛为盛，部落中恃以为粮，谓之菜牛。十年以前，斤两不过廿钱。嗣俄人广加收买，以机器碾磨成粉，备行军口食，堆积盈仓，传闻人得一勺，历日不饥。各城牛贩以此日多，辄赢大利。而黑龙江城税，每年约得盈余万串，遂为诸城之冠。其他牲畜，则惟马、羊、骡、驴之属，皆不常见。

（清　徐宗亮纂：《黑龙江述略》，卷四，贡赋，清光绪中刻本。）

〔清末至民国二十二年，黑龙江〕　蒙人专赖牧畜围猎为生计，问其贫富，则数畜以对。自设治放荒以来，渐多垦辟，凡属水草便利之区，悉为稼穑丰盈之地。虽畜十百成群者，仍不乏人。唯雄骏良骥日就稀少，盖以日俄一役逼近战地，营运战备，食肉寝皮，无一不需之蒙境。贱购强取，十去四五，骊黄之选，几至空群。……近年，独达尔罕旗尚盛，计马、牛、羊共一百五十四万头。其余各旗，总计一百九十余万头，较十年之前，尚不逮其半数。牧政如此，而生计日绌也。

（万福麟修，张伯英纂：《黑龙江志稿》，卷十六，物产志，渔猎，民国二十二年铅印本。）

〔民国三年至十四年，黑龙江〕　牧畜以牛、马、羊、豕为大宗，居户恒以牲口之多寡，定家产之贫富，捕貂打牲视为恒业。鄂伦春人尤善猎。鹿茸、貂皮，俄商收买，得价甚昂。民国三年，畜产物表，总计牛、马、羊、豕一百九十二万五千九百六十三头。

（金梁纂：《黑龙江通志纲要》，实业志，渔牧，民国十四年铅印本。）

〔东晋时期，梁州汉中郡〕　武都郡，本广汉西部都尉治也，元鼎六年别为郡。……其人半秦，多勇戆。出名马、牛、羊、漆、蜜。

（晋　常璩撰：《华阳国志》，卷二，汉中志，清乾隆间《四库全书》本。）

注：汉中郡今为陕西汉中县。

〔北宋年间，关西道盐州〕　风俗：以牧养牛、马为业。

（宋　乐史撰：《太平寰宇记》，卷三十七，关西道十三，盐州，清乾隆间《四库全书》本。）

注：盐州今为陕西定边县。

〔民国十二年前后，陕西兴平县〕　邑俗，马多产骡，岁售晋、豫、燕、鲁，为数亦巨。近岁，土匪滋横，有者多被劫去，数畜以对，视十年前减半矣。

（王廷珪修，张元际等纂：《兴平县志》，卷一，地理，物产，民国十二年铅印本。）

〔民国十九年前后，陕西横山县〕　近年，皮毛昂腾，养户利倍寻常，故牧者恒多。边外伙盘居民，水草便利，大半以畜牧牛、马为生活上主要营业焉。则五十成群，每群选牡马一头领导，而牡马服从自如，决无散失，殆亦畜性使然。羊则一户有牧至千余者，秋高肥硕，咸至内地贸易，利极居奇。

（刘济南修，曹子正纂：《横山县志》，卷三，实业志，畜牧，民国十九年石印本。）

〔清乾隆十一年前后,甘肃平凉府静宁州〕 静宁民性刚直,好施尚义,业农颇勤,广于挈牧,能纺氍毹。善养马……婚姻乡僻以牛、马为礼。

(王烜纂修:《静宁州志》,卷三,赋役志,风俗,清乾隆十一年刻本,民国年间铅字重印本。)

〔清道光十三年前后,甘肃兰州府靖远县〕 六畜、野禽、野兽亦同他处所有,而羊为最。太史公云:"千足羊,其人与千户侯等。"而此地擅畜牧者百千为群,或至数千几万者。

(清 陈之骥纂修:《靖远县志》,卷五,物产,清道光十三年刻本,民国十四年铅字重印本。)

〔清代后期,甘肃平凉府海城县〕 新堡以北,地界沙漠,辄数年不雨……赋始于顺治三年,地多荒芜,水率碱苦,最宜于牧养。兵燹后,左侯相给发羊本。汉、回以畜牧为生计,皮毛遂为一大出产。

(清 杨金庚纂修:《海城县志》,卷七,风俗志,物产,清光绪三十四年铅印本。)

注:海城县于民国三年改名海原县。

〔民国二十四年前后,甘肃镇原县〕 骡驹,八镇皆产,惟萧金所产最驰名。每年七月开会,秦、晋、豫客商来县买骡者,络绎于途。

(钱史彤、邹介民修,焦国理、慕寿祺纂:《重修镇原县志》,卷二,舆地志,物产,货物,民国二十四年铅印本。)

〔民国二十四年前后,甘肃夏河县〕 草地番民不事农耕,专以牧畜牛、羊、马匹为生,皮毛、乳酪,衣食原料多所利赖。本县每年出口五十万元,羊毛占十七万元。羊为小尾藏羊……每一牡羊,肉量平均为五十斤。近年,因胎羊羔皮价值昂贵,一般无知藏民,每杀孕羊取胎羔皮,以图厚利,影响羊群繁滋甚大。……牛有牦牛、黄牛、犏牛之分,此区牧养牦牛为多。……马,俗称南番马,体躯高大,性格雄健,适于乘骑,尤宜军用。古称"洮州之马天下闻",自茶马之制废,而马政遂不讲。……本县为西北产马名区。……据张元彬君调查,与拉卜楞寺有关五千七百户牧民所养之牲畜,计马三万五千七百匹、牛十一万三千七百五十匹、绵羊一百十六万九千匹、山羊二万一千匹、骡二千一百匹。每匹平均价值,马五十元、牛十五元、绵羊二元、山羊一元、骡十元。

(张其昀纂:《夏河县志稿》,卷五,畜牧,民国二十四年修,抄本。)

〔清乾隆四十五年前后,宁夏府〕 风俗,宁夏五邑皆同。中卫、灵州、平罗,地近边,畜牧之利尤广。

（清　张金城修,杨浣雨纂:《宁夏府志》,卷四,地理,物产,清乾隆四十五年刻本。）

〔民国十四年前后,宁夏豫旺县〕　地多沙漠,风气滞塞,畜牧而外,依贸易生活。

（朱恩昭纂:《豫旺县志》,卷一,疆域志,风俗,民国十四年修,抄本。）

注:豫旺县今为同心县。

〔民国九年前后,青海玉树〕　番族十九皆从事畜牧,家有牛、羊、马匹,而牛最多,羊次之,马又次之,问人之富,数畜以对。挏乳以为酪,缀皮捻毛以为衣,又斥其余以易所无。牛有耕牛、食牛之别。食牛谓之菜牛,耕牛亦可运载。丰毛、大尾、锐角、高蹄,日行五六十里,所谓牦牛者是也。牛一头值银七八两。羊有白黑二种,白者一头值银八九钱,黑者一头值银五六钱。马,上者值百金以上,次者五十金以上,又次者二十金以上。然皆小,其上驷,仅当内地之下驷云。

（周希武编:《玉树土司调查记》,卷下,实业,畜牧,民国九年编,抄本。）

〔民国三十二年前后,青海〕　历来,蒙、番牧民,与外隔绝往来,以其畜牧蕃殖,自产自给。……扬子江、黄河、大通河上流,布哈河及青海湖四周之地,海拔一万三千尺以下至一万尺内外之地,河流纵横交错,美草茂生,牧民迁移往来,天幕麇集,所养之马、驼、牛、羊特别蕃殖。柴达木盆地,拔海在一万尺以下,土地湿润,芦苇、茸草生长特茂,更适于马、驼、牛、羊之繁殖。惟因地质含有碱性,喜吃蒙茸细草之牦牛不易畜养。

（许公武纂:《青海志略》,第五章,青海之经济概况,第五节,牧业,民国三十四年铅印本。）

〔清光绪三十三年前后,新疆喀喇沙尔新平县〕　农,现有各庄均皆耕牧为计,约计二千有余人。

（清　周芳煦编:《新平县乡土志》,实业,农,清光绪三十三年修,抄本。）

注:新平县今为尉犁县。

〔清光绪三十四年前后,新疆库车沙雅县〕　境内居民耕牧并重,动物以牛、羊为大宗,每年孳生约十余万,民间交相贸易,外贩亦间有之。其余,骡、马所产有限。

（清　张绍伯纂:《沙雅县乡土志》,物产,一九五五年据清光绪三十四年稿本油印本。）

〔清宣统二年前后，新疆〕 蒙、哈以善牧闻，常为人佣牧，一佣之力能牧马三十、牛五十、羊三百。牧率主家岁给佣人絮衣、毡裘、革履、毳幕各一具，月饷羔羊一、麦三十斤，春秋剪毛二次，分遗其半抵佣值。岁终，巡视牧群，察其羡耗，若孳乳肥腯，则纳羔羝为酬。……凡畜牧孳生之数，惟羊群最蕃，获利亦最厚，一岁本息均，二岁再倍，三岁四倍，六年以往，则本一而利百。

（钟广生撰：《新疆志稿》，卷二，实业志，畜牧，清宣统二年修，民国十九年铅印本。）

〔民国三年前后，新疆〕 骆驼之产，出南路少，北路多，而故城附近最盛。盖故城为北洋货物之集散场，自张家口通过蒙古之戈壁带，先集于此地。其运搬机关专用骆驼，饲养之盛之所以也，价格自三十五两至四十两。

（张献廷初稿：《新疆地理志》，第三章，人文地理，产业，牧畜业，民国三年石印本。）

〔民国五年，新疆〕 新疆古本行国，近来虽变为居国，然居民咸农牧兼半。至北路之伊犁、塔城，南路焉耆、乌什、蒲犁诸属，其间蒙古、哈萨克、布鲁特诸族均系游牧之民，逐水草而居，固无论矣。即罗布淖尔附近诸县，虽属缠回，亦皆农三而牧恒七，盖举全疆之人，除少数汉人外，土民冠履、衣裳、饮食，莫不取资于牲畜，盖天方之俗，至今固未尽变。

（林竞编：《新疆纪略》，五，实业，牧畜，民国七年铅印本。）

〔民国二十一年至三十六年前后，新疆〕 新疆畜牧事业，以北疆为主，天山南麓山地亦尚重要。重要牧区为阿山、塔城、伊犁、焉耆、巴里坤、乌什、柯坪、乌恰等地。哈萨克人牧区在阿山、伊犁。蒙人牧区在巴里坤、塔城、阿山、焉耆。柯族牧区在巴里坤、乌什、柯坪、乌恰。……新疆全省羊约为一千三百万头，约每人可有羊三头强。……以区而论，全疆塔城区产羊最多，伊犁区次之。以县而论，产量多寡按次序排列，则应为额敏、焉耆、叶城、塔城、莎车、伊宁、于阗、洛浦、和丰等十县，其余皆不足三十万头。以此九县计之，所产羊数占总羊数三分之一弱。……新疆羊毛百分之六十输出，其他自用以制地毯、被褥、包装、帽鞋，因新疆居民多不用棉而习用羊毛制品以为寝具也。皮革方面，二十一年新疆所产皮张共为九十万张，中以羊皮最多，凡五十万张。目下皮张产量数字不一，约在三百万张，即三倍于十年前数字。

（丁骕撰：《新疆概述》，七，畜牧及畜产，民国三十六年铅印本。）

〔民国二十三年前后，山东桓台县〕 家畜，骡、马、牛、驴、羊、豕、鹅、鸭、鸡、犬等皆备，惟孵鸡营业最为发达。其法纯用人工孵卵，春初买鸡卵时，其卵能否孵化，一经检查即能了然。卵入暖室二十余日，即可出鸡，百不失一，手术极为精熟。鸡雏随时运往他县销售。业此者多在城西北西孙庄、西史庄、杨家庄等。又城东北锦秋湖濒水各村、鱼龙湾等处，多有以孵鸭雏为业者，其法与孵鸡法大略相同。

（佚名纂修：《桓台县志》，卷二，法制，实业篇，物产，民国二十三年铅印本。）

〔元至顺三年，江浙行省镇江路丹阳县〕　牛乳，出丹阳者为佳，旧《志》称，其凝白如酥。

（元　俞希鲁纂：《至顺镇江志》，卷四，土产，饮食，元至顺三年纂，清道光二十二年刻本，民国十二年重刻本。）

〔民国二十三年前后，江苏阜宁县〕　畜豕为农家唯一副业，盖不独有利可图，其粪又肥料所必需也。糟面粉等坊食料无待外求。常畜豕十头至二十头，贾客以时设市于镇，购而屠之，渍以盐，以巨舟载之南去。有曰帮猪，商贩豢之舟中，运销于泰州、东台或苏、沪一带者亦众。

（庞友兰等纂：《阜宁县新志》，卷十二，农业志，畜牧，民国二十三年铅印本。）

〔民国二十三年前后，江苏阜宁县〕　牛，大农每家五六头，小农每家二三头，草原较大处，其所畜之数则较多。清季，苇荡营弁部继曾，辟双西遍为牧场，畜牛二十余头，十年生息，遂至百数十头，因获厚利，五案之人盛称之。今草滩未辟之处，尚有畜牛十数头者。至牛之销场，向在江南，贩之者至黄桥而止。民国十九年，山东人远道来购，于是牛始北行。去岁水灾之后，屠宰又多，县境耕牛遂缺乏。

（庞友兰等纂：《阜宁县新志》，卷十二，农业志，畜牧，民国二十三年铅印本。）

〔民国三十二年前后，江苏兴化县〕　本邑西部、中部、河湖港汊，草荡、淤滩各处繁殖鱼、鳖、虾、蟹，农民于秋冬风雪之时，率撒网设簖张卡，冀取各物，售于城市，以其所得，借资生活。又有以养鸭为副业，春秋两季，产蛋最旺，销售蛋行，日辄二三百万，淡期亦达百万。鸭之肥硕者，间产双黄及双谷之别。养鸭者多以数百计，食料充足，获利较巨。东部农村，多以畜鸡、牧豕为副业，刘庄、白驹一带畜鸡尤多，且肥壮，鸡卵亦大。间有育蚕植桑者，因气候土质关系，未能推广。此外，一般农民有以经商为副业者，或开糟坊酿酒，或设机厂榨油，或以磨坊饼炉为贸易，或以杂货洋货为贩买，或开牙行以图佣金，或运杂粮以谋利益其贫。农家无恒产，妇女除在家编制蒭折、津贴工食外，每当秋谷登场后，来城服炊爨浣濯之役，借博工赀，补助家计。更有扶老携幼，结伴泛舟南往无锡、苏、常、沪、杭各地佣工，以裕生计。各乡农民之辛勤如此。

（李恭简等修，钮毅仁等纂：《兴化县续志》，卷四，实业志，民国三十三年铅印本。）

〔**春秋时期，越国**〕　鸡山、豕山者，勾践以畜鸡、豕，将伐吴以食士也。鸡山在锡山南，去县五十里。豕山在民山西，去县六十三里。

（汉　袁康撰：《越绝书》，卷八，外传记地传，清乾隆间《四库全书》本。）

〔**春秋时期，越国**〕　娄门外鸡陂墟，故吴王所畜鸡，使李保养之，去县二十里。

（汉　袁康撰：《越绝书》，卷二，外传记吴地传，清乾隆间《四库全书》本。）

〔**清宣统元年，浙江杭州府海宁州**〕

产地别		收养数	销售数	平均价值
东北两乡	猪	三万八千三百只	银四十五万六千一百元	每只银一十二元
	羊	二万二百五十只	银十三万六百元	六元
	鸡	五万只	银一十五万元	三角
	牛	一十只	银三百元	三十元
西南两乡	猪	一万八千五十只	银二十一万六千六百元	每只银一十二元
	羊	一万二百只	银六万七百二十元	六元
	鸡	二万一千五十只	银四万二千一百元	二角
	牛	五只	银一百五十元	三十元

备考：州境农家不特牧畜为生，惟猪、羊、鸡三牲养者尚多，销售亦夥。

（朱锡恩等续纂：《海宁州志稿》，卷十一，物产表，清光绪二十二年修，民国十一年续修铅印本。）

〔**民国年间，浙江鄞县**〕　邑人对于养蜂事业素鲜注意，更无大规模之经营场所，乡间饲养数十百群者，已甚寥寥，且皆墨守成法，不知改良。……年来，产量及价格并见跌落。本埠收买土蜂蜜之药商仅八家。就其收买数目计之，二十二年为六百十八担，价格平均十七元；二十三年，产量减少百三十担，价格又跌三元左右。……民国八年，邑人始有用新法饲养美、意诸国种者，惟时蜂具蜂种，价格甚昂，且均须购自沪埠，故试饲者极少。迨十八年，河北养蜂大盛，原群蜂价至七、八十元之高，邑人乃稍注意及之。最近，城区养户约十余人，多者三五十群，合以乡间亦不过三百群左右而已。总之，本县养蜂事业尚在萌芽时期，实有待于启导也。

（张传保等修，陈训正等纂：《鄞县通志》，食货志，甲编，农林，民国二十六年铅印本。）

〔民国二十年前后，安徽无为县〕　禽类，鸡、鹅均有之，中以鸭为最多，有畜至千万头者。养鸭者，称曰鸭棚，或以产卵，或供卤制无为板鸭（卤制后，复以木屑烘之，使作褐色），肥嫩异常，别具风味，驰名附近。

（佚名纂：《无为县小志》，第四，物产，一九六〇年据民国二十年稿本石印本。）

〔民国三十年前后，湖南宁乡县〕　宁乡无牧场之利，牛皆任耕禁宰杀。流沙河、造钟一带，人多以豢豕为业。毗连安化、益阳，人近颇业湖鸭，以糠秕覆卵生雏，数千为群，销路颇旺。造钟、沙田、松溪各处，人则养鱼苗，周岁可三四斤，运售黄材及安化、湘乡。

（宁乡县志局：《宁乡县志》，故事编、财用录，物产，民国三十年木活字本。）

〔清同治年间，广东广州府〕　广州濒海之田，多产蟛蜞，岁食谷芽为农害，惟鸭能食之。鸭在田间，春夏食蟛蜞，秋食遗稻，易以肥大，故乡落间多畜鸭有埠。埠有主，以民有恒产者为之。凡鸭食人田稻，责之埠主，埠主责之畜鸭民，按名以偿，无有敢为暴者。秋获时，鸭价甚贱，佃户纳租必以鸭副之。

（清　李福泰等修，史澄等纂：《番禺县志》，卷五十四、杂记二，清同治十年刻本。）

〔清宣统年间，广东广州府番禺县〕　东南少羊而多鱼，边海之民有不知羊味者。今下番禺几无牧羊之人，上番禺有之，然亦甚少（据《广东新语》采访册）。本邑无大牧场，上番禺牛田乃合数十家牛而牧之，为一种特殊习惯，其实各家所养仍以足供耕作为度。惟沙湾王姓有乳牛百余头，每日出乳千余斤，销流于省城及四乡，故乡湾牛乳之名特著。光绪晚年，食牛之戒渐破，东关一带，始有广畜菜牛以供口腹者，但仍不如养猪之盛。

（丁仁长、吴道镕等纂：《番禺县续志》，卷十二，实业志，民国二十年刻本。）

〔清光绪三十二年前后，四川宁远府越嶲厅〕　猓猡以畜牛、羊、马之多寡论家之贫富。豕不饲食，撒放室外游牧，食草根数年，始售汉人，购得杀买者，其皮硬，不能咬，名猓猡猪。

（清　马忠良纂修，孙锵、寒念恒增修：《越嶲厅全志》，卷十，夷俗志，畜牧，清光绪三十二年铅印本。）

注：越嶲厅今为越西县。

〔民国十年前后，四川金堂县〕　畜兔只饲以青草，数月而肥，且每岁必数产，每产辄数头，俟其肥时售之于市。近日每头价值钱千余文，盖其贵重者在皮，以其皮白净轻软,为用甚广,故皮商不惜昂价趋购之,遂为出境货之一大宗。本境畜兔随地皆有,而以县西北一带为最多。故县城三楚宫外有兔市,每逢市集期不下数千头,各场次之。

(王暨英修,曾茂林等纂:《金堂县续志》,卷一,疆域志,物产,民国十年刻本。)

〔民国十三年前后,四川松潘县〕 老羊皮,凡屠宰绵羊之皮,岁出万余张。羔皮,小羊儿皮也,为普通制裘之用,岁出三十万张。羊毛,即绵羊之毛,为县属特产,岁出二百余万斤。

(张典等修,徐湘等纂:《松潘县志》,卷八,物产,土货类,民国十三年刻本。)

〔民国十七年前后,四川大竹县〕 牛有二种,水牛或称牝牛,农家畜以耕田。黄牛一名犉牛,或称北牛,西北乡畜作驮物及磨面,亦以耕田。近人工翔贵,此为本境重要物产,值昂于前三倍。岁春秋二仲,各开牛市城边,避厘移至东流桥附近。乡市如周家场、石子滩一带,远客贩鬻,东达忠、酆,西至顺、潼。

(郑国翰等修,陈步武等纂:《大竹县志》,卷十二,物产志,兽之属,民国十七年铅印本。)

〔民国二十年后,四川华阳县〕 如兰养蜂场,在三教庵,民国二十年二月创置,用新法改造中国蜂,并换去旧式蜂桶,兼养外国蜂种,于收蜜、割蜜皆较昔日为便。

(叶大锵等修,曾鉴等纂:《华阳县志》,卷三,建置,工业,民国二十三年刻本。)

注:华阳县于一九六五年并入双流县。

〔民国二十八年前后,四川德阳县〕 四乡妇女多以养兔为副业,然销路不畅,获利亦甚微末。

(熊卿云、汪仲夔修,洪烈森等纂:《德阳县志》,卷一,风俗志,风俗,民国二十八年铅印兼石印本。)

〔民国三十一年前后,四川西昌县〕 县属傍山居民多养蜂,故蜂糖产量为他邑冠,计每年约产蜂糖十余万斤,以大兴场之麻鸡窝产者,色白质干,可包以纸,最为甘美。

(杨肇基等纂修:《西昌县志》,卷二,产业志,物产,民国三十一年铅印本。)

〔民国三十五年前后,四川西北部〕 本区经济生活以牧畜为主,土人莫不畜有大宗牛羊,家产每以牲畜头数计算,定居农业者极少。

(郑励俭纂:《四川新地志》,第三编,区域地理志,第三章,盆地外部,第二节,西北边区,民国三十六年铅印本。)

〔清嘉庆十三年前后,云南〕　南中民俗以牲畜为富,故马独多。春夏则牧之于悬崖绝谷,秋冬则放之于水田有草处。故水田多废不耕,为秋冬养牲畜之地。重牧而不重耕,以牧之利息大也。

（清　师范纂：《滇系》,疆域系四之一,赋产,清嘉庆十三年刻本,清光绪十三年重刻本。）

〔民国二十七年前后,云南昭通县〕　山居农民间有畜牛羊骡马者,大都春夏下坝,秋冬入山,然系私家小企业,仅百十为群已也。就中以牛为多,马次之,骡则为数甚少,故昭之牛、羊皮出产较丰焉。

（卢金锡修,杨履乾、包鸣泉纂：《昭通县志稿》,卷五,农政,畜牧,民国二十七年铅印本。）

〔民国三十一年前后,云南巧家县〕　牛、羊、猪、马每年出口者约计万余头。牛、羊皮每年出口者约万余斤。猪油每年出口者约计三千担以上,每担平均以八十斤计,共三万余斤。羊毛、猪毛每年出口者约万余斤。

（陆崇仁等修,汤祚等纂：《巧家县志稿》,卷六,农政,畜牧,民国三十一年铅印本。）

〔清康熙年间,西藏〕　拉萨东北由哈拉乌素至达木一带,皆蒙古与霍耳人错居,不产五谷,惟借牛、羊。

（清　佚名撰：《西藏志》,物产,清康熙间修,清乾隆五十七年刻本。）

〔民国年间,西藏〕　西藏游牧人家,多过农民数倍或数十倍,其出产品为酥酪、奶渣、羊、牛、皮、毛等,又以毛为大宗,每年运出印度约在百万斤以外。皮酥之类,则仅销于西藏境内,牛尾也多出口。

（法尊纂：《现代西藏》,第五章,物产经济及其交通,一,物产,民国三十二年铅印本。）

（三）渔　　业

〔东晋年间,扬州松江〕　晋张翰仕齐王冏,在京师,见秋风起,思松江鲈鱼鲙,遂命驾东归。俄而冏败,人皆谓之见机。

（唐　陆广微撰：《吴地记》,江苏古籍出版社一九八六年校注本。）

〔南宋年间,两浙西路嘉兴府华亭县〕　鲈鱼,生松江,尤宜鲙。洁白松软,又不腥,在诸鱼之上。江与太湖相接,湖中亦有鲈。俗传,江鱼四鳃,湖鱼止三鳃,味辄不及。……鲈鲙为世所珍久矣。

（宋　范成大撰:《吴郡志》,卷二十九,土物,江苏古籍出版社一九八六年校点本。）

〔**清康熙二十三年至乾隆二十五年前后,江苏太仓州崇明县**〕　由于地居海中,除业农外,多从事渔事。清康熙二十三年开海禁,崇人春汛时往南洋捕黄鱼、北洋捕鲞鱼,秋冬下荡樵柴。

（清　赵廷健等修,韩彦曾等纂:《崇明县志》,卷十二,风俗,附物产,清乾隆二十五年刻本。）

〔**清乾隆十八年前后,江苏松江府金山县**〕　邑北夹泖浦,南邻大海,故民多以渔为业。

（清　常琬修,焦以敬纂:《金山县志》,卷十七,风俗,清乾隆十八年刻本,民国十八年影印本。）

〔**清康熙十四年前后,直隶天津**〕　海去城百里,从无入寇之患,商出百万之课,民获兴贩之利,乃鱼盐之薮也。自国朝通籴辽东,内外交益,各旗有投充网户捕鱼进上。嗣因浙省海寇未靖,奉旨严禁,片板不许入海,穷民困苦,江宁巡抚韩世琦、山东巡抚周有德、北直巡抚王登联、江南江西总督麻勒吉,俱以少弛海禁具题,奉旨许令百姓徒步采捕。都察院多题请,兵部复奏,于康熙十一年四月内奉旨,止许令木筏捕鱼,至今每月取各官甘结,民困少苏。

（清　薛柱斗修,冯允京等纂:《天津卫志》,卷二,利弊,清康熙十四年刻本,民国二十三年铅字重印本。）

〔**清乾隆四年前后,直隶天津府天津县**〕　津邑,濒海区也,民以盐为业,鱼利与盐同,所捕鱼不下三十种。每岁谷雨后、芒种前,渔人驾舟出海口捕鱼,有船约三百号,一为采捕船,一则接运入口者,其数各半。沿海之民借以为生,是亦农人三时之有秋也。

（清　朱奎扬修,吴廷华等纂:《天津县志》,卷十三,风俗物产志,物产,清乾隆四年刻本。）

〔**民国二十二年前后,河北昌黎县**〕　昌黎沿海居民多赖渔业为生活……惟曩者,囿于交通,销路不广。自廿年来,铁路交通,渔业亦因之发达,春季之海鰕,本地公司且作罐头食品,销行甚广。

（陶宗奇等修,张鹏翱等纂:《昌黎县志》,卷四,实业志,渔业,民国二十二年铅印本。）

〔民国二十六年前后,河北滦县〕 县境,南有渤海,东有滦河,素以产鱼名,内地如五区之沥河,四、六、七、八区之池塘,产鱼亦伙,土人或恃之以为生活。

(袁莱修,张凤翔等纂:《滦县志》,卷十四,实业志,渔业,民国二十六年铅印本。)

〔清代至民国年间,奉天绥中县〕 绥中东南滨海沿海一带,盐业之外,惟渔业最巨,无如因陋就简,不知改良,终未发达。自民国改元,民智渐开,东至大小鱼厂、团山子,西至裴家屯、张监生屯、新民屯、小杨屯、赵家嘴子、止锚湾不下数十家。每家网一付约得利五六百元。又设鱼船之网铺十余处,年终每铺约得利八九千元之谱。

(文镒修,范炳勋等纂:《绥中县志》,卷六,实业,渔业,民国十八年铅印本。)

〔民国九年前后,奉天盖平县〕 全年计沿海一带,北至二道沟,南至鲅鱼圈,渔业销售场共征收秤用总数二十余万元之谱。

(章运熺修,崔正峰、郭春藻纂:《盖平县乡土志》,渔业,民国九年石印本。)

〔民国九年前后,奉天盖平县〕 本境西南距海,皆务鱼盐。而南北两乡沃田最多,耕治之法亦细。

(章运熺修,崔正峰、郭春藻纂:《盖平县乡土志》,农务,民国九年石印本。)

〔民国九年前后,奉天复县〕 本境渔户多至四百余家,零星不等,未设专场。鱼网大小一百五十盘左右,因水量之深浅定出鱼之多寡,年收约一千七百元。

(程廷恒修,张素等纂:《复县志略》,第三十五,物产表,动物。民国九年石印本。)

〔民国十三年前后,奉天海城县〕 二界沟每年产盐鱼四五十万斤,虾米六七十万斤。

(廷瑞修,张辅相等纂:《海城县志》,卷七,人事,实业,民国十三年铅印本。)

〔民国十六年前后,奉天兴城县〕 咸水鱼虾味称鲜美,行销各埠获利尤丰。迩来,渔业之发达,实有骎骎乎日上之势矣。……海产最盛区域,曰大海山(觉华岛),距北岸钓鱼台十八里,距县城三十里;曰小海山(圭峰岛),距沙后所十里;曰张山岛,距沙后所十五里,均为海产著名之区。陆地之海口、海湾,如东窑站、钓鱼台、娘娘宫、老滩、晾子沟、锅腔子、狐狸套、厂子沟、台子里、方安堡、阎家屯、常山寺等处,凡延长七十余里,均为海产输入之区。

(恩麟、王恩士修,杨荫芳等纂:《兴城县志》,卷七,实业志,渔业,民国十六年铅印本。)

〔**民国二十年前后,奉天安东县**〕 县境西南据江海之交,鱼虾之产甚盛。居民业渔者以挂网沟、赵氏沟二处为多;东沟附近各处次之;四、五、六道沟,浪头各处又次之。从前,渔户随时随地皆可自由张网。自日韩合邦,强邻逼处,以江界未清,外人入侵觊觎,擅捕渔船、凌虐渔户之案经年不绝,以致安属渔民几无下网之地,而彼之渔船竟纵横自如,其侵夺我渔权也实甚。虽设有凤安渔业商船保护分局,有强权而无公理,终难于争衡,渔业日就衰弱,其渔民改业者屡见不鲜,盖捕鱼权之损失多矣。

(关定保等修,于云峰纂:《安东县志》,卷六,人事,渔业,民国二十年铅印本。)

〔**民国二十年前后,奉天安东县**〕 虾米,有大小二种。大者青虾,所晒去壳,净肉,味最鲜美,年产数万斤,运销四方,为鸭绿江大宗特产。小者白虾,所晒不去壳,丰收时年约二十余万斤。

(关定保等修,于云峰纂:《安东县志》,卷二,物产,制造物,民国二十年铅印本。)

〔**民国二十三年前后,奉天庄河县**〕 濒海居民所时以为生活者,造盐而外,厥为业渔……沿海渔户八百余。

(王佐才等修,杨维藩等纂:《庄河县志》,卷九,实业志,渔业,民国二十三年铅印本。)

〔**民国二十四年前,吉林通化县**〕 浑江流域渔区约四百余里。昔设渔业分卡经理其事,每年所产数量约九千余斤,渔户四百六十户,均系网捕钩钓。惟培养无人,保护无术,近年江鱼渐少。

(刘天成修,李镇华纂:《通化县志》,卷三,实业志,渔业,民国二十四年铅印本。)

〔**清嘉庆十五年前后,黑龙江**〕 鱼价素贱,夏日尤甚。参赞大臣爱星阿初谪齐齐哈尔,以百钱得双鲤,重十余斤,诧为异。然贫家买一尾,老幼当饭尝恐不足,价不贱,何以聊生?故五月间,户皆市鱼,剖而绳属之,晾屋上,谓之晾鱼胚子,终岁用之不竭。鱼网极大,得鱼多,非数十人曳之难出水,故能独织一网者此富户也。……冬日凿冰眼下网,较水面稍难,而得鱼亦多。惟三伏天歇网不下,网入水易烂故也。

(清 西清纂:《黑龙江外纪》,卷八,清嘉庆十五年修,清光绪间刻本。)

〔**清嘉庆十五年,黑龙江**〕 三江皆无潮汐,呼伦、贝尔二池有之。潮来以朔望,挟鱼出水无算,土人赖鱼以活,潮之力也。

(清 西清纂:《黑龙江外纪》,卷一,清嘉庆十五年修,清光绪二十六年刻本。)

〔清光绪十七年前后，黑龙江〕 江省江河遍于四境，产鱼最富，而以冰鲜为贵，活鱼则不常见。其最名重者，曰细鳞鱼，状如淞鲈，色白肤嫩，即南方白鱼之类，腊干亦佳。虾、蟹、鳝、龟则皆无之，或谓土人不知捕取，未知实否。鲫鱼亦多，味不甚佳，市亦不以为贵也。呼兰三城河鱼最大，冰泮时鱼车往来，夜以继日，斤值京钱廿余，以盐腊之，可供久餐。

（清　徐宗亮纂：《黑龙江述略》，卷六，丛录，清光绪中刻本。）

〔清代后期至民国十五年，黑龙江双城县〕 本境产鱼之地，以拉林河、松花江为最。数十年前，沿岸附近居民多以捕鱼为专业，俗呼之为网房子。夏秋之交，得鱼甚多，皆收入为白鱼圈、黄鱼圈中。圈浮水面，下与江通，圈口用木桩排立，不令外出。一届冬令，即从圈中捞出，肩挑车载，分往市镇销售，获利颇巨。近日江河中产鱼甚少，网房子仅剩四五家，获鱼亦少，且大鱼无多，而城市中鱼价昂贵，往往比肉价高至一倍矣。

（高文垣等修，张萧铭等纂：《双城县志》，卷九，实业志，渔业，民国十五年铅印本。）

〔民国三年至十四年，黑龙江〕 渔业则有鱼场，以嫩江流域之多耐为最，沿江有大网房十余起，每制一网费数千金，下网需工二百人，每网获鱼万斤至二十余万斤。捕鱼之法，每年封江后凿冰下网拦鱼，近岸另凿冰口以取之。鱼类以白鱼、细鳞鱼、鲤鱼为上品，行销东三省及日俄两国，西人谓江省多耐为世界第三鱼场，其盛可知。民国三年渔获物表总计数量四百三十四万八千零六十四斤，价额三十余万元。

（金梁纂：《黑龙江通志纲要》，实业志，渔牧，民国十四年铅印本。）

〔民国三年至二十二年，黑龙江〕 黑龙江渔业，各处均设有鱼场，惟以嫩江流域之多耐地方为最盛，沿江有大网房十余所，每制一网，费约数千金，独制一网者，此富户也。下网时，需工人二百余人。每网获鱼，少则万斤，多至二十余万斤。鱼价素贱，夏日尤甚。五月鱼车塞路，户皆市鱼，剖而绳属之晾屋上，谓之晾鱼胚子，终岁用之不竭。六七月水涨，大鱼不入网。三伏歇网不下，网入水易烂故也。冬令凿冰下网拦鱼，近岸另凿冰口以取之，较水面网鱼稍难。鱼类繁多，以白鱼、细鳞鱼、鲤鱼等为上品，行销东三省及日俄二国，西人谓多耐可算为世界第三鱼场，其盛可知。民国三年鱼获物表总计数量四百三十四万八千六十四斤，价值三十万元。

（万福麟修，张伯英纂：《黑龙江志稿》，卷十六，物产志，渔猎，民国二十二年铅印本。）

〔民国四年前后,黑龙江呼兰〕 松花江、呼兰河产鱼甚富,业渔者谓之网户,多合股为之,有身股者、有渔具股者、有资本股者,少或四五股,多则四五十股,得鱼即售,不及冰合而网户星散矣。每年产额约百万斤,皆销售本地,无输出外境者。

(黄维翰纂修:《呼兰府志》,卷十一,物产略,动物,水产,民国四年铅印本。)

〔民国十九年前后,黑龙江呼兰县〕 呼兰故为满蒙旧部,人多习尚渔猎,又位于松花江、呼兰河之间,鱼产最富,捕鱼为业者沿岸栉比而居,名之曰网户。凡网户多合股为之,有身股者,有鱼具股者,有资本股者,少或四五股,多则四五十股,得鱼则售,而按股分之。每年产额约可百万余斤,亦呼兰民生之一助也。

(廖飞鹏修,柯寅纂:《呼兰县志》,卷五,实业志,渔业,民国十九年铅印本。)

〔清朝年间,青海〕 鱼,产于青海,名曰湟鱼,冬夏两季取之,售于西宁、兰州一带。

(清 康敷镕纂修:《青海志》,卷二,出产,抄本,一九六八年台湾成文出版社影印本。)

〔清宣统二年前后,新疆〕 额尔齐斯为阿尔泰、塔城分界之河,然取鱼者多自塔城往,则仍塔民之生业也。

(钟广生撰:《新疆志稿》,卷二,实业志,渔业,清宣统二年修,民国十九年铅印本。)

〔清道光十九年前后,山东登州府蓬莱县〕 蓬莱滨海土薄,所产无多,黍谷而外,居山者瓜菜之利为多,近海者蟹鱼之利最溥,皆足佐饔飧之不给,而以备布缕之所需。

(清 王文焘修,张本等纂:《重修蓬莱县志》,卷五,食货志,物产,清道光十九年刻本。)

〔民国二十四年前,山东利津县〕 渔业,沿海一带向称发达,庄科十六户,各庄船户借捕鱼虾以谋生活者甚伙。

(王廷彦修,盖尔佶纂:《利津县续志》,卷二,法制,实业,民国二十四年铅印本。)

〔民国二十五年前后,山东牟平县〕 渔民总数,虽无确实统计,约与在五千人以上,专业者亦居少数,多系渔期出渔、农期归农,亦或蓄养船只、雇用渔工,渔期过后,即改作商船营业。全境业渔者,以一区渤滨连海临东象岛各乡,二区龙门乡,三区滨海乡,四区上庄镇保安乡姜革镇,十区双海、凤岭、环海、胜泉各乡为多。而每逢渔期,外籍渔民来牟捕鱼者亦不少也。渔船,旧式帆船为燕尾、瓜篓、大小舢板、筏子数种,近来多用汽船捕鱼,皆有力者集资营业所为,至乡间普通渔户,不但无此技能,亦无此财力也。……渔物制造,不外罐藏、盐藏、干藏数种。本县尚无罐头工厂,仍用盐藏、干藏旧法,贩鲜者则用冰藏。凡盐、干各品,类皆销售境外,近如威海、烟台、青岛,远如天津、济南、上海,皆能运到。鲜品除由人、畜力分运各村市外,大宗贩卖概用帆船运往烟台、青岛等处,由鱼行经理其事,盐、干各品出口有税,鲜品由当地销售无税。

(宋宪章等修,于清泮等纂:《牟平县志》,卷五,政治志,实业,民国二十五年铅印本。)

〔**民国二十五年前后,山东沾化县**〕 渔户约千余家,渔民约三千人以上。渔期驻铺、冬季归里,亦有散船不驻铺者。渔船只数,大小不足二千只,燕飞、马槽、划子等,均系帆船,无用汽船者。渔具种类,有张网、撒网、拉网、须子网、抢网及钓钩等,皆旧式。海产物品,鱼、虾、蟹、螺等类均产之,尤以虾类为出口大宗。渔获数量,在丰收年,每人每年可捕鱼七千斤上下,每百斤平均约值三元,每人年可得二百余元;歉收每人每年捕鱼约三千五百斤,年不过得一百余元,或数十元不等。大抵足以代耕,其特别盈余或赔累者,最居少数。

(梁建章等修,于清泮纂:《沾化县志》,卷六,建设志,实业,民国二十五年铅印本。)

〔**民国三十年前后,山东潍县**〕 潍县渔业,在北乡滨海之处。蔡家央子庄有渔户五十余家,渔船七只;烽台庄有渔户六十余家,渔船七只。鱼类有橹鱼、鲫鱼、大虾等,行销于附近各地。渔户制鱼需盐甚多,向无鱼盐之规定,故皆用食盐。近年来,食盐价值日昂,渔户甚感困难。

(常之英修,刘祖干纂:《潍县志稿》,卷二十四,实业志,渔业,民国三十年铅印本。)

〔**春秋时期,吴国**〕 胥门,本伍子胥宅,因名。石碑见在。出太湖等道水陆二路,今陆废。门南三里有储城,越王贮粮处。十五里有鱼城,越王养鱼处。

(唐 陆广微撰:《吴地记》,清乾隆间《四库全书》本。)

〔**隋朝年间至南宋绍熙三年,两浙西路平江府吴县**〕 白鱼,出太湖者为胜。旧说此鱼于湖侧浅水菰蒲之上产子。民得采之,随时贡入洛阳。吴人以芒种日谓之入梅,梅后十五日谓之入时。白鱼于是盛出,谓之时里白。

(宋 范成大撰:《吴郡志》,卷二十九,土物,宋绍熙三年修,清乾隆间《四库全书》本。)

〔元至顺三年，江浙行省镇江路〕 鲟鲊……其色莹白如玉，故名玉版鲊，土人以之馈远。

（元 俞希鲁纂：《至顺镇江志》，卷四，土产，饮食，元至顺三年纂，清道光二十二年刻本，民国十二年重刻本。）

〔清乾隆至嘉庆年间，江苏扬州府高邮州〕 邮湖产鱼，其他薮泽塘港亦产鱼，种类甚多，小民举罾撒网，依以为生。岁荒煮以代饭。贸易者，收鲜鱼，或腌咸鱼，贩卖各处，得倍利者多矣。

（清 杨宜仑修，夏之蓉纂，马馨等增修，夏味堂等增纂：《高邮州志》，卷四，食货志，物产，清乾隆四十八年刻、嘉庆十八年增刻、道光二十五年重刻本。）

〔清嘉庆十三年前后，江苏扬州府北湖〕 各镇市设鱼肆，每晨诸渔以鱼集，牙侩平其价，贩者兑之，运于郡城及他所。其运鱼者行如飞，自湖至城远者六七十里，辰巳之时必至，谓之中鱼挑。

（清 焦循撰：《北湖小志》，卷一，叙渔第五，清嘉庆十三年刻本。）

〔清道光至光绪年间，江苏苏州府吴县光福镇〕 吴固泽国，光福又滨太湖，渔者十有三四。……渔者以船为家，率能致富。或有既富而携带重资贸易他省，航海懋迁。其巨舰可载二千石，小亦千石。

（清 徐傅编，王镛等补辑：《光福志》，卷一，风俗，清道光二十四年编，光绪二十三年补辑，民国十八年铅印本。）

〔清光绪三十年前后，江苏苏州府常熟、昭文县〕 邑濒长江，江鱼之市聚焉。四境往往多陂池，勤于治生者，市鱼苗而畜之，其傍湖居民又多恃网罟为生计，故饶于鱼。

（清 郑钟祥、张瀛修，庞鸿文纂：《常昭合志稿》，卷四十六，物产志，清光绪三十年木活字本。）

〔清宣统元年，江苏常州府宜兴县〕 达昌鱼业公司，在芳桥北。宣统元年二月，谢保衡、周蔚、童斐、陈宗器、张鹏等招股设立，资本五千圆。鱼池在洞上区三图……计地约二十九亩有奇，土名荷花荡，筑地养鱼，兼种蒲柳菱芡之属。是年，适值大水，池埂冲坍，营业损失。后又添招股本，以资整顿。

（徐保庆修，周志靖纂：《光宣宜荆续志》，卷六，社事志，实业，公司，民国十年刻本。）

〔民国八年，江苏高邮〕 民国八年，渔业组织公会调查，本县上下河渔行共九十二家，县署征收营业税，每行银币二圆五角，共计二百三十圆。大网船约百只，中网船约二百只，小钓船、鲜船约二千七百只，业户人口男女共计一万五千余名。地方另设局所编号，岁收旗照捐千余元。……出产约数，岁得大鱼七千余石，中鱼、小鱼六万余石，银鱼二三百石（产上河者目赤，下河者目黑，近年所产较光绪年间为少），虾三千余石，蟹四五百石或七八百石不等。

（胡为和等修，高树敏等纂：《三续高邮州志》，卷八，县附录二，实业，营业状况，民国十一年刻本。）

〔民国十一年前后，江苏高邮〕 围簖，其具略如蟹簖，就湖中屈曲围之数里或十数里，逐日移桩，及簖缩小范围。一二月后，仅占水面一二亩，则其中水族充牣，所获数千百石不等，俗名出重，非资本雄厚，不克举办。每届大水之年，秋末水落，则众渔集股为之，获利最丰。此为长湖渔业之特色。

（胡为和等修，高树敏等纂：《三续高邮州志》，卷一，实业志，营业状况，渔业，民国十一年刻本。）

〔民国十五年前后，江苏江都县〕 江都东南滨江，袤延近百里，以捕鱼为业者甚多，寻常若扁、鲢、鲫之属，四时俱备。春初虎头鲨，仲春银刀，春夏之间鲥鱼、石首最为珍品。晚秋，蟹市亦盛，惟味不及湖乡之美。鱼具有大网、小网及钩叉等，捕蟹则用簖，间有畜鹅取鱼者。家畜之鱼为塘鱼，间岁一取，多于冬令水涸时，惟鳞色黑，肉老，微带土气，乡人以价较贱，亦争市之。年来畜鱼者颇获利。江都为鱼米之乡，自轮舶、火车通行，贩运沪上，而本地水产之入市者转日见少，且甚贵。

（钱祥保修，桂邦杰等纂：《江都县续志》，卷六，实业考，渔业，民国十五年刻本。）

〔民国十五年前后，江苏甘泉县〕 北境滨湖，人习渔业，岁所产甚丰，寻常若鳊、鲢、鲤、鲫之属四时不绝。郡城鱼市所售，春夏之间江鲜为多，秋冬则泰丰湖鲜也。……秋时蟹最肥美，湖产为上。而野鸭亦为美味，以黑足为上，黄足次之。昔年盈筐入市，价甚廉，自轮舶、火车通行，贩运沪上，逐日见少，且甚贵云。

（钱祥保等修，桂邦杰等纂：《甘泉县续志》卷六，实业考，渔业，民国十五年刻本。）

注：甘泉县今为江都县。

〔民国二十三年前后，江苏阜宁县〕 据去岁统计，淤黄、双洋、射河三口，有海洋渔船一百三十余艘，亦有不用舟而渔于海滩者。

（焦忠祖等修，庞友兰等纂：《阜宁县新志》，卷十二，农业志，畋渔，民国二十三年铅印本。）

〔元至正二年前后,江浙行省庆元路〕 郡居海陬,民趋渔业,况山硗地确,种艺辛苦,民无终岁之蓄,计之户口,借贩粜者半之。

（元　王元恭修,王厚孙、徐亮纂:《四明续志》,卷五,土产,元至正二年修,清咸丰四年刻本。）

〔明嘉靖三十九年前后,浙江宁波府定海县〕 利近东海,民资渔罟出没,衣食之源过于农耕,遂多重彼轻此,野有芜土而人便风涛。

（明　周希哲修,张时彻纂:《宁波府志》,卷四,风俗,定海,明嘉靖三十九年刻本。）

〔明万历十五年前后,浙江绍兴府〕 诸暨以南,大家多凿池养鱼为业。每春初,九江有贩鱼秧者,买放池中,辄以万计。方为鱼秧时,饲以粉。稍大,饲以糟糠。久之,则饲以草。明年卖以输田赋,至数十百缗。

（明　萧良干修,张元忭、孙矿纂:《绍兴府志》,卷十一,物产志,鱼,明万历十五年刻本。）

〔明天启四年前后,浙江嘉兴府海盐县〕 海上业捕鱼者约二百家,名鱼户,户纳鱼课,始得捕。

（明　樊维城修,胡震亨、姚士粦纂:《海盐县图经》,卷四,方域篇,风土记,明天启四年刻本。）

〔清乾隆年间,浙江绍兴府萧山县〕 湘湖,在萧山县西二里,周八十里,溉田数千顷,生莼丝最美。乡人以贩渔为业者不可数计。

（清　西吴悔堂老人撰:《越中杂识》,上卷,川,清乾隆钞本,一九八二年浙江人民出版社铅字重印本。）

〔清乾隆年间,浙江宁波府镇海县〕 自海禁既弛,鱼盐蜃蛤之利遍被他郡,其入过于力田（乾隆《志》）。

（清　于万川修,俞樾等纂:《镇海县志》,卷三,风俗,清光绪五年刻本。）

〔清代前期至民国十二年,浙江镇海县〕 初夏,黄鱼起发,谓之渔期。渔船出洋,乘潮捕鱼,水底能鸣。其出入以三汛为度,俗名头水、二水、三水。每汛将毕,各船衔尾而进,即捕乌贼船亦然,招宝山下沿塘一带,樯帆如织,四方商贾争先贸易。至六月初旬,三汛方毕,除渔户终岁捕鱼外,农民仍归陇亩。

（洪锡范、盛鸿焘修,王荣商、杨敏曾纂:《镇海县志》,卷四十一,风俗,民国十二年修,民国二十年铅印本。）

〔清光绪五年前后，浙江宁波府镇海县〕 沿海居民多以网罟为业，其船甚轻捷，而名色亦夥，有曰张网船、曰对渔船、曰小对船、曰溜网船。其捕鱼名目，曰冰鲜、曰收鲜、曰劈盐、曰采淡、曰钓秋、曰大莳、曰桃莳，凡绝岛穷岸，人迹罕到之区，冒险往来，率以为常。间有多载食物出洋取利者，迩因汛口稽查严密，此弊稍除。

（清　于万川修，俞樾等纂：《镇海县志》，卷三，风俗，清光绪五年刻本。）

〔清宣统元年，浙江杭州府海宁州〕

江海区域	生物种类	捕获总数	销售总数	平均价值
州境上下河	虾	一百五十二担	银二千一百二十八元	每担银一十四元
同	蟹	四百担	银六千四百一十六元	一十六元
同	蚬	一百担	银二百八十元	二点八元
同	蚌	二百二担	银六百六元	三元
同	螺蛳	五百担	银一千二百元	三元
同	大小佃杂鱼	一千担	银四千元	四元

（朱锡恩等续纂：《海宁州志稿》，卷十一，物产表，清光绪二十二年修，民国十一年续修铅印本。）

〔民国十三年前后，浙江定海县〕 每年，渔船放洋，大船约四千号，中船约五千号，小船约三千余号，共计大中小渔船一万二千余号。除客渔外，本帮渔船约四千余号。每号船丰收时，可获鱼数万斤至数十万斤不等，歉收时，则数百斤至数千斤不等，平均以八千斤计之，约可得鱼三千余万斤。查各船所得鱼以黄鱼为最多，鳓鱼、墨鱼、鲨鱼、带鱼次之，鮸鱼、虎鱼、鳗鳎、鲳鱼、青鳣、马驳等又次之。通常价每斤自二分至二角不等，以平均七分计之，岁收亦在二百万元以上。

（陈训正、马瀛纂修：《定海县志》，鱼盐志，渔业，民国十三年铅印本。）

〔民国二十六年前后，浙江鄞县〕 鄞县境内，除大咸区之大嵩江流入象山港直接通海外，无其他渔港。渔民在大嵩江者约一千人，姜山约二千人，东钱湖约五千人，陶公山、殷家湾、姜山、咸祥等区，均为集居村落，渔获物以大量估计之，最多为黄鱼、墨鱼，每年获各十万担，黄鱼约值八十万元，墨鱼约值五十万元。姜山一带渔民什九专捕墨鱼，除因天时限制，在洋趁鲜脱售外，多晒成明府鲞销售。次之为带鱼，年获六万担，约值三十万元。其他杂鱼，如鳓鱼、沙鱼、海蜇及介壳类等，年获二十万担，约值百万元。内河有大小鱼荡十数处，所产多为鲢鱼、青鱼,其产额足供本县需求,至内河捕捉之天然鱼虾,其数尚难估计。

(张传保等修,陈训正等纂:《鄞县通志》,食货志,乙编,渔盐,民国二十六年铅印本。)

〔明嘉靖六年前后,江西九江府湖口县〕 乡务农业,市熟操舟。

(明 冯曾修,李汛纂:《九江府志》,卷一,方舆志,风俗,湖口县,明嘉靖六年刻本。)

〔清康熙十二年前后,江西九江府湖口县〕 民习耕渔之业,善操舟。

(清 江殷道修,张秉铉纂:《九江府志》,卷一,风俗,湖口县,清康熙十二年刻本。)

〔一九四九年前后,江西〕 本省盛大产鱼地,悉在鄱湖沿岸,及各河下游将入鄱湖处。其最著称者,如余干县属之瑞洪镇、鄱阳湖口、都昌、星子、吴城镇、南昌等沿湖各处,就中尤以瑞洪镇产量特多,为全省之冠。……沿湖各重要渔场,每年产额共约三十六万八千余担,若将其他沿河产鱼地每年产量加入总计之,当亦不下三十五万余担。至各县小湖泽地沼养殖鱼产量亦当在三十万担左右,如此江西全省每年鱼类总产量可有百万担之谱。

(吴宗慈修,辛际周、周性初纂:《江西通志稿》,经济略,三,渔业,一九四九年稿本,江西省博物馆一九八五年整理油印本。)

〔民国十年前后,福建金门县〕 金门滨海,民多业渔,但各种渔具悉从旧式,故所获日少。而耕种又不注重垦荒,致举目多芜废之地。此由于往南洋谋生得资较厚,故弃艰而趋易。近年颇有提倡实业者,亦为根本计也。

(左树燮修,刘敬纂:《金门县志》,卷十三,礼俗志,耕渔,民国十年修,一九五九年福建师范学院油印本。)

〔民国十八年前后,福建霞浦县〕 附城东、西、北诸村,民尽业农,其业商贾者十不一二,业儒恒少。既业儒矣,率能超迈寻常者也。东南滨海之村,若后港、松山、后岐民多业渔,其业商贾者十有三四。他若后墩、山兜、水坑诸村,虽不尽业渔,而进口货无不从此而入,小民亦得借此以图腰缠。惟松、后两乡,海利既渥,鱼鲜所产,除销售于城市外,尚足普及东西各乡,且舟楫停泊,商旅因之稍集,惜销路未广,商业未由大振耳。

(刘以臧修,徐友梧等纂:《霞浦县志》,卷之六,城市志,附城区,民国十八年铅印本。)

〔民国十八年前后,福建同安县〕 渔港二,各有分港,以厦门港为最,该处可容渔船一百二十只碇泊。……渔船之渔获物交由鱼行销售,价格由鱼行酌定,鱼行抽佣金百分之五。……渔期分春、夏、冬三季,每季决算一次。渔夫之雇用,不用月给制,系以渔获物售现金,除去各种用费,而二十分之,人得其一。设渔夫之数为十四,则其余六分业主得之。大概渔夫一人一年可得五六百金,业主可得三四千元。

(林学增等修,吴锡璜等纂:《同安县志》,卷十八,实业,渔业,民国十八年铅印本。)

〔清乾隆十二年前,台湾澎湖厅〕 澎湖厅,屹立巨浸中(《海防考》),土瘠不宜禾稼,产胡麻、绿豆(元《志》),居民以苫茅为庐,畋渔为业(《海防考》),煮海为盐,酿秫为酒,采鱼虾螺蛤以佐食,土商兴贩以广利(元《志》),布帛菽粟取资于台(旧《志》)。

(清 范咸纂修:《重修台湾府志》,卷十三,风俗一,习尚,澎湖厅,清乾隆十二年刻本。)

〔清乾隆三十六年前后,台湾澎湖〕 澎湖地皆斥卤,可耕者甚少,俱以海为田。男子日则乘潮掀网,夜则驾舟往海捕钓;女人亦终日随潮长落,赴海拾取虾、蟹、螺、蛤之属,名曰讨海。

(清 胡建伟纂:《澎湖纪略》,卷七,风俗纪,习尚,清乾隆三十六年刻本。)

〔清光绪八年前后,台湾澎湖厅〕 环海各社及西屿、八罩虎井吉贝东西、吉东、西屿坪孤岛之民专以捕鱼为生。然获鱼虽多,必得盐以腌之,而盐价甚贵,有计所获之鱼不能抵偿买盐之价者。若一时郡盐不至,或无力买盐,不得不散抛于山坡平地上以晒之,倘暴雨时至,则漂流无踪;或积阴数天,无烈日可曝,则味变而不可食矣。

(清 蔡麟祥修,林豪纂:《澎湖厅志》,卷九,风俗记,民业,清光绪八年修,一九五八年油印本。)

〔清同治十一年前后,湖南岳州府临湘县〕 临江面湖,常多水患,中民之产,不过五十缗,渔舟为业者十之四五。

(清 盛庆绂等修,熊兴杰等纂:《临湘县志》,卷二,方舆志,风俗,清同治十一年刻本。)

〔清同治十一年前后,广东广州府南海县〕 移民市,后改宜民市。国初,严海禁,曾移濒海贫民于此,故曰移民。彩虹桥一路,半属水乡,多以捕鱼为谋生计,贩鬻市中,今则清浅蓬莱,尽成乐土,钓船多泊泥城、石门以上矣。

(清 郑梦玉等修,梁绍献等纂:《南海县志》,卷五,建置略,清同治十一年刻本。)

二、副　　业 | 401

〔清光绪十八年前后,广东高州府吴川县〕　吴川滨海,渔者常多,无富商大贾。邑令郑銮诗所谓吴川滨大海,耕三渔者七。

（清　毛昌善修,陈兰彬纂:《吴川县志》,卷一,地舆志,风俗,清光绪十八年刻、二十三年校订重印本。）

〔民国二十年前后,广东番禺县〕　俗称出海取鱼之大船为大罾船、大箍围,近水各乡均有之。……每一度出海,所需工钱、食用等费千数百元不等,均预向鱼栏息借。一去多日,满载而归,船中咸鱼交由鱼栏代售,除去本息及佣,所获余利悉归船中之人。……渔栏为各种渔业之总汇,细别之为鲜鱼栏、咸鱼栏、蟹栏。咸鱼栏惟省城市桥有之,鲜鱼栏及蟹栏除省城市桥外,沙湾、石楼、石基三乡均有之。近年来,捕鱼之船悉集于香港、澳门,各栏营业日形衰落,惟鲜鱼栏以淡水鱼之关系,尚不至为其所夺耳。

（梁鼎芬等修,丁仁长等纂:《番禺县续志》,卷十二,实业,渔业,民国二十年刻本。）

〔民国二十四年前后,广西贵县〕　县属渔业有江、塘二种,塘鱼为农村副产,非纯以渔为业也。可称为渔户者大都聚于郁江由香江至东津沿江两岸,有渔艇百余艘,专以捕鱼为业。泊城厢东坐者为最多,采取鱼苗者约近二百余家。

（欧仰羲等修,梁崇鼎等纂:《贵县志》,卷十一,实业,渔业,民国二十四年铅印本。）

〔民国二十四年前后,广西迁江县〕　业渔者多居迁江之红河、清水河之滨,约数十户,男女约二百余人,捕鱼方法多为罾网或放钓筒。

（黎祥品、韦可德修,刘宗尧纂:《迁江县志》,第四编,经济,水产及渔业,民国二十四年铅印本。）

〔民国二十六年前后,广西崇善县〕　业渔者,多居丽江之滨,约数十户。捕鱼方法,均为旧式罾网或放钓筒。乡农有池塘,亦常以之为副业,鱼苗求之本境或外境。各乡池塘之鱼,产量多者一二千斤,少者数百斤,售之市上价约二三角左右。

（林剑平、吴龙辉修,张景星等纂:《崇善县志》,第四编,经济,产业,民国二十六年稿本。）

（四）盐　　业

〔明朝初年至洪武九年,京师真定府衡水县〕　明初创立盐法,设司于沧州,置场于近海,编户于州县。初以海盈场分真定府深州,州移之衡水,因以干马、侯店二社八户煎办。洪武九年因本县盐斤不堪,复移于盐山县苏棘场,而二社永充灶户,每年办进御盐、丁盐等引。

(清 陶淑纂修:《衡水县志》,卷四,田赋志,盐课,清乾隆三十二年刻本。)

〔清康熙十四年前后,直隶天津府天津县〕 盐,大海去城百余里,岁出百万之课,民获兴贩之利,鱼盐之薮也(《天津卫志》)。

(清 朱奎扬修,吴廷华等纂:《天津县志》,卷十三,风俗物产志,物产,货属,清乾隆四年刻本。)

〔清朝年间至民国二十三年,河北静海县〕 盐为静邑出产大宗,海滨数十里皆不毛之地,民赖以生者即此。惟盐政迄无善法,官盐、私盐纷扰不休。前清静邑有灶民,是准其以盐为业也。现此制已除,民自民,盐自盐。

(白凤文等修,高毓浵等纂:《静海县志》,土地部,物产志,货食,民国二十三年铅印本。)

〔清乾隆四十六年前后,直隶承德府〕 塞外食盐,皆蒙古境内所产,泡子河生天然盐,不待煎熬而成,蒙古用小车载以贸易。

(清 和坤、梁国治纂修:《钦定热河志》,卷九十六,物产,金石之属,清乾隆四十六年刻本。)

〔清同治五年前后,直隶永平府昌黎县〕 盐,出海滨蒲河口,色白味甘,他省莫及。

(清 何崧泰修,马恂纂,何尔泰续纂:《昌黎县志》,卷四,田赋志,物产,杂产,清同治五年刻本。)

〔清光绪年间以后,河北冀县〕 光绪以来,盐价倍增于昔,而刮土淋盐诸禁亦益严厉,汎〈泛〉役借端骚扰,小民多不聊生,然商盐之不能畅如故也。

(王树楠纂:《冀县志》,卷十六,税捐,民国十八年铅印本。)

〔民国二十四年前后,河北张北县〕 本县出产土盐甚多,亦属矿产之一也。品质不佳,较蒙盐(有大青盐、白盐二种)、海盐、井盐相去太远,其味稍苦,用以啖驼羊、腌菜为最宜。此矿权属于本省建设厅,每年以投标方法招租包办。其开采方法,每年由承租人于春季雇工扫积渚内之土,过数日俟盐潮出再扫,轮流递扫,扫至大雨施行时始行停止,然后将扫起之土用锅熬之,加以石灰,过滤后注入石灰池内旺之即成盐。此种盐质以提炼不精,内含有硝质及碱性,以故味苦,但价值甚廉,大约每洋一元能购四五十斤,销路甚广,偏乡村贫寒之家食之最多。若能改良冶炼方法,当能制成精盐。

(陈继淹修,许闻诗等纂:《张北县志》,卷四,物产志,矿物,民国二十四年铅印本。)

〔清乾隆二十九年前后,山西解州安邑县运城〕 运治物产,盐为大,合两池所出,以供三省所需,美利溥矣。余与解、安大略相同,顾商贾聚处,百货骈集,珍瑰罗列,几于无物不有,是合五方物产即为运城物产。

(清 言如泗修,熊名相等纂:《解州安邑县运城志》,卷二,物产,清乾隆二十九年刻本。)

〔清乾隆三十六年前后,山西汾州府〕 府属一州七县,旧食邻近土盐,虽领河东之引,而不食其盐。

(清 孙和相修,戴震纂:《汾州府志》,卷七,盐税,清乾隆三十六年刻本。)

注:汾州府今为吕梁地区。

〔清光绪十六年前后,山西大同府天镇县〕 南川多盐,县川多碱,悉煎土而成,村民以为专业,故县境诸村多有以灶名者。盐色白如雪,而味颇轻淡,又皆细末,不能成料,土人谓之小盐,远逊荥盐之美,故近年业之者稀,仅敷南乡诸村食用而已。碱则随地有之,富商大贾为备器具,募工匠,遍设作房,岁所得不下百万斤,贩往京畿,每获重利,然商皆来自汾、太,县人无此重赀也。

(清 洪汝霖修,杨笃纂:《天镇县志》,卷四,风土记,清光绪十六年刻本。)

〔清朝年间,内蒙古河套地区〕 清时,哈剌莽乃池,即唐胡洛池,产大盐,七旗贫苦借此资生,行销于府谷、神木及河东七协、河曲偏关,而太原以北、濒河州县亦准协济,惟禁水运。

(张鹏一纂:《河套图志》,卷六,物产,矿产,民国十一年铅印本。)

注:河套地区今为巴彦淖尔盟。

〔清光绪三十三年前后,内蒙古〕 盐出苏尼特、阿拉善、鄂尔多斯及青海等处,制法甚简,惟取池水晒干而已。阿拉善之吉尔泰池最伙,岁出二千一百万斤之谱,价廉物美,内地人嗜之。甘肃居民食吉盐者十之六,陕西亦十之三,骆驼牛骡,驾车负载,千百成群,络绎不绝,岁征税至六万三千两。

(姚明辉编:《蒙古志》,卷三,物产,制造类,清光绪三十三年铅印本。)

〔清光绪三十四年前后，内蒙古五原厅〕 白盐，产鄂尔多斯右翼后旗之忙各奈地方，行销本境及关内太、汾两属。

（清 姚学镜修，全家骧纂：《五原厅志稿》，卷下，食志，物产，清光绪三十四年纂，江苏广陵古籍刻印社一九八二年影印本。）

〔民国二十年前后，绥远临河县〕 大盐池淖，方围约二十里，经本旗派员设局采取出售，每斤一文二厘，收税一文，产销甚旺，靖定两边及本旗仰给食用，距鄂王府西南三百四十里。

（吕咸等修，王文墀等纂：《临河县志》，卷下，杂记，矿产，民国二十年铅印本。）

〔民国二十四年，绥远归绥县〕 土盐，第三区有盐池八十，每池产盐自五十斤迄百余斤，年产约二万八千七百七十余斤。第四区盐锅凡九，全年煮盐二万三千余斤。

（郑植昌修，郑裕孚纂：《归绥县志》，产业志，矿业，土盐，民国二十四年铅印本。）

〔民国二十六年前后，绥远〕 绥省主要产盐地为百盐地、贡吉拜申、红盐池、大海滩等地。单就大海滩一处，每年可产盐二百五十多万斤，行销于大同、归绥、丰镇……

（廖兆骏编：《绥远志略》，第十一章，绥远之物产，第八节，矿产，民国二十六年铅印本。）

〔清朝年间至民国十八年前后，奉天绥中县〕 绥中东南滨海，颇多产盐之区。始则凿地为池，筑之使坚，吸受日光，俟卤性发现，然后引海水注之，更易数池，盐浮水面，曝晒而成。盐之出处曰滩，聚处曰场，以州县佐式司其场务。沿海滩户十有余户，每滩岁约出盐百余万斤，行销各处，此为出产大宗。清同治初年，每斗捐制钱百文。至光绪年间，又加一百至二百，统归奉天筹饷练兵。厥后迭增，今则每百斤捐现大洋四元。

（文镕修，范炳勋等纂：《绥中县志》，卷六，实业，盐业，民国十八年铅印本。）

〔民国九年前后，奉天盖平县〕 本邑濒海，煮盐为出产大宗，且西海所出之盐，优美甲于他处，合营县计共盐滩一千一百余付控，除拨归营县外，本境可约有五……

（章运熺修，崔正峰、郭春藻纂：《盖平县乡土志》，盐滩，民国九年石印本。）

〔民国十年前后，奉天锦县〕 县镜南乡沿海一带多产盐之区……盐之出处曰滩,滩之聚处曰场,海滨滩户约计七十余。县境内天桥厂、台子屯、头沟、四沟、沙沟凡五场,每场平均十五滩,每滩岁中约出盐二千石,每石约重六百斤,行销境内暨边外各处,为出产大宗。

(王文藻修,陆善格纂:《锦县志略》,卷十九,物产下,货类,民国十年铅印本。)

〔民国十六年前后,奉天兴城县〕 县境西南一带为产盐之区,盐之出处曰滩,有滩者曰滩户。其制盐之法,凿地为池,引海水注之,日光蒸晒,积久渐固,所余者即成盐矣。晒盐之期在春夏之间,雨少天旱则出盐较多,每年共产盐约计三十五万八千三百二十八担,行销各处,为出产之大宗。

(恩麟、王恩士修,杨荫芳等纂:《兴城县志》,卷十二,物产志,货类,民国十六年铅印本。)

〔民国十九年前后,奉天盖平县〕 邑境濒海,制盐向以滩晒,其质胜于川、蒙之火盐。西北海濒〈滨〉共有滩三百三十七副,每副平均年产四百石,计每石六百斤,全年产量可十三万余石,除本境自用,其余由转运局运销吉、黑二省。

(石秀峰修,王郁云纂:《盖平县志》,卷十三,物产志,盐类,民国十九年铅印本。)

〔民国二十三年前后,奉天庄河县〕 本境所属盐场分东西两路,以荞麦楞为中心,每副滩平均可出盐五百八十担。东路滩一百三十余副,可出盐七万五千四百余担;西路滩四百余副,可出盐二十五万二千余担。共产盐约三十二万七千四百余担。盐销,分水运、陆运二项,水运由民船输送大孤山、安东、辑安、临江一带,陆运由大车载销凤城、宽甸、通化、桓仁、岫岩一带及县境各处,共销十三万四千八百六十六担零四十六斤,历年结存三十九万九千八百五十一担零三十斤。

(王佐才等修,杨维蟠等纂:《庄河县志》,卷九,实业志,盐业,民国二十三年铅印本。)

〔清光绪十一年至三十四年,黑龙江〕 海拉尔西南三百余里有珠尔博特盐池,周围约十里,形如三角。其水出自地中,严寒不冻,亢旱亦不竭。春夏之交,微雨初晴,有风则盐现湖面,北风起,所出尤多。七月杪,见霜则无盐矣。每年产盐之期约四阅月,其盐粒细色白,俄人最喜购买,价亦昂。约计每人每日可取四百斤,盐盛时百人操作日可得盐四万斤,以一年四月计之,不下四五百万斤。其盐运至伦城,每百斤约售俄卢布一元二三角不等。自东清铁路开通后,俄人垂涎此项盐产,屡请代办。光绪十一年,副都统某曾请试办常年盐固,凡扫盐之人领票交课,所扫之盐由官定价收买,每百斤收课羌钱七十五文,买盐者每百斤捐羌钱一百五十文。一税之后,任其所之,不复重征,官操其权,民享其利,颇似晋、滇二省就场征税办法。旋因日俄协约成立,海盐畅通,盐价陡落,官盐原价与运费并计成本已昂,遂致无人过问。光绪三十二、三年,停止未扫。至三十四年,复由商人集资开办。此项盐产,亦江省利源之一(《东省纪略》)。

（万福麟修,张伯英纂:《黑龙江志稿》,卷十六,物产志,矿物,民国二十二年铅印本。）

〔民国二十二年前后,黑龙江〕 江省食盐若肇州、若呼伦,自昔为产盐之区,皆足食境内之民。惟居民不谙晒、煎诸法,色黑味苦,以致全资外产,由陆路输入者为奉盐,回空装载海道灌销为直东之盐,富商大贾轮舶转输。

（万福麟修,张伯英纂:《黑龙江志稿》,卷二十,财赋志,盐运,民国二十二年铅印本。）

〔汉代至民国年间,陕西同州府〕 蒲城县西南四十里有盐池,汉、唐时产盐,今人亦取水煎盐,以供一方之用(《同州府志》)。朝邑盐滩东西长十里,南北二三里,宽不等,系古代一大盐沟。中隔黄河,与山西潞村盐场遥遥相对,西止盐池洼,东止通润村,北岸中间为太平村,南岸中间为窑紫头。盐滩既广,盐质亦厚,开办迄今,最利民食(《朝盐报告书》)。

（杨虎城、邵力子修,吴廷锡等纂:《续修陕西通志稿》,卷一百九十二,物产三,货属,民国二十三年铅印本。）

〔北宋年间,关西道盐州〕 地居沙卤,无果木,不植桑麻,惟有盐池,百姓采漉以为业。

（宋 乐史撰:《太平寰宇记》,卷三十七,关西道十三,盐州,清乾隆间《四库全书》本。）

〔清乾隆二年前后,甘肃肃州〕 肃城东一百四十里,有盐池堡。离堡二里余,东北上有盐池一处,系高台县所属,不须人工,自生白盐,为甘、肃人民食用。来肃贷实者,并无国税。赴甘贷实者,按车输纳税银。

（清 黄文炜、沈青崖纂修:《重修肃州新志》,肃州,第三册,杂税,清乾隆二年刻本。）

〔清乾隆二年前后,甘肃肃州〕 白盐,出镇夷盐池堡。肃州鸳鸯池亦有土盐,按盐池所产,东起峡口,西至峪关,皆销售池盐。无引课。每载一牛车,给捞晒费四钱。

（清 黄文炜、沈青崖纂修:《重修肃州新志》,肃州,第六册,物产,土石类,清乾隆二年刻本。）

〔清代至民国年间,甘肃〕 甘省产盐地方,系宁夏属之花马、小池及漳县、西和二县。

（清　佚名纂：《甘省便览》，甘省盐法，据抄本影印本。）

〔**清朝年间，青海**〕　查青海产盐之处共有四处。一为青盐，系青海郡王可可贝勒哈力却札萨三家之地，即运销丹地者。一为黑泥盐，柴达木河汇归之地及克克乌苏河之赛什开盐池，五柴旦所运之盐。一为土中盐块，科录古蒙古每掘地而得之。一为红盐池，在尚力迤逦南果洛野番取之地，近黄河。此四盐池，其盐味之美，盐汁之旺，不待日晒火煎，水入隔夜即成盐粒。

（清　康敷镕纂修：《青海志》，卷二，矿产，盐池，抄本，一九六八年台湾成文出版社影印本。）

〔**清嘉庆十年前后，新疆**〕　盐池海子二处，巩宁城南二十里至一百二十里大小淖尔产盐如晶，堆积岸上，不需熬淋，味甚佳，军民取食甚便。

（清　和瑛纂：《三州辑略》，卷九，物产门，传抄清嘉庆十年刻本。）

注：三州指伊州（哈密）、西州（吐鲁番）、庭州（乌鲁木齐）。

〔**清光绪二十年至民国二十五年，山东牟平县**〕　盐滩原有限制，不准私开。自清光绪二十年，永阜被淹，王家冈、官台两场盐池，所产之盐不敷春运，运使丰伸泰请准，各商在该两场开滩济运，王、官两场滩池遂逾限制。光绪二十九年，山东巡抚周馥又准登莱沿海商民开滩晒盐，于是沿海滩池更无稽考。

（宋宪章等修，于清泮等纂：《牟平县志》，卷五，政治志，实业，民国二十五年铅印本。）

〔**民国七年以前及以后，山东潍县**〕　潍县原有盐滩三处，曰横里路、林家央子、崔家央子。共地二顷一十三亩三分，共计一百零八滩，每滩一井，晒盐归皂户自办，井为各皂户所私有。民国七年，政府令将三处垣垞裁废，并由五国银行团派员监督，每井主支给银圆三十圆，各具自请停晒甘结，用各垣存盐填平井口，本县之盐业遂绝。

（常之英修，刘祖干纂：《潍县志稿》，卷二十四，实业志，盐业，民国三十年铅印本。）

〔**民国二十五年前后，山东沾化县**〕　滨海各地，古年〈时〉盐场甚多，现在浪盐场移设外县，境内盐场作废。

（梁建章等修，于清泮纂：《沾化县志》，卷一，疆域志，物产，民国二十五年铅印本。）

〔**明隆庆六年前后，南京淮安府海州**〕　板浦、徐渎、临洪三场，海壖晒池累累如阡陌，沿河至安东，商船无虑，千艘昼夜连络，行不绝，其利可谓博矣。一不幸有水旱之灾,而灶户先受其病,何哉? 盖盐多而价廉,衣食仰给,计日而晒,未必足用也。加以官司之征敛,团长之侵渔,巨商之估算,又安得不贫乎。

(明　陈复亨纂修:《海州志》,卷之二,土产,明隆庆六年刻本。)

注:海州今为连云港。

〔明万历四十六年,南京扬州府通州〕　通,濒海之郡,所辖六盐场,岁额盐课十二万零六十引,是盐故通产也。万历四十六年,奸商毛东鲁妄请吾通带鬻引盐二千五百四引。不知民灶比屋而居,彼此相易成俗,乃欲土人尽食商引之盐,虽家置缉兵,其势必不能遏矣。里人尚宝少卿范凤翼为民力争于所司,申详巡盐御史邛州孙公之益,乃免。

(清　邵潜纂修:《州乘资》,卷一,贡赋;明弘光元年刻本。)

注:通州今为南通市。

〔清乾隆十三年前后,江苏淮安府〕　盐,出盐城县之伍佑、新兴二场,阜宁县之庙湾场,盐俱用煎,与淮北异。

(清　卫哲治等修,顾栋高等纂:《淮安府志》,卷二十四,物产,食用之属,清乾隆十三年刻本,清咸丰二年重刻本。)

〔清乾隆二十年前后,江苏通州〕　货首重者盐,出沿海诸场,皆煮海而成。

(清　王继祖修,夏之蓉等纂:《直隶通州志》,卷十七,风土志,物产,清乾隆二十年刻本。)

〔清嘉庆二十二年前后,江苏扬州府东台县〕　鹾场虽有十,而实产盐以供课者惟五,曰东台、曰何垛、曰富安、曰安丰、曰梁垛。而五场所出亦略有不同,东台、何垛之盐兼形味色而得其正;富安之盐文细体重而色微青;安丰之盐其色青白,日久甜美,入口无卤苦之味,而质较重,故商家多聚焉。独梁垛之盐味咸而甘,形细而散,色白而光,供祭祀,颁百官,惟此为宜,又非四场所及也。

(清　周右修,蔡复午等纂:《东台县志》,卷十九,物产,货之属,清嘉庆二十二年刻本。)

〔清代至民国年间,江苏阜宁县〕　盐,产沿海一带,为本邑大宗出产。昔只煎而不晒……比年改良煎法,俱出尖盐。东北晒盐法,引海水入池晒之,水中卤质渐晒渐厚,达相当时期凝结为盐,邑人名大盐。清光绪末年,扬州盐商于大淤尖东设立同福昌公司经营此业,光复停闭。民国以来又设庆日新等七公司以晒之。

(焦忠祖等修,庞友兰等纂:《阜宁县新志》,卷十一,物产志,矿物,民国二十三年铅印本。)

〔民国二十五年前后,江苏〕 盐之主要产地,在江北之沿海,及江南东南部沿海一带。江南有两浦、青村、袁浦三盐场,其盐属于两浙。江北所产,统称曰淮盐,以分淮南、淮北,亦称两淮盐。淮北有临兴、中正、板浦、济南、新兴诸盐场,淮南有伍祐、草堰、丁溪、安梁、栟角、丰掘、余中、吕四诸盐场,共产盐约一千二百万担,占全国产量五分之一。行销之地,远及安徽、江西、湖北、湖南、贵州诸省。

(殷惟和纂:《江苏六十一县志》,上卷,江苏省总说,物产,民国二十五年铅印本。)

〔清光绪二十八年前后,浙江温州府乐清县〕 国朝防海徙界,长林诸场灶丁不复烧煎,民食杭盐,价昂数倍,穷民每多食淡。自制台赵廷臣具题内地开煎,因之白沙、芳林、大小芙蓉等处摊沙起灶,民不苦无盐。

(清 李登云修,陈珅等纂:《乐清县志》,卷之五,田赋志,盐法,清光绪二十八年修,民国元年校刻本。)

〔民国初年至三十二年前后,浙江省〕 本省居中国东南海滨,盐业甚为发达,与淮盐并称。自江苏扬子江以南,至本省各沿海区域,延长三千五百余里,统称两浙盐业,盐场共有二十九处,出产以余姚场为最多。

盐场名称	县　属	产量(担)	制　法
仁　和	杭　州	112 000	煎
许　村	海　宁	161 680	同上
黄　湾	海　宁	81 200	同上
鲍　郎	海　盐	30 240	同上
海　沙	海　盐	18 500	同上
芦　沥	平　湖	21 240	同上
金　山	上　虞	110 800	同上
三　江	绍　兴	221 760	同上
东　江	绍　兴	190 080	同上
大　嵩	鄞　县	7 350	同上
玉　泉	象　山	154 320	同上
长　亭	宁　海	51 120	同上
杜　渎	临　海	8 640	同上
黄　岩	温　岭	98 500	同上
长　林	乐　清	104 448	同上
双　穗	瑞　安	120 800	同上
上　望	平　阳	51 250	同上
余　姚	镇　海	1 500 100	晒

(续表)

盐场名称	县 属	产量(担)	制 法
岱 山	定 海	869 642	晒
定 海	定 海	300 000	同上
清 泉	镇 海	26 184	同上
穿 长	镇 海	28 116	同上
钱 清	萧 山	不详	同上
北 盐	瑞 安	不详	同上
南 浦	平 阳	不详	同上
两 浦	金 山		同上
袁 浦	奉 贤		
青 村	奉 贤	322 400	煎晒
崇 明	崇 明		

两浙盐场各场产盐数量以余姚为最，约占百分之二十八强；岱山次之，占百分之十七；黄岩、定海又次之，各占百分之五、六；其余均零星少数而已。历年总产额如下：

民国十五年	2 946 000	民国二十年	3 242 000
民国十六年	3 791 000	民国二十一年	4 222 000
民国十七年	4 188 000	民国二十二年	4 235 000
民国十八年	4 151 000	民国二十三年	4 200 000
民国十九年	3 779 000		

精盐公司在浙江省有两家，产盐能力如下：

民生公司	定海	二十三年产	60 000 担
鼎和公司	余姚	二十年产	4 885 担

价值：故两浙盐业产盐总额近年平均达四百万担左右，除出口外，销费以渔业为大宗，即所谓渔盐，如定海沈家门、岱山石浦等处渔业用盐为量颇巨，每年达二三十万担，达总销费量百分之十。其余蟹盐、酱盐均为重要之销费。除销本省外，复销安徽歙县等八县，江苏松、常、镇、太、苏五县及江西上饶等七县。至于工业用盐为量极微，盖化学工业不发达故也。市价方面则如余姚、岱山等处，每担约七角，东江、三江一带约一元五角，盖因成本高低而异也。若加以运输之关系、盐税之负担，则各处平价颇不一致，难得准确之平均数也。盐税为政府之主要收

入,在民国六、七年间约六百万元左右,近年达九百万元以上。

(浙江省通志馆修,余绍宋等纂:《重修浙江通志稿》,第二十四册,物产,海水盐,一九四三年至一九四九年间纂修,稿本,浙江图书馆一九八三年誊录本。)

〔民国十三年前后,浙江定海县〕 定海产盐区域共二十九岛,以岱山为最广,且为盐事长署所在地,故各岛所产盐均称岱盐。此二十九岛之产地如舟山、岱山、大胸山、大羊山、长涂、秀山、长白、册子、金塘、大榭、六横、桃花,计十二处为大岛。余如盘峙、摘箬、东西蟹峙、大小渠、拗山、长崎、担屿、小干、卢家屿、蒲门、官山、穿鼻、外神、马外屿、佛肚,计十七处为小岛。……各岛标准产额颇有参差,查岱山丰收约每板三百五六十斤,歉收约每板二百斤以上不等;大胸山、舟山及舟山南面附近各小岛丰收约每板三百二三十斤,歉收约每板一百五十斤以上不等。其余各岛多系兼业,即丰收亦在三百斤以下。今合各产地丰歉而平均之,每年每板约产盐三百斤,以此为标准产额,核以各岛产地之盐板,得各岛总产额如左:

地　　名	盐　　板	产额(斤)
岱 山 全 岛	184 506	55 351 800
长 涂 岛	5 047	1 514 100
蒲 门 岛	1 358	407 400
官 山 岛	965	289 500
秀 山 全 岛	1 170	351 000
大 胸 山 全 岛	29 870	8 961 000
大 羊 山 岛	950	285 000
外 神 马 岛	285	85 500
外 峙 岛	1 560	465 000
大 横 岛	6 580	1 974 000
长 白 岛	260	78 000
册 子 岛	3 580	1 074 000
舟 山 全 岛	37 415	11 224 500
舟 山 南 面 附近诸小岛	33 294	9 988 200
金 塘 全 岛	4 930	1 479 000
大 榭 全 岛	1 963	588 900
穿 鼻 岛	350	105 000
佛 肚 岛	2 830	849 000
桃 花 岛	125	37 500
合　　计	317 038	95 108 400

(陈训正、马瀛纂修:《定海县志》,鱼盐志,盐产,民国十三年铅印本。)

〔民国十三年前后,浙江定海县〕 岱山著名,以盐浦水沟通南北,分为东西二岱,沿浦涨滩,潮流灌注,两岸居民得以沥卤而晒盐,盐板之数达二十万廒,商收取贩运他方。

（陈训正、马瀛纂修:《定海县志》,册五,方俗志第十六,风俗,民国十三年铅印本。）

〔民国二十六年前后,浙江鄞县〕 最近居民以制盐为生者,共约四千六百余人,内制盐之板户约二百四十五户,肩贩约五百七十户,专事运输者约一百二十二户。

（张传保等修,陈训正等纂:《鄞县通志》,食货志,乙编,渔盐,民国二十六年铅印本。）

〔民国二十六年前后,浙江鄞县〕 鄞境海岸线极短,产盐地曰大嵩场。产量本不旺,近则因卤之浓度渐淡,每年所产仅供本地食用,盐色灰褐不洁,晒户逐年减少,今场已裁并镇海清泉矣。

（张传保等修,陈训正等纂:《鄞县通志》,博物志,甲编,杂产之部,民国二十六年铅印本。）

〔清乾隆二十八年前后,福建泉州府〕 盐,取海水有煎法、有晒法。宋、元以前,二法兼用,今则只用晒。晋江、惠安、同安出晒盐之家最苦。

（清 怀荫布修,黄任、郭赓武纂:《泉州府志》,卷十九,物产,清乾隆二十八年刻本,民国十六年补版重印本。）

〔清乾隆四十六年前后,福建福宁府宁德县〕 本县依山濒海,土狭人稠,沿海居民无田可种,惟以煎熬细盐挑贩为活。

（清 卢建其修,张君宾等纂:《宁德县志》,卷之四,赋役志,盐课,清乾隆四十六年刻本。）

〔宋代以前至明嘉靖九年,福建泉州府惠安县〕 自青山以南,至凤山,其民多业盐,以盐为籍。宋、元以前,用煎法。今则纯用晒法……一夫之力,一日亦可得二百斤。

（明 莫尚简修,张岳纂:《惠安县志》,卷五,物产,明嘉靖九年刻本。）

〔清乾隆年间至民国三十六年,福建云霄县〕 本县盐埕,据传说,始于清乾隆年间,由蔡大学士葛山之力协助而成。在全盛时代,礁美区一带埕场年可产七十万担(录《福建财政史·纲盐产之概况》)。始因政府盐运不得法,以致产量层积,供过于求,继则私盐充斥,公盐日受打击,于是废坎限产,为因噎废食之计。

在抗战前,他省产量尚可相抵,无甚问题。迨抗战后,沿海产区多致沦陷,于是诏浦场为产盐重要区域,而复坎之议以起。现政府以存盐过剩,注重推销与整理,据盐务机关报告,礁美一带盐埕场又在计划废坎中。

(徐炳文修,郑丰稔纂:《云霄县志》,卷七,社会,工,盐埕之兴废,民国三十六年铅印本。)

〔清康熙三十五年前后,台湾〕 盐,有煮法、有晒法,台止用晒法。

(清 高拱乾等纂修:《台湾府志》,卷七,风土志,土产,胶卷复制康熙三十五年刻本。)

〔清光绪二十一年前后,台湾〕 台南有濑南、濑北、濑东、笨北、洲南、洲北各盐场,足资民食。台北无之,转运于台南,时或脱节,则取给于漳、泉内地,谓之唐盐。

(清 唐景崧修,蒋师辙、薛绍元纂:《台湾通志》,物产志,杂产类,清光绪二十一年修,稿本,一九八三年台湾成文出版社影印本。)

〔明朝年间至清朝年间,广东琼州府崖州〕 州属盐系灶丁自煎自卖,并无发帑收盐配引转运等事。前代俱设提举场,免埠商转运。今一并裁省,课银归州经理,每年照额征收完解(以上,《府志》)。

(清 张嶲等纂修:《崖州志》,卷之七,经政志二,盐法;郭沫若一九六二年点校,广东人民出版社一九八三年版。)

〔东晋年间,蜀巴西郡〕 南充国县,和帝时置,有盐井。

(东晋 常璩撰:《华阳国志》,卷一,巴志,一九八四年巴蜀书社刘琳校注铅印本。)

注:蜀巴西郡今为阆中县。

〔东晋时期,荆州涪陵郡汉髪县〕 汉髪县,有盐井。

(晋 常璩撰:《华阳国志》,卷一,巴志,清乾隆间《四库全书》本。)

注:涪陵郡今为四川涪陵县。

〔东晋时期,益州蜀郡定筰县〕 定筰县……县在郡西,渡泸水。……有盐池,积薪,以齐水灌,而后焚之,成盐。

(晋 常璩撰:《华阳国志》,卷三,蜀志,清乾隆间《四库全书》本。)

〔东晋时期,益州蜀郡汉安县〕 汉安县,郡东五百里。土地虽迮,山水特美好,宜蚕桑。有盐井、鱼池以百数,家家有焉,一郡丰沃。

(晋 常璩撰:《华阳国志》,卷三,蜀志,清乾隆间《四库全书》本。)

〔东晋时期，益州蜀郡广都县〕　广都县，郡西三十里，元朔二年置。有盐井、渔田之饶。大豪冯氏有鱼池、盐井，县凡有小井十数所。

（晋　常璩撰：《华阳国志》，卷三，蜀志，清乾隆间《四库全书》本。）

〔唐、宋至民国二十年，四川富顺县〕　依《元和志》考之，富义盐井在今县治内，宋时立富义监于此。自晋、唐及宋，盐井之盛在治内。元、明间，井泉枯竭。至国朝，而距城百里之自流井厂最盛，王家井次之，亦地脉流徙之故也。今城北山砾间时有煎釜烂铁。

（彭文治、李永成修，卢庆家、高光照纂：《富顺县志》，卷五，食货，物产，民国二十年刻本。）

〔清嘉庆年间，四川宁远府盐源县〕　府属盐源县白盐井，额设盐灶六十六条半，每年共征灶课银八百七十七两八钱，羡余银一百零五两二钱三分六厘。

（佚名纂修：《宁远府志》，卷二十八，盐法志，清嘉庆间修，一九六〇年西安古旧书店据清抄本油印本。）

注：盐源县今为西昌地区。

〔清同治十年，四川叙州府富顺县〕　同治十年夏，立权摄富篆，秋八月，案牍稍清，且恐妨秋获，不事追呼，得以此隙，赴自流井借览其山川人物，访诸绅商，循名核实，备书于左，用广耳目。邑西北有盐井五：曰太源井，曰詹井，曰王井，曰徐井；四井有盐水，无火，无油；最著而生油、生火者，为富义井，一名自流井。或曰，谓邱坮之始与长坮、龙坮交界，新桥下、下桥上名为火井，沱河岸有井自流盐水，故曰自流。或曰，有不见功之井，倏然涌出，非关人力，以是得名。其灶谓之锅口，报明在案者，五百零八口半。各火其火，水其水，烹饪、灯烛、炉炭，皆资井之气为之，其利溥矣哉。盖亦有天意存乎其间焉。锉之矣，或久不见功，功见矣，或力太微，或更一主而衰旺特异。竟有枯井，霎时沸腾，涌出横流者，谓之喷。好事者，附会其词曰："果〈某〉也有隐德，某也有至行。"朝餍藜藿，夕齿肥美者，往往而然，不可谓非天也。井之分段五，其名谓之坮。由大小塯口、豆芽塆至半边街、韭菜园、齐家坪，曰相发坮。由大冲至香炉寺过河，曰龙坮。由东岳庙桥头至大安、久安二砦，由砦至斜石搭转至马冲口、高洞、沙鱼坝，曰仙骡坮，俗名新坮。由川主庙内柴口至大塆井，曰长发坮。隔岸里许，踞小溪场者，曰邱发坮。邱坮尤近西，与荣厂毗连。五坮延袤几四十余里。厂上有董事焉，总理井之公件，宣上令，通下情者，其名谓之坮首。灶上有理事焉，领东家本银以办井及灶……其名谓之掌柜。其分理外事及接待宾客,其名谓之外场。厂下有佣侩焉,谨守出纳之管,媒合行商低昂盐价,其名谓之经纪。有执役綦久,终其事不更易,以成盐灶者,名谓之灶头。有什于佣伍,作器具以补化工者,其名谓之山匠。有长于心计,能提调山匠,使作器治井者,其名谓之管事。井口盘盘如釜上气,见黑水,见油者尤甚,谓之卤气。气入鼻即晕倒,以扇搧鼻孔乃苏。其气得火即燃,始则为一灶用,既而以竹筒引之百步千步,或供十灶、二十灶之用。竹筒过气,妙在于竹无伤。火性炎上,必据上升之地。引之火,有大小之别。浅井无火,多则十余口,少则七八口、三五口,甚有不足一口者。其色白而不红,其质柔而不刚。深井之火,有二百一二十丈,卤气甚大,与黑水之气无异,熏人眼目。坐灶管事以及烧盐者,均要带水晶瑷䃄。深井之大火,则在二百四五十丈,或七八十丈,此火并不熏人,亦无卤气,火势强旺,可以供数百口灶之用。有以火寄远道者,以牛脬盛其气,用钱串括之,再将脬口折转,又括之,每日以烧酒或白水喷湿。其脬可寄至一月之路,先将脬口头一折钱串取开,用泥涂之,留一孔方取钱串,得火即燃,亦可供一时之玩。除供锅口外,恐火势漫疗,安一大木竹朝天,谓之冲天枧,以泄旺气,其声轰然闻数里。

(清 罗廷权等修,吕上珍等纂:《富顺县志》,卷之三十,盐政志,吴鼎立:《自流井风物名实论》,清同治十一年刻本。)

〔**清光绪十一年前后,四川夔州府大宁县**〕 盐场峒灶,工丁逾数千人,论工受值,足羁縻之,然五方杂处,良莠不齐。

(清 高维岳修,魏远猷等纂:《大宁县志》,卷一,地理,风俗;清光绪十一年刻本。)

〔**清光绪十二年前后,四川潼川府射洪县**〕 射洪县东南沿江,盐井千余,旧时卤泉不竭,民颇资以为利。今自古井口以上,井老水枯,坍废者大半,灶民虚赔国课,疲于征输。惟瞿家河、金山场、洋溪镇、青同坝开凿帮井甚多,然不过五六载,咸源即减。

(清 谢廷钧等修,罗锦城等纂:《射洪县志》,卷五,食货志,物产,附盐井,清光绪十二年刻本。)

〔**民国十八年前后,四川南充县**〕 本县盐层甚富,在昔限制开采,产额不丰,现陋禁既除,李家场、三会场一带盐户渐多,岁中出额差足全县之用。

(李良俊修,王荃善等纂:《南充县志》,卷十一,土物志,矿物,民国十八年刻本。)

〔**民国十八年前后,四川遂宁县**〕 本镇(按:指遂宁县拦江镇)西北多山,广产柴草,盐井亦出于此,似天然生成者。共旧井一千二百眼,新井九百三十二眼。白马乡之盐井共一千零四十三眼,除供本乡食用外,尚能运销安岳、潼南等处。

（甘煮等修,王懋昭等纂:《遂宁县志》,卷八,物产,矿物类,民国十八年刻本。）

〔民国二十二年前后,四川绵阳县〕　绵境内旧有盐泉,其井不知何代枯涸。今存者,止近治东南之小枧沟、白池口、五里梁、丰谷井一带井灶尚多……共计有井一千四百三十眼之谱,烧盐灶一百三十余洞,产盐岁可八九千担。

（梁兆麒、蒲殿钦修,崔映棠等纂:《绵阳县志》,卷三,食货志,物产,民国二十二年刻本。）

〔民国二十三年前后,四川乐山县〕　盐,安、凌、双等乡均产,为行销大宗。

（唐受潘修,黄镕等纂:《乐山县志》,卷七,经制志,物产,民国二十三年铅印本。）

〔民国二十六年前后,四川犍为县〕　吾犍大宗出产,以盐业为首屈一指。其产量之富,在四川盐场中,仅逊于富、荣两县,故其值〈直〉、间接依赖盐业以生活者,为数不下四五万人,就中以劳工占最多数。

（陈谦、陈世虞修,罗绶香、印焕门等纂:《犍为县志》,卷十一,经济志,盐业,民国二十六年铅印本。）

〔东晋时期,宁州晋宁郡连然县〕　连然县,有盐泉,南中共仰之。

（晋　常璩撰:《华阳国志》,卷四,南中志,清乾隆间《四库全书》本。）

注:晋宁郡今为云南晋宁县。

〔民国年间,西藏〕　西藏又多有盐湖,拿墟以北之盐湖最负胜〈盛〉名。拉萨等处所吃的盐,多属北路运来。廓罗地方也出盐,甘孜等处所用,皆属之。昌都附近也出一种红盐,较拉萨所用的味淡质劣。岷江等处,盐井、盐湖尚多,此等也只够自用,不能供给外人。

（法尊纂:《现代西藏》,第五章,物产经济及其交通,一,物产,民国三十二年铅印本。）